全国高职高专汽车类规划教材
编审委员会

全国高职高专汽车类规划教材

国家技能型紧缺人才培养培训系列教材

汽车底盘电控系统与检修

第二版

郑　劲　张亚宁　主　编

柴　斌　胡天明　副主编

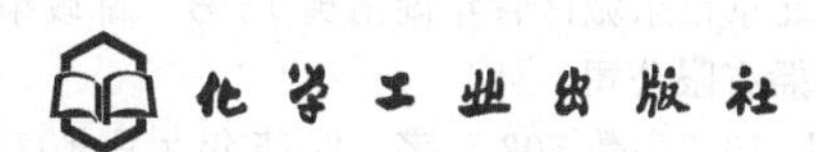

化学工业出版社

·北京·

本书内容丰富，图文并茂，注重理论联系实际，突出汽车底盘电控系统的结构分析、电路图识读及检测与维护方法，具体包括汽车防抱死制动系统与检修、汽车驱动防滑控制系统与检修、汽车电子稳定程序控制系统与检修、汽车电子控制自动变速器与检修、汽车电控动力转向系统和四轮转向控制系统与检修、汽车电子控制悬架系统原理与检修、汽车巡航控制系统与检修。书中每章都配有大量的复习与思考题，便于读者加深对汽车底盘电控技术的理解。为方便教学，配套电子课件。

本书可作为高等职业院校汽车专业相关课程的教材和相关人员培训用书，也可供汽车维修与检测技术人员等使用和参考。

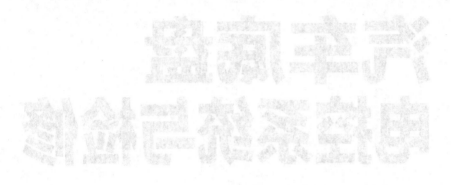

图书在版编目（CIP）数据

汽车底盘电控系统与检修/郑劲，张亚宁主编．—2版．—北京：化学工业出版社，2016.5（2025.2重印）
全国高职高专汽车类规划教材　国家技能型紧缺人才培养培训系列教材
ISBN 978-7-122-26613-2

Ⅰ.①汽…　Ⅱ.①郑… ②张…　Ⅲ.①汽车-底盘-电气控制系统-理论-高等职业教育-教材②汽车-底盘-电气控制系统-车辆修理-高等职业教育-教材　Ⅳ.①U472.41

中国版本图书馆CIP数据核字（2016）第061036号

责任编辑：韩庆利　　装帧设计：史利平
责任校对：宋　玮

出版发行：化学工业出版社（北京市东城区青年湖南街13号　邮政编码100011）
印　　装：涿州市般润文化传播有限公司
787mm×1092mm　1/16　印张19　字数502千字　2025年2月北京第2版第5次印刷

购书咨询：010-64518888　　售后服务：010-64518899
网　　址：http://www.cip.com.cn
凡购买本书，如有缺损质量问题，本社销售中心负责调换。

定　　价：39.00元

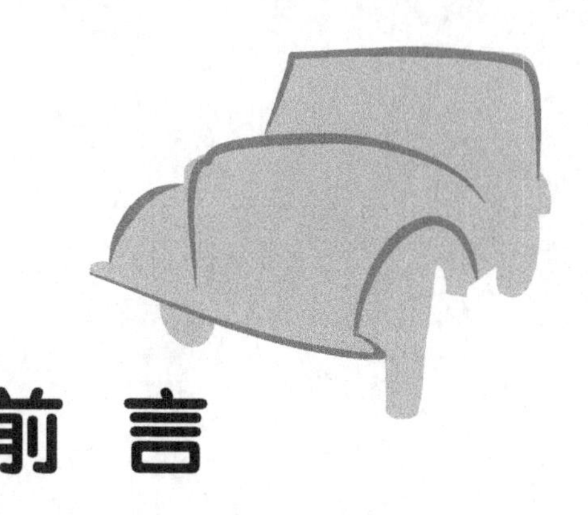

前 言

汽车的电子化、智能化、网络化是现代汽车发展的重要标志，随着消费者对汽车功能和性能要求的日益提高，汽车已经由机械系统向电子系统转换。尤其是以机械系统为主的汽车底盘部分正发生着巨大的变化，随着电子控制技术在汽车底盘中的广泛应用，使得汽车底盘技术正朝着电子化、智能化的方向发展。自动变速器、防抱死制动系统（ABS）、驱动防滑系统（ASR）、电子稳定程序（ESP）等已成为一些车辆的标准装备。

本书第一版自出版以来，受到广大读者好评，但是随着汽车新技术的发展以及高职院校对人才培养模式、实践教学基地建设的不断深入，教材内容需要进一步优化和完善。为此，编者认真总结了近几年的教学经验及反馈意见，对教材进行了修订再版。

本书重点介绍典型轿车（大众、丰田和上海通用等轿车车系）的防抱死制动系统、驱动防滑控制系统、电子稳定程序控制系统、电控自动变速器、电子控制悬架系统及电控动力转向系统等最新底盘电子控制技术的理论知识，以及各系统的组成、分类、工作原理、故障诊断与维修等内容。注重理论联系实际，与职业技能鉴定标准接轨，突出对汽车底盘电控系统的结构分析、电路图识读及检测与维护方法，旨在提高读者的技术应用能力。

本书内容先进、资料翔实、图文并茂、通俗易懂，针对性与实用性很强，每章都配有丰富的复习与思考题，既使读者能举一反三、融会贯通，又可以加深对汽车底盘电控技术的理解。本书可作为高职高专院校汽车专业相关课程的教材，也可供汽车维修与检测技术人员使用和参考，同时也可作为汽车电气维修从业人员的参考用书。

参加本书编写的有：兰州石化职业技术学院郑劲（编写总论、第二章及第五章部分）、胡天明（第五章部分）、张亚宁（第一章、第六章、第八章），酒泉职业技术学院柴彬（第三章、第四章）、兰州职业技术学院张子成（第七章）。全书由郑劲、张亚宁担任主编，柴彬、胡天明担任副主编。

在编写过程中得到了同行和同事们的大力支持，在此表示衷心的感谢。

本书配套电子课件，可赠送给用本书作为授课教材的院校和老师，如果需要，可登录www.cipedu.com.cn下载。

由于编者水平所限，书中难免存在缺点与不足，承望读者给予批评指正。

编 者

目录

第一章 认识汽车底盘电控系统

随着电子技术，特别是大规模集成电路和微型电子计算机的高速发展，汽车电子化程度越来越高，电子控制技术在汽车上越来越广泛应用。现代汽车技术实现了机、电、液、计算机、网络等多项技术的集成，汽车底盘也发生了重大变化，它改变了汽车底盘传统的机械装置，并增加了许多新的功能，使汽车的驾驶更为简单方便，乘坐更为舒适安全。

各种汽车底盘电子控制系统在汽车的安全性、动力性、操作稳定性等方面起着重要的作用，这些控制系统主要包括：防抱死制动系统、驱动防滑系统、电子稳定程序控制系统、电控液力自动变速器、电控悬架系统、转向控制系统等。

一、防滑控制系统

① ABS——Antilock Braking System（汽车防抱死制动系统）。ABS防止制动时车轮出现抱死，使车辆具有方向性和稳定性，并缩短制动距离。

② EBD——Electronic Brake Pressure Distribution（电子制动力分配）。EBD系统可在车辆充分载重的情况下，保持车辆最大平衡并控制制动距离最短化。EBD系统利用ABS的增压、保压和减压环节工作循环，来完成四个车轮制动器制动力矩的调节。其作用如下：

a. 在直线行驶中制动时负责调节前后轮的制动力矩。在直线行驶中制动时为了防止后轮制动力大于前轮制动力而导致制动甩尾，提前让制动力大的后轮的制动轮缸进入保压和减压环节，以达到直线行驶制动时前、后轮制动力的平衡。

b. 转弯制动时通过两侧车轮的制动力保证转向时的稳定性。在转弯制动时，EBD系统发现两侧车轮制动力不平衡时，为了防止由此引起的侧滑，通过限制制动力较大一侧车轮的制动力矩来保持两侧车轮制动力矩的平衡。提前让制动力较大的一侧车轮进入保压和减压环节，降低和限制制动力较大的一侧车轮的制动力矩，以达到汽车转弯时两侧车轮制动力的平衡。

③ ASR——Anti Slip Regulation系统，即驱动防滑系统（也称Traction Control System系统，TCS，即牵引力控制系统）。通过发动机管理系统干预及制动车轮，防止驱动轮打滑。例如汽车在沙石及冰面上行驶时，会经常用到。

④ EDL——Electronic Differeniial Lock（电控差速器锁）。EDL是电控差速器锁，汽车在附着力十分复杂的路面上行驶时，当一侧驱动轮上轮速传感器发现汽车车轮有打滑趋势时，立即通知控制单元，控制单元则通过差速器锁将两侧半轴变成一根刚性轴。驱动轮中只要有一个轮在好地上就可以继续正常行驶。

⑤ ESP——Electronic Stability Programe（电子稳定程序控制系统）。在大众、奥迪、奔驰车型上使用。ESP是一个主动安全系统，是建立在其他防滑控制系统之上的一个非独立的系统。ESP工作的基本原理是利用汽车上的制动系统使汽车能“转向”。在允许的物理极限范围内，ESP系统通过控制车轮制动器的工作，使汽车在各种行驶状况下在车道内保持稳定行驶。

通常情况下装备ASR的车型，将同时具有EDL、ABS功能；装备ESP的车型，将同时具有ASR、EDL、ABS功能。

1. 汽车防抱死制动系统

充分发挥轮胎与路面间的潜在附着力、最大限度地改善汽车的制动性能，以满足行车安全的需要，一直是人们追求的目标。虽然ABS的理论基础确立较早，但鉴于相关工业，如电子技术水平的限制，使用可靠性、价格效益比成为ABS发展道路上的两大障碍。进入20世纪70年代以来，由于电子技术的发展，使得ABS的可靠性显著改善，功能也得以完善。加之汽车行驶速度的提高，致使制动时车轮抱死滑移成为行车安全的重大隐患之一，这也促使了ABS使用日益广泛。汽车ABS装置就是为了既能充分利用制动过程中的路面附着力系数，又能避开车轮制动时抱死滑移所产生的危险工况而出现的汽车制动附加装置。

20世纪初期人们就开始了ABS的技术研究。ABS装置最早得到成功应用并不是在汽车上，而是在飞机、铁路机车上。当铁路机车的制动强度过大出现车轮抱死滑移的现象时，车轮往往不能平稳运动而产生强烈的噪声和振动，轻则影响车轮和铁轨的寿命，重则出现危险的事故。为了避免这种现象发生，1908年在铁路机车上安装了防抱死装置，并意外发现制动距离也缩短了。早在1936年，德国博世（BOSCH）公司将电磁传感器用于测量车轮转速。当传感器探测到车轮抱死滑移时，调节装置启动，调节制动管路压力，这一思路一直延续至今。随后，1948年美国的Westinghouse Air Brake公司开发了铁路机车专用的ABS装置。该装置利用装在车轴上的转速传感器测出车轴的减速度，然后通过电磁阀控制制动气压，实现ABS装置的自动控制。

飞机着陆时往往速度很高，如果此时制动强度过大，出现轮胎抱死现象，则可能发生轮胎磨损严重，从而出现破裂的危险局面。如果路面附着力系数较低，或者说路面较滑时，轮胎滑移将难以保证飞机直线行驶、保持一定的转向能力等的基本要求。为防止这些危险工况发生，ABS装置于二战末期的1945年前后被尝试用于飞机上。先是德国人Fritz Ostwald的设计思想被美国政府用在喷气式飞机上。接着是1948年波音公司生产的B-47飞机上安装了Hydro Aire公司的ABS产品。

从20世纪50年代开始，Good Year和Hydro Aire等公司分别开发出各具特点的ABS装置。这一时期ABS装置的特点是采用了初期的电子计算机，使ABS的性能得到了很大的改善，以至于规定所有的民航飞机都必须安装ABS装置。这一时期也是ABS装置由飞机向汽车上移植的时期。如1951年，Good Year航空公司在载货汽车上试装了飞机用ABS。1954年，美国福特公司首先把法国生产的民航机用ABS应用在林肯牌轿车上。这些尝试虽然以失败告终，但揭开了汽车应用ABS的序幕。

经过长期坚持不懈的努力，1958年Dunlop公司开发出了用于载货车的ABS，美国福特公司最终与Kelsey Hayes公司合作于1968年成功开发了车用ABS装置。于是，车用ABS装置的研究与开发受到诸如美、英等各国研究部门及政府的支持，但随后十多年ABS装置的研究与发展却处于一个低谷时期。这是因为这一时期的ABS控制器采用的是分离元件的电子线路式模拟计算机。由于电子元件多、体积大，再加上汽车速度的提高，所研制的ABS功能仍然较差、可靠性也较低，不能满足汽车的使用要求。

20世纪70年代中后期开始，ABS控制器采用了大规模集成电路式的计算机。这种数字计算机不易受干扰，运算速度快。不仅提高了控制器的稳定性，而且为改善ABS功能创造了条件，20世纪70年代末，欧洲开始批量生产用于轿车和商用汽车的ABS系统。

进入20世纪80年代，车用ABS装置在理论上与实践上都逐渐走向成熟。ABS控制器的硬件在采用数字式电路的基础上，采用了微处理器，输入输出也朝着与汽车其他电子元件集成化、网络化的方向发展，精密液压元器件的制造技术也走向成熟。在软件上ABS的控制逻0辑向多元化方向发展，诸如最优控制、变结构控制及模糊控制得到了应用。计算机技术的发展又使ABS向纵深扩展，如驱动防滑控制系统ASR（Anti-Slip Regulation）及速度限制器等。

进入20世纪90年代，ABS的发展愈来愈快，欧洲、美国和日本等国家均在高速普及

ABS。到1995年，美、德、日在轿车上装用ABS的比例分别达55%、50%和35%；在货车上装用ABS的比例分别达50%、50%和45%。目前，德国的博世公司成为世界第一大ABS装置生产厂家，其生产的ABS装置已被装用于奥迪、宝马、通用、大众、雷诺、菲亚特、雪铁龙及法拉利等公司的各系列车型中。另外，日本也生产大量的ABS装置，广泛安装于丰田、日产、三菱、本田及马自达等系列车型上。可以说ABS装置是汽车上得到最成功应用的电子控制装置之一。

2. 驱动防滑控制系统

汽车驱动防滑控制系统（Anti Slip Regulation，ASR）是继防抱死制动系统（ABS）之后应用于车轮防滑的电子控制系统。ASR的基本功能是防止汽车在加速过程中打滑，特别是防止汽车在非对称路面或转弯时驱动轮的空转，以保持汽车行驶方向的稳定性、操纵性和维持汽车的最佳驱动力以及提高汽车的平顺性。由于汽车驱动防滑转系统是通过调节驱动车轮的牵引力来实现驱动车轮滑转控制的，因此，也被称为牵引力控制系统（Traction Control System，TCS）。

驱动防滑转系统在驱动过程中通常可以通过调节发动机的输出转矩、传动系的传动比、差速器的锁紧系统等控制作用于驱动车轮的驱动力矩，以及通过调节驱动轮制动缸（或制动气室）的制动压力，控制作用于驱动车轮的制动力矩，实现对车轮牵引力矩的控制，将驱动车轮的滑移率控制在较为理想的范围内。

3. 电子稳定程序控制系统（ESP）

1995年，德国博世公司首次把电子稳定程序（ESP）投入量产。到2010年，已经发展到第9代。在博世公司之后，很多汽车制造公司也研发出了类似的系统，如日本日产公司研发的称为“车辆行驶动力学调整系统”（Vehicle Dynamic Control，简称VDC）；日本丰田公司研发的称为“车辆稳定控制系统”（Vehicle Stability Control，简称VSC）；日本本田公司研发的称为“车辆稳定性控制系统”（Vehicle Stability Assist Control，简称VSA）；德国宝马公司研发的称为“动态稳定控制系统”（Dynamic Stability Control，简称DSC），因为ESP是博世公司的专利产品，所以只有博世公司的车身电子稳定系统才可称为ESP。

ESP的工作过程如图1-1所示。通过对不同车轮独立地实施制动，使车辆产生相应的回转力矩，来避免“漂出”和“甩尾”的产生。

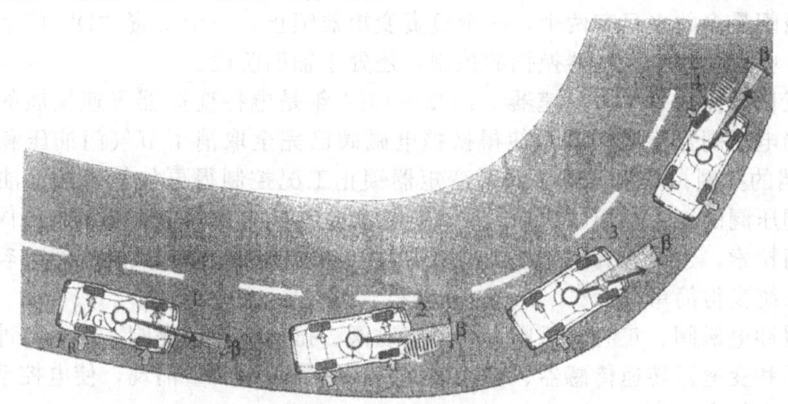

图1-1　ESP的工作过程

1—驾驶员左转向，产生侧向力；2—侧向力威胁到汽车稳定性时，ESP系统对右前轮制动；3—轿车受控；4—侧向力威胁到汽车稳定性时，ESP系统对左前轮制动，汽车完全稳定；M_G—横摆力矩；F_R—车轮作用力；β—汽车行驶方向偏离汽车纵轴角（浮角）；←—增加制动力

ESP通过横摆角速度传感器，识别车辆绕垂直于地面轴线方向的旋转角度及侧向加速度传感器识别车辆实际运动方向。若ESP判定为出现过度转向，ESP将制动外侧前轮，防止出现甩尾，并减弱过度转向趋势，稳定车辆；若ESP判定为出现不足转向，将制动内侧前轮，使车辆进一步沿驾驶员转弯方向偏转，从而稳定车辆。

二、电控液力自动变速器

自20世纪30、40年代起，人们就不遗余力地发展自动变速器（Automatic Transmission，AT）。到20世纪70年代，美国每年生产的600万～800万辆轿车中，AT的装备率已超过90%，这种趋势很快也波及欧洲、日本等汽车工业大国，竞相开发各自的自动变速器产品。在日本，20世纪80年代后期对AT的需求已超过65%，并且仍在不断提高。AT不仅在轿车上得到了最广泛的应用，同样在城市公共汽车、矿用汽车以及越野军用车辆中也迅速得到应用，装用自动变速器车辆的比例越来越高，各大汽车公司都已建成了大规模生产AT的专业化工厂。

1. 电控液力自动变速器（Electronic controned AT，EAT）

（1）第一台自动变速器　1940年美国奥兹莫比尔汽车上装上了第一台现代意义的自动变速器。这是一种横置式的串联式行星齿轮机构的液控变速器，20世纪50年代起美国三大汽车公司都已开始批量生产自动变速器。

（2）第一台装有电器元件的自动变速器　1968年法国雷诺第一次在自动变速器上使用了电器元件。

（3）第一代电控液力自动变速器　1982年丰田公司生产出第一台由微机控制的，装配在佳美四缸机上的A140E自动变速器。其电控系统的执行器只是一个锁止电磁阀；电控系统只能控制变矩器的锁止油压，而变速器的换挡还是由液压系统控制。1984年美国奥兹莫比尔汽车上装上了THM440-T4（美国的第一台电控的自动变速器），其电控系统的执行器也只是有一个锁止电磁阀。到20世纪80年代末美国三大公司都分别推出了两种以上的电控液力自动变速器。

第一代电控液力自动变速器A140E和THM440-T4变速器上都只有一个控制液力变矩器锁止油压的电磁阀。自动变速器电控系统只负责对变矩器锁止离合器的锁止油压控制，变速器的换挡还是由液压控制。

（4）第二代电控液力自动变速器　1992年以前生产的第二代电控液力自动变速器的执行器——电磁阀最多的也只有两个，一个负责变矩器锁止，一个负责“D”位上第4挡的升降。在这一阶段电控对于变速器换挡的控制，还处于辅助阶段。

（5）第三代电控液力自动变速器　1992～1994年是电控变速器飞速发展的阶段。电磁阀特别是换挡电磁阀数量的增加，使得换挡电磁阀已完全取消了节气门油压和速度油压对“D”位升降挡的控制；双锁止电磁阀对变矩器锁止工况控制得更加精确；主油压电磁阀明显减轻了主调压阀的工作负担，大众自动变速器由主油压电磁阀取代了节气门阀；变速器上既没有节气门拉索，也没有真空调节器的真空软管；控制阀的体积明显变小；容易发生故障的液压控制系统变得简单。

蓄压器缓冲电磁阀、正时电磁阀、倒挡电磁阀、扭力转换电磁阀、扭力缓冲电磁阀、强制降挡电磁阀和变速器转速传感器、变速器油温传感器等的大量涌现，使电控系统对变速器的控制面进一步拓宽。

经济模式、运动模式、雪地驾驶模式这些控制的出现使汽车的驾驶更加随心所欲。巡航控制的出现，当车速超过40km/h时，按下控制开关，不用踩加速踏板，控制单元直接对节气门开度控制，使车速稳定在驾驶员设定的速度区域内。

（6）第四代电控液力自动变速器　1995年自动变速器达到20世纪最高设计水平。原来的换挡电磁阀主要是控制“D”位上挡的升降，1995年后某些变速器的换挡电磁阀对“D”位挡、手动挡、倒挡全部都负责，所以被称为全电子控制自动变速器（实际上还是电控液动自动变速器）。

坡道逻辑控制增加了驾驶的便利性、安全性和动力性。模糊控制的设置，使控制单元可以学习、模拟驾驶员的驾驶习惯，自动修正控制指令，使汽车更加人性化。

(7) 第五代电控液力自动变速器　21世纪初新开发的自动变速器不仅前进挡的挡位增多了，有了六速和七速的轿车自动变速器，并且具有了许多新的功能。

① 增加了手动模式增减挡开关。可采用手动和自动两种换挡模式。

② 增加了占空比换挡电磁阀。在离合器和制动器接合过程中，限制油液流量，可以使换挡更加平顺，有效地防止换挡冲击，使最令维修人员头痛的换挡冲击故障明显减少。

③ 增加了快放模式。在城区行驶，路面情况复杂，使用快放模式在急减速和急加速时保持变速器挡位的稳定，以减少离合器和制动器不必要的磨损，延长了变速器油的使用寿命。

④ 增加了下坡模式。在下坡模式下，当变速器控制系统接收到制动信号时，将自动降低至低速挡位，以保证良好的发动机制动效果，增加行车安全。

(8) 我国自动变速器的发展历史　我国自主开发的CA7560红旗的自动变速器因设计上的落后，早就已停止使用。

上海通用汽车公司投产的4T65E变速器是通用汽车公司1994年正式投产的。专利卖给中国后，通用汽车公司就不再生产4T65E变速器。帕萨特、宝来、POLO、桑塔纳、奥迪、捷达王等大众系列轿车使用的01N、01M、01P自动变速器，也已经正式投产。

现在我国轿车和豪华大客车上使用电控液力自动变速器已呈普及之势。

2. 无级变速器（Continuously Variable Transmission，CVT）

1914年德国奔驰公司生产出世界上第1台无级变速器，但它只是为极少数的高级车配置了几台，并没有成为商品，也不是现代的电液控制的变速器，只是皮带传动的机械式无级变速器。现在丰田、日产、本田、福特、奥迪、通用等世界知名品牌轿车都配有无级变速器，目前无级变速器轿车的年产量已经达到50万辆。我国的奥迪、派力奥、奇瑞、飞度等轿车均配有无级变速器。

(1) 现代无级变速器的结构特点

① 现代无级变速器分为无级变速器和无级、手动自动一体变速器。

② 采用传动带和可变槽宽的锥轮进行动力传递。当锥轮变化槽宽时，相应改变驱动轮和从动轮上传动带的接触半径从而进行变速。传动带按材料不同，分为橡胶带、金属带和金属链三种。

③ 前进挡和倒挡的转换由离合器和制动器完成。在变速器内有一个负责前进挡的离合器和一个负责倒挡的制动器。

(2) 无级变速器的优点　无级变速器简称为CVT，由于其真正实现了无级化，与液力自动变速器相比具有以下优点：

① 无级变速器比自动变速器有着更好的传递效率，以奥迪轿车为例，0～100km/h加速时间比同级普通自动变速器车型快了1.3s。

② 自动变速器在没有进入锁止工况前，燃油消耗较高，而无级变速器燃油消耗较低。使用无级变速器的奥迪轿车比同级普通自动变速器车型百公里油耗降低了0.9L。

③ 传动比明显大于同级普通自动变速器车型。

④ 现代无级变速器配备了全新的电子控制系统，在上下坡时，能自动探测坡度，并能在上坡时，自动调整速比增加动力输出；在下坡时，能加大发动机制动力矩，以保证行驶

安全。

⑤ 无级变速器只是起步挡由离合器和制动器控制，所以，离合器和制动器的摩擦明显小于自动变速器，变速器的工作温度明显低于自动变速器。自动变速器由于离合器和制动器烧蚀和油液氧化带来的一系列故障，在无级变速器中都不会发生，所以，无级变速器的故障率明显低于自动变速器。

⑥ 无级变速器的主要传感器和控制单元装在一起，有故障后需要连控制单元一起更换，对于故障诊断比自动变速器要容易，但维修成本明显增加。

3. 双离合器自动变速器

汽车自动变速器有多种不同的技术，其中最新的同时也是发展最快的是双离合器自动变速器。

传统的手动变速箱使用一台离合器，换挡动作分为三个动作：离合器分离—变速拨叉拨动同步器换挡（前挡齿轮分离/新挡齿轮啮合）—离合器结合，这三个动作，是分先后进行的，驾驶员须踩下离合器脚踏，令不同挡的齿轮作出啮合动作，而动力就在换挡其间出现间断，令输出表现有所断续。

双离合器自动变速器是基于手动变速器发展而来的，可以将其想像为将两台手动变速箱的功能合二为一，并建立在单一的系统内。它没有液力变矩器也没有行星齿轮组，由电子控制及液压推动，能同时控制两台离合器的运作。当变速器运作时，一组齿轮被啮合，而接近换挡时，电脑根据汽车速度和转速对驾驶者的换挡意图做出判断，预见性地控制另一个离合器与另一个挡位的齿轮组相连，但仅处于准备状态，尚未与发动机动力相连；当换挡时，一台离合器将使用中的齿轮分离，同时另一台离合器啮合已被预选，在整个换挡期间能确保最少有一组齿轮在输出动力，从而不会出现动力中断的状况。

双离合器自动变速器的优点主要表现在以下几方面：

① 传动过程中的能耗损失非常有限，大大提高了车辆的燃油经济性；

② 反应非常灵敏，具有很好的驾驶乐趣；

③ 车辆在加速过程中不会有动力中断的感觉，使车辆的加速更加强劲、圆滑，百公里加速时间比传统手动变速器还短。

三、电控悬架系统

悬架是将车身与车桥、车轮弹性相连，传递作用在车轮和车身之间的力和力矩，缓和由不平路面传给车身的冲击，并衰减由此引起的振动，以保证汽车行驶平顺性、操纵稳定性和乘坐舒适性。被动式悬架，即汽车的车轮和车身状态只能被动地取决于路面及行驶状况以及汽车的弹性支承元件、减振器和导向机构。

20 世纪 80 年代以来，半主动悬架和主动悬架开始在一部分汽车中得到应用。所谓主动悬架，是根据行驶条件，随时对悬架系统的刚度、减振器的阻尼力以及车身的高度和姿势进行调节，使汽车的有关性能始终处于最佳状态。调节方式可以是机械式的，也可以是电子控制式的。这种调节需要消耗能量，故系统中需要能源，即系统是有能源的。半主动悬架仅对减振器的阻尼力进行调节，有些还对横向稳定器的刚度进行调节，调节方式也有机械式和电子控制式两种。这种调节不需消耗能量，故系统中不需要能源，即系统是无能源的。

1987 年，世界上首次推出装有空气弹簧的主动悬架，它是一种通过改变空气弹簧的空气压力来改变弹性元件刚度的主动悬架。主动悬架系统的主要作用是：在汽车行驶过程中，根据车速传感器和制动压力开关的输入信号和控制单元存储的数值比较，在车速达到 90km/h 左右时自动降低车身高度，保证汽车行驶稳定性和乘坐舒适性；在车速降到 70km/h 左右时自动恢复车身原有高度。在汽车紧急制动时加大后悬刚度，以减少汽车质量前移。

1989 年又推出了装有油气弹簧的主动悬架。20 世纪 90 年代以后，电子技术在汽车悬架系统中的应用越来越多。

四、转向控制系统

转向控制主要包括动力转向控制和四轮转向控制。采用动力转向系统的目的是使转向操纵轻便，提高响应特性。理想的动力转向系统应在停车状态时能提供足够的助力，使原地转向容易，而随着车速的增加，助力逐渐减少，在高速行驶时则无助力或助力很小，以保证驾驶员有足够的路感。为了实现在各种行驶条件下转向盘上所需的力都是最佳值，电子控制转向系统应运而生。

从 20 世纪 80 年代起国外就开始陆续运用四轮转向系统。四轮转向的含义是在转向时，除前轮转向外，再附加后轮转向，这种附加后轮转向角是有限的，与前轮转向角有一定比例关系，其目的是改善整车的转向特性和响应特性，低速时改善车辆的机动性，高速时改善车辆的稳定性。

复习与思考题

1. 目前防抱死制动系统技术的发展趋势是什么？
2. ASR 的基本功能是什么？
3. 简述自动变速器的发展状况。
4. 悬架系统作用是什么？
5. 双离合器自动变速器的主要优点是什么？

第二章　汽车防抱死制动系统与检修

第一节　认识汽车防抱死制动系统

一、汽车防抱死制动系统的基础知识

车轮一旦抱死车辆便会失去抵抗侧滑的能力。如果是前轮（转向轮）制动到抱死滑移而后轮还在滚动，汽车将失去方向操纵性，无法转向（跑偏）；如后轮抱死滑移而前轮还在滚动，即使受到不大的侧向干扰，汽车将出现侧滑（甩尾）现象。这些都极易造成严重的交通事故。

在被雨淋湿而带有泥土的柏油路上或在积雪道路上紧急制动时，汽车会发生侧滑，甚至调头旋转；左、右两侧车轮如果行驶在不同的路面上，如一侧车轮在积雪的地面上，另一侧车轮在柏油路面上，紧急制动时，汽车就会失去方向控制；高速行驶在弯道上进行紧急制动，有可能从路边滑出或闯入对面的车道；在直道上紧急制动可能无法躲避障碍物等危险情况。为了避免以上情况，汽车上装备了防抱死制动系统。

汽车防抱死制动系统是防止制动过程中车轮被抱死出现滑移现象的控制系统（英文简称为 ABS)。ABS 最大的优点就是能保证车辆在任何条件下都能在正常控制下制动，它对增加汽车制动时的稳定性、缩短制动距离、改善轮胎的磨损状况等方面的作用也是十分明显的。

1. 滑移率对附着系数的影响

汽车在制动过程中，车轮的运动可以划分为三个阶段：纯滚动、边滚边滑、完全拖滑。观察汽车的制动过程时，发现轮胎胎面留在地面上的印痕从车轮滚动到抱死是一个渐变的过程，如图 2-1 所示。图 2-1(a) 所示的胎面花纹清晰可见，车轮还接近于纯滚动状态。图 2-1(b) 所示的胎面花纹基本可辨认，说明车轮处于边滚边滑状态。图 2-1(c) 所示的胎面花纹不能辨认，形成一条粗黑拖痕，说明车轮被抱死。

从三个阶段的轮胎印痕的变化可以看出，随着制动强度的增加，车轮的滚动成分越来越少，而滑动成分越来越多。一般用滑移率 S 表征滑动成分在车轮纵向运动中所占的比例，车轮滑移率 S 可通过下式确定：

$$S=\frac{v-r\omega}{v}\times 100\%$$

式中　r——车轮的自由滚动半径；

ω——车轮的转动角速度；

v——车轮中心的纵向速度。

由上式可知：当汽车的实际车速等于车轮滚动时的圆周速度时，滑移率为零，车轮为纯滚动；但是，汽车制动过程中，在汽车停止前车轮处于抱死状态时，车身具有一定的速度，而车轮的滚动圆周速度为零，则滑移率为 100%；当滑移率在 0～100%之间时，车轮既滚动又滑动。

车轮与路面之间的附着系数 ϕ 是随滑移率而变化的，二者之间的关系如图 2-2 所示。当滑移率处于 15%～30%的范围内时，纵向附着系数 ϕ_z 和侧向附着系数 ϕ_c 的值都较大。纵向附着系数 ϕ_z 大，可以产生较大的制动力，此时可产生的地面制动力最大，制动距离最短；

侧向附着系数 ϕ_c 大，可以产生较大的侧向力，保证汽车制动时的方向稳定性。随着滑移率的增加，侧向附着系数下降，当滑移率为100%，即车轮抱死滑动时，侧向附着系数 $\phi_c=0$，轮胎与路面之间的侧向附着力几乎为零，车轮将完全丧失抵抗外界侧向力作用的能力。稍有侧向力干扰（如路面不平产生的侧向力、侧向风力等），汽车就会产生侧滑而失去稳定性。

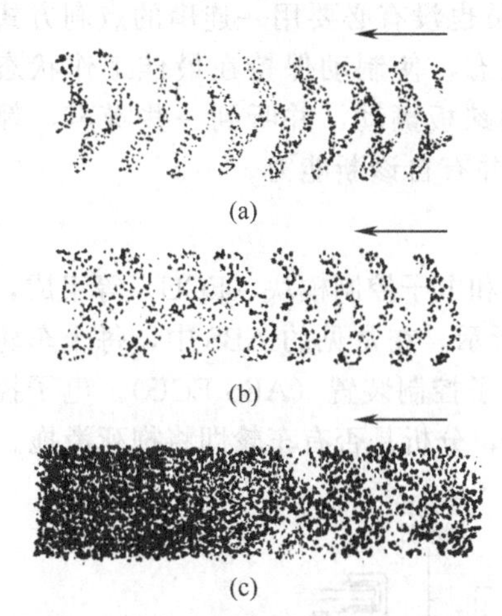

图 2-1　制动时轮胎留在地面上的印痕

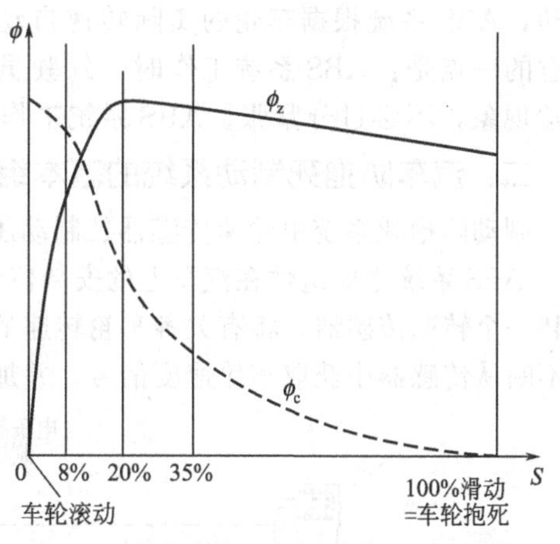

图 2-2　附着系数 ϕ 与滑移率 S 关系曲线

制动防抱死系统是在汽车制动状态下，将车轮滑移率控制在10%～25%的最佳范围内。ABS系统通过电子控制器、车轮转速传感器和制动压力调节器，对作用于制动轮缸内的制动液压力进行瞬时的自动控制（每秒约15次），从而控制制动车轮上的制动器压力，使制动车轮尽可能保持在最佳的滑移率范围内运动，从而使汽车的实际制动过程接近于最佳制动状态。

2. ABS的作用

由于ABS能够使被控制的车轮获得较大的纵向和横向的附着力，因此可以大大提高汽车的行驶性能。它具体有以下几个方面的作用。

（1）改善汽车制动时转向操纵性　没有ABS的汽车，在紧急制动时，如果前轮抱死，因横向附着力几乎为零，汽车就丧失转向操纵性，此时即使转动转向盘，汽车也不能转向，只能沿着惯性力的方向前进，最后无法躲避障碍物。当装有ABS后，因汽车仍有足够的转向操纵性，汽车可以通过转向避让障碍物。

（2）增加汽车制动时的方向稳定性　装有ABS的汽车，在紧急制动时能将滑移率控制在理想滑移率附近，具有较大的横向附着力，有足够抵抗横向干扰的能力，从而提高了汽车制动时的方向稳定性，可以避免汽车侧滑和“甩尾”。

（3）缩短制动距离　装用ABS后，在汽车制动过程中，因为能始终保持车轮和路面间附着系数的最佳利用，有效地利用最大纵向附着力，因而能在最短的距离内制动停车。通常情况下，一般驾驶员操作时，制动距离会比没有ABS时有所缩短。特别是在湿滑和冰雪路面上时，制动距离可以明显缩短，一般为没有时的10%～20%。但值得注意的是：在不平整的路面上，或者在沙砾以及积雪的路面上，由于汽车制动抱死时，其表面物质（如沙砾、积雪等）会被铲起并堆在车轮前面，形成楔形物，反而构成一种阻力，易于汽车制动，所以带有ABS的车辆的制动距离会比没有ABS的车辆的制动距离稍长。

（4）减少轮胎磨损　由于装有ABS的汽车制动时，车轮处于边滚动边滑移状态，避免了制动时车轮抱死在地面上的滑拖，从而可以减少轮胎局部磨损，提高了轮胎使用寿命。一般提高6%～10%。

(5) 减少驾驶员的紧张情绪　装有 ABS 的汽车，驾驶员在制动时，只需把脚尽力踏在制动踏板上，ABS 就会代替驾驶员自动进入最佳制动的状态，驾驶员可以比较放心地操纵方向盘。特别是在冰雪道路上，可以减少驾驶员的不安全感。

(6) 使用方便、工作可靠　ABS 系统的运用与常规制动装置的运用几乎没有区别，制动时驾驶员只要正常制动即可。遇到雨雪路滑，驾驶员也没有必要用一连串的点刹方式进行制动，ABS 系统根据车轮的实际转速自动进入工作状态，使制动保持在最佳工作状态。要注意的一点是：ABS 系统工作时，驾驶员会感到制动踏板颤动，并听到一些噪声，都属于正常现象，不必过分紧张。ABS 系统工作十分可靠，并有自诊断能力。

二、汽车防抱死制动系统的基本组成

制动防抱死系统由轮速传感器、制动压力调节装置和电子控制模块（ECU）等组成，见图 2-3。ABS 系统主要组件在汽车上的安装位置如图 2-4 所示。在常见的 ABS 中，每个车轮上各安装一个转速传感器，将有关各车轮转速的信号输入电子控制装置（ABS ECU）。电子控制装置不断从传感器中获取车轮速度信号，并加以运算处理，分析是否有车轮即将抱死滑拖。

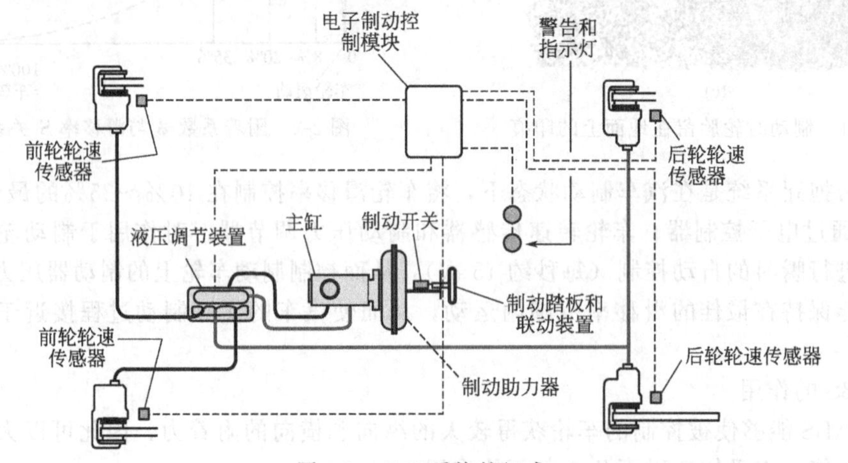

图 2-3　ABS 系统的组成

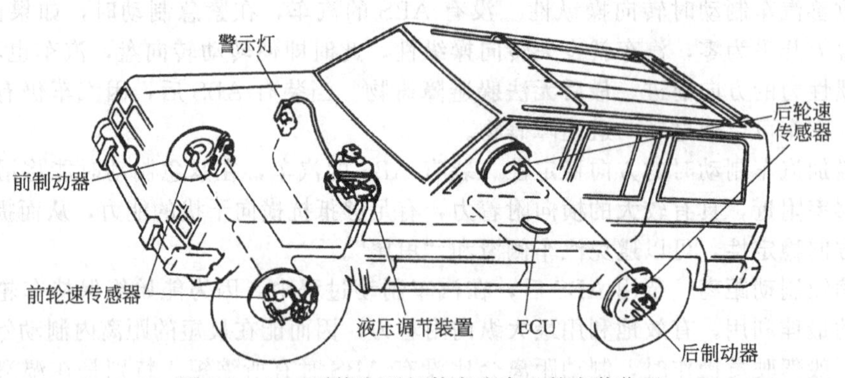

图 2-4　ABS 系统主要组件在汽车上的安装位置

如果没有车轮即将抱死滑拖，制动压力调节器（ABS 执行器）不工作，制动总泵和各制动轮缸相通，制动轮缸中的压力继续增大，即 ABS 制动过程中的增压状态；如果 ECU 判断出某个车轮（假设为左后轮）即将抱死滑拖，立即向制动压力调节器发出命令，关闭左后轮制动轮缸的压力不再增大，即 ABS 制动过程中的保压状态；若 ECU 判断出左后轮仍趋于抱死滑拖状态，则立即向制动压力调节器发出命令，打开左后轮制动轮缸与储液室或储能器（图中未画出）的通道，使左后轮制动轮缸中的油压降低，即 ABS 制动过程中的减压状态。总之，汽车制动时，ECU 不断地控制制动系统完成增压、保压、降压、升压的过程，使车轮始终处于将要抱死而未抱死的临界状态。

三、汽车防抱死制动系统的类型

目前，汽车上使用的汽车防抱死制动系统有不同的结构形式，可以按以下方式进行分类。

1. 按 ECU 所依据的控制参数不同分类

（1）以车轮滑移率 S 为控制参数的 ABS　ECU 根据车速和车轮车速传感器的信号计算车轮的滑移率，作为控制制动力的依据。当计算滑移率 S 超出设定值时，ECU 就会输出减小制动力的信号，通过制动压力调节器减小制动压力，使车轮不被完全抱死；当滑移率低于设定值时，ECU 输出增大制动力信号，制动压力调节器使制动力增大。通过这样不断地调整制动压力，控制车轮的滑移率在设定的最佳范围。

这种直接以滑移率为控制参数的 ABS，需要得到准确的车身相对于地面的移动速度信号和车轮车速信号。车轮转速信号容易得到，但取得车身移动速度信号则较难。已有用多普勒（Dopper）雷达测量车速的 ABS，但到目前为止，此类 ABS 应用还很少见。

（2）以车轮角加速度为控制参数的 ABS　ECU 根据车轮的车速传感器信号计算车轮角加速度，作为控制制动力的依据。一个是角减速度的门限值，作为被抱死的标志；一个是角加速度的门限值，作为制动力过小、车速过高的标志。制动时，当车轮角减速度达到门限值时，ECU 输出减小制动力信号；当车轮转速升高至角加速度门限值，ECU 输出增加制动力的信号。如此不断地调整制动压力，使车轮不被抱死，处于边滚边滑的状态。

目前汽车上使用的 ABS 基本上都是此种形式。

2. 按主要生产厂家分类

① 德国的博世（BOSCH）ABS、戴维斯（TEVES）ABS 是目前欧、美、日、韩等国汽车采用最多的 ABS。

② 本迪克斯（BENDIX）ABS，由美国本迪克斯公司生产。在美国克莱斯勒公司生产的汽车上采用最多。

③ 德尔科（DELCO）ABS，由美国德尔科公司生产。在通用、韩国大宇等轿车上采用。

④ 日本的 OEM ABS。

3. 按制动压力调节器形式分类

ABS 按制动压力调节器的形式可分为循环式和可变容积式两种。

（1）循环式制动压力调节器　循环式制动压力调节器是在制动总缸与轮缸之间串联一电磁阀，直接控制轮缸的制动压力。这种压力调节系统的特点是制动压力油路和 ABS 控制压力油路相通。也就是说，循环式制动压力调节器是用电磁阀直接控制轮缸制动压力的制动压力调节器，如图 2-5 所示。图中的储能器的功用是在“减压”过程中将从轮缸流经电磁阀的制动液暂时储存起来。回油泵也称为再循环泵，其作用是将“减压”过程中从制动轮缸流进储能器的制动液泵回制动主缸。

（2）可变容积式制动压力调节器　可变容积式制动压力调节器是在汽车原有制动管路上增加一套液压控制装置，用它控制制动管路中制动液容积的增减，从而控制制动压力的变化。也就是说，可变容积式调节器是电磁阀间接控制制动压力的制动压力调节器，如图 2-6 所示。这种压力调节系统的特点是制动压力油路和 ABS 控制压力油路是相互隔开的。

4. 按控制通道分类

汽车制动防抱死系统的类型有许多，按照控制通道数目的不同，ABS 可分为四通道、三通道、双通道和单通道四种类型。在 ABS 系统中，能够独立进行制动压力调节的制动管路称为控制通道。如果对某车轮的制动压力可以进行单独调节，称这种控制方式为独立控制；如果对两个（或两个以上）车轮的制动压力一同进行调节，则称这种控制方式为一同控制。在两个车轮的制动压力一同控制时，如果以保证附着力较大的车轮不发生制动抱死为原则进行制动压力调节，称这种控制方式为按高选原则一同控制；如果以保证附着力较小的车轮不发生制动抱死为原则进行制动压力调节，称这种控制方式为按低选原则一同控制。

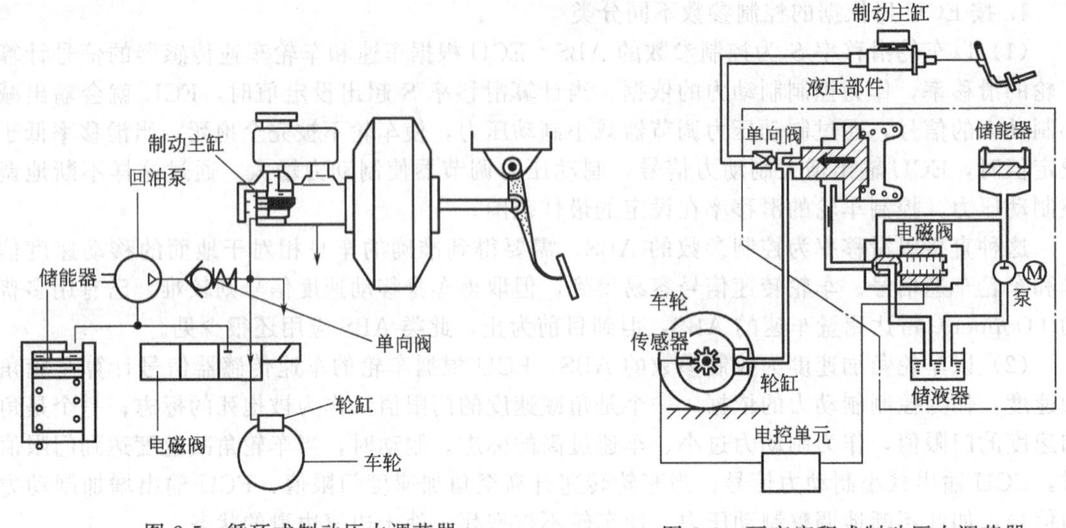

图 2-5　循环式制动压力调节器　　图 2-6　可变容积式制动压力调节器

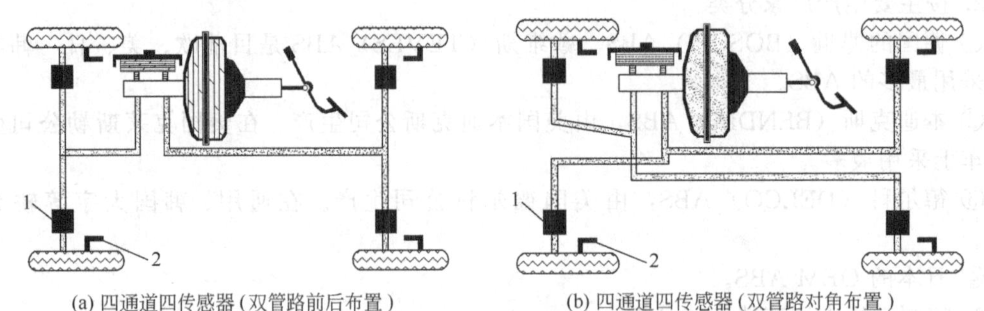

(a) 四通道四传感器(双管路前后布置)　　(b) 四通道四传感器(双管路对角布置)

图 2-7　四通道 ABS 系统

1—控制通道；2—轮速传感器

(1) 四通道 ABS 系统　四通道 ABS 系统主要有两种结构形式，如图 2-7 所示。为了对四个车轮进行独立控制，在每个车轮上个设置了一个轮速传感器，并在通往各个车轮制动轮缸的制动管路上设置了制动压力调节分装置。由于这种布置形式可以最大程度地利用每个车轮的附着力进行制动，因此汽车制动效能最好。但在两侧车轮的附着系数不相等的路面上制动时，由于同一轴上的制动力不相等，易产生制动跑偏现象。因此，ABS 系统通常都不对四个车轮进行独立控制。

(2) 三通道 ABS 系统　目前汽车上应用较多的四轮 ABS 多为三通道系统，而三通道系统都是对两前轮的制动压力进行独立控制，对两后轮的制动压力低选原则一同控制，其布置形式如图 2-8 所示。

(3) 双通道 ABS 系统　如图 2-9 所示为四传感器双通道前轮独立控制的 ABS 系统，此类 ABS 是一种简易的制动防抱死系统，通常适用于对角布置的双制动管路汽车。两前轮单独控制，通过比例阀按一定比例将制动压力传给后轮。

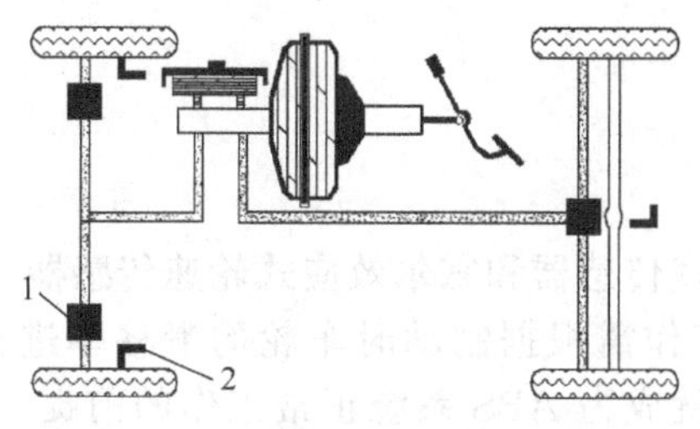

(a) 三通道四传感器（双管路前后布置）

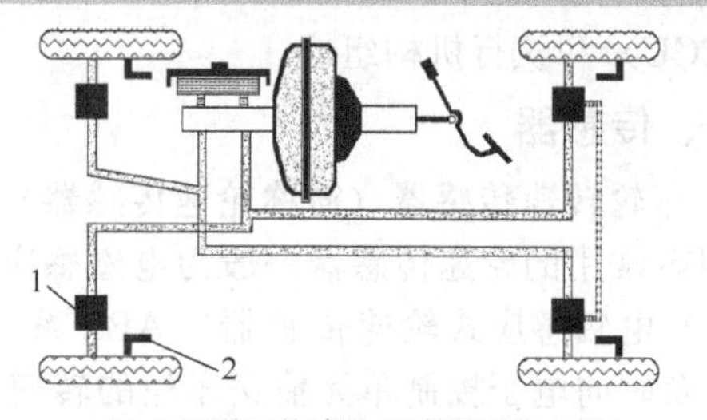

(b) 三通道四传感器（双管路对角布置）

图 2-8 三通道 ABS 系统

1—控制通道；2—轮速传感器

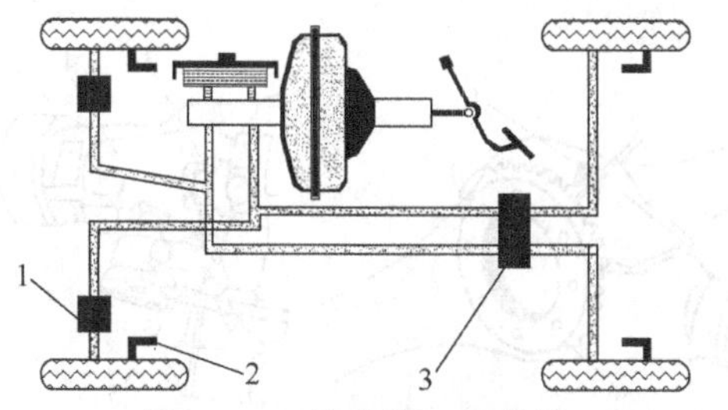

图 2-9 四传感器双通道前轮独立控制的 ABS 系统

1—控制通道；2—轮速传感器；3—比例阀

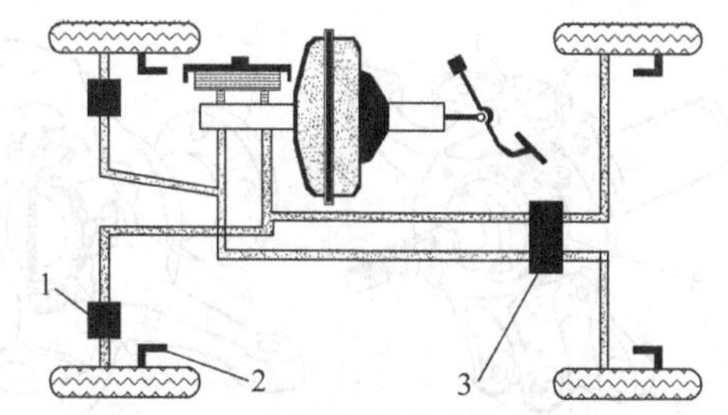

图 2-10 四传感器双通道前轮独立后轮低选控制的 ABS 系统

1—控制通道；2—轮速传感器；3—低选择阀（SLV）

当汽车在不对称路面上制动时，具有高附着系数一侧的前轮产生的高压传至低附着系数一侧的后轮，该后轮发生抱死。而低附着系数一侧的前轮液压较低，传至高附着系数一侧的后轮时不发生抱死，可保持汽车方向的稳定性。两通道的 ABS 系统与三通道 ABS 或四通道 ABS 系统相比较，后轮制动力一般稍显不足，紧急制动时制动距离有所加长，但后轮滑移较小，制动稳定性好。

如图 2-10 所示，四传感器双通道前轮独立后轮低选控制的 ABS 系统是在四传感器双通道前轮独立控制的 ABS 系统的基础上，用低选侧阀（SLV）代替比例阀。这样，可使汽车在不对称的路面上制动时，高附着系数一侧的前轮产生的高压不直接传递到低附着系数一侧的后轮，该后轮只升到低附着系数一侧的前轮的制动压力。从而防止了处于低附着系数一侧的后轮抱死，其控制效果更接近三通道式 ABS 或四通道式 ABS 系统。

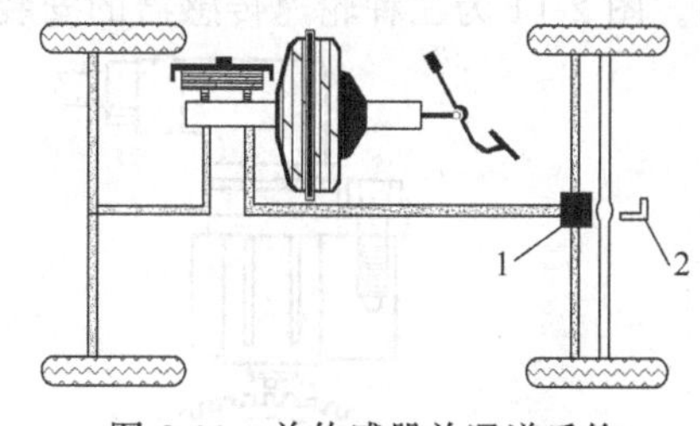

图 2-11 单传感器单通道后轮一同控制的 ABS 系统

1—控制通道；2—轮速传感器

（4）单通道 ABS 系统 如图 2-11 所示，有单通道 ABS 系统都是在前后布置的双管路制动系统的后制动管路中设置一个制动压力调节装置，对于后轮驱动的汽车只需在传动系统中安装一个转速传感器，单通道 ABS 系统一般对两后轮按低选原则一同控制，其主要作用是提高汽车制动的方向稳定性。当汽车在不对称路面上制动时，两后轮的制动力都被限制在处于低附着系数路面上的后轮的附着水平，制动距离有所增加。由于前制动轮缸的制动压力未被控制，前轮可能发生制动抱死，所以汽车制动时的转向操纵能力得不到保障。但由于单通道 ABS 能够显著地提高汽车制动时的方向稳定性，又具有结构简单、成本低的优点，因此在轻型货车上得到广泛应用。

第二节 汽车防抱死制动系统的结构与工作原理

由上述可知，ABS 通常是单指防抱死电子控制系统。电控 ABS 由传感器、电子控制单元（ECU）和执行机构组成。

一、传感器

1. 车轮转速传感器（简称轮速传感器）

ABS 常用的轮速传感器一般为电磁感应式轮速传感器和霍尔效应式轮速传感器。

（1）电磁感应式轮速传感器　ABS 系统的工作需根据制动时车轮的滑移率进行控制。因此，及时向电子控制单元输送车轮的转速信号就成为 ABS 系统正常工作的前提。车轮转速传感器的作用就是检测车轮的速度，并将速度信号输入电子控制单元。目前大多数轮速传感器都是电磁感应式车轮转速传感器。它可以安装在车轮上（图 2-12），也可以安装在主减速器或变速器中，如图 2-13 所示。

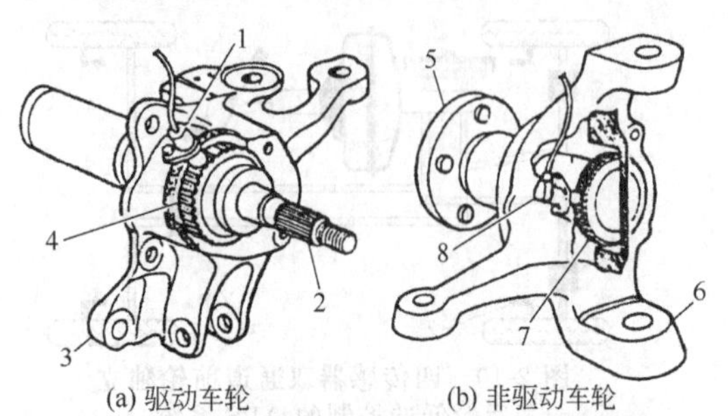

(a) 驱动车轮　(b) 非驱动车轮

图 2-12　轮速传感器在车轮上的安装位置

1,8—轮速传感器；2—半轴；3—悬架支承；4—齿圈；5—轮毂；6—转向节；7—齿圈

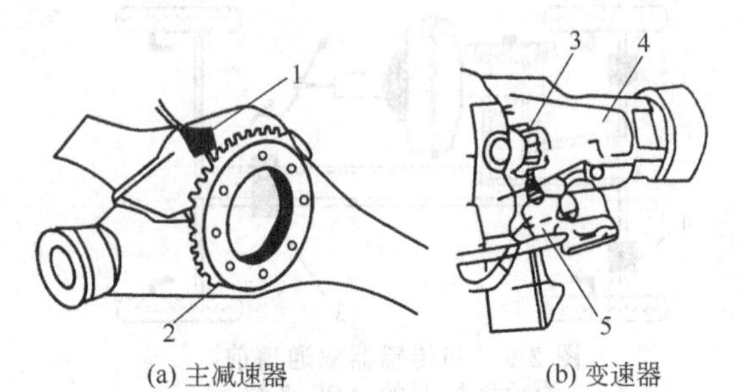

(a) 主减速器　(b) 变速器

图 2-13　轮速传感器在主减速器或变速器上的安装位置

1,5—轮速传感器；2—主减速器从动齿轮；3—齿圈；4—变速器

电磁式轮速传感器根据极轴端部的形状，可分为凿式、圆柱式和菱形式三种，它们内部结构大同小异，其工作原理完全相同。电磁式轮速传感器极轴形状不同，其安装方式也不同。图 2-14 为三种轮速传感器的安装情况。

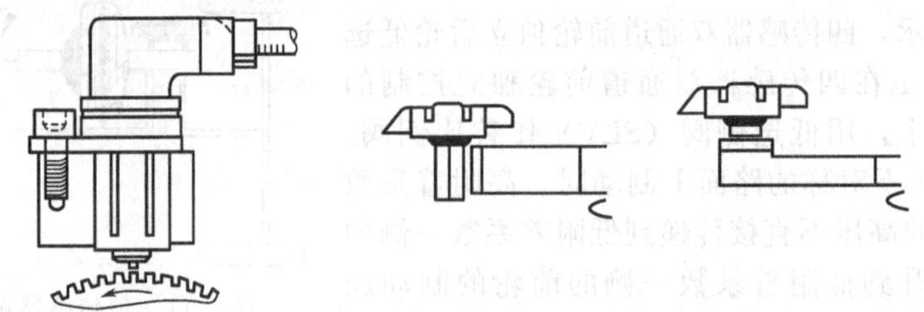

(a) 凿式轮速传感器　(b) 菱形式轮速传感器　(c) 圆柱式轮速传感器

图 2-14　不同形状极轴传感器头的安装方式

轮速传感器的工作原理，如图 2-15 所示。它由永久磁铁、磁极、线圈和齿圈组成。齿圈在磁场中旋转时，齿圈齿顶和电极之间的间隙以一定的速度变化，使磁路中的磁阻发生变化，磁通量周期地增减，在线圈的两端产生正比于磁通量增减速度的感应电压，该交流电压信号输送给电子控制模块。

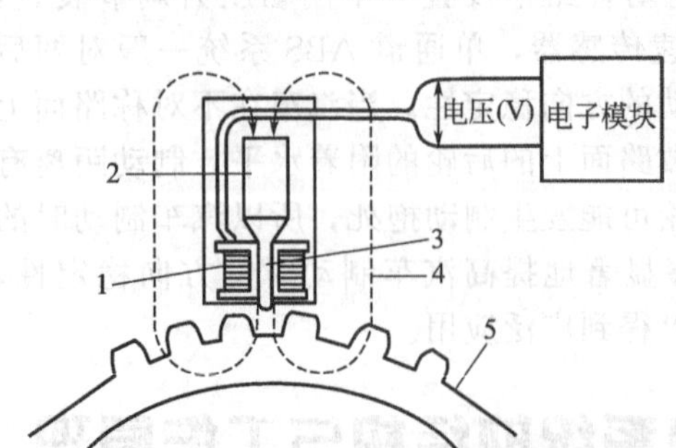

图 2-15　轮速传感器的组成及工作原理

1—线圈；2—磁铁；3—磁极；4—磁通；5—齿圈

（2）霍尔效应式轮速传感器　霍尔效应式轮速传感器是由传感头和齿圈组成。传感头由永久磁铁、霍尔元件和电子电路等组成，永久磁铁的磁力线穿过霍尔元件通向齿轮，如图 2-16 所示。

当齿轮位于图 2-16(a) 所示位置时，穿过霍尔元件的磁力线分散，磁场相对较弱。当齿轮位于图 2-16(b) 所示位置时，穿过霍尔元件的磁力线集中，磁场相对较强。齿轮转动时，使得穿过霍尔元件的磁力线密度发生变化，因而引起霍尔电压的变化，霍尔元件将输出一个毫伏（mV）级的准正弦波电压。此信号还需由电子电路转换成标准的脉冲电压。霍尔轮速传感器具有以下优点：一是输出信号电压幅值不受转速的影响；二是频率响应高，其响应频率高达 20Hz，相当于车速为 1000km/h 时所检测的信号频率；三是抗电磁波干扰能力强。因此，霍尔传感器不仅广泛应用于 ABS 轮速检测，也广泛应用于其他控制系统的转速检测。

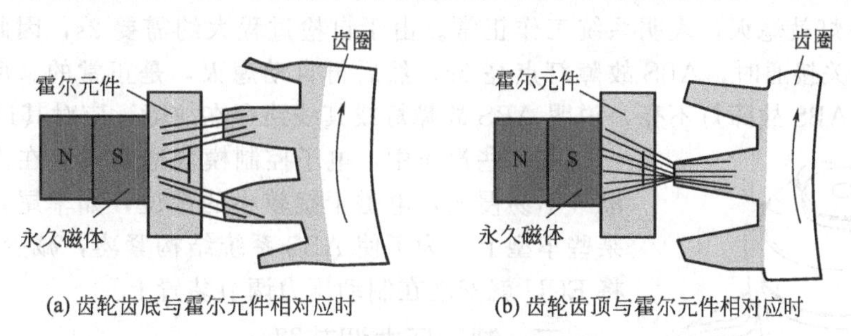

图 2-16　霍尔效应式轮速传感器

2. 加速度传感器

ABS 控制系统最重要的控制参数是车速（汽车行驶速度）；以往设计的 ABS 都是根据汽车车轮的最大转速来估算车速的。随着对制动时的车速计算尽可能精确的要求，目前一些新设计的 ABS 控制系统采用了 G（加速度）传感器。通过此传感器可以对由车轮转速计算出来的车速进行补偿，使汽车制动时滑移率的计算更加精确。G 传感器有水银开关型、摆型和应变仪型。图 2-17 所示为这三种形式的传感器的结构。

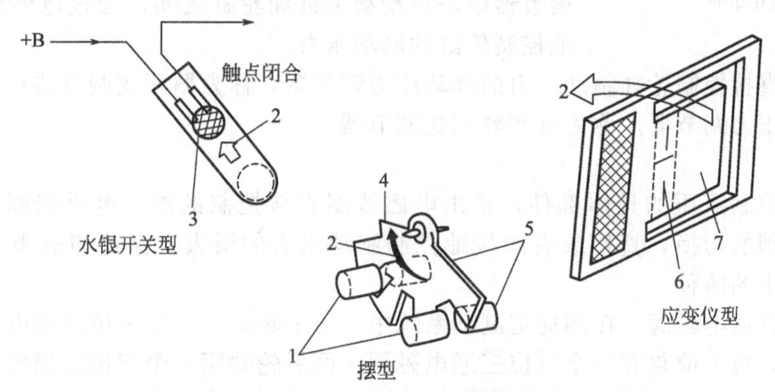

图 2-17　三种加速度（G）传感器的结构示意图

1—光敏管；2—减速度力的方向；3—水银；4—摆动板；5—发光二极管；6—应变片；7—悬臂

二、电子控制模块（ECU）

电子控制模块是 ABS 系统的控制中心，它实际上是一个微型计算机，所以又常称为 ABS（ECU）电脑。ECU 由输入电路、数字控制器、输出电路和警告电路组成。主要任务是连续监测接受各个车轮转速传感器送来的脉冲信号，并进行测量比较、分析放大和判别处理，计算出车轮转速、车轮减速度以及制动滑移率，再进行逻辑比较分析各车轮的制动情况，一旦判断出车轮将要抱死，它立刻进入防抱死控制状态，通过电子控制单元向液压单元发出指令，以控制制动轮缸油路上电磁阀的通断和液压泵的工作来调节制动压力，防止车轮抱死。

ECU 还不断地对自身工作进行监控。由于 ECU 中有两个完全相同的微处理器，它们按照同样的程序对输入信号进行处理，并将其产生的中间结果与最终结果进行比较，一旦发现结果不一致，即判定自身存在故障，它会自动关闭ABS系统。此外ECU还不断监视ABS系统中其他部件的工作情况，一旦ABS系统出现故障，如车轮速度信号消失，液压压力降低等，ECU会发出指令而关闭ABS系统，并使常规制动系统工作，同时将故障信息存储记忆，并将仪表板上的ABS故障灯点亮，向驾驶员发出警示信号，此时应及时检查修理。

当点火开关接通时，ECU就开始进行自检程序，对系统进行自检，此时ABS故障灯点亮。如果自检以后发现ABS系统存在影响其正常工作的故障，它将关闭ABS系统，恢复常规制动系统，仪表板上ABS故障灯一直点亮，警告驾驶员ABS系统存在故障。自检结束后，ABS故障灯就熄灭，表明系统工作正常。由于自检过程大约需要2s，因此在正常情况下，当点火开关接通时，ABS故障灯点亮2s，然后再自动熄灭，是正常的。反之如果点火开关接通时，ABS故障灯不亮，说明ABS故障灯或其线路存在故障，应对其进行检修。

在一些汽车中，电子控制模块通常安装在汽车上尘土和潮气不易侵入，电磁干扰较小的部位，如车尾行李箱中。在某些车型上，为了使ABS系统结构紧凑，减少插头和线束，将ECU就安装在制动压力调节装置上。

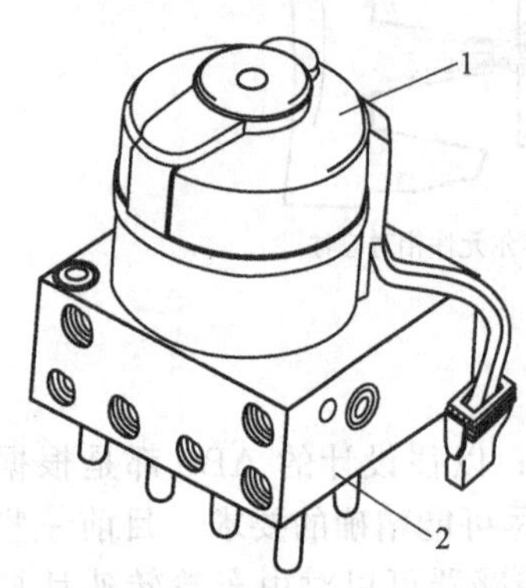

图 2-18　制动压力调节器
1—带低压储液罐的电动液压泵；
2—液压单元

三、制动压力调节器

根据用于不同制动系统的ABS，制动压力调节器主要有液压式、气压式和空气液压加力式等。现代轿车制动系统主要是液压式，以下主要介绍液压式制动压力调节器。液压式制动压力调节器主要是由电动泵、蓄压器、电磁阀和一些控制开关组成，它是ABS的执行器。如图2-18所示，制动压力调节器总成包括液压控制电磁阀和液压电动泵。制动压力调节器串联在制动主缸和轮缸之间，通过电磁阀直接或间接地控制轮缸的制动压力。

把电磁阀直接控制轮缸制动压力的制动压力调节器，称为循环式调节器；把间接控制制动压力的制动压力调节器，称为可变容积式调节器。

1. 电磁阀

电磁阀是控制液压的具体部件，是由电磁线圈直接控制的阀，电磁线圈受ECU的控制。通过电磁阀的切换，直接或者间接地控制制动压力的增大、保持和减小。电磁阀有多种，现介绍其中的两种。

(1) 三位三通电磁阀　在四通道制动系统中，每个轮缸有一个三位三通电磁阀；在三通道制动系统中，每个前轮有一个三位三通电磁阀，两后轮共用一个三位三通电磁阀。三位三通电磁阀有三个孔，分别通往制动主缸、车轮制动器和储能器。电磁线圈通过的电流由ECU控制，能使阀处于“升压”、“保压”、“减压”三种位置，即“三位”，如图2-19所示。

在常规制动模式下（ABS不起作用）或在防抱死制动模式（ABS起作用）的“增压”阶段，如图2-19所示，电磁线圈中无电流流过，电磁阀处于“增压”位置，此时制动主缸与轮缸直通，由制动主缸流出的制动液直接进入轮缸，轮缸压力随主缸压力而增减。

在ABS系统的“保持压力”阶段，根据ECU的指令，向电磁线圈提供了一个较小的电流，使柱塞将通向制动主缸、制动轮缸和储液器的三个通道全部关闭，此时电磁阀处于“保持压力”位置。

在ABS系统的“减压”阶段，根据ECU的指令，向电磁线圈通入最大的电流，使柱塞将制动轮缸和储液器相连通，并将通向制动总缸的通道关闭，此时电磁阀处于“减压”位置。

三位三通电磁阀常写成3/3电磁阀，并用图2-20表示。

(2) 二位二通电磁阀　这种电磁阀只分为打开（ON）和关闭（OFF）两种工作位置状

态，同时又具有两个通路，即进液口和出液口两个通路，因此被称为二位二通电磁阀。又因该电磁阀在电磁线圈未通电时处于开启状态，则被称为二位二通常开电磁阀。而在电磁线圈中未通电时，处于关闭状态的二位二通电磁阀，则被称为常闭电磁阀，其结构和工作原理与常开电磁阀基本相同，只是在电磁线圈中未通电时，球阀被压紧靠在阀座上，磁阀处于关闭状态，而在电磁线圈中有一定电流通过时，球阀离开阀座，电磁阀处于开启状态。

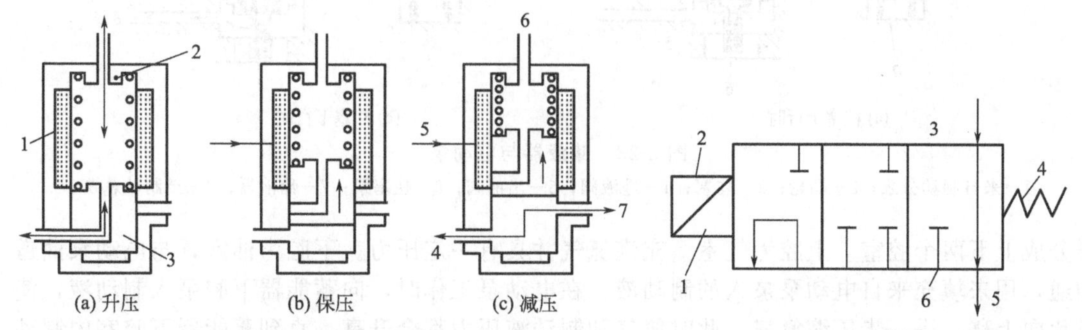

图 2-19　三位三通电磁阀的基本结构与工作原理

1—线圈；2—固定铁芯；3—柱塞；4—通轮缸；5—电流；6—通主缸；7—通储液器

图 2-20　三位三通电磁阀的表示符号

1—电磁线圈；2—电流；3—进液口；4—弹簧；5—出液口；6—回液口

在三通道式 ABS 系统的制动压力调节器阀体中有三对二位二通电磁阀，其中两对分别控制两个前轮的制动，一对控制两个后轮的制动。每对电磁阀中，一个是常开输入阀，一个是常闭输出阀。在常规制动模式下，制动液通过常开的输入电磁阀到制动轮缸。如果系统进入 ABS 防抱死制动状态，ECU 发出指令，使输入、输出电磁阀适时打开和关闭，让制动轮缸的压力快速变化（增压或减压），防止车轮制动时被完全抱死。ECU 的控制速度很高，它可在防抱死制动过程中以每秒 12 次的频率打开或关闭相应的输入、输出电磁阀。如果 ABS 系统出现故障，输入电磁阀始终常开，输出电磁阀始终常闭，从而使常规制动系统能正常工作，而 ABS 系统不能正常工作，直到故障排除为止。

二位二通电磁阀常写成 2/2 电磁阀，并用图 2-21 表示。

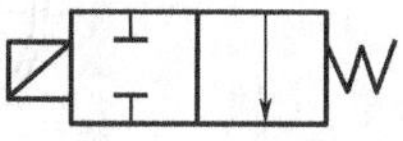

图 2-21　二位二通电磁阀的表示符号

2. 蓄能器与电动泵

蓄能器有两种，根据其压力范围不同，可分为低压蓄能器和高压蓄能器，它们分别配置在不同形式的压力调节器中。

（1）低压蓄能器与电动泵　低压蓄能器一般称为储液器，用于循环式制动压力调节器中，主要用来接纳 ABS 减压过程中从制动分泵流回的制动液，同时还对回流制动液的压力波动具有一定的衰减作用。储液器内有一活塞和弹簧，如图 2-22 所示。

当制动液从制动分泵流入储液器时，具有一定压力的制动液就会压缩弹簧并推动活塞下移，储液器容积变大，可以暂时储存制动液，然后由电动泵将制动液泵入制动总泵。电动泵一般由直流电动机与柱塞泵组成。在 ABS 工作时，根据 ECU 输出的控制信号，直流电动机带动凸轮转动。凸轮转动时，驱动柱塞在泵内上下运动。柱塞上升时，储液器与制动分泵内具有一定压力的制动液，通过柱塞泵的进液孔推开进液阀流入泵腔内；柱塞下行时，首先封闭进油阀，继而使泵腔内制动液压力升高，然后推开出液阀将制动液压入制动总泵。由于该电动泵的主要作用是将制动液泵回制动总泵，所以也称为回液泵。

（2）高压蓄能器与电动泵　高压蓄能器一般常称为蓄能器，有的还叫蓄压器，用于储存来自电动泵的高压制动液，以备在 ABS 系统工作中增加制动压力，它是制动系统的能源，用于可变容积式制动压力调节器中。

高压蓄能器多采用黑色囊状，其结构如图 2-23(a) 所示。蓄能器内部由一个膜片将蓄能

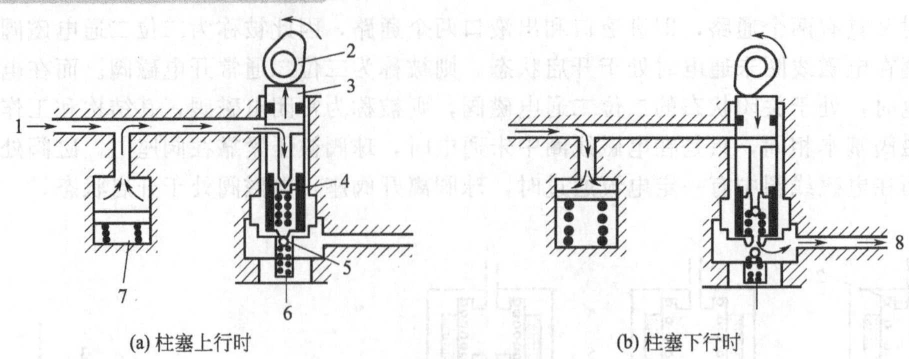

图 2-22　储液器与电动泵

1—来自制动分泵；2—凸轮；3—柱塞；4—进液阀；5—出液阀；6—柱塞泵；7—储液器；8—至制动总泵

器分成上下两个腔室。上腔为气室，充满氮气并具有一定压力。下腔为油室，与电动泵油道相通，用来填充来自电动泵泵入的制动液。在电动泵工作时，向蓄能器下腔泵入制动液，使膜片向上移，进一步压缩氮气，此时氮气和制动液压力都会升高，直到蓄能器下腔室内制动液压力升高到规定值为止。与蓄能器相配合的电动泵由直流电动机和回转球阀活塞式液压泵组成，如图 2-23 所示。由于该电动泵的主要作用是增压，所以也称为增压泵。

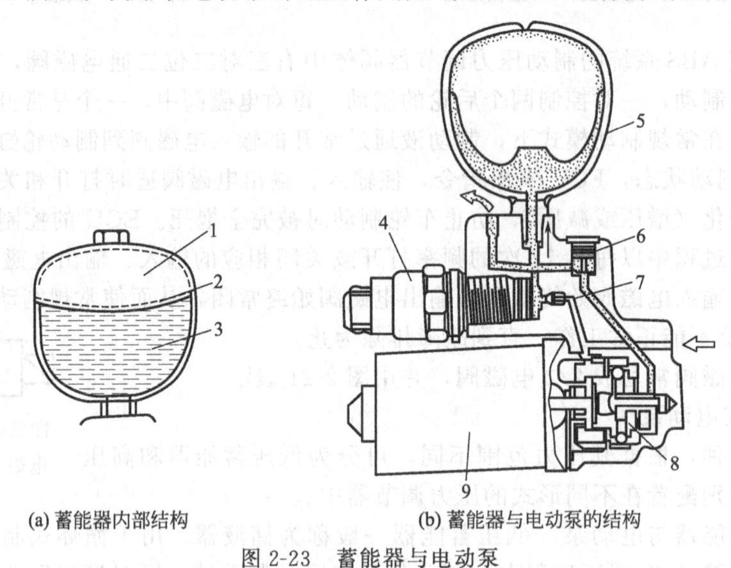

图 2-23　蓄能器与电动泵

1—氮气；2—膜片；3—高压制动液；4—压力控制/压力警报开关；5—蓄能器；6—单向阀

7—限压阀；8—回转球阀式活塞泵；9—直流电动机

在靠近蓄能器的进液口处有单向阀，使制动液只能进不能出。在靠近出液口附近设有限压阀，当蓄能器内压力超过规定值时，限压阀打开，使蓄能器中制动液流回液压泵的进液端，以降低蓄能器中制动液压力。在蓄能器下端装有压力控制/压力警示开关，其中：压力控制开关的作用是对电动泵进行控制。当蓄能器内制动液压力低于一定值时，压力控制开关闭合，接通液压泵电机电路，使液压泵工作。当蓄能器中制动液压力达到规定值时，压力控制开关断开，使电动泵停止工作。压力警示开关一般有两个。当蓄能器的制动液压力降低到某一规定值时，一个开关闭合，用来接通红色警示灯电路，点亮红色制动警示灯；另一个开关断开，ECU 接收到该信号后，则关闭 ABS 系统并点亮褐黄色 ABS 警示灯。

四、制动压力调节器的工作原理

1. 循环式制动压力调节器的工作原理

循环式制动压力调节器由电磁阀、液压泵和电动机等部件组成。调节器直接装在汽车原有的制动管路中，通过串联在制动主缸和制动轮缸之间的三位三通电磁阀直接控制轮缸的压力，可以使轮缸的工作处于常规工作状态、增压状态、减压状态或保压状态。其工作原理如下。

(1) 常规制动过程　开始制动时，驾驶员踩制动踏板，制动压力由制动主缸产生，电磁阀不通电，柱塞处于图示的下方，柱塞将制动主缸与制动轮缸连通，并将通向储液器的通道关闭，ABS系统没有参与控制，整个过程和常规液压制动系统相同，制动压力不断上升，如图2-24所示。

(2) 轮缸保压过程　当驾驶员继续踩制动踏板，油压继续升高到车轮出现抱死趋势时，ABS电子控制模块发出指令，向电磁阀提供一个较小的电流，使柱塞将通向制动主缸、制动轮缸和储液器的三个通道全部关闭，此时电磁阀处于“保持压力”位置，系统油压保持不变，如图2-25所示。

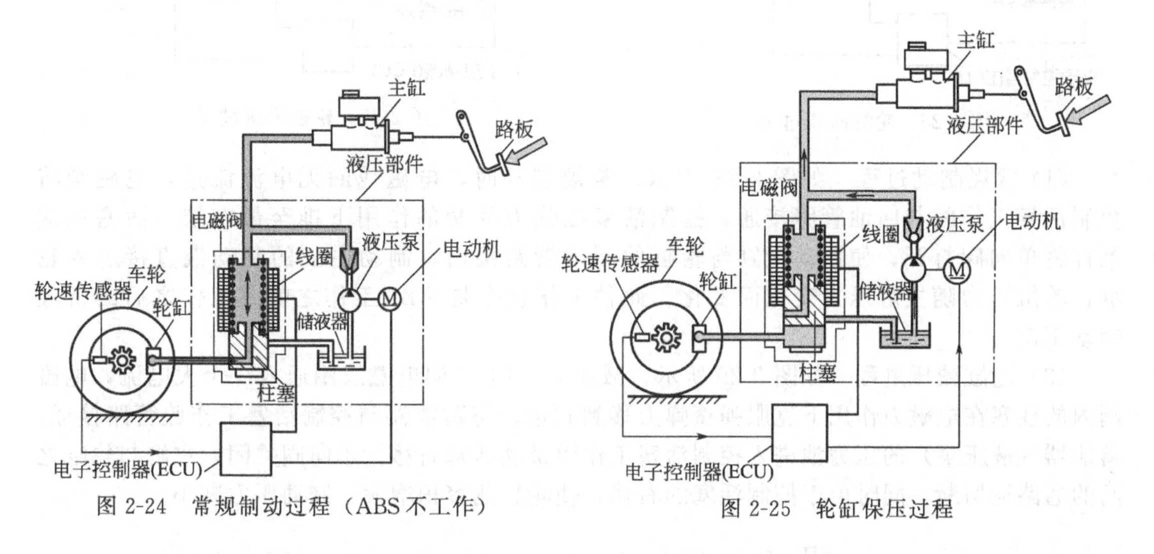

图2-24　常规制动过程（ABS不工作）　　图2-25　轮缸保压过程

(3) 轮缸减压过程　若制动压力保持不变，车轮有抱死趋势时，ABS电子控制模块发出指令，向电磁阀通入最大电流，使柱塞将制动轮缸和储液器连通，并将通向制动主缸的通道关闭，此时电磁阀处于“减压”位置，有抱死趋势的车轮被释放，车轮转速开始上升。与此同时，电动液压泵开始启动，将制动液由储液器送至制动主缸，为下一制动过程做好准备。如图2-26所示。

(4) 轮缸增压过程　为了使制动最优化，当车轮转速增加到一定值后，电子控制模块检测到抱死制动状态已被解除，则给电磁阀断电，柱塞下降到初始位置，主缸与轮缸再次相通，使轮缸油压上升。车轮转速又降低接近于抱死状态，如图2-27所示。

这样反复循环控制（工作频率为4～10次/s），将车轮的滑移率始终控制在20%左右。

这种直接控制式的制动压力调节器结构简单、灵敏性较好，目前大多数汽车的液压制动系统ABS都采用这种压力调节方式。但当液压泵工作时，高压制动液返回制动主缸或增压过程，制动液从制动主缸流回制动轮缸的瞬间，制动踏板均会发生变化（称为踏板反应）。这种反应能让驾驶员知道ABS开始工作，这是一个优点。但是也有驾驶员对踏板反应有不舒适的感觉。

我国生产的红旗CA7220型系列轿车、桑塔纳时代超人、宝来等轿车均装用上述循环式制动压力调节器。

2. 可变容积式制动压力调节器的工作原理

可变容积式制动压力调节器，是在汽车原有制动系统管路上增加一套液压控制装置，用它控制制动管路中容积的增减，从而控制制动压力的变化。该种压力调节系统的特点是制动压力油路和 ABS 控制压力油路是相互隔开的。

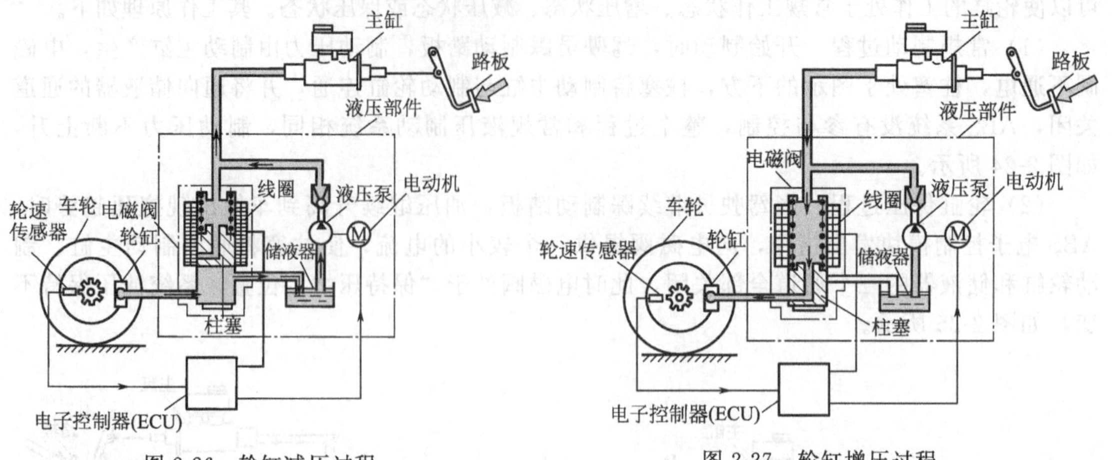

图 2-26　轮缸减压过程　　　　图 2-27　轮缸增压过程

(1) 常规制动过程　如图 2-28 所示，常规制动时，电磁线圈无电流流过，电磁阀将控制活塞工作腔与回油管路接通，控制活塞在强力弹簧的作用下推至最左端。活塞顶端推杆将单向阀打开，使制动主缸与轮缸的制动管路接通，制动主缸的制动液直接进入轮缸，轮缸压力随主缸压力变化而变化。此种工作状态是 ABS 工作之前或工作之后的常规制动工况。

(2) 轮缸减压过程　如图 2-29 所示，减压时，ECU 向电磁线圈通入一个大电流，电磁阀内的柱塞在电磁力作用下克服弹簧弹力移到右边，将蓄能器与控制活塞工作腔管路接通。蓄能器（液压泵）的压力油进入控制活塞工作腔推动活塞右移，单向阀关闭，主缸与轮缸之间的通路被切断。同时由于控制活塞的右移，使轮缸侧容积增大，制动压力减小。

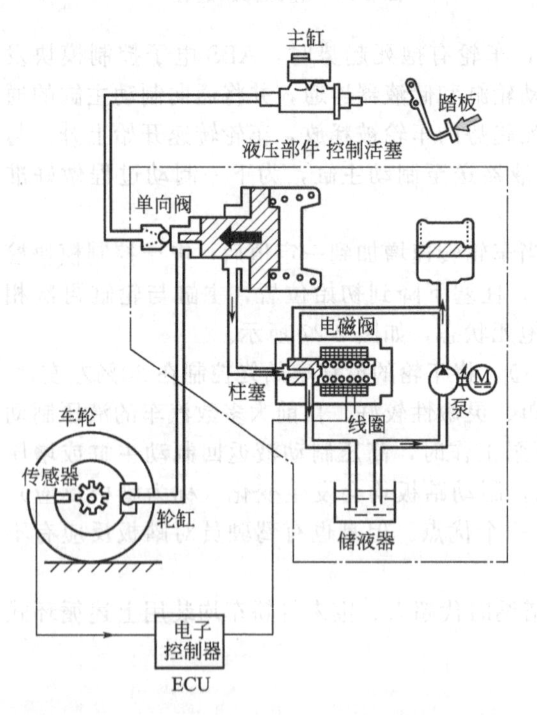

图 2-28　可变容积式调节器的常规制动工作状态

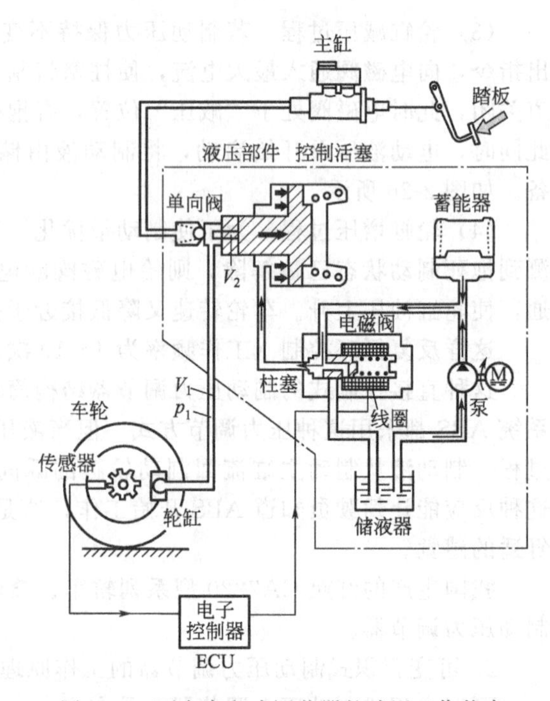

图 2-29　可变容积式调节器的减压工作状态

（3）轮缸保压过程　如图2-30所示，ECU向电磁线圈通入一个较小电流，由于电磁线圈的电磁力减小，柱塞在弹簧力的作用之下左移至将蓄能器、回油管及控制活塞工作腔管路相互关闭的位置。此时控制活塞左侧的油压保持一定，控制活塞在油压和强力弹簧的共同作用下保持在一定的位置，而此时单向阀仍处于关闭状态，轮缸侧的容积也不发生变化，制动压力保持一定。

（4）轮缸增压过程　如图2-31所示，需要增压时，ECU切断电磁线圈中的电流，柱塞回到左端的初始位置，控制活塞工作腔与回油管路接通，控制活塞左侧控制油压解除，控制液流回储液器。控制活塞在强力弹簧的作用下左移，轮缸容积变小，压力升高至初始值。当控制活塞左移至最左端时，单向阀被打开，轮缸压力将随主缸的压力增大而增大。

可变容积式压力调节器的特点是通过改变电磁阀中柱塞的位置，对液压控制活塞的移动进行控制，从而改变制动轮缸管路的容积，利用这种变化间接地控制轮缸制动压力的增减。其制动压力的增减速度取决于液压控制活塞的移动速度。

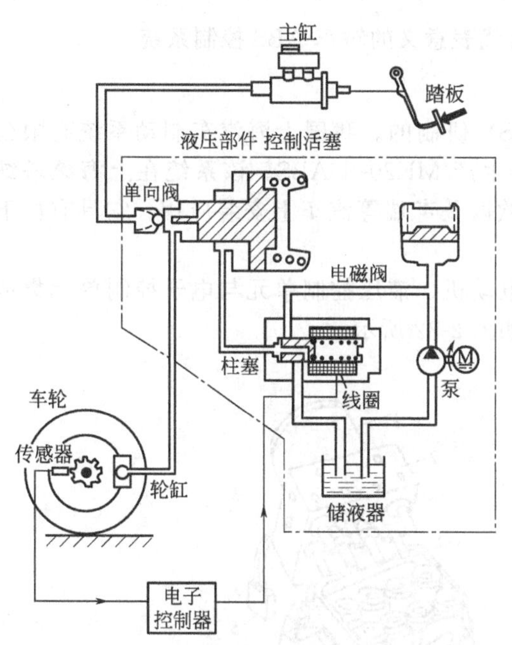

图2-30　可变容积式调节器的保压工作状态

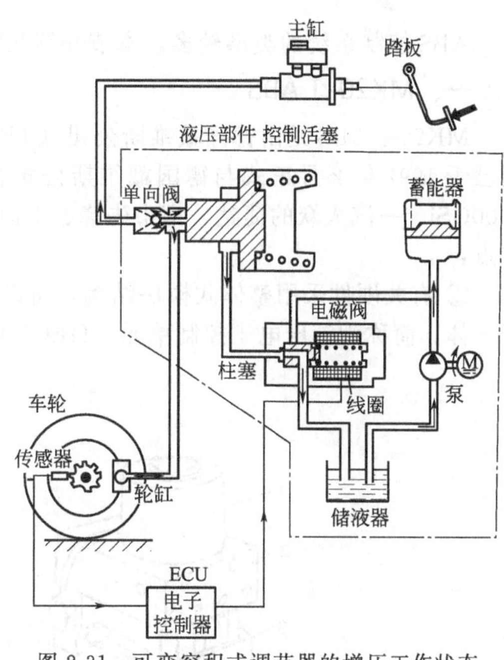

图2-31　可变容积式调节器的增压工作状态

五、制动防抱死系统上的附加组件

依据车型、制造厂商和生产年份，制动防抱死系统有不同的附加组件。主要有：

① 防抱死警告灯，安装在仪表板上，用来指示ABS系统的工作情况；

② 液位传感器，安装在储液罐上，用来检测制动液的液位；

③ 压力开关，一般安装在蓄压器下面，用来检测蓄压器的压力；

④ 自诊断功能块，在电子控制模块内，提供制动防抱死系统的不同诊断的检查；

⑤ 制动踏板行程传感器，安装在制动踏板上，向电子控制模块提供制动踏板的行程信号。

六、制动防抱死系统的使用性能

ABS系统有几方面的使用特性与传统的制动系统有明显的不同。

① 制动时，有时会感到制动踏板有轻微下沉，这是由于道路路面附着系数变化，ABS正常反应所引起的，并非故障现象。

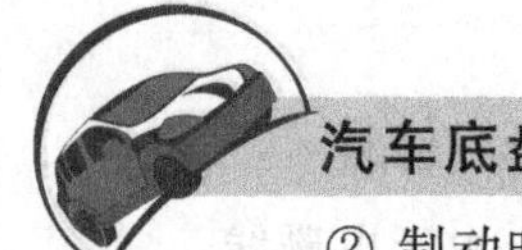

② 制动时，制动踏板会有轻微振动，这是ABS起作用的正常现象。

③ 轮胎制动痕迹与制动防抱死系统起作用的车速范围。装有ABS的汽车，在制动后期，会有车轮被抱死，地面留下拖滑的印痕。这是因为在车速小于7～10km/h时，ABS将不起作用，属正常现象。但是，ABS紧急制动时留下显而易见的轻微斑纹痕迹与普通制动器紧急制动留下的长拖印是截然不同的。

④ 制动时，转动转向盘，会感到转向盘有轻微的振动。这也是由于有的制动压力调节器与动力转向器共享一个油泵所引起的正常反应。

⑤ 高速行驶急转弯或在冰滑路面上行驶时，有时会出现制动报警灯亮起的现象。这是上述情况中出现了车轮打滑现象，ABS产生保护动作引起的，并非有故障。

⑥ 制动时，ABS继电器不断地动作，这也是ABS起作用的正常现象。

第三节 典型汽车制动防抱死控制系统

ABS控制系统的类型较多，本节介绍几种有代表意义的轿车ABS控制系统。

一、MK20-Ⅰ ABS

MK20-Ⅰ ABS是由德国戴维斯公司（TEVES）研制的。我国上海汽车制动系统有限公司已于1997年2月正式与德国戴维斯公司合资生产MK20-Ⅰ ABS。该系统在上海桑塔纳2000GSi、一汽大众的捷达、都市先锋、上海赛欧以及奇瑞等汽车上安装应用。它具有如下特点：

① 有关硬件采用整体式模块结构，将泵的电动机、液压控制单元与电子控制单元集成于一体，简称为液压电子控制单元（HECU），如图2-32所示。

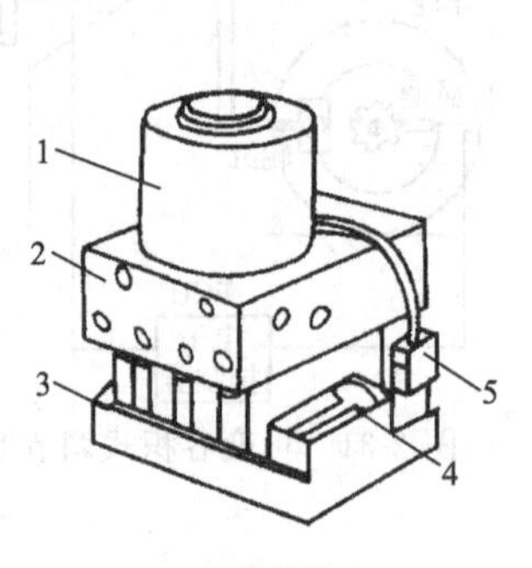

(a) 整体结构

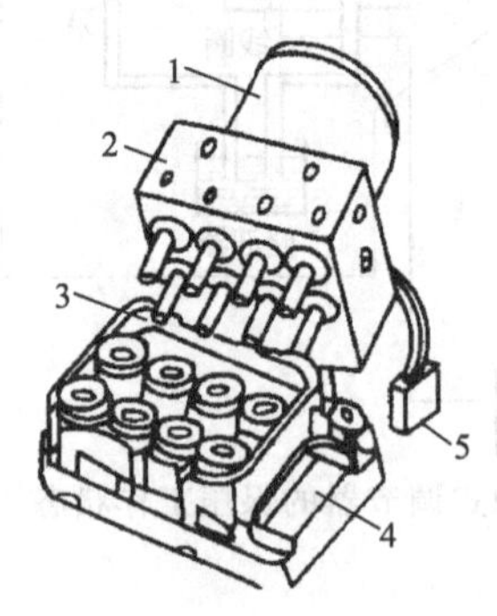

(b) 模块结构

图2-32 MK20-Ⅰ ABS系统液压电子控制单元（HECU）

1—回液泵电动机；2—液压调节器；3—防抱死制动和制动力电子控制器；4—电子控制器线束插座；5—回液泵电动机线束插头

② 电磁阀线圈集成于电子控制单元内部，省去了电磁阀线圈与控制器之间的连接导线，采用大功率集成电路直接驱动电磁阀及泵电动机，省去了电磁继电器。

③ 电子控制单元中有故障存储器，有故障诊断接口，借助专用仪器（V.A.G1551）可方便地进行故障诊断。

1. 系统组成

MK20-Ⅰ ABS系统的液压调节装置是在普通制动液压装置上加装一套ABS调节液压装置而成，为循环式，在汽车上的布置如图2-33所示。采用的是分离式防抱死制动系统，主要由ABS控制器、液压调节装置（ABS液压调节单元、电动液压泵）、四个车轮速度传感

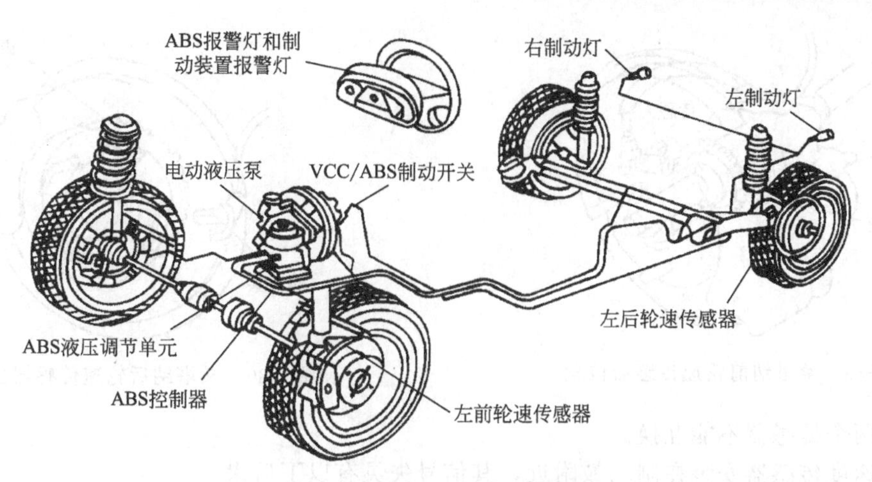

图 2-33　ABS 元件安装示意图

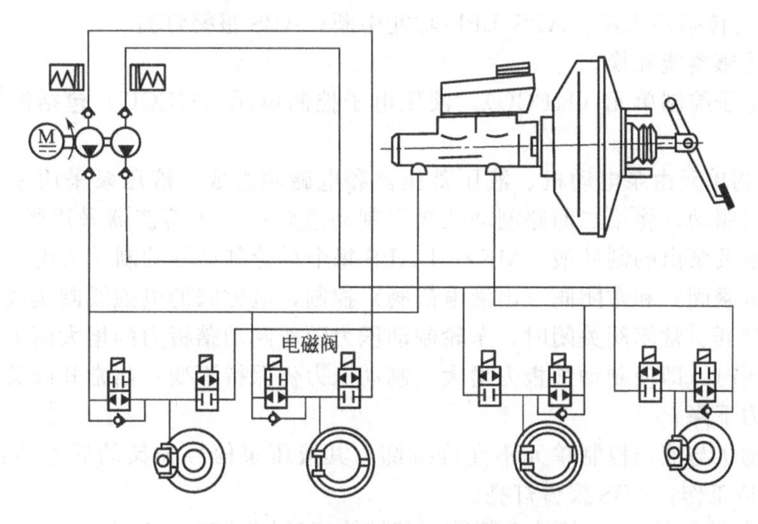

图 2-34　液压对角线双回路制动系统

器、制动装置报警灯和 ABS 报警灯等组成。其 ABS 控制器和液压调节单元组成一个整体单独放在制动主缸附近，布置具有很强的灵活性，结构原理与其他 ABS 基本相同。

采用 MK20-Ⅰ ABS 的汽车一般采用液压对角线双回路制动系统，其布置如图 2-34 所示。制动主缸的前腔与右前轮、左后轮的制动回路相同，制动主缸的后腔与左前轮、右后轮的制动回路相同，两个制动回路呈交叉对角布置。这种液压对角线双回路制动系统能保证在某一回路出现故障时，仍能得到总制动效率的 50%。

MK20-Ⅰ ABS 属于三通道四传感器系统，控制原理是前轮独立控制，后轮按“低选原则”集中控制，即 ABS 对后轴液压的控制是依据两后轮中附着系数较低的车轮来进行调节。

(1) 轮速传感器　MK20-Ⅰ ABS 是采用磁电式轮速传感器，其工作原理前面已作介绍。前轮速传感器的齿圈安装在传动轴上，传感头安装在转向节上（图 2-35）；后轮速传感器的齿圈安装在轮毂上，传感头安装在固定支架上（图 2-36）。

前轮速度传感器安装在轮毂附近，其信号失灵有以下后果。

① 单个传感器失灵：ABS 功能中断；EBD 电子制动力分配仍保持工作；ABS 报警灯亮。

② 两个以上传感器失灵：ABS/EBD 功能中断；ABS 报警灯亮。

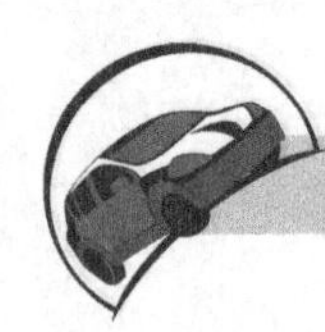

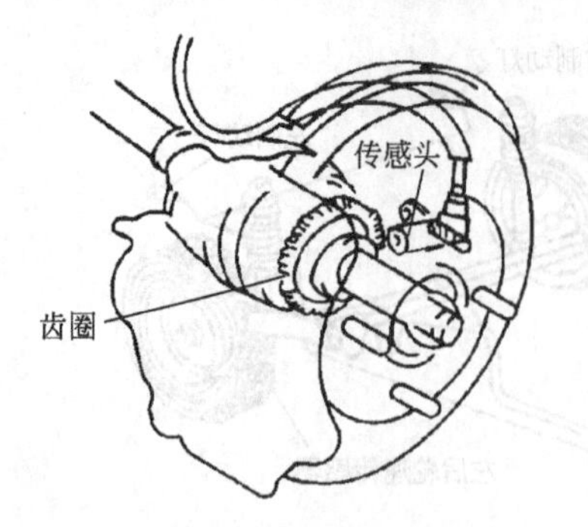

图 2-35　桑塔纳前轮速传感器位置

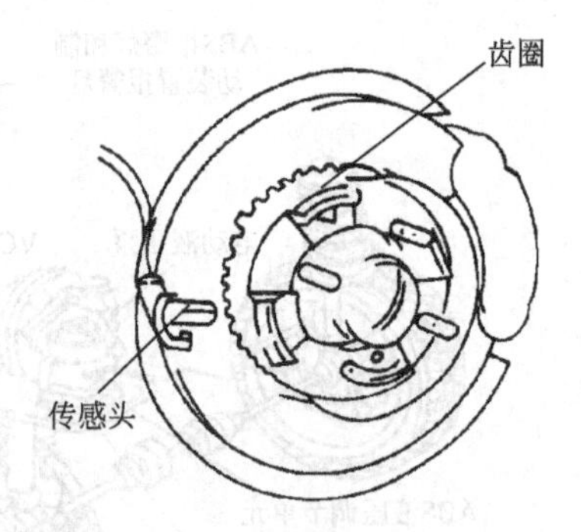

图 2-36　桑塔纳后轮速传感器位置

前轮两个传感器不能互换。

后轮速度传感器安装在制动鼓附近，其信号失灵有以下后果。

① 单个传感器失灵：ABS 功能中断；EBD 仍保持工作；ABS 报警灯亮。

② 两个以上传感器失灵：ABS/EBD 功能中断；ABS 报警灯亮。

后轮两个传感器能互换。

(2) 液压电子控制单元（HECU）　液压电子控制单元（HECU）包括液压控制单元和电子控制单元。

① 液压控制单元由泵电动机、液压蓄压器和电磁阀组成。液压泵采用柱塞式结构，由永磁直流电动机驱动，将第二回路制动液泵回制动总泵；液压蓄能器采用弹簧活塞式结构，暂存泵一时来不及泵出的制动液。MK20-Ⅰ ABS 每个车轮制动器的制动力由一组二位二通的常开阀（进液电磁阀）和常闭阀（出液电磁阀）控制，电磁阀的电磁线圈集成于电子控制器内。当常开阀打开、常闭阀关闭时，车轮制动压力随着制动踏板力的增大而上升；当常开阀和常闭阀都关闭时，即使制动踏板力增大，制动压力仍保持不变；当常开阀关闭、常闭阀打开时，制动压力下降。

液压泵电动机与液压控制单元不允许拆卸。其液压泵信号失灵的后果为：ABS 功能中断；EBD 仍保持工作；ABS 报警灯亮。

② 电子控制单元是 ABS 的核心部件，其结构原理如图 2-37 所示。

一个 16 位和一个 8 位的微处理器组成“计算中心”。16 位负责处理车速信号和控制算法，8 位以类似的但较为粗略的方式工作，在这个处理器中采用数模混合技术设置了用于处理传感器输入信号的硬件电路。两个处理器与其他控制元件之间采用内部串行总线进行通信。总线系统只需要 3 根物理导线就可每秒传递高达 200 万个数据信息。此外总线系统也用于与电磁阀驱动电路、车上其他电子系统以及内外部故障诊断系统的通信。这样，经过处理的传感器信号还可用于其他汽车系统，如车速里程表、发动机管理系统、底盘管理系统等。

由此可见，电子控制单元的功能主要是：控制 ABS 的功能；持续监控 ABS 的电子元件；可外接诊断仪器进行维修作业。

(3) ABS 报警灯　下列情况，ABS 报警灯亮：点火开关接通（自检完毕，灯熄灭）；ABS 功能失效时（自诊断过程中）。信号失灵的后果是在自诊断过程中，报警灯不亮。

2. 工作原理

ABS 工作时，车轮转速传感器不断检测车轮转速信号，制动时，当发现某一车轮有抱死趋势时，电子控制单元发出指令，控制相应回路的常开阀关闭，此时即使制动踏板力继续增大，该车轮制动器上的制动压力仍将保持不变。若在此情况下，该车轮仍有抱死趋势，则控制器将会把常闭阀打开，进入降压阶段。此车轮抱死趋势消除后，常开阀打开，常闭阀关闭，制动回路重新进入升压阶段。图2-38所示为普通制动模式下的工作示意图。

下面以一个车轮为例介绍ABS工作时制动压力的调节过程。

(1) 开始制动（系统油压建立）开始制动时，驾驶员踩制动踏板，制动压力由制动主缸产生，常开的不带电压的进油阀作用到车轮轮缸上，此时不带电的出油阀依然关闭，ABS不参与控制。整个制动过程和常规液压制动系统相同。

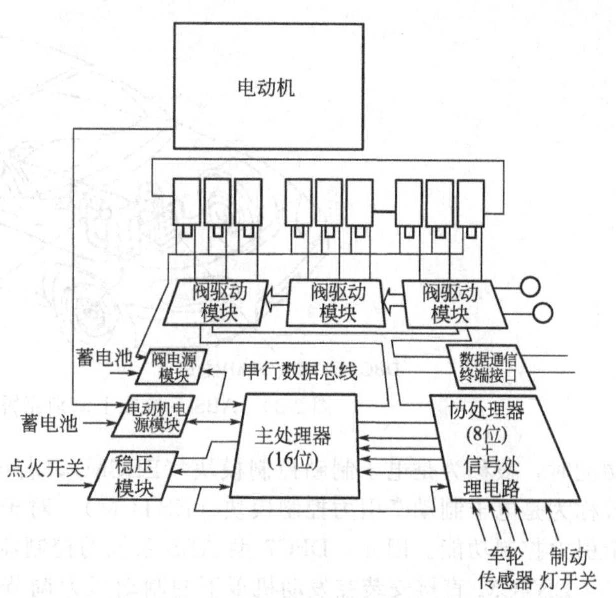

图2-37 电子控制单元结构原理

(2) 压力保持 当驾驶员继续踩制动踏板，油压继续升高到车轮出现抱死趋势时，ABS控制器发出指令使进油阀通电而关闭，出油阀依然不带电仍保持关闭，系统油压保持不变。

(3) 压力降低 如果制动力保持不变，则由于轴荷转移而使某个车轮也趋于抱死。ABS控制器给出油阀通电，打开出油阀，系统通过低压储液器降低油压，此时进油阀继续通电保持关闭状态，有抱死趋向的车轮被释放，车轮速度开始上升。与此同时，电动液压泵开始启动，将制动液由低压储液器送至制动主缸。

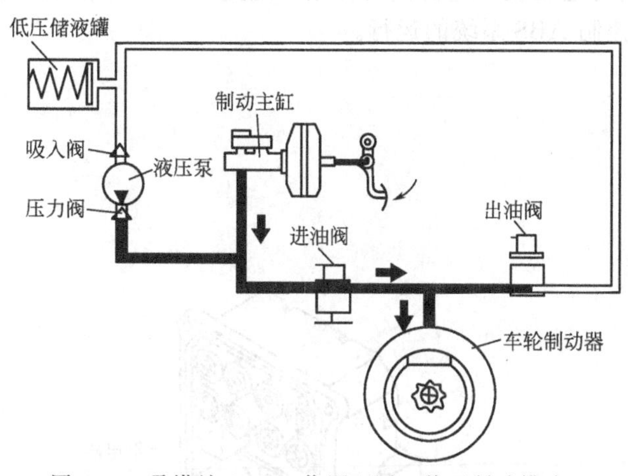

图2-38 桑塔纳ABS工作原理图（普通制动模式）

(4) 压力升高 为了可靠制动，当车轮速度增加到一定值后，ABS控制器给出油阀断电，并关闭此阀，进油阀同样也断电打开，电动液压泵继续工作，从低压储液器中汲取制动液泵入液压制动系统，使车轮速度又一次降低。这样反复循环地控制（工作频率为5～6次/s），将车轮的滑移率始终控制在20%左右。

如果ABS出现故障，进油阀会常开，出油阀常闭，ABS不参与工作，整个制动系统与常规液压制动系统相同。

二、上海别克轿车ABS

上海别克轿车采用的是通用公司新一代德尔福（Delphi）控制系统，简称DBC7型ABS系统。该系统属于四传感器、四通道、四轮独立控制方式循环式液压ABS。同样也是将ABS电子控制模块（ECU）和制动压力调节器组成一个总成，其在车上的安装位置如图2-39所示。

DBC7型ABS系统的电子控制模块有EBCM和EBTCM两种，当系统只有防抱死制动

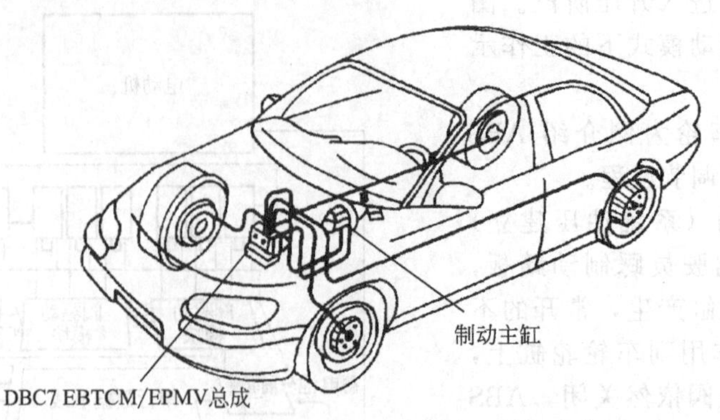

图 2-39 ABS系统在上海别克轿车上的安装位置

功能时，被称为是电子制动控制模块（EBCM），若该系统同时具有牵引力控制功能时，则被称为是电子制动牵引力控制模块（EBTCM）。对于大多数 DBC7 型 ABS 系统均具有电子牵引力控制功能。因此，DBC7 型 ABS 系统的控制器主要指 EBTCM。

EBTCM 直接安装在发动机罩下的制动压力调节器上（图 2-40），靠近制动主缸，采用一个微处理器控制计算系统，用于处理输入的各种信息以控制制动压力调节器（BPMV）；EBTCM 内还装有一个用于监测系统运行状况的诊断控制系统，当 ABS 系统出现故障时，电子制动控制继电器将关闭 ABS 功能。在 DBC7 型 ABS 系统中，该电子制动控制继电器与 EBTCM 制成一体（图 2-41），用于控制对电动机和电磁阀的供电，通过 EBTCM 搭铁，在该继电器关闭的状态下，EBTCM 才能控制 ABS 系统的运行。

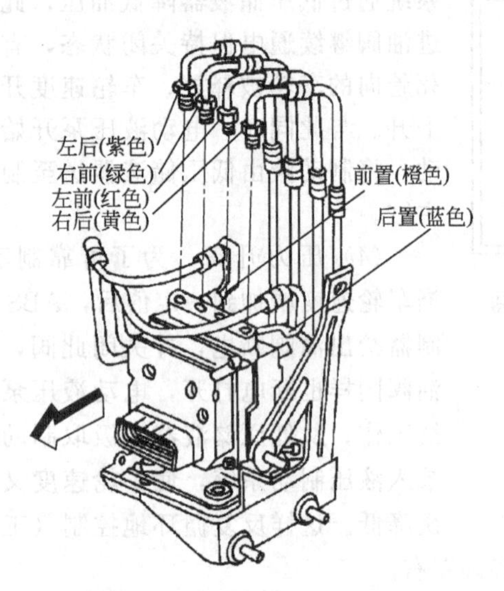

图 2-40 上海别克轿车 ABS 系统的 EBTCM/BPMV 总成及管路

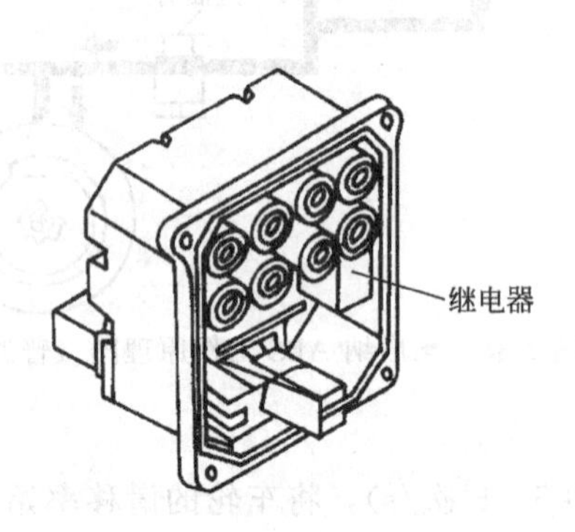

图 2-41 电子制动控制继电器

制动压力调节器（BPMV）用于执行 EBTCM 发出的控制指令，其工作原理见图 2-42。制动主缸前部（前置）的出油口通过 BPMV 与左前和右后制动管路相连，后部（后置）出油口通过 BPMV 与右前和左后制动管路相连。在 BPMV 内部有以下几个用于液压控制的部件：每个车轮制动管路上有受电磁阀控制的进油口（施加）和出油口（释放），一个受直流电动机控制的液压泵，用于从储压器向施加回路压回油液，向驱动轮施加牵引力控制压力，对于具有牵引力控制功能的 ABS 系统，则每个车轮均需要一个阀。

在汽车启动时，EBTCM 接通电子制动控制继电器，向系统中所有电磁阀供电。EBTCM 依据轮速传感器输入的信息，通过保持压力、增大压力或减小压力对每个车轮进行控制。ABS 报警灯熄灭，继电器就立即闭合，向所有的电磁阀和液压泵供电。如果需要，EBTCM 可通过接地控制每个制动通道。

在 ABS 制动系统处于非工作状态时，每个通道的进口电磁阀均处于断电状态，液压控制管路开启（图 2-42），每个出口电磁阀也处于断电状态。但是，其液压控制管路闭合。

当 ABS 处于"压力保持"状态时，受 EBTCM 控制，通道进口电磁阀处于通电状态，其液压控制管路闭合，出口电磁阀仍处于断电状态，其液压控制管路也闭合。这样，可以防止制动主缸向制动管路增加压力。

在 ABS 处于"压力减小"状态时，进口电磁阀继续处于通电状态，液压控制管路继续闭合，而出口电磁阀处于通电状态，其液压控制管路开启，EBTCM 控制液压泵泵出管路中的油液，从而使制动管路压力减小。蓄压器开始储油，直到液压泵加速为止。

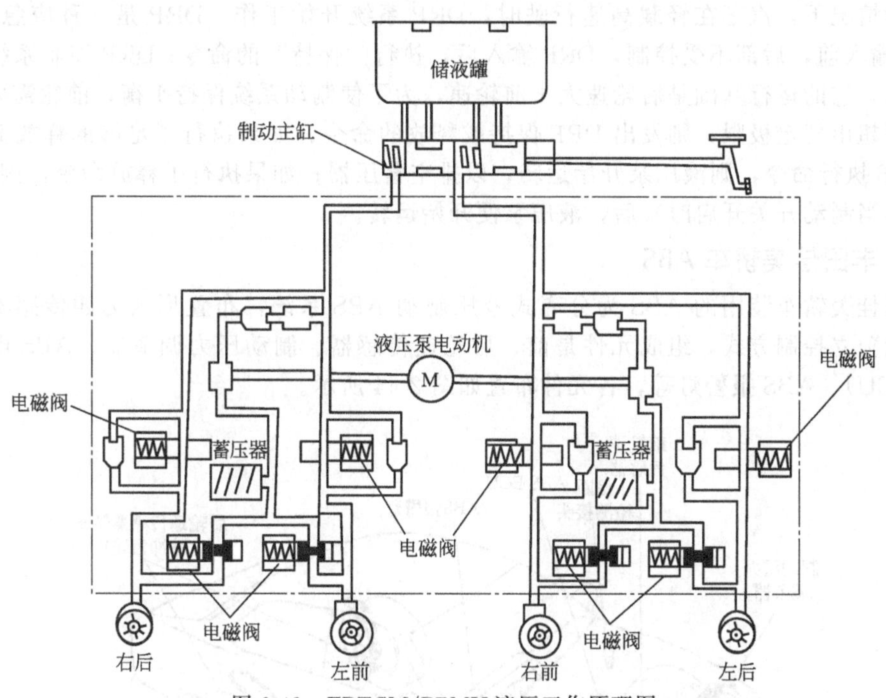

图 2-42　EBTCM/BPMV 液压工作原理图

在 ABS 处于"压力增大"状态时，进口电磁阀处于断电状态，其液压控制管路开启。而出口电磁阀此时也处于断电状态，其液压控制管路闭合。因此，来自制动主缸的制动压力全部传给制动轮缸。

上述过程将不断重复、直到车轮的滑移率处于允许的范围内为止。BPMV 的进口、出口管路的连接方法在泵体上均用颜色箭头标明（图 2-40），分别如下：进口（前置）为橙色，进口（后置）为蓝色，左后出口为紫色，右前出口为绿色，左前出口为红色，右后出口为黄色。

上海别克轿车使用的是一体式轮速传感器（图 2-43）。因传感器和信号发生器是一体化设计，均安装在车轮轴承内，所以在一般情况下不能单独维修。一体化的轮速传感器使用多重永久磁铁，可产生更清晰的交流电信号。这是因为在使用多重永久磁铁的情况下，当其中一个齿断裂时通常不会发生不稳定的轮速传感器信号，原因是有许多其他永久磁铁可与未断裂的齿对正，以提供精确的信号。

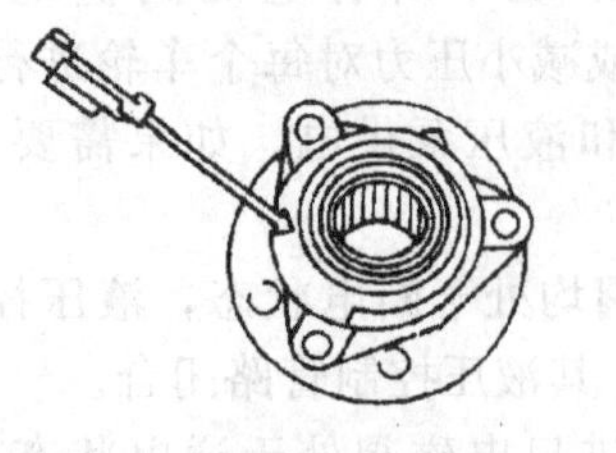
(a) 前轮速传感器

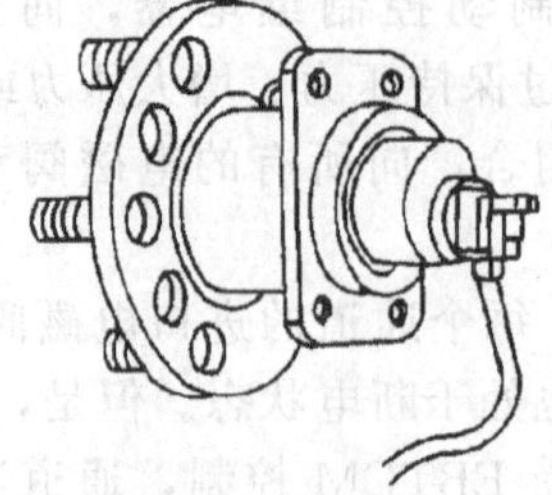
(b) 后轮速传感器

图 2-43　前后轮速传感器

采用 DBC7 型 ABS 系统后，其中的后动态比例阀系统（DRP）使汽车不再需要机械式比例阀。当汽车在非 ABS 系统控制的状态下减速停车时，EBTCM 则检测前、后车轮轮速。如果后轮减速较前车轮减速幅度略大，则 EBTCM 内动态比例阀控制系统开始工作，对后制动器的压力进行限制，直到前后轮速相等为止。

在制动时，DRP 可保持汽车平稳，DRP 具有和机械比例阀相同的功能。不允许后轮速低于前轮速。当汽车重载时，轮胎可以产生很强的牵引力和较好的平衡性；当汽车空载时，DRP 可以提高汽车制动系统的平衡性。

一般情况下，汽车在轻载高速行驶时，DRP 系统开始工作。DRP 是一种应急性机构；在 DRP 输入前，后部不受控制，DRP 输入后，执行“保持”的命令；DRP 控制系统是一个闭环系统，它的运行基础是后轮速大于前轮速，为了使制动系统保持平衡，前轮需要一个偏压，如果超出规定极限，则发出 DRP 保持或释放的命令，如果执行了足够的释放命令或输入了 ABS 执行命令，则液压泵开始运转，以排空蓄压器；如果执行了释放命令，则 DRP 运行一次（当制动开关开启时）后，液压泵便开始运转。

三、丰田佳美轿车 ABS

丰田佳美轿车装用的 ABS 为分离式液压制动 ABS 系统，布置形式为四传感器、四通道、四轮独立控制方式，组成元件是前、后轮速传感器、制动压力调节器、ABS 电子控制单元（ECU）、ABS 报警灯等，各元件布置如图 2-44 所示。

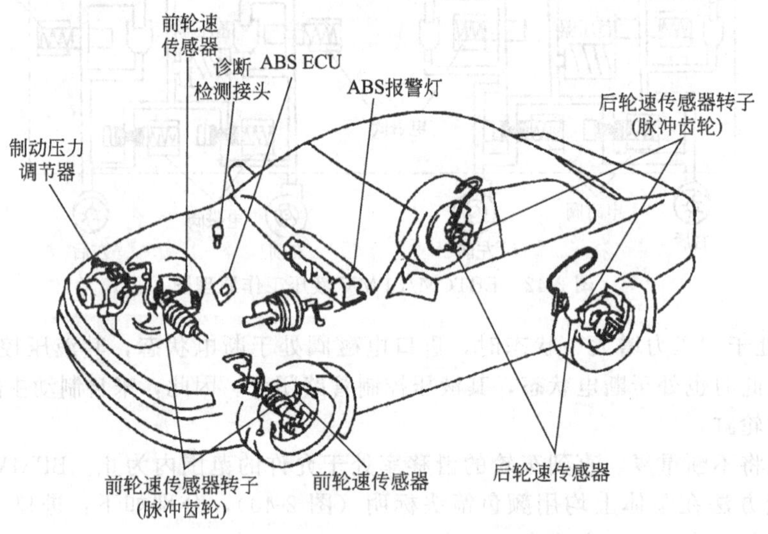

图 2-44　丰田佳美轿车 ABS 各元件安装位置

图 2-45 所示为佳美轿车 ABS 系统工作原理。在制动调节器中有四个三位三通电磁阀，每个电磁阀控制一条通向制动轮缸的通道。当 ABS 开始工作时，ECU 根据每个轮速传感器传来的信号分别控制各电磁阀，以实现四轮独立控制；电磁阀根据 ABS 的 ECU 有三个不同位置，以实现制动压力的增压、保持、减压等过程。

紧急制动时，为防止车轮抱死，ABS 系统调节作用在各轮缸上的制动力。因此，在紧

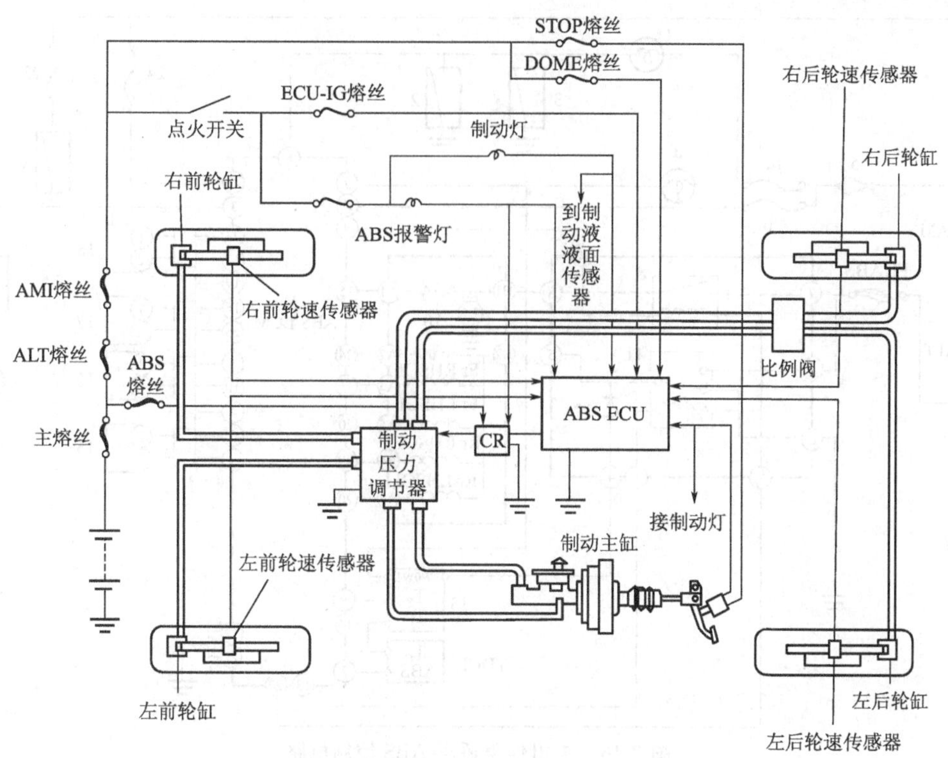

图 2-45　丰田佳美轿车 ABS 系统工作原理

急制动时可改善方向稳定性和操纵性。

图 2-46 所示为丰田佳美轿车 ABS 控制电路。

1. 输入信号

① 轮速传感器信号：检测轮速，并传输给 ABS 的 ECU 端子 FL^+，FR^+，RL^+ 和 RR^+。

② 制动灯开关信号：踩下制动踏板时，该信号输送给 ABS 的 ECU 的端子 STP。

③ 驻车制动开关信号：拉起驻车制动时，该信号输送给 ABS 的 ECU 的端子 PKB。

2. 系统工作原理

紧急制动时，ABS 的 ECU 接收各传感器的输入信号，控制调节器内电磁阀的输入电流。当某车轮趋于抱死时，EUC 给相应电磁阀通电，使制动液从轮缸进入储液器，再从储液器返回主缸，减小了该轮缸的制动压力，从而防止了车轮抱死。

如 ABS 的 ECU 判断到作用于轮缸的液压不够，就会控制电磁阀的电流，增加液压。保压也由 ABS 的 EUC 以同样的方法控制。ABS 系统即通过不断地重复这样的减压、保压和增压的过程来维持汽车在紧急制动期间的稳定性，改善制动时的转向能力。

电动液压泵受 ABS 电脑和液压泵继电器控制，有两种工作状态：

① 在防抱制动模式“减压”过程中，ABS 电脑通过 MR 端子向液压泵继电器线圈供电，液压泵继电器触点闭合，蓄电池直接向液压泵电动机供电，液压泵高速运转，以便将制动液迅速泵回制动主缸。

② 在防抱制动模式其他工作过程中，ABS 电脑停止向液压泵继电器线圈供电，液压泵继电器触点断开，而此时 ABS 电脑由 MT 端子通过串联电阻向液压泵电动机提供较小的电流（2A），从而液压泵低速运转，将储液器内的制动液抽出，以备下次“减压”时储存从轮缸流出的制动液。

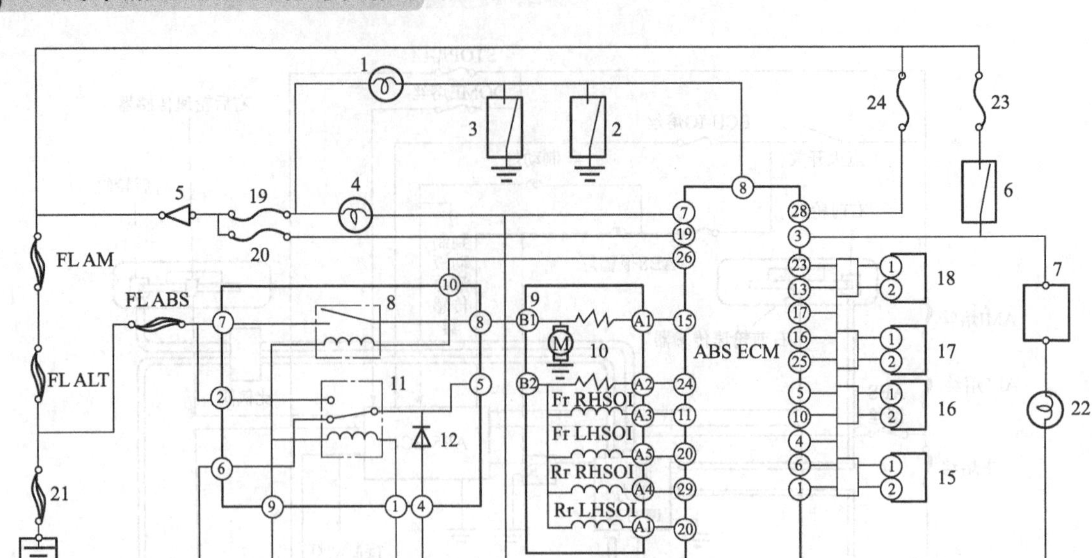

图 2-46　丰田佳美轿车 ABS 控制电路

1—制动报警灯；2—驻车制动开关；3—制动液面警示开关；4—ABS 报警灯；5—点火开关；6—制动灯开关；7—灯故障传感器；8—液压泵继电器；9—制动压力调节器；10—液压泵；11—电磁阀继电器；12—控制继电器；13—诊断连接器；14—蓄电池；15—左后轮速传感器；16—右后轮速传感器；17—左前轮速传感器；18—右前轮速传感器；19—仪表熔丝；20—控制电脑熔丝；21—FL 主熔丝；22—制动灯；23—制动熔丝；24—DOME 熔丝

四、本田车系 ABS 系统

本田车系采用四传感器、三通道、前轮独立-后轮选择控制方式，所安装的可变容积式制动压力调节器主要由电磁阀、滑动活塞组件、电动液压泵、蓄压器、压力开关等组成。

1. 制动压力调节器的工作过程

本田 ABS 压力调节器及电磁阀总成如图 2-47 所示。四个压力调节器和三组电磁阀均垂直安装。本田 ABS 压力调节器总成油液流向如图 2-48 所示。三组电磁阀中一组控制给两后轮调压器底部的油液（由于两个调压器对两个后轮的油压进行同步调节，故属于一个控制通道），另两组分别控制给左、右前轮调压器底部的油液（两个控制通道）。从主缸主活塞来的油液经过左前和右后调压器活塞，然后分别到达左前和右后制动轮缸。同样，从主缸副活塞来的油液经过右前和左后调压器活塞，然后分别到达右前和左后制动轮缸。

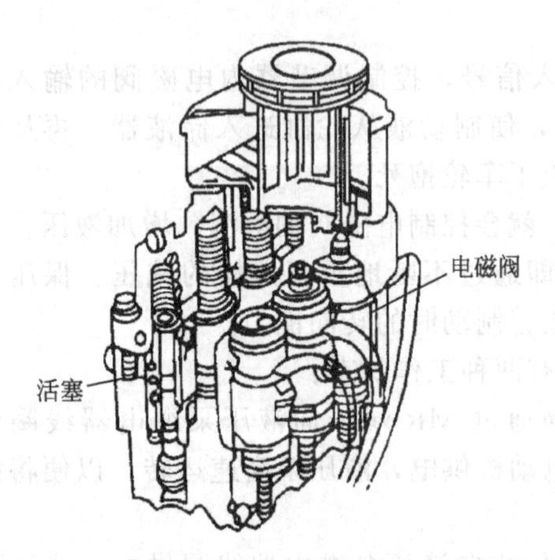

图 2-47　本田 ABS 压力调节器及电磁阀总成

(1) 在普通制动模式　如图 2-49 所示，输入阀和输出阀电磁线圈中无电流通过，输入阀关闭，输出阀打开，滑动活塞组件下端 C 腔与储液器接通，滑动活塞、活塞杆及控制活塞被上端主弹簧推向下端，滑动活塞顶开开关阀，使制动主缸与轮缸通过 A 腔和 B 腔接通，制动主缸的制动液进入制动轮缸，轮缸压力随主缸压力而增减。

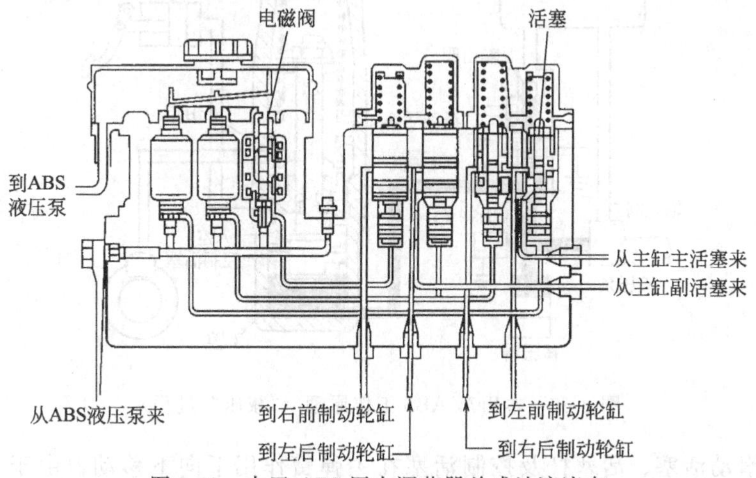

图 2-48　本田 ABS 压力调节器总成油液流向

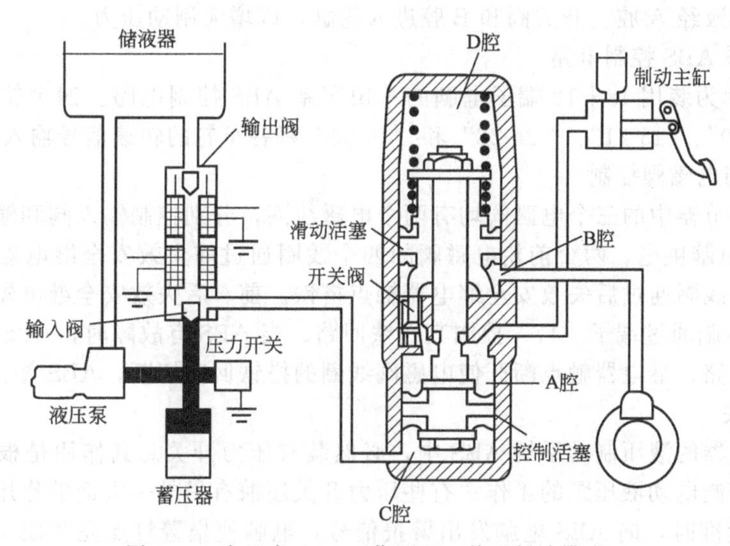

图 2-49　本田车 ABS 工作原理（普通制动模式）

(2) 在防抱死制动模式“减压”时　如图 2-50 所示，电脑分别向输入阀和输出阀电磁线圈通入电流，输入阀打开，输出阀关闭，从液压泵和蓄压器来的高压制动液进入 C 腔后通过控制活塞推动活塞杆上移。由于活塞杆上移压缩滑动活塞上端的弹簧，在 B 腔制动液压力作用下滑动活塞上移，使开关阀关闭，A 腔和 B 腔隔离，来自制动主缸的制动液不能进入轮缸，而由于滑动活塞上移使与制动轮缸相通的 B 腔容积增大，B 腔和制动轮缸内的制动压力减小。在此工作过程中，由于活塞上移将 A 腔内的制动液压回到制动主缸，制动踏板会产生回弹，使驾驶员能感觉到 ABS 在工作，此现象被称为“踏板反应”。

(3) 在防抱死制动模式“保持制动压力”时　电脑给输入阀电磁线圈断电，而输出阀电磁线圈仍保持通电，输入阀和输出阀均保持关闭状态，制动液不再注入 C 腔，C 腔的制动液也不能流出，所以滑动活塞、活塞杆及控制活塞保持一定位置，与制动轮缸相通的 B 腔容积不再发生变化，B 腔和制动轮缸内的制动压力保持不变。

(4) 在防抱死制动模式“增压”时　首先 ABS 电脑关闭输入阀、打开输出阀，接通 C

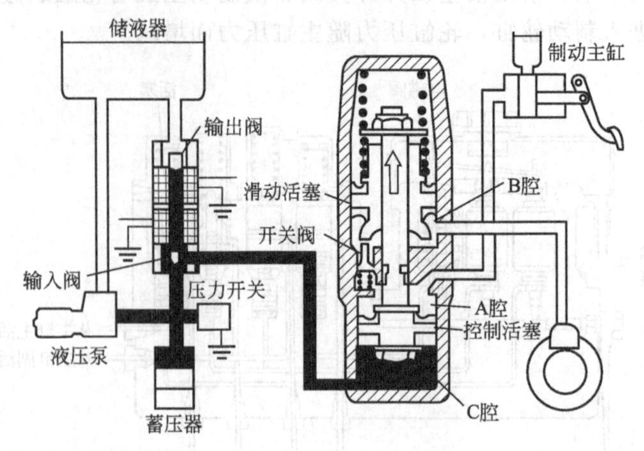

图 2-50 本田车 ABS 工作原理（“减压”过程）

腔与储液器，滑动活塞、活塞杆及控制活塞在主弹簧作用下向下移动，由于 B 腔容积减小而增大制动压力，进而滑动活塞顶开开关阀，ABS 回复到普通制动模式时的状态，使来自制动主缸的制动液经 A 腔、开关阀和 B 腔进入轮缸，以增大制动压力。

2. 本田车系 ABS 控制电路

图 2-51 所示为装用 18＋12 端子电脑的本田车系 ABS 控制电路。四个轮速传感器分别通过端子“14-20”、“15-21”、“ 24-28”和“25-29”将各车轮的转速信号输入 ABS 电脑。

3. 继电器与电磁阀控制

制动压力调节器中的三个电磁阀均有两个电磁线圈，分别控制输入阀和输出阀，电磁阀线圈均由 ABS 电脑供电。两个前轮电磁阀的四个线圈通过前失效安全继电器触点搭铁，后轮电磁阀的两个线圈通过后失效安全继电器触点搭铁。前、后失效安全继电器线圈由点火开关供电，ABS 电脑通过端子“17”控制其搭铁回路。当 ABS 有故障时，ABS 电脑切断继电器线圈的搭铁回路，继电器触点断开使电磁阀线圈的搭铁回路切断，ABS 停止工作。

4. 压力开关

在装有蓄压器的液压制动系统 ABS 中，必然装有压力开关。其作用是根据蓄压器的压力通过继电器控制电动液压泵的工作；有些压力开关还兼有另外一方面的作用，即在蓄压器压力低于一定标准时，向 ABS 电脑发出警报信号，电脑使报警灯点亮并使 ABS 停止工作，这种压力开关又称为双作用压力开关。压力开关结构如图 2-52 所示。其工作原理与传统的机械式油压表相似，不过它的弹性空心管不是用来带动指针，而是通过杠杆来控制微动开关。当蓄压器中压力升高到一定值时，弹性空心管变形带动杠杆使微动开关断开，电动液压泵停止工作；反之，当蓄压器中压力低于一定值时，弹性空心管带动杠杆使微动开关闭合，电动液压泵开始工作。

5. ABS 泵控制

液压泵电动机由液压泵电动机继电器控制供电，ABS 电脑根据压力开关的压力信号通过端子“18”控制液压泵电动机继电器线圈的通电或断电。液压泵电动机继电器线圈通电时，继电器触点闭合，液压泵电动机运转；线圈断电时，继电器触点断开，液压泵电动机停转。

6. ABS 指示灯控制

当有下列的异常现象被发现时，ABS 控制电脑会使 ABS 故障指示灯点亮。

① 液压泵电动机作用的时间超过一定的时间。

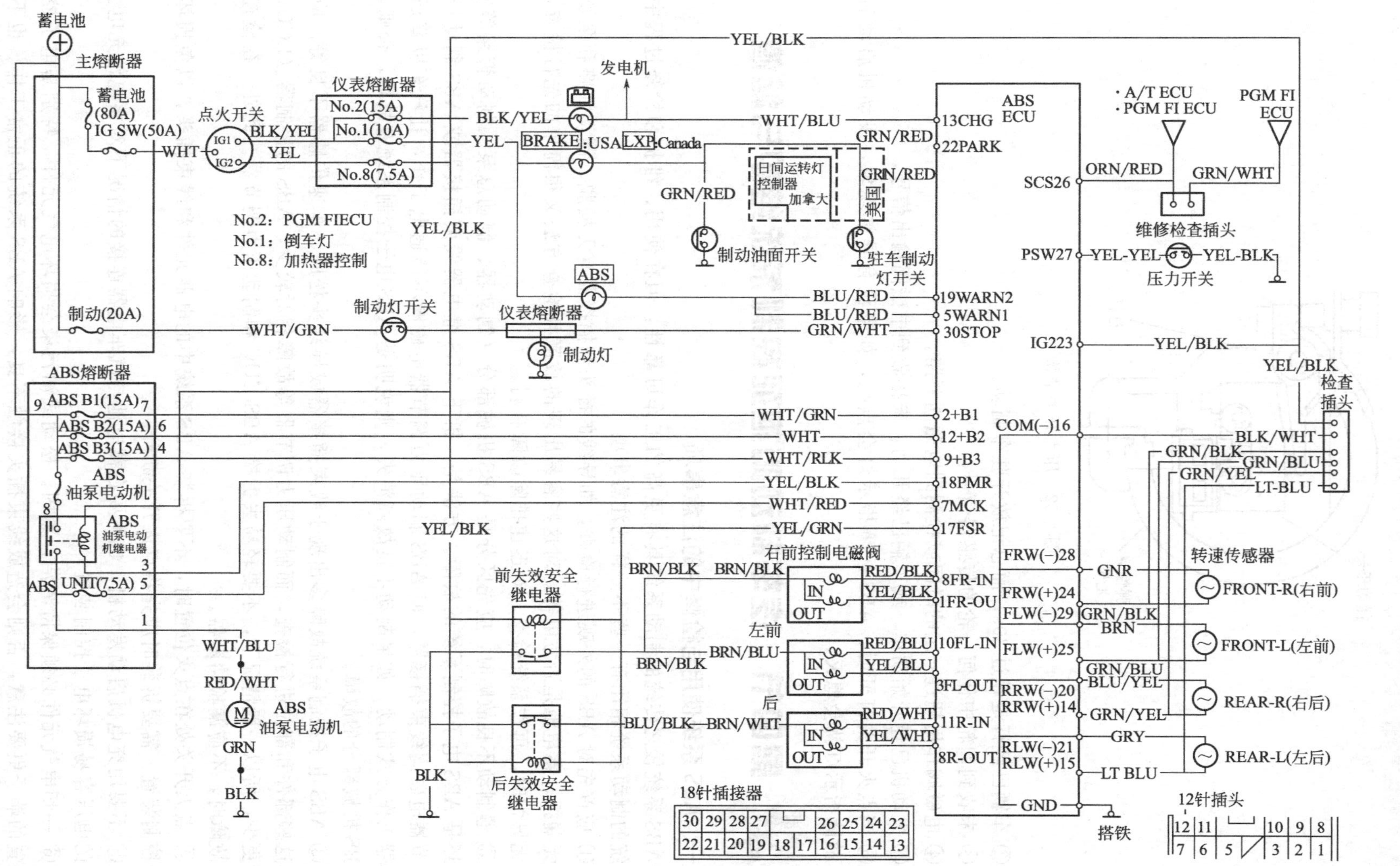

图 2-51　本田车系 ABS 控制电路

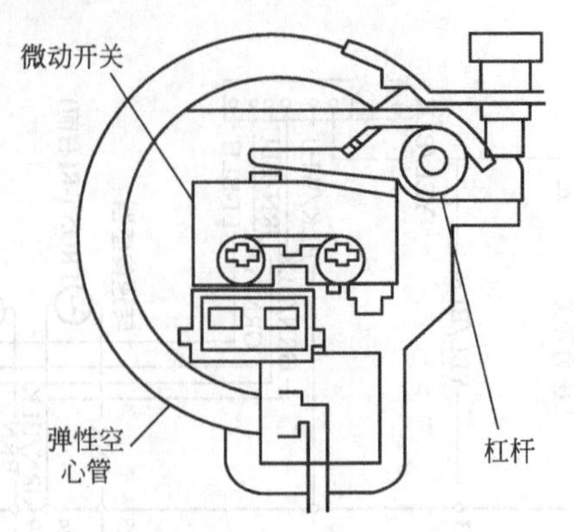

图 2-52　压力开关结构

② 车辆已经行走超过 30s，而忘记放开驻车制动。

③ 未收到四轮中任何一轮的传感器信号。

④ 电磁阀作用超过一定的时间或检测到电磁阀断路。

⑤ 发动机已经开始动作，或车辆已经开动，未接收到电磁阀输出信号。

⑥ 当点火开关打开时，ABS 故障指示灯会点亮，如果没有异常现象，发动机启动后 ABS 故障指示灯就会熄灭。

第四节　汽车制动防抱死控制系统维护与检修

一、ABS 系统使用与检修中的注意事项

ABS 系统较之传统的制动系统具有更高的工作可靠性，但在使用、维护和检修过程中和传统的制动系统相比有一些不一样的注意事项。

① 应首先对 ABS 的外观进行检查，如导线的插头和插接器有无松脱、制动油路和泵及阀有无漏损、蓄电池是否亏电等。对这些容易出现的故障且检查方法又很简单的先行检查，确定无异常时，再作系统检查，对迅速排除故障有利。

② 遇制动不良故障时，应先区分是 ABS 机械部分（制动器、制动总泵、制动管路等）不良还是 ABS 电子控制系统的故障。方法是：拆下 ABS 继电器线束插接器或 ABS 制动压力调节器电磁阀线束插接器，使 ABS 制动压力调节器电磁阀不能通电工作，让汽车以普通制动器工作方式制动，如果制动不良故障消失，则说明是 ABS 电子控制系统有故障，否则，为 ABS 机械部分的故障。

③ ABS 电子控制系统故障多出现于线束插接器或导线头松脱、车速传感器不良等。应先对这些部件和部位进行检查，而制动压力调节器等故障相对较少，ABS 的控制器（ECU）故障更少，所以一般情况下，不要轻易去拆检 ABS EUC 和制动压力调节器。此外，在检查线路故障时，不应漏检熔断器。

④ 点火开关处在点火位置时，不要拆装 ABS 系统中的电器元件和线束插头，以免损坏电子控制装置。需要拆装时应先将点火开关断开。

⑤ 不要用充电机启动发动机，也不要在蓄电池与汽车电器连接的情况下对蓄电池充电。过高的电压容易损坏电子控制装置。

⑥ 一切电气元件必须保持清洁，紧固。松动或油污染会损坏电气元件，特别是电子控制装置的端子更要注意，否则会造成线束插头接触不良，影响 ABS 系统的正常工作。也不要用砂纸打磨 ABS 系统的各个插头的端子，否则，也会造成接触不良。

⑦ 电子控制装置还要避免碰撞，严禁敲击，预防高温，如许多轮速传感器中的永久磁铁为人造磁铁，受到猛烈冲击或遇到高温时都会因丧失磁性而失效。汽车如需进行烤漆作业，应先将电子控制装置从车上拆下来。对ABS系统中的电气元件或导线接头焊接时，应先将电子控制装置的线束接头拔下。

⑧ 应尽量选用生产厂推荐的轮胎。如使用与原车轮胎断面宽度、高度、附着力等不一样的轮胎将影响ABS系统和防滑控制系统的控制效果。轮胎花纹深度应接近一致。

⑨ 蓄电池电压过低时ABS系统将退出工作。汽车长时间停驶时，每两个月应充一次电。

⑩ 黄色（琥珀色）灯持续亮时，说明ABS系统有故障，已经退出工作，制动时只有常规制动系统参与工作，踩制动时应有必要的思想准备。

⑪ 在需拆检ABS液压控制器件时，应先进行泄压，以避免高压油喷出伤人，尤其是有蓄能器的ABS。比如，一些制动压力调节器与制动总泵为一体的整体式ABS，蓄能器中的压力高达18MPa。

卸压的方法是：关掉点火开关，然后反复踩制动踏板20次以上，直到感觉踩制动踏板力明显增加（无液压助力）时为止。通常在检修如下部件时需进行泄压：制动压力调节器的各部件、制动分泵、蓄能器、后轮分配比例阀、电动油泵、制动液管路、压力警告和控制开关。

二、ABS系统制动液的选用及制动液的更换

1. ABS系统制动液的选用

ABS系统比起常规的制动系统工作压力大，工作温度高，因此需要抗热型的高沸点的制动液，防止制动液过早出现氧化、胶质、沉积物和腐蚀性特质及蒸气，并能保持制动液在高温下能自由地流动。许多汽车的储液罐上可以找到厂家规定的该厂应该使用哪一等级的制动液。具有防滑控制装置的ABS系统运动零件更多，也更精密，润滑要求很高。ABS系统绝对不允许使用DOT5制动液。尽管它沸点最高，不易吸收水分，对液压元件不腐蚀，也不像乙二醇基制动液那样损坏漆面，但它会造成ABS元件过度磨损和其他故障。

目前ABS系统中大多数使用的是DOT3和DOT4制动液，号高的可以代替号低的。

表2-1所列的是美国运输部（DOT）的制动液标准。

表2-1 美国运输部（DOT）的制动液标准

制动液规格	沸点/℃	吸湿沸点/℃	运动黏度/cst
DOT3	205以上	140以上	1500以下
DOT4	230以上	155以上	1800以下
DOT5	260以上	180以上	900以下

2. ABS系统制动液的更换

以乙二醇为基液的DOT3和DOT4是吸湿性制动液。使用一年后水含量可达3%，使制动液的沸点降低了25%。水分不仅腐蚀制动系统，还会在系统工作时的高温出现蒸气泡，使制动踏板工作行程加大，制动效能降低。水分还会使制动液增加黏度，使其流动性变差，特别是在寒冷的气候下会使制动迟缓，制动距离延长。如连续行驶60000～90000km还不更换制动液，通常会造成电动液压泵或液压调节器柱塞卡滞，导致液压调节器总成报废。

3%的吸湿率是制动液使用过程中1～2年的自然吸湿程度，因此，每二年或一年更换制动液，最好是每年换一次制动液，以确保制动的可靠性。

三、ABS系统的排气方法

ABS系统内有空气不仅会造成制动失灵，而且液压调节器内如有空气，还会造成电动液压泵工作时间过长（正常时电动液压泵的工作时间不会超过1min）。

1. 放气规程

ABS系统的制动压力调节装置中若有空气存留，放气时需用诊断扫描仪轮流接通ABS的电磁阀以触发电动液压泵运转，不然很难将调压器中的空气排尽。整体式本迪克斯ABS的系统具有防滑控制功能，制动系统放气时应特别小心，因为蓄压器中往往蓄有压力很高的制动液。如果不泄压，就直接松开放气螺钉排气，高压油液可能会喷出伤人。切断点火开关，踩制动踏板40次以上，即可以卸压。然后检查储液罐内的液位情况，如发现液位过低应先补充制动液。随后继续在切断点火的情况下进行放气。

有时制动踏板很软，说明液压系统有空气，可是放气时，有的轮缸气总也放不完。这是因为ABS系统中装有防泄漏阀，一旦某条管路里残余压力过低，单向阀就会自动封堵这条管路。遇到这种情况可以选择两种放气方法中的任意一种。

液压调节器出油口处装有防泄漏阀的，如本田雅阁在熄火状态下放气，先在着车状态下踩15次制动，然后熄火，在切断点火的情况下放气。

熄火状态下防泄漏阀不工作，油路保持畅通。液压调压器出油口处没有装防泄漏阀的，在打开点火开关状态下放气。拆下ABS系统的熔断丝，ABS系统退出工作，整个液压制动系统恢复到常规的液压制动系统。

2. 放气点和放气的顺序

放气点有主缸、轮缸、ABS系统的液压调节器。排气由高至低进行，这样排气既快，又可以排得干净。

(1) 先放制动主缸里的空气　主缸上有放气螺钉的直接从放气螺钉处放气，主缸上没有放气螺钉的，可以从出油接头处放。主缸里空气排干净了，才能建立起理想的压力，其余部位的空气才比较好放。

(2) 再放液压调节器里的空气　液压调节器中的空气可利用扫描仪或诊断仪排气时，不用打开放气螺钉和管接头，因为利用电动液压泵排气和液压助力器及动力转向系统排气一样，空气是从制动液的储液罐排出的。液压调节器里的空气也可以用手工放气方法排掉，但对装有绿色球状的蓄压器的，应先泄压，蓄压器里的压力足够连续7次制动用的，不泄压直接从放气螺钉处放气是十分危险的。

(3) 最后放轮缸里的空气　液压制动系统采用对角控制的，放气顺序为右后、左前、左后、右前。液压制动系统采用前后轮分别控制的，放气顺序为右后、左后、右前、左前。许多装有ABS系统的汽车前轮需用故障诊断仪排气，后轮则为常规方法排气。这类汽车需先放前轮缸的制动液，再放后轮轮缸的制动液。

以上的各个放气的部位都有放气螺钉，但是放气螺钉的拧紧力矩比较大，为了不损坏放气螺钉上的六方，放气时应使用六方扳手或专用放气扳手（液压调节器排气通常使用带有六方套筒的梯形扳手）。个别汽车的制动主缸或液压调节器上如没有放气螺钉，可以从油管接头处放气。

装有ABS的液压制动系统里有空气，不仅会像常规制动器那样造成制动失灵，而且还会干扰液压调节器对制动压力的调节。如ABS系统中通常装有防泄漏阀，一旦发现哪条管路压力过低，就立即封闭该管路，以防止过多的制动液泄漏。液压管路里有了空气压力就自然要降低，防泄漏装置就可能封闭这条管路，造成这条管路制动完全失效，踩多少次这条管路都没有一点制动，这是常规制动系统所没有的。

四、ABS系统的故障检修及自诊断

1. ABS的自检

① 在接通点火开关后，ABS计算机就立即对其外部电路进行自检。这时，ABS报警灯亮起，一般3s后熄灭，表示系统通过自检。

如果灯不亮或一直亮均说明ABS电路有故障，应对其进行检查。

② ABS的ECU对制动压力调节器电磁阀的检查是通过控制阀的开闭循环实现。

③ 发动机发动后，车速第一次达到 60km/h，ABS 系统完成自检。如果上述自检过程中，计算机发现异常，或在工作中 ABS 工作失常，ECU 就停止使用 ABS，这时，制动报警灯亮起，并储存故障码。

现代汽车仪表板上有两个制动报警灯，其中一个是黄色灯（或琥珀色），称 ABS 报警灯（标 ABS 或 ANTI-LOCK）；另一个为红色灯，标 BREAK。BREAK 灯由制动液压力开关和液面开关及手制动灯开关控制。当红色制动报警灯亮起时，可能是制动液不足、蓄能器的制动液压过低或是驻车制动器开关有问题等。这时，ABS 防抱死控制和普通制动系统均不能正常工作，应停车检查故障原因，及时排除故障。如果只是黄色（或琥珀色）ABS 报警灯常亮，则说明 ABS 计算机已发现防抱死控制系统有故障，这时汽车制动时将无防抱死功能，因此，也要及时检修。

2. 故障码的显示方式

在检修 ABS 系统故障时，应先读出 ABS ECU 储存的故障码，以便得到故障部位提示，准确、迅速地排除故障。不同的车型，都有其自己的故障码的显示方式，大致有如下几种形式：

① 在 ABS 有故障时，仪表板上的 ABS 报警灯就会闪烁，或是 ABS 计算机盒上的发光二极管（LED）闪烁直接显示故障码。

② 将检查插接器或 ABS 计算机盒上的有关插孔跨接，使仪表板上的 ABS 报警灯闪烁来显示故障码。

③ 采用专用的故障检测仪器读取故障码。

3. MK20-Ⅰ ABS 故障码的调取与清除

如果 ABS 系统没有通过自检，警告灯亮。无论警告灯是一直亮还是间断亮，都要检查系统的故障码。

只有当车静止且点火开关打开（或者发动机运转时）才可以自诊断。如果车轮转速超过 20km/h，自诊断中断。

检测 ABS 系统时，须保证汽车电气系统不受电磁干扰，应使车远离电流消耗大的设备。

故障码的调取与清除方法、步骤：

（1）设备接线

① 要得到 ABS 系统的故障码，需要使用 VAG1551 解码器和相应的数据线。数据传送插头（DLC）在仪表表板左下方，将数据线 VAG1551/3 连到 DLC 。

② 如果解码器不显示，检查数据线的连接情况，同时检查 DLC 的蓄电池电源。

（2）故障码的调取　连接故障阅读器 VAG1551 或 VAG1552 后，在快速数据传递模式下选择地址码 03 便进入了“电子制动系统”，在此地址下可进行各种功能选择，见表 2-2。

表 2-2　功能代码表

代码	指令内容	代码	指令内容
01	查询电子控制单元版本	05	清除故障记忆
02	查询故障记忆	06	结束、退出
03	执行元件诊断	07	电子控制单元编码
04	加液排气	08	阅读测量数据块

① 连接 VAG1551 解码器，接通点火开关，进入“ SELECT FUNCTION（选择功能）”菜单选择屏。输入“02”选择“ CHECD FAULT MEMORY（检查故障存储器）”。按“Q”键确认，读取故障码。

② 如果解码器上显示“NO FAULT RECOG-NIZED（没有查到故障码）”，输入 06“End output（终端输出）”。如果显示故障码，则打印输出或按输出顺序记下。继续进行适当的故障

码测试，并进行修理。修理完成后，清除故障码并再次检查，以保证故障已经排除。

(3) 清除故障码

① 连接解码器，接通点火开关，进入“选择功能”菜单。输入“05”选择“ERASE FAULT MEMO RY（清除故障码存储器）”。按“Q”键确认，清除故障码。

② 关掉点火开关。从DLC上断开解码器数据线。接通点火开头，检查ABS警告灯是否在开关打开2s后熄灭。如果ABS警告灯路试时亮，则重新进行诊断。

(4) 故障码及诊断测试表　见表2-3。

4. 丰田车系ABS系统故障码的调取与清除

(1) 系统故障码的调取方法

① 将维修插接器插头分开或将 W_A 与 W_B 之间的短接销拔出，如图2-53所示。

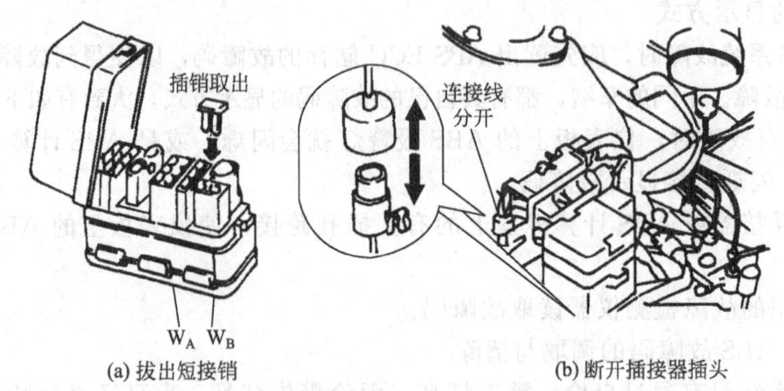

(a) 拔出短接销　　(b) 断开插接器插头

图2-53　维修插接器插头和 W_A、W_B 插头

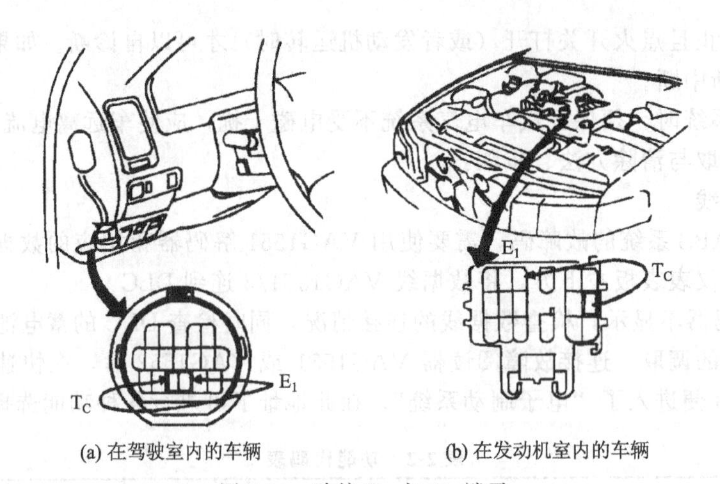

(a) 在驾驶室内的车辆　　(b) 在发动机室内的车辆

图2-54　跨接 T_C 与 E_1 端子

② 接通点火开关。

③ 将发动机室内的故障诊断座或驾驶室内的TDCL插接器的 T_C 与 E_1 端子用跨线连接，如图2-54所示。

仪表盘上的ABS报警灯以一定的闪烁频率闪烁出故障码，故障码及故障内容见表2-4。

(2) 清除故障码的方法　ABS系统的故障排除后，应将ECU所存储的故障码清除。清除故障码的方法是在满足下列条件的情况下，在3s内连续踩制动踏板8次，即可消除故障码。

① 汽车停稳。

② 诊断座 T_C 与 E_1 端子跨接。

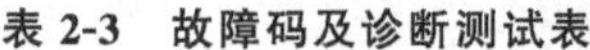

表 2-3 故障码及诊断测试表

故障码	故障描述	原因分析
00000	没有发现故障	如果解码器上显示故障码 00000，ABS 警告灯亮，检查速度低于 6km/h 时的 ABS 控制模块供电电压，电压应低于 10.0V。如果电路没有问题，则可能是机械故障造成警告灯亮
00283	左前轮轮速传感器	①左前轮轮速传感器或轮速传感器转子脏污或损坏 ②左前轮轮速传感器安装不正确 ③车轮轴承游隙过大 ④左前轮轮速传感器故障 ⑤左前轮轮速传感器对地短路 ⑥在轮速传感器和 ABS 控制模块间存在断路或短路 ⑦ABS 控制模块标识码不正确
目视并检查	方法	
上述项目内容	如果看不出问题，检查轮速传感器的功能。用 VAG1551 解码器，选择功能“08-READ MEASURING VALUE BLOCK（读取数据流）”，选择“DISPLAY GROUP 001（显示第 001 组）”。驱动汽车，使所有车轮的速度保持一致，都在 1km/h 内。支起汽车，每个车轮每次转一圈，边转动边检查轮速值。 如果测试结束后仍有问题，检查线束和插头是否存在接触不良、腐蚀等情况。若没问题，检查 ABS 控制模块标识码，如果故障仍然存在，更换已知控制模块，并重新检查症状和故障码	
故障码	故障描述	原因分析
00285	右前轮轮速传感器	①右前轮轮速传感器或轮速传感器转子脏污或损坏 ②右前轮轮速传感器安装不正确 ③车轮轴承游隙过大 ④右前轮轮速传感器故障 ⑤右前轮轮速传感器对地短路 ⑥在轮速传感器和 ABS 控制模块间存在断路或短路 ⑦ABS 控制模块标识码不正确
目视并检查	方法	
上述项目内容	如果看不出问题，检查轮速传感器的功能。用 VAG1551 解码器，选择功能“08-READ MEASURING VALUE BLOCK（读取数据流）”，选择“DISPLAY GROUP 001（显示第 001 组）”。驱动汽车，使所有车轮的速度保持一致，都在 1km/h 内。支起汽车，每个车轮每次转一圈，边转动边检查轮速值。 如果测试结束后仍有问题，检查线束和插头是否存在接触不良、腐蚀等情况。若没问题，检查 ABS 控制模块标识码，如果故障仍然存在，更换已知控制模块，并重新检查症状和故障码	
故障码	故障描述	原因分析
00287	右后轮轮速传感器	①右后轮轮速传感器或轮速传感器转子脏污或损坏 ②右后轮轮速传感器安装不正确 ③车轮轴承游隙过大 ④右后轮轮速传感器故障 ⑤右后轮轮速传感器对地短路 ⑥在轮速传感器和 ABS 控制模块间存在断路或短路 ⑦ABS 控制模块标识码不正确
目视并检查	方法	
上述项目内容	如果看不出问题，检查轮速传感器的功能。用 VAG1551 解码器，选择功能“08-READ MEASURING VALUE BLOCK（读取数据流）”，选择“DISPLAY GROUP 001（显示第 001 组）”。驱动汽车，使所有车轮的速度保持一致，都在 1km/h 内。支起汽车，每个车轮每次转一圈，边转动边检查轮速值。 如果测试结束后仍有问题，检查线束和插头是否存在接触不良、腐蚀等情况。若没问题，检查 ABS 控制模块标识码，如果故障仍然存在，更换已知控制模块，并重新检查症状和故障码	

续表

故障码	故障描述	原因分析
00290	左后轮轮速传感器	①左后轮轮速传感器或轮速传感器转子脏污或损坏 ②左后轮轮速传感器安装不正确 ③车轮轴承游隙过大 ④左后轮轮速传感器故障 ⑤左后轮轮速传感器对地短路 ⑥在轮速传感器和ABS控制模块间存在断路或短路 ⑦ABS控制模块标识码不正确
目视并检查	方 法	
上述项目内容	如果看不出问题，检查轮速传感器的功能。用VAG1551解码器，选择功能“08-READ MEASURING VALUE BLOCK（读取数据流）”，选择“DISPLAY GROUP 001（显示第001组）”。驱动汽车，使所有车轮的速度保持一致，都在1km/h内。支起汽车，每个车轮每次转一圈，边转动边检查轮速值。 如果测试结束后仍有问题，检查线束和插头是否存在接触不良、腐蚀等情况。若没问题，检查ABS控制模块标识码，如果故障仍然存在，更换已知控制模块，并重新检查症状和故障码。	
故障码	故障描述	原因分析
00301	油泵故障	擦除存储的故障码内容，关掉点火开关。接通点火开关，如果又检测到故障，更换液压控制模块 ①在油泵的电源电路或接地电路中存在断路或短路 ②在油泵继电器和ABS控制模块之间存在断路或短路 ③ABS油泵继电器故障 ④油泵故障
目视并检查	方 法	
上述项目内容	①检查油泵的电源线和搭铁线是否存在断路或与地短接 ②检查ABS油泵继电器和ABS控制模块之间电路接地线是否断路或短路、电源线是否短路，修理必要的电路	
故障码	故障描述	原因分析
00526	制动灯开关	ABS控制模块没有接收到制动灯开关信号 ①两个制动灯灯泡损坏 ②在制动灯电路中搭铁线存在断路或短路 ③制动灯开关故障 ④ABS控制模块故障
目视并检查	方 法	
上述项目内容	①保证制动灯灯泡是好的。用VAG1551检查数据流显示区05，检查制动灯开关工作是否正常。检查制动灯电路搭铁线是否存在断路或短路 ②用确认合格的制动灯开关更换原来的开关。如果仍然存在故障，更换ABS控制模块。如果系统没问题，更换有故障的制动灯开关	
故障码	故障描述	原因分析
00529	RPM信号丢失	①在ABS控制模块和发动机控制模块之间的电路中，搭铁线存在断路、短路或电源线短路 ②发动机控制模块故障 ③ABS控制模块故障
目视并检查	方 法	
上述项目内容	检查ABS控制模块和发动机控制模块之间的电路是否存在断路或短路。如果仪表板上的转速表失效，并且没有在发动机控制模块和ABS控制模块的电路中发现问题，则用确认合格的发动机控制模块更换原来的发动机控制模块，并重新检查症状和故障码。如果仍有故障，更换ABS控制模块	

续表

故障码	故障描述	原因分析
00532	电源电压	在车速大于6km/h且ABS控制模块电压降低到许可值(10.0V)以下时，储存这一故障。如果电压回到许可范围内，ABS指示灯熄灭，ABS重新运行。 ①接线柱15与液压控制模块触点15间导线断路或接触电阻过大 ②电源电压降低 ③液压控制模块故障
目视并检查	方　法	
上述项目内容	检查蓄电池及充电系统工作是否正常。检查供电电路中的电压降。检查ABS控制模块的端子是否损坏或腐蚀，按需要修理。如果端子是好的，则用确认合格的ABS控制模块更换原来的单元，并重新测试	
故障码	故障描述	原因分析
00597	变化的轮速脉冲	①轮速传感器或轮速传感器转子脏污或损坏 ②轮速传感器安装不正确 ③车轮轴承游隙过大 ④车轮和(或)轮胎的尺寸不完全一致
目视并检查	方　法	
上述项目内容	如果看不出问题，进行系统电路测试。 检查轮速传感器的功能。用VAG1551解码器，选择功能“08-READ MEASURING VALUE BLOCK(读取数据流)”，选择“DISPLAY GROUP 001(显示第001组)”。驱动汽车，使所有车轮的速度保持一致，都在1km/h内。支起汽车，每个车轮每次转一圈，边转动边检查轮速值	
故障码	故障描述	原因分析
00623A	ABS/变速器插头	①自动变速器车型。故障码00623指示在ABS控制模块和变速器控制模块(TCM)之间的电路上断路或对地短路。根据需要检修电路。检查汽车ABS/EDS/ASR控制模块代码是否正确 ②对于手动变速器车型。故障码00623指示ABS/EDS/ASR控制模块代码不对或电路对蓄电池正极短路。检查控制模块代码，是否对蓄电池正极短路
故障码	故障描述	原因分析
00646	ABS/发动机1号插头	①在ABS控制模块和发动机控制模块之间的电路中搭铁存在断路或短路、电源线短路 ②发动机控制模块故障 ③ABS/EDS/ASR控制模块故障
目视并检查	方　法	
上述项目内容	检查ABS控制模块和发动机控制模块之间的电路上是否存在断路或短路。如果没有找到电路上的问题，用确认合格的发动机控制模块更换原来的控制模块，然后重新检查症状和故障码。	
故障码	故障描述	原因分析
00761	故障码储存在发动机控制模块中	有故障储存在发动机控制模块中，影响发动机控制系统的工作。发动机控制模块降低了发动机控制系统工作过程中的发动机转矩
01044	ABS控制模块编码错误	①ABS控制模块是按手动变速器编码的，但车上装的是自动变速器 ②按变速器型号给ABS控制模块编码
01130	ABS工作失真信号	
01200	ABS阀电源电压	该故障影响ABS液压单元和ABS油泵电动机的供电电路。可能下列原因造成故障： ①在接线柱30号端子到液压控制模块端子17号和18号的供电电路中存在断路或过大电阻 ②电源系统中存在电压损失 ③ABS液压控制模块故障 如果在供电电路中没有找到问题，更换ABS液压控制模块

续表

故障码	故障描述	原因分析
01201	ABS泵电源电压	该故障影响ABS油泵电动机的接地。可能下列原因造成故障： ①在液压控制模块的16号接线端子的搭铁连接中存在断路或过大电阻 ②ABS液压控制模块故障如果在搭铁电路中没有找到问题，更换ABS液压控制模块
01203	ABS/仪表板电源电压	①在组合仪表和ABS控制模块10号端子间的电路中存在对地短路或断路，对电源短路 ②组合仪表板故障 如果没有找到问题，检查组合仪表联合处理程序
01314	发动机控制模块无法通信	①CAN总线上ABS控制模块和发动机控制模块软件版本号不符 ②发动机控制故障 ③两条CAN总线互换了位置 ④通过CAN总线传递信号的一个控制模块的输出有故障 查询发动机控制模块故障存储器，如果有故障按需要修理发动机控制系统，检查总线
18034	CAN总线中没有来自自动变速器控制模块的信号	①ABS控制模块是按自动变速器编码的，但车上装的是手动变速器 ②ABS控制模块和变速器控制模块之间的一条总路线断路 ③两条CAN总线互换了位置 按变速器的型号给ABS控制模块编码，检查总线
18256	请查询发动机控制模块故障存储器	可能下列原因造成故障：发动机控制模块存储了一个故障 查询发动机控制模块故障存储器，检修发动机控制系统
18058	18058 CAN总线中没有来自发动机控制模块的信号	①发动机控制模块存储了一个故障 ②总线有故障 ③两条CAN总线互换了位置 ④通过CAN总线传递信号的一个控制模块的输出有故障 查询发动机控制模块故障存储器，如果有故障按需要修理发动机控制系统，检查总线。
18262	CAN总线硬件损坏	总线有故障，控制模块彼此间无法通信
18263	CAN总线软件监控	CAN总线上的ABS控制模块和发动机控制模块的软件版本号不符
18265	来自发动机控制模块的负荷信号故障记录	发动机控制模块记录了一个故障，查询发动机控制模块故障存储器，如果有故障按需要修理发动机控制系统
18266	来自发动机控制模块的转速故障记录	发动机控制模块记录了一个故障 查询发动机控制模块故障存储器，如果有故障按需要修理发动机控制系统
65535	控制模块故障	故障由ABS控制模块内部失效造成。更换ABS控制模块，重新检查症状和故障码。切勿擦除旧ABS控制模块的存储器故障码。这个信息有助于确定ABS控制模块的故障原因

表 2-4　ABS 故障码内容说明

故障码	故障名称	故障原因及检查部位
11	调节器电磁阀继电器线圈断路	(1)电磁阀继电器线圈断路 (2)电磁阀继电器与 ECU 连线断路
12	调节器电磁阀继电器线圈短路	(1)电磁阀继电器线圈短路 (2)电磁阀继电器与 ECU 连线短路
13	油泵继电器线圈断路	(1)油泵继电器线圈断路 (2)油泵继电器与 ECU 连线断路
14	油泵继电器线圈短路	(1)油泵继电器线圈短路 (2)油泵继电器与 ECU 连线短路
21	右前轮油压调节电磁阀电路故障	(1)电磁阀线圈断路或短路 (2)电磁阀线圈与 ECU 连线断路或短路
22	左前轮油压调节电磁阀电路故障	
23	右后轮油压调节电磁阀电路故障	
24	左后轮油压调节电磁阀电路故障	
31	右前车速传感器信号故障	(1)车速传感器故障 (2)车速传感器与 ECU 连线断路或短路
32	左前车速传感器信号故障	
33	右后车速传感器信号故障	
34	左后车速传感器信号故障	
35	左前或右后车速传感器电路断路(X 布置)	(1)车速传感器故障 (2)车速传感器与 ECU 连线断路
36	右前或左后车速传感器电路断路(X 布置)	
37	后车速传感器信号故障	(1)传感器故障 (2)传感器与 ECU 连接线路断路或短路
41	电源电压不稳	(1)发电机故障 (2)电压调节器故障 (3)电源线路故障
45	油泵卡死或搭铁线断路	(1)油泵转子卡死 (2)油泵电动机搭铁线断路 (3)油泵内部断路

③ 维修插接器插头分开或 W_A、W_B 短接插销拔出。

④ 点火开关接通。

故障码消除后，再将 T_C 与 E_1 跨线拆去，将维修插接器插头插好或 W_A、W_B 短接插销插好。

(3) 车速传感器信号故障码的调取与清除　车速传感器信号故障码的调取方法如下：

① 将维修插接器插头分开或将 W_A、W_B 的短接插销拔出，如图 2-53 所示。

② 将诊断座或 TDCL 插接器的 T_S 与 E_1 端子跨接。

③ 启动发动机怠速运转，此时仪表盘上的 ABS 报警灯会闪烁。

④ 将汽车驾驶上路，使车速达到 90km/h 以上并保持数秒后将车停下。

⑤ 再将诊断座或 TDCL 插接器上的 T_C、E_1 跨接。

此时仪表盘上的 ABS 报警灯将会闪烁。如果系统正常，报警灯将会以 2 次/s 的频率闪烁，如有故障则会闪烁出故障码。

车速传感器故障码内容见表 2-5。

车速传感器故障码清除方法同前 ABS 系统故障码的清除方法，不再重述。

表 2-5　车速传感器故障码内容说明

故障码	故障内容	故障原因及部位
71	右前车速传感器信号电压过低	(1)永磁体磁场过弱 (2)传感头安装位置不对 (3)传感头与齿圈间隙过大
72	左前车速传感器信号电压过低	
73	右后车速传感器信号电压过低	
74	左后车速传感器信号电压过低	
75	右前车速传感器信号不稳	(1)传感头松动 (2)传感头插头松动 (3)传感器与 ECU 联机接触不良
76	左前车速传感器信号不稳	
77	右后车速传感器信号不稳	
78	左后车速传感器信号不稳	

五、ABS 系统的一般检查方法

1. ABS 系统检查前的一些常规性检查

① ABS 报警灯是什么时候亮的，或者 ABS 报警灯在什么工作状态下亮，什么工作状态下不亮，找出规律性，以便作进一步检查。

② 必须保证常规性制动系统处于完好状态。把 ABS 系统的熔断丝拔掉，路试踩制动时应四轮有拖印。因为 ABS 系统工作的前提条件是液压制动本身能将 4 个车轮抱死。常规制动系统必须保证有足够的油压，油压不足时 ABS 系统退出控制。

③ 电路部分：蓄电池桩头有无氧化，蓄电池的电压是否正常，蓄电池正负极线实不实。蓄电池提供的电压过低，ABS 系统将不参与工作。ABS 系统的熔断丝连接实不实，各条导线接头实不实，特别要注意检查 ABS 电动液压泵的搭铁线实不实，因为该泵工作时自身的振动量是很大的。

④ 如轮速传感器信号时有时无，应检查传感器是否太脏，脏了后切割能力不够，传递信号速度慢，灵敏度低。检查转子是否掉齿，掉齿后信号失准。检查传感器有无松动，导线及插接器有无松脱。

⑤ 轮胎的直径、轮胎断面的宽度和原厂规定的是否一致，这些发生变化了，汽车车轮的运转速度和原设计的就不一样了，ABS 系统就无法正常工作了。另外轮胎气压亏得过多也会造成 ABS 报警灯时亮时不亮。上述各方面经检查，如没有什么问题，就可以对 ABS 系统进行正式检查了。

2. 轮速传感器故障的检修

(1) 轮速传感器的维护　前盘后鼓的汽车，后轮的轮速传感器上的磁性更容易吸收制动块上摩擦下来的铁粉，由于轮速传感器和齿圈（信号转子）的间隙很小，大部分汽车只有 0.50～0.80mm（电磁感应式轮速传感器间隙越小磁场强度就越大），但轮速传感器间隙过小，容易和转子发生运动干涉。轮速传感器间隙过大，磁场强度就会明显下降，信号就会不良。轮速传感器触头上铁粉吸附得过多，切割能力就不够，轮速传感器发出的信号就可能不准确。另外轮速传感器被脏油污染或吸附上其他脏物也会发生类似故障。在维护时必须将轮速传感器上吸附的铁粉用清洗剂清除，然后用布擦干净，重新装配，螺栓转矩为 10N·m。

轮速传感器和齿圈之间正确的间隙是非常重要的。检查时要用厚薄规沿四周测量轮速传感器和齿圈间的间隙。有的轮速传感器的间隙是不可以调节的，如齿圈没有受损伤而间隙不合适（过大，过小或不均匀）通常是因为轮速传感器轴节变形。而轮速传感器是严禁敲打和靠近高温的，否则很容易导致轮速传感器发生消磁现象，从而影响 ABS 系统的正常工作。许多车轮速传感器固定在弹簧钢片上，旧车弹簧钢片刚度下降，也会改变间隙，维修上需更换该弹簧钢片。

齿圈的学名叫轮速传感器转子（脉冲信号发生器）。老车型没有轮速传感器转子护罩，汽车运行中车轮轧飞起来的石子飞溅到转子上，一旦削掉个别齿，转子所发出的脉冲信号就不准了。因此转子上如果有齿被削掉或损坏，必须更换转子。

（2）轮速传感器安装时需注意的事项　转子的安装必须十分牢固可靠，转子的松动将会使间隙处于变化中，而使轮速传感器发出的信号失准。

转子紧挨着轮速传感器，使用久了有时会发生磁化。如磁化严重，应进行退磁或更换。

转子一般为导磁率较高的铁，为了防止在使用过程中氧化生锈，可在脉冲环表面薄薄涂一层既有润滑作用，又有清洁作用的润滑油，如自动变速器的润滑油（ATF 兼有润滑和清洁作用）。但注意润滑油一定要少抹，千万不要滴到轮速传感器上。也不要抹润滑脂和脏的润滑油，它们会吸收摩擦副（制动器）的粉末和灰尘。这两样都会使轮速传感器信号失真。

轮速传感器的更换并不复杂，但安装时要格外注意：

转速传感器和转子间的空气间隙是重要的结构参数之一，间隙准确与否对轮速传感器能否准确反映车轮运动状态的数据信号影响很大。安装轮速传感器时，要使传感器中心垂直于转子的脉冲环齿面。

装配时还需注意不要将轮速传感器的导线电缆或线束缠绕起来。因为轮速传感器线束是不可以修理的。而导线一旦破裂就会导致发生严重故障。

（3）轮速传感器故障的检查方法

① 用电阻表检测传感器感应线圈电阻，如果电阻过大或过小，均说明传感器不良，应更换。

② 用交流电压表测量传感器的输出信号电压，在车轮转动时，电压表应该有电压指示，其电压值应随车轮转速的增加而升高，一般情况下，应达 2V 以上。

③ 用示波器检测传感器的输出信号电压波形，正常的信号电压波形应是均匀稳定的正弦电压波形。如果信号电压无或有缺损，应拆下传感器作进一步检查。

④ 用 ABS 故障指示灯检测轮速传感器。用 ABS 故障指示灯检测轮速传感器时，通常车速达到 15～35km/h 时如 ABS 报警灯亮，说明 ABS 轮速传感器可能有故障。直线行驶车速在 15～35km/h 时如 ABS 报警灯不亮，说明轮速传感器和车速传感器自身没有故障。

如好路上直线行驶时 ABS 报警灯不亮，转弯和颠簸时 ABS 报警灯亮则可能是轮毂轴承预紧力过小，造成轮速传感器间隙变化。轮毂轴承松动造成轮速传感器间隙不稳定有时还会出现制动拖痕。

不用举升汽车，双手抓住车轮上方内侧，使劲向外侧晃动，如感觉到有旷量，说明轮毂轴承预紧力过小，轮毂轴承的正常轴向间隙轿车通常应在 0.05mm。旋转轮毂时应非常轻松，沿轴向拉动轮毂时又感觉不到有间隙为合适。

控制单元对轮速传感器的检测是采用比照法。即通过不同轮速传感器信息比较，发现异常的轮速传感器。如出现某个轮速传感器的故障码时，拔去其他轮速传感器的线束，故障灯就会熄灭。

轮速传感器和车速传感器用 ABS 报警灯检测的另一种方法是用二柱举升器使四轮悬空，启动发动机，挂入 D 挡，观察 ABS 指示灯是否亮，3 通道的后轮驱动的汽车若灯亮表示装在变速器输出轴上或减速器壳上车速传感器不良。如果 ABS 报警灯不亮，则应分别用手旋转左右两侧前轮，单独旋转一侧车轮时如 ABS 报警灯亮，表明该轮轮速传感器正常，反之如 ABS 报警灯不亮，则说明该侧轮速传感器不良，应作进一步检测。前轮驱动的汽车若灯亮表示两个前轮轮速传感器中有一个有故障。用手旋转左右两侧后轮，启动后单独旋转一侧后轮时如 ABS 灯亮，则说明该轮轮速传感器正常，反之如 ABS 报警灯不亮，则说明该侧轮速传感器不良。

注：除轮速传感器故障外，电动液压泵继电器或液压调压器内电磁阀电路不良也会在汽车低速区域出现 ABS 报警灯亮，诊断时应注意区分。

3. ABS 控制单元 ECU 的检查

ABS 控制单元 ECU 的故障检查方法如下：

① 检查 ABS 的 ECU 线束插接器有无松动，连接导线有无松脱。

② 检查 ABS 的 ECU 线束插接器各端子的电压值、波形或电阻，如果与标准值不符，与之相连的部件和线路正常，则应更换 ECU 再试。

③ 直接采用替换法检验，即在检查传感器、继电器、电磁阀及其线路均无故障时，会怀疑是否是 ABS 的 ECU 有故障。这时，可以用新的 ECU 替代，如果故障现象消失，怀疑就被证实。

4. ABS 压力调节器的检查

(1) 制动压力调节器的可能故障

① 制动压力调节器电磁阀线圈不良。

② 制动压力调节器中的阀有泄漏。

(2) 制动压力调节器故障的检查方法

① 用电阻表检测电磁阀线圈的电阻，如果电阻无穷大或过小等，均说明其电磁阀有故障。

② 加电压试验，将制动压力调节器电磁阀加上其工作电压，看阀能否正常动作。如果不能正常动作，则应更换制动压力调节器。

③ 解体后检查，如果怀疑是制动压力调节器有问题，则应在制动压力调节器内无高压制动液时，仔细拆开调节器进行检查。

5. ABS 控制继电器的检查

继电器的常见故障有触点接触不良、继电器线圈不良等，检查方法如下：

① 对继电器施加其正常的工作电压，看继电器能否正常动作；若能正常动作，则用电阻表检测继电器触点间的电压和电阻，正常情况下触点闭合时的电压为零。若电压大于 0.5V 以上，则说明触点接触不良。

② 用绝缘电阻表（欧姆表）检测继电器线圈的电阻，电阻值应在正常范围之内。

6. 蓄压器内压力过低报警

蓄压器内制动液液压正常压力为 14～18MPa，如压力降到 14MPa，压力控制开关可通过接通继电器地线，启动电动液压泵。如蓄压器、电动液压泵，或继电器不良，蓄压器内制动液压压力下降到 7.23MPa 以下时，控制单元会发出报警信号，ABS 报警灯被点亮，ABS 系统退出控制，汽车恢复到常规制动状态。20s 后红色常规制动指示灯也被点亮。

7. 驻车制动拖滞报警

行驶时未松开驻车制动手柄，或驻车制动拉索调整不当，驻车制动开关闭合搭铁，红色常规制动指示灯常亮不熄，直到松开驻车制动。车速达到 4km/h 以上时还未松开驻车制动，某些车型 ABS 报警灯也被点亮。

复习与思考题

一、名词解释

1. 蓄压器
2. 滑移率
3. 四通道 ABS 系统

4. 三通道ABS系统
5. 三位三通电磁阀
6. 减速度传感器
7. 循环式ABS系统
8. 可变容积式ABS系统

二、填空题

1. 汽车ABS系统由（　　）、（　　）和（　　）组成。

2. 按ECU所依据的控制参数不同分类，ABS可分为（　　）和（　　）。

3. ABS按制动压力调节器结构形式不同分（　　）和（　　）。

4. ABS按控制通道数目分类：（　　）、（　　）、（　　）和（　　）。

5. 循环式制动压力调节器在汽车制动过程中，ECU控制流经制动压力调节器电磁线圈的电流大小，使ABS处于（　　）、（　　）和减压三种工作状态。

6. 行驶时未松开驻车制动手柄，或驻车制动拉索调整不当，驻车制动开关闭合搭铁，（　　）常亮不熄，直到松开驻车制动，车速达到4km/h以上时，还未松开驻车制动，（　　）也被点亮。

7. 单通道ABS能够显著地提高汽车制动时的稳定性，且结构简单，成本低，所以在（　　）用车辆上应用比较广泛。

8. 轮速传感器导线刚开始断时，汽车在平道上行驶时ABS灯不亮，道路不好振动幅度一大ABS灯就亮了，检查（　　）没有松旷，导线就可能断了。

9. 打开点火开关后如ABS灯常亮不熄，常规制动指示灯工作正常，说明ABS系统因自身故障已退出控制，恢复（　　）状态。

三、选择题

1. 为保证传感器无错误信号输出，安装车速传感器时应保证其传感器头与齿圈间留有一定的空气隙，约为（　　）。

A. 5mm　　B. 0.07mm　　C. 0.01mm　　D. 1mm

2. 汽车后轮上的车速传感器一般固定在后车轴支架上，转子安装于（　　）。

A. 车架　　B. 轮毂　　C. 驱动轴　　D. 车轮转向架

3. 下列叙述不正确的是（　　）。

A. 制动时，转动转向盘，会感到转向盘有轻微的振动
B. 制动时，制动踏板会有轻微下沉
C. 制动时，ABS继电器不断动作，这也是ABS起作用的正常现象
D. 装有ABS的汽车，在制动后期，不会出现车轮抱死现象

4. 当滑移率为100%时，横向附着系数降为（　　）。

A. 100%　　B. 50%　　C. 0　　D. 都不正确

5. 为了避免灰尘与飞溅的水、泥等对传感器工作的影响，在安装前车速传感器需抹少许（　　）。

A. 机油　　B. 制动液　　C. 润滑脂　　D. ATF油

6. 循环式制动压力调节器是在制动总缸与轮缸之间（　　）一个电磁阀，直接控制轮缸的制动压力。

A. 串联　　B. 并联　　C. 都可以　　D. 以上答案均不正确

7. 循环式制动压力调节器在升压过程中，电磁阀处于“升压”位置，此时电磁线圈的通入电流为（　　）。

A. 0　　B. 较小电流　　C. 最大电流　　D. 均不正确

8. 循环式制动压力调节器在减压过程中，电磁阀处于“减压”位置，此时电磁线圈的通入电流为（　　）。

A. 0　　B. 较小电流　　C. 最大电流　　D. 均不正确

9. 本田雅阁 ABS 系统放气时，先在着车状态下踩 15 次制动，然后熄火，放气，可顺利完成放气，其原因是（　　）。

A. 不启动时防泄漏阀不工作　　B. 不启动时防泄漏阀工作

C. 不启动时放气安全

10. 一辆轿车制动距离时长、时短，并伴有忽左忽右的制动跑偏，ABS 灯每 0.5s 闪一次，却调不出故障码，其原因是（　　）。

A. 电动液压泵故障　　B. 制动主缸故障

C. 制动液内有空气

11. 直线行驶时 ABS 灯不亮，转弯或遇大坑时 ABS 灯亮的原因是（　　）。

A. 轮速传感器过脏　　B. ABS 灯线路接触不良

C. 装有轮速传感器的轮毂轴承松动

12. ABS 系统制动液应（　　）换一次。

A. 半年　　B. 1 年　　C. 两年

13. ABS 系统是在制动时车轮将出现抱死的情况下起控制作用，在车速低于（　　）时不起作用。

A. 8km/h　　B. 10km/h　　C. 12km/h　　D. 15km/h

四、判断题（正确画√、错误画×）

1. 汽车前轮上的传感器一般固定在车轮转向架上，转子安装在车轮轮毂上、与车轮同步转动。（　　）

2. ABS 系统排气时间要比常规制动系统短，消耗的制动液也少。（　　）

3. 刚刚放出的制动液不能马上添回储液罐，需在加盖的玻璃瓶中静置 12h 以上，待制动液中的气泡排尽后才能使用。（　　）

4. 汽车制动时产生侧滑及失去转向能力与车轮和地面间的横向附着力无关。（　　）

5. 车轮抱死时将导致制动时汽车稳定性变差。（　　）

6. 三通道三传感器的车，四轮悬空，启动挂 D 挡，若 ABS 灯亮，说明装在变速器输出轴或后轮减速器上的车速传感器不良。（　　）

7. ABS 系统如每个通道里有一对电磁阀，这对电磁阀就是一个二位二通常开式电磁阀，一个二位二通常闭式电磁阀。（　　）

8. 在可变容积式压力调节器中，保压时，电磁线圈无电流通过。（　　）

9. ABS 四通道系统能使每个制动轮保持最大的附着力和较高的抵抗侧滑的能力。（　　）

10. 循环式 ABS 系统的电动液压泵是一个高压泵，它可以加大制动力矩。（　　）

11. ABS 压力控制开关发现蓄压器内制动液压压力过低时，将报警。黄色的 ABS 故障指示灯被点亮，但红色制动灯不亮。（　　）

12. 后轮驱动汽车，四轮悬空，启动挂 D 挡，ABS 灯不亮，用手分别旋转两个前轮，若旋转某个前轮时 ABS 灯亮，说明该轮的轮速传感器不良。（　　）

13. 某些汽车蓄电池、桩头脏、亏电、搭铁线不实，也会造成 ABS 灯亮。（　　）

14. ABS 系统放气时，应先放轮缸的气，再放液压调节器的气。（　　）

15. 轮速传感器有故障，车速达到 15km/h 左右时，ABS 灯亮。（　　）

16. ABS 电动液压泵独立于控制单元，只有压力开关闭合和制动踏板达到行程的 40%

左右时电动液压泵才启动。( )

五、简答题

1. 汽车ABS系统的功用是什么?
2. ABS系统的故障码显示方式有哪几种?
3. 说明轮速传感器的检测方法。
4. 以桑塔纳轿车的ABS系统为例,说明其基本组成和工作原理。
5. 对ABS制动液有哪些要求?
6. 如何调取与清除丰田车系ABS系统故障码?
7. 简述ABS压力控制开关的主要作用。
8. 简述三位三通电磁阀的工作原理。

第三章 汽车驱动防滑控制系统与检修

第一节 认识汽车驱动防滑控制系统

汽车驱动防滑控制（Acceleration Slip Regulation/Anti-slip Regulation）系统简称“ASR”。由于ASR大多是通过调节驱动轮的驱动力实现控制的，又称为牵引力控制系统(Traction Control System)，简称“TCS”。在日本等地还称为TRC(Traction Control）或TRAC（在美国和加拿大，用TRAC)。

一、驱动防滑控制系统的功用

汽车行驶时，车轮的驱动力主要取决于两个方面：一是发动机的输出转矩和功率，二是驱动轮与路面间的附着力。驱动力与附着力关系为

$$F_x = F_\mu = G\mu$$

式中 F_x——车轮的驱动力，N；

F_μ——轮胎与路面间的附着力，N；

G——轮胎与路面间的垂直载荷，N；

μ——轮胎与路面间的附着系数。

驱动力不能大于附着力。当缓慢加速时或路面良好，车轮不容易出现打滑，车轮的驱动力随发动机输出转矩增大而增大。但急加速或路面较差时，车轮极可能就会在路面上打滑空转，即滑转。用 S_T 表示驱动时滑转率，可用下面的式子来表达：

$$S_T = \frac{v_c - v}{v_c} \times 100\%$$

式中 v_c——车轮圆周速度；

v——车身瞬时速度。

若 $S_T=0$ 时，车轮作纯滚动；若 $S_T=100\%$，$v=0$，车轮处于完全滑转状态；若 $0<S_T<100\%$，车轮处于边滚边滑状态，且 S_T 值越大，车轮滑转越严重。

图3-1表示的是在驱动情况下驱动轮驱动力与其滑转率的关系图，从图中可以看到，当驱动轮滑转率从0开始增加时，纵向驱动力 F_x 也随之增大，当滑转率达到 S_T 时纵向驱动力达到最大值 F_{xmax}。如果滑转率再继续增加，纵向驱动力反而随之下降，当滑转率达到100%时，即车轮发生纯滑转时，其驱动力要远远小于 F_{xmax}。所以从牵引性上考虑，驱动轮的滑转率最好控制在 S_T 的领域内。图中 F_y 为汽车侧向力，从图中看出，汽车侧向力 F_y 随纵向滑转率的增大而急剧减小。如果当滑转率为100%时，不仅纵向驱动力减小，侧向驱动力更是大幅度减小，此时一旦车轮遇到小的扰动，就会向行驶的侧向滑动。因此考虑到保证侧向驱动力，维持汽车的方向稳定性，一般认为驱动

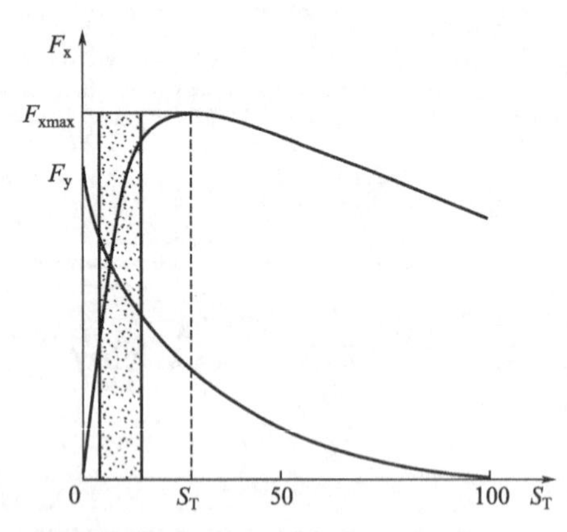

图3-1 纵向和侧向驱动力与滑转率的关系

轮的最佳滑转率应取略小于 S_T 的范围，可取5%～15%。

汽车车轮滑转时，会对汽车造成一定的危险及危害，例如，当汽车在低附着系数路面（如泥泞路面、冰雪路面）上行驶时，由于地面对车轮施加的反作用转矩很小，因此，在起步、加速时驱动轮就会发生滑转。特别是在冰雪等光滑路面上还会出现方向失控的危险。此外，当汽车在越野条件下行驶时，如果某个驱动轮处在附着系数低的路面上，虽然另一个车轮处在附着系数较高的路面上，但是根据差速器转矩等量分配特性，它能够提供的驱动转矩只能与处在低附着系数路面上车轮提供的驱动转矩相等。因此，在驱动力不足的情况下，汽车将无法前进，发动机输出的功率大部分消耗在车轮的滑转上，不仅浪费燃油，加速轮胎磨损，而且降低了车辆的通过性能和机动性能。

为了避免上述情况，有两种选择：一是降低输送到车轮的转矩，二是提高地面附着力。基于这种思路，设计并在汽车上使用了驱动防滑控制系统（ASR）。

ASR是通过电子传感器对车轮滑转情况进行监测——当驱动轮打滑（从动轮速度低于驱动轮）时，轮速传感器反馈信号给电子控制器——处理后发出指令调节驱动轮的驱动转矩，抑制车轮滑动，使车轮获得最大地面附着力——将滑移率控制在一定范围内（5%～15%），防止车辆驱动轮快速滑动以及在非对称路面或转弯时驱动轮的空转，以维持车辆良好的驱动力和行驶稳定性。

ASR是ABS功能的补充和完善，ASR可以提高汽车的行驶稳定性，提高加速性，提高爬坡能力，可以在汽车起步时防止车轮打滑，保证汽车纯滚动起步，起到起步防滑作用。ASR如果和ABS相互配合使用，将进一步增强汽车的安全性能。图3-2为装备了ASR与未装备ASR的汽车行驶情况对比。

图3-2中，驾驶员正在转换车道并加速超车时，如果驱动轮滑转，则汽车根本不按驾驶员的意愿更换车道，沿着轨迹a滑行，从而留在原车道上并可能撞到前面的汽车。装备ASR后，则可按驾驶员的意愿更换车道，沿着轨迹b运行，从而绕开前方的汽车。

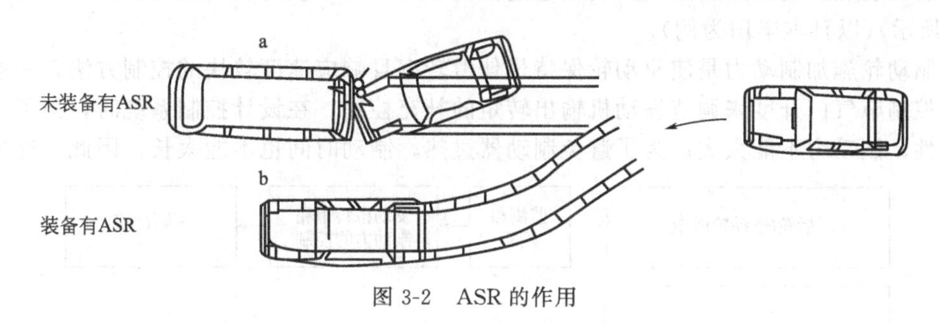

图3-2 ASR的作用

二、ASR的控制方法

防止驱动轮滑转的控制方法主要有：控制发动机的输出转矩，控制变速器的传动比，控制驱动轮的制动力以及控制防滑转差速器的锁止程度等模式。这些控制方法的最终目的都是调节驱动轮上的驱动力，并将驱动轮的滑转率控制在最佳滑转率范围内。

1. 控制发动机的输出转矩

通过调节发动机的输出转矩来调节驱动轮的驱动力，这种控制系统能够保证发动机输出转矩与地面提供的驱动转矩达到匹配，因此可以改善燃油经济性，减少轮胎磨损。在装备电子控制燃油喷射系统的汽车上，普遍采用了控制发动机输出转矩的方法来实现防滑转控制。

控制发动机输出转矩的方法有：控制节气门开度，控制点火时间，控制燃油供给量等。

(1) 控制节气门开度　控制节气门开度可以控制进入汽缸的进气量，从而能够显著改变发动机的输出转矩。现代汽车普遍采用这种控制方式。

节气门开度调节主要是指在原节气门通道的基础上，串联一个副节气门，通过传动机构控制其开度，从而实现节气门开度的调节。在采用电控燃油喷射系统的汽车上，ASR ECU根据驱动轮滑转率的大小，通过控制副节气门开度和燃油喷射量等即可调节发动机的输出转矩。当驱动轮滑转率超出规定值范围时，ASR ECU便向执行器发出控制指令，减小副节气门的开度、缩短喷油器的喷射时间或中断个别喷油器喷油，可迅速降低发动机的输出转矩，从而防止驱动轮滑转。

(2) 控制点火时间　减小汽油发动机的点火提前角或切断个别汽缸的点火电流，均可微量降低发动机的输出转矩。

在电子控制点火系统中，点火时刻是根据发动机转速、负荷以及冷却液温度等信号确定。在汽车行驶过程中，防滑转控制电控单元（ASR ECU）根据轮速传感器和车速传感器信号即可计算确定驱动轮滑转率的大小，通过减小点火提前角，即可微量降低发动机的输出转矩。当驱动轮滑转率很大，延迟点火时刻不能达到控制滑转率的目的时，则可中断个别汽缸点火来进一步减小滑转率。在中断个别汽缸点火时，为了防止排放增加和三元催化转换器过热，必须中断燃油喷射。恢复点火时，点火时刻将缓慢提前，保证发动机输出转矩平稳增加。

(3) 调节燃油供给量　燃油供给量的调节是指减少供油或暂停供油，即当发现驱动轮发生过度滑转时，电子调节装置将自动减少燃油供给量，甚至中断供油，来减少发动机的输出转矩，燃油供给量调节是电控汽油机中比较容易实现的驱动防滑控制方式，但是这种调节方式会导致汽油机工作不正常，影响发动机和传动系统的使用寿命。

2. 控制驱动轮的制动力

控制驱动轮的制动力实际上是利用差速器的差速作用来获得较大的驱动力，控制方法如图 3-3 所示（以日本丰田为例）。

对驱动轮施加制动力是使驱动轮保持最佳滑转率且响应速度较快的控制方法，一般作为仅采用控制节气门开度来调节发动机输出转矩的补充控制。在设计控制系统时，为了保证乘坐舒适性，制动力不能太大；为了避免制动器过热，制动时间也不能太长。因此，这种方法

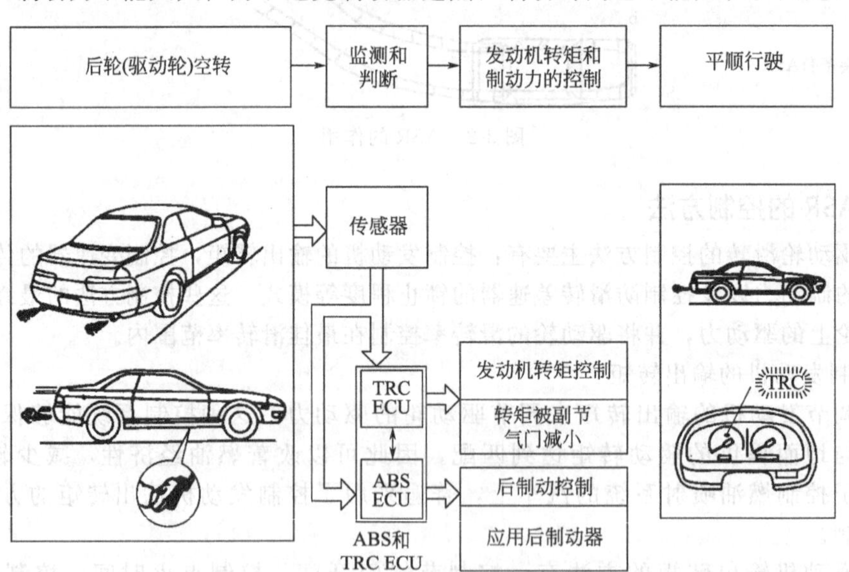

图 3-3　TRC 的工作过程

只限于低速行驶时短时间内使用。

3. 控制差速器的锁止程度

控制差速器的锁止程度必须采用防滑转差速器进行控制，防滑转差速器是一种由电子控制器控制的可锁止差速器。

如图 3-4 所示，在防滑转差速器向车轮输出驱动力的输出端设置有一个离合器，调节作用在离合片上的油液压力，即可调节差速器的锁止程度。油压逐渐降低时，差速器锁止程度逐渐减小，传递给驱动轮的驱动力就逐渐减小；反之，油压升高时，驱动力将逐渐增大。通过调节防滑转差速器的锁止程度，即可调节传递给驱动轮的驱动力，所以汽车在各种附着系数不同的路面上起步和行驶时，都具有较好的稳定性和操纵性。

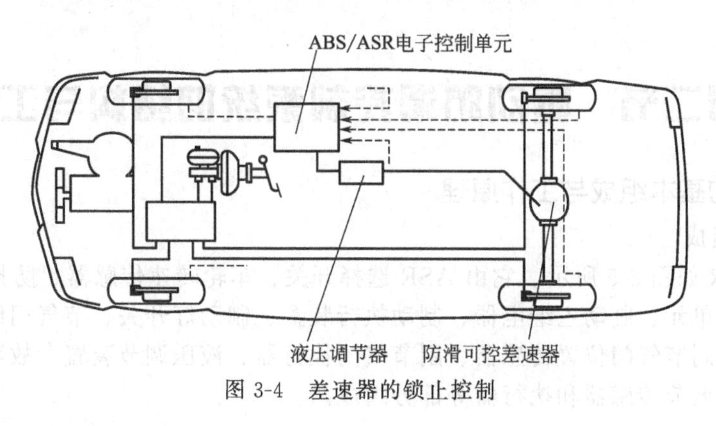

图 3-4　差速器的锁止控制

4. 控制变速器的传动比

通过控制变速器的传动比来改变传递到驱动车轮的驱动转矩，减小驱动车轮滑转程度，从而实现驱动防滑控制。

对于装备自动变速器的汽车，在驱动车轮发生滑转时，可由驱动防滑转电子控制装置与变速器电子控制装置进行通信，修正其换挡规律，保证在发动机输出转矩不增大的情况下，使作用于驱动车轮的驱动力矩有所减小，从而控制驱动车轮的滑转。该控制模式可以利用变速器电子控制系统，但反应较慢，且变化突然，一般不作为单独的控制模式。

以上介绍了汽车驱动防滑控制系统的主要控制模式，但各种控制模式都有各自优缺点，所以一般采用组合控制模式。例如，丰田汽车的 TRC 采取的是发动机节气门开度调节和驱动车轮制动力控制相结合的控制方式。这是目前国外广泛采用的一种组合控制模式。

三、ASR 与 ABS 的区别

ASR 和 ABS 都是用来控制车轮相对地面的滑动，以提高车轮与地面之间的附着力。但 ABS 控制的是汽车制动时车轮的“滑移”，主要是用来提高汽车的制动效能和制动时的方向稳定性；而 ASR 是控制汽车行驶时的驱动车轮“滑转”，用于提高汽车起步、加速及在滑溜路面行驶时的牵引力和确保行驶稳定性。一般在车速很低（<8km/h）时 ABS 不起作用，而 ASR 一般在车速很高（>80～120km/h）时不起作用。

ABS 是利用传感器来检测轮胎何时要被抱死，再减少制动器制动压力以防被抱死，它可以快速地改变制动压力，以保持该轮在即将被抱死的边缘；而 ASR 主要是使用发动机点火的时间、变速器挡位和供油系统来控制驱动轮打滑。

ASR 对汽车的稳定性有很大的帮助，当汽车行驶在易滑的路面上时，没有 ASR 的汽车，在加速时驱动轮容易打滑。如果是后轮，将会造成甩尾；如果是前轮，车辆方向就容易失控，导致车辆向一侧偏移。而有了 ASR，汽车在加速时就能够避免或减轻这种现象，从而保持车辆沿正确方向行驶。

虽然 ASR 也可以和 ABS 一样，通过控制车轮的制动力大小来控制驱动车轮相对地面的滑动，但 ASR 只对驱动车轮实施制动控制。在 ASR 应用时，可以在仪表板显示出地面是否有打滑的现象发生，它有一个控制旋钮，如果想要自己控制，在适当的时机可以将系统关掉，车辆重新启动时 ASR 就会自动放开。

ASR 和 ABS 可共用车轴上的轮速传感器，并与行车电脑连接，不断监视各轮转速。当在低速发现打滑时，ASR 会立刻通知 ABS 动作来减低此车轮的打滑。若在高速发现打滑时，ASR 立即向行车电脑发出指令，指挥发动机降速或变速器降挡，使打滑车轮不再打滑，防止车辆失控甩尾。现代汽车上大多将 ASR 与 ABS 一起使用，通常称为“ABS/ASR”。

第二节　驱动防滑控制系统的结构与工作原理

一、ASR 的基本组成与工作原理

1. ASR 的组成

典型的 ASR 如图 3-5 所示。它由 ASR 选择开关、车轮转速传感器、防抱死制动和驱动防滑转电子控制单元、制动主继电器、制动执行装置、制动灯开关、节气门继电器、主节气门位置传感器、副节气门位置传感器、副节气门执行器、液压调节装置、故障指示灯、压力调节和液面高度调节传感器和执行器等部分组成。

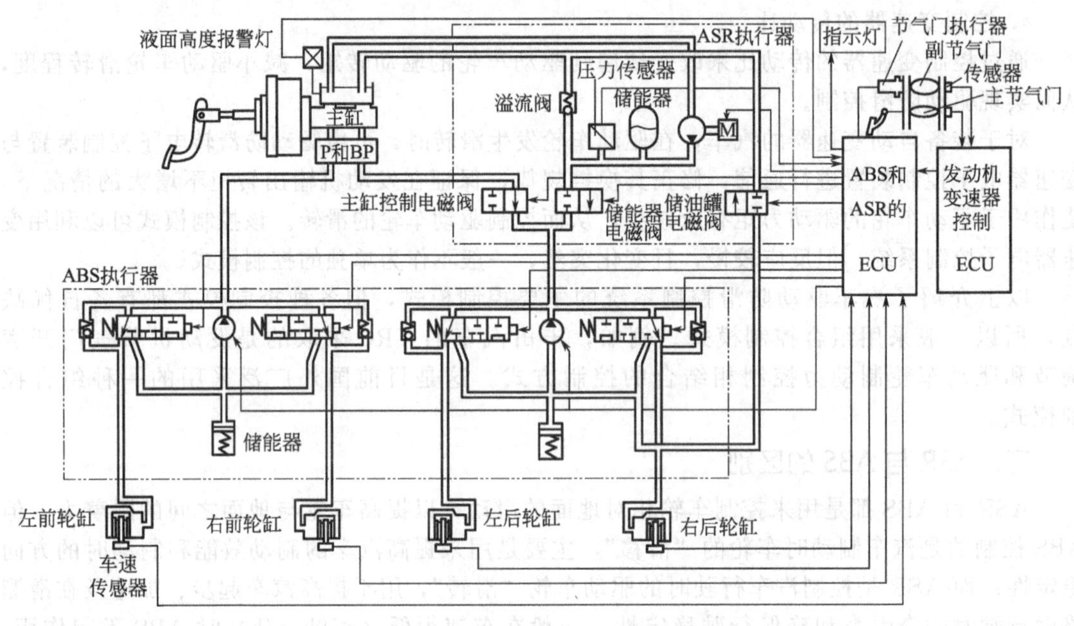

图 3-5　典型的 ASR

其中车轮转速传感器用来检测各车轮的转速；节气门位置传感器检测主、副节气门位置；电控单元根据车轮转速信号、发动机节气门开度信号等判断汽车的行驶状况，向制动执行器和副节气门执行装置发出控制指令，并可在系统出现故障时，记录故障代码，点亮故障报警灯；制动主继电器向制动执行装置和泵电机继电器提供电流；节气门继电器向副节气门执行器提供电流；副节气门执行器接受电控单元的指令信号，控制副节气门的开启角度；液压调节装置接受电控单元的指令信号，控制各制动工作缸中的制动压力；故障报警灯指示系

统装置是否工作正常，并可闪烁出故障码；空挡启动开关向防抱死制动和驱动防滑转电控单元提供变速手柄位置；液面高度、压力传感器和执行器控制调节系统油液量和压力。其中许多传感器和执行器可以与 ABS 系统共用。

2. ASR 的工作原理

ASR 各部分的工作流程如图 3-6 所示。

车速传感器将行驶汽车驱动车轮转速及非驱动车轮转速转变为电信号，输送给电控单元 ECU。ECU 根据车速传感器的信号计算驱动车轮的滑转率，若滑转率超限，电控单元再综合考虑节气门开度信号、发动机转速信号、转向信号等因素确定控制方式，输出控制信号，使相应的执行器动作，使驱动车轮的滑转率控制在目标范围之内。

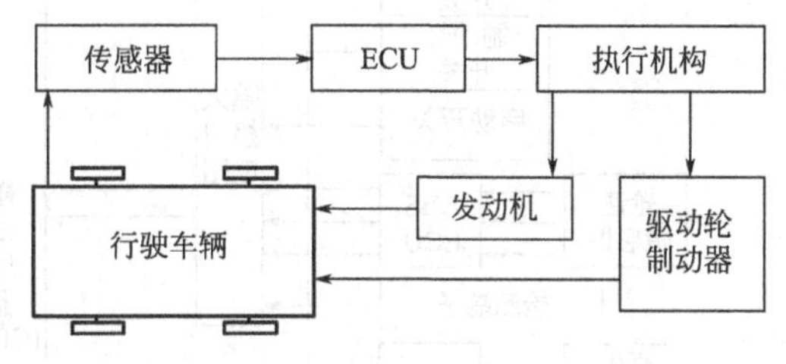

图 3-6　ASR 各部分的工作流程

当 ASR 出现故障时，以警示灯告知驾驶员，发动机和制动系统正常工作不受影响。

二、ASR 的传感器

ASR 的传感器主要有车轮转速传感器和节气门开度传感器。车轮转速传感器与 ABS 系统共用，而节气门开度传感器则与发动机电子控制系统共用，其结构不再赘述。

ASR 选择开关是系统的另一个输入装置，如将 ASR 选择开关切断（处于 OFF 位置），系统可以靠人为因素使系统退出工作状态，以便适应某些特殊的需要。如为了检查汽车传动系统或其他系统故障时，让系统停止工作，可以避免因驱动轮悬空，ASR 对驱动轮施加制动而影响故障检查。

三、ASR 的控制单元（ECU）

ASR ECU 也是以微处理器为核心，配以输入输出电路及电源等组成。ASR 与 ABS 的一些信号输入和处理是相同的，为减少电子器件的应用数量，ASR 控制器与 ABS 电控单元常组合在一起，图 3-7 为 ABS/ASR 组合 ECU 实例。ASR ECU 的输入信号来自 ABS ECU、发动机控制 ECU 和几个选择控制开关等。根据上述输入信号，ASR ECU 通过计算后向制动器与发动机节气门发出工作指令，并通过指示灯显示当前的工作状态。一旦 ASR ECU 检测到任何故障，则立即停止 ASR 调节。此时，车辆仍可以保持常规方式行驶，同时系统会将检测出的故障信息存入计算机的 RAM，所诊断的故障码输出到多路显示 ECU，并让报警指示灯闪烁。

四、ASR 的执行机构工作原理

1. 制动压力调节器

ASR 制动压力调节器执行 ASR 控制器的指令，对滑转车轮施加制动力，并控制制动力的大小，以使驱动轮的滑动率处于目标范围内。高压储能器是 ASR 的制动压力源，而经过制动压力调节电磁阀可以调节驱动轮制动压力的大小。ASR 制动压力调节器有独立和组合两种结构形式。前者指 ASR 与 ABS 制动压力调节器彼此分立的结构形式，它比较适合将 ASR 作为选装系统的车辆，布置较灵活；但结构不紧凑，连接点较多，易泄漏。后者是将两套压力调节装置合二为一的结构形式，其特点与独立式结构相反。

制动压力独立调节形式如图 3-8 所示。当三位三通电磁阀处于断电状态而取左位时，调压缸右腔与储液室相通，压力较低，故缸内活塞在回位弹簧推力作用下被推至右极限位置。此时，一方面可借助调压缸中部的通液孔将 ABS 制动压力调节器与车轮上的制动轮缸导通，使 ASR 不起作用，而保证 ABS 实现正常调压；另一方面也可实现 ASR 对制动轮缸的减压。

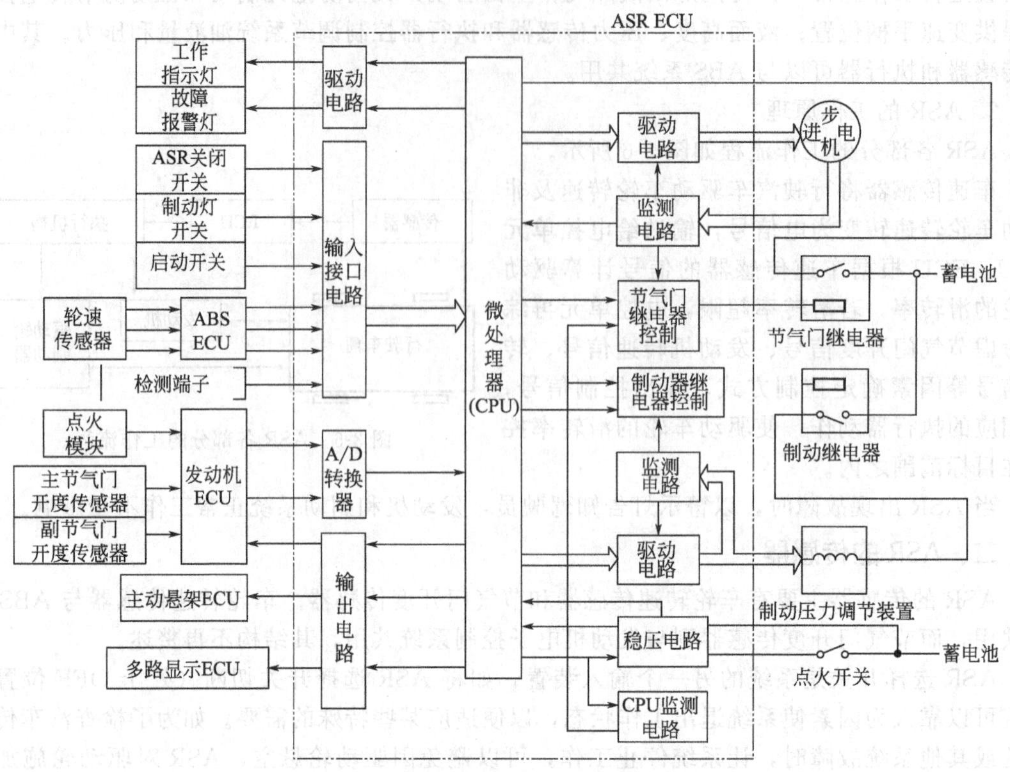

图 3-7　ASR 的控制器及其输入电路

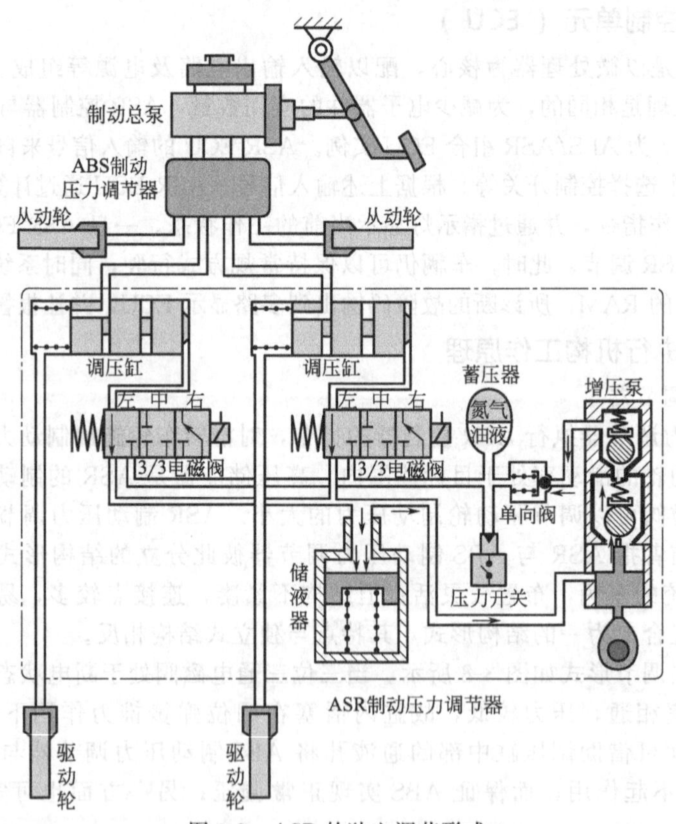

图 3-8　ASR 的独立调节形式

当电磁阀通电而处于右位时，调压缸右腔与储液室隔断，但与高压储能器导通，具有一定压力的液体将调压缸活塞推向左端，截断ABS制动压力调节器与制动轮缸的联系，调压缸左腔的压力会随活塞的左移而增大，带动制动轮缸压力的上升，便可实现对驱动轮制动压力的增压调节。当电子控制器使电磁阀通过较小电流而处于中间位置时，调压缸与储液室和高压储能器均相通，调压缸活塞保持不动，驱动轮制动轮缸压力维持不变。

至非驱动轮制动轮缸

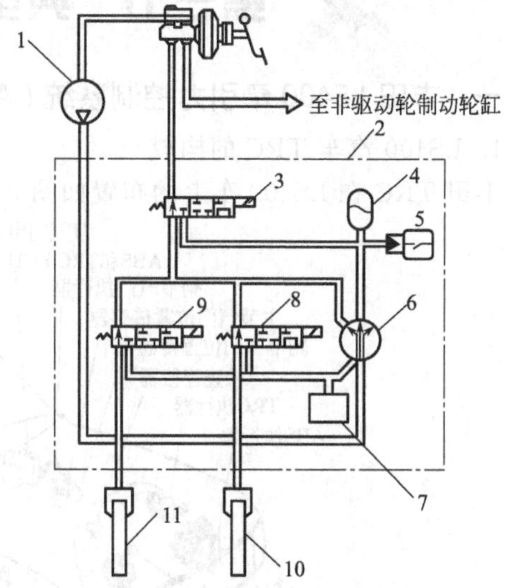

图 3-9　ASR 的组合调节形式

1—油泵；2—ABS/ASR 制动压力调节器；3—ASR 调压电磁阀；4—蓄能器；5—压力开关；6—循环泵；7—储油罐；8，9—调压电磁阀；10，11—驱动轮制动器

ASR 的组合调节形式如图 3-9 所示。当ASR 调节电磁阀断电而取左位时，ASR 不起作用。通过两调压电磁阀的作用，可对两驱动轮制动压力的 ABS 调节。当 ASR 调节电磁阀通电而取右位时，若调压电磁阀仍处于断电状态而取左位，这时，高压储能器的压力油可通入驱动车轮制动轮缸，达到制动增压的目的。

若 ASR 调节电磁阀半通电，处于中间位置时，则切断了高压储能器与制动主缸的联系，驱动轮制动轮缸压力维持不变。当两调压电磁阀通电而取右位时，驱动轮制动轮缸与储液室导通，制动压力下降，实现制动减压。

2. 节气门驱动装置

ASR 以副节气门控制发动机输出功率是应用最广的方法，当 ASR 不起作用时，副节气门处于全开，控制副节气门开度便可实现发动机输出功率的调节。节气门驱动装置一般由步进电机和控制机构组成，步进电机根据 ASR 电子控制器输出的控制脉冲使副节气门转过规定的角度。其控制过程如图 3-10 所示。

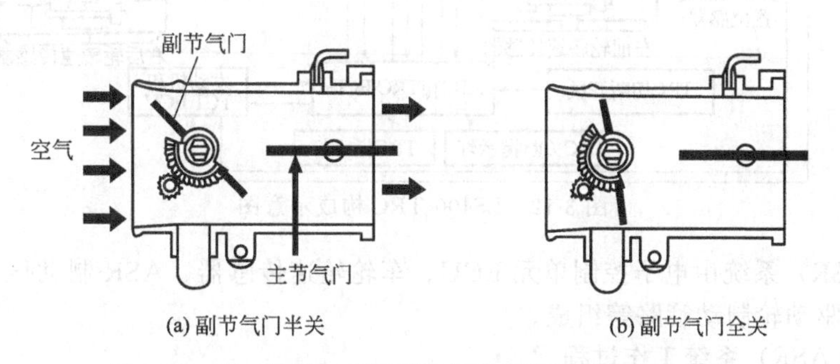

图 3-10　副（辅助）节气门进行防滑控制的结构示意图

在 ASR 不起作用时，副节气门处于全开位置，当需要减小发动机驱动力来控制驱动车轮的滑转时，ASR 控制器就输出信号，使辅助节气门驱动机构工作，改变辅助节气门开度，从而达到控制发动机的输出功率，抑制驱动车轮的滑转。

第三节　典型的驱动防滑控制系统

一、丰田 LS400 牵引力控制系统（ABS/TRC）

1. LS400 汽车 TRC 的构成

丰田 TRC 在 LS400 车上的布置如图 3-11 所示。TRC 构成示意图如图 3-12 所示。

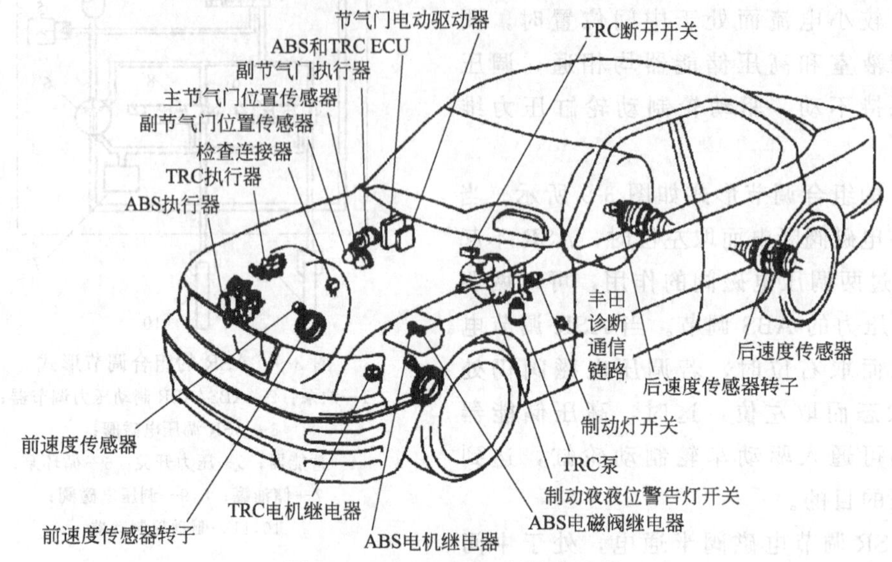

图 3-11　LS400 TRC 部件布置图

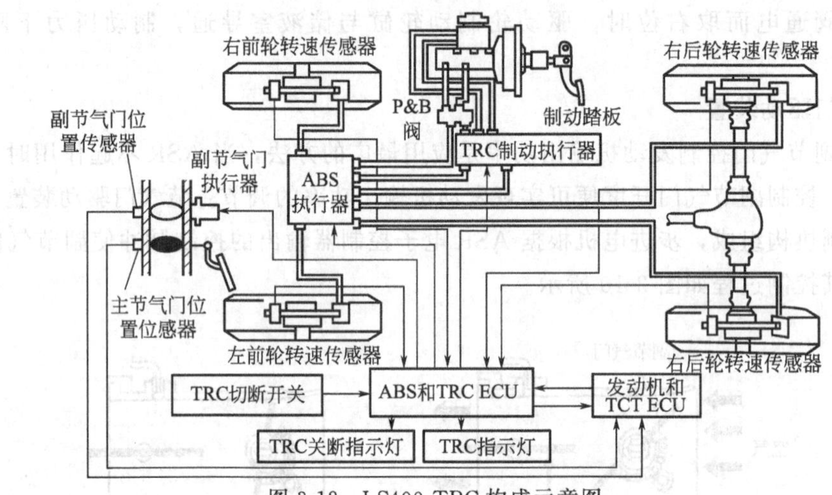

图 3-12　LS400 TRC 构成示意图

TRC（ASR）系统由电子控制单元 ECU、车轮轮速传感器、ASR 制动压力调节器、副节气门及控制驱动轮制动管路等组成。

2. TRC（ASR）系统工作过程

TRC（ASR）在汽车驱动过程中，ABS/TRC 的 ECU 根据各车轮转速传感器的信号，确定驱动轮的滑转率和汽车的参考速度。当 ECU 判定驱动轮的滑转率超过设定的极限值时，就使驱动副节气门的步进电机转动，减小节气门的开度，此时，即使主节气门的开度不变，发动机的进气量也会因副节气门开度的减小而减少，使发动机的输出功率减小，驱动轮上的驱动力矩就会随之减小。如果驱动车轮的滑转率仍未降低到设定的控制范围内，ECU

又会控制 TRC 制动压力调节装置和 TRC 制动压力装置，对驱动车轮施加一定的制动压力，使制动力矩作用于驱动轮，从而实现驱动防滑转的控制。

3. 液压系统与执行器

(1) ABS/TRC 液压系统　TRC 制动压力调节装置与 ABS 制动压力调节装置所组成的制动液压系统如图 3-13 所示。

ABS/TRC 液压系统由制动供能装置（增压泵、蓄压器）、电磁阀总成（三个二位二通阀）、压力调节装置（四个三位三通电磁阀、储液器）等组成。

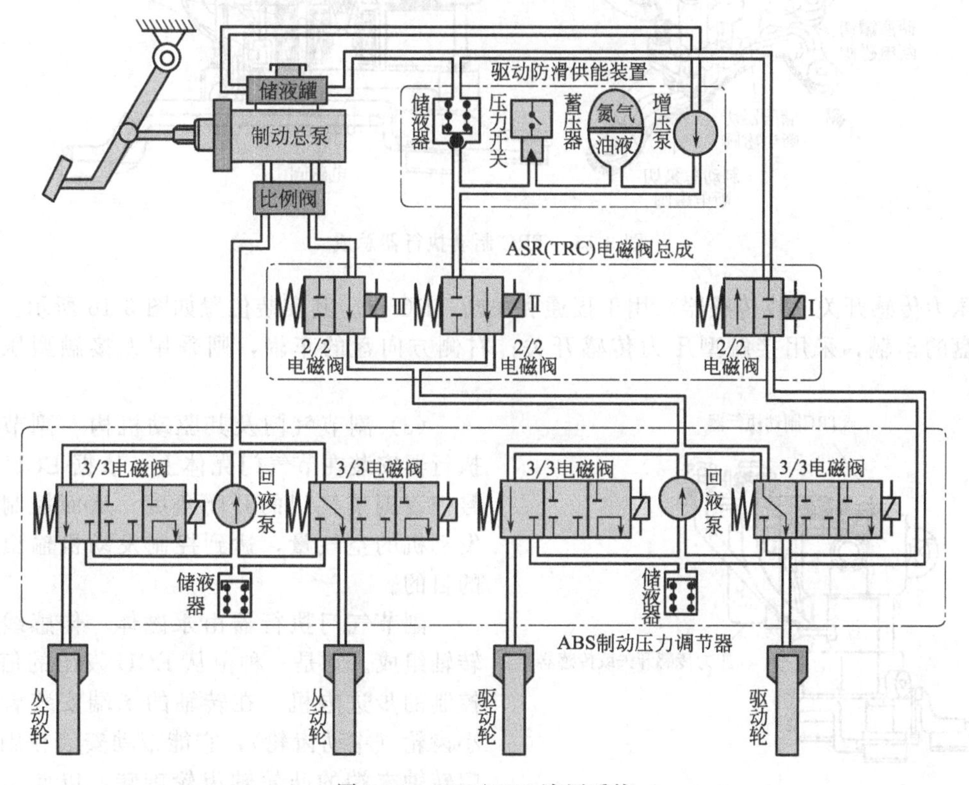

图 3-13　ABS/TRC 液压系统

(2) TRC 液压制动执行器　TRC 液压制动执行器由一个能产生液压能的泵总成和一个能将液压能传送给车轮制动分泵并能从车轮制动分泵释放液压能的制动执行器组成。左右后轮制动分泵的液压由 ABS 执行器根据从 ABS/TRC 电子控制器传送的信号来分别进行控制。

① 泵总成。由泵电动机和蓄压器两部分组成，如图 3-14 所示。

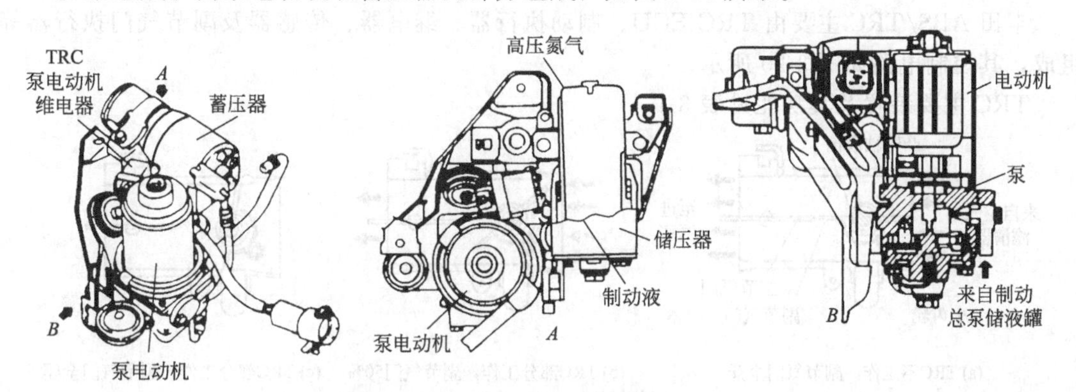

图 3-14　TRC 泵总成

② 制动执行器。由蓄压器切断电磁阀、制动总泵切断电磁阀、储液缸切断电磁阀和压力开关或压力传感器四部分组成。如图 3-15 所示。

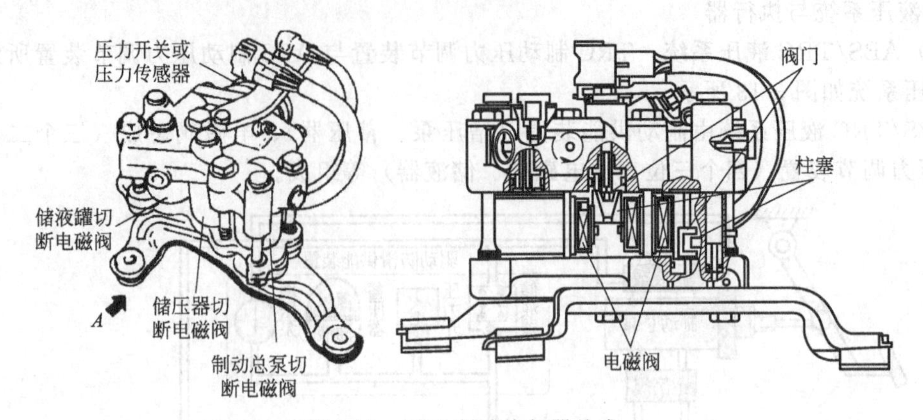

图 3-15　TRC 制动执行器总成

压力传感开关（或传感器）用于接通和关断 TRC 泵。其安装位置如图 3-16 所示。左侧方向盘的车辆，采用接触型压力传感开关；右侧方向盘的车辆，则采用无接触型压力传感器。

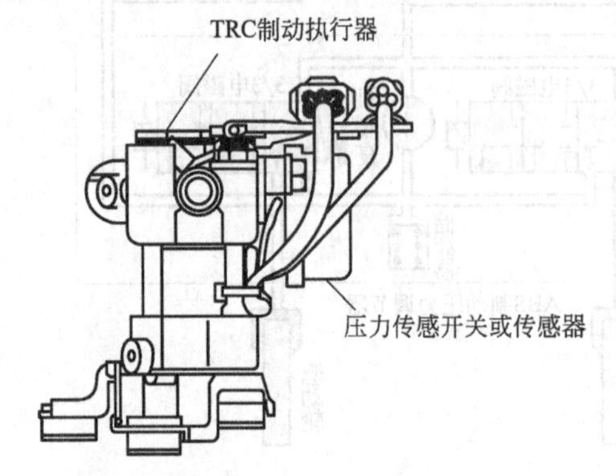

图 3-16　压力传感开关（或传感器）安装位置

（3）副节气门及其驱动机构　副节气门执行器安装在节气门壳体上，依据 ECU 的信号控制副节气门的开闭角度，从而控制进入发动机的空气量，达到控制发动机输出功率的目的。

副节气门执行器由永磁体、传感线圈和转轴组成。它是一种由从 ECU 发出的信号来控制的步进电机，在转轴的末端安装着一个小齿轮（主动齿轮），它能带动安装在副节气门转轴末端的凸轮轴齿轮旋转，以此来控制副节气门的开闭，其工作情况如图 3-17 所示。

副节气门传感器安装及结构如图 3-18 所示。其功用是将副节气门开启角度转换为电压信号，并通过发动机与自动变速器 ECU 将这些信号送给 ABS/TRC 电子控制单元。

副节气门电路连接与控制原理如图 3-19 所示。

4. TRC 控制电路及主要装置

丰田 ABS/TRC 主要由 TRC ECU、制动执行器、继电器、传感器及副节气门执行器等组成，其控制电路如图 3-20 所示。

TRC 主要装置及其功能见表 3-1。

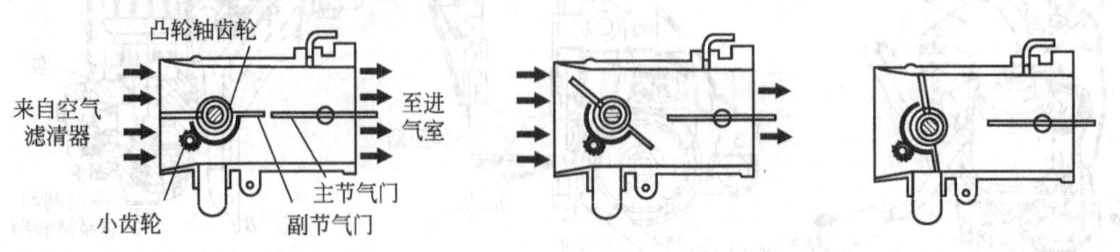

(a) TRC不工作，副节气门全开　(b) TRC部分工作，副节气门50%　(c) TRC部分工作，副节气门全闭

图 3-17　TRC 系统工作时副节气门运转状况

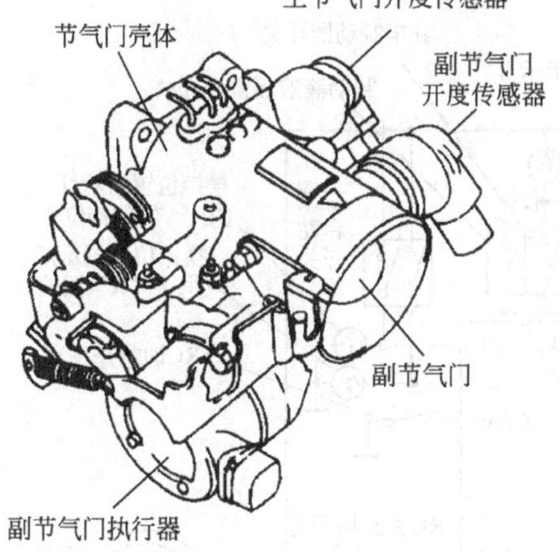

(a) 安装位置

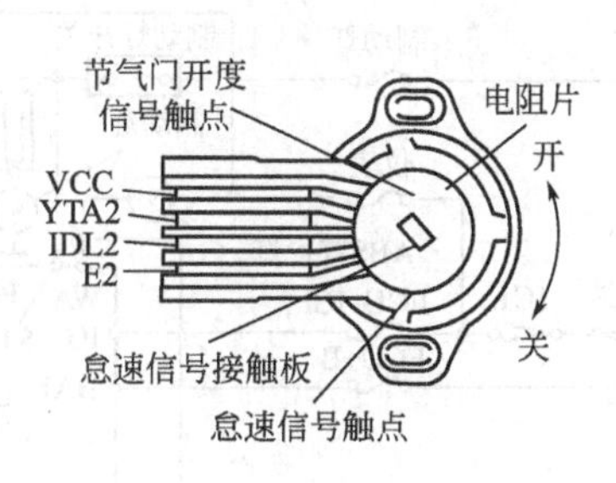

(b) 内部结构示意图

图 3-18　副节气门开度传感器的安装及内部结构

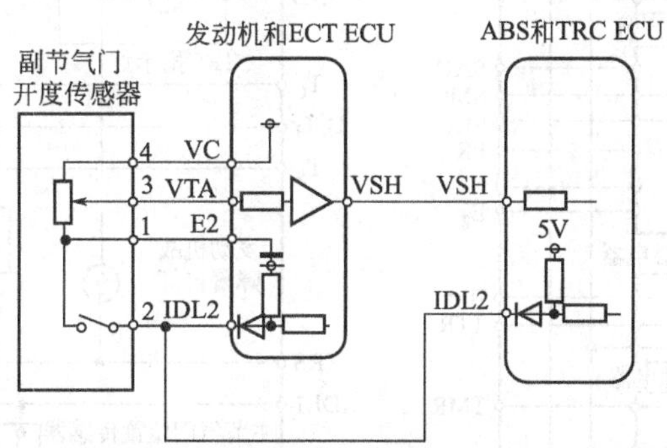

图 3-19　副节气门电路连接与控制原理

表 3-1　TRC 主要装置及其功能

主要装置	功　能
ABS/TRC 系统电子控制单元（ECU）	根据前后轮车速传感器传递的信号，以及发动机与自动变速器电子控制单元中节气门开度信号判断汽车行驶条件，然后相应地给副节气门执行器以及 TRC 制动执行器传送控制信号，同时给发动机及自动变速器 ECU 传送信号，使之得到 TRC 系统的运转信息。 若 TRC 系统出现故障，该装置就打开 TRC 警告灯提醒驾驶员；当记录故障码后，它通过代码来显示各种故障
前后轮车速传感器	检测车轮行驶速度，然后将信号传送给 ABS/TRC 的 ECU
空挡启动开关	向 ABS/TRC 的 ECU 输入变速杆位置信号（P 位、N 位）
制动液面指示灯	检测制动总泵储液罐中制动液液面高度，并将所得信号传送给 ABS/TRC 的 ECU
制动灯开关	检测制动信号（制动踏板是否踩下），并将信号传送给 BS/TRC 的 ECU
TRC 切断开关	允许驾驶员让 TRC 系统处在不工作状态
发动机与自动变速器的 ECU	接受主副节气门信号，并将信号传送给 ABS/TRC 的 ECU
主节气门开度传感器	检测主节气门开度信号，并将信号传送给发动机与自动变速器的 ECU
副节气门开度传感器	检测副节气门开度信号，并将信号传送给发动机与自动变速器的 ECU
TRC 制动执行器	根据从 ABS/TRC 的 ECU 传来的信号，为 ABS 执行器提供液压
ABS 执行器	根据从 ABS/TRC 的 ECU 传来的信号，分别控制左右后轮制动分泵中的制动液压力
副节气门执行器	根据从 ABS/TRC 的 ECU 传来的信号，控制副节气门的开启角
TRC 警告灯	通知驾驶员 TRC 系统正常工作，若 TRC 系统出现故障，则闪亮警告驾驶员
TRC 关闭指示灯	通知驾驶员由于 ABS 系统或发动机控制系统出现了故障，TRC 不工作或 TRC 切断开关已经断开
TRC 制动主继电器	给 TRC 制动执行器及 TRC 泵电动机继电器提供电流
TRC 泵电动机继电器	给 TRC 泵电动机提供电流
TRC 节气门继电器	通过 ABS/TRC 的 ECU 给副节气门执行器提供电流

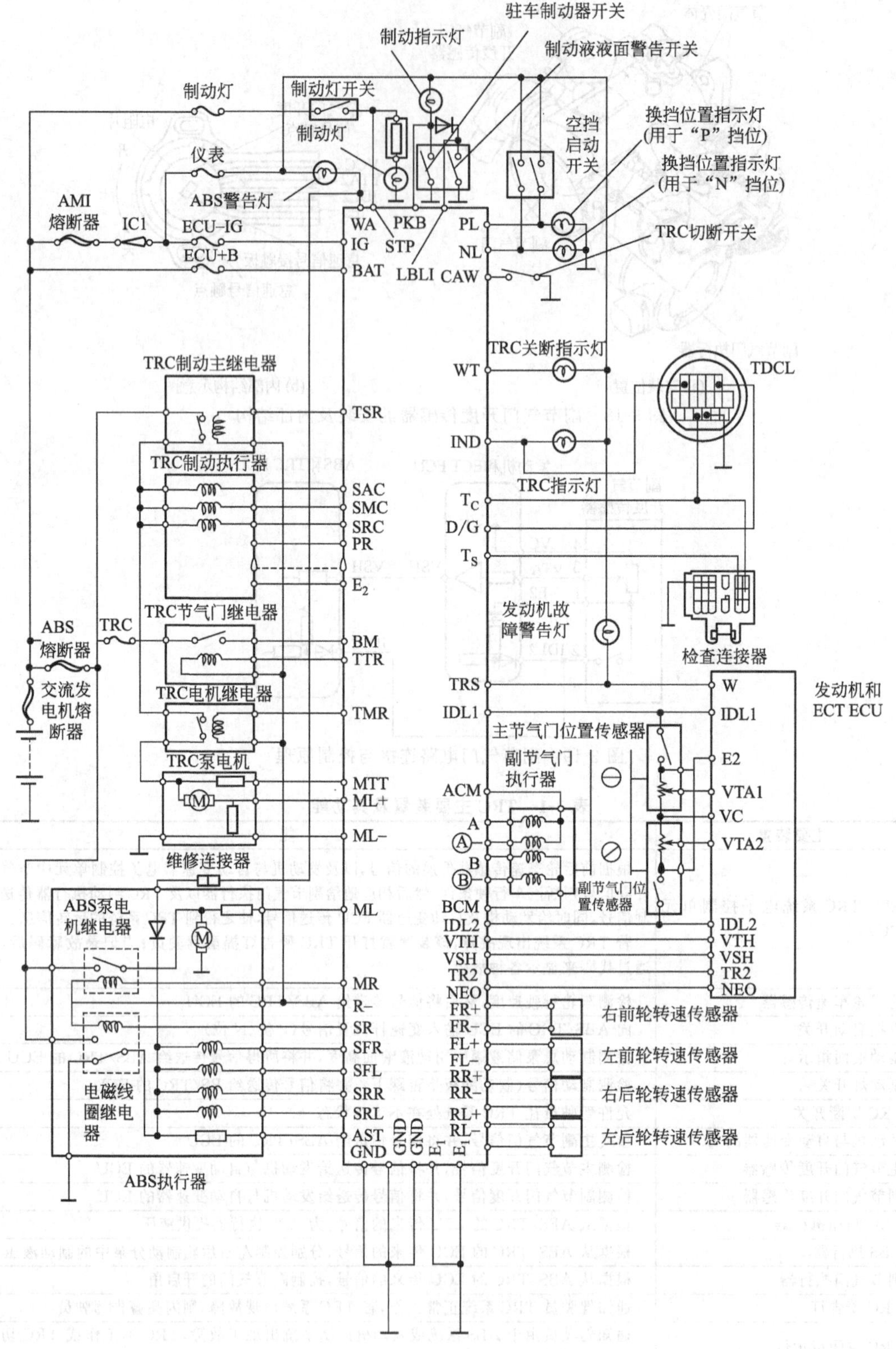

图 3-20 TRC 控制电路

5. TRC 的工作过程

TRC 系统的工作过程如图 3-21 所示。

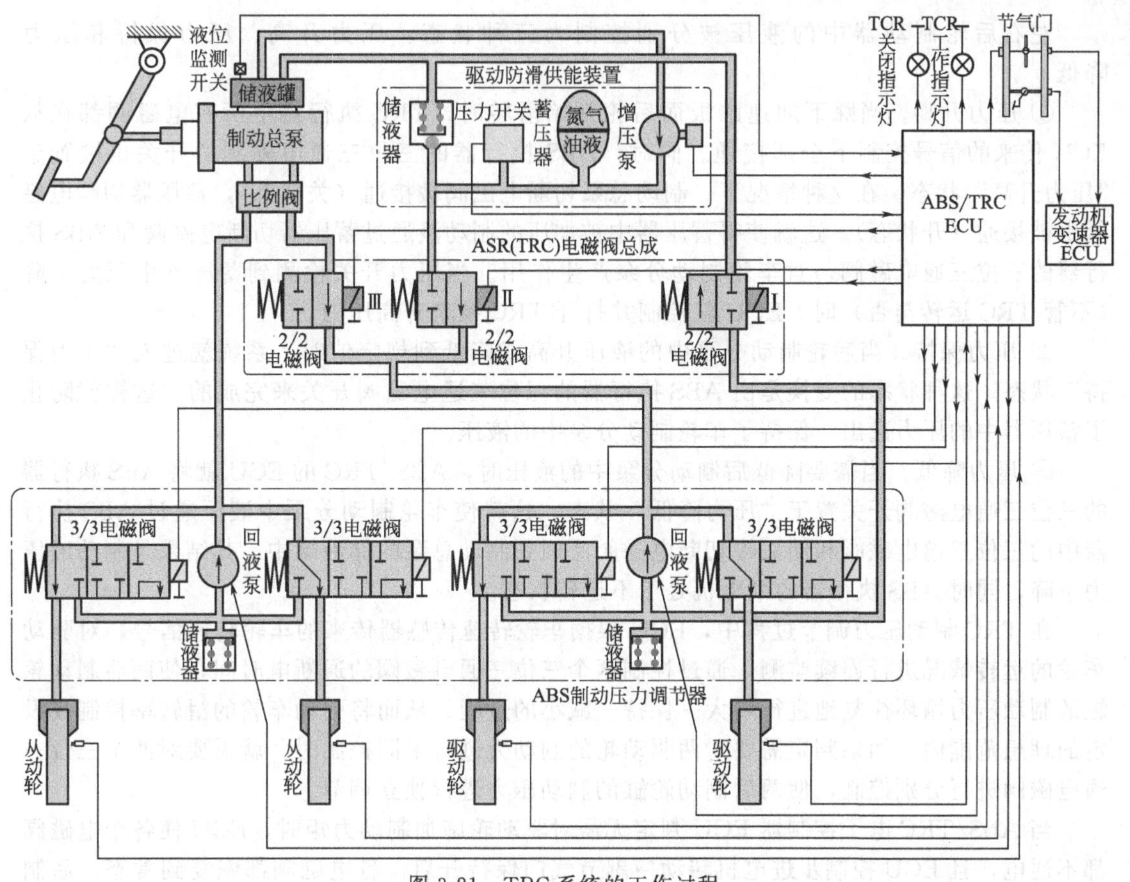

图 3-21　TRC系统的工作过程

(1) 正常制动过程（TRC不起作用）　正常制动时，TRC制动执行器的所有电磁阀都断开。在这种情况下，踩下制动踏板，制动总泵产生的制动液压力通过制动总泵切断电磁阀以及ABS执行器中的三位三通电磁阀，对车轮制动分泵起作用。当放松制动踏板时，制动液从车轮制动分泵中流回制动总泵。各电磁阀和阀门的状态见表 3-2。

表 3-2　正常制动时，各电磁阀和阀门的状态

部件名称	电磁阀	阀门状态
制动总泵切断电磁阀	断开	开
蓄压器切断电磁阀	断开	关
储液罐电磁阀	断开	关

(2) 汽车加速过程（TRC起作用）　如果汽车后轮在加速过程中滑转，ABS/TRC的ECU就会控制发动机输出功率以及对后轮进行制动，以避免发生滑转的情况。TRC执行器中所有电磁阀都在从ECU传来的信号控制下全部接通。各电磁阀和阀门的状态见表3-3。

表 3-3　TRC系统工作时，各电磁阀和阀门的状态

部件名称	电磁阀	阀门状态
制动总泵切断电磁阀	接通	关
蓄压器切断电磁阀	接通	开
储液罐电磁阀	接通	开

左右后轮制动器中的液压被分别控制为三种状态：压力升高、压力保持和压力降低。

① 压力升高。当踩下加速踏板而后轮开始滑转时，TRC 执行器中所有电磁阀都在从 ECU 传来的信号控制下全部接通。同时，ABS 执行器的三位三通电磁阀的开关也被置于“压力升高”状态。在这种情况下，制动总泵切断电磁阀被接通（关状态），蓄压器切断电磁阀也被接通（开状态）。这就使得蓄压器中被加压的制动液通过蓄压器切断电磁阀和 ABS 执行器的三位三通电磁阀，对车轮制动分泵产生作用。当压力开关检测到蓄压器中压力下降（不管 TRC 运转与否）时，ECU 就控制并打开 TRC 泵来升高压力。

② 压力保持。当后轮制动分泵中的液压升高或降低到规定值时，系统就进入“压力保持”状态。这种状态的变换是由 ABS 执行器的三位三通电磁阀开关来完成的。这样就防止了蓄压器中的压力逸出，保持了车轮制动分泵中的液压。

③ 压力降低。当需要降低后制动分泵中的液压时，ABS/TRC 的 ECU 就将 ABS 执行器的三位三通电磁阀开关置于“压力降低”状态。这就使车轮制动分泵中液压通过 ABS 执行器中的三位三通电磁阀和储液罐切断电磁阀流回到制动总泵的储液罐中。其结果是制动液压力下降，同时 ABS 执行器的泵电机处于不运转状态。

在 TRC 制动压力调节过程中，ECU 根据车轮转速传感器传来的车轮转速信号，对驱动车轮的运转情况进行连续监测，通过控制两个三位三通电磁阀的通断电时间，使两后制动轮缸的制动压力循环往复地进行增大—保持—减小的过程，从而将驱动车轮的滑转率控制在设定的理想范围内。如果判定需要对两驱动轮的制动力进行不同控制时，就需要对两个三位三通电磁阀进行分别控制，使两后制动轮缸的制动压力进行独立调节。

当 ABS/TRC 电子控制器 ECU 判定无需对驱动轮施加制动力矩时，ECU 使各个电磁阀都不通电，且 ECU 控制步进电机转动使副节气门保持开启。各电磁阀都恢复到常态，后制动轮缸中的制动液可经三位三通电磁阀和电磁阀Ⅲ流回到制动主缸，驱动轮的制动力将完全消失。

6. 车轮转速控制过程

ECU 不断地从四个车轮转速传感器接收信号，并不断地计算每个车轮的速度，同时，根据两个前轮速度估算出汽车的行驶速度，然后设置目标转速。如果在滑湿的路面上突然踩下加速踏板，而后轮（驱动轮）开始滑转，那么后轮的转动速度就会超过目标控制速度，于是，ECU 就向副节气门执行器传送关闭副节气门的信号。同时也向 TRC 制动执行器传送信号，使之给后制动分泵提供高压的制动液。ABS 执行器的三位三通电磁阀通过开关转换控制后轮制动分泵压力，从而防止车轮滑转。

在启动和加速过程中，如果后轮滑转，那么它们的速度将与前轮的速度不一致。ABS/ASR 的 ECU 检测到这一情况后，就使 TRC 系统工作。

(1) 一个典型的轮速控制循环　如图 3-22 所示，当驾驶员踩下加速踏板，主节气门迅速打开，后轮（驱动轮）迅速加速，轮速提高，当超过目标控制速度后，ABS/TRC 的 ECU 关闭副节气门，这样，就减小发动机进气量，从而降低发动机输出转矩（图中①所示）。同时，ABS/TRC 的 ECU 接通 TRC 制动控制器电磁阀（图中②所示），并将 ABS 执行器开关置于“压力升高”状态，于是，存储在 TRC 蓄压器中制动液压力升高，加上产生于 TRC 泵的制动液压力，它们向制动分泵提供充足的液压来实现制动。当制动装置开始运转时，后轮加速度就会减小，ABS/TRC 的 ECU 将 ABS 执行器的三位三通电磁阀开关置于“压力保持”状态（图中③所示），如果后轮转速下降得过多，它就将开关置于“压力降低”状态，从而降低制动分泵中的压力，并且迅速恢复后轮转速。(图中④所示)。

通过重复以上这种循环控制，ABS/ASR 的 ECU 能将车轮速度保持在目标控制速度值附近。

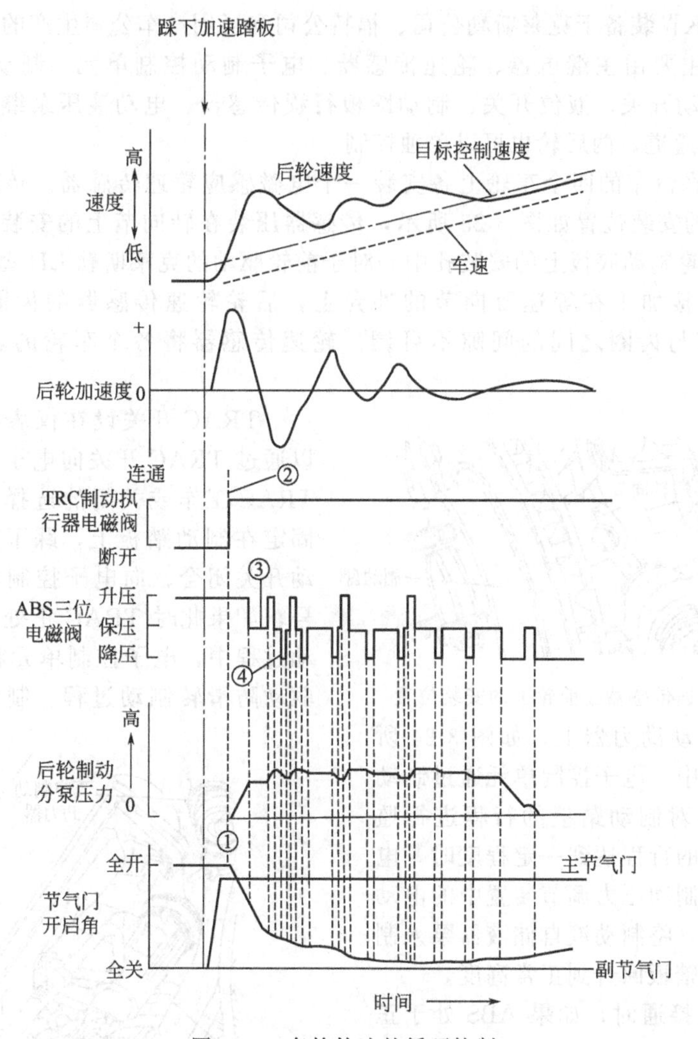

图 3-22　车轮轮速的循环控制

（2）轮速控制运转条件　当遇到以下情况时，车轮速度开始在 ABS/TRC 的 ECU 控制下运转：

① 主节气门不是完全关闭（IDL 应该断开）。

② 变速杆应在“L”、“2”、“D”、或“R”位置（没有“P”、“N”信号）。

③ 汽车行驶速度超过 9km/h，并且制动开关在断开位置（如果车速低于 9km/h，制动灯开关就会接通，制动灯点亮）。

④ TRC 切断开关应该处于断开状态。

⑤ ABS 系统处于不运转状态。

⑥ 系统不应出在传感器检测状态或故障码输出状态。

当 TRC 系统出现问题时，发动机功率就会下降或汽车制动发生阻滞，但是由于 TRC 系统的失效保护功能，如果发现 TRC 系统不正常，ABS/TRC 的 ECU 就会发出指令使系统停止工作，汽车像没有装备 TRC 系统一样仍可正常行驶。ABS/TRC 的电子控制系统还有自我诊断功能，它能点亮 TRC 警告灯来通知驾驶员 TRC 系统出现故障。

二、坦孚 MKⅣ型防滑控制系统

坦孚 MKⅣ型防滑控制系统具有制动防抱死和驱动防滑转控制功能，简称为 ABS/TRAC。坦孚 MKⅣ装备于克莱斯勒公司、福特公司和通用汽车公司生产的多种轿车上。

坦孚 MKⅣ主要由主继电器、轮速传感器、电子制动控制单元、制动压力调节装置、TRAC 开关、制动开关、液位开关、制动踏板行程传感器、电动液压泵继电器等组成。其 ABS 有四个控制通道，两后轮也可以单独控制。

坦孚 MKⅣ在汽车的四个车轮上各安装一个电磁感应轮速传感器。传感器在克莱斯勒 LH 型轿车前轮的安装位置如图 3-23 所示，传感器压装在转向节上的安装孔中，后轮轮速传感器压装在后轮制动底板上的安装孔中。对于前轮驱动的克莱斯勒 LH 型轿车，前轮轮速传感器的齿圈直接加工在等速万向节的外壳上，后轮轮速传感器的齿圈固定在后轮毂上。传感器端部与齿圈之间的间隙不可调。轮速传感器将各个车轮的转速信号输入电子控制单元。

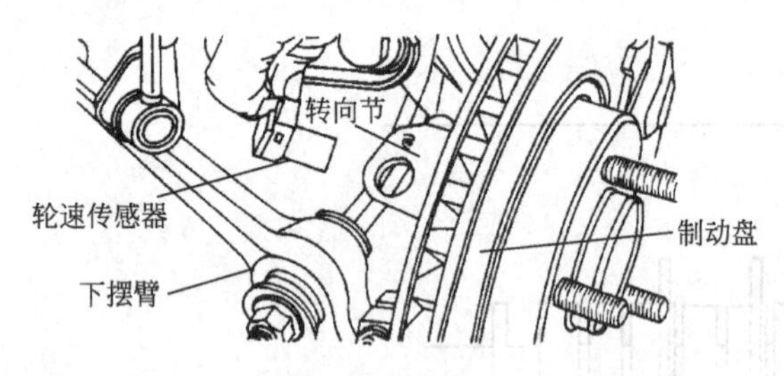

图 3-23　转速传感器在前轮上的安装位置

TRAC 开关设在仪表板上，驾驶员可以通过 TRAC 开关向电子控制单元输入使 TRAC 工作或关闭的选择信号。制动开关固定在制动踏板上，踩下制动踏板时，制动开关闭合，向电子控制单元输入制动信号，如果此时 TRAC 正处于驱动防滑转制动过程中，电子控制单元将使 TRAC 退出驱动防滑转制动过程。制动踏板行程传感器固定在真空制动助力器上，如图 3-24 所示。在制动过程中，电子控制单元通过制动踏板行程传感器对制动踏板的行程进行监控，当制动踏板的行程达到一定程度时，电子控制单元将使制动压力调节装置中的电动液压泵通电运转，将制动液自储液器泵入制动主缸，使制动踏板回升到正常高度。

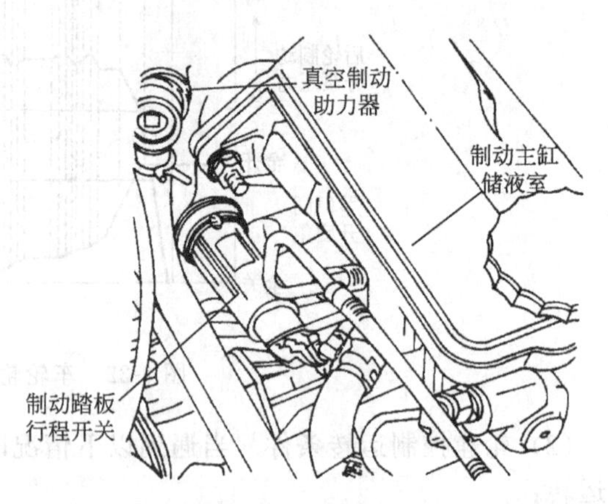

图 3-24　制动踏板行程传感器的安装位置

在点火开关接通时，如果 ABS 处于正常状态，主继电器将处于通电状态，将蓄电池电压加在电子控制单元的工作电压输入端子上，制动压力调节装置中各个电磁阀电磁线圈的一端，以及电动液压泵继电器励磁线圈的一端；如果系统因故障退出工作状态时，主继电器将处于断电状态，不再将蓄电池电压供给系统，并使 ABS 报警灯的一端搭铁，将 ABS 报警灯点亮。电动液压泵继电器由电子控制单元控制，向电动液压泵供给蓄电池电压。

电子控制单元通过对四个轮速传感器输入的车轮转速信号进行处理，对车轮的运动状态进行监测，必要时通过对制动压力调节装置中相应的电磁阀进行控制，实现制动防抱死或驱动防滑转的制动压力调节，电子控制单元还对系统的状态进行监测，以保证系统的正常工作。当发现系统存在故障时，电子控制单元将关闭系统，并使 ABS 报警灯点亮。

电子控制单元中有两个完全相同的微处理器，并对相同的输入信号进行相同的处理，通过交叉比较处理结果来判断结果是否正确。

电子控制单元还接受控制开关、电动液压泵运转传感器的输入信号，并控制电动液压泵继电器和 ABS 报警灯。

当制动踏板踩下 40％时，制动开关闭合。电子控制单元检测到该信号后，使液压调节装置中的双联电动液压泵通电运转，将制动液自储液室泵入制动主缸。当制动踏板回升到正常高度时，切断制动开关，电子控制单元停止给液压泵电动机供电。制动开关在车上的安装位置如图 3-25 所示。

制动压力调节装置如图 3-26 所示，主要由一个双联电动液压泵、四个电磁调压阀组、液位开关和电动液压泵运转传感器等组成。电动液压泵继电器受电子控制单元控制，向电动液压泵电动机提供蓄电池电压。当电子控制单元给电动液压泵继电器通电时双联电动液压泵运转，将制动液自储液室泵入制动主缸。

每个电磁阀组控制一个控制通道，由两个二位二通电磁阀组成。位于制动主缸至制动轮缸管路中的常开式电磁阀为进液阀，位于制动轮缸至储液室管路中的常闭式电磁阀为回液阀。

电动液压泵运转传感器产生的信号输入电子控制单元，供电子控制单元监测电动液压泵的运转情况。制动时，如果电动液压泵运转超时，电子控制单元会认为电动液压泵存在故障。

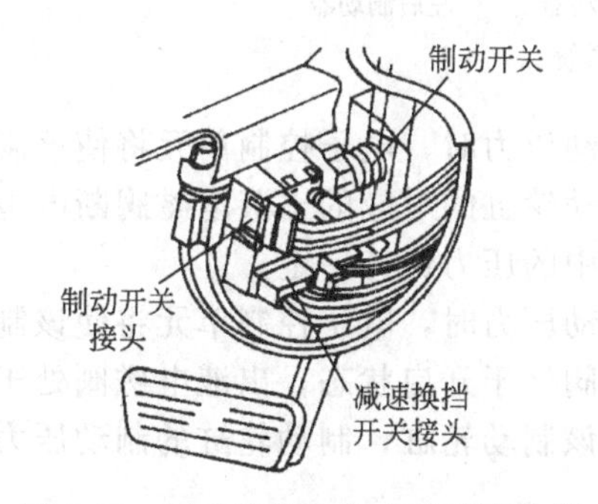

图 3-25　制动开关在车上的安装位置

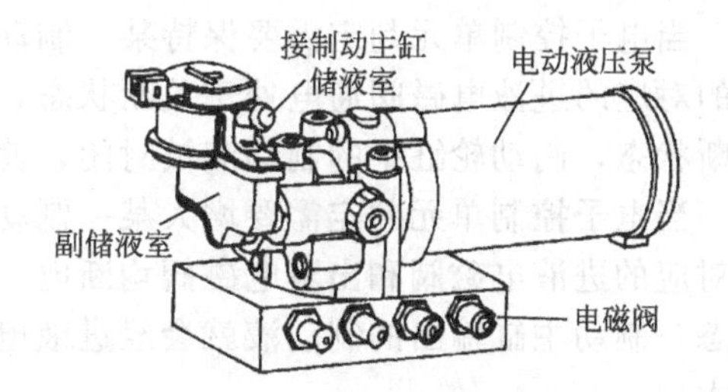

图 3-26　制动压力调节装置

液位开关用于检查储液室内制动液是否足够。当液位过低时，该开关向电子控制单元发出信号。

制动压力调节装置通过制动管路与制动主缸和各制动轮缸连接，构成制动液压系统如图 3-27 所示。

在未进行制动防抱死和驱动防滑转制动压力调节时，制动压力调节装置中的各个二位二通电磁阀均不通电，所有进液电磁阀也都处于开启状态，所有出液电磁阀也都处于关断状态；同时，电动液压泵也不通电。此时踩下制动踏板进行制动时，自制动主缸输入的制动液就会通过隔离电磁阀和进液电磁阀进入各制动轮缸和制动钳，制动轮缸和制动钳中的制动压力将随制动主缸的输出压力而变化。

当电子制动单元根据各种输入信号判定需要进行制动防抱死液压调节时，系统进入制动压力调节过程。电子控制单元根据四个轮速传感器反馈的车轮转速信号，独立地对四个制动轮缸的制动压力进行减小、保持和增大调节，保证四个车轮都不发生制动抱死。

当电子控制单元判定需要减小某一制动轮缸的制动压力时，电子控制单元将使该制动轮缸的进液电磁阀和出液电磁阀都通电，使进液电磁阀处于关断状态，出液电磁阀处于开启状态，制动轮缸中的部分制动液就会经出液电磁阀流入储液室中，该制动轮缸中的制动压力随之减小。

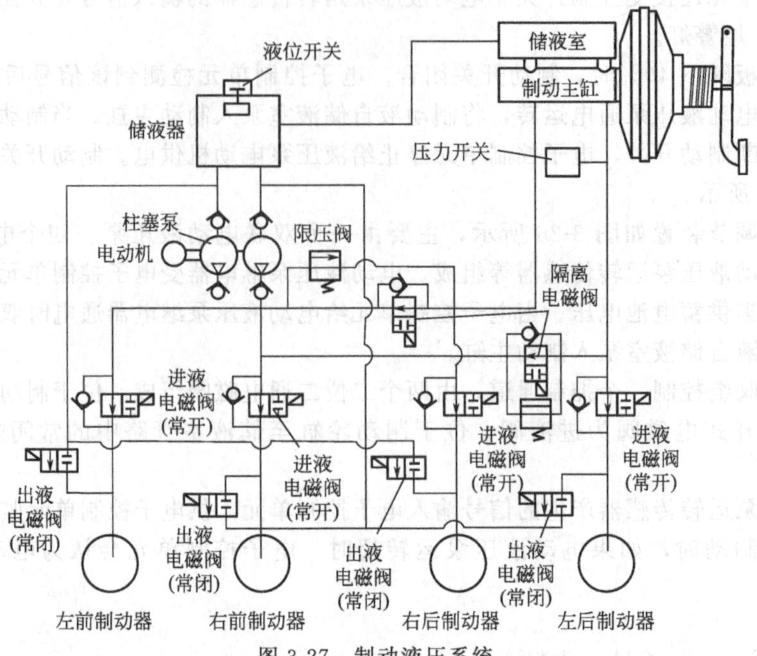

图 3-27　制动液压系统

当电子控制单元判定需要保持某一制动轮缸的制动压力时，电子控制单元将使该制动轮缸的对应的进液电磁阀通电处于关断状态，而使该制动轮缸的对应的出液电磁阀断电也处于关断状态，制动轮缸中的制动液被封闭，使制动轮缸中的压力保持一定。

当电子控制单元判定需要增大某一制动轮缸的制动压力时，电子控制单元将使该制动轮缸对应的进液电磁阀和出液电磁阀均断电，进液电磁阀处于开启状态，出液电磁阀处于关断状态，制动主缸输出的制动液就会经进液电磁阀进入该制动轮缸，制动轮缸的制动压力随之增大。

在踩下制动踏板进行制动的过程中，电子控制单元使两个隔离电磁阀始终不通电，都处于开启状态。在踩下制动踏板进行制动的过程中，当制动踏板的行程达到一定时，电子控制单元就使电动液压泵继电器处于通电状态，向电动机供给蓄电池电压，使电动机驱动柱塞泵运转，将制动液自储液器泵入制动主缸，直到制动踏板抬升到正常的高度后，电子控制单元才使电动液压泵继电器处于断电状态，使电动液压泵断电停转。由于在制动过程中，制动踏板始终保持有一定的剩余行程，使制动主缸保持提供补偿防抱死制动过程中制动压力消耗的能力。

坦孚 MKⅣ的驱动防滑转控制功能仅在汽车速度低于 40km/h 时才会进行驱动车轮防滑转控制，以增大汽车的驱动力，提高汽车的起步加速性能。

在汽车的速度低于 40km/h 时，电子控制单元通过比较驱动车轮与非驱动车轮的转速确定驱动车轮的滑转率，当驱动车轮的滑转率超过设定的控制门限值时，电子控制单元首先使制动压力调节装置中的两个隔离电磁阀通电处于关断状态，将两个前制动轮缸与制动主缸和两个后制动轮缸隔离，同时电子控制单元使电动液压泵继电器处于通电状态，使电动液压泵通电运转，将制动液自储液室泵入前制动轮缸，对作为驱动车轮的前轮进行制动，电子控制单元还通过独立控制两个前制动轮缸的进液电磁阀和出液电磁阀，分别对两个前制动轮缸的制动压力进行调节，将两个驱动动车轮的滑转率控制在设定的范围之内。

在进行驱动防滑转控制时，仪表板上的 TRAC 指示灯将会点亮，直到驱动防滑转控制过程结束以后，TRAC 指示灯才会熄灭，在驱动防滑转控制过程中，如果汽车的速度已经达到 40km/h，TRAC 会自动退出控制过程，TRAC 指示灯随之熄灭。另外，如果驱动防滑转控制过程的持续时间超过了设定的时间限值，电子控制单元将暂时中止驱动防滑转控制过程，以防制动器发生过热。此时 TRAC 指示灯也会暂时熄灭，经过预定时间使制动器进行冷却以后，驱动防滑转控制过程仍会继续进行。

在点火开关开始置于 START 位置的几秒内，ABS 报警灯和 TRAC 报警灯都会点亮，以检查各报警灯是否完好。同时，电子控制单元对系统进行自检，此时制动压力调节装置中的各个电磁阀都会短暂通电，以检查各电磁阀是否正常。经过系统自检，如果未发现系统中存在故障时，ABS 报警灯和 TRAC 报警灯将会熄灭，系统将处于等待工作状态。此后，当汽车的速度达到 9～16km/h 时，电子控制单元还会使电动泵短暂通电运转，以检查电动泵是否正常。

当系统中存在故障时，ABS 报警灯和 TRAC 报警灯中的一个或两个会持续点亮，表明系统已经关闭，故障情况以故障码的形式存储在电子控制单元的非易失存储器中。如果故障不是发生在电子控制单元和制动压力调节装置中，在故障排除以后，经过点火开关接通、断开 50 次，故障码会自动清除，但是如果故障发生在制动压力调节装置中，故障码只有在故障被排除以后，使用专用诊断仪才能清除；如果故障发生在电子控制单元中，则只有将电子制装置更换以后，才能清除故障码。

除了液位开关因储液器中液位过低而开启产生的故障以外，其他的故障都会使 ABS 报警灯和 TRAC 报警灯在点火开关处于 START 位置期间持续点亮。如果只是因为储液器中的制动液液位过低使报警灯点亮，那么，在向储液室补足制动液以后，报警灯将会自动熄灭，但故障码仍然被电子控制单元存储。

第四节　汽车驱动防滑控制系统维护与检修

以丰田 LS400 汽车 TRC 为例介绍 TRC 系统的故障诊断及检查步骤。

一、TRC 系统的使用与维修中的一般注意事项

使用与维修中的一般注意事项与“第二章　汽车防抱死制动系统”中 ABS 系统使用与检修中的注意事项相同。

二、TRC 系统的检修

1. 系统的自检

当点火开关接通时，仪表板上的 ASR 报警灯会亮起，3s 后 ASR 报警灯熄灭。如果点火开关接通时，ASR 报警灯不亮或 3s 后不熄灭，应为不正常，需进行检查。

在实际使用中，驾驶员可以通过观察 TRC 警示灯和 TRC 关闭指示灯闪烁规律来对 TRC 系统发生的故障进行简易判断。表 3-4 是丰田汽车系列的 TRC 故障表。

表 3-4　丰田汽车系列的 TRC 故障表

问　题	可能原因	
	故障部位	故障类型
点火开关接通后 TRC 警告灯亮了不到 3s	TRC 警告灯或电路	断路或短路
TRC 关闭指示灯不停地亮	TRC 关闭开关或电路	断路或短路
点火开关接通后 TRC 关闭指示灯亮了不到 3s	TRC 关闭指示灯或电路	断路或短路
发动机空转，变速杆在“P”或“N”位置时，TRC 仍在工作	空当起动开关或电路	断路或短路

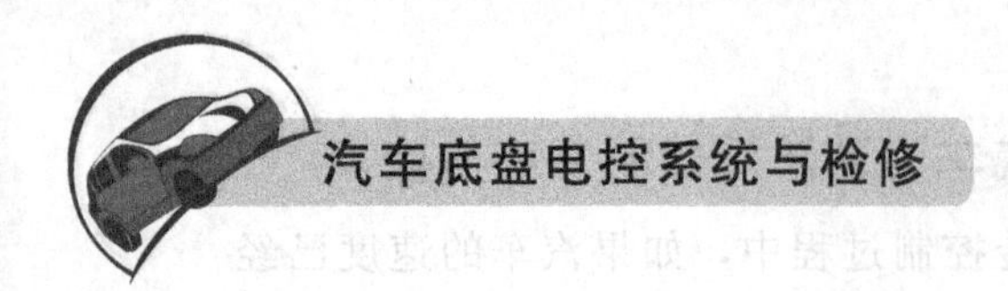

丰田诊断通信链路　　检查连接器

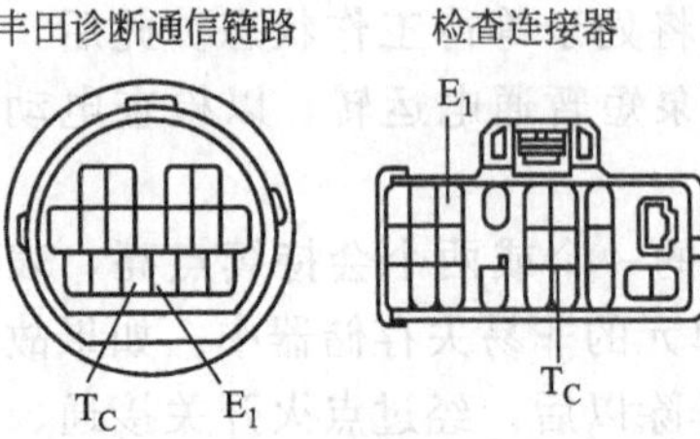

图 3-28　LS400TRC 自诊断插座

图 3-29　正常码、故障码闪烁方式

2. 故障码的读取

① 将点火开关拧至“ON”位置。

② 在丰田诊断通信链路或检查连接器上用 SST 连接端子 T_C 和 E_1（见图 3-28）。

③ 根据组合仪表内“TRC OFF”指示灯的闪烁方式读出故障码。图 3-29 显示了正常码、11 号故障码和 21 号故障码的闪烁方式。如同时出现两个或两个以上的故障码，则号码最小的故障码最先显示出来。如无故障码闪烁，则应检测指示灯电路。

3. 对应表 3-5 确定故障原因

表 3-5　凌志 LS400 汽车 TRC 系统故障码表与故障原因

故障码	故 障 名 称	故障原因及检查部位
11	TRC 制动主继电器路断路	主继电器触点不能闭合或接触不良；主继电器与控制器间、主继电器与制动压力调节器间、主继电器与蓄电池间的线路或接线端子接触不良或松脱；电子控制器有故障
12	TRC 制动主继电器路短路	主继电器触点不能张开或线圈与电源短路；主继电器与制动压力调节器间的线路或接线端子与电源有短路；电子控制器故障
13	TRC 节气门继电器电路断路	节气门继电器触点不能闭合或接触不良；节气门继电器与控制器间、节气门继电器与蓄电池间的线路或接线端子接触不良或松脱；电子控制器故障
14	TRC 节气门继电器电路短路	节气门继电器触点不能张开或线圈与电源短路；节气门继电器与控制线路或接线端子与电源短路；电子控制器故障
15	TRC 电动机工作时间过长	压力开关或压力传感器故障；制动压力调节器与控制器间线路或接线端子故障；电子控制器故障
16	压力开关断路	
17	压力开关(传感器)一直关断	
19	TRC 液压泵电动机开关动作过于频繁	
21	制动主缸关断电磁阀电路断路或短路	制动压力调节器故障；调节器与控制器间的线路或接线端子；调节器与主继电器间的线路或接线端子；电子控制器故障
22	蓄压器关闭电磁阀电路断路或短路	
23	储液室关闭电磁阀断路或短路	
24	辅助节气门执行器电路断路或短路	辅助节气门驱动器故障；节气门体卡住；辅助节气门传感器故障；电子控制器故障
25	辅助节气门步进电机达不到控制的预定位置	
26	电脑控制辅助节气门全开，但辅助节气门不动	
27	步进电机断电时，辅助节气门未达到全开的位置	

续表

故障码	故障名称	故障原因及检查部位
44	TRC工作时，滑转信号未送入控制器	发动机控制器故障；电子控制器与发动机控制器线路或接线端子故障；电子控制器故障
45	当怠速开关断开时，主节气门位置传感器信号≥1.5V	主节气门位置传感器故障；电子控制器与发动机控制器间的线路或接线端子故障；电子控制器故障
46	当怠速开关接通时，主节气门位置传感器信号≥4.3V或≤0.2V	
47	当怠速开关断开时，辅助节气门位置传感器信号≥1.45V	辅助节气门位置传感器故障；电子控制器与发动机控制器间的线路或接线端子故障；电子控制器故障
48	当怠速开关接通时，辅助节气门位置传感器信号≥4.3V或≤0.2V	
49	与发动机控制器信息交换电路断路或短路	电子控制器与发动机控制器间的线路或接线端子故障；电子控制器或发动机控制器故障
51	发动机控制系统有故障	
52	制动液面过低报警开关接通	制动液泄漏；制动液液面过低报警开关故障；制动液液面过低报警开关与电子控制器间线路接线端子故障；电子控制器故障
54	TRC电动机继电器电路断路	电动液压泵继电器故障；电动液压泵及继电器与控制器间或接线端子故障；电子控制器故障
55	TRC电动机继电器短路	
56	TRC电动液压泵不能转动	电动液压泵电动机故障；液压泵电动机与搭铁间、与控制器间线路或接线端子故障；电子控制器故障
57	TRC灯常亮	电子控制器故障

4. 故障码的清除

① 按照故障代码的提示，检查排除故障后，应清除电子控制单元内存的故障代码，其方法是：用故障诊断专用检查连接诊断插座中的 T_C 和 E_1 两端子。

② 将点火开关置于点火位置，在3s内踩动制动踏板8次以上即可清除故障代码。

③ 检查TRC警告灯是否显示正常，确认正常后，从诊断插座上取下诊断专用检查线。

5. 故障症状一览表

如在检查故障码校核过程中显示正常码，但故障仍然出现，则应按表3-6顺序检查每个故障现象的电路，并参阅有关故障分析和排除。

表3-6 故障症状一览表

症状	检测电路
TRC不运作	只有当每个故障现象相应电路的检测结果均为正常，而故障仍然存在时，才应更换ABS和TRC ECU ①检查诊断码，再次确认输出的为正常码 ②IG(点火)电源电路 ③检查液压管路是否漏油 ④速度传感器电路
SLIP(打滑)指示灯不正常	SLIP(打滑)指示灯电路
TRC OFF指示灯不正常	只有当每个故障现象相应电路的检测结果均为正常，而故障仍然存在时，才应更换ABS和TRC ECU ①TRC OFF指示灯电路 ②TRC开路开关电路
不能进行故障码校核	只有当每个故障现象相应电路的检测结果均为正常，而故障仍然存在时，才应更换ABS和TRC ECU ①TRC OFF指示灯电路 ②TC端子电路

6. TRC 检修

根据故障码，参照 TRC 电路图（图 3-20）及电控单元各端子标准值对电路进行检修。

ABS 和 TRC 的 ECU 端子号码如图 3-30 所示，表 3-7 列出了 ECU 端子的标准值。节气门电动驱动器端子号码如图 3-31 所示，其标准值如表 3-8 所示。

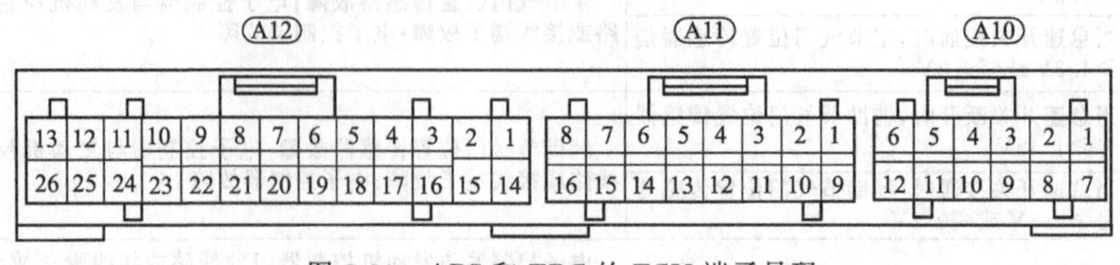

图 3-30 ABS 和 TRC 的 ECU 端子号码

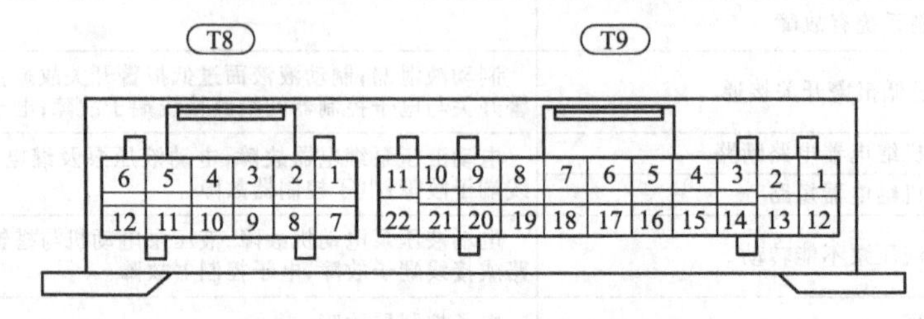

图 3-31 节气门电动驱动器端子号码

表 3-7 ECU 端子的标准值

符号(端子号码)	标准电压/V	条件
BAT—GND(A12—11)(A12—2、12、25)	10～14	任何情况
IG—GNDA(12—24)(A12—2、12、25)	10～14	点火开关 ON(接通)
SR—R—(A10—11)(A10—3)	8.3～14	点火开关 ON(接通)，ABS 警告灯 OFF(断开)
MR—R—(A10—5)(A10—3)	<1.0	点火开关 ON(接通)
TMR—R—(A10—12)(A10-3)	<1.0	点火开关 ON(接通)
SFR—GND(A10—1)(A12—2、12、25)	10～14	点火开关 ON(接通)，ABS 警告灯 OFF(断开)
SFL—GND(A12—13)(A12—2、12、25)	10～14	点火开关 ON(接通)，ABS 警告灯 OFF(断开)
SRR—GND(A12—26)(A12—2、12、25)	10～14	点火开关 ON(接通)，ABS 警告灯 OFF(断开)
SRL—GND(A10—7)(A12—2、12、25)	10～14	点火开关 ON(接通)，ABS 警告灯 OFF(断开)
AST—GND(A10—4)(A12—2、12、25)	10～14	点火开关 ON(接通)，ABS 警告灯 OFF(断开)
SMC—GND(A10—2)(A12—2、12、25)	10～14	点火开关 ON(接通)，ABS 警告灯 OFF(断开)
SRC—GND(A10—8)(A12—2、12、25)	10～14	点火开关 ON(接通)，ABS 警告灯 OFF(断开)
WA—GND(A12—22)(A12—2、12、25)	<2.0	点火开关 ON(接通)，ABS 警告灯 ON(接通)
	10～14	点火开关 ON(接通)，ABS 警告灯 OFF(断开)
PKB—GND(A12—23)(A12—2、12、25)	<1.5	点火开关 ON(接通)，驻车制动器开关 ON(接通)，制动总泵储油罐中的油位低于“MIN”(最低)标线
	10～14	点火开关 ON(接通)，制动总泵储油罐中的油位高于“MIN”(最低)标线
LBL—GND(A12—9)(A12—2、12、25)	10～14	点火开关 ON(接通)，制动总泵储油罐中的油位低于“MIN”(最低)标线
STP—GND(A12—10)(A12—2、12、25)	<1.5	制动开关 OFF(断开)
	8～14	制动开关 ON(接通)
D/F—GND(A12—21)(A12—2、12、25)	10～14	点火开关 ON(接通)，ABS 警告灯 OFF(断开)
TC—GND(A12—8)(A12—2、12、25)	10～14	点火开关 ON(接通)
TS—GND(A12—1)(A12—2、12、25)	10～14	点火开关 ON(接通)，ABS 警告灯 OFF(断开)

续表

符号(端子号码)	标准电压/V	条 件
FR+—FR—(A12—17)(A12—4)	产生交流电	点火开关 ON(接通),慢慢转动右前轮
FL+—FL—(A12—5)(A12—18)	产生交流电	点火开关 ON(接通),慢慢转动左前轮
RR+—RR—(A11—2)(A11—10)	产生交流电	点火开关 ON(接通),慢慢转动右后轮
RL+—RL—(A11—9)(A11—1)	产生交流电	点火开关 ON(接通),慢慢转动左后轮
IND—GND(A12—3)(A12—2,12,25)	<2.0	点火开关 ON(接通),SLIP(打滑)指示灯 ON(接通)
	10~14	点火开关 ON(接通),SLIP(打滑)指示灯 OFF(断开)
WT—CND(A12—15)(A12—2,12,25)	<2.0	点火开关 ON(接通),TRC OFF 指示灯 ON(接通)
	10~14	点火开关 ON(接通),TRC OFF 指示灯 OFF(断开)
CSW—CND(A11—15)(A12—2,12,25)	<1.5	点火开关 ON(接通),TRC 断路开关按下
	10~14	点火开关 ON(接通),TRC 断路开关放开
NEO—GND(A11—11)(A12—2,12,25)		怠速
TRA—GND(A11—7)(A12—2,12,25)	产生脉冲电压	点火开关 ON(接通)
EFI+—CND(A11—8)(A12—2,12,25)	产生脉冲电压	点火开关 ON(接通)
EFI-CND(A11—16)(A12—2,12,25)	产生脉冲电压	点火开关 ON(接通)
THD—CND(A11—5)(A12—2,12,25)	产生脉冲电压	点火开关 ON(接通)
TRC+—CND(A11—6)(A12—2,12,25)	产生脉冲电压	TRC 控制启动
TRC—CND(A11—14)(A12—2,12,25)	产生脉冲电压	TRC 控制启动
MT—GND(A10—10)(A12—2,12,25)	<1.5	点火开关 ON(接通)
MTT—CND(A12—14)(A12—2,12,25)	<1.5	点火开关 ON(接通)

表 3-8 节气门电动驱动器端子的标准值

符号(端子号码)	标准电压/V	条 件
BM—GND(T9—1)(T9—12,22)	10~14	任何情况
IG—GND(T9—11)(T8—12,22)	10~14	点火开关 ON(接通),辅助节气门完全打开
ACM—GND(T8—2)(T9—12,22)	7~12	点火开关 ON(接通),辅助节气门完全打开
A—GND(T8—12)(T9—12,22)	7~12	点火开关 ON(接通),辅助节气门完全打开
A_—GND(T8—11)(T9—12,22)	7~12	点火开关 ON(接通),辅助节气门完全打开
BCM—GND(T8—6)(T9—12,22)	7~12	点火开关 ON(接通),辅助节气门完全打开
B—GND(T8—8)(T9—12,22)	7~12	点火开关 ON(接通),辅助节气门完全打开
B_—CND(T8—12)(T9—12,22)	7~12	点火开关 ON(接通),辅助节气门完全打开
IDL2—GND(T8—4)(T9—12,22)	<1.0	点火开关 ON(接通),辅助节气门完全打开
	10~14	点火开关 ON(接通),辅助节气门完全打开
IHDO—CND(T9—4)(T9—12,22)	产生脉冲电压	点火开关 ON(接通)
TRC—GND(T9—9)(T9—12,22)	产生脉冲电压	TRC 控制启动
TRC—CND(T9—8)(T9—12,22)	产生脉冲电压	TRC 控制启动

第五节 防滑差速器

一、防滑差速器简介

普通差速器很好地解决了汽车在不平路面及转弯时左右驱动车轮转速不同的要求，但普通差速器的汽车在坏路面上行驶时，当一侧驱动轮打滑时无法有效传递动力，打滑的车轮不能得到驱动力矩，不打滑的车轮又得不到足够的转矩，往往使车轮陷入松软的路面“不能自拔”。

为了提高汽车在坏路面上的通过能力，可采用各种形式的防滑差速器。防滑差速器可以在一侧驱动轮打滑空转的同时，将大部分或全部转矩传给不打滑的驱动轮，以利用这一驱动轮的附着力产生较大的驱动力矩使汽车行驶。

防滑差速器就是防止车轮滑动的一种差速器，它是一种能自动控制汽车驱动轮打滑的差速装置，属于主动安全传动装置。

汽车防滑差速器主要有两大类：一类是强制锁止式差速器，它通过机械装置或电控锁止机构，人为地将差速器锁止，使左、右半轴连成一个整体转动；另一类防滑差速器是自动锁止（自锁）式差速器，它是在滑湿的路面上可以自动增大锁止系数，直至差速器完全锁止，这类差速器有多种结构形式，例如摩擦片式、托森式及牙嵌式自由轮式差速器等。

二、电子控制式防滑差速器

1. 主动防滑差速器（LSD）

电子控制式防滑差速器目前主要是装有湿式差速器（V-TCS）的防滑控制和主动防滑控制（LSD）差速器两种。其电子控制均采用模糊控制技术。

V-TCS（Vehicle Tracking Control System）型防滑差速器是根据汽车驱动轮的滑移量，通过电子控制装置来控制发动机转速和汽车制动力进行工作的；也有按照左、右车轮的转速差来控制转矩，并采用提高转向性能的后湿式防滑差速器与后轮制动器相结合的方法，最优分配后轮的驱动力，同时减少侧向风力的影响，从而实现增强车辆行驶的稳定性。这种防滑差速器已在日本日产（Nissan）公司生产的总统（President）牌和公爵（Cedric）牌轿车上得到应用。

LSD（Lmited Slip Differential）型防滑差速器的工作是利用车上某些传感器，掌握各种道路情况和车辆运动状态，通过操纵加速踏板和制动器，采集或读取驾驶人员所要求的信息，并按照驾驶员的意愿和要求来最优分配左、右驱动车轮的驱动力。LSD 型防滑差速器的外形见图 3-32，控制系统结构框图如图 3-33 所示。这种防滑差速器 1993 年 8 月投放市场，已在日本日产（Nissan）地平线牌轿车上使用。

图 3-32　LSD 型防滑差速器的外形

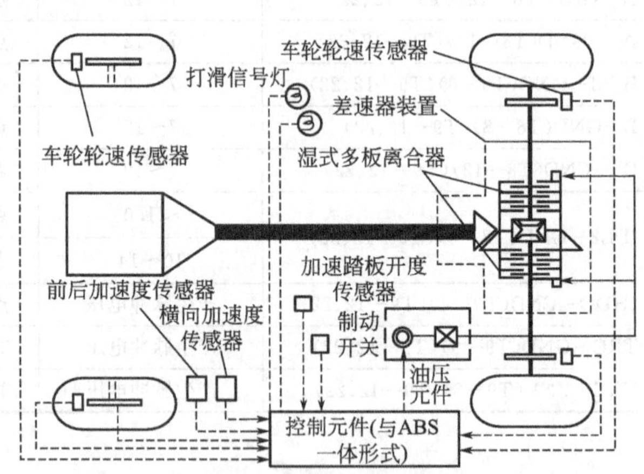

图 3-33　LSD 型防滑差速器控制系统结构框图

2. 四轮驱动防滑差速器

（1）基本结构　图 3-34 所示是具有油压多板式离合器差动限制器的四轮驱动汽车的动力传递路线。从发动机输出的动力经过变速器变速后，从驱动小齿轮传递到环齿轮，由中央

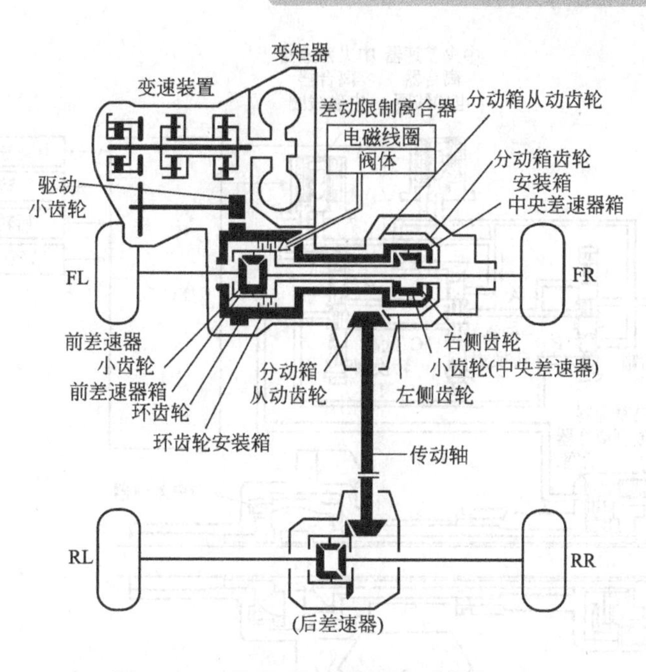

图 3-34　四轮驱动的差速传动系统的组成

差速器分配到前后驱动轴，并通过前差动器（前差速器）、后差动器分别传递到前后桥左右车轮。该差速传动系统主要由中央差速器和差速限制机构等组成。

① 中央差速器：中央差速器具有两大功能。第一个功能是把变速器输出的动力均匀分配到前后轮驱动轴上；第二个功能是在车轮转动时将前轮驱动轴和后轮驱动轴的转速差加以吸收。右侧齿轮经过分动齿轮箱→主动齿轮→分动箱从动齿轮，驱动力被传递到后差速器，左差速器经过前差速器箱把驱动力传向前差速器。

② 差速限制机构：当前轮与后轮之间发生转速差时，按照此转速差，控制油压多片离合器的接合力，从而控制前后轮的转矩分配。差动限制离合器由湿式多片离合器盘、摩擦片以及活塞构成，如图 3-35 所示。改变环齿轮安装箱和前差速器箱的接合状态，亦即按照作用于活塞的油压大小，改变多片离合器的压紧力，从而控制向前差速箱分配转矩。此外，按照车辆行驶状态的差动限制量，由电子控制器 ECU 进行判别，由电磁阀控制活塞的工作油压。

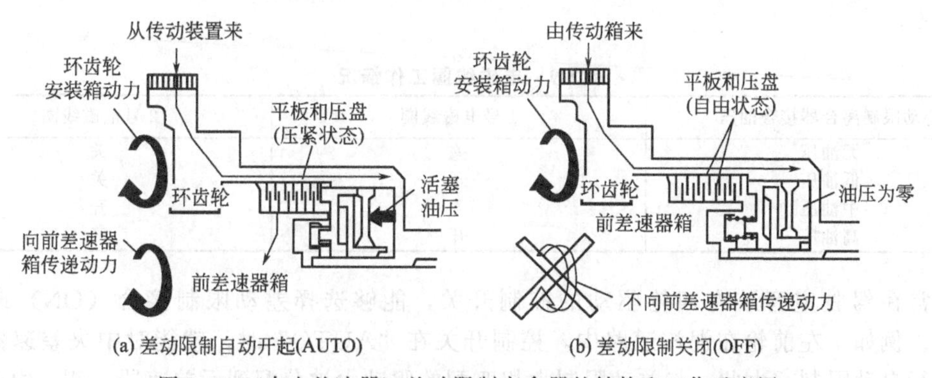

图 3-35　（中央差速器）差动限制离合器的结构和工作示意图

（2）工作原理　如图 3-36 所示为防滑差速器电子控制系统控制原理，该系统主要由传感器、ECU、调节阀（转换阀）等组成。调节阀用于调节液压系统管路压力，利用 1 号（NO. 1）转换阀使油压 E 升高，调节阀向上升起，以提高 A 调节压力。

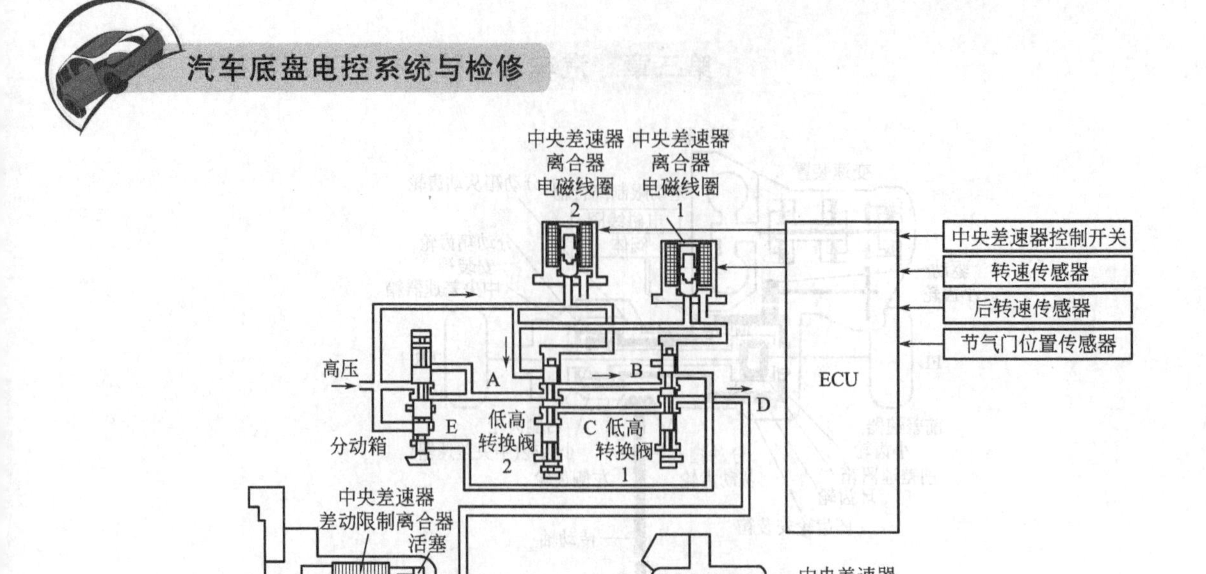

图 3-36 防滑差速器电子控制系统控制原理

在该图上，1 号与 2 号电磁线圈均处于断开状态。这时 1 号转换阀输出口被关闭，不向活塞室供给油压，差动限制离合器处于自由状态。当 1 号与 2 号电磁线圈都接通时，由于 1 号和 2 号转换阀上部的油压分别由各自的电磁线圈作用而排出，转换阀由于回位弹簧的弹性作用向上顶起，所以，管路油压（高压）经过图中的箭头所指的路径由输出道口 D 供给并与差动限制离合器的活塞结合。只有当 1 号电磁线圈接通时，被控制的管路油压，经过 A→B→D 的路径作用于活塞，这时油压低，离合器结合力变弱。只有当 2 号电磁阀线圈接通时，被调节的油压经过 A→C→D 的路径作用于活塞上。这时的油压由于 1 号转换阀的作用，管路油压向 E 反馈，所以变为中油压，见表 3-9。

表 3-9 电磁线圈工作情况

差动限制离合器接合油压	1 号电磁线圈	2 号电磁线圈
无油压	关	关
低油压	开	关
中油压	关	开
高油压	开	开

通常在驾驶室旁装有四轮驱动的控制开关，能够选择差动限制接合（ON）或断开（OFF）。例如，左前轮在泥泞道路中，控制开关在“AUTO”时，就能对中央差速器的转速差进行自动限制。由此，与差动限制力相匹配的驱动力被分配到后差速器一侧，由于驱动力全部传递到没有空转的车轮上，车辆就可以从泥泞的道路中出来。当控制开关处于“OFF”时，中央差速器中没有差动限值，前差速器及中央差速器引起旋转差动，驱动力不向左前轮以外其他车轮传递。当差动限制在自由挡的断开工况时（OFF），仅应用于牵引行驶。

（3）控制特性　防滑差速器的差动限制控制特性或控制范围如图 3-37 所示。主要根据节气门开度、车速和变速器变速信号由ECU控制并改变差动限制离合器的压紧力。

① 启动控制：在1挡、低速挡，节气门开度大时，接合油压增强到中等，由此能提高滑动路面或一个车轮脱落时的起步能力。

② 打滑控制：节气门开度与车速关系处于B区域，前后轮的转速差按照速度差换算超过2～3km/h时，接合油压变为“高”，差动限制达到最大值。

③ 通常控制：当接合油压为“低”时，进行微弱差动限值，以防止产生急转弯制动现象。这是指转弯时前后轮产生转速差，当存在转速差时，转弯困难，就如制动器一样。大多发生在分段式四轮驱动行驶时。

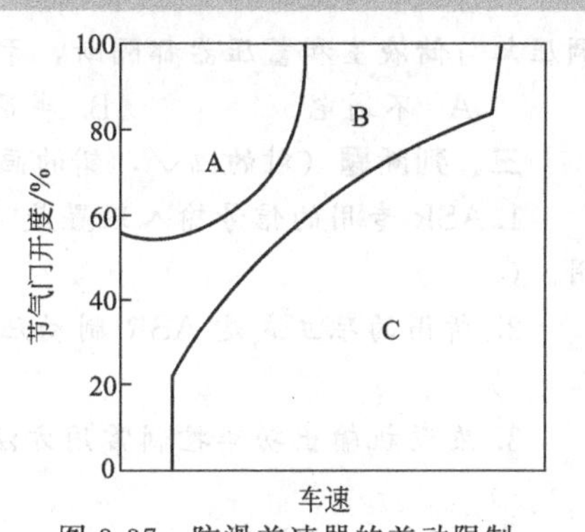

图3-37　防滑差速器的差动限制控制特性式控制范围

A—启动时控制区域；B—打滑控制区域；C—通常控制区域

复习与思考题

一、填空题

1. ASR系统的目的是防止汽车在各种运行状态下（　　）可能发生的滑转，使（　　）在各种不同路面上均能获得最佳（　　），保证车辆的行驶稳定性和不丧失转向能力。

2. ASR的基本组成有（　　）、（　　）、（　　）及（　　）等。

3. 汽车防滑差速器大致上可以分为（　　）和（　　）两大类。

4. ASR的传感器主要有（　　）和（　　）。

5. ASR制动压力调节器的结构形式有（　　）和（　　）两种。

6. ASR不起作用时，辅助节气门处于（　　）位置，当需要减少发动机驱动力来控制车轮滑转时，ASR控制器输出信号使辅助节气门驱动机构工作，改变（　　）开度。

7. 副节气门驱动装置主要由（　　）和（　　）组成。步进电机根据ASR控制器输出的控制脉冲转动规定的转角，通过传动机构带动（　　）转动。

8. TRC液压制动执行器中的泵总成由（　　）和（　　）两部分组成。

9. TRC液压制动执行器中的制动执行器由（　　）切断电磁阀、制动总泵切断电磁阀、（　　）切断电磁阀和压力开关或压力传感器四部分组成。

10. 在行驶中出现加速打滑，ASR系统进入调整工作状态时，ASR故障灯会（　　）。

二、选择题

1. ABS和ASR系统的不同点在于ASR系统对（　　）起作用，控制其滑转率。

A. 两个前车轮　　B. 两个后车轮　　C. 驱动轮　　D. 所有车轮

2. ASR系统是在汽车整个行驶过程中都工作，在车轮出现滑转时起作用，当车速高于（　　）时不起作用。

A. 60～120km/h　　B. 80～120km/h

C. 80～100km/h　　D. 100～140km/h

3. 当滑转率为（　　）时，附着系数达到峰值。

A. 20%　　B. 0　　C. 100%　　D. 50%

4. 对于独立式ASR制动压力调节器，正常制动时ASR不起作用，电磁阀（　　），阀在左位，调压缸的活塞被回位弹簧推至右边极限位置。

A. 不通电　　B. 半通电　　C. 都不正确　　D. 都正确

5. 对于独立式ASR制动压力调节器，压力保持过程：此时电磁阀（　　），阀在中位，调压缸与储液室和蓄压器都隔断，于是活塞保持原位不动，制动压力保持不变。

A. 不通电　　B. 半通电　　C. 都不正确　　D. 都正确

三、判断题（对的画√，错的画×）

1. ASR专用的信号输入装置是ASR选择开关，将ASR选择开关关闭，ASR就不起作用。（　）

2. 所谓的独立式是ASR制动压力调节器和ABS制动压力调节器在结构上是一体的。（　）

3. 发动机输出功率控制常用方法有：副节气门控制、燃油喷射量控制和点火时间控制。（　）

4. ASR控制系统主要通过改变发动机辅助节气门的开度来控制发动机的输出功率。（　）

5. 丰田车系防抱死制动与驱动防滑（ABS/TRC）工作时，当需要对驱动轮施加制动力矩时，TRC的3个电磁阀都不通电。（　）

6. 丰田车系防抱死制动与驱动防滑（ABS/TRC）工作时，当无需对驱动轮施加制动力矩时，各个电磁阀都通电且ECU控制步进电机转动使副节气门保持开启。（　）

7. 防滑差速器作用是汽车在好路上行驶时具有正常的差速作用。但在坏路上行驶时，差速作用被锁止，充分利用不滑转车轮同地面间的附着力，产生足够的牵引力。（　）

四、简答题

1. 驱动防滑转控制的方式有哪几种？

2. ASR系统和ABS系统有何异同？

3. 驱动防滑转控制系统（ASR）的作用是什么？

4. 丰田车系驱动防滑系统（TRC）由哪几部分组成？

5. 防滑差速器的作用是什么？

第四章　汽车电子稳定程序控制系统与检修

第一节　认识汽车电子稳定程序控制系统

一、电子稳定程序控制系统的作用

电子稳定程序控制系统（Electronic Stability Program，ESP）可提高汽车行驶条件下的主动安全性，特别是在转弯时，即侧向力起作用时，ESP 使汽车稳定并保持安全行驶。对于该系统，有些汽车公司采用自己的缩写，比如，沃尔沃公司称为 DSTC，宝马公司又称为 DSC，丰田又称其为 VSC。

前面讲过的 ABS 和 ASR 在一定范围内提高了汽车在极限运动情况下的主动安全性，ABS 能有效防止车轮抱死，避免了汽车在紧急制动时因车轮抱死而导致失控的现象，有效地提高了汽车制动安全性能；ASR 能防止车轮打滑，在汽车启动与加速时，保证良好的牵引性能，同时照顾汽车的稳定性和操控性。但是不论 ABS 和 ASR 都是被动做出反应。ABS 和 ASR 都只能通过对纵向滑移率的控制来间接保证汽车在制动和驱动时的稳定性，所以对汽车在极限转向、制动转向、驱动转向以及汽车受到外界干扰等引起失稳时的纠正效果并不是十分明显。

好的汽车稳定性取决于汽车能否沿着车道行驶（即汽车转向角的变化尽可能与车道一致）和汽车在转向时能否稳定而不滑移。

汽车稳定性主动控制系统突破了 ABS/ASR 的限制，通过直接监测汽车的实时运行姿态进行控制，直接保证汽车的稳定性，因此显著提高了控制效果，特别是能显著提高汽车处于附着极限时的稳定性，因而大大减少了交通事故。ESP 是当前汽车防滑装置的最高级形式，其作用可归纳为以下几点。

(1) 实时监控　ESP 是一个实时监控系统，它每时每刻都在监控驾驶员的操控、路面反应、汽车运动状态，并不断向发动机和制动系统发出指令。

(2) 主动干预　主动调控发动机的转速并可调整每个车轮的驱动力和制动力，以修正汽车的过度转向和转向不足。

(3) 预警　ESP 还有一个实时警示功能，当驾驶员操作不当和路面异常时，它会用警告灯警示驾驶员。

二、汽车转向时的运动分析

汽车在转向时的操纵稳定性至关重要，图 4-1 所示为汽车在转向时的运动情况。汽车在转弯时，要使车辆按驾驶者意图顺利、安全转弯，要实现两种运动形式：一是车轮绕自身轴线的旋转运动（行驶运动）；二是车轮绕垂直轴的旋转运动（转向运动）。因此，车身要产生两个方向

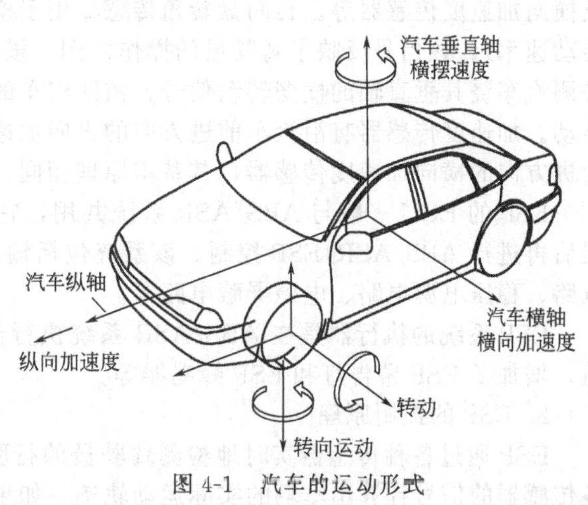

图 4-1　汽车的运动形式

的加速度：沿汽车纵轴线方向的纵向加速度和沿汽车横轴线方向的横向加速度。如果汽车在转弯时纵向加速度过大，车辆将产生转向困难，无法顺利转弯，造成转向不足；如果横向加速度过大，车轮将剧烈侧滑，车辆会发生转向过度并导致车辆“甩头摆尾”的情况。

三、ESP的组成及控制原理

1. ESP的组成

ESP是以ABS为基础，由各种传感器、ECU（中央控制处理单元）和执行器三大部分组成。其组成及安装位置如图4-2所示。

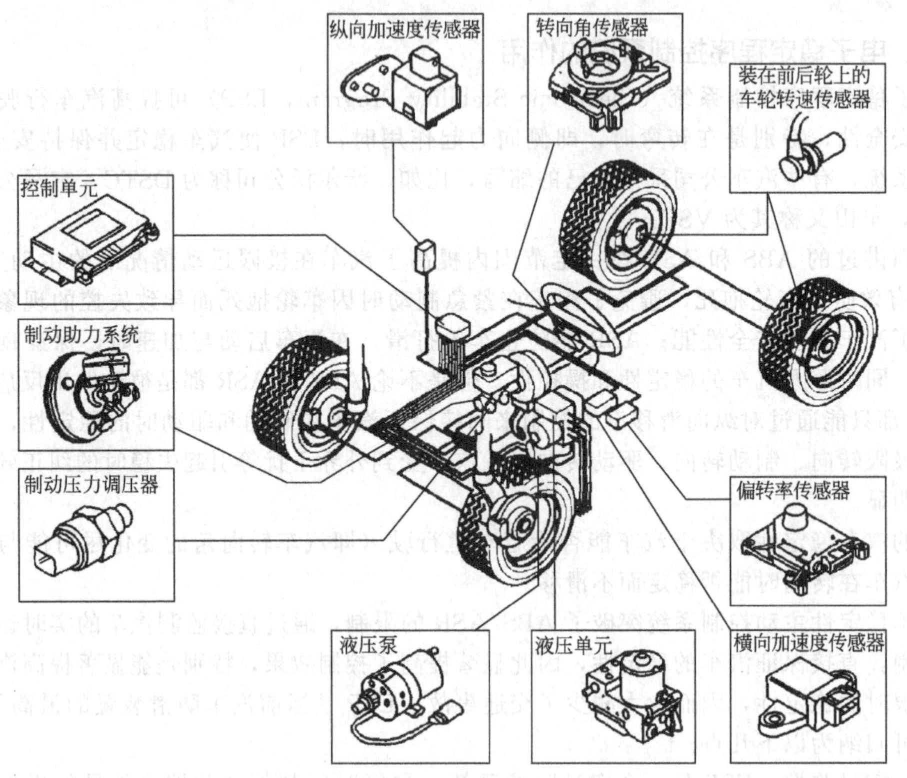

图4-2　ESP的组成及安装位置

ESP传感器是在ABS/ASR基础上增加了转向盘转角传感器、横摆角速度传感器、纵向及横向加速度传感器等。转向盘转角传感器用于检测转向盘的转角信号（包括转角的大小和转动速率），该信号反映了驾驶员的操作意图。横摆角速度传感器（偏转速度传感器）用于检测汽车绕其垂直轴的横摆转动信号，监测汽车的准确姿态，并记录下汽车每个可能的横摆转动。加速度传感器有沿汽车前进方向的纵向加速度传感器（用于四轮驱动车辆）和垂直于前进方向的横向加速度传感器，其基本原理相同，只是呈90°夹角安装。

ESP的ECU一般与ABS/ASR系统共用，它是将ABS/ASR系统ECU的功能进行扩展后再进行ABS/ASR/ESP控制。该系统包括输入信号放大电路、运算电路、执行器控制电路、稳压电源电路、电磁屏蔽电路等。

ESP系统的执行器是在ABS/ASR系统执行器的基础上，改进了通往各车轮的液压通道，增加了ESP警告灯和ESP蜂鸣器等。

2. ESP的控制原理

ESP通过各种传感器实时地检测驾驶员的行驶意图和车辆的实际行驶情况。ECU根据各传感器的信号计算出车辆的实际运动轨迹，如果实际运动轨迹与理论运动轨迹（驾驶员意图）有偏差，或者检测出某个车轮打滑，电子控制单元（ECU）就会首先通知执行元件（副节气门控制机构或电子节气门）减小开度，同时通过制动系统对某个车轮进行制动，来修正运动轨迹。ESP控制过程示意如图4-3所示。当实际运动轨迹与理论运动轨迹相一致时，ESP自动解除控制。

（1）转向不足　对于不带ESP的车辆，当前轮发生侧滑时，会使转弯半径增大，从而出现车辆转向不足，如图4-4(a)所示。而装备有ESP的汽车，此时会使用发动机和变速器管理系统有意识地对位于弯道内侧的后轮实施瞬间制动，以防止车辆驶出弯道，如图4-4(b)所示。

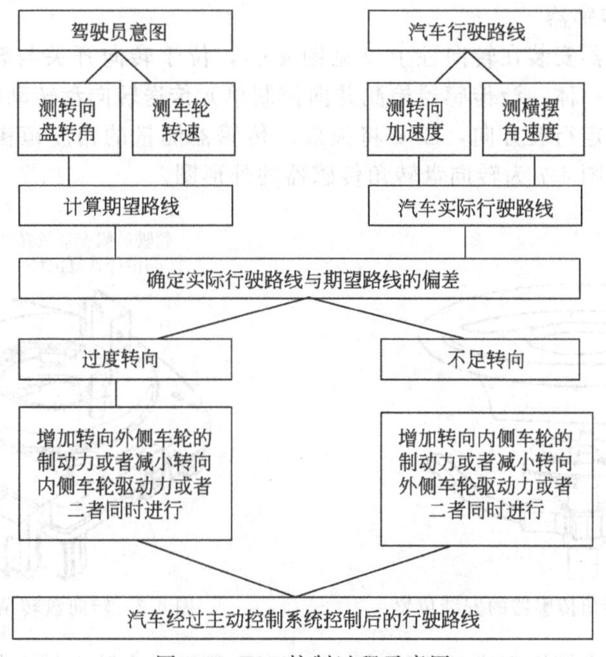

图4-3　ESP控制过程示意图

（2）转向过度　对于不带ESP的车辆后，当车轮发生侧滑时，会使转弯半径减少，从而出现车辆转向过度，如图4-5(a)所示。而带ESP的汽车，此种情况下会使用发动机和变速器管理系统有意识地对位于弯道外侧的前轮实施瞬间制动，以防止车辆甩尾，如图4-5(b)所示。

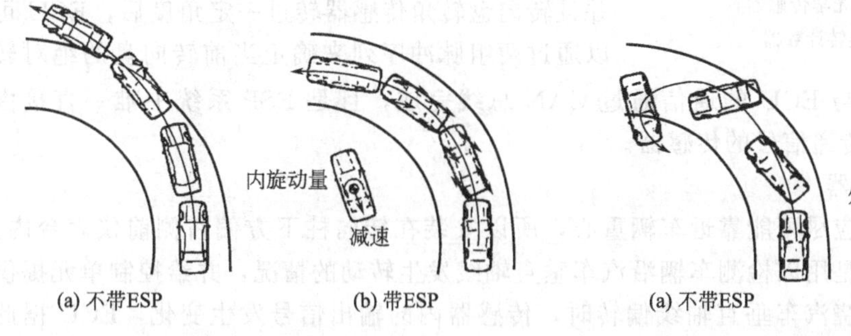

图4-4　转向不足

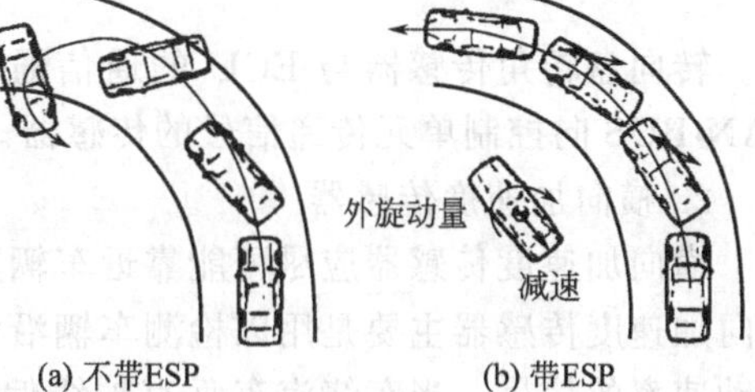

图4-5　转向过度

第二节 电子稳定程序控制系统的结构与工作原理

电子稳定程序控制系统是建立在驱动防滑系统（ASR）之上的一个非独立的系统。系统的大部分元件与 ASR 系统可共用。ESP 系统由传感器、控制单元和执行元件三部分组成。

一、ESP 传感器

ESP 系统的主要传感器包括转向盘转角传感器、加速度传感器、横摆角速度传感器等。

1. 转向盘转角传感器

转向盘转角传感器安装在转向柱上（见图 4-6），位于转向开关与转向盘之间，与安全气囊时钟弹簧集成为一体。该传感器检测并向控制单元传送转向盘转动的角度信号。若无此信号，则车辆无法确定行驶方向，ESP 将失效。传感器测量的角度范围是－720°～＋720°，对应转向盘转 4 圈。图 4-7 为转向盘转角传感器的外形图。

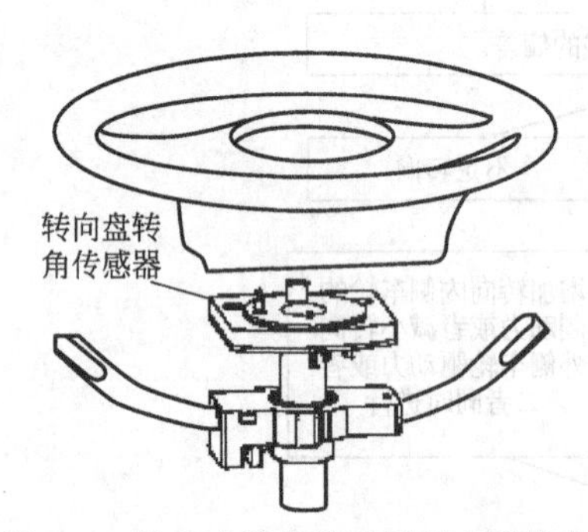

图 4-6 转向盘转角传感器的安装位置

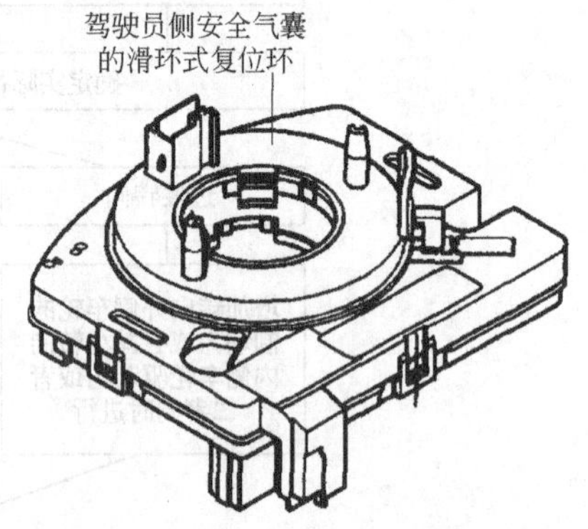

图 4-7 转向盘转角传感器的外形

该传感器是根据光栅原理进行测量的，如图 4-8 所示。安装在转向柱上的编码盘包含了经过编码的转动方向、转角等信息。编码盘由两个齿环——绝对环和增量环组成，光学传感器 2、4 分别扫描这两个环。当编码盘随转向盘转动时，齿盘间断地遮挡发光光源，使光学传感器的输出电压发生变化。位于内侧的增量环上的齿槽大小相等且均匀分布，产生的电压脉冲信号是均匀的；而位于外侧的绝对环上的齿槽大小不等且分布不均匀，产生的信号也不均匀，接通点火开关并且转向盘转角传感器转过一定角度后，ECU 可以通过两组脉冲序列来确定当前转向盘的绝对转角。转向盘转角传感器与 ECU 的通信通过 CAN 总线完成，且是 ESP 系统中唯一直接由 CAN-BUS 向控制单元传递信号的传感器。

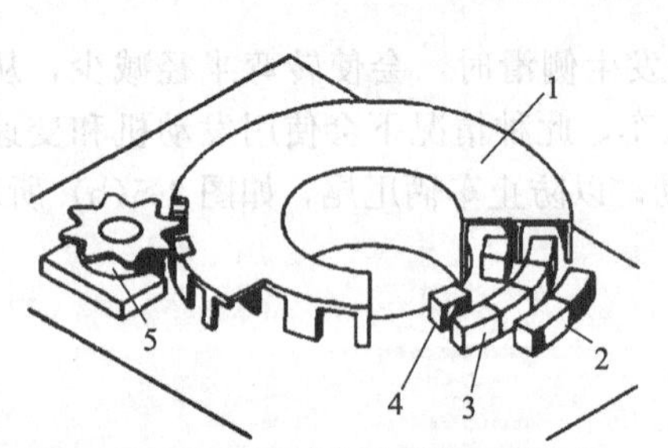

图 4-8 转向盘转角传感器工作原理

1—编码盘；2,4—光学传感器；3—光源；5—旋转计数器

2. 横向加速度传感器

横向加速度传感器应尽可能靠近车辆重心，所以安装在转向柱下方偏右侧前仪表台内。横向加速度传感器主要是用以检测车辆沿汽车垂直轴线发生转动的情况，并给控制单元提供转动速率的信号。当车绕汽车垂直轴线偏转时，传感器内的输出信号发生变化，ECU 据此计算横向加速度。

横向加速度传感器的外形如图 4-9 所示，其组成如图 4-10 所示。横向加速度传感器是由霍尔传感器、永久磁铁、减振板、片簧等组成。其工作原理如图 4-11 所示，由于永久磁铁和阻尼盘通过片簧板柔性连接，当横向加速度 a 作用到车上时，永久磁铁在惯性作用下，沿向加速度方向的反向偏转，阻尼盘与传感器壳体及整车一同偏离永久磁铁（该磁铁先前处于静止状态）。这个运动会使阻尼盘内产生电涡流，而电涡流又会产生一个与永久磁铁磁场极性相反的磁场。因此，总磁场的强度就被削弱了，这会使霍尔传感器的电压改变，电压的变化是与横向加速度的大小成比例的。也就是阻尼器与磁铁之间的运动幅度越大，那么磁场强度削弱得越厉害，霍尔传感器电压变化得就越明显。如果没有横向加速度，霍尔传感器电压保持恒定。

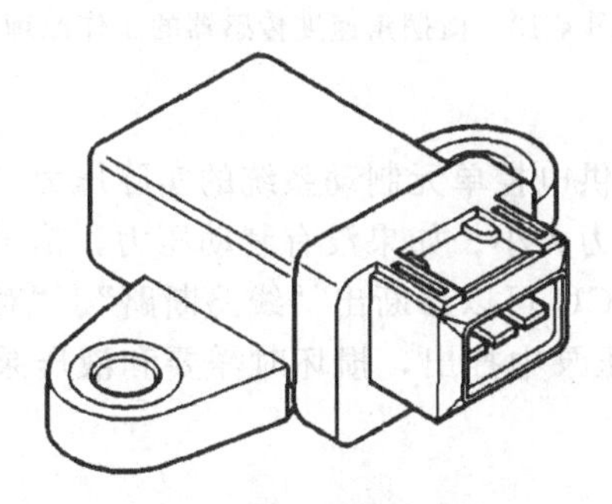

图 4-9　横向加速度传感器的外形

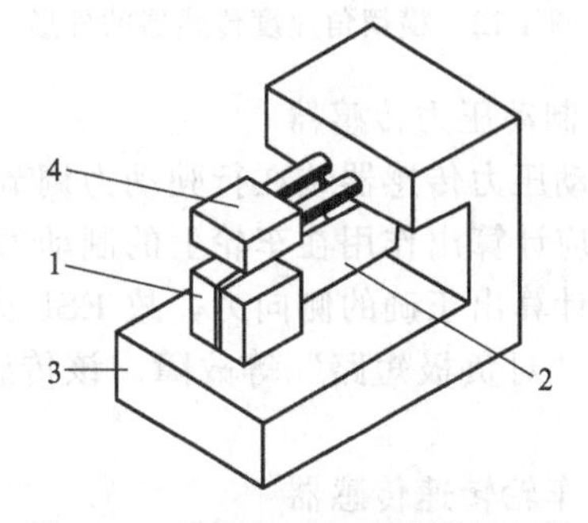

图 4-10　横向加速度传感器的组成

1—永久磁铁；2—片簧；3—阻尼盘；4—霍尔传感器

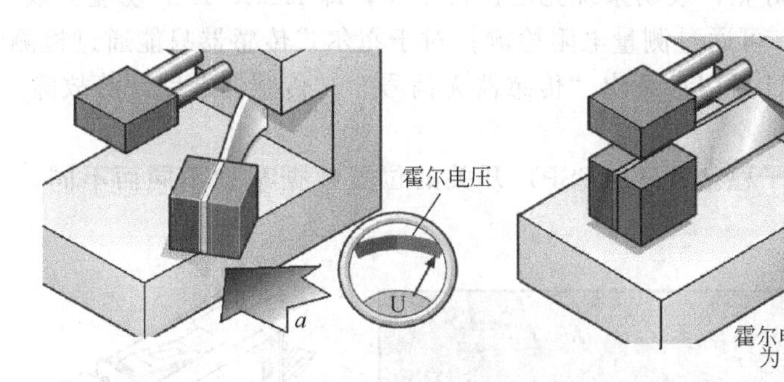

图 4-11　横向加速度传感器的工作原理

纵向加速度传感器和横向加速度传感器的内部结构及工作原理完全相同，只是它们在车内的安装方向相错 90°，所以纵向加速度传感器可以检测出纵向方向的离心力大小。

当加速度传感器出现故障后，控制单元就无法计算出车辆的实际状态，ESP 也就失效了。

3. 横摆角速度传感器

横摆角速度传感器用于检测汽车沿垂直轴的偏转程度。其外形如图 4-12 所示，其工作原理如图 4-13 所示。该传感器的基本部分是一个空心圆筒，圆筒下部装着 8 个压电元件，其中 4 个使空心圆筒处于谐振状态，另外 4 个压电元件将圆筒谐振波节的变化情况转变成电压信号输送给 ECU。而圆筒的谐振波节的变化情况与圆筒受到的外来扭矩有关，即与圆筒的横摆角速度有关。电控单元由此算出偏转程度。横摆角速度传感器与横向加速度传感器的安装位置基本相同，输出都是 0～5V 的模拟量，且由于汽车颠簸造成的信号波动特性一致，故有些车型将它们封装在同一模块中。可用诊断仪或万用表对横摆角速度传感器和横向加速度传感器进行诊断。

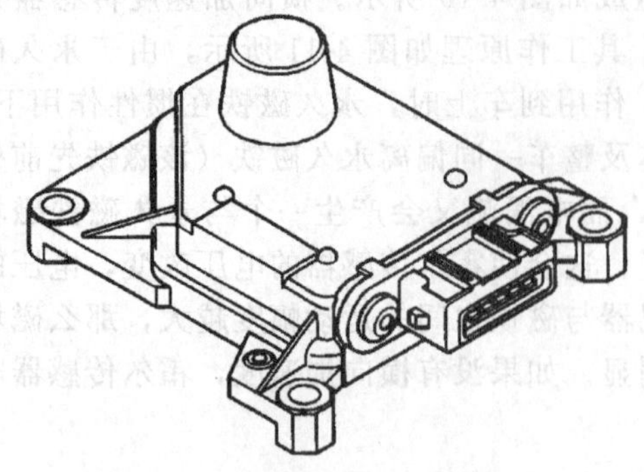

图 4-12 横摆角速度传感器的外形

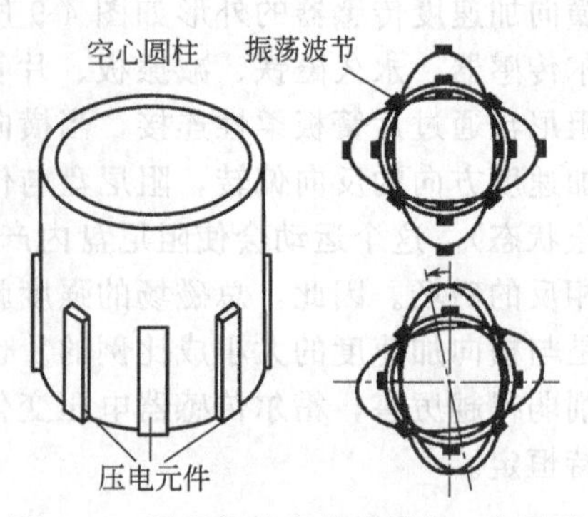

图 4-13 横摆角速度传感器的工作原理

4. 制动压力传感器

制动压力传感器装在行驶动力调节液压泵上，提供电控单元制动系统的实际压力，控制单元相应计算出作用在车轮上的制动力和整车的纵向力大小。如果没有制动压力，信号系统将无法计算出正确的侧向力，故 ESP 失效。此时，ECU 可以诊断出“线路断路”、“对正极短路”、“对负极短路”等故障。该传感器不能从液压泵中拧出，损坏时需要和液压泵一起更换。

5. 车轮转速传感器

车轮转速传感器用以检测每个车轮的实际转速，以便判断车轮的运动状态。如果没有信号，则 ABS、ESP 警告灯亮，表明系统无法正常工作，即 ABS、ESP 功能失效。

对于电磁式传感器，可通过测量电阻检测；对于霍尔式传感器只能通过检测波形来判断性能的好坏。此时，ECU 可以诊断出“传感器无信号”、“传感器断路”等故障。

6. ASR/ESP 开关

如图 4-14 所示，电子稳定程序（ESP）开关的位置根据车型不同而不同，一般在组合仪表区。

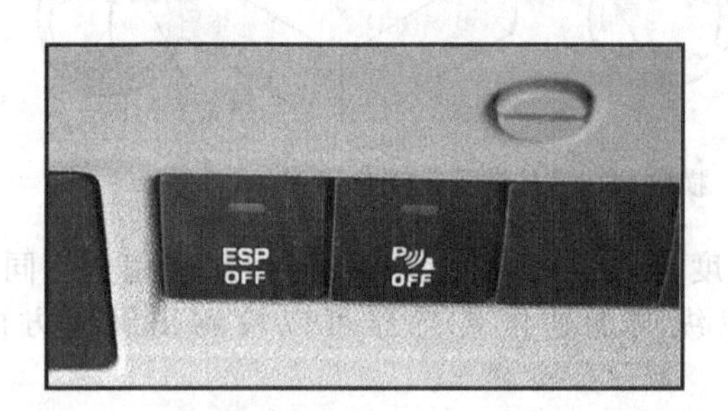

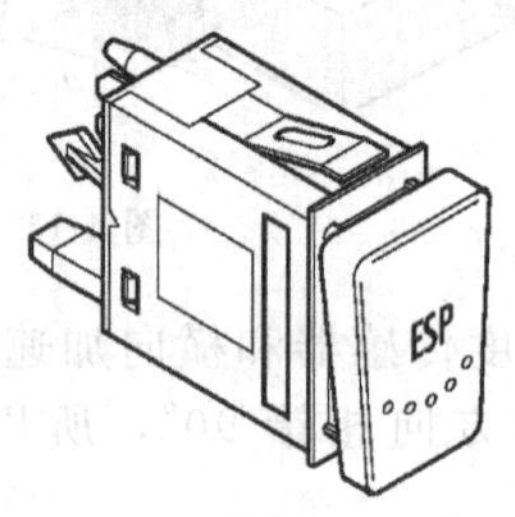

图 4-14 ESP 开关

作用：按此开关可关闭 ASR/ESP 功能，并由仪表上的报警灯指示出来，再次按压此开关可重新激活 ASR/ESP 功能。如果驾驶者忘记重新激活 ASR/ESP，再次启动发动机后系统可被重新激活。

在三种情况下 ESP 不应工作：ESP 开关处于关闭状态，车辆从积雪或松软地面爬出来时；车辆带防滑链行驶时；车辆在功率试验台上开动时。

在三种情况下 ESP 系统将不能被关闭：ESP 正在工作；超过一定的车速；系统出现故障，此时组合仪表上的 ESP 警告灯会报警。

二、ESP 电子控制单元（ECU）

电子控制单元与液压控制单元合成一体，如图 4-15 所示，电子控制单元主要负责整个系统的信息运算分析和控制指令的发出。为了保障系统的可靠性，在系统中有两个处理器，二者用同样的软件处理信号数据，并相互监控比较。这种双配置的系统称为主动冗余系统。

三、ESP执行元件

执行元件包括ESP液压控制单元、电子节气门、ESP警告灯等。

液压控制单元的组成与工作原理分析如下：

液压控制单元由电磁阀、行驶动力调节液压泵、回油泵等组成，如图4-15所示。其中电磁阀有12个，8个用于ABS控制，4个用于ESP控制。液压控制单元内部电路如图4-16所示。ECU通过控制液压控制单元的电磁阀，达到控制ABS/ASR/ESP的目的。

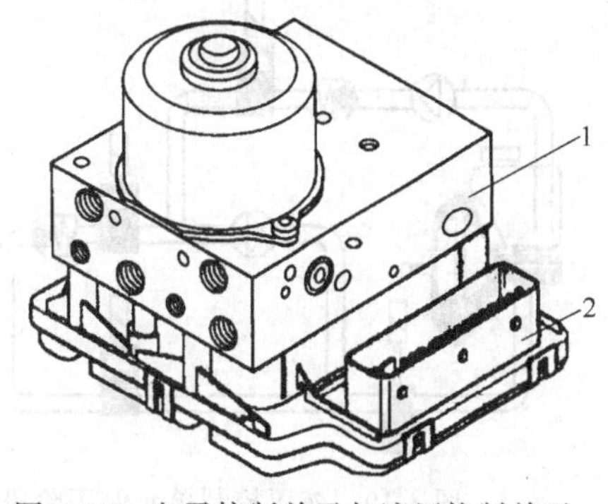

图4-15　电子控制单元与液压控制单元

1—液压控制单元；2—电子控制单元

该系统有两条对角线控制回路，每条回路上多了两个控制电磁阀（分配阀和高压阀），如果系统某一个阀工作不正常，ESP系统将关闭。如图4-17所示为一个车轮的液压控制回路。当ESP起作用时，ESP控制过程如下。

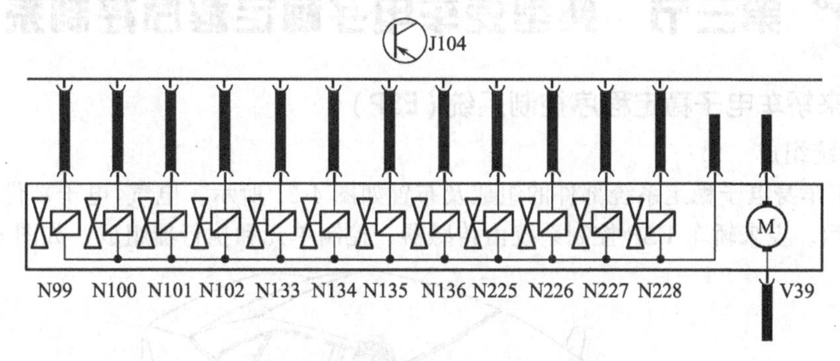

图4-16　液压控制单元内部电路图

（1）增压阶段　如图4-18所示。电磁阀状态：分配阀N225关闭；高压阀N227打开；ABS的进油阀打开；回油阀关闭。行驶动力调节液压泵开始将储油罐中的制动液输送到制动管路中，回油泵也开始工作，使车轮制动轮缸中的制动压力加大，系统处于增压状态。

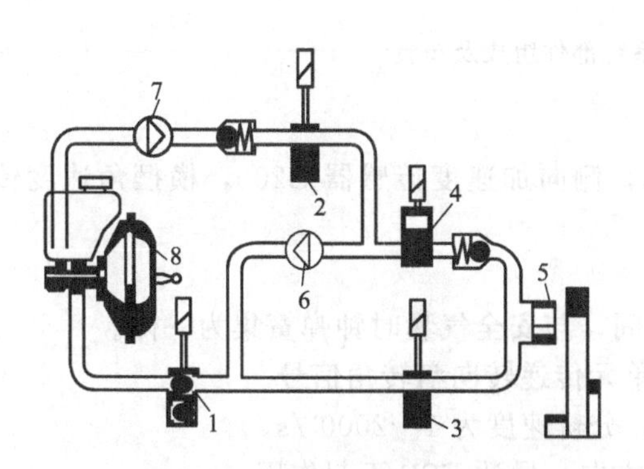

图4-17　没有制动时的液压控制回路

1—分配阀N225；2—高压阀N227；3—进油阀；4—回油阀；5—车轮制动轮缸；6—回油泵；7—行驶动力调节液压泵；8—制动助力器

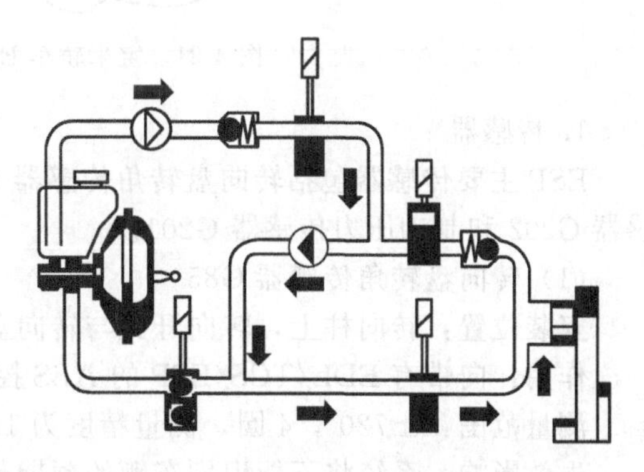
图4-18　液压控制单元增压阶段

（2）保压阶段　如图 4-19 所示。电磁阀状态：分配阀 N225 关闭；高压阀 N227 关闭；进油阀关闭；回油阀关闭；回油泵停止工作。系统处于保压状态。

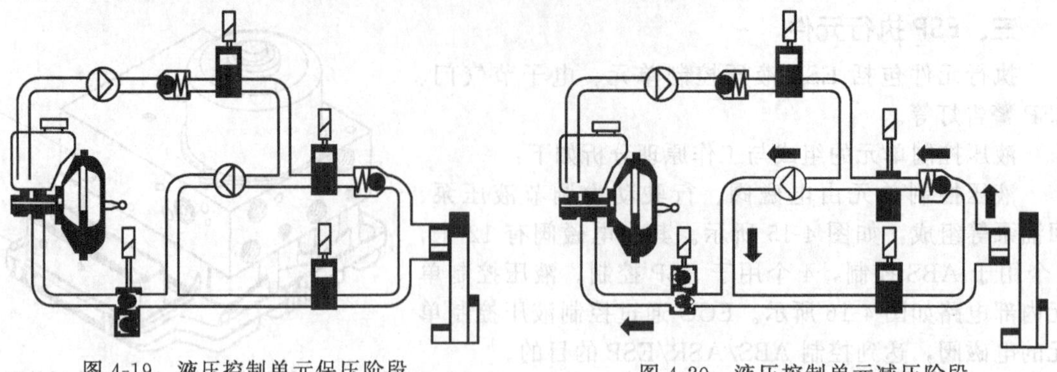

图 4-19　液压控制单元保压阶段　　图 4-20　液压控制单元减压阶段

（3）减压阶段　如图 4-20 所示。电磁阀状态：分配阀 N225 打开；高压阀 N227 关闭；进油阀关闭；回油阀打开。制动液通过串联式制动主缸流回储油罐中，系统处于减压状态。

第三节　典型汽车电子稳定程序控制系统

一、宝来轿车电子稳定程序控制系统（ESP）

（一）系统组成

宝来轿车车身电子稳定系统部件的组成及布置如图 4-21 所示。电气/电子部件及安装位置如图 4-22 所示。宝来轿车 ESP 控制系统由传感器、控制单元和执行器组成，如图 4-23 所示。

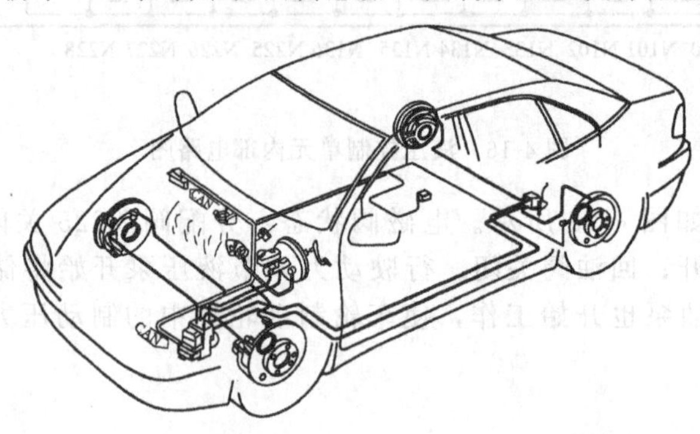

图 4-21　宝来轿车 ESP 系统部件组成及布置

1. 传感器

ESP 主要传感器包括转向盘转角传感器 G85，侧向加速度传感器 G200，横摆角速度传感器 G202 和制动压力传感器 G201。

（1）转向盘转角传感器 G85

安装位置：转向柱上，转向开关与转向盘之间，与安全气囊时钟弹簧集为一体。

作用：向带有 EDL/TCS/ESP 的 ABS 控制单元传递转向盘转角信号。

测量范围：±720°，4 圈，测量精度为 1.5°，分辨速度为 1～2000°/s。

失效影响：系统将不能识别车辆的预期行驶方向，导致 ESP 不起作用。

自诊断：更换控制单元或传感器后，需重新标定零点。

电路连接：G85 是 ESP 系统中唯一一个直接由 CAN-BUS 向控制单元传递信号的传感器。打开点火开关后，转向盘被转动 4.5°（相当于 1.5cm），传感器进行初始化。

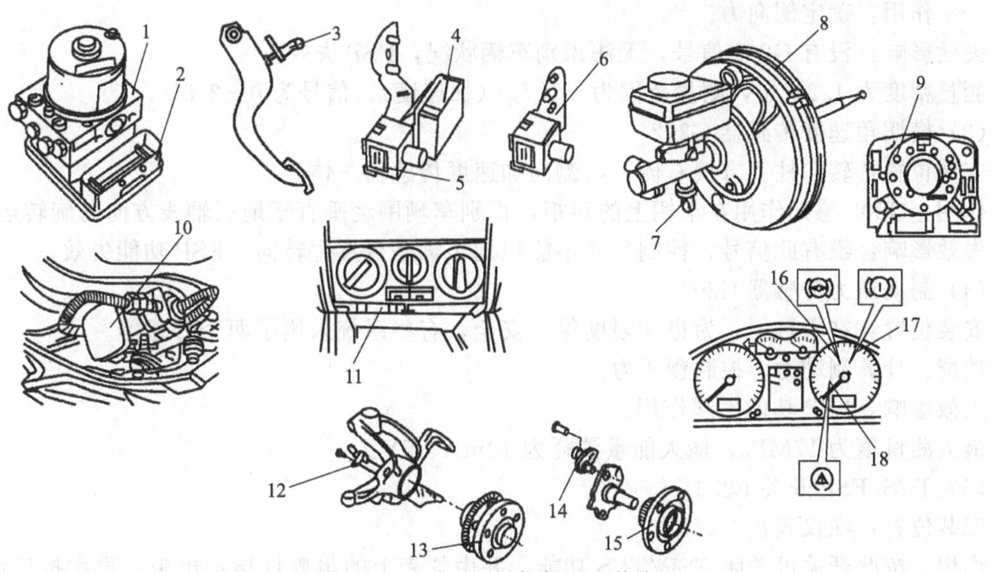

图 4-22　电气/电子部件及安装位置

1—ABS 液压单元 N55；2—ABS 控制单元 J104；3—制动灯开关；4—横摆角速度传感器；5—横向加速度传感器 G200；6—纵向加速度传感器 G251；7—制动压力传感器 G201；8—制动助力器；9—转向盘转角传感器 G85；10—制动真空泵 V192；11—自诊断接口；12—右前/左前轮转速传感器 G45/G47；13—带转速传感器转子的轮毂；14—右后/左后转速传感器 G44/G46；15—带转速传感器转子的轮毂；16—ABS 警报灯；17—制动系统警报灯 K118；18—TCS/ESP 警报灯 K155

拆装注意事项：安装时，要保证 G85 在正中位置，观察孔内黄色标记可见。

（2）侧向加速度传感器 G200

安装位置：转向柱下方偏右侧，与横摆角速度传感器一体。

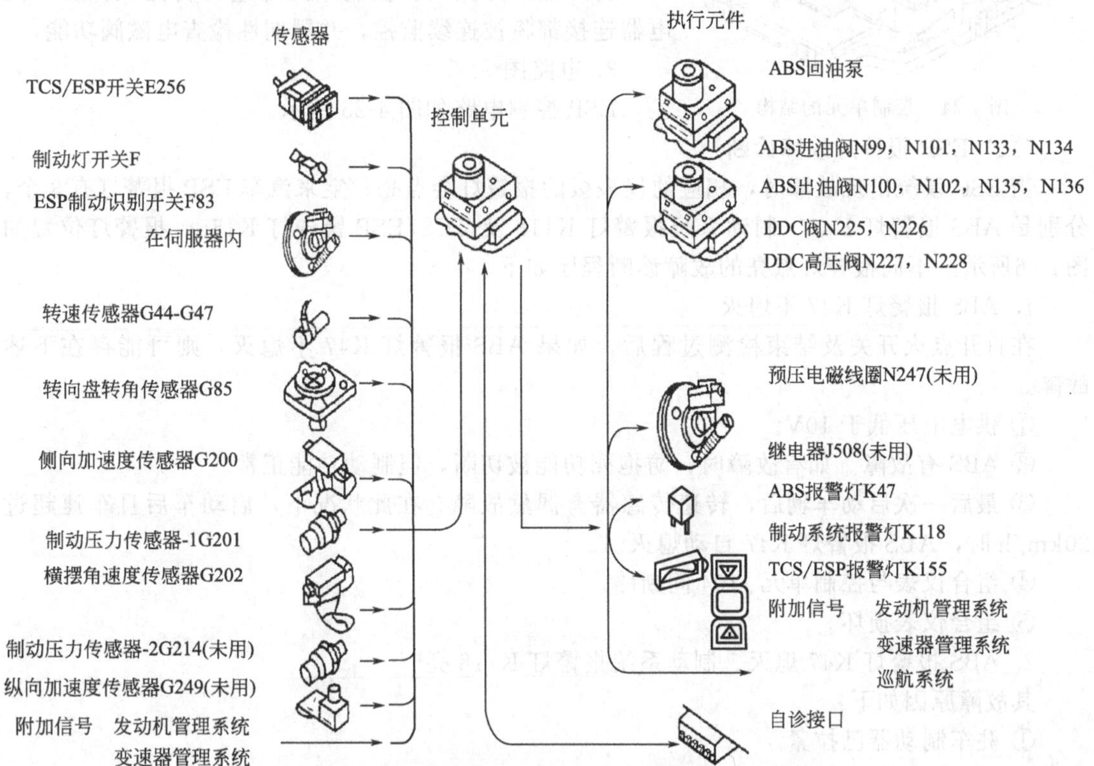

图 4-23　宝来轿车电子稳定程序 ESP 系统的组成

作用：确定侧向力。

失效影响：没有 G200 信号，无法识别车辆状况，ESP 失效。

测量精度为 1.2V/g，测量范围为±1.7g（加速度），信号为 0～2.5V。

（3）横摆角速度传感器 G202

安装位置：转向柱下方偏右侧，与侧向加速度传感器一体。

作用：G202 感知作用在车辆上的转矩，识别车辆围绕垂直于地面轴线方向的旋转运动。

失效影响：没有此信号，控制单元不能识别车辆是否发生转向，ESP 功能失效。

（4）制动压力传感器 G201

安装位置：在主缸上，为最大限度保证安全，有些系统采用了两个传感器。

功能：计算制动力，控制预压力。

失效影响：ESP 功能不起作用。

最大测量值为 17MPa，最大能量消耗为 10mA、5V。

（5）TCS/ESP 开关 E256

安装位置：在仪表板上。

作用：按此开关可关闭 ESP/TCS 功能，并由仪表上的报警灯指示出来，再次按压此开关可重新激活 TCS/ESP 功能。如果驾驶者忘记重新激活 TCS/ESP，再次启动发动机后系统可被重新激活。

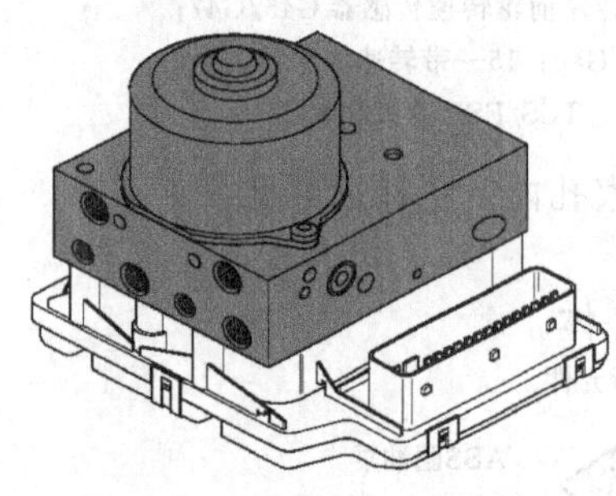
图 4-24 控制单元的结构

2. 控制单元

图 4-24 为控制单元的结构图，其功能有：

① 控制 ESP、ABS、EDL、TCS、EBD 及 EBC；

② 连续监控所有电气部件；

③ 支持自诊断。

打开点火开关后，控制单元将进行自测试。所有的电器连接都将被连续监控，并周期性检查电磁阀功能。

3. 电路图

ESP 控制电路如图 4-25 所示。

（二）ESP 报警灯故障诊断

当 ESP 系统出现故障时，相应的仪表板的报警灯会点亮，宝来汽车 ESP 报警灯有 3 个，分别是 ABS 报警灯 K47、制动系统报警灯 K118 及 TCS/ESP 警告灯 K155。报警灯位置如图4-26所示。不同报警灯点亮的故障诊断程序如下。

1. ABS 报警灯 K47 不熄灭

在打开点火开关及结束检测过程后，如果 ABS 报警灯 K47 不熄灭，则可能存在下述故障。

① 供电电压低于 10V。

② ABS 有故障。如有故障时，防抱死功能被切断，但制动功能正常。

③ 最后一次启动车辆后，转速传感器有偶然故障。在此状况下，启动车后且车速超过 20km/h 时，ABS 报警灯 K47 自动熄灭。

④ 组合仪表与控制单元 J104 间断路。

⑤ 组合仪表损坏。

2. ABS 报警灯 K47 熄灭、制动系统报警灯 K118 亮

其故障原因如下：

① 驻车制动器已拉紧。

② 制动报警灯 K118 的控制有故障。

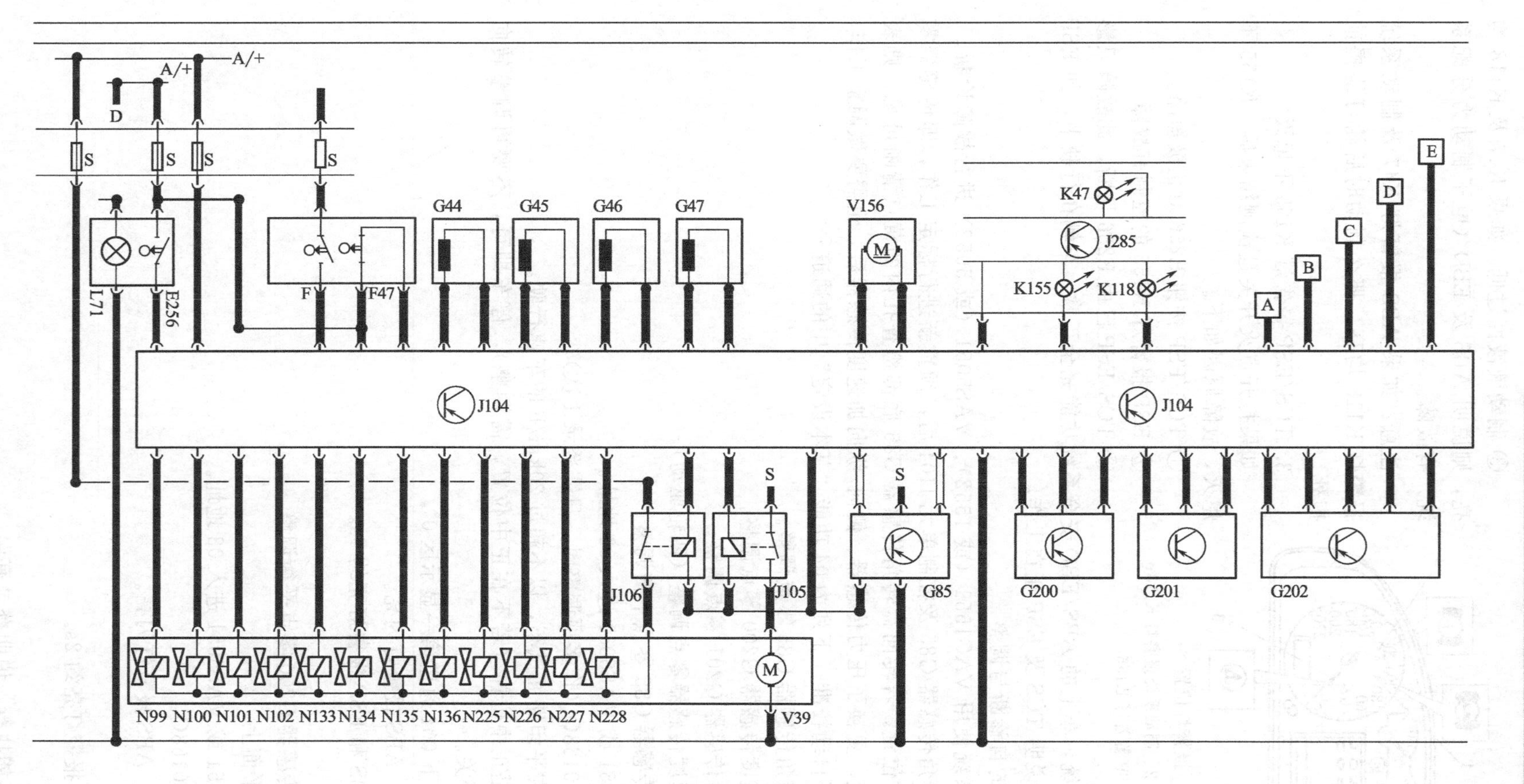

图 4-25　ESP 控制电路

A/+—正极连接；D—点火开关；L71—TCS/ESP 指示灯；E256—TCS/ESP 按钮；F—制动灯开关；F47—制动踏板开关；G44—右后车轮转速传感器；G45—右前车轮转速传感器；G46—左后车轮转速传感器；G47—左前车轮转速传感器；G85—转向盘转角传感器；G200—侧向加速度传感器；G201—制动压力传感器；G202—横摆角速度传感器；J104—带有 EDS/TCS/ESP 的 ABS 控制单元；J105—ABS 回油泵继电器；J106—ABS 电磁阀继电器；J285—组合仪表显示控制单元；K47—ABS 故障警告灯；K118—制动装置警告灯；K155—TCS/ESP 警告灯；N99—右前 ABS 进油阀；N100—右前 ABS 回油阀；N101—左前 ABS 进油阀；N102—左前 ABS 回油阀；N133—右后 ABS 进油阀；N134—左后 ABS 进油阀；N135—右后 ABS 回油阀；N136—左后 ABS 回油阀；N225—动态调节分配阀 1；N226—动态调节分配阀 2；N227—动态调节高压阀 1；N228—动态调节高压阀 2；S—保险装置；V39—ABS 回油泵；V156—行驶动力调节液压泵；A—连接驻车制动开关；B—导航系统；C—发动机管路系统；D—变速器管路系统；E—诊断线路

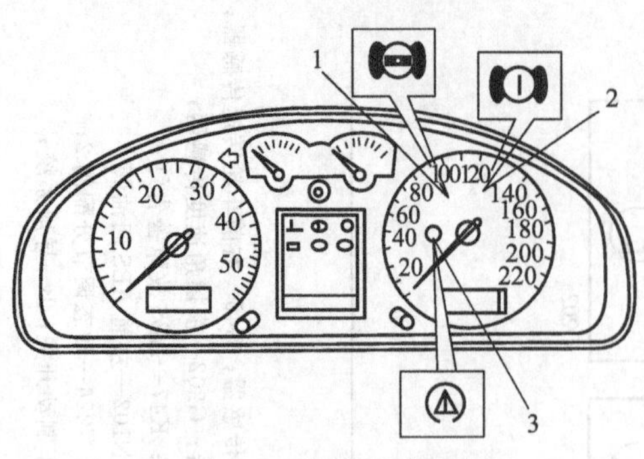

图 4-26　报警灯位置

1—ABS 报警灯 K47；2—制动系统报警灯 K118；
3—TCS/ESP 警告灯 K155

③ 制动液液面过低。如果 K47 及 K118 均亮，则说明 ABS 及 EBD（电子制动力分配系统）有故障。

注意：如果 ABS 报警灯 K47 及制动系统报警灯 K118 均亮，那么制动时后轮可能提前抱死。

3. TCS/ESP 警告灯 K155 不熄灭

如果打开点火开关且检测结束后，K155 不熄灭，故障原因如下。

① TCS/ESP 按钮 E256 对正极短路。

② ESP 报警灯 K155 的控制有故障。

③ TCS/ESP 已由 E256 切断，此故障只影响 TCS/ESP 安全系统，车上的 ABS/EBD 安全系统功能完全正常。车辆在行驶中，如 ESP 报警灯 K155 闪亮，说明 TCS 及 ESP 正在工作。

（三）ESP 系统的自诊断与调整

可利用自诊断系统使用 VAG1551（或 1552）、VAS5051（或 5052）进行故障诊断。

更换了转向盘转角传感器 G85 及控制单元 J104 后，须重新进行标定工作，即传感器零点位于转向盘正前方位置。若转向盘转角传感器 G85 底部检查孔内的黄点清晰可见，则表明传感器在零点位置。更换了压力传感器、侧向/纵向加速度传感器后，也需要做调整工作。横摆角速度传感器可自动校准。下列为 04 功能“基本设定”中的通道号。

60——转向盘转角传感器 G85 零点调整。

63——侧向加速度传感器 G200 零点调整。

66——制动压力传感器 G201 零点调整。

69——纵向加速度传感器零点调整（四轮驱动）。

1. 转向盘转角传感器 G85 零点平衡调整

① 连接 VAG1551 或 VAS5051 进入 03 地址。

② 登录 11Q，40168Q（作多项调整时，只需登录 1 次）。

③ 启动车辆，在平坦路面试车，以不超过 20km/h 的车速行驶。

④ 如果转向盘是正中位置（若不在正中位置，需调整），停车即可，不要再调整转向盘，不要关闭点火开关。

⑤ 检查 08 功能下 004 通道第一显示区 0°。

⑥ 04Q，060Q；ABS 报警灯闪亮。

⑦ 06 退出，ABS 和 ESP 报警灯亮约 2s。

⑧ 结束。

2. 侧向加速度传感器 G200 零点平衡调整

① 将车停在水平面上。

② 连接 VAG1551 或 VAS5051 进入 03 地址。

③ 登录 11Q，40168Q。

④ 04Q，063Q；ABS 报警灯闪亮。

⑤ 06 退出。

⑥ ABS 和 ESP 报警灯亮约 2s。

⑦ 结束。

若显示该功能不能执行，说明登录有误。

若显示基本设定关闭，说明超出零点平衡允许公差。读出 08 数据块（004 通道第二显示区静止时±1.5；转向盘至止点，以 20km/h 车速左/右转弯，测量值应均匀上升）及故障记忆。然后重新进行。

3. 制动压力传感器 G201 零点平衡

① 不要踩制动踏板。

② 连接 VAG1551 或 VAS5051 进入 03 地址。

③ 进入 08 阅读测量数据块 005 通道检查第一显示区±0.7MPa。

④ 登录 11Q，40168Q。

⑤ 04Q，066Q；ABS 报警灯闪亮。

⑥ 06 退出。

⑦ ABS 和 ESP 报警灯亮约 2s。

⑧ 结束。

若显示该功能不能执行，说明登录有误。

若显示基本设定关闭，说明超出零点平衡允许公差。读取 08 数据块（005 通道）及故障记忆。然后重新进行设定。

4. ESP 启动检测

ESP 检测用于检查传感器（G200、G202、G201）信号的可靠性，拆卸或更换 ESP 部件后，必须进行 ESP 检测。具体方法如下。

① 连接 VAG1551 或 VAS5051，打开点火开关，进入 03 地址。

② 进入 04 基本设定，选择 093 通道，按 Q 键。

③ 显示屏显示 0N，ABS 报警灯亮。

④ 拔下自诊断插头，启动发动机。

⑤ 用力踩下制动踏板（制动力应大于 3.5MPa），直到 ESP 报警灯 K155 闪亮。

⑥ 以 15～30km/h 试车，时间不超过 50s，行车时应保证 ABS、EBD、ASR、ESP 不起作用。

⑦ 转弯并确保转向盘转角大于 90°。

⑧ ABS 报警灯和 ESP 报警灯熄灭，则 ESP 检测顺利完成。

若 ABS 灯不灭，说明 ESP 检测未顺利完成，应重复上述操作；若 ABS 灯不灭且 ESP 灯亮起，说明系统存在故障，查询故障存储器，并予以排除后，再重新进行 ESP 检测。

二、丰田 LS400 轿车电子稳定程序控制系统（VSC）

1. 系统组成

丰田 LS400 轿车 VSC 系统的大部分元件与 TRC（驱动防滑控制系统）可共用。VSC 系统的元器件在车上的安装位置如图 4-27 所示。传感器部分增加了用于检测汽车状态的横摆角速度传感器和减速度传感器（G 传感器）；ECU 部分增大了运算能力；执行器部分改进了前轮的液压通道；信息显示部分增加了 VSC 蜂鸣器。

各元件的安装位置及作用如下：

① 横摆角速度传感器装在汽车行李舱前部，与汽车垂直轴线平行。它只检测横摆角速度（汽车绕垂直轴旋转的角速度）。

② G 传感器水平地安装在汽车重心附近地板下方的中间位置。它检测汽车的纵向和横向加速度。

③ 转角传感器安装在转向盘后侧，直接检测由驾驶员操纵的转向盘转动。

④ 制动液压传感器装在 VSC 液压控制装置的上部，检测由驾驶员进行制动操作时制动液压的变化。

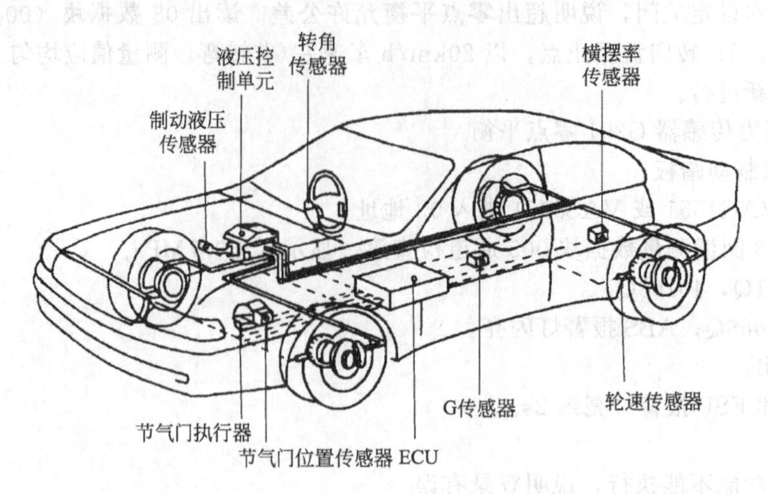

图 4-27　VSC 系统的元器件在车上的安装位置

⑤ 轮速传感器装在每个车轮上，检测每个车轮的角速度。

⑥ 节气门位置传感器装在节气门执行器上，检测由驾驶员操纵油门踏板引起的节气门开度角以及由 VSC 控制发动机输出引起的节气门开度角的变化。

⑦ 制动踏板的操作传递到装在发动机舱一侧的 VSC 液压控制单元，在正常情况下，执行通常的制动助力功能。当车轮在加速或减速下出现滑移时，它执行 TRC 和 ABS 功能；汽车出现侧滑时，它执行 VSC 功能，把受到控制的制动液压施加到每个车轮。

⑧ 节气门执行器安装在发动机进气通道上，在 VSC 控制发动机输出功率期间，由它启闭发动机节气门。

⑨ ECU 装在车厢内，它通过线束与每个传感器和执行器相连。

2. 信息显示

VSC 系统假定驾驶员为主要操作者，需向驾驶员通过指示灯和蜂鸣器提供车辆或 VSC 工作状态信息，预警汽车在转弯时出现失控，确保安全行驶。信息显示的构成如图 4-28 所示，主要由 VSC 工作状态指示灯、VSC 蜂鸣器、侧滑指示灯、多路信息显示器（含 VSC 故障报警指示）组成。

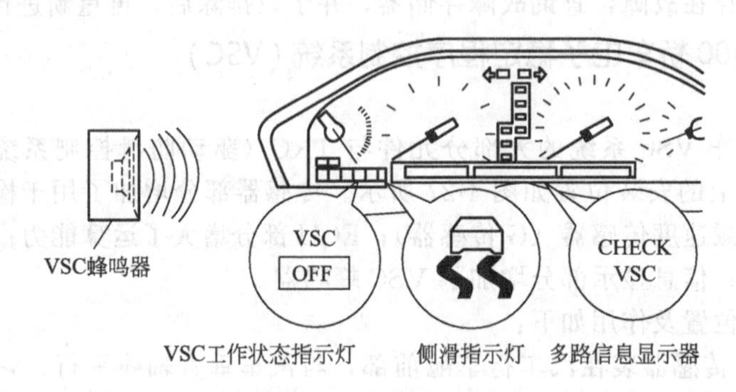

图 4-28　VSC 的信息显示

3. VSC 液压控制装置的结构和工作原理

（1）VSC 液压控制装置的结构　VSC 液压控制装置主要分为 4 部分，即供能部分、制动总泵和制动助力器部分、选择电磁阀部分和控制电磁阀部分，如图 4-29 所示。

① 供能部分。该部分由电机驱动液压泵和蓄压器组成。蓄压器储存由液压泵供应的液

压油，作为本液压装置的压力源。

② 制动总泵和制动助力器部分。该部分根据驾驶员的制动操作产生液压，并进行助力。利用与制动总泵平行的滑阀，通过把由供能部分供应的恒定液压调节到与驾驶员操作制动踏板的踏力成正比的水平，送到动力活塞，从而获得助力。

③ 选择电磁阀部分。当VSC、TRC或ABS工作时，它关闭制动总泵的液压油，并把从供能部分（动力液压）来的液压油，或从制动助力器（调节液压）来的液压油送到控制电磁阀，从而控制每个车轮分泵的液压。

④ 控制电磁阀部分。当VSC、TRC或ABS工作时，它增加或降低每个车轮分泵的液压，以控制每个车轮的制动力。

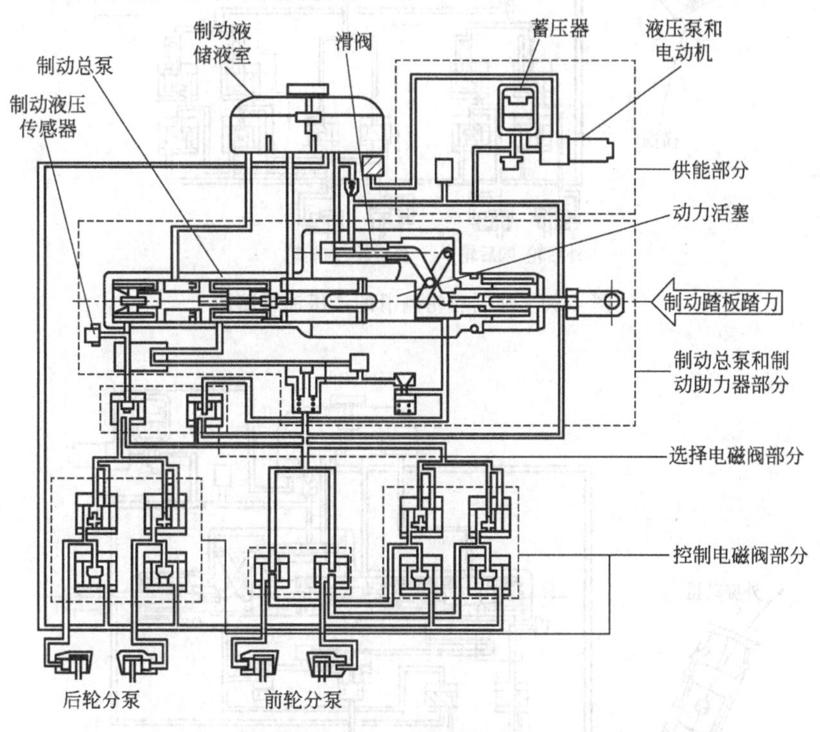

图 4-29　VSC液压控制装置的结构

(2) VSC液压控制装置的工作原理

① 抑制后轮侧滑。当因后轮产生侧滑而使汽车滑移角增加时，VSC系统立即把制动力加到正在转弯的外前轮上。VSC液压控制装置的基本动作就是把经调节的供能部分的动力液压油送到正在转弯的外前轮上。

抑制后轮侧滑的液压油管路图如图4-30所示。通过操作选择电磁阀，从蓄压器来的动力液压被导向正在转弯的外前轮上。控制电磁阀由通与断的占空比来驱动，以把动力液压调节并控制到合适的水平。

② 抑制前轮侧滑。当因前轮产生侧滑而出现“漂出”现象时，VSC系统把制动力施加到两个后轮上。VSC液压控制装置的基本动作是把经调节的供能部分的动力液压送到两个后轮分泵。

如图4-31所示为抑制前轮侧滑的液压油管路图。通过操作选择电磁阀，从蓄压器来的动力液压油被导向两个后轮上，控制电磁阀由通与断的占空比来驱动，以把动力液压调控到合适的水平。

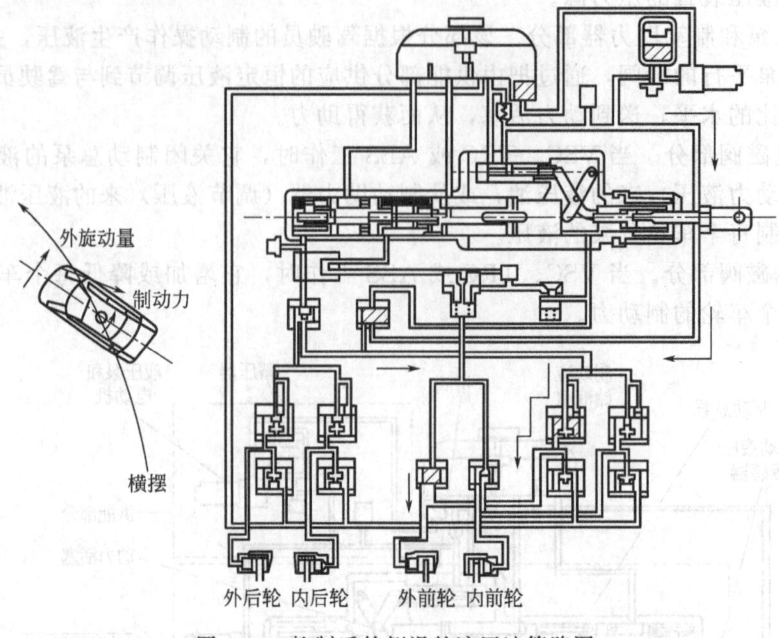

图 4-30　抑制后轮侧滑的液压油管路图

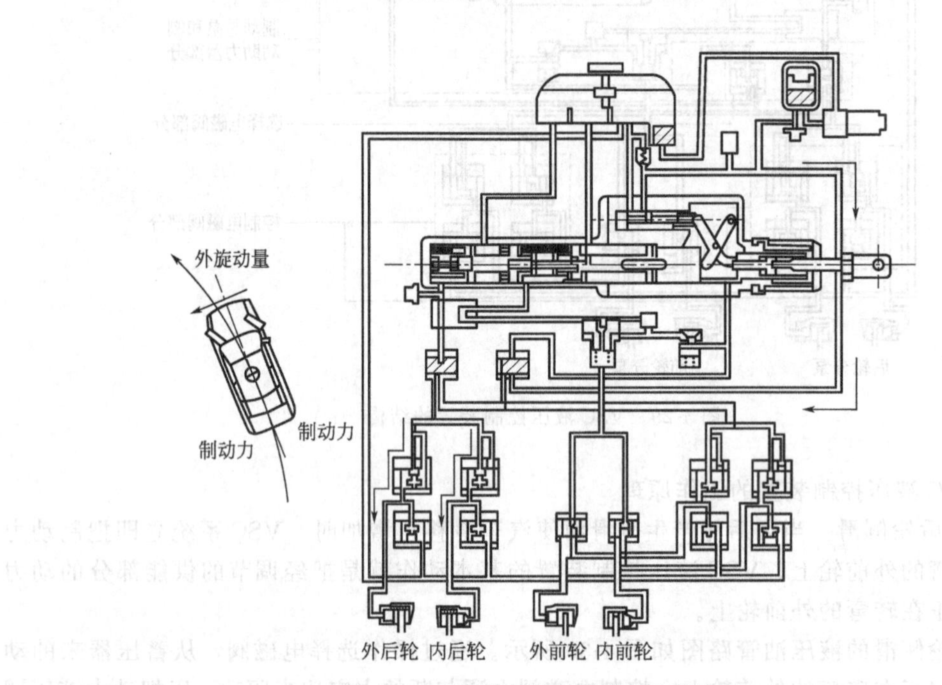

图 4-31　抑制前轮侧滑的液压油管路图

4. LS400 轿车 VSC 的检修

LS400 轿车 VSC 正常情况下，将点火开关拧至 ON 时，指示灯进入自检状态，VSC OFF 指示灯和侧滑指示灯亮 3s，多路信息显示器上就会显示“CHECK VSC”，同时 VSC OFF 指示灯亮。如果指示灯自检不正常，需进行对 VSC 报警灯电路、VSC OFF 指示灯电路和侧滑指示灯电路的故障分析和排除。

(1) VSC 系统可能故障及排除方法　VSC 系统可能故障及排除方法见表 4-1。

表 4-1　VSC 系统可能故障及排除方法

故障现象	故障原因及排除方法
VSC 不工作	检查故障码，重新确认输出正常码
	检查点火电源电路
	检查液压回路有无泄漏
	检查速度传感器及其电路
	检查减速度传感器及其电路
	检查横摆角速度传感器及其电路
	检查转向角传感器及其电路
侧滑指示灯工作不正常	检查侧滑指示灯及其电路
VSC OFF 指示灯工作不正常	检查 VSC OFF 指示灯及其电路
VSC 报警灯“CHECK VSC”工作不正常	检查信息显示电路
	检查 VSC 报警灯电路
不能进行故障码检查	检查 VSC 报警灯电路
	检查插接器的 T_c 端子电路

注：只有当各故障现象的电路检查都正常而故障仍然存在时才考虑更换 ABS 或 TRC 或 VSC 的 ECU。

(2) 多路信息显示器读取故障码

① 用 SST（短路插接器）连接“检查插接器”的 T_c 和 E1 端子，如图 4-32 所示。

② 将点火开关拧至 ON。此时，多路信息显示器上显示“DIAG”。多路信息显示器如图 4-28 所示。

③ 按下转向开关的功能键，直到多路信息显示器上显示“VSC”。

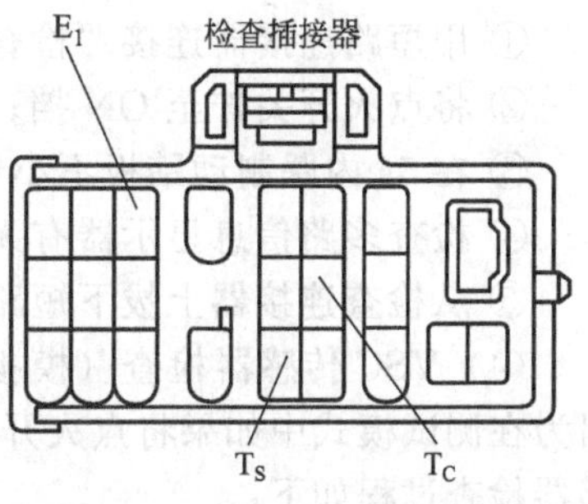

图 4-32　检查连接器的各端子

④ 从组合仪表的多路信息显示器读取故障码。此时，当 VSC 系统在正常状况时会显示“VSC OK”，而当 VSC 系统有故障时，会显示“VSC NG”、“VSCE”或“VSC…”；而读完故障码后，会显示例如“VSC31”等；如果有两个或多个故障码时，首先输出小的故障码；当故障码显示一遍后，在第一个故障码的前边会显示“■”记号，并继续显示下一个循环；如果无故障码出现，检查诊断电路或 VSC 报警电路。故障码的含义如表 4-2 所示。

表 4-2　故障码表

故障码	检查项目	故障排除方法
31	转向盘转角传感器故障	检查转向盘转角传感器及其电路
32	减速度传感器故障	检查减速度传感器及其电路
33	横摆角速度传感器电路开路或短路	检查横摆角速度传感器及其电路
34	横摆角速度传感器故障	检查横摆角速度传感器及其电路
36	横摆角速度传感器未经零点调校	检查横摆角速度传感器及其电路 检查 P 挡开关电路
37	P/R 位开关故障	检查 P/R 位开关及其电路
43	ABS 控制系统故障	检查 ABS 控制系统
44	发动机转速 NE 信号电路开路或短	检查 ABS 或 TRC 或 VSC 的 ECU 与发动机或 ECT 的 ECU 之间的 NE 信号电路 检查发动机或自动变速器(ECT)的 ECU

续表

故障码	检查项目	故障排除方法
51	ECU 系统故障	检查发动机控制系统
52	制动液液面过低 制动液液面报警开关电路开路	检查制动液面 检查制动液液面报警开关及其电路
53	ECU 通信电路故障	检查 ABS 或 TRC 或 VSC 的 ECU 与发动机或 ECT 的 ECU 之间的通信电路 检查 ABS 或 TRC 或 VSC 的 ECU 检查发动机或 ECT 的 ECU
一直 ON	ABS 或 TRC 或 VSC 的 ECU 故障 VSC 报警电路开路	检查电源电路 检查 VSC 报警电路
71	横摆角速度传感器输出信号故障	检查横摆角速度传感器及其电路
72	转向盘转角传感器输出信号故障	检查转向盘转角传感器及其电路

⑤ 完成检查后，脱开 T_C 和 E_1 端子的插接器，并关闭显示。

(3) 清除故障码

① 用短路连接器连接“检查插接器”的 T_C 和 E_1 端子；

② 将点火开关拧至 ON 挡；

③ 在 5s 内踩制动踏板不小于 8 次，清除存储在 ECU 中的故障码；

④ 检查多路信息显示器有无显示“CHECK VSC”；

⑤ 从检查连接器上拔下短路连接器。

(4) VSC 传感器检查（模拟测试） 在进行 VSC 传感器检查之前首先要读取故障码，因为在测试模式中如果将点火开关从 ON 拧至 ACC 或 LOCK 时，故障码将被删除。VSC 传感器检查过程如下：

① 将点火开关拧至 OFF。

② 将变速杆置于 P 挡，将方向盘置于中间位置。

③ 用短路连接器连接检查插接器的 T_c 和 E1 端子。

④ 启动发动机并检查“VSC TEST”是否显示在多路信息显示器上。启动发动机，并保持车辆在平坦路面静止 3s 以上。如果多路信息显示器不显示“VSC TEST”，检查 VSC 警告指示灯电路和 T_s 端子电路。

⑤ 检查横摆角速度传感器的零点调校。若断开蓄电池端子电缆或 ECU 线束插接器和更换了横摆角速度传感器或 ECU 时，必须进行横摆角速度传感器零点调校。

调校方法：安装了 ECU 或横摆角速度传感器及连接好蓄电池端子电缆后，将变速杆换至 P 位并将点火开关拧至 ON，保持车辆静止 15s 以上即可完成。在这 15s 内，显示“CHECK VSC”，且 VSC OFF 指示灯亮（而在点火开关拧至 ON 后的 5.5s 之内，不显示“CHECK VSC”）。

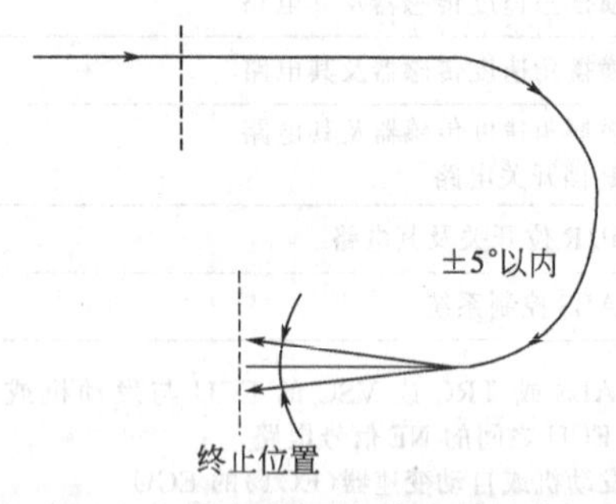

图 4-33 横摆角速度传感器的检查

⑥ 检查转向盘转角传感器。在车辆静止情况下将转向盘向左（或右）转 450°或更多，最后将转向盘转回至正前方位置。

⑦ 检查横摆角速度传感器。将变速杆换至 D 位，并以约 5km/h 的车速驾驶车辆，向左（或右）转转向盘 90°或更多，并保持车辆按 180°圆弧行驶。在圆弧行驶时的起始和终止位置，方向应在 180°±5°之内，如图 4-33

所示。停车并将变速杆换至P位，检查VSC蜂鸣器是否响3s。如果VSC蜂鸣器响，则说明传感器正常。如果VSC蜂鸣器不响，再做几次传感器检查。如果VSC蜂鸣器仍然不响，说明VSC传感器有故障，检查故障码。

⑧ 用SST连接检查插接器的 T_C 和 E_1 端子。此时，多路信息显示器中会出现"DIAG"。

⑨ 从多路信息显示器中读取故障码。

⑩ 检查完成后，断开检查插接器上的 T_S、T_C 与 E_1 端子，并将点火开关拧至OFF。

复习与思考题

一、名词解释

1. 横向加速度传感器
2. 横向角速度传感器
3. ESP
4. 转向盘转角传感器

二、填空题

1. ESP作用可归纳为三点：①（　　）；②（　　）；③预警。

2. ESP系统实际是一种（　　）系统，与其他牵引力控制系统比较，ESP不但控制驱动轮，而且可控制从动轮。ESP系统包含（　　）系统和（　　）系统，而且对这两种系统在功能上进行了延伸。因此，ESP称得上是当前汽车防滑装置的最高级形式。

3. ESP控制系统的传感器包括：（　　）传感器、车轮转速传感器、（　　）传感器、（　　）传感器等。

4. ESP工作时，（　　）传感器主要是用以检测车辆沿汽车垂直轴线发生转动的情况，并给控制单元提供转动速率的信号。

5. 在行驶中出现加速打滑或横向滑移，ESP或ASR系统进入调整状态时，报警灯会（　　）。

6. 当加速度传感器出现故障后，控制单元就无法计算出车辆的实际状态，（　　）也就失效了。

三、选择题

1. 汽车左转弯时，如果转向不足，汽车很容易冲出路面。ESP系统在（　　）上施加制动力，使汽车始终保持在安全的路线上。

A. 右后轮　　B. 左前轮　　C. 左后轮　　D. 右前轮

2. 汽车左转弯时，如果转向过度，ESP系统在（　　）上施加制动力，使汽车回到预定路线上。

A. 右后轮　　B. 左前轮　　C. 左后轮　　D. 右前轮

3. （　　）应关闭ESP系统。

A. 在深雪或松软土地上行驶时　　B. 在结冰地面上行驶时
C. 带防滑链行驶时　　D. 在功率检测试验台上检测时

4. （　　）向ESP控制单元传送车辆侧滑的信息。

A. 转向角度传感器
B. 横向加速度传感器
C. 纵向加速度传感器

四、简答题

1. 电子稳定程序控制系统的作用是什么？

2. 简述电子稳定程序控制系统的控制原理。
3. 简述电子稳定程序控制系统液压控制单元的工作过程。
4. 简述转向盘转角传感器初始化步骤。
5. ESP系统中哪些传感器更换后需要进行系统初始化?

第五章 汽车电子控制自动变速器与检修

第一节 认识汽车电子控制自动变速器

一、电控液力自动变速器的特点

1. 优点

(1) 大大提高发动机和传动系统的使用寿命 采取液力自动变速器的汽车与采用机械变速器的汽车对比试验表明：前者发动机的寿命可提高85%，传动轴和驱动半轴的寿命可提高75%～100%。液力传动汽车的发动机与传动系统，由液体工作介质“软”性连接。液力传动起一定的吸收、衰减和缓冲的作用，大大减少冲击和动载荷。例如，当负荷突然增大时，可防止发动机过载和突然熄火。汽车在起步、换挡或制动时，能减少发动机和传动系统所承受的冲击及动载荷，因而提高了有关零部件的使用寿命。

(2) 提高汽车通过性 采用液力自动变速器的汽车，在起步时，驱动轮上的驱动扭矩是逐渐增加的，防止很大的振动，减少车轮的打滑，使起步容易，且更平稳。它的稳定车速可以降到最低。举例来说：当行驶阻力很大时（如爬陡坡），发动机也不至于熄火，使汽车仍能以极低速度行驶。在特别困难路面行驶时，因换挡时没有功率间断，不会出现汽车停车的现象。因此，对于提高汽车的通过性具有良好的效果。

(3) 较好的行车安全性 在车辆行驶过程中，驾驶员必须根据道路、交通条件的变化，对车辆的行驶方向和速度进行改变和调节。自动变速的车辆，取消了离合器踏板和变速杆，只要控制节气门踏板，就能自动变速，从而减轻了驾驶员的疲劳强度，使行车事故率降低，平均车速提高。

(4) 驾驶操作简便且省力 自动变速器能根据汽车行驶工况，自动控制升降挡。当道路行驶条件变化较大时，只需改变选挡手柄位置就可能适应新的道路条件，操作非常简单，使得驾驶性能与驾驶员的技术水平关系不大，因而特别适用于非职业驾驶。

(5) 可减少汽车排放污染 发动机在怠速和高速运行时，排放的废气中一氧化碳或碳氢化合物的浓度较高，而自动变速器的应用，可使发动机经常处于经济转速区域内运转，也就是在较小污染排放的转速范围内工作，从而降低了排气污染。

2. 缺点

(1) 结构较复杂 与手动变速器相比，自动变速器的结构较复杂，零件加工难度大，生产成本较高，修理也较复杂。

(2) 传动效率低 与手动变速器相比，自动变速器的效率不够高。当然，通过与发动机的匹配优化，液力变矩器锁止、增加挡位数等措施，可使自动变速器的效率接近手动变速器的水平。

自动变速器较广泛地应用于中高级轿车、起重型自卸车、高通过性军用越野车、一级城市用大型客车上。

二、电控液力自动变速器的组成

电控液力自动变速器主要由液力变矩器、齿轮变速机构、液压操纵系统和电子控制系统四大部分组成。

1. 液力变矩器

液力变矩器是自动变速器的核心部分之一，安装在发动机与变速器之间，将发动机转矩传给变速器输入轴，实现发动机与变速器之间的软连接，减少传动系统的动载荷，防止传动系统超载，保证平稳起步，液力变矩器可改变发动机转矩，并在一定范围内能实现无级变速。如图 5-1 所示。

图 5-1 液力变矩器

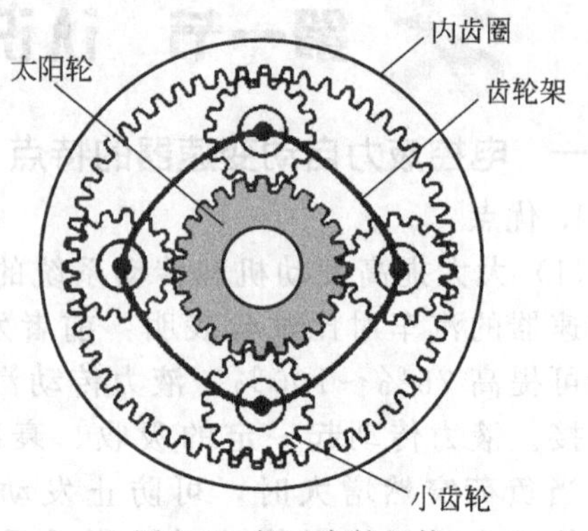

图 5-2 行星齿轮机构

2. 齿轮变速机构

齿轮变速机构可形成不同的传动比，组合成电控自动变速器不同的挡位。目前绝大多数电控自动变速器采用行星齿轮机构进行变速（图 5-2），但也有个别车型采用普通齿轮机构进行变速（如本田雅阁轿车自动变速器）。

3. 液压操纵系统

（1）换挡执行机构　电控自动变速器的换挡执行机构的功用与普通的变速器的同步器有相似之处，但电控自动变速器的换挡执行机构受电液系统控制，而普通变速器的同步器是由人工控制的。电控自动变速器的换挡执行机构，包括离合器、制动器、单向离合器三种，如图 5-3 所示。

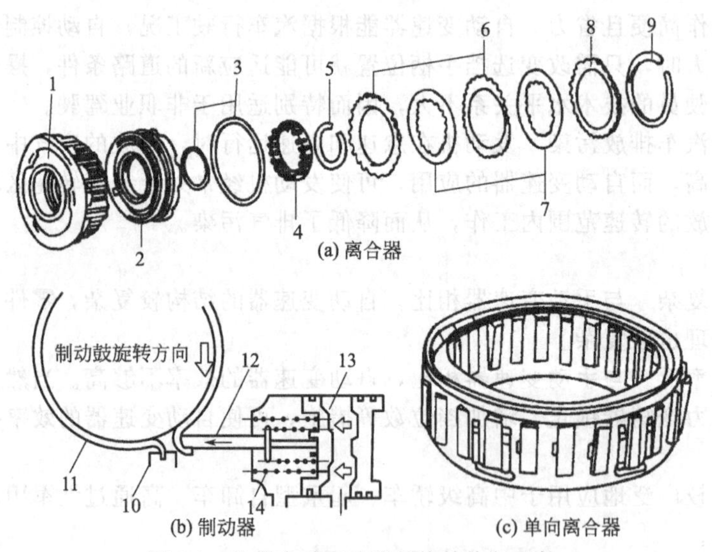

图 5-3 电控自动变速器的换挡执行元件

1—离合器鼓；2,13—活塞；3—O 形密封圈；4—回位弹簧及弹簧座；5,9—卡环；
6—钢片；7—摩擦片；8—挡圈；10—变速器壳体；11—制动带；12—活塞顶杆；14—弹簧

（2）液压控制系统　电控自动变速器中的液压控制系统主要控制换挡执行机构的工作，由液压泵及各种液压控制阀和液压控制管路等组成。

4. 电子控制系统

电控自动变速器中的电子控制系统与液压控制系统配合使用，通常把它们合称为电液控制系统。电子控制系统主要包括电子控制单元、各类传感器及执行器等。电子控制系统中的传感器及各种控制开关将发动机工况、车速等信号传递给电子控制单元，电子控制单元发出指令给执行器，执行器和液压系统按一定的规律控制换挡执行机构工作，实现电控自动变速器自动换挡，如图 5-4 所示。

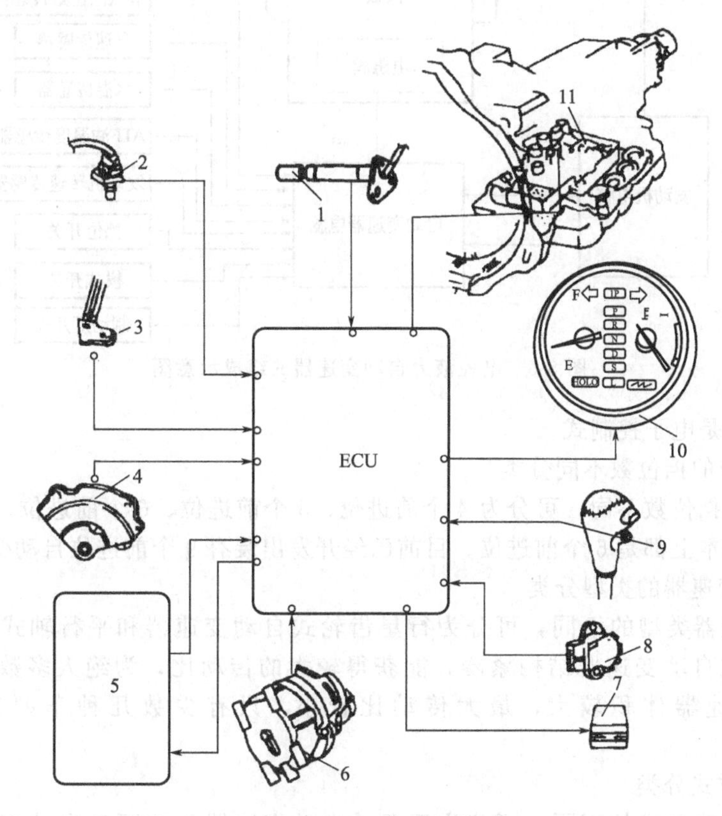

图 5-4　电子控制系统

1—输入轴转速传感器；2—车速传感器；3—自动变速器油温度传感器；4—挡位开关；5—巡航电子控制单元；6—发动机转速传感器；7—自诊断插座；8—节气门位置传感器；9—超速挡开关；10—仪表板；11—电磁阀

三、电控液力自动变速器的控制原理

电控液力自动变速器是通过传感器和开关监测汽车和发动机的运行状态，接受驾驶员的指令，将发动机转速、节气门开度、车速、发动机冷却液温度、自动变速器液压油温等参数转变为电信号，并输入电控单元（ECU）。ECU 根据这些信号，按照设定的换挡规律，向换挡电磁阀、油压电磁阀等发出电子控制信号；换挡电磁阀和油压电磁阀再将 ECU 发出的控制信号转变为液压控制信号，阀板中的各个控制阀根据这些液压控制信号，控制换挡执行机构的动作，从而实现自动换挡，如图 5-5 所示。

四、电控液力自动变速器的分类

1. 按控制方式分类

按控制方式不同，可分为液力控制自动变速器和电子控制自动变速器两种。目前生产的

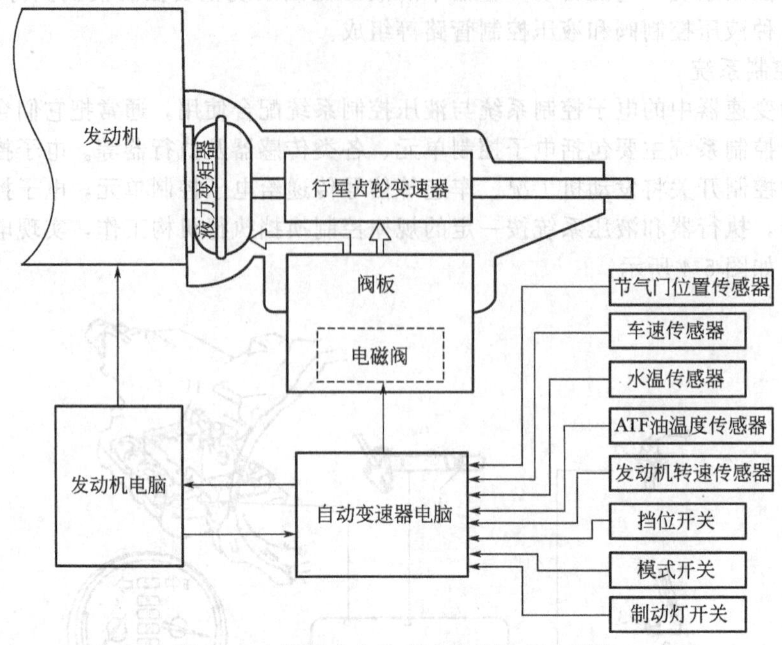

图 5-5　电控液力自动变速器的组成示意图

自动变速器基本是电子控制式。

2. 按前进位的挡位数不同分类

按前进位的挡位数不同，可分为 4 个前进位、5 个前进位、6 个前进位。新型轿车装用的自动变速器基本上都是 6 个前进位。目前已经开发出装有 9 个前进位自动变速器的轿车。

3. 按齿轮变速器的类型分类

按齿轮变速器类型的不同，可分为行星齿轮式自动变速器和平行轴式自动变速器两种。行星齿轮式自动变速器结构紧凑，能获得较大的传动比，为绝大多数轿车采用。平行轴式自动变速器体积较大，最大传动比较小，只有少数几种车型使用（如本田 ACCORD 轿车）。

4. 按驱动方式分类

按照汽车驱动方式的不同，可分为后驱动自动变速器和前驱动自动变速器即变速驱动桥。

后驱动自动变速器的变矩器和齿轮变速器的输入轴及输出轴在同一轴线上，发动机的动力经变矩器、变速器、传动轴、后驱动桥的主减速器、差速器和半轴传给左右两个后轮。

前驱动自动变速器在自动变速器的壳体内还装有主减速器和差速器，纵置发动机前驱动变速器的结构和布置与后驱动自动变速器基本相同。横置发动机前驱动变速器由于汽车横向尺寸的限制，要求有较小的轴向尺寸，通常将输入轴和输出轴设计成两个轴线的方式，变矩器和齿轮变速器输入轴布置在上方，输出轴布置在下方，减少了变速器总体的轴向尺寸，但增加了变速器的高度。

五、电控液力自动变速器挡位介绍

自动变速器换挡方式有按钮式和拉杆式两种类型，驾驶员可以通过其进行挡位选择。按钮式一般布置在仪表板上；拉杆式即换挡操纵手柄，可布置在转向柱上或驾驶室地板上，如图 5-6 所示。通过连杆机构或钢索与液压系统控制元件的手动阀相连接，为液压系统及电控系统提供操纵信号。

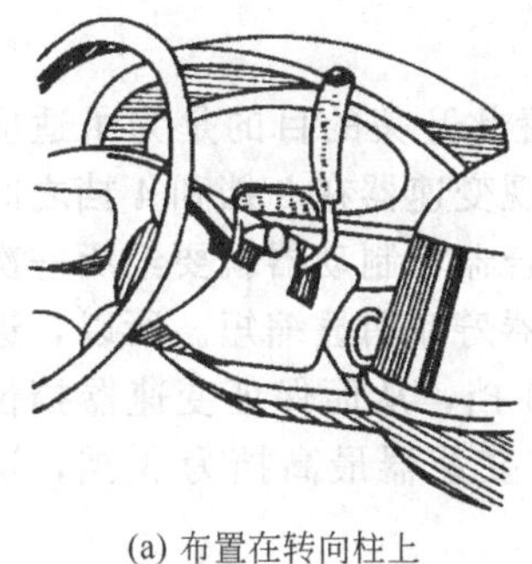

(a) 布置在转向柱上

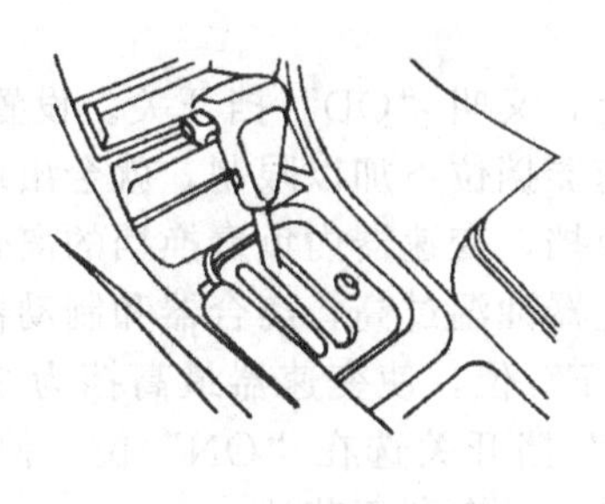

(b) 布置在驾驶室地板上

图 5-6　换挡操纵手柄在轿车上的布置

图 5-7　换挡操纵手柄位置示意图

自动变速器的换挡操纵手柄通常有 4～7 个位置，如本田车系有 7 个位置，分别为 P、R、N、D4、D3、2、1；丰田车系操纵手柄的位置为 P、R、N、D、2、L，日产车系操纵手柄的位置为 P、R、N、D、2、1，欧美部分车系操纵手柄的位置为 P、R、N、D、S、L 和 P、R、N、D、3、2、1 等。日产轿车系列常见换挡操纵手柄位置如图 5-7 所示，其功能如下：

P（驻车挡）：P 是 Parking 的缩写，为驻车挡（又称为停车挡或锁止挡）。在熄火停放或汽车静止时锁止变速器的输出轴，防止汽车停车时出现滑动。在使用这一挡位时，汽车务必保持不动的状态，否则会使变速器受到损坏。

R（倒车挡）：R 是 Reverse 的缩写，意为倒车挡，在汽车后退时使用。

N（空挡）：N 是 Neutral 的缩写，意为空挡，其作用等同于手动空挡。AT 的变速杆在此位置时必须拉住手制动，以防止汽车滑动，但发动机可以怠速运转。只有在换挡操纵手柄位于 P 或 N 位时，汽车发动机才能启动。

D（前进挡）：D 是 Driving 的缩写，意为运行挡，汽车运行时能够根据路面情况和汽车速度自动切换到合适的工作状态。一般的自动挡包括 4 个挡位。用 D 字母和数字加以区别。例如本田（HONDA）轿车中 D4 为超速挡（前进 4 挡），D3 为直接挡（前进 3 挡）等。当换挡操纵手柄置于该位置时，液压系统控制装置根据节气门开度信号和车速信号自动接通相应的前进位油路，随着行驶条件的变化，在前进位中自动升降挡，实现自动变速功能。

M（手动挡）：M 为手动挡，放入该挡后能变换为手动挡位，使自动排挡转换为手动排挡。

2 或 S（滑行挡）：2（second）或 S（slipping）俗称滑行挡，又叫第 2 挡，一般在弯道较多、坡道陡而长的下坡山路使用。

L（低速挡）：L 是 Low 的缩写，低速发动机制动挡，又称为爬坡挡。此时发动机被锁定在前进位的一挡，只能在该挡位行驶而无法升入高挡，发动机制动效果更强。此挡位多用于山区行驶、上坡加速或下坡时有效地稳定车速等特殊行驶情况，可避免频繁换挡，提高其使用寿命。

“2”和“L”位，又称为闭锁挡位，另外有些车型的“3”、“2”、“1”或“S”位也为闭锁挡位。

六、电控液力自动变速器在使用过程中需要注意的问题

1. 使用自动变速器的汽车不能推车启动

发动机不工作时，自动变速器油泵不旋转，变速器没有控制油压，也就无法挂入挡位。

手动变速器之所以可推车启动，是驱动轮通过传动轴、变速器轴（变速器挂着前进挡）带动曲轴旋转，从而帮助启动的。

2. 超速挡开关的作用

超速挡开关通常装在换挡手柄上，又叫“OD”挡开关。设置此开关的目的是为了适应市区限速行驶，市区车流量大，变速器挡位不加以限制，就会出现变速器在3挡和4挡之间频繁换挡。而自动变速器的每一次换挡，变速器内负责换挡的离合器和制动器就要经历一次摩擦的过程。频繁换挡，会造成变速器油温过高，离合器和制动器寿命明显缩短。所以，进入市区后将“OD”挡开关选在“OFF”位，使变速器最高挡为3挡，从而保证变速器挡位的相对稳定。进入高速路后将“OD”挡开关选在“ON”位，使变速器最高挡为4挡，这样既可以使汽车充分发挥其动力性能，又有利于节油。

3. 加速踏板的正常控制

自动变速器的升、降挡是由发动机负荷和车速决定的，车速高升挡，发动机负荷大降挡。变速器控制系统中如果没有快放模式，急加速或急减速时变速器都会立即换挡。换挡的瞬间，踩下加速踏板变速器降挡，抬起加速踏板变速器升挡。而变速器每一次换挡都会加剧离合器和制动器的磨损。

4. 电控液力自动变速器换挡规律

在装有自动变速器的车辆上，从低挡向高挡的自动升挡和从高挡向低挡的自动降挡，与节气门开度和车速之间有确定不变的关系，即在一定的节气门开度下，必须将车辆加速到一定车速时，才会自动升入高挡（或降入低挡）。换挡车速即升挡和降挡时的车速与节气门开度的关系称为换挡规律。不同车速的自动变速器具有不同的换挡规律，但它们的共同特点如下：

小油门、低车速时，低速就换挡；
中油门、中车速时，中速就换挡；
大油门、高车速时，高速才换挡。

七、电控液力自动变速器的控制模式

初始阶段时，自动变速器只有为了省油的经济模式和为了增加速度快感的运动模式。随着自动变速器技术的提高，又增加了防止起步和行驶中牵引力大于附着力，导致车轮滑动的雪地驾驶模式；可根据行驶需要，直接控制换挡的，手动自动一体的手动模式增/减挡开关；适应市区行驶，可以在急减速时不进行换挡的快放模式；为了在制动时保证良好的发动机制动的下坡模式和根据上下坡和转向等道路变化自动选择挡位的坡道逻辑控制模式等。控制模式的增加，使自动变速器的使用性能更加完善。

1. 经济模式（E）

选择经济模式就是选择了节油。经济模式是以汽车获得最佳燃油经济性为目标来设计换挡规律的，是将变速器升挡点提前，降挡点滞后，以节油为原则进行换挡控制。其缺点是发动机的动力性会受到一定的限制。在市区行驶时，车辆拥挤，适合选择经济模式。

2. 运动模式（S）

选择运动模式就是选择了动力性。运动模式以汽车获得最大动力性为目标来设计换挡规律的，是将变速器升挡点滞后，降挡点提前，但油耗会略有上升。跑长途时可根据需要选择运动模式或经济模式。

3. 快放模式

自动变速器升降挡是根据发动机的负荷和车速进行控制的。负荷大时降挡，车速高时升挡。没有快放模式的自动变速器，发动机急减速时变速器会升挡；急加速时变速器降挡。这对于经常行驶在交通易出现局部堵塞的市区的车辆是不利的。自动变速器的频繁换挡会造成离合器和制动器的早期磨损。同时又因为离合器和制动器经常处于摩擦状态，会造成自动变速器油温过高，导致变速器油过早的氧化；而变速器油氧化后，如果不及时换油，又会造成起步时间滞后、换挡冲击、变速器缺挡等故障。

在交通经常出现局部堵塞的市区行驶，使用自动变速器快放模式，驾驶员急减速时，自动变速器不会立即升挡，以保持车速稳定和较好的发动机制动功能。同时可保证自动变速器油温度正常，可有效地延长离合器、制动器和自动变速器油的使用寿命。

4. 下坡模式

通常，下长坡或下陡坡时，驾驶员需要根据坡度选择一个合适的手动挡，以保证行车安全。有了下坡模式后，下坡时，变速器控制系统一接收到制动信号就将自动降低至低速挡位，以保证良好的发动机制动效果，这样既增加了行车安全，又方便了驾驶员操作。

5. 雪地驾驶模式

普通的自动变速器，在“D”位只能从1挡起步，如果遇到附着力较差的冰雪路面，就会因牵引力大于附着力，而原地打滑，无法起步。而使用雪地驾驶模式，在“D”位可从3挡直接起步。

在冰雪路面上起步时，如果牵引力大于附着力，车轮就会原地打滑；同样在冰雪路面上行驶中变换挡位时，因牵引力随之改变，也有可能出现打滑。为了保证在冰雪路面上起步和正常行驶，自动变速器操纵机构中设置雪地驾驶模式，在“D”位起步时，变速器是3挡起步，行驶中基本稳定在3挡，避免因换挡造成牵引力大于附着力，从而避免了车轮在冰雪路面上打滑。

6. 手动模式增减挡开关（M+/M-）

(1) 通过换挡电磁阀进行增减挡控制　普通的自动变速器，手动挡是通过手控制阀进行油路分配来控制的。而自动、手动一体的变速器的手动挡是通过电磁阀进行控制的。

自动、手动一体的变速器上装有手动模式开关，即手动模式增减挡开关，位于换挡选位的外侧，往前推一次换挡手柄变速器便升一个挡位，往后推一次换挡手柄变速器便降一个挡位。变速器控制单元根据该开关的信号，通过换挡电磁阀，对控制阀内的换挡阀进行升挡或降挡的控制。此类自动变速器在离合器、制动器、单向离合器、控制阀和换挡电磁阀等方面和相似型号的变速器并没有明显的改动。只是控制单元多了一套手动换挡程序。

(2) 湿滑路面可选择2挡或3挡起步　在起步时，变速器控制单元根据该开关的信号通过换挡电磁阀按驾驶员选择的挡位起步。如果在冰雪、湿滑路面行驶，可选择2挡或3挡起步，以防止原地打滑。在路况不良的路上行驶时，变速器控制单元根据该开关的信号和车速信号确定是否按驾驶员的意愿进行换挡。

7. 坡道逻辑控制

普通的自动变速器，在上下陡坡和长坡时应由驾驶员选择一个手动挡，如陡坡一般选择手动1挡，长坡一般选择手动2挡。坡道逻辑控制系统则是由变速器控制单元自动选择一个手动挡。

坡道逻辑控制系统就是根据驾驶情况的变化，控制单元可以自动变换挡位。某些自动变速器在换挡手柄处，只有手动1挡，没有手动2挡，这类变速器通常都装有坡道逻辑控制系统。另外，一些配置有手动1挡和手动2挡的自动变速器也装有坡道逻辑控制系统。坡道逻辑控制系统在上下坡时能自动选挡；在高速行驶转向时可以由超速挡直接降到2挡。

① 上坡时自动选挡。本田雅阁、奥德赛等汽车的变速器上装有坡道逻辑控制系统。装有该系统的变速器，上坡时不用选择手动挡，变速器控制单元会根据车速、负荷等各种信号自动选择一个合适的挡位并固定下来，从而避免了频繁换挡对变速器的损坏。

② 下坡时自动选挡。在下坡时同样会根据车速、负荷和制动等各种信号自动选择一个合适的挡位并固定下来，从而避免了下坡时车速过高带来的不安全因素，保证了下坡时的行车安全。

③ 高速行驶转向时直接降到 2 挡。在高速行驶转向时，变速器会自动从超速挡降到 2 挡，既防止了离心力造成的侧倾和侧翻，又为转向后连续升挡、提速留下了空间。

配置高挡的汽车除了坡道逻辑控制系统外，在转向时还会采取许多安全措施。如：电控动力转向在高速行驶转向时，可以将转向变重，增加路感；电控悬架在高速行驶转向时，可以将汽车外侧悬架变得像钢铁一样硬，使汽车在转向时车身保持平衡。

第二节 液力变矩器

液力变矩器是自动变速器的核心组成部分之一，其作用是利用液体循环流动过程中动能的变化传递动力。

一、液力变矩器的结构

典型的液力变矩器由泵轮、导轮、涡轮和单向离合器等组成，如图 5-8 所示。

1. 泵轮

泵轮的作用是将发动机的机械能转变为液力能，并通过延伸套驱动变速器油泵工作。泵轮与液力变矩器壳体连成一体，液力变矩器壳体用螺栓固定在飞轮上，因为泵轮与曲轴相连，它总是和曲轴一起转动。其结构如图 5-8 所示。泵轮由许多具有一定曲率的叶片按一定的方向辐射状安装在泵轮壳体上，泵轮的壳体固定在曲轴大飞轮上，当曲轴旋转时，泵轮便随曲轴同方向同速旋转，而每两个叶片间均充满自动变速器油液，当泵轮旋转时，叶片便带动其间的液体介质一起运动。

2. 涡轮

涡轮的作用是将液力能转变为机械能，输入变速器。涡轮也装有弯曲方向与泵轮叶片的弯曲方向相反的叶片，涡轮转轮装在变速器输入轴上，其叶片与泵轮叶片相对放置，中间留有 3mm 的间隙，其结构如图 5-8 所示。

涡轮转轮与变速器输入轴相连，变速器换挡杆置于 D、2、L 或 R 挡位，当车辆行驶时，涡轮转轮就与变速器输入轴一起转动；当车辆停驶时，涡轮转轮不能转动。在变速器换挡杆置于 P 或 N 挡位时，涡轮转轮与泵轮一起自由转动。

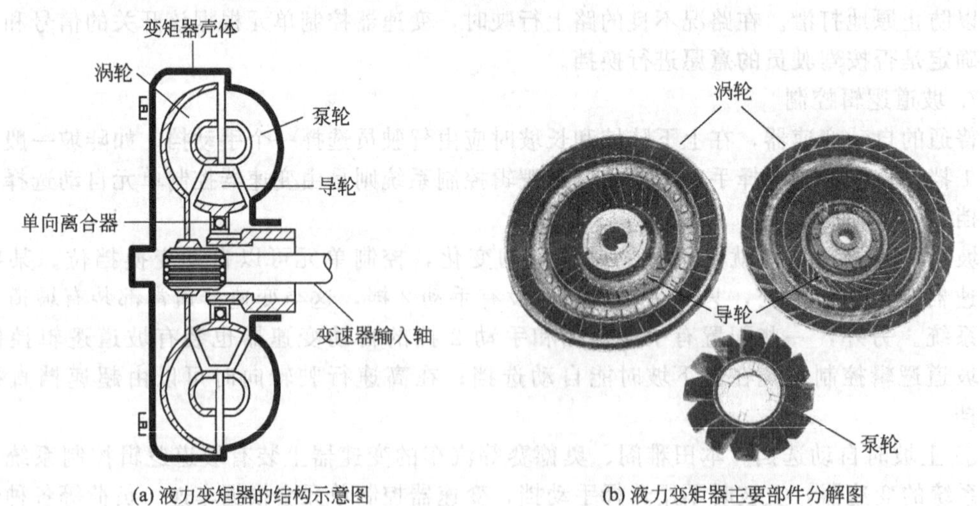

(a) 液力变矩器的结构示意图　　(b) 液力变矩器主要部件分解图

图 5-8　液力变矩器的结构

3. 导轮

导轮的作用是在汽车起步和低速行驶时，增大变速器输入的扭矩。其结构如图 5-9 所示。

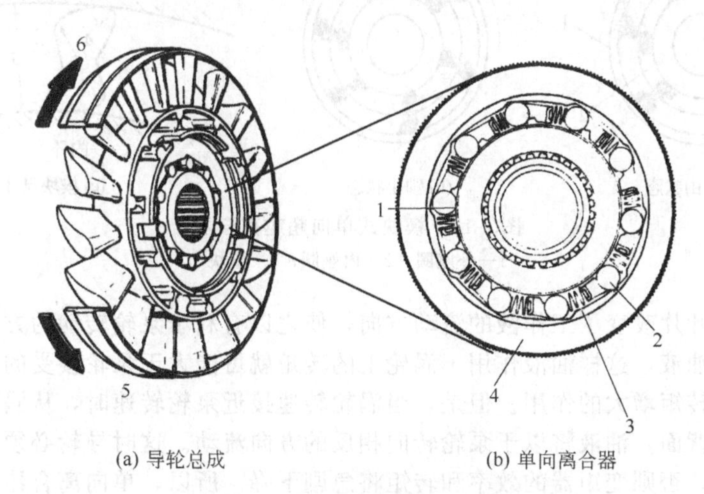

(a) 导轮总成　　(b) 单向离合器

图 5-9　导轮组件与单向离合器

1—内座圈；2—滚柱；3—弹簧；4—外座圈；5—导轮不能按此方向转动；6—导轮可按此方向转动

导轮上有许多具有一定曲率、一定方向的叶片组装在导轮架上，导轮轴孔内装有单向离合器。因此，导轮只能向一个方向自由转动，而向另一方向转动时，则被单向离合器锁止在壳体上。

4. 单向离合器

单向离合器可限制一些运动元件只能做单方向的转动，或者限制两个元件在某一方向自由转动，在相反的方向相互制约。目前，在自动变速器中应用的单向离合器有滚柱式单向离合器和楔块式单向离合器两种。滚柱式单向离合器工作原理如图 5-10 所示（外圈主动，内圈被动）。楔块式单向离合器的工作原理如图 5-11 所示（外圈主动，内圈被动）。以上两种单向离合器，若固定其内圈或外圈，则其外圈或内圈只能作单方向旋转。

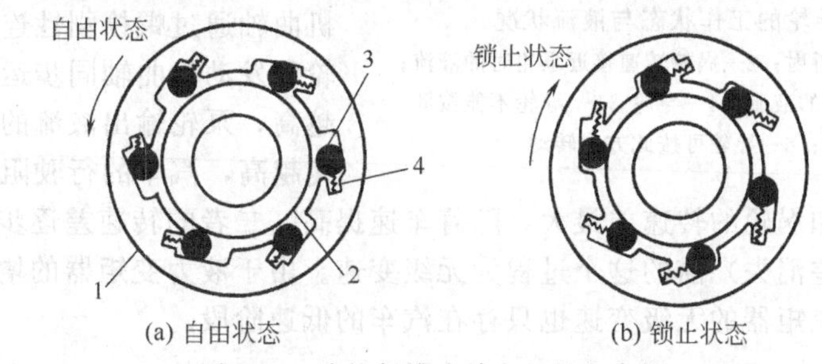

(a) 自由状态　　(b) 锁止状态

图 5-10　滚柱斜槽式单向超越离合器

1—外座圈；2—内座圈；3—滚柱；4—弹簧

二、液力变矩器的作用和工作原理

1. 低速增加转矩

变矩器不仅可以传递转矩，而且还可以增大转矩。将发动机传来的转矩放大之后再传到变速器的输入轴上，当然这时涡轮的转速就会比泵轮的转速低，变速器输入轴的转速也就比发动机的转速低。变矩器转矩增大的作用是由导轮的工作状态决定的。

如图 5-12 所示，在涡轮转速较低时，从涡轮出口流出的工作液流向导轮叶片的正面。

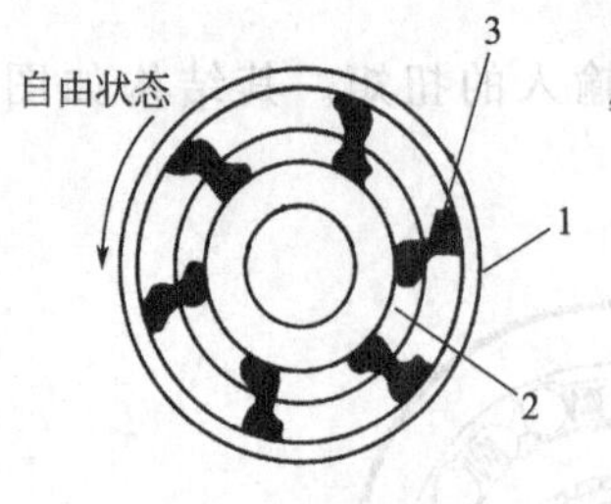

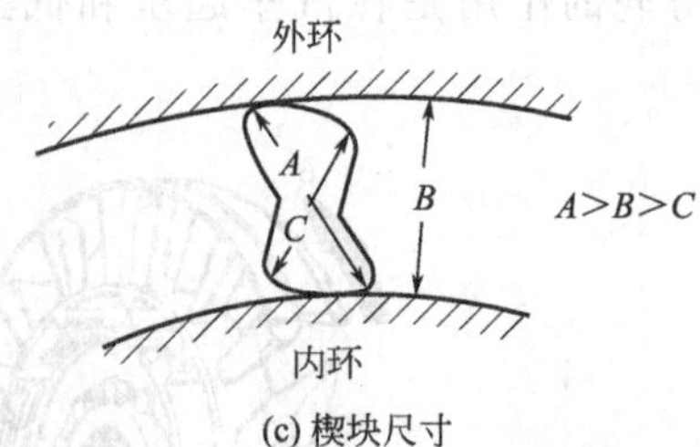

(a) 自由状态　　(b) 锁止状态　　(c) 楔块尺寸

图 5-11　楔块式单向超越离合器

1—外座圈；2—内座圈；3—楔块

这时固定的导轮叶片改变了工作液的流动方向，使之以有利于泵轮转动的方向进入泵轮；泵轮更有力地加速油液，这样油液作用于涡轮上的转矩就可能大于泵轮接受的发动机转矩，因此变矩器实现了转矩增大的作用。但是，当涡轮转速接近泵轮转速时，从涡轮流出的油液冲击到导轮叶片的背面，油液将以于泵轮转向相反的方向流动。这时导轮必须自由转动，不再改变油液的流向，否则变矩器的效率和转矩将急剧下降。所以，单向离合器只允许导轮与泵轮相同的方向转动，而不能以与其相反的方向转动。

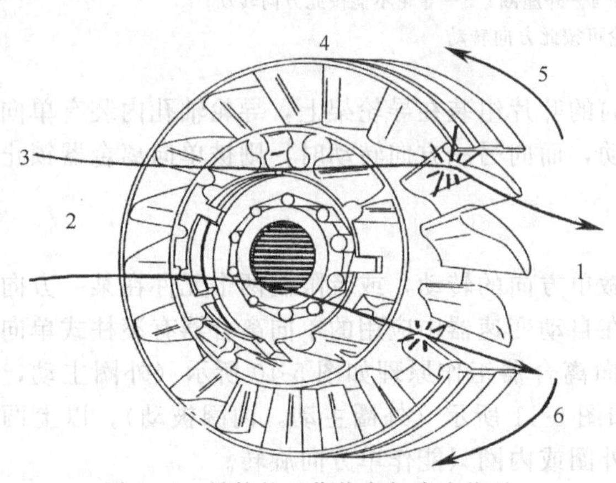

图 5-12　导轮的工作状态与液流状况

1—液流形成有利的折射；2—涡轮转速接近泵轮时的液流；3—涡轮转速较低时的液流；4—导轮；5—导轮不能按此方向转动；6—导轮可按此方向转动

泵轮和涡轮间转速差越大，增扭效果就越明显。这和车速越低行驶阻力越大正好成正比。

低速增加转矩工况只存在于泵轮和涡轮之间有转速差的汽车起步和低速行驶阶段，所以叫低速增加转矩。

2. 无级变速

液力变矩器的工作可以分为增扭工况和耦合工况两部分。在整个增扭工况中液力变矩器起到无级变速作用。主动轮叶片焊在变矩器壳上，变矩器和发动机曲轴通过螺栓刚性连接在一起，即泵轮和发动机曲轴同步运转。发动机转速越高，泵轮输出液流的转矩就越大；车速越高，汽车的行驶阻力就越小；在汽车刚起步时，泵轮和涡轮的转速差最大，随着车速提高，二者的转速差逐步缩小；在到达耦合工况（二者转速差消失）前的这个过程为无级变速。由于液力变矩器的增扭工况只存在低速阶段，所以液力变矩器的无级变速也只存在汽车的低速阶段。

3. 驱动油泵

自动变速器的油泵都是由液力变矩器驱动的，油泵和发动机的曲轴是同步旋转的，油泵的油压是随发动机转速同步升高的。驱动方式分为直接驱动和间接驱动两种，其中 95 %以上为直接驱动。

(1) 直接驱动　液力变矩器的驱动毂负责驱动变速器油泵的主动轮。变速器的油泵在变矩器驱动毂驱动下和曲轴同步旋转。

(2) 间接驱动　通用汽车公司 4T60E、4T65E 和 4T80E 等自动变速器的变矩器和油泵之间装有控制阀，无法由变矩器驱动毂直接驱动油泵。这部分变矩器，在靠近发动机一侧的变矩器壳上焊有驱动毂，驱动毂通过油泵轴驱动油泵。

4．驱动变速器输入轴

变矩器涡轮的花键毂直接驱动变速器的输入轴。在装配自动变速器时，要特别注意输入轴的轴向间隙，轴向位移量过大，会使输入轴花键齿和涡轮的花键毂之间形成冲击负荷，由于输入轴花键齿的刚度明显大于涡轮花键毂的刚度，所以，会加速涡轮花键毂的磨损。汽车行驶中如果突然听到一阵金属撞击声，随后汽车不能行驶，最大的可能性就是涡轮花键毂发生早期磨损。造成涡轮花键毂发生早期磨损的原因有：

① 个别车型的变矩器涡轮花键毂的材料有问题；

② 漏装了输入轴的止推垫及推力轴承，导致轴向位移过大，形成冲击载荷，导致变矩器涡轮花键毂发生早期磨损。

5．充当发动机飞轮使用

自动变速器的发动机没有厚重的灰铸铁的飞轮。启动齿圈焊在只有 3mm 厚的弹性传动板上，由于重量很轻，不可能带曲轴旋转。使用自动变速器的发动机，起飞轮作用的主要是变矩器，变矩器自身的重量和内部所装的自动变速器油，加上弹性传动板，共同组成实际意义的飞轮。原装的变矩器与发动机通过连接板连接好后，和发动机曲轴一起作动平衡，因此许多变矩器上焊有平衡块。装配时，变矩器从哪个角度拆下的还需要从哪个角度装上，才能保证传动的平稳性。

三、带锁止离合器的液力变矩器

因液力变矩器的涡轮和泵轮之间存在转速差和液力损失，液力变矩器的传动效率不如机械传动效率高，最高传动效率也只有 85%～90%，因而在正常行驶时油耗高，经济性差。为提高变矩器在高传动比工况下的效率，从 20 世纪 70 年代起，广泛采用了具有液压锁止离合器的变矩器，典型的带锁止离合器的液力变矩器如图 5-13 所示。在这种变矩器内增设了一套锁止离合器压盘组件，其工作过程类似于活塞故又称为活塞式锁止离合器。离合器压盘有扭转减振器，在锁止过程中起缓冲减振作用。在压盘的左侧或外侧是摩擦片，摩擦片和经过机械加工的液力变矩器壳内面的主动盘配合。

图 5-13　带锁止离合器的液力变矩器实物分解图

如图 5-14 所示，锁止离合器的主动盘即为变矩器的壳体，从动盘是一个可进行轴向移动的压盘，它通过花键套与涡轮连接。压盘右侧的液压油与液力变矩器泵轮、涡轮中的油液相通；压盘左侧的油液通过液力变矩器输出轴中间的控制油道与阀板总成上的锁止控制阀相通。锁止控制阀由自动变速器的电子控制单元（ECU）通过锁止电磁阀来控制。

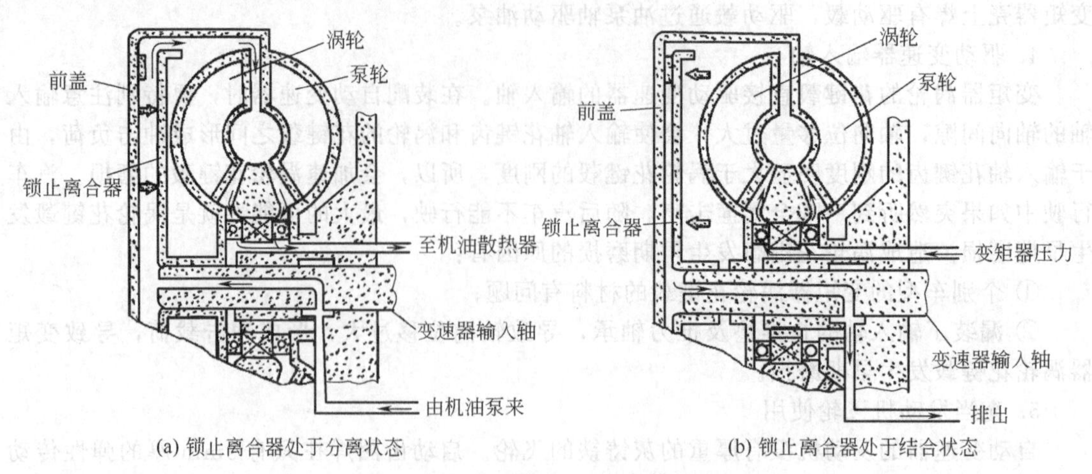

(a) 锁止离合器处于分离状态　　(b) 锁止离合器处于结合状态

图 5-14　锁止离合器工作原理示意图

当车速较低，不满足锁止条件时，锁止控制阀让油液从锁止离合器压盘与变矩器盖之间进入，使压盘两侧保持相同的油压，锁止离合器处于分离状态［如图 5-14(a) 所示］，动力由泵轮通过油液传递给涡轮，这时可充分发挥液力传动减振吸振、自动适应行驶阻力剧烈变化的优点，适合于汽车起步、换挡或在坏路面上行驶工况使用。

当车速较高（一般大于 60km/h），满足锁止条件时，锁止控制阀接通变矩器回油油路，使压盘左侧的油压降低，而压盘右侧的油压仍较高，压盘在左右两侧的压力差的作用下压紧在主动盘上，如图 5-14(b) 所示。这时输入液力变矩器的动力通过锁止离合器的机械连接，由压盘带动涡轮输出。液力变矩器中因泵轮和涡轮的转速相同而不起液力传动作用，故传动效率接近 100%，提高了燃油的经济性。另外，锁止离合器接合能减少液压油因摩擦产生的热量，有利于降低液压油温度。

电控液力自动变速器，锁止离合器的接合与分离的条件不只是车速的高低，还与发动机水温、换挡模式等有关；即使对应的车速不高，也可以适时锁止进入机械传动，进一步提高了燃油经济性。

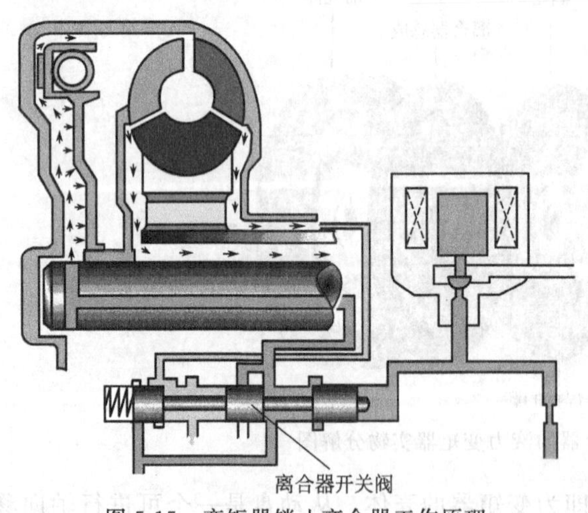

图 5-15　变矩器锁止离合器工作原理

电控自动变速器的变矩器锁止离合器工作原理如图 5-15 所示，当满足离合器接合的所有条件时，自动变速器 ECU 使离合器继电器闭合，继电器控制接通离合器电磁阀的接地回路。电磁阀的动作使其单向球阀落座，停止泄油。随着主油路油压的升高，离合器锁止控制阀克服弹簧力而移动。这样压力油被引导泵轮驱动毂和导轮支承轴形成的油道中，经泵轮和涡轮充满涡轮和压盘之间的空间。这一高压迫使离合器接合。

要使离合器分离，电脑通过离合器继电器，切断离合器电磁阀的电回路。电磁阀的动作使其单向球阀离开阀座，通过泄油卸除主油路油压。随着油压的降低，弹簧重新推动离合器锁止控制阀移动，引导油液进入压盘与变矩器壳体之间的空间，从而使离合器分离。

第三节　行星齿轮变速器

自动变速器的齿轮变速机构普遍采用行星齿轮机构。许多四挡自动变速器是由单排行星齿轮机构和复合行星齿轮机构组合形成的。常见的复合行星齿轮机构有辛普森星形齿轮机构和拉威娜星形齿轮机构。首先介绍单排行星齿轮机构以便有助于后续课程的学习。

一、单排星形齿轮机构的工作原理

1. 单排行星轮系的组成

单排行星齿轮由一个齿圈、一个太阳轮、一个行星架和数个行星轮组成，其结构如图5-16与图5-17所示。在单排行星齿轮的工作过程中，齿圈、太阳轮和行星架可作为输入、输出或固定元件，行星齿轮一般不具此功能。

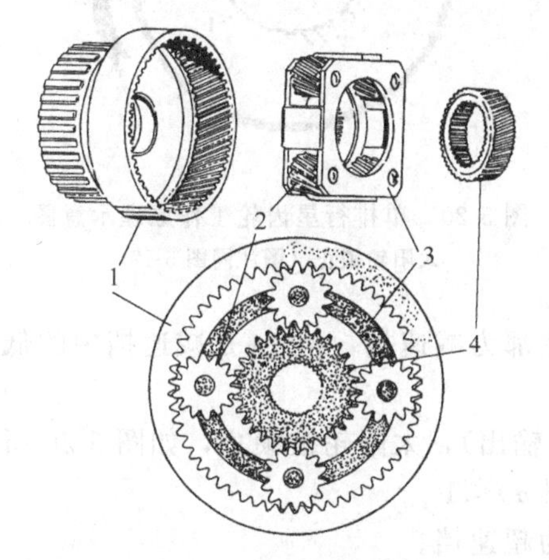

图 5-16　行星齿轮机构

1—齿圈；2—行星轮；3—行星架；4—太阳轮

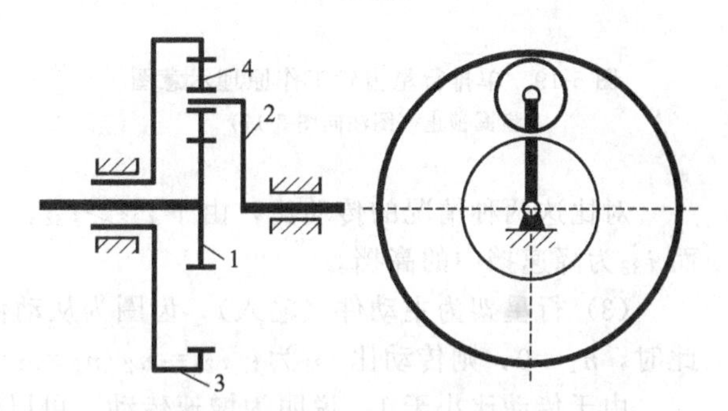

图 5-17　单排行星齿轮的传动原理图

1—太阳轮；2—行星架；3—齿圈；4—行星轮

齿圈制有内齿，其余齿轮均为外齿轮。太阳轮位于机构的中心，行星轮与之外啮合，行星轮与齿圈内啮合。通常行星轮有3～6个，通过滚针轴承安装在行星齿轮轴上，行星齿轮轴对称、均匀地安装在行星架上。行星齿轮机构工作时，行星轮除了绕自身轴线的自转外，同时还绕着太阳轮公转。行星轮绕太阳轮公转，行星架也绕太阳轮旋转。

2. 单排行星轮系的运动规律

根据机械基础有关行星轮系的传动比计算方法，可以得出表示单排行星齿轮机构（图5-18）运动规律的特性方程式：

$$n_1+\alpha n_3-(1+\alpha)n_2=0$$

式中，n_1 为太阳轮转速；n_3 为齿圈转速；n_2 为行星架转速；α 为齿圈齿数 z_3 与太阳轮齿数 z_1 之比，即 $\alpha=z_3/z_1$，且 $\alpha>1$。

图 5-18　单排行星齿轮工作原理示意图

（图注同图 5-17）

由于一个方程有三个变量，如果将太阳轮、齿圈和行星架中某个元件作为主动（输入）部分，让另一个元件作为从动（输出）部分，则由于第三个元件不受任何约束和限制，所以从动部分的运动是不确定的。因此为了得到确定的运动，必须对太阳轮、齿圈和行星架三者中的某个元件的运动进行约束和限制。通过对不同的元件进行约束和限制，可以得到不同的动力传动方式。

(1) 太阳轮为主动件（输入），行星架为从动件（输出），齿圈固定，如图 5-19 所示。此时，$n_3=0$，则传动比 i_{12} 为：$i_{12}=n_1/n_2=1+\alpha>1$

由于传动比大于 1，说明为减速传动，可以作为降速挡。

(2) 齿圈为主动件（输入），行星架为从动件（输出），太阳轮被锁止，如图 5-20 所示。此时，$n_1=0$，则传动比 i_{32} 为：$i_{32}=n_3/n_2=1+1/\alpha>1$

由于传动比大于 1，说明为减速传动，可以作为减速挡。

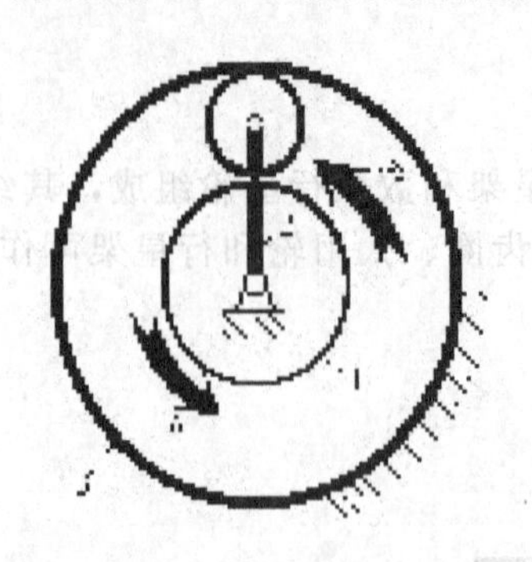

图 5-19 单排行星齿轮工作原理示意图
齿圈锁止（图注同图 5-17）

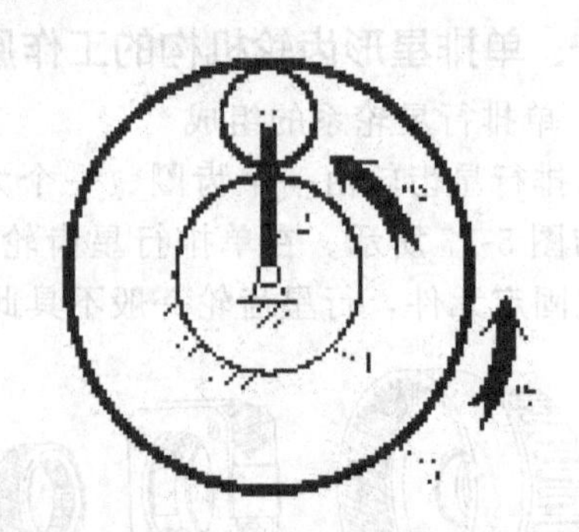

图 5-20 单排行星齿轮工作原理示意图
太阳轮锁止（图注同图 5-17）

对比这两种情况的传动比，由于 $i_{12}>i_{32}$，虽然都为减速挡，但 i_{12} 是减速挡中的低挡，而 i_{32} 为降速挡中的高挡。

(3) 行星架为主动件（输入），齿圈为从动件（输出），太阳轮被锁止，如图 5-20 所示。此时，$n_1=0$，则传动比 i_{23} 为：$i_{23}=n_2/n_3=\alpha/(1+\alpha)<1$

由于传动比小于 1，说明为增速传动，可以作为超速挡。

(4) 行星架为主动件（输入），太阳轮为从动件（输出），齿圈被锁止，如图 5-19 所示。此时，$n_3=0$，则传动比 i_{21} 为：$i_{21}=n_2/n_1=1/(1+\alpha)<1$

由于传动比小于 1，说明为增速传动，可以作为超速挡。

(5) 太阳轮为主动件（输入），齿圈为从动件（输出），行星架被锁止，如图 5-21 所示。此时，$n_3=0$，则传动比 i_{13} 为：$i_{13}=n_1/n_3=-\alpha$

由于传动比为负值，说明主从动件的旋转方向相反；又由于 $|i_{13}|>1$，说明为增速传动，可以作为倒挡。

(6) 如果 $n_1=n_2$，则可以得到 $n_3=n_1=n_2$。同样，$n_1=n_3$ 或 $n_2=n_3$ 时，均可以得到

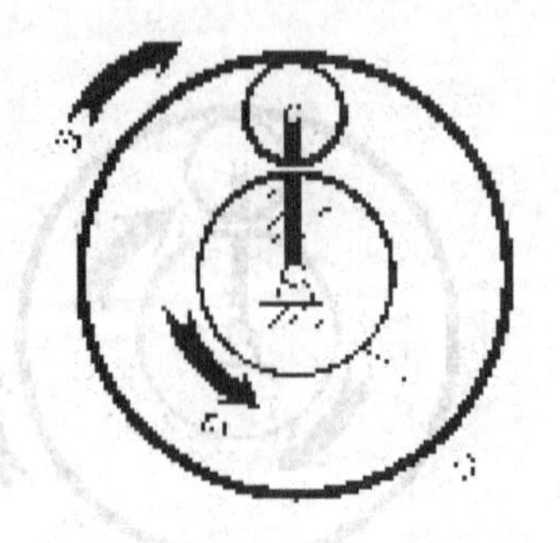

图 5-21 单排行星齿轮工作原理示意图
行星架锁止（图注同图 5-17）

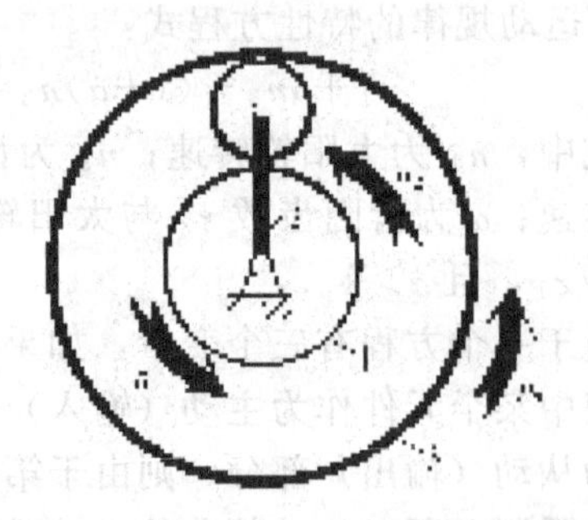

图 5-22 单排行星齿轮工作原理示意图
两构件联锁输入 $n_1=n_2$（图注同图 5-17）

$n_1=n_2=n_3$ 的结论。因此，若使太阳轮、齿圈和行星架三个元件中的任何二个元件连为一体转动，则另一个元件的转速必然与前二者等速同向转动（见图 5-22）。即行星齿轮机构中所有元件（包含行星轮）之间均无相对运动，传动比 $i=1$。这种传动方式用于变速器的直接挡传动。

(7) 如果太阳轮、齿圈和行星架三个元件没有任何约束，则各元件的运动是不确定的，此时为空挡。

从以上分析结论中，可以归纳出单排行星齿轮机构传动的一些规律。

① 当行星架被锁止时，行星轮只有自转而无公转。输出元件与输入元件的转动方向相反。

② 当太阳轮被锁止不动，行星架输入，齿圈输出时为超速（增速）传动。

③ 太阳轮与齿圈其中有一元件为输入件，另一元件被锁止不动时，则行星架同向减速输出。

④ 如果太阳轮、齿圈和行星架三个元件没有任何约束，则各元件的运动是不确定的，此时为空挡。

⑤ 任意两个元件同速同向输入，行星齿轮机构锁止成为一个整体，成为直接挡传动。

二、行星齿轮变速器换挡执行元件

行星齿轮变速器的换挡执行元件包括离合器、制动器和单向离合器。单向离合器的结构、原理同导轮单向离合器，下面重点介绍离合器和制动器。

1. 离合器

离合器的功用是连接轴和行星齿轮机构中的元件或是连接行星齿轮机构中的不同元件。

(1) 结构、组成　离合器主要由离合器鼓、花键毂、活塞、主动摩擦片、从动钢片、回位弹簧等组成，如图 5-23 所示。

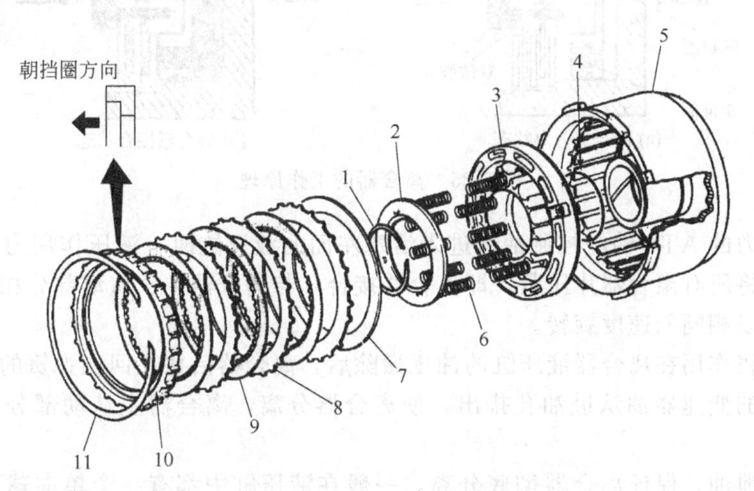

图 5-23　离合器零件分解图

1—卡环；2—弹簧座；3—活塞；4—O 形圈；5—离合器鼓；6—回位弹簧；
7—碟形弹簧；8—从动钢片；9—主动摩擦片；10—压盘；11—卡环

离合器鼓是一个液压缸，鼓内有内花键齿圈，内圆轴颈上有进油孔与控制油路相通。离合器活塞为环状，内外圆上有密封圈，安装在离合器鼓内。如图 5-24 所示，从动钢片和主动摩擦片交错排列，二者统称为离合器片，均使用钢料制成，但摩擦片的两面烧结有铜基粉末冶金的摩擦材料．为保证离合器接合柔和及散热，离合器片浸在油液中工作，因而称为湿式离合器。钢片带有外花键齿，与离合器鼓的内花键齿圈连接，并可轴向移动，摩擦片则以

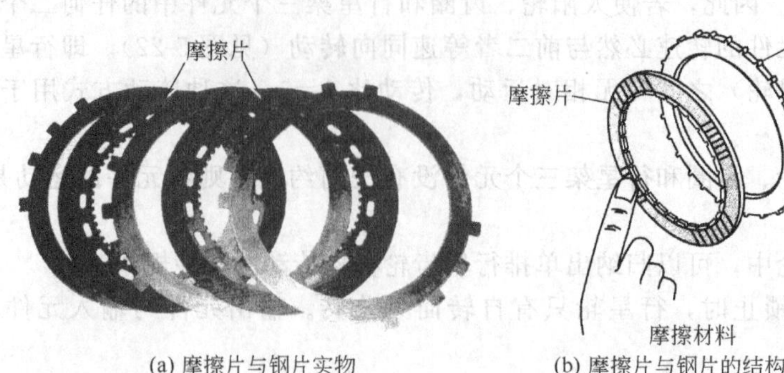

(a) 摩擦片与钢片实物　　(b) 摩擦片与钢片的结构

图 5-24　摩擦片与钢片的结构

内花键齿与花键毂的外花键槽配合，也可作轴向移动。花键毂和离合器鼓分别以一定的方式与变速器输入轴或行星齿轮机构的元件相连接。碟形弹簧的作用是使离合器接合柔和，防止换挡冲击。可以通过调整卡环或压盘的厚度调整离合器的间隙。

(2) 工作原理　离合器的工作原理如图 5-25 所示。

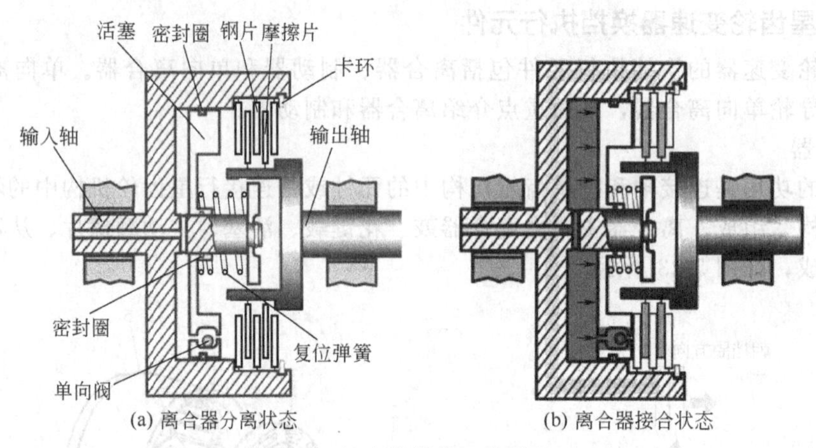

(a) 离合器分离状态　　(b) 离合器接合状态

图 5-25　离合器的工作原理

当一定压力的 ATF 油经控制油道进入活塞左面的液压缸时，液压作用力便克服弹簧力使活塞右移，将所有离合器片压紧，即离合器接合，与离合器主、从动部分相连的元件也被连接在一起，以相同的速度旋转。

当控制阀将作用在离合器液压缸的油压撤除后，离合器活塞在回位弹簧的作用下回复原位，并将缸内的变速器油从进油孔排出，使离合器分离，离合器主从动部分可以不同转速旋转。

为了快速泄油，保证离合器彻底分离，一般在液压缸中都有一个单向球阀，如图 5-26 所示。当 ATF 油被撤除时，球体在离心力的作用下离开阀座，开启辅助泄油通道，使 ATF 油迅速撤离。

(3) 检修　离合器总成分解后要对每个零件进行清洗和检查，如离合器鼓、花键毂、离合器片、压盘等是否磨损严重、变形，回位弹簧是否断裂、弹性不足，单向球阀是否密封良好等，必要时更换零部件和总成。

离合器重新装配后要检查离合器的间隙。间隙过大会使换挡滞后、离合器打滑；间隙过小会使得离合器分离不彻底。检查离合器间隙一般是用厚薄规（塞尺）进行，如图 5-27 所示。

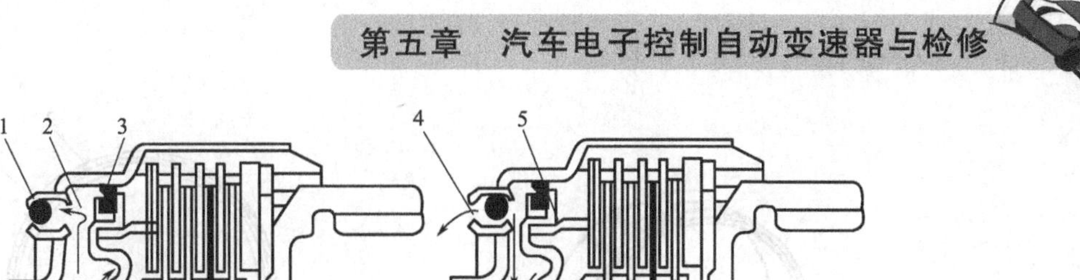

图 5-26　带单向安全阀的离合器

1—单向球阀；2—液压缸；3—油封；4—辅助泄油通道；5—活塞

2. 制动器

制动器的功用是固定行星齿轮机构中的元件，防止其转动。制动器有摩擦片式和带式两种形式。摩擦片制动器的结构和工作原理与离合器完全相同，只不过在作用上有所不同。摩擦片制动器连接运动元件与变速器壳体，而离合器连接的是两个运动元件。下面只介绍带式制动器。

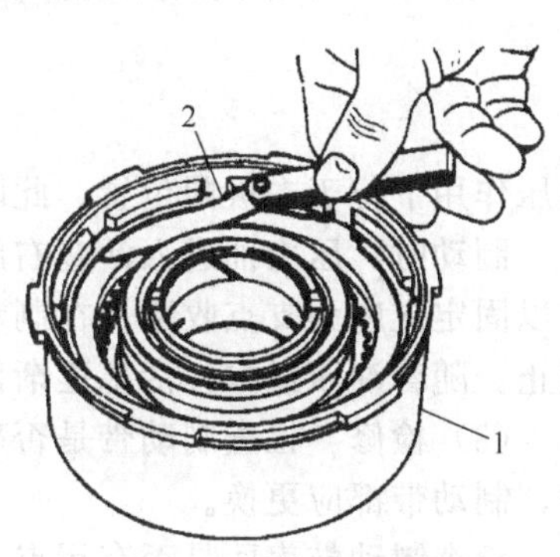

图 5-27　检查离合器间隙

1—离合器总成；2—厚薄规

(1) 结构、组成　带式制动器由制动带和控制油缸组成，如图 5-28 所示为带式制动器的零件分解图。制动带是内表面带有摩擦材料镀层的开口式环形钢带，如图 5-29 所示。制动带的一端支承在与变速器壳体固连的支座上，另一端与控制油缸的活塞杆相连。

(2) 工作原理　制动器的工作原理如图 5-30 所示，制动带开口处的一端通过支柱支承于固定在变速器壳体的调整螺钉上，另一端支承于油缸活塞杆端部，活塞在回位弹簧和左腔

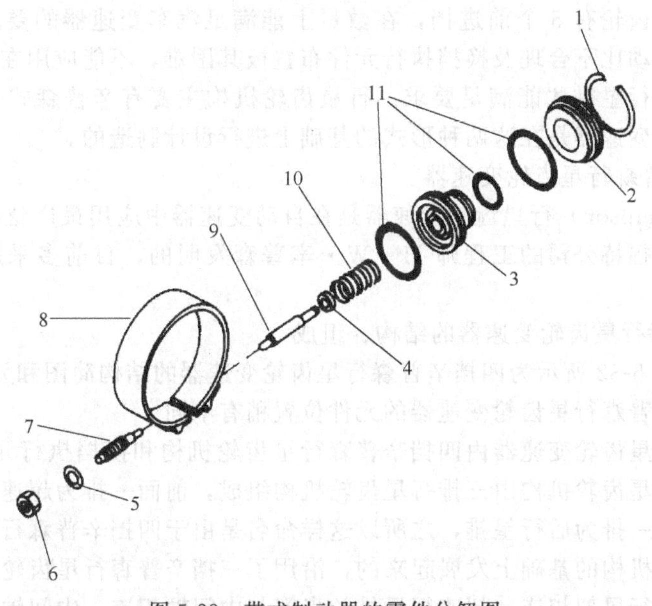

图 5-28　带式制动器的零件分解图

1—卡环；2—活塞定位架；3—活塞；4—上推垫圈；5—垫圈；6—锁紧螺母；7—调整螺钉；8—制动带；9—活塞杆，10—回位弹簧，11　O 形圈

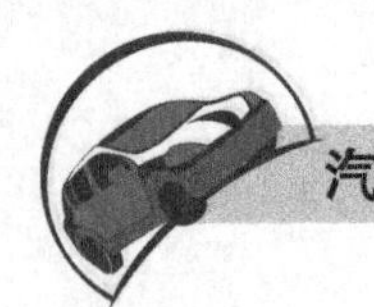

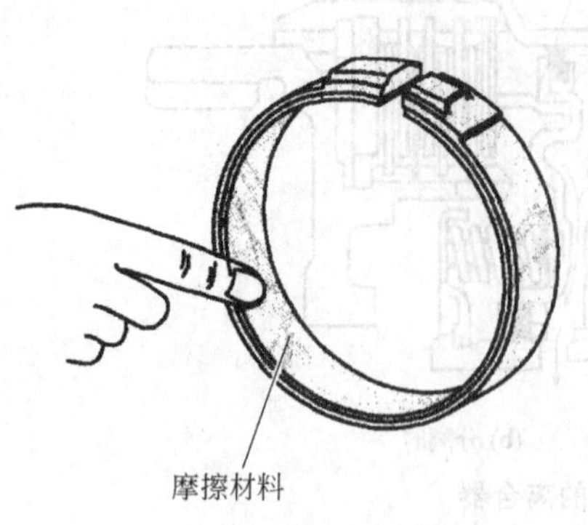

图 5-29　带有摩擦材料镀层的制动带

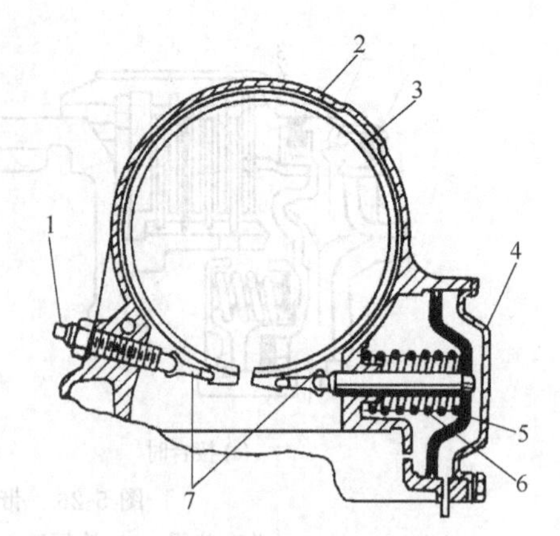

图 5-30　制动器的工作原理

1—调整螺钉（固定支承端）；2—制动带；3—制动鼓；4—油缸盖；5—活塞；6—回位弹簧；7—支柱

油压作用下位于右极限位置，此时，制动带和制动鼓之间存在一定间隙。

制动时，压力油进入活塞右腔，克服左腔油压和回位弹簧的作用力推动活塞左移，制动带以固定支座为支点收紧。在制动力矩的作用下，制动鼓停止旋转，行星齿轮机构某元件被锁止。随着油压撤除，活塞逐渐回位，制动解除。

（3）检修　检查制动带是否破裂、过热、不均匀磨损、表面剥落等情况，如果有任何一种，制动带都应更换。

检查制动鼓表面是否有污点、划伤、磨光、变形等缺陷。

制动器装配后要调整工作间隙，原因与离合器间隙的调整是一样的。方法是：将调整螺钉上的锁紧螺母拧松并退回大约五圈，然后用扭力扳手按规定转矩将调整螺钉拧紧，再按维修手册的要求将调整螺钉退回一定圈数，最后用锁紧螺母紧固。

三、典型行星齿轮变速器结构与工作分析

虽然单排行星齿轮有 5 个前进挡，在数量上能满足汽车变速器的要求，但单排行星齿轮的挡位之间的传动比不合理及换挡执行元件布置极其困难，不能应用在实际的汽车上，因此需要两排以上的行星排才能满足要求。行星齿轮机构主要有辛普森式和拉威娜式两种形式。目前汽车自动变速器是在这两种形式的基础上进行设计制造的。

（一）四挡辛普森行星齿轮变速器

辛普森式（Simpson）行星齿轮变速器是在自动变速器中应用最广泛的一种行星齿轮变速器，它是由美国福特公司的工程师 H·W·辛普森发明的，目前多采用的是四挡辛普森行星齿轮变速器。

1. 四挡辛普森行星齿轮变速器的结构、组成

如图 5-31、图 5-32 所示为四挡辛普森行星齿轮变速器的结构简图和元件位置图。注意：不同厂家的四挡辛普森行星齿轮变速器的元件位置稍有不同。

四挡辛普森行星齿轮变速器由四挡辛普森行星齿轮机构和换挡执行元件两大部分组成。其中四挡辛普森行星齿轮机构由三排行星齿轮机构组成，前面一排为超速行星排，中间一排为前行星排，后面一排为后行星排，之所以这样命名是由于四挡辛普森行星齿轮机构是在三挡辛普森行星齿轮机构的基础上发展起来的，沿用了三挡辛普森行星齿轮机构的命名。输入轴与超速行星排的行星架相连，超速行星排的齿圈与中间轴相连，中间轴通过前进挡离合器或直接挡、倒挡离合器与前、后行星排相连。前、后行星排的结构特点是，共用一个太阳轮，前行星排的行星架与后行星排的齿圈相连并与输出轴相连。

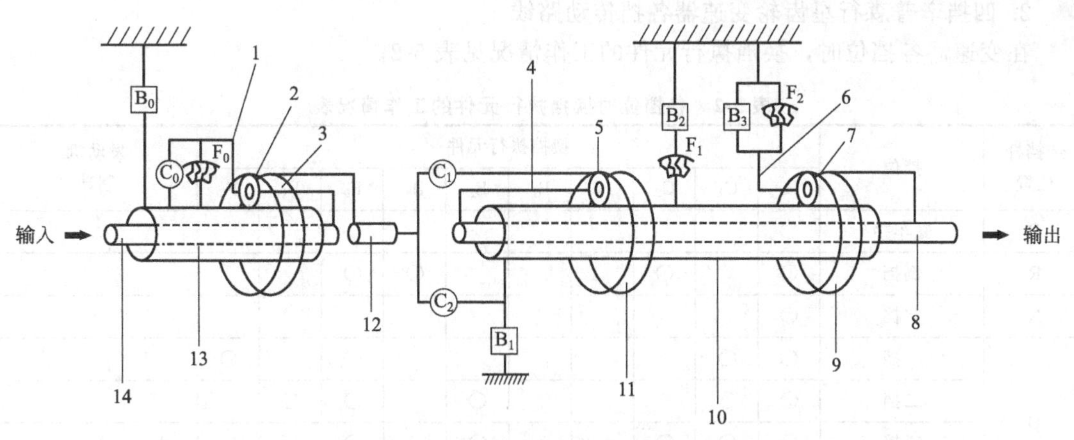

图 5-31　四挡辛普森行星齿轮变速器的结构简图

1—超速（OD）行星排行星架；2—超速（OD）行星排行星轮；3—超速（OD）行星排齿圈；4—前行星排行星架；5—前行星排行星轮；6—后行星排行星架；7—后行星排行星轮；8—输出轴；9—后行星排齿圈；10—前后行星排太阳轮；11—前行星排齿圈；12—中间轴；13—超速（OD）行星排太阳轮；14—输入轴

C_0—超速挡（OD）离合器；C_1—前进挡离合器；C_2—直接挡、倒挡离合器；B_0—超速挡（OD）制动器；B_1—二挡滑行制动器；B_2—二挡制动器；B_3—低、倒挡制动器；F_0—超速挡（OD）单向离合器；F_1—二挡（一号）单向离合器；F_2—低挡（二号）单向离合器

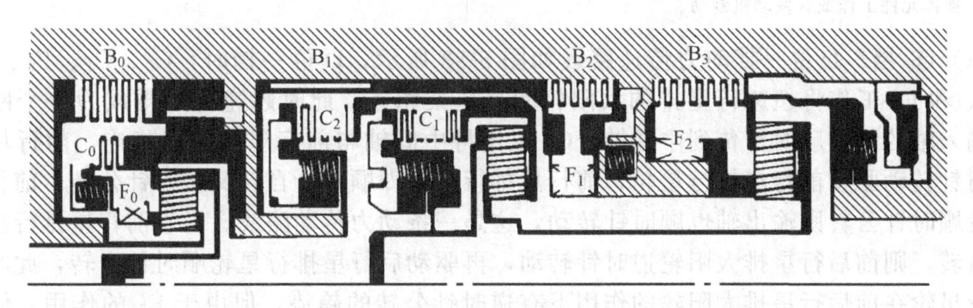

图 5-32　四挡辛普森行星齿轮变速器的元件位置图

换挡执行机构包括三个离合器、四个制动器和三个单向离合器共十个元件。具体的功能见表 5-1。

表 5-1　换挡执行元件的功能

换挡执行元件		功　能
C_0	超速挡(OD)离合器	连接超速行星排太阳轮与超速行星排行星架
C_1	前进挡离合器	连接中间轴与前行星排齿圈
C_2	直接挡、倒挡离合器	连接中间轴与前后行星排太阳轮
B_0	超速挡(OD)制动器	制动超速行星排太阳轮
B_1	二挡滑行制动器	制动前后行星排太阳轮
B_2	二挡制动器	制动 F_1 外座圈，当 F_1 也起作用时，可以防止前后行星排太阳轮逆时针转动
B_3	低、倒挡制动器	制动后行星排行星架
F_0	超速挡(OD)单向离合器	连接超速行星排太阳轮与超速行星排行星架
F_1	二挡(一号)单向离合器	当 B_2 工作时，防止前后行星排太阳轮逆时针转动
F_2	低挡(二号)单向离合器	防止后行星排行星架逆时针转动

注：各换挡执行元件的名称与其功能有关系。

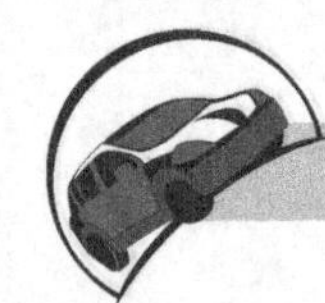

2. 四挡辛普森行星齿轮变速器各挡传动路线

在变速器各挡位时，换挡执行元件的工作情况见表 5-2。

表 5-2 各挡位时换挡执行元件的工作情况表

选挡杆位置	挡位	换挡执行元件										发动机制动
		C_0	C_1	C_2	B_0	B_1	B_2	B_3	F_0	F_1	F_2	
P	驻车挡	○										
R	倒挡	○		○				○	○			
N	空挡	○										
D	一挡	○	○						○		○	
	二挡	○	○				○		○	○		
	三挡	○	○	○			○		○			○
	四挡(OD挡)		○	○	○		○					○
2	一挡	○	○						○		○	
	二挡	○	○			○	○		○	○		○
	三挡*	○	○	○			○		○			○
L	一挡	○	○					○	○		○	○
	二挡*	○	○			○	○		○	○		○

注：*：只能降挡不能升挡。

○：换挡元件工作或有发动机制动。

(1) D_1 挡　D 位一挡动力传递路线如图 5-33 所示，D 位一挡时，C_0、C_1、F_0、F_2 工作。C_0 和 F_0 工作将超速行星排的太阳轮和行星架相连，此时超速行星排成为一个刚性整体，输入轴的动力顺时针传到中间轴。C_1 工作将中间轴与前行星排齿圈相连，前行星排齿圈顺时针转动驱动前行星排行星轮，前行星排行星轮即顺时针自转又顺时针公转，前行星排行星轮顺时针公转则输出轴也顺时针转动，这是一条动力传动路线。由于前行星排行星轮顺时针自转，则前后行星排太阳轮逆时针转动，再驱动后行星排行星轮顺时针自转，此时后行星排行星轮在前后行星排太阳轮的作用下有逆时针公转的趋势，但由于 F_2 的作用，使得后行星排行星架不动。这样顺时针转动的后行星排行星轮驱动齿圈顺时针转动，从输出轴也输出动力，这是第二条动力传动路线。

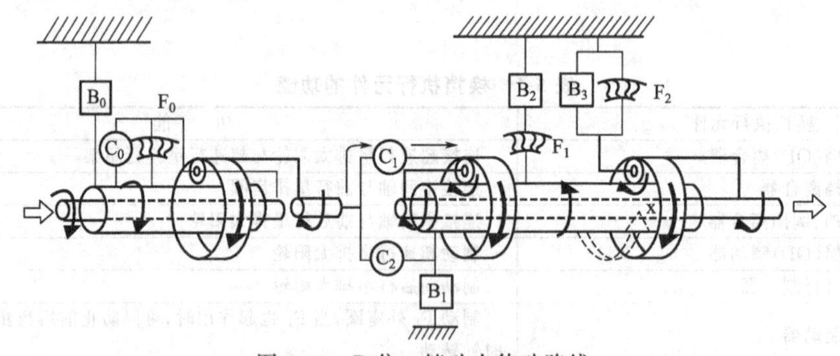

图 5-33　D 位一挡动力传动路线

(2) D_2 挡　如图 5-34 所示，D 位二挡时，C_0、C_1、B_2、F_0、F_1 工作。C_0 和 F_0 工作如前所述直接将动力传给中间轴。C_1 工作，动力顺时针传到前行星排齿圈，驱动前行星排行星轮顺时针转动，并使前后太阳轮有逆时针转动的趋势，由于 B_2 的作用，F_1 将防止前后太阳轮逆时针转动，即前后太阳轮不动。此时前行星排行星轮将带动行星架也顺时针转动，从输出轴输出动力。后行星排不参与动力的传动。

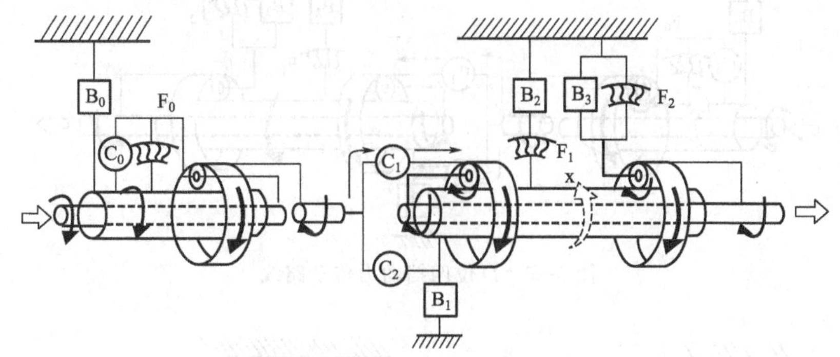

图 5-34　D 位二挡动力传动路线

（3）D_3 挡　如图 5-35 所示，D 位三挡时，C_0、C_1、C_2、B_2、F_0 工作。C_0 和 F_0 工作如前所述直接将动力传给中间轴。C_1、C_2 工作将中间轴与前行星排的齿圈和太阳轮同时连接起来，前行星排成为刚性整体，动力直接传给前行星排行星架，从输出轴输出动力。此挡为直接挡。

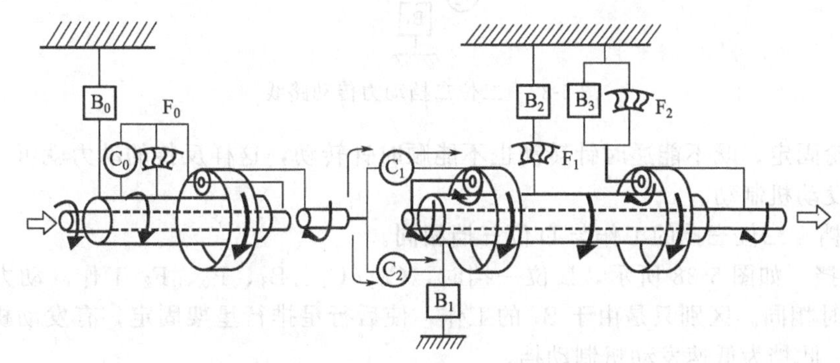

图 5-35　D 位三挡动力传动路线

想一想：在此挡时 B_2 实际上不参与工作，那为什么还要让 B_2 工作呢？

提示：这样可以使得 D_2 挡升 D_3 挡时只需让 C_2 工作即可，同样 D_3 挡降为 D_2 挡时也只需让 C_2 停止工作即可，这样相邻两挡升降参与工作的元件少，换挡方便，提高了可靠性和平顺性。

（4）D_4 挡　如图 5-36 所示，D 位四挡时，C_1、C_2、B_0、B_2 工作。B_0 工作，将超速行星排太阳轮固定。动力由输入轴输入，带动超速行星排行星架顺时针转动，并驱动行星轮及齿圈都顺时针转动，此时的传动比小于 1。C_1、C_2 工作使得前后行星排的工作同 D_3 挡，即处于直接挡。所以整个机构以超速挡传递动力。B_2 的作用同前所述。

（5）2_1 挡　二位一挡的工作与 D 位一挡相同。

（6）2_2 挡　如图 5-37 所示，二位二挡时，C_0、C_1、B_1、B_2、F_0、F_1 工作。动力传动路线与 D 位二挡时相同。区别只是由于 B_1 的工作，使得二位二挡有发动机制动，而 D 位二挡没有。此挡为高速发动机制动挡。

发动机制动是指利用发动机怠速时的较低转速以及变速器的较低挡位来使较快的车辆减速。D 位二挡时，如果驾驶员抬起加速踏板，发动机进入怠速工况，而汽车在原有的惯性作用下仍以较高的车速行驶。此时，驱动车轮将通过变速器的输出轴反向带动行星齿轮机构运转，各元件都将以相反的方向转动，即前后太阳轮将有顺时针转动的趋势，F_1 不起作用，使得反传的动力不能到达发动机，无法利用发动机进行制动。而在二位二挡时，B_1 工作使

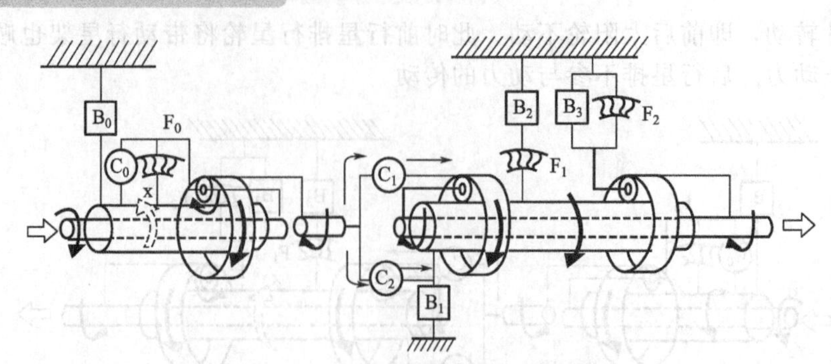

图 5-36　D 位四挡动力传动路线

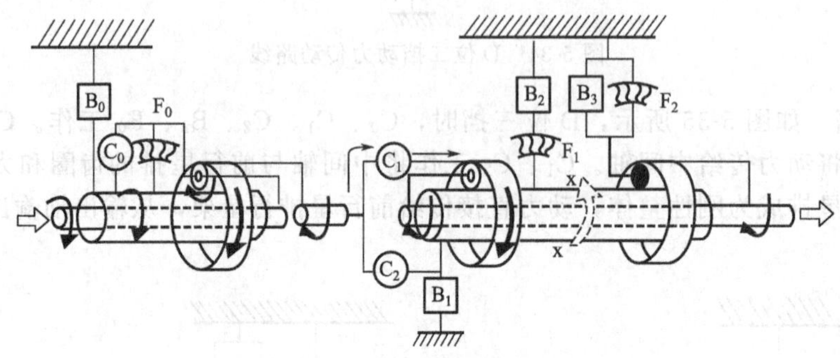

图 5-37　二位二挡动力传动路线

得前后太阳轮固定，既不能逆时针转动也不能顺时针转动，这样反传的动力就可以传到发动机，所以有发动机制动。

（7）2_3 挡　二位三挡的工作与 D 位三挡相同。

（8）L_1 挡　如图 5-38 所示，L 位一挡时，C_0、C_1、B_3、F_0、F_2 工作。动力传动路线与 D 位一挡时相同。区别只是由于 B_3 的工作，使后行星排行星架固定，有发动机制动，原因同前所述。此挡为低速发动机制动挡。

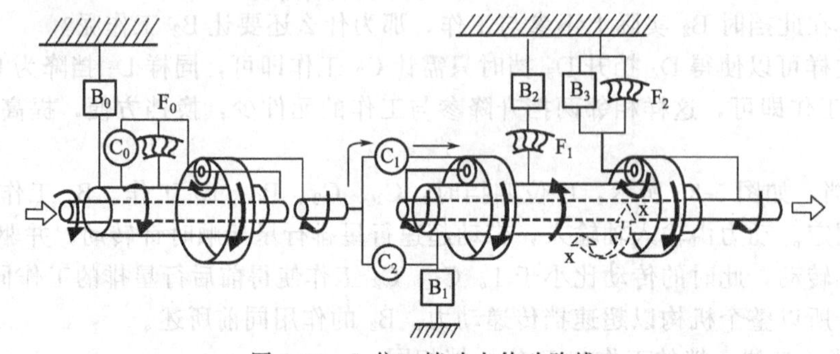

图 5-38　L 位一挡动力传动路线

（9）L_2 挡　L 位二挡的工作与二位二挡相同。

（10）R 位　如图 5-39 所示，倒挡时，C_0、C_2、B_3、F_0 工作。C_0 和 F_0 工作如前所述直接将动力传给中间轴。C_2 工作将动力传给前后行星排太阳轮。由于 B_3 工作，将后行星排行星架固定，使得行星轮仅相当于一个惰轮。前后行星排太阳轮顺时针转动驱动后行星排行星架逆时针转动，进而驱动后行星排齿圈也逆时针转动，从输出轴逆时针输出动力。

（11）P 位（驻车挡）　选挡杆置于 P 位时，一般自动变速器都是通过驻车锁止机构将变速器输出轴锁止实现驻车。如图 5-40 所示，驻车锁止机构由输出轴外齿圈、锁止棘爪、锁

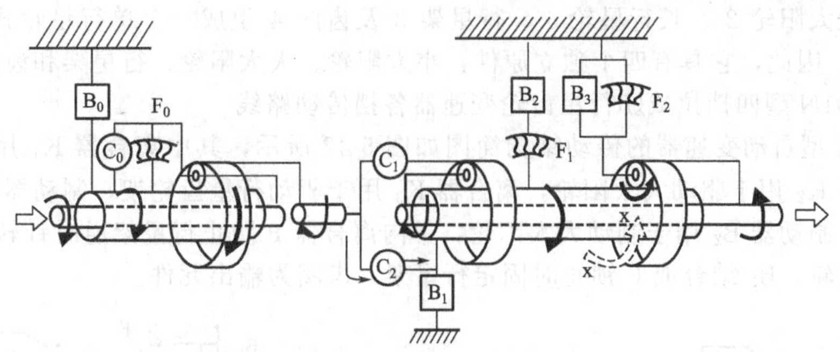

图 5-39　R 位动力传动路线

止凸轮等组成。锁止棘爪与固定在变速器壳体上的枢轴相连。当选挡杆处于 P 位时，与选挡杆相连的手动阀通过锁止凸轮将锁止棘爪推向输出轴外齿圈，并嵌入齿中，使变速器输出轴与壳体相连而无法转动。当选挡杆处于其他位置时，锁止凸轮退回，锁止棘爪在回位弹簧的作用离开输出轴外齿圈，锁止撤销。

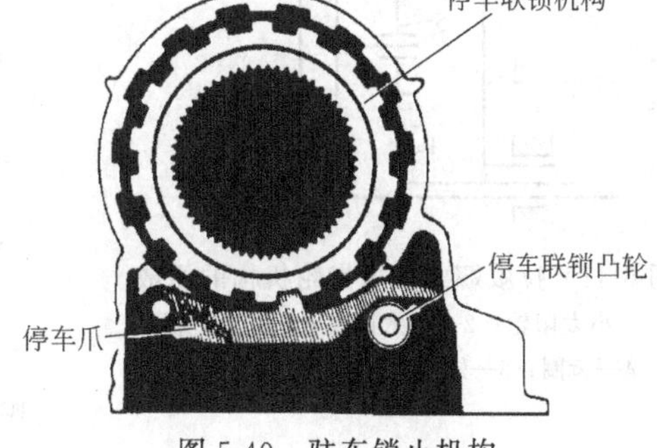

图 5-40　驻车锁止机构

3. 几点说明

通过分析各挡位换挡执行元件的工作情况及各挡位的动力传动路线，可以得出以下结论：

① 如果 C_1 故障，则自动变速器没有前进挡，即将选挡杆置于 D 位、2 位或 L 位时车辆都无法起步行驶。但对于倒挡没有影响。

② 如果 C_2 故障，则自动变速器没有三挡，倒挡也将没有。

③ 如果 B_2 或 F_1 故障，则自动变速器没有 D 位二挡，但对于二位二挡没有影响。

④ 如果 B_3 故障，则自动变速器没有倒挡。

⑤ 如果 F_0 故障，则自动变速器三挡升四挡时会产生换挡冲击。这是由于三挡升四挡时，相当于由 C_0 切换到 B_0，但 C_0、B_0 有可能同时不工作。此时负荷的作用将使超速行星排的齿圈不动，如果没有 F_0，在行星架的驱动下太阳轮将顺时针超速转动，当 B_0 工作时产生换挡冲击。

⑥ 如果 F_2 故障，则自动变速器没有 D 位一挡和二位一挡，但对于 L 位一挡没有影响。

⑦ 换挡时，单向离合器是自动参与工作的，所以只考虑离合器和制动器的工作即可。D_1 挡升 D_2 挡是 B_2 工作，D_2 升 D_3 挡是 C_2 工作，D_3 和 D_4 互换，相当于 C_0 和 B_0 互换。

⑧ 如果某挡位的动力传动路线上有单向离合器工作，则该挡位没有发动机制动。

提示：有些挡位虽然标明有单向离合器工作，但有可能被其他元件取代而实际上不工作。如二位二挡的 B_1 工作后，F_1 实际上已不起作用，C_0 也可以取代 F_0，这样此挡虽标明有单向离合器的工作，但都不起作用，所以有发动机制动。

（二）拉威娜式四挡行星齿轮变速器

拉威娜式行星齿轮变速器由拉威娜式行星齿轮机构及相应的操纵执行元件组成。从 20 世纪 70 年代起，被奥迪、福特、大众等公司使用于其轿车自动变速器中，特别是前轮驱动车型。

1. 四挡拉威娜式行星齿轮变速器的结构、组成

拉威娜式行星齿轮机构也采用双行星排组合，其结构的特点是：两行星排具有公共行星架和齿圈，小太阳轮 1 、短行星轮 5 、长行星轮 6 、行星架 3 及齿圈 4 组成一个双行星轮

式行星排，大太阳轮 2 、长行星轮 6 、行星架 3 及齿圈 4 组成一个单行星轮式行星排，如图 5-41 所示。因此，它具有四个独立原件：小太阳轮、大太阳轮、行星架和齿圈。

2. 大众 01N 型四挡拉威娜行星齿轮变速器各挡传动路线

大众 01N 型自动变速器的传动结构简图如图 5-42 所示，其中离合器 K_1 用于驱动小太阳轮，离合器 K_2 用于驱动大太阳轮，离合器 K_3 用于驱动行星齿轮架，制动器 B_1 用于制动行星齿轮架，制动器 B_2 用于制动大太阳轮，单向离合器 F 防止行星架逆时针转动。B_2 结合时固定大太阳轮，B_1 结合或 F 锁止时固定行星架。齿圈为输出元件。

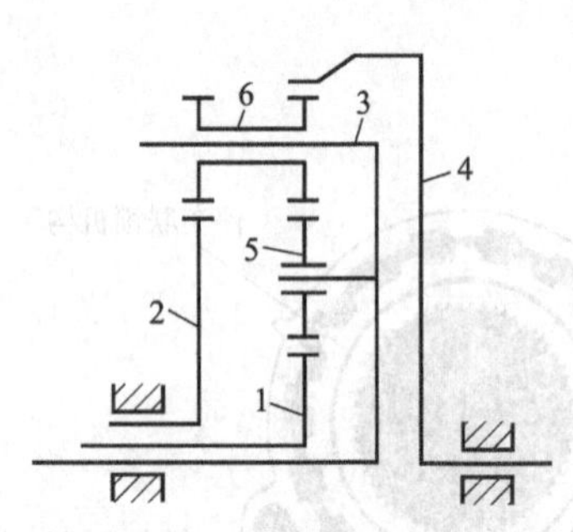

图 5-41　拉威娜式行星齿轮机构的组成

1—小太阳轮；2—大太阳轮；3—行星架；4—齿圈；5—短行星轮；6—长行星轮

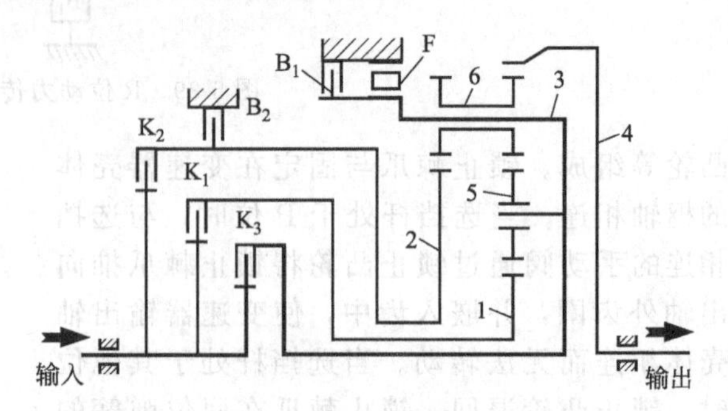

图 5-42　大众 01N 型自动变速器的传动结构简图

K_1—前进挡离合器；K_2—中间挡/倒挡离合器；

K_3—高挡离合器；B_1—低挡/倒挡制动器；

B_2—中间挡制动器；F—单向离合器（其他标记与图 5-41 相同）

大众 01N 型自动变速器各挡位换挡执行元件的工作情况参见表 5-3。

表 5-3　大众 01N 型自动变速器各挡位执行元件的工作情况

挡位	B_1	B_2	K_1	K_2	K_3	F
R	○			○		
1H			○			○
1M			○			○
2H		○	○			
2M		○	○			
3H			○		○	
3M			○		○	
4H		○			○	
4M		○			○	

注：○表示离合器、制动器或单向离合器工作。H 表示液力挡；M 表示机械挡。

各挡动力传动路线如下：

（1）1 挡　1 挡时，离合器 K_1 接合，单向离合器 F 工作。单向轮参加工作，行星架固定不动。如图 5-43 所示，动力传动路线为：输入轴（顺）→离合器 K_1→小太阳轮（顺）→短行星轮（逆）→长行星轮（顺）→齿圈（顺）。仅有长行星轮的自转驱动齿圈。

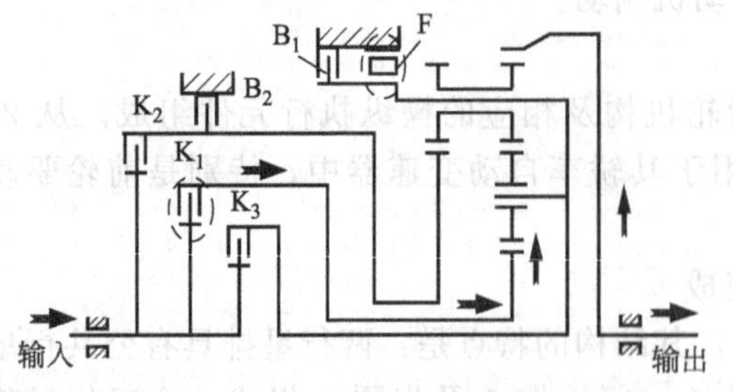

图 5-43　1 挡动力传动路线

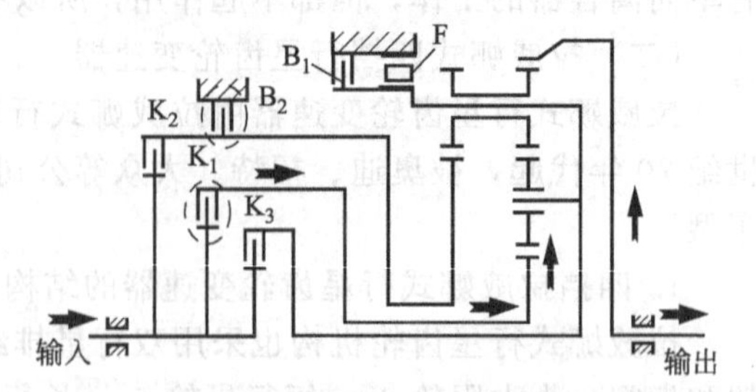

图 5-44　2 挡动力传动路线

（2）2 挡　2 挡时，离合器 K_1、制动器 B_2 作用。制动器 B_2 将大太阳轮制动。如图 5-44 所示，动力传动路线为：动力传递由输入轴（顺）→离合器 K_1→小太阳轮（顺）→短行星轮→长行星轮→齿圈（顺）。长行星轮的自转和公转驱动齿圈，齿圈的输出转速高于 1 挡。

（3）3 挡　3 挡时，离合器 K_1 和 K_2 作用。如图 5-45 所示，小太阳轮和大太阳轮被同时驱动，由于 2 个太阳轮的直径不同，行星齿轮组被固定，整个行星齿轮组就作为一个整体输出动力。

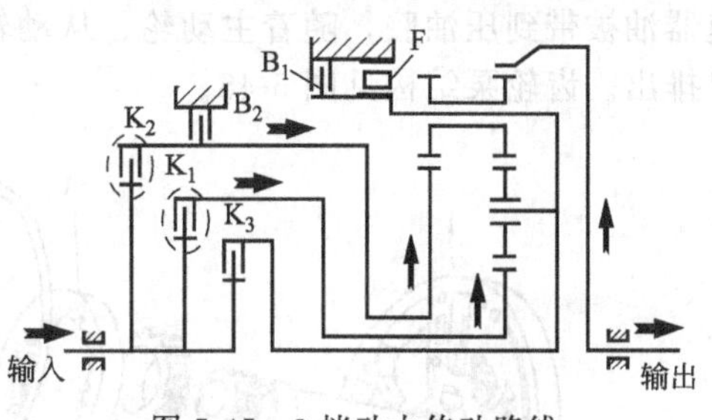

图 5-45　3 挡动力传动路线

（4）4 挡　4 挡时，离合器 K_3 接合，制动器 B_2 工作，使行星架工作，并制动大太阳轮，如图 5-46 所示，动力传动路线为：输入轴→离合器 K_3→行星架→长行星轮围绕大太阳轮转动并驱动齿圈。

（5）R 挡　换挡杆在“R”位置时，离合器 K_2 接合，驱动大太阳轮；制动器 B_1 工作，使行星架制动。如图 5-47 所示，动力传动路线为：输入轴→离合器 K_2→大太阳轮→长行星轮反向驱动齿圈。

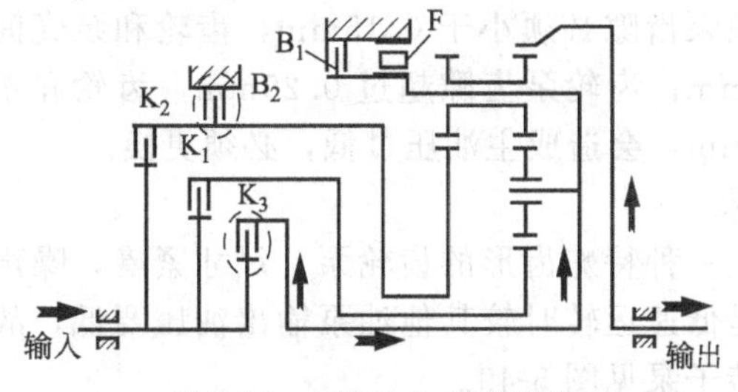

图 5-46　4 挡动力传动路线

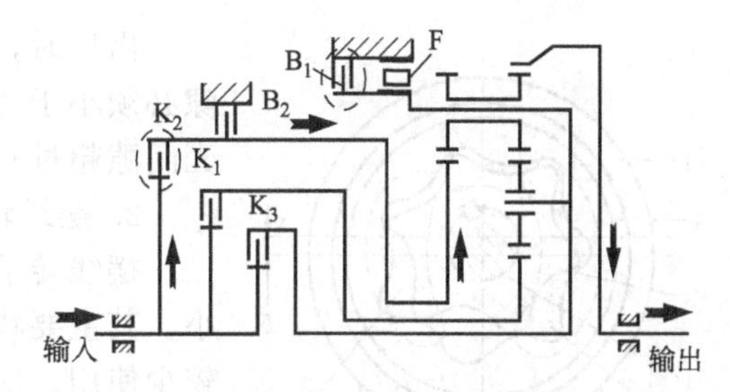

图 5-47　R 挡动力传动路线

第四节　自动变速器的液压控制系统

自动变速器的自动控制是靠液压控制系统来完成的。液压控制系统由动力源、执行机构和控制机构、安全缓冲系统及冷却系统等组成。

动力源是由液力变矩器泵轮驱动的液压泵，它是整个液压控制系统的工作基础。油泵的基本功用就是提供满足需求的油量和油压。它除了向执行机构供给压力油以实现换挡外，还给液力变矩器提供冷却补偿油，向行星齿轮变速器供应润滑油。

执行机构包括各离合器、制动器和单向离合器，前面已经介绍。

控制机构包括主油路调压阀、手动阀、换挡阀及锁止离合器控制阀等，集中安装在自动变速器的阀体上。

液压控制系统的安全缓冲系统包括一些用于防止换挡冲击的蓄压器、单向阀等。

一、液压泵

常见油泵的结构和工作原理自动变速器的液压控制系统主要由动力源油泵、控制系统控制阀、执行机构施力装置、安全缓冲系统及冷却系统等组成。

油泵由液力变矩器驱动，通常装在变速器最前端，和发动机曲轴同步旋转，负责向液压控制系统提供动力源。自动变速器油泵有三种类型：内啮合齿轮泵（简称为齿轮泵）、摆线转子泵及可变量的叶片泵（简称为叶片泵）。常见的是齿轮泵和叶片泵。

1. 齿轮泵

齿轮泵工作时，在吸油腔由于主动轮和从动轮不断退出啮合，容积不断增大，形成局部真空，自动变速器油经油液滤清器和油泵进油口被吸入，且随着齿轮的旋转，齿间的自动变速器油被带到压油腔，随着主动轮、从动轮不断啮合，容积不断减小，形成油泵油压从出油口排出。齿轮泵结构见图 5-48。

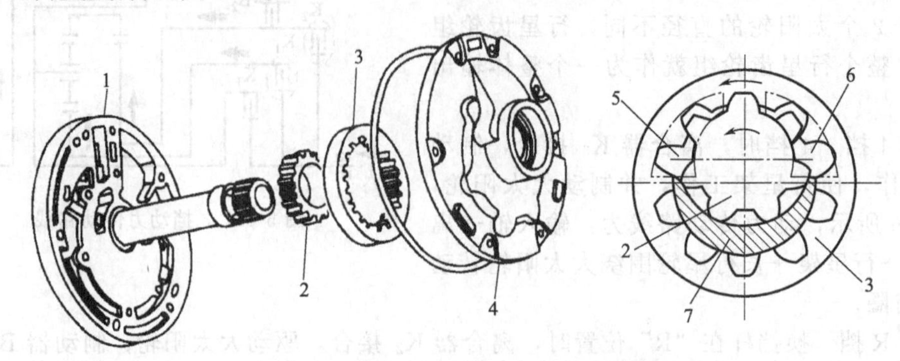

图 5-48　内啮合齿轮泵的结构、原理

1—泵盖；2—主动齿轮；3—从动齿轮；4—壳体；5—进油腔；6—出油腔；7—月牙板

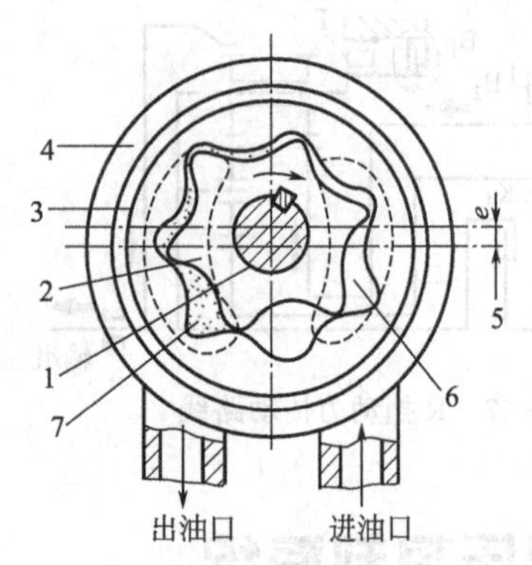

图 5-49　摆线转子泵

1—驱动轴；2—内转子；3—外转子；4—泵壳；5—偏心距；6—进油腔；7—出油腔

出厂时，齿轮泵齿隙必须小于 0.15mm，齿轮和泵壳间隙必须小于 0.04mm；齿轮泵齿隙超过 0.25mm，齿轮和泵壳间隙超过 0.08mm，会造成主油压过低，必须更换。

2. 摆线转子泵

摆线转子泵是一种特殊齿形的齿轮泵，尺寸紧凑，噪声小，其主要缺点是低速运转时较其他油泵输出油压要低，故较少使用。摆线转子泵见图 5-49。

3. 叶片泵

当转子旋转时，叶片在离心力和叶片底部液压油压力的作用下向外张开，在相邻的叶片间形成密封的工作腔。在转子与定子中心连线的右半部工作腔容积逐渐增大，形成局部真空，将自动变速器油吸入；在左半部工作容腔逐渐减小，形成油泵油压。为了减少汽车高速运转时泵油量过多而引起的动力损失，叶片泵多做成可变量的。叶片泵的定子不是固定在壳体上，而是绕一个销轴进行一定的摆动，通过改变定子和转子的偏心距，从而改变油泵的排量。油泵低速运转时排油量较小，油压调节阀将反馈油路关小，使反馈压力下降，定子在调压弹簧作用下绕销轴旋转一个角度，加大了定子和转子的偏心距，使进油量加大；油泵高速运转时，油压升高，油压调节阀反馈油路被开大，控制腔内反馈油压上升，定子在反馈油压推动下绕销轴逆时针方向摆动，定子和转子偏心距减小，进油量也随之减少。叶片泵的结构见图 5-50。

叶片泵的转子边缘磨成圆形会造成主油压过低，必须更换。

4. 油泵使用时应注意事项

① 发动机不工作时，油泵不泵油，变速器内无控制油压。推车启动时，即使 D 位或 R 位，输出轴实际上是空转，发动机无法启动。

② 车辆被牵引时，发动机不工作，油泵也不工作，无压力油。长距离牵引，齿轮系统无润滑油，磨损加剧。因此牵引距离不应超过 50km，牵引速度不得高于 30～50km/h。

③ 变速器齿轮系统有故障或严重漏油时，牵引车辆应将传动轴脱开。对于前轮驱动的

汽车，应将前轮悬空牵引。

5. 油泵常见故障分析

（1）装配不当造成油泵损坏　自动变速器和发动机连接的方式有两种：一种是有举升器的，将变速器和变矩器在下边连接好后，一起和发动机连接，这种装配方式不会造成油泵损坏；另一种是没有举升器的，将变速器和变矩器分开装，先装变矩器，再装变速器。将变速器向前推到头后，变速器和发动机壳体之间有一定的间隙，应该一边旋转曲轴，一边往里推变速器，待变速器和发动机壳体之间没有间隙后再紧固连接螺栓。如果在变速器和发动机壳体之间有间隙时就紧固连接螺栓，由于变矩器驱动毂和油泵驱动键没有对正，驱动毂会将油泵主动轮顶坏，造成汽车无法行驶。

（2）油滤器破损后会造成油泵早期磨损　在正常使用的情况下，油泵和行星齿轮机构是不用更换的。但变速器内过脏，会导致油滤器破损，如果不及时发现大量杂质就会进入油泵，从而造成油泵早期磨损。所以，保持变速器内的清洁非常重要。

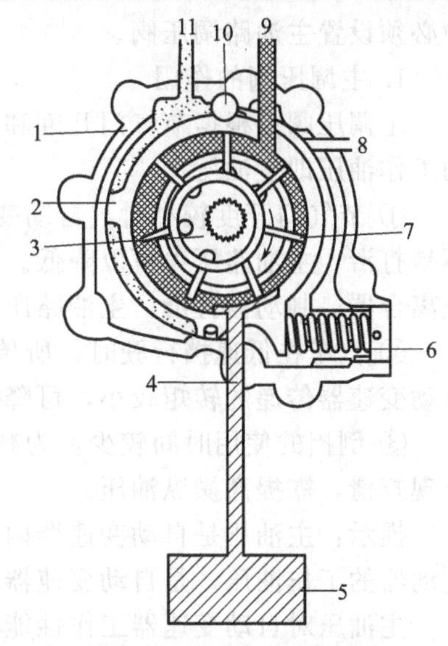

图 5-50　叶片泵的结构

1—泵壳；2—定子；3—转子；4—进油口；5—油滤清器；6—调压弹簧；7—叶片；8—卸压口；9—出油口；10—销轴；11—反馈油道

二、阀体

变速器油从油泵出来后送到阀体。阀体通常位于变速器壳体的下方并由变速器油底壳盖着。打开油底壳，直接看到的阀体称为上阀体，看不见的一侧称为下阀体。而在使用中二者位置正好相反，上阀体在下边，下阀体却在上边。在阀体内部，有一系列的阀和蛇形油路或小的油道。这些蛇形油路将变速器油输送到正确的液压油路以操纵离合器或制动器。上阀体与下阀体之间有一隔板，它是一个带许多小孔的板，小孔将蛇形油路内的变速器油输送到变速器壳中，还用来引导变速器油到正确的零件进行正确操作的特定油孔。阀体中的一系列阀、控制装置和弹簧控制自动变速器的换挡。如图 5-51 所示为一典型阀体。

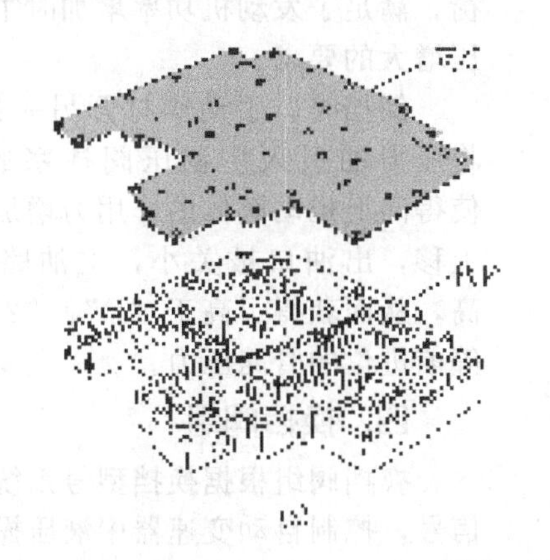

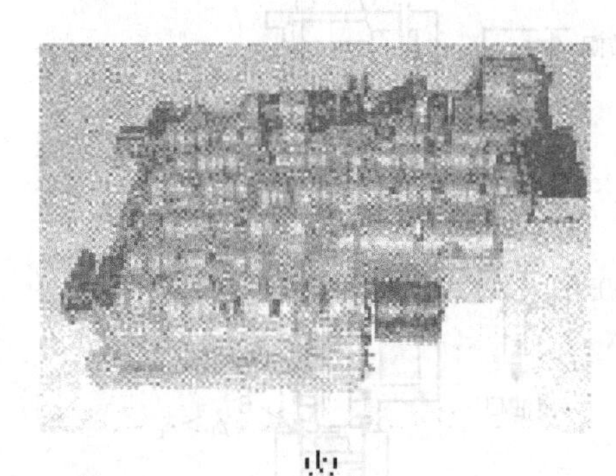

图 5-51　典型阀体

三、主油路调压阀

液压油从油泵输出后，即进入主油路系统，油泵是由发动机直接驱动的，输出流量和压力均受发动机运转状况的影响，变化很大。当主油路压力过高时，会引起换挡冲击和增加功率消耗；而主油路压力过低时，又会使离合器、制动器等执行元件打滑，因此在主油路系统中必须设置主油路调压阀。

1. 主调压阀的作用

主调压阀是根据节气门开度和前进挡及倒挡的变化将油泵油压调整到规定值，形成稳定的工作油压即主油压。

① 节气门开度较小时，自动变速器所传递的转矩较小，执行机构中的离合器、制动器不易打滑，主油路压力可以降低。而当发动机节气门开度较大时，因传递的转矩增大，为防止离合器、制动器打滑，主油路压力要升高。

② 汽车在低速挡行驶时，所传递的转矩较大，主油路压力要高。而在高速挡行驶时，自动变速器传递的转矩较小，可降低主油路油压，以减少油泵运转阻力。

③ 倒挡的使用时间较少，为减小自动变速器尺寸，倒挡执行机构被做得较小，为避免出现打滑，需提高操纵油压。

提示：主油压是自动变速器内最基本、最重要的油压，是自动变速器内所有的离合器、制动器的工作油压，是自动变速器所有其他控制油压的动力源。

主油压对自动变速器工作性能的影响主要表现在：

① 主油压过高，会造成所有挡都有换挡冲击；

② 主油压过低，会造成自动变速器内所有离合器、制动器打滑；

③ 没有主油压，自动变速器为空挡，汽车无法行驶。

2. 主调压阀的工作原理

主油路调压阀通常采用阶梯型滑阀，如图 5-52 所示。它由上部的阀芯、下部的柱塞套筒及调压弹簧组成。在阀门的上部，受到来自油泵的液压力作用；下端则受到柱塞下部来自调压电磁阀所控制的节气门油压力作用，以及调压弹簧的作用力。共同作用的平衡，决定阀体所处的位置。

若油泵压力升高，作用在 A 处向下的液压力大，推动阀体下移，出油口打开，油泵输出的部分油液经出油口排回到油底壳，使工作油压力被调整到规定值。当加速踏板踩下时，发动机转速增加，油泵转速随之加快，由油泵产生的液压力也升高，向下的液压作用力增大。但此时，节气门控制油压也增强，使得向上的作用力也增大，于是主调压阀继续保持平衡，满足了发动机功率增加时主油路油压增大的要求。

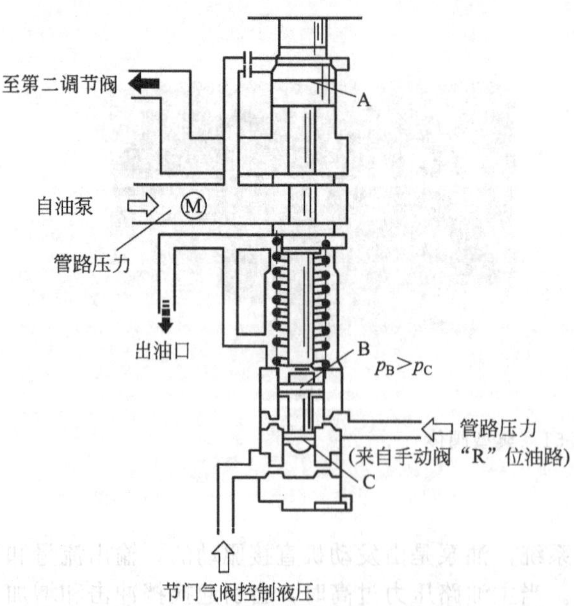

图 5-52　主油路调压阀的工作原理

倒挡时，手动阀打开另一条油路，将压力油引入主调压阀柱塞的 B 腔，使得向上推动阀体的作用力增加，阀芯上移，出油口被关小，主油路压力增高，从而获得了高于“D”、“2”、“L”等前进位的管路压力。

四、换挡阀组

换挡阀组根据换挡型号系统提供的信号，控制自动变速器中液压操纵油路的方向，因此决定不同的挡位。换挡阀组主要由手动阀和换挡阀组成。

1. 手动阀

手动阀是安装于控制系统阀板总成中的多路换向阀，由驾驶室内的自动变速器操纵手柄控制。其作用是根据变速杆位置的不同依次将管路压力油导入相应各挡油路。

图 5-53 为手动阀结构简图，在阀体上有多条油道，一条进油道与液压泵主油路相连，其余为出油道，分别通至“D”、“S”、“L”、“P”和“R”挡位的相应滑阀或直接通往换挡执行元件。

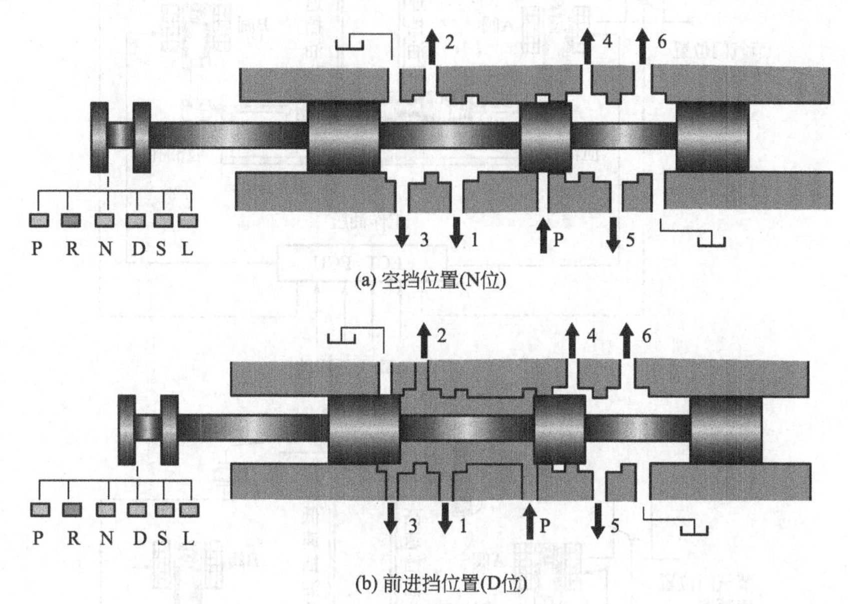

图 5-53　手动阀工作原理示意图

P—主油路；1—前进挡油路；2—二挡油路；3—高挡油路；4—手动二挡油路；5—手动低挡油路；6—倒挡油路

2. 换挡阀

电控自动变速器的升降挡由节气门位置传感器和车速传感器向变速器控制单元提供发动机负荷和车速信号，控制单元通过换挡电磁阀的工作油压操纵换挡阀实现换挡。在“D”位时变速器控制单元根据节气门位置传感器和车速传感器的信号（负荷大降挡，车速高升挡），通过换挡电磁阀进行升降挡控制。

换挡电磁阀对控制阀中的换挡阀进行升降挡的控制见图 5-54。控制单元根据接收到的节气门位置传感器与车速传感器信号，当通过分析判断需要降挡时，控制单元接通换挡电磁阀 A 的负极，电磁阀 A 的柱塞向下移动，堵住泄油孔，一部分主油压经过节流孔进入换挡阀降挡油压一侧，换挡阀向低速挡一侧移动，变速器完成降挡。当通过分析判断需要升挡时，控制单元接通换挡电磁阀 B 的负极，电磁阀 B 的柱塞向下移动，堵住泄油孔，一部分主油压经过节流孔进入换挡阀升挡油压一侧，换挡阀向高速挡一侧移动，变速器完成升挡。

换挡阀的数量比前进挡的数量少一个，四速自动变速器有三个换挡阀，即 1-2 换挡阀、2-3 换挡阀和 3-4 换挡阀。分别由三个换挡电磁阀来控制，并通过三个换挡阀之间油路的互锁作用实现四个挡位的变换。

目前电子控制自动变速器多采用两个电磁阀操纵三个换挡阀的控制方式。这种换挡控制的工作原理如图 5-55 所示。它采用泄压控制的方式。由图中可知，1-2 挡换挡阀和 3-4 挡换挡阀由电磁阀 A 控制，2-3 挡换挡阀则由电磁阀 B 控制。电磁阀不通电时关闭泄油孔，来自手动阀的主油路压力油通过节流孔后作用在各换挡阀右端，使阀芯克服弹簧力左移。电磁阀通电时泄油孔开启，换挡阀右端压力油被泄空，阀芯在左端弹簧力的作用下右移。

图 5-55(a) 为 1 挡，此时电磁阀 A 断电，电磁阀 B 通电，1-2 挡换挡阀阀芯左移，关闭

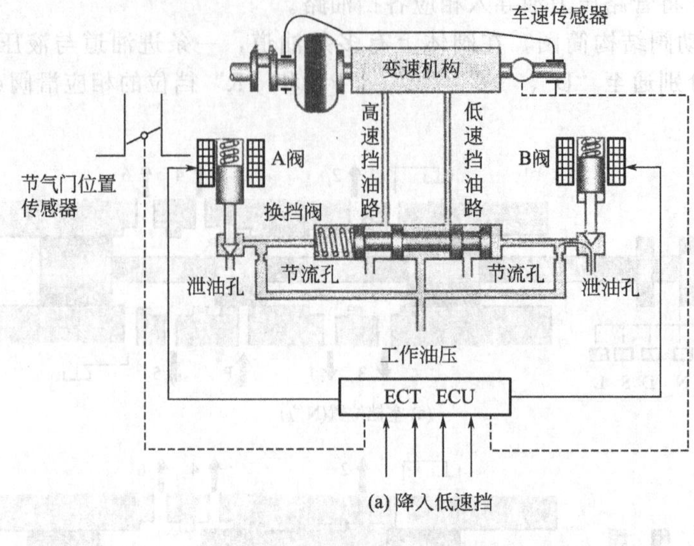

(a) 降入低速挡

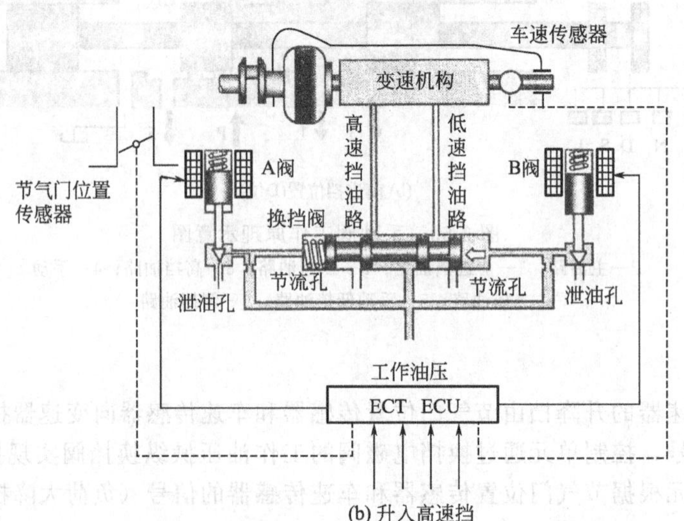

(b) 升入高速挡

图 5-54 换挡电磁阀对控制阀中的换挡阀进行升降挡的控制

2 挡油路；2-3 挡换挡阀阀芯右移，关闭 3 挡油路。同时使主油路油压作用在 3-4 挡换阀阀芯右端，让 3-4 换挡阀阀芯停留在右位。

图 5-55(b) 为 2 挡，此时电磁阀 A 和电磁阀 B 同时通电，1-2 换挡阀右端油压下降，阀芯右移，打开 2 挡油路。

图 5-55(c) 为 3 挡，此时电磁阀 A 通电，电磁阀 B 断电，2-3 挡电磁阀右端油压上升，阀芯左移，打开 3 挡油路。同时使主油路油压作用在 1-2 挡换挡阀左端，并让 3-4 挡换挡阀阀芯左端控制油压泄空。

图 5-55(d) 为 4 挡，此时电磁阀 A 和电磁阀 B 均不通电，3-4 挡换挡阀阀芯右端控制压力上升，阀芯左移，关闭直接挡离合器油路，接通超速制动器油路，由于 1-2 挡换挡阀阀芯左端作用着主油路油压，虽然右端有压力油作用，但阀芯仍然保持在右端不能左移。

五、变矩器锁止离合器控制阀

如前所述，变矩器在某些时候是通过锁止离合器锁止的，以提高传动效率。电控自动变速器的变矩器锁止离合器的工作是由 ECU 控制的。电脑按照设定的控制程序，利用一个电磁阀（称为锁止电磁阀）来操纵锁止离合器控制阀，实现锁止离合器的结合或分离。

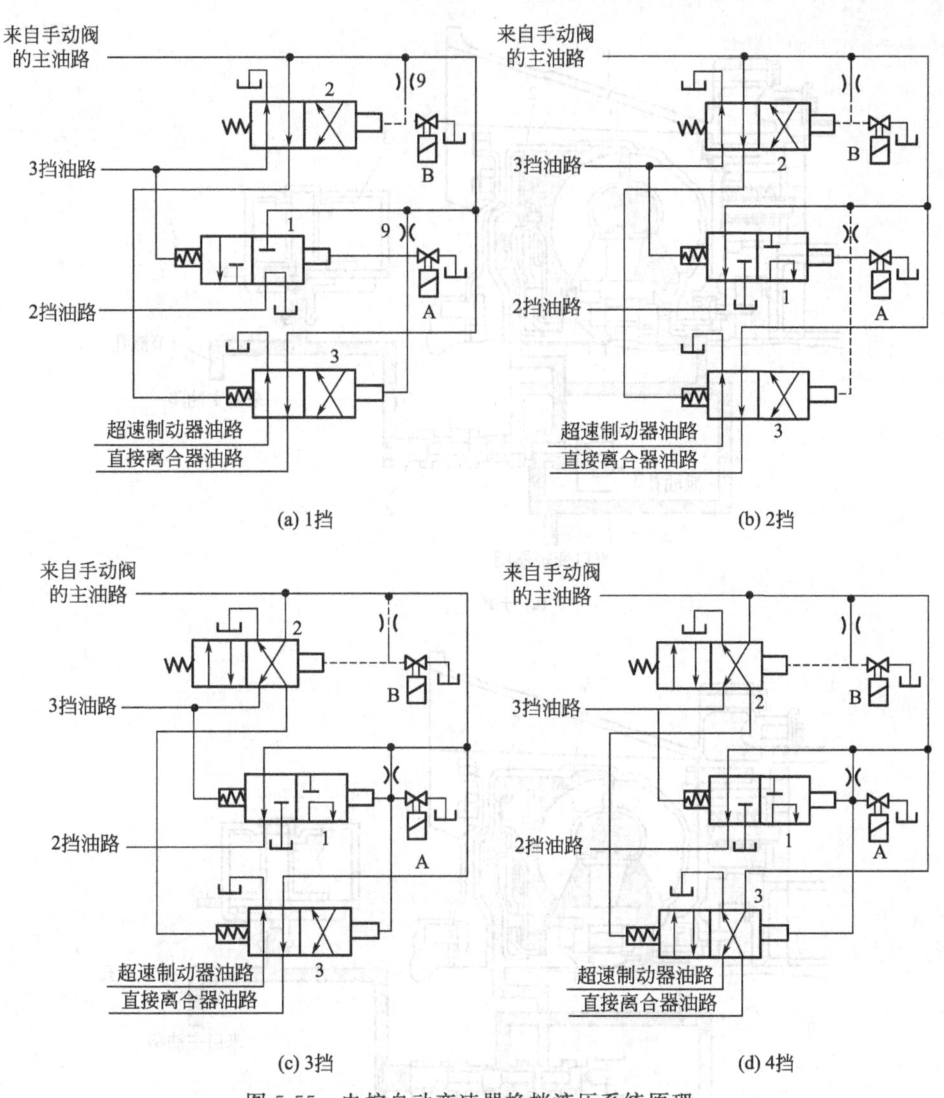

图 5-55　电控自动变速器换挡液压系统原理

A、B—换挡电磁阀；1—1-2 换挡阀；2—2-3 换挡阀；3—3-4 换挡阀

一种电控式自动变速器的锁止电磁阀采用开关式电磁阀，主油路压力油经节流孔作用在闭锁离合器控制阀的右端（图 5-56），闭锁离合器控制阀的左端作用着弹簧力。当车速、节气门开度等因素未达到闭锁条件时，锁止电磁阀不通电，电磁阀的排油孔开启，作用在闭锁离合器控制阀右端的控制油压下降，使阀芯在弹簧的作用下处于右位，来自变矩器阀的压力油经闭锁离合器控制阀同时作用在变矩器内闭锁离合器活塞两侧，从而使闭锁离合器处于分离状态［图 5-56(a)］。当车速、节气门开度等因素满足闭锁条件时，微电脑向锁止电磁阀发出信号，电磁阀排油孔关闭，作用在闭锁离合器控制阀右端的控制油压上升，阀芯在右端控制油压的作用下左移，此时闭锁离合器活塞右侧的变速器油经闭锁离合器控制阀泄压，活塞左侧的变矩器油压将活塞压紧在变矩器壳体上，使闭锁离合器处于接合状态［图 5-56(b)］。

目前在一些新型的电控自动变速器上，锁止电磁阀采用脉冲式电磁阀，ECU 可以利用脉冲电信号占空比大小来调节锁止电磁阀的开度，以控制作用在闭锁离合器控制阀右端的油压，由此调节闭锁离合器控制阀左移时排油孔的开度，从而控制闭锁离合器活塞右侧油压的大小（图 5-57）。当作用在锁止电磁阀上的脉冲电信号的占空比为 0 时，电磁阀关闭，没有

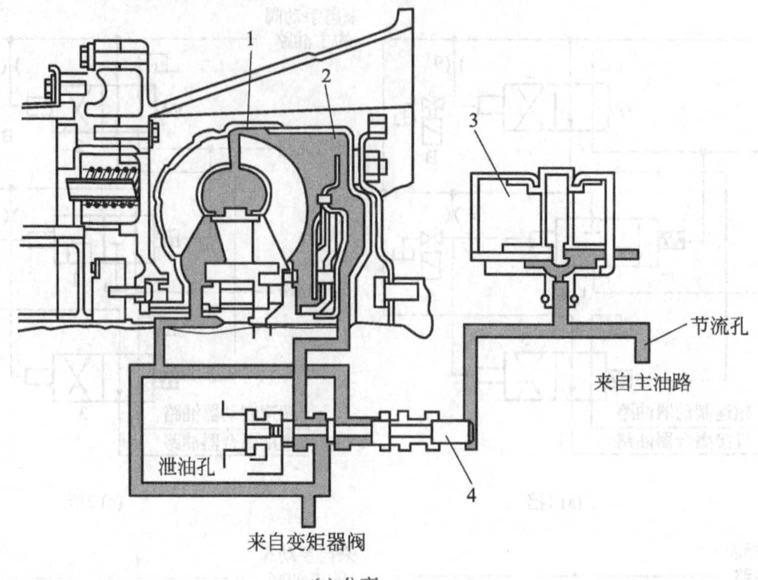

(a) 分离

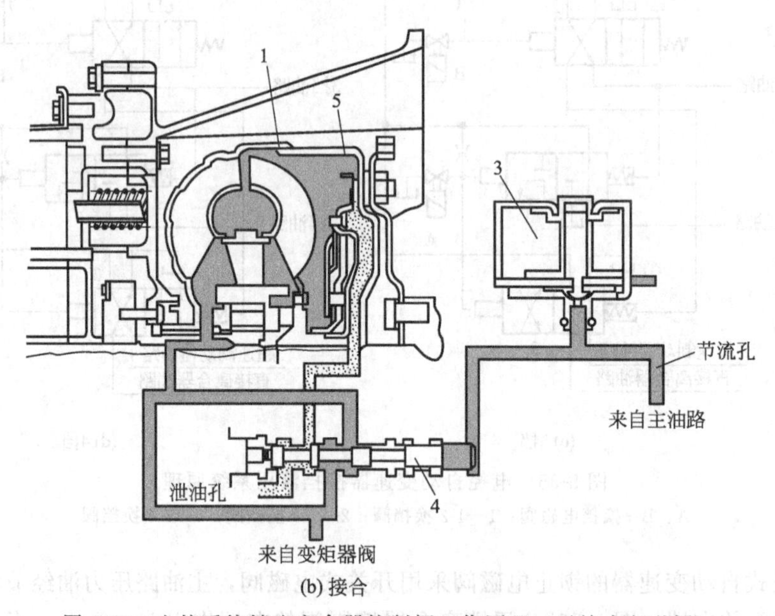

(b) 接合

图 5-56　电控系统锁止离合器控制阀工作原理（开关式电磁阀）

1—变矩器；2—处于分离状态的锁止离合器；3—锁止电磁阀；
4—锁止离合器控制阀；5—处于接合状态的锁止离合器

油压作用在闭锁离合器控制阀右端，此时闭锁离合器活塞左右两侧的油压相同，闭锁离合器处于分离状态；当作用在锁止电磁阀上的脉冲电信号的占空比较小时，电磁阀的开度和作用在闭锁离合器控制阀右端的油压以及闭锁控制阀左移打开的排油孔开度均较小，闭锁离合器活塞左右两侧油压差以及由此而产生的闭锁离合器接合力也较小，使闭锁离合器处于半接合状态。脉冲信号的占空比越大，闭锁离合器左右两侧的油压差以及闭锁离合器的接合力也越大。当脉冲电信号的占空比达到一定数值时，闭锁离合器即可完全接合。这样，微电脑在控制闭锁离合器接合时，可以通过电磁阀来调节其接合速度，让接合力逐渐增大，使接合过程更加柔和。有些车型的自动变速器微电脑还具有滑动锁止控制程序，也就是在汽车的行驶条件已接近但尚未达到闭锁控制程序所要求的条件时，先让闭锁离合磨滑状态（即半接合状

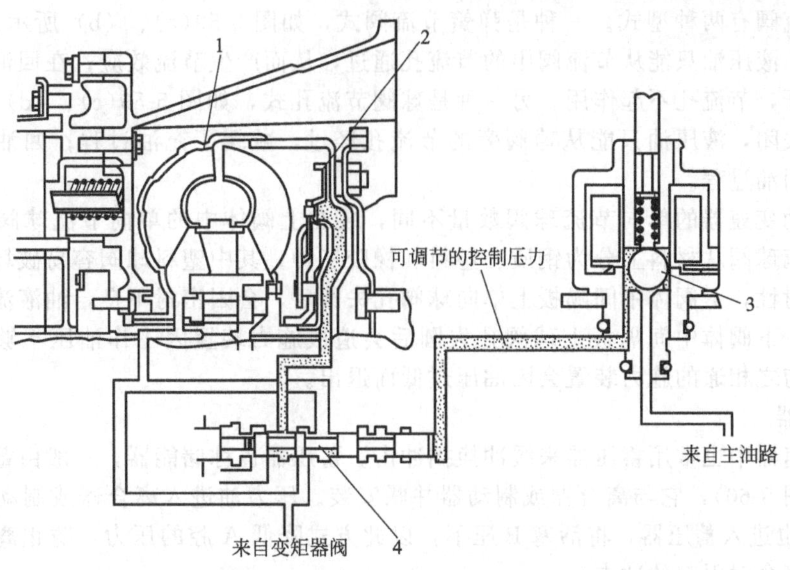

图 5-57　电控系统闭锁离合器控制阀工作原理（脉冲式电磁阀）

1—变矩器；2—锁止离合器；3—脉冲线性式锁止电磁阀（脉冲式电磁阀）；4—锁止离合器控制阀

态），变矩器处于半机械半液力传动工况。

六、安全缓冲系统

液压控制的安全缓冲系统是在换挡瞬间不降低压力情况下通过节流、分流和机械缓冲装置，使离合器和制动器接合速度放缓，避免发生换挡冲击。安全缓冲系统主要由蓄压器和液压阀组成。

1. 阀体中的球阀

阀体中间隔板两侧装有许多球阀，这些球阀按作用不同，分为离合器和制动器的工作油路限压阀、防止换挡冲击的单向节流球阀等。

(1) 工作油路限压阀　如图 5-58 所示为一个单向球阀，是离合器和制动器的工作油路限压阀。其作用是负责保持离合器或制动器液压缸中的主油压，防止自动变速器油在压力较低时流回油底壳，当自动变速器油超过设定压力时，球阀打开泄油。

(2) 单向节流球阀　单向节流阀布置在换挡阀至换挡执行元件之间的油路中，其作用是对流向换挡执行元件的液压油产生节流作用，在换挡执行元件接合时延缓油压增大的速率，以减小换挡冲击。在换挡执行元件分离时，单向节流阀对换挡执行元件的泄油不产生节流作用，以加快泄油过程，使换挡执行元件迅速分离。

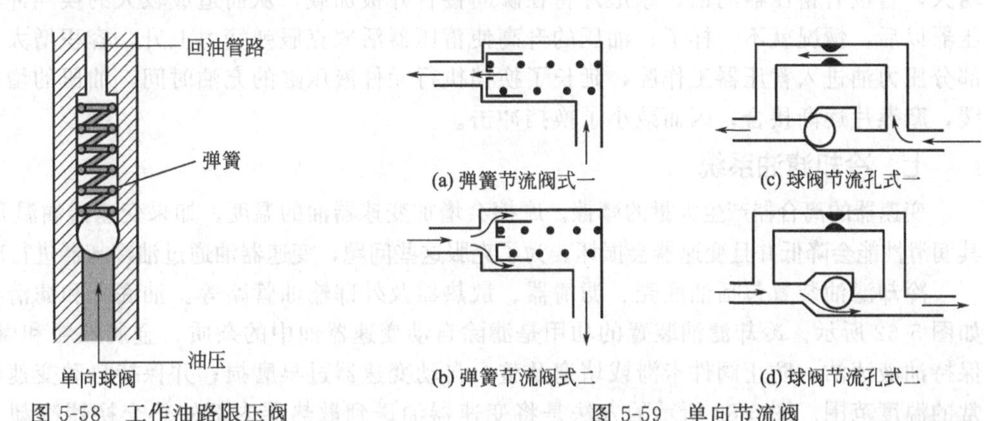

图 5-58　工作油路限压阀　　图 5-59　单向节流阀

单向节流阀有两种型式。一种是弹簧节流阀式，如图 5-59(a)、(b) 所示。在充油时，节流阀关闭，液压油只能从节流阀中的节流孔通过，从而产生节流效应；在回油时，液压油将节流阀推开，节流孔不起作用。另一种是球阀节流孔式，如图 5-59(c)、(d) 所示。在充油时，球阀关闭，液压油只能从球阀旁的节流孔经过，减缓了充油过程；回油时，球阀开启，加快了回油过程。

不同自动变速器的单向节流球阀数量不同，装在上阀体中的单向节流球阀没有回位弹簧。单向节流球阀从材料上分为钢质、塑料和橡胶三种，其中塑料球阀容易破坏铝制中间隔板阀孔的密封性，上阀体中间隔板上单向球阀孔失圆后，会因密封不良，油液流速过快，造成换挡冲击，下阀体中间隔板上球阀孔失圆后会造成施力装置因工作油压不够，而产生打滑，严重时与之相通的施力装置会因油压过低而退出。

2. 蓄压器

自动变速器中也常用蓄压器来缓冲换挡冲击。蓄压器也称储能器，一般由蓄压器活塞和弹簧组成（图 5-60），它与离合器或制动器并联安装。压力油进入离合器或制动器活塞工作腔 A 的同时也进入蓄压器，将活塞 B 压下，以此方式降低 A 腔的压力，防止离合器片或制动器片快速接合时引起的冲击。

图 5-61 所示为一自动变速器中所备有的 3 个蓄压器，分别与 3 个前进挡换挡执行元件的油路相通，对应于各挡动作时起作用。当变速器换挡时，主油路在进入离合器等换挡执行元件的同时也进入蓄压器的活塞下部。在压力油通入执行元件的初期，油压不是很高，主要

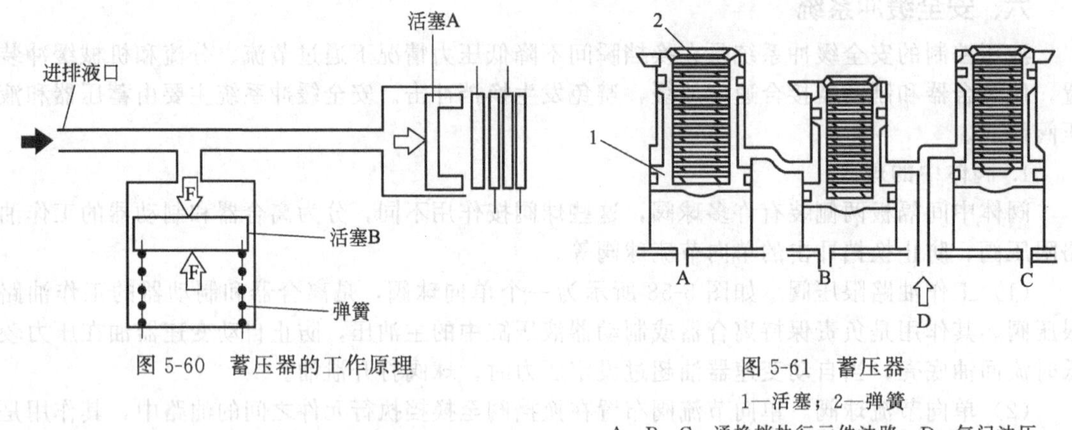

图 5-60　蓄压器的工作原理

图 5-61　蓄压器

1—活塞；2—弹簧

A、B、C—通换挡执行元件油路；D—气门油压

作用是消除离合器、制动器这些执行元件摩擦片间的间隙，使其开始接合。此后，压力迅速增大，若没有蓄压器的话，摩擦片将在瞬间接合并被加载，从而造成较大的换挡冲击。有蓄压器以后，情况就不一样了；油压的升高使蓄压器活塞克服弹簧力上升，容积增大，油路中部分压力油进入蓄压器工作腔，延长了换挡执行元件液压缸的充油时间，油压的增长速度减缓，摩擦片逐渐接合，因而减小了换挡冲击。

七、冷却滤油系统

变速器的离合器产生大量的摩擦。摩擦会增加变速器油的温度。如果变速器油温升得太高，其润滑性能会降低并且变速器会损坏。为了克服这些问题，变速器油通过油冷却器进行冷却。

冷却滤油装置包括油底壳、滤清器、散热器及外部输油管路等。油底壳和滤清器的布置如图 5-62 所示。冷却滤油装置的功用是滤除自动变速器油中的杂质、金属颗粒和摩擦产物，保持油液清洁，防止阀件卡滞或堵塞及整个自动变速器过早磨损；并保持自动变速器油在正常的温度范围。图 5-63 所示的方法是将变速器油送到散热器内部的热交换器冷却（变速器

油的工作温度比发动机冷却液的温度高出大约 5～7℃）。发动机冷却液吸收自动变速器油的热量以冷却 ATF 油。热负荷较大的车辆也可以在散热器的前方装一个 ATF 油辅助外部冷却器。如图 5-64 所示，既有散热器内部的热交换器，又有辅助外部冷却器。

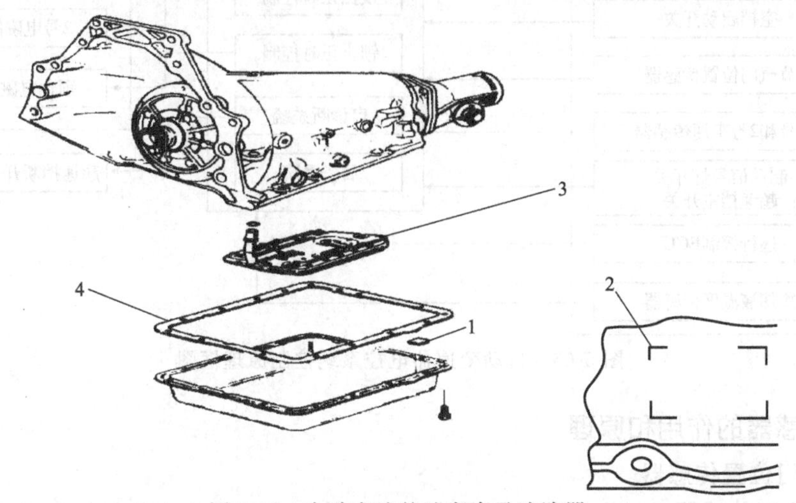

图 5-62　自动变速的油底壳及滤清器

1—磁铁；2—油底壳上用来安放磁铁的凹槽；3—滤清器；4—油底壳密封垫

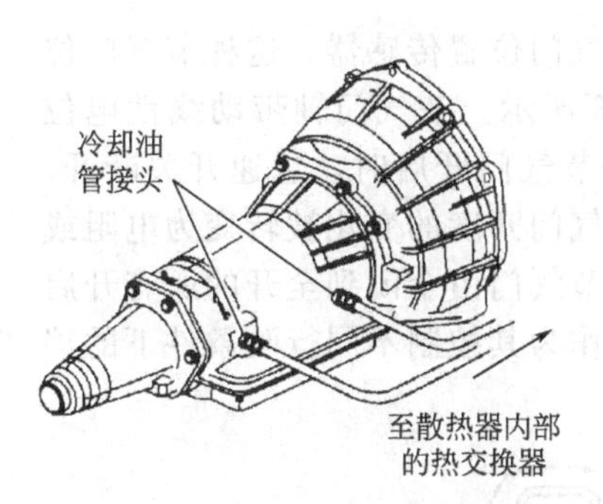

图 5-63　冷却油管引导变速器油至散热器内部的热交换器

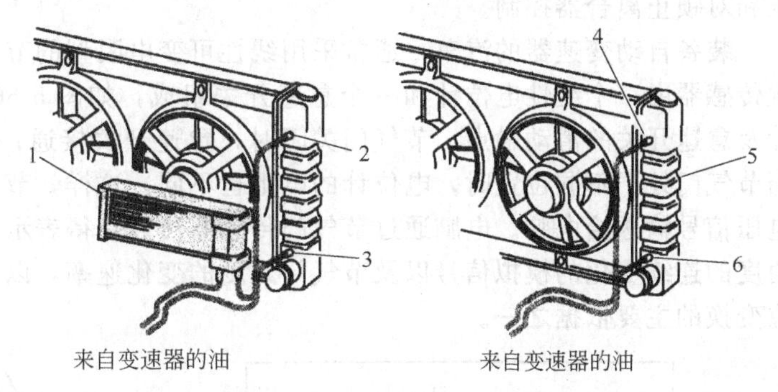

图 5-64　用于 ATF 油冷却的外部热交换器的两种形式

1—辅助外部冷却器；2—进油口接头；3—出油口接头；4—进油口接头；5—内部热交换器；6—出油口接头

第五节　自动变速器的电子控制系统

目前新款轿车多采用电子控制自动变速器，自动变速器电子控制系统主要由传感器、执行器及电子控制单元（ECU）三大部分组成。

传感器部分主要包括节气门位置传感器、车速传感器、发动机转速传感器、输入轴转速传感器、冷却液温度传感器、ATF 油温传感器、空挡启动开关、强制降挡开关、制动灯开关、模式选择开关、O/D 开关等。

执行器部分主要包括各种电磁阀和故障指示灯等。

ECU 主要完成换挡控制、锁止离合器控制、油压控制、故障诊断和失效保护等功能。

电控单元是整个控制系统的控制中心，它通过检测节气门开度和车速、发动机转速、控制开关信号等参数，按照特定的处理程序处理这些数据，并发出相应的控制信号，控制各种电磁阀的工作，使各种液压阀动作，用液压油驱动离合器、制动器、锁止离合器、单向离合器等执行机构，实现对自动变速器的自动换挡等控制，其控制原理框图如图 5-65 所示。

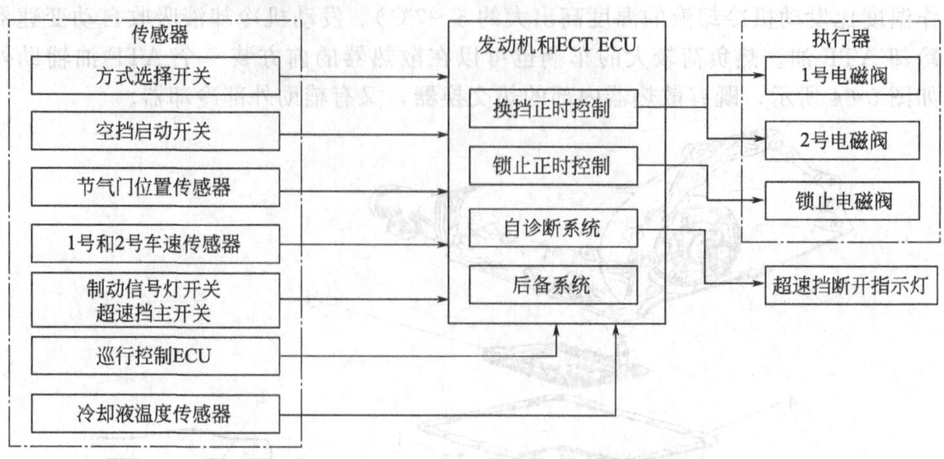

图 5-65　自动变速器电控系统控制原理框图

一、传感器的作用和原理

1. 节气门位置传感器

节气门位置传感器是一个电位计，装在节气门体上，用于检测节气门开度的大小，并将数据传送给电脑，电脑根据此信号判断发动机负荷，从而控制自动变速器的换挡、调节主油压和对锁止离合器控制。

装备自动变速器的汽车，通常采用线性可变电阻型的节气门位置传感器。这种节气门位置传感器由一个线性电位计和一个怠速开关组成，如图 5-66 所示。节气门轴带动线性电位计及怠速开关的滑动触点。节气门关闭时，怠速开关接通；节气门开启时，怠速开关断开。当节气门处于不同位置时，电位计的电阻也不同。这样，节气门开度的变化被转变为电阻或电压信号输送给电脑。电脑通过节气门传感器可以获得表示节气门由全闭到全开的所有开启角度的连续变化的模拟信号以及节气门开度的变化速率，以作为其控制不同行驶条件下的挡位变换的主要依据之一。

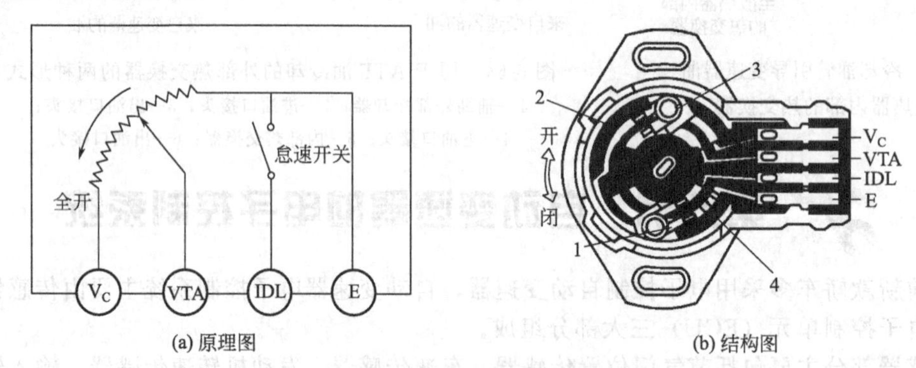

图 5-66　节气门位置传感器的结构与原理

1—怠速信号触点；2—电阻器；3—节气门开度信号触点；4—绝缘体

2. 车速传感器（VSS）

车速传感器用于检测自动变速器输出轴转速，自动变速器 ECU 根据车速传感器输入的信号计算出车速，并以此信号控制自动变速器的换挡和锁止离合器的锁止。

常见的车速传感器有电磁式、舌簧开关式、光电式三种形式。一般自动变速器装有两个车速传感器，分为 1 号和 2 号传感器。2 号车速传感器一般为电磁式的，它装在变速器输出轴附近的壳体上，为主车速传感器，1 号车速传感器一般为舌簧开关式的，为副车速传感器，它装在车速表的转子附近，负责车速的传输，它同时也是 2 号车速传感器的备用件，当 2 号车速传感器失效后，由 1 号车速传感器代替工作。

下面以常见的电磁式车速传感器为例介绍其结构、原理和检修。

电磁式车速传感器主要由永久磁铁、电磁感应线圈、转子等组成，如图 5-67(a) 所示。转子一般安装在变速器输出轴上，永久磁铁和电磁感应线圈安装在变速器壳体上，如图5-68所示。当输出轴转动，转子也转动，转子与传感器之间的空气间隙发生周期性变化，使电磁感应线圈中磁通量也发生变化，从而产生交流感应电压，如图 5-67(b) 所示，并输送给电脑。交流感应电压随着车速（输出轴转速）具有两个响应特性，一是随着车速的增加，交流感应电压增高，二是随着车速的增加，交流感应电压脉冲频率也增加。电脑是根据交流感应电压脉冲频率大小计算车速，并以此控制自动变速器的换挡。

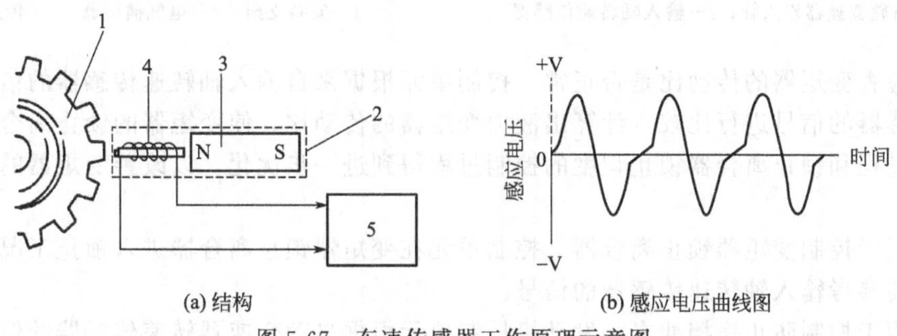

(a) 结构　　(b) 感应电压曲线图

图 5-67　车速传感器工作原理示意图

1—停车锁止齿轮；2—车速传感器；3—永久磁铁；4—感应线圈；5—电脑

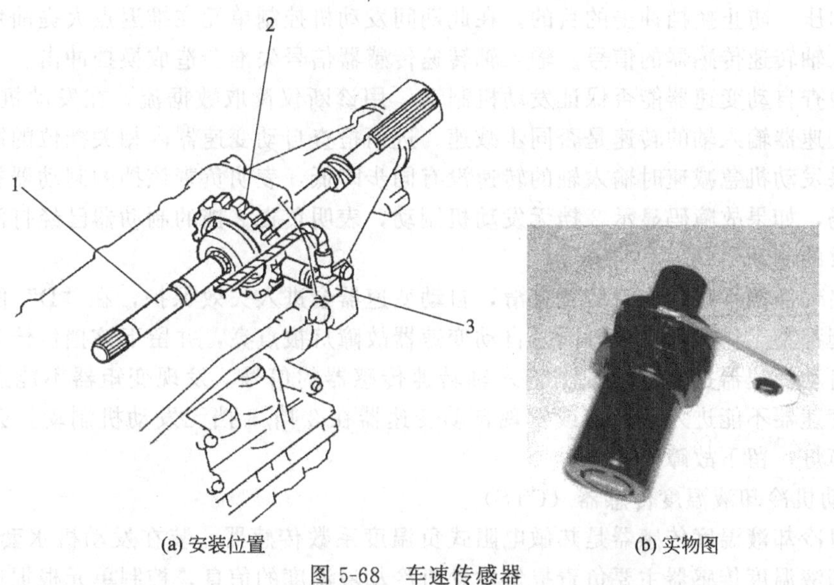

(a) 安装位置　　(b) 实物图

图 5-68　车速传感器

1—输出轴；2—停车锁止齿轮；3—车速传感器

3. 输入轴转速传感器

输入轴转速传感器的结构、工作原理与车速传感器相同。它安装在行星齿轮变速器的输入轴或与输入轴连接的离合器毂附近的壳体上（见图 5-69、图 5-70）。输入轴转速传感器的主要作用如下。

(1) 检查自动变速器各个挡位的传动比是否正常　输入轴转速传感器和车速传感器(VSS) 一起检测自动变速器各个挡位的传动比是否正常。控制单元掌握了挡位和发动机负荷的信号，然后根据自动变速器输入轴和输出轴的转速差和储存的数据对比，即可判断该挡位负责连接和固定作用的离合器和制动器是否打滑。

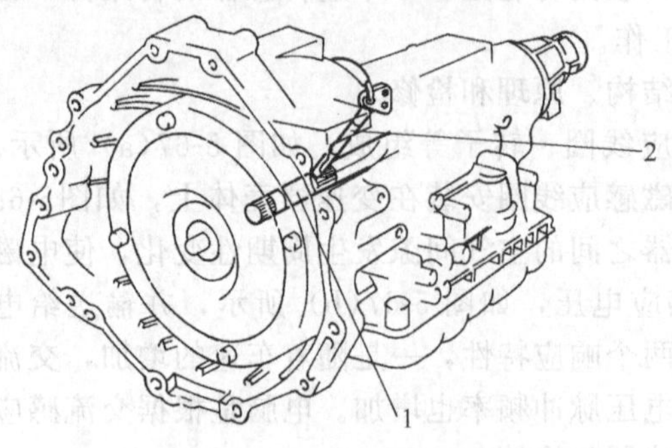

图 5-69 输入轴转速传感器
1—行星齿轮变速器输入轴；2—输入轴转速传感器

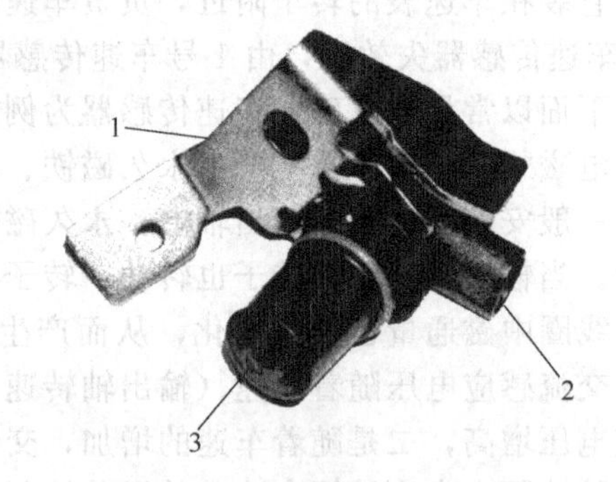

图 5-70 输入轴转速传感器实物
1—安装支架；2—电气插接器；3—传感器

（2）检查变矩器的传动比是否正常　控制单元根据来自输入轴转速传感器的信号和发动机转速传感器的信号进行比较，计算出液力变矩器的传动比，使变矩器的锁止离合器的锁止油压控制过程和锁止离合器锁止程度的控制过程得到进一步优化，以改善变矩器的锁止工况的平顺性。

（3）用于控制变矩器锁止离合器　控制单元在变矩器锁止离合器进入锁止工况时机的控制时，也要参考输入轴转速传感器的信号。

（4）用于控制防止换挡冲击　发动机控制单元根据自动变速器转速传感器的信号在自动变速器换挡的瞬间会推迟点火提前角，通过降低换挡瞬间发动机的输出转矩，达到降低油泵油压和主油压，防止换挡冲击的目的。在此期间发动机控制单元在推迟点火提前角过程中也要参考输入轴转速传感器的信号。输入轴转速传感器信号失准会造成换挡冲击。

（5）检查自动变速器能否保证发动机制动　用诊断仪读取数据流，在发动机急减速时，检查自动变速器输入轴的转速是否同步减速，进而检查自动变速器内相关挡位的制动器是否打滑。如果发动机急减速时输入轴的转速没有同步降低，表明负责该挡的制动器打滑。或者读取故障码，如果故障码显示 2 挡无发动机制动，表明负责 2 挡的制动器已经打滑，必须马上更换失效的制动器。

如果出现换挡不顺，施力装置打滑，自动变速器会进入失效保护，在“D”位上只有各换挡电磁阀都不工作的那个挡，同时自动变速器故障灯被点亮，并留下该挡位传动比不对的故障码。自动变速器控制单元根据输入轴转速传感器的信号，发现变矩器不能进入锁止工况，自动变速器不能进入超速挡或发现自动变速器在 2 挡/3 挡无发动机制动，会点亮自动变速器故障灯，留下故障码。

4. 发动机冷却液温度传感器（CTS）

发动机冷却液温度传感器是热敏电阻式负温度系数传感器，装在发动机水套出液口处。发动机冷却液温度传感器主要负责提供发动机冷却液温度的信息，控制单元根据这些信息对变矩器锁止和自动变速器进入超速挡的时机进行控制。

发动机冷却液温度达到 56～65℃以上时，变矩器才能进入锁止；冷却液温度达到 70℃以上时自动变速器才能升入 4 挡。发动机冷却液温度传感器的实际电阻值与规定电阻值有差异时，会导致不良后果。如因传感器自身故障，或线束端子接触不良，造成电阻值过高时，会造成变矩器不能进入锁止，自动变速器不能升入 4 挡。如果冷却液温度传感器出现故障，发动机 ECU 会自动将冷却液温度设定为 80℃，以便发动机和自动变速器可以工作。

冷却液温度传感器一般都是一个负温度系数的热敏电阻，即温度升高，电阻下降。如图 5-71 所示，发动机 ECU 在 THW 端子接收到一个与冷却液温度成正比的电压，从而得到冷却液温度信号。

5. 自动变速器油温度传感器

自动变速器油温传感器都是热敏电阻式负温度系数传感器，装在控制阀上（见图5-72），当自动变速器油温达到 132～150℃（不同车型在温度上略有差异）时自动变速器控制单元进入失效保护。

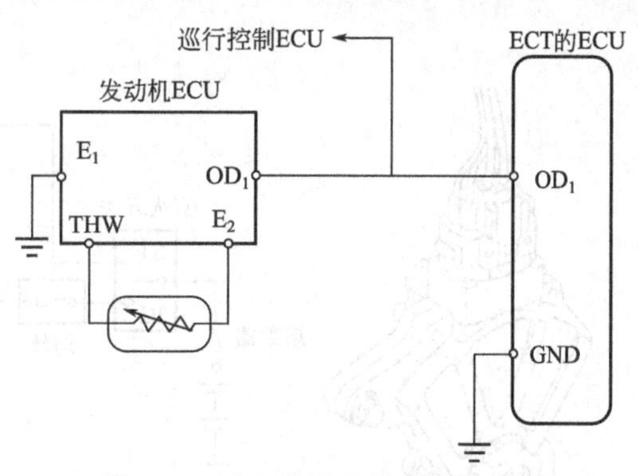

图 5-71　冷却液温度传感器线路图

① 变矩器先进锁止工况，进入锁止工况20～30s 后，如果油温仍不下降，变矩器解除锁止。

② 在变矩器解除锁止的同时，自动变速器退出超速挡。

③ 自动变速器的升挡点会严重滞后。

④ 大众自动变速器油温过高时，自动变速器还会再自动降一个挡位，以避免因离合器或制动器打滑而造成摩擦片烧蚀。

自动变速器油温传感器的实际电阻值与规定电阻值有差异时，也会导致不良后果。如因传感器或线束短路时，或线束端子接触不良，造成电阻值过低时，控制单元会错误地认为自动变速器油温过高（明明自动变速器油温正常，数据流却显示自动变速器油温超过150℃），造成变矩器不能进入锁止，自动变速器升挡点严重滞后，而且不能升入超速挡。自动变速器油温过低时，自动变速器控制单元会根据自动变速器油温传感器的信号不让变矩器进入锁止工况。发动机控制单元在换挡瞬间推迟点火提前角过程中也要参考自动变速器油温传感器的信号。

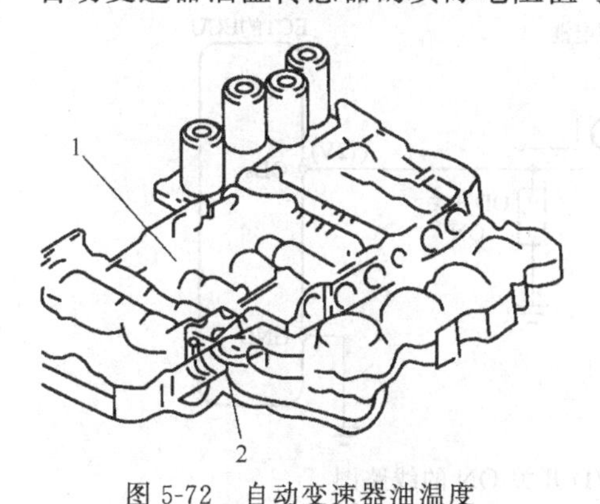

图 5-72　自动变速器油温度传感器的安装位置

1—阀板；2—自动变速器油温度传感器

6. 空挡启动开关

空挡开关装在自动变速器的上边或右侧。空挡开关又叫自动变速器挡位传感器或叫多功能开关，包含一组作用如同分压器的电阻器。由一个随换挡摇臂轴旋转的活动触头（活动触头和点火开关相连）和“P”位、“R”位、“N”位、“D”位及手动挡的固定触头组成（每个选位上有一个固定触头和自动变速器控制单元相连），其中在“P”位和“N”位各多设一个启动触头（和启动开关相连）。“R”位多设一个倒车灯触头（和倒车灯开关相连）。

空挡启动开关有两个功用，一是感知变速杆位置并将此状态信号送给自动变速器 ECU，二是保证只有变速杆置于 P 或 N 位才能启动发动机。

如图 5-73 所示，当变速杆置于不同的挡位时，仪表盘上相应的挡位指示灯会点亮。当 ECU 的端子 N、2 或 L 与端子 E 接通时，ECU 便分别确定变速器位于 N、2 或 L 位，否则，ECU 便确定变速器位于 D 位。只有当变速杆置于 P 或 N 位时，端子 B 与 NB 接通，才能给启动机通电，使发动机启动。

7. 超速挡控制开关

超速挡开关（O/D 开关）安装在自动变速器的变速杆上（见图 5-73），由驾驶员操作控制，可以使自动变速器有或没有超速挡。

如图 5-74 所示，当按下 O/D 开关（ON），O/D 开关的触点实际为断开，此时 ECU 的

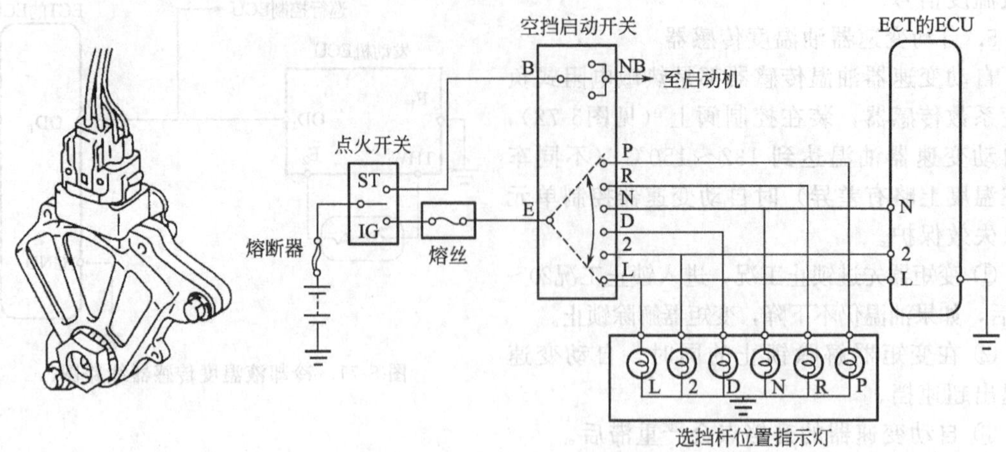

图 5-73　空挡启动开关线路图

OD_2 端子的电压为 12V，自动变速器可以升至超速挡，且 O/D OFF 指示灯不亮。

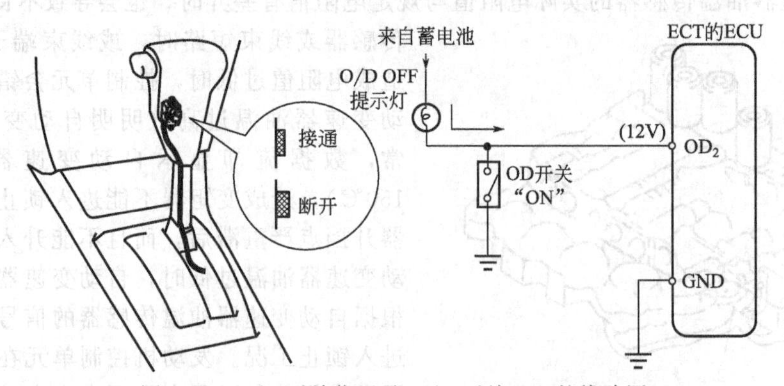

图 5-74　O/D 开关位置及 O/D 开关 ON 的线路图

如图 5-75 所示，当再次按下 O/D 开关，O/D 开关会弹起（OFF），O/D 开关的触点实际为闭合，此时 ECU 的 OD_2 端子的电压为 0V，自动变速器不能升至超速挡，且 O/D OFF 指示灯点亮。

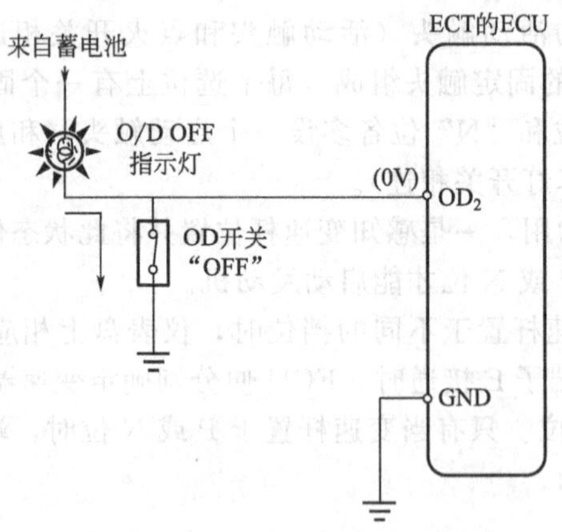

图 5-75　O/D 开关 OFF 的线路图

8. 模式选择开关

模式选择开关又称程序选择开关，用于选择变速器控制模式。模式选择开关一般安装在操纵手柄旁边，常见的模式选择开关有常规模式（Normal）、动力模式（Power）、经济模式（Economy）、雪地模式（Snow）。自动变速器 ECU 根据所选择的行驶模式执行不同的换挡程序，控制换挡和锁止正时。如选择动力模式，自动变速器会推迟升挡，以提高动力性，而选择经济模式，自动变速器会提前升挡，以提高经济性，常规模式介于二者之间。

图 5-76 所示为常见的具有常规和动力两种模式的模式选择开关线路图，当开关接通 NORM（常规模式），仪表盘上 NORM 指示灯点亮，同时自动变速器 ECU 的 PWR 端子的电压为 0V，ECU 从而知道选择了常规模式。当开关接通 PWR（动力模式），仪表盘上 PWR 指示灯点亮，同时自动变速器 ECU 的 PWR 端子的电压为 12V，ECU 从而知道选择了动力模式。

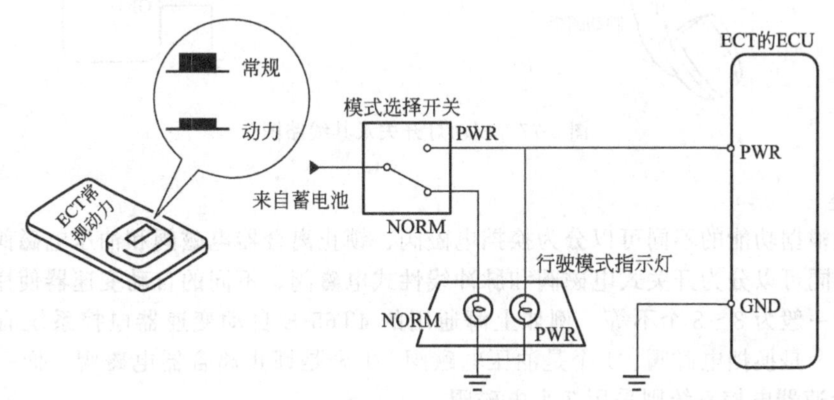

图 5-76　模式选择开关及其线路图

9. 手动模式开关的作用

(1) 通过换挡电磁阀进行增减挡控制　手动、自动一体的自动变速器和普通的自动变速器的控制阀和传动系统上并没有明显的变化，只是在换挡手柄的一侧装有手动模式开关，即增/减挡开关，位于换挡选位的外侧。

小提示：自动变速器控制单元根据增/减挡开关的信号通过换挡电磁阀对换挡滑阀进行增挡或减挡控制。

(2) 根据实际需要选择合适的起步挡位　汽车正常行驶的条件是牵引力大于或等于行驶阻力，小于附着力。在附着力较差的路面上起步时利用手动模式开关选择 2 挡或 3 挡起步，可保证顺利起步。

10. 制动灯开关

制动灯开关用以判断制动踏板是否踩下。如果踩下，则该开关便将信号输给电控单元，以解除锁止离合器的结合，防止突然制动时发动机熄火。

如图 5-77 所示，制动灯开关安装在制动踏板支架上。当踩下制动踏板，开关接通，ECU 的 STP 端子电压为 12V；当松开制动踏板，开关断开，STP 端子电压为 0V。ECU 根据 STP 端子的电压变化了解制动踏板的工作情况。

11. 强制降挡开关

强制降挡开关安装在节气门拉索上，当节气门开度达到一定值时，此开关闭合，这表示驾驶员要求较高的动力，变速器控制 ECU 接到此信号后，将降低一个挡位。

二、执行器

电控自动变速器的执行器主要是指各种电磁阀，其功用是根据变速器 ECU 的指令接通、切断或部分接通、切断液压回路，以实现自动变速器的换挡、变矩器锁止、主油压调节、发动机制动等内容的控制。

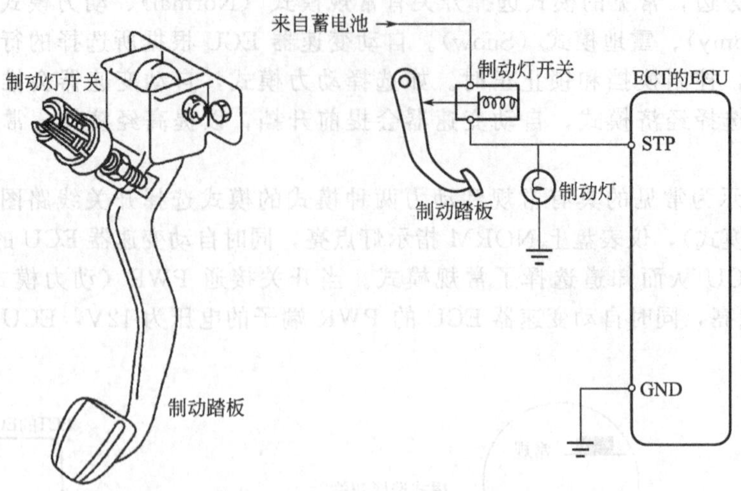

图 5-77　制动灯开关及其线路图

1. 分类

电磁阀根据功能的不同可以分为换挡电磁阀、锁止离合器电磁阀和油压电磁阀。根据工作原理的不同可以分为开关式电磁阀和脉冲线性式电磁阀。不同的自动变速器使用的电磁阀数量不同，一般为 3～8 个不等。例如上海通用的 4T65-E 自动变速器电控系统有 4 个电磁阀，其中 2 个是换挡电磁阀、1 个是油压电磁阀、1 个是锁止离合器电磁阀。而一汽大众的 01M 自动变速器电控系统则采用 7 个电磁阀。

绝大多数换挡电磁阀是采用开关式电磁阀，油压电磁阀是采用脉冲线性式电磁阀，而锁止离合器电磁阀采用开关式的和脉冲线性式的都有。

2. 开关式电磁阀

开关式电磁阀的作用是开启或关闭液压油路，通常用于控制换挡阀及变矩器锁止控制阀的工作。

开关式电磁阀由电磁线圈、衔铁、回位弹簧、阀芯和阀球所组成，如图 5-78 所示。它有两种工作方式。一种是让某一条油路保持油压或泄空，如图 5-78(a) 及图 5-79 所示，即当电磁线圈不通电时，阀芯被油压推开，打开泄油孔，该油路的液压油经电磁阀泄空，油路压力为零；当电磁阀线圈通电时，电磁阀使阀芯下移，关闭泄油孔，使油路油压上升。另一种是开启或关闭某一条油路，即当电磁线圈不通电时，油压将阀芯推开，阀球在油压作用下关闭泄油孔，打开进油孔，使主油路压力油进入控制油道，如图 5-78(b) 所示；当电磁线圈通电时，电磁力使阀芯下移，推动阀球关闭进油孔，打开泄油孔，控制油道内的压力油由泄油孔泄空，如图 5-78(c) 所示。

典型的换挡电磁阀实物如图 5-79 所示。

换挡电磁阀控制换挡阀的工作原理图参见图 5-54。当换挡手柄位于“D”位时，控制单元根据节气门位置传感器的信号和车速传感器的信号给换挡电磁阀指令，由换挡电磁阀操纵换挡阀进行自动变速器的升挡和降挡。换挡阀两侧各装有一个换挡电磁阀，当一侧换挡电磁阀通电，关闭泄油孔建立起工作油压时，另一侧换挡电磁阀不通电，处于泄压状态，于是换挡阀向不通电的电磁阀一侧移动，自动变速器完成换挡。换挡阀有弹簧的一侧为降挡，没有弹簧的一侧为升挡。

开关式电磁阀是两位两通电磁阀，工作频率较低，所以电阻值相对较高。丰田公司自动变速器中所有的电磁阀的电阻值都是 11～15Ω，大众公司的换挡开关式电磁阀为 56～65Ω，

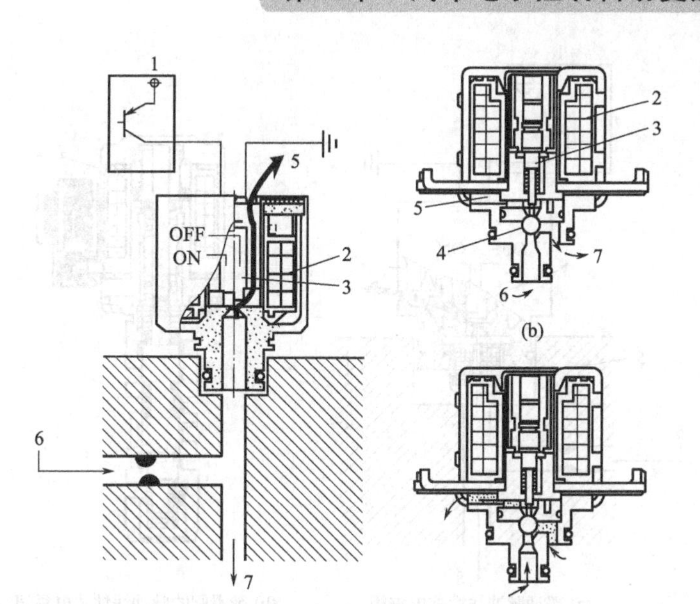

图 5-78 开关式电磁阀

1—电脑；2—电磁线圈；3—衔铁和阀芯；4—阀球；5—泄油孔；6—主油道；7—控制油道

其余公司自动变速器的换挡开关式电磁阀的电阻值通常为 20～30Ω。

3. 脉冲线性式电磁阀

脉冲线性式电磁阀的结构与电磁式相似，也是由电磁线圈、衔铁、阀芯或滑阀等组成，如图 5-80 所示。它通常用来控制油路中的油压。当电磁线圈通电时，电磁力使阀芯或滑阀开启，液压油经泄油孔排出，油路压力随之下降。当电磁线圈断电时，阀芯或滑阀在弹簧弹力的作用下将泄油孔关闭，使油路压力上升。和开关式电磁阀的不同之处在于脉冲线性式电磁阀的电压信号是一个固定频率的脉冲信号。电磁阀在脉冲电信号的作用下不断反复地开启和关闭泄油孔，ECU 通过改变每个脉冲周期内电流接通和断开的时间比率(即占空比，变化范围为 0%～100%)，改变电磁阀开启和关闭时间的比率，来控制油路的压力。占空比越大，经电磁阀泄出的液压油越多，油路压力就越低；反之，占空比越小，油路压力就越大。图 5-81 所示为脉冲线性式电磁阀控制的主油路调压阀工作原理。

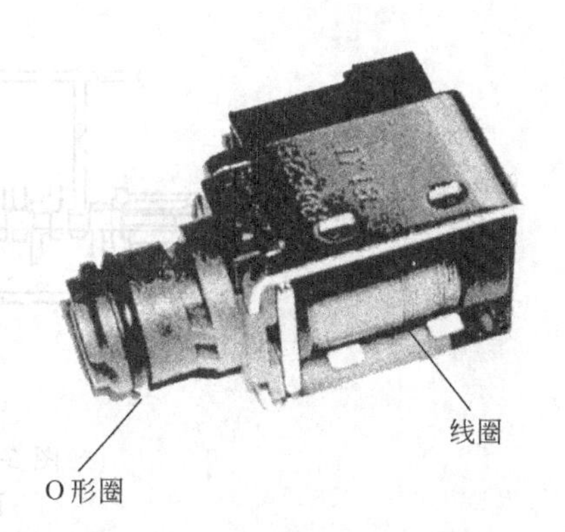

图 5-79 典型的换挡电磁阀

脉冲线性式电磁阀一般安装在主油路或蓄压器背压油路上，ECU 通过这种电磁阀在自动变速器升挡或降挡的瞬间使油压下降，进一步减少换挡冲击，使挡位的变换更加平顺。

三、电子控制单元

电子控制单元英文缩写为 ECU，俗称电脑。电控自动变速器可以使用独立的 ECU，也可与发动机电子控制燃油喷射系统共用一个 ECU（发动机和变速器 ECU）。电子控制单元是电控自动变速器电子控制系统的控制中心，它由电源、输入电路、信号转换器、微机和输出电路等组成。

自动变速器电子控制单元通常有以下控制功能。

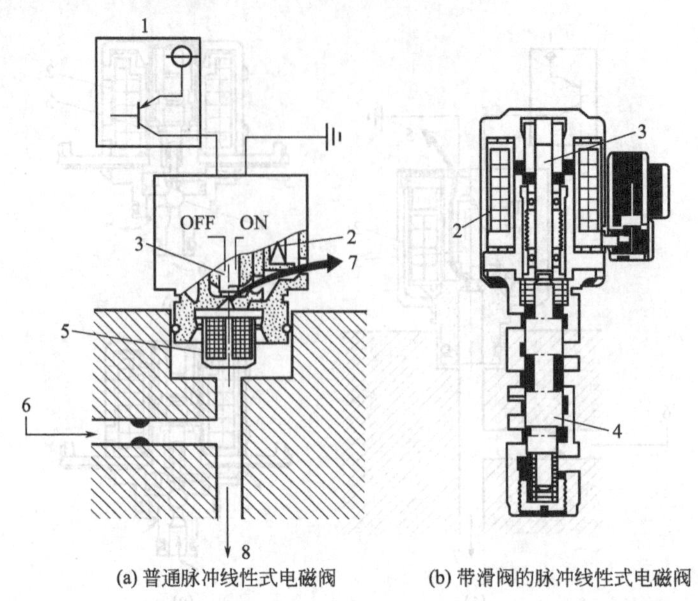

(a) 普通脉冲线性式电磁阀　　(b) 带滑阀的脉冲线性式电磁阀

图 5-80　脉冲线性式电磁阀

1—ECU；2—电磁线圈；3—衔铁和阀芯；4—滑阀；5—滤网；6—主油道；7—泄油孔；8—控制油道

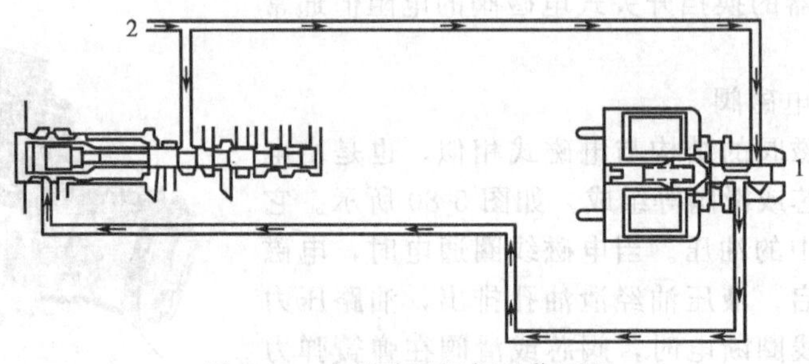

图 5-81　主油路调压阀工作原理

1—调压电磁阀；2—主油路压力油

1. 换挡控制

换挡控制即换挡时刻控制，是电控自动变速器电子控制单元最基本的控制内容。汽车在某个特定工况下都有一个与之对应的最佳的换挡时机或换挡车速，ECU应使自动变速器在汽车任何行驶条件下都按最佳换挡时刻进行换挡，从而使汽车的动力性和燃料经济性等各项指标达到最优。

汽车的最佳换挡车速主要取决于汽车行驶时的节气门开度。不同节气门开度下的最佳换挡车速可以用自动换挡图来表示，如图 5-82 所示。

节气门开度越小，汽车的升挡车速和降挡车速越低；反之，节气门开度越大，汽车的升挡车速和降挡车速越高。这种换挡规律十分符合汽车的实际使用要求。例如，当汽车在良好的路面上缓慢加速时，行驶阻力较小，油门开度也小，升挡车速可相应降低，即可以较早地升入高挡，从而让发动机在较低的转速范围内工作，减少汽车油耗；反之，当汽车急加速或上坡时，行驶阻力较大，为保证汽车有足够的动力，油门开度应较大，换挡时刻相应延迟，也就是升挡车速相应提高，从而让发动机工作在较高的转速范围内，以发出较大的功率，提高汽车的加速和爬坡能力。

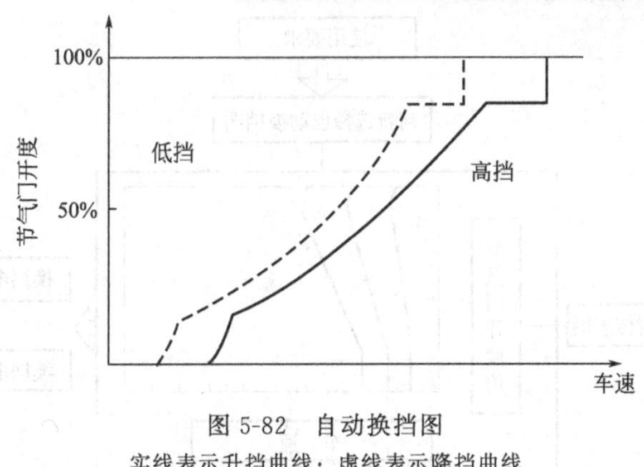

图 5-82　自动换挡图

实线表示升挡曲线；虚线表示降挡曲线

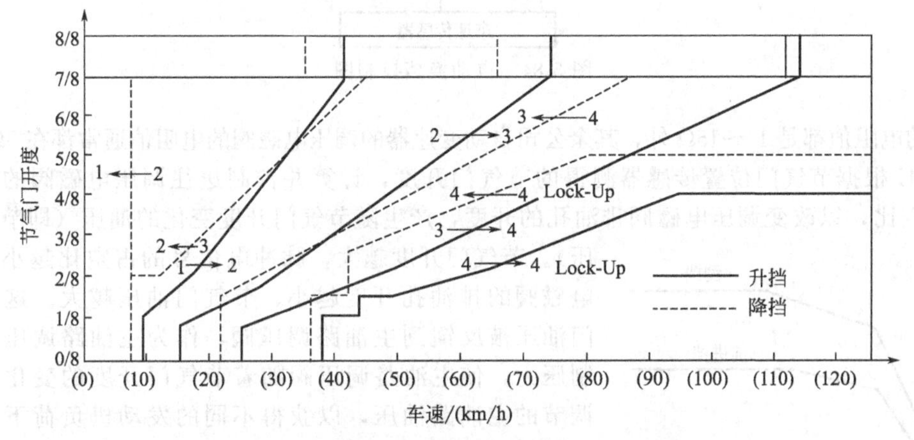

图 5-83　典型四挡自动变速器的自动换挡图

如图 5-83 所示为典型四挡自动变速器的自动换挡图，其具有如下特点：

① 随着节气门开度增加，升挡或降挡车速增加。以 2 挡升 3 挡为例，当节气门开度为 2/8 时，升挡车速为 35km/h，降挡车速为 12km/h。当节气门开度为 4/8 时，升挡车速为 50km/h，降挡车速为 25km/h。

② 升挡车速高于降挡车速，以免自动变速器在某一车速附近频繁升挡、降挡而加速自动变速器的磨损。

汽车的行驶条件多变，在不同的条件下对汽车的使用要求也有所不同。当汽车自动变速器的变速杆或模式开关处于不同位置时，要求其换挡规律也应作相应的调整。ECU 将汽车在不同使用要求下的最佳换挡规律以自动换挡图的形式储存在存储器中。在汽车行驶中，ECU 根据挡位开关和模式开关的信号从存储器内选择出相应的自动换挡图，再将车速传感器和节气门位置传感器测得的车速、节气门开度与自动换挡图进行比较，根据比较结果，在达到设定的换挡车速时，ECU 向换挡电磁阀发出电信号，以实现挡位的自动变换，如图 5-84所示。

四挡自动变速器控制系统换挡电磁阀通常有 2 个或 3 个，控制系统借助这些换挡电磁阀开启和关闭（通电或断电）的不同组合来控制油路，以组成不同的挡位。不同车型自动变速器换挡电磁阀的工作组合与挡位的关系不完全相同。

2. 主油路油压控制

现代大多数电控液力自动变速器的控制系统都取消了节气门阀，节气门油压由一个调压电磁阀来产生。调压电磁阀是一种脉冲线性式电磁阀（参见图 5-80），除丰田公司自动变速器所有的

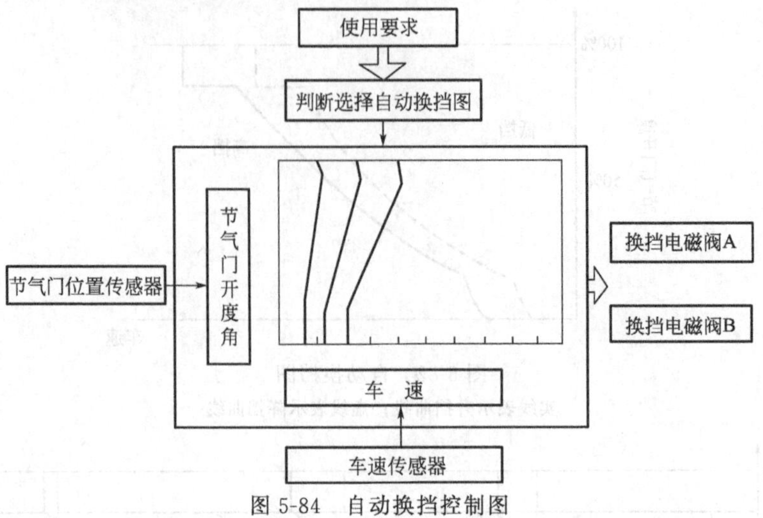

图 5-84 自动换挡控制图

电磁阀的电阻值都是 11～15Ω 外，其余公司自动变速器的调压电磁阀的电阻值通常都在 5Ω 左右。

ECU 根据节气门位置传感器测得的节气门开度，计算并控制送往调压电磁阀的脉冲信号的占空比，以改变调压电磁阀排油孔的开度，产生随节气门开度变化的油压（即节气门油压）。节气门开度越大，脉冲电信号的占空比越小，调压电磁阀的排油孔开度越小，节气门油压越大。这一节气门油压被反馈到主油路调压阀，作为主油路调压阀的控制压力，使主油路调压阀随着节气门开度的变化改变所调节的主油路油压，以获得不同的发动机负荷下主油路油压的最佳值，并将驱动油泵的动力损失减少到最小。此外 ECU 还能根据挡位开关的信号，在操纵手柄处于倒挡位置时提高节气门油压，使倒挡时的主油路油压升高，以满足倒挡时对主油路油压的需要，如图 5-85 所示。

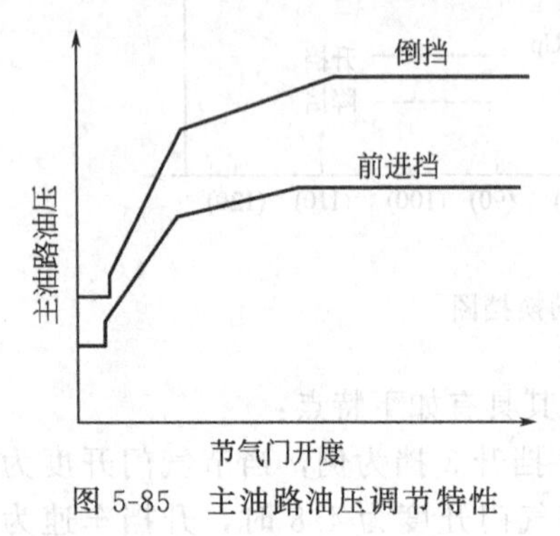

图 5-85 主油路油压调节特性

除正常的主油路油压控制外，ECU 还可以根据各个传感器测得的自动变速器的工作条件，在一些特殊情况下对主油路油压作适当的修正，使油路压力的控制获得最佳效果。例如，在变速杆位于前进低挡（S、L 或 2、1）位置时，由于汽车的驱动力相应较大，ECU 自动使主油路油压高于前进挡时的油压，以满足动力传递的需要。为减小换挡冲击，ECU 还在自动变速器换挡过程中按照换挡时节气门开度的大小，通过调压电磁阀适当减小主油路油压，以改善换挡感觉。ECU 还可以根据自动变速器油温度传感器的信号，在自动变速器油温度未达到正常工作温度时（低于 60℃），将主油路油压调整为低于正常值，以防止因自动变速器油在低温下黏度较大而产生换挡冲击。当自动变速器油温度过低时（低于－30℃），ECU 使主油路油压升到最大值，以加速离合器、制动器的接合，防止温度过低时因自动变速器油黏度过大而导致换挡过程过于缓慢。在海拔较高时，发动机输出功率降低，ECU 将主油路油压控制为低于正常值，以防止换挡时产生冲击。

3. 液力变矩器锁止离合器控制（TCC）

电控自动变矩器中的锁止离合器的工作是由 ECU 控制的。ECU 按照设定的控制程序，通过一个锁止电磁阀（参见图 5-56）来控制锁止离合器的结合或分离。电控自动变速器在各种工作条件下的最佳锁止离合器控制程序被事先储存在 ECU 的存储器内。ECU 根据自动变速器的挡位、控制模式等工作条件从存储器内选择出相应的锁止控制程序，再将车速、节气门开度与锁止控制程序进行比较。当车速足够高，且其他各种因素均满足锁止条件时，ECU即向锁止电磁阀输出电信号，使锁止离合器结合，实现变矩器的锁止。

ECU在对锁止离合器进行控制时，还要根据自动变速器的工作条件，在下述一些特殊工况下禁止锁止离合器结合，以保证汽车的行驶性能。这些禁止锁止离合器结合的条件有：自动变速器收到制动信号时（有些自动变速器是在ECU收到制动信号且车速降到一定车速时），当发动机冷却液温度低于某值时，自动变速器油温低于某值时，当节气门完全关闭时，在其他情况如ECU检测到锁止离合器控制电路故障时。早期的电子控制自动变速器中，控制锁止离合器工作的锁止电磁阀采用的是开关式电磁阀，即通电时锁止离合器结合，断电时锁止离合器分离。目前新生产的车型多数采用脉冲线性式电磁阀作为锁止电磁阀，ECU在控制锁止离合器结合时，通过改变脉冲电信号的占空比，让锁止电磁阀的开度缓慢增大，以减小锁止离合器结合时所产生的冲击，使锁止离合器的结合过程变得更加柔和。

4. 换挡品质控制

为了提高汽车舒适性，自动变速器换挡需平顺柔和，为此，电控自动变速器ECU都有换挡品质控制程序。目前常见的改善换挡品质的控制功能有以下几个方面：

① 换挡油压控制。在自动变速器升挡或降挡的瞬间，ECU通过油路压力电磁阀适当降低主油路油压，以减小换挡冲击，改善换挡质量。也有一些控制系统是通过电磁阀在换挡时减小蓄压器活塞的背压，以减缓离合器或制动器液压缸内油压的增长速度，达到减小换挡冲击的目的。

② 减力矩控制。在换挡的瞬间，通过延迟发动机的点火时间或减少喷油量，暂时减小发动机的输出力矩，以减小换挡冲击和输出轴的转矩波动。

③ N-D换挡控制。这种控制是在变速杆由停车挡或空挡（P或N）位置换至前进挡或倒挡（D或R）位置，或相反地由D位或R位换至P位或N位时，通过调整发动机喷油量，将发动机的转速变化减至最小程度，以改善换挡质量。

若没有这种控制时，当自动变速器的变速杆由P位或N位换至D位或R位时，由于发动机负荷增加，转速随之下降。反之，由D位或R位换至P位或N位时，由于发动机负荷减小，转速将上升。具有N-D换挡控制功能的自动变速器的ECU在变速杆由P位或N位换至D位或R位时，若输入轴传感器所测得的输入轴转速变化超过规定值，即向发动机ECU发出N-D换挡控制信号，发动机ECU根据这一信号增加或减小喷油量，以防止发动机转速变化过大。

5. 自动模式选择控制

ECU通过各个传感器测得汽车行驶情况和驾驶员的操作方式，经过运算分析，自动选择采用经济模式、普通模式或动力模式进行换挡控制，以满足不同的驾驶员操作要求。ECU在进行自动模式选择控制时，主要参考变速杆的位置及加速踏板被踩下的速率，以判断驾驶员的操作目的，自动选择控制模式。

① 在前进低挡（S、L或2、1）时，ECU只选择动力模式。

② 在前进挡D位，且加速踏板被踩下的速率较低时，ECU选择经济模式。当加速踏板被踩下的速率超过控制程序中所设定的速率时，ECU由经济模式转变为动力模式。

③ 在前进挡D位中，ECU选择动力模式之后，一旦节气门开度低于1/8时，ECU即由动力模式转换为经济模式。

6. 发动机制动功能控制

一些新型的电控自动变速器的强制离合器或强制制动器的工作也由ECU通过电磁阀来控制。ECU按照设定的发动机制动控制程序，当变速杆位置、车速、节气门开度等因素满足一定条件（如变速杆位于前进低挡位置，且车速大于10km/h，节气门开度小于1/8）时，向强制离合器电磁阀或强制制动器电磁阀发出电信号，打开强制离合器或强制制动器的控制油路，使之结合或制动，让自动变速器具有反向传递动力的能力，在汽车滑行时以实现发动机制动。

7. 使用输入轴转速传感器的控制

电控自动变速器 ECU 通过输入轴转速传感器可以检测出自动变速器输入轴的转速，并由此计算出变矩器的传动比（泵轮和涡轮的转速之比）以及发动机曲轴和自动变速器输入轴的转速差，从而使 ECU 更精确地控制自动变速器的工作。特别是 ECU 在进行换挡油路压力控制、减力矩控制、锁止离合器控制时，利用这一参数进行计算，可使这些控制的持续时间更加精确，从而获得最佳的换挡品质和乘坐舒适性。

8. 故障自诊断与失效保护功能

电控自动变速器 ECU 具有故障自诊断和失效保持功能。ECU 在汽车行驶过程中不停地监测自动变速器电子控制装置中所有传感器和部分执行器的工作。一旦发现某个传感器或执行器有故障，它立即采取以下几种保护措施。

① 在汽车行驶时，仪表盘上的自动变速器故障警告灯亮起，提醒驾驶员立即将汽车送至维修厂检修。目前，大部分汽车是以超速挡指示灯“O/D OFF”作为自动变速器故障警告灯。若超速挡指示灯亮起后，按超速挡开关也不能将它熄灭，即说明电子控制装置出现故障。

② 传感器出现故障时，ECU 所采取的控制方式和保护措施如下：

a. 当节气门位置传感器出现故障时，ECU 根据怠速开关的状态进行控制。当怠速开关断开时（加速踏板被踩下），按节气门开度为 1/2 进行控制，同时节气门油压为最大值。当怠速开关接通时（加速踏板完全放松），按节气门处于全闭状态进行控制，同时节气门油压为最小值。

b. 当车速传感器出现故障时，ECU 不能进行自动换挡控制，此时自动变速器的挡位由变速杆的位置决定。在 D 位和 S（或 2）位固定为超速挡或 3 挡，在 L（或 1）位固定为 2 挡或 1 挡，或不论变速杆在任何前进挡位，都固定为 1 挡，以保持汽车最基本的行驶能力。许多车型的自动变速器有 2 个车速传感器，其中一个用于自动变速器的换挡控制，另一个为仪表盘上车速表的传感器。这两个传感器都与 ECU 相连，当用于换挡控制的车速传感器损坏时，ECU 可利用车速表传感器的信号来控制换挡。

c. 输入轴转速传感器出现故障时，ECU 停止减转矩控制，换挡冲击有所增大。

d. 自动变速器油温度传感器出现故障时，ECU 按自动变速器油温度为 80℃的设定进行控制。

③ 执行器出现故障时，ECU 所采取的控制方式和保护措施如下：

a. 换挡电磁阀出现故障时，不同的 ECU 有两种不同的失效保护功能。一种是不论有几个换挡电磁阀出现故障，ECU 都将停止所有换挡电磁阀的工作，此时自动变速器的挡位将完全由变速杆的位置决定。在 D 位和 S（或 2）位时被固定为 3 挡，在 L（或）位时 1 被固定为 2 挡。另一种是几个换挡电磁阀中有一个出现故障时，ECU 控制其他无故障的电磁阀工作，以保证自动变速器仍能自动升挡或降挡，但会失去某些挡位，而且升挡或降挡规律有所变化，例如，可能直接由 1 挡升到 3 挡或超速挡。

b. 强制离合器或强制制动器电磁阀出现故障时，ECU 停止电磁阀的工作，让强制离合器或强制制动器始终处于接合状态，这样汽车减速时总有发动机制动作用。

c. 锁止电磁阀出现故障时，ECU 停止锁止离合器控制，使锁止离合器始终处于分离状态。

d. 油压电磁阀出现故障时，ECU 停止锁止离合器控制，使油路压力保持为最大。

第六节　典型自动变速器

一、丰田 A341E 自动变速器

1. 基本参数与结构特点

丰田汽车公司的 A341E 型自动变速器，是为豪华型 LS-400 开发的一种具有智能控制的四速自

动变速器。图 5-86 是 A341E 型自动变速器的结构示意图，它由液力变矩器等组成。该自动变速器具有以下特点：采用辛普森结构形式，共有三个行星排，分别为超速排、辛普森前排和后排，其中前排和后排共用太阳轮，前排行星架和后排齿圈同与输出轴相连接。动力传递方案参见图 5-87 所示。变速器换挡时，控制发动机扭矩及变速器内离合器、制动器的液压力，因此减小了变速器换挡冲击。采用新牌号自动变速器油（ATF 牌号 T-Ⅱ）能改善换挡性能，并在整个使用期内避免 ATF 失效。采用特大流量变矩器，改善了变矩效率。丰田 A341E 型自动变速器的基本参数参见表 5-4。

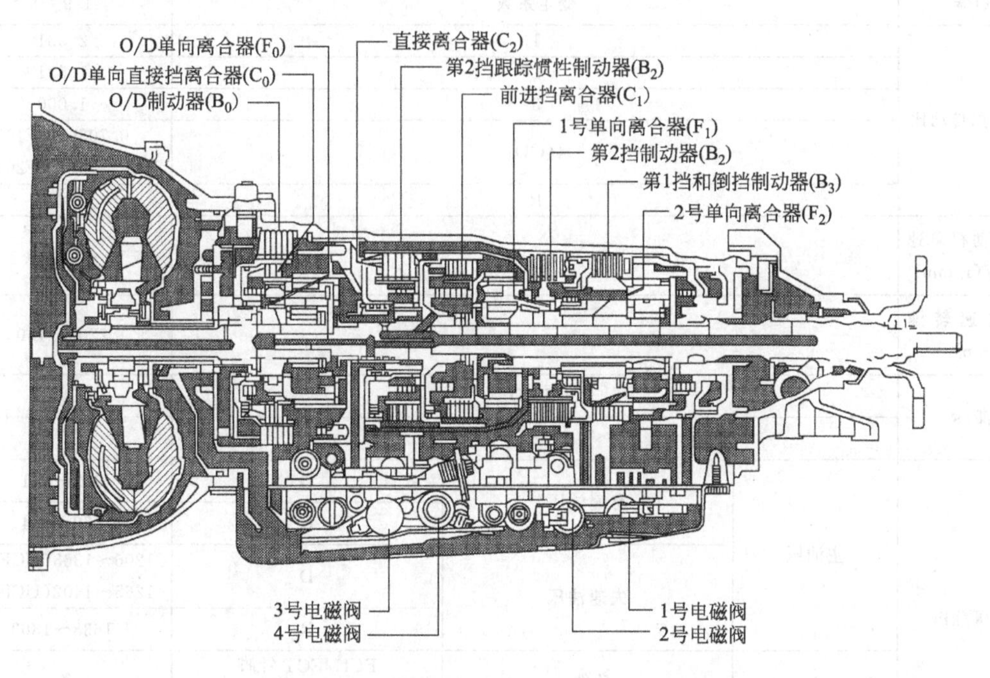

图 5-86　A341E 型自动变速器的结构示意图

2. 动力传递方案

A341E 型自动变速器动力传递方案如图 5-87 所示。超速排行星架是输入元件。制动器 B_0 作用时固定超速排太阳轮，以提供超速挡。离合器 C_0 和单向离合器 F_0 作用时把超速排行星架和超速排太阳轮连接在一起，共同构成输入元件，超速排成为直接传动；C_0 和 F_0 在除超速挡以外的其他所有挡位都是作用的，C_0 还与发动机制动功能有关。C_1 作用时由超速排传来的动力就传到辛普森机构的前齿圈，C_1 与所有的前进挡有关。C_2 作用时动力传到辛普森机构的太阳轮，C_2 与倒进挡、高挡（3 挡、4 挡）有关。B_1 作用时固定辛普森机构的太阳轮，B_1 与“2 位 2 挡”时发动机制动功能有关。B_2 作用并且 F_1 锁止时固定辛普森机构的太阳轮，B_2/F_1 与 2 挡有关。B_3 作用或 F_2 锁止时固定辛普森机构的行星架；B_3 与倒挡和手动低挡（1 位 1 挡应有发动机制动）有关，与一般驾驶挡位起步有关。

丰田 A341E 自动变速器各挡位换挡执行元件工作情况参见表 5-4。

3. 电子控制系统

(1) 电路组成　A341E 型 4 挡电控自动变速器的电控系统如图 5-88 所示，图 5-89 为该自动变速器的指示灯控制电路（图 5-89 中数字编号含义如表 5-5 所列）。它主要由发动机、ECU、换挡模式选择开关、挡位开关、超速挡开关、停车开关、车速传感器、水温传感器、节气门位置传感器以及电磁阀等组成。

表 5-4　丰田 A341E 自动变速器基本参数

<table>
<tr><td>变速箱型号</td><td colspan="5"></td><td colspan="2">A341E、A342E</td></tr>
<tr><td>发动机型号</td><td colspan="5"></td><td colspan="2">IUZ-FE</td></tr>
<tr><td rowspan="4">ATF</td><td colspan="5">型号</td><td colspan="2">DexronT-Ⅱ</td></tr>
<tr><td colspan="5">总加油量</td><td colspan="2">8.2L</td></tr>
<tr><td colspan="5">换油时油量(油底壳油量)</td><td colspan="2">1.9L</td></tr>
<tr><td colspan="5">换油里程</td><td colspan="2">48000km</td></tr>
<tr><td>变矩器</td><td colspan="5">变矩系数</td><td colspan="2">1.9∶1</td></tr>
<tr><td rowspan="5">各挡传动比</td><td colspan="5">1</td><td colspan="2">2.531</td></tr>
<tr><td colspan="5">2</td><td colspan="2">1.531</td></tr>
<tr><td colspan="5">3</td><td colspan="2">1.000</td></tr>
<tr><td colspan="5">4(OD)</td><td colspan="2">0.705(UCF10)
0.753(UCF20)</td></tr>
<tr><td colspan="5">R</td><td colspan="2">1.880</td></tr>
<tr><td>发动机怠速转速/(r/min)</td><td colspan="5"></td><td colspan="2">650±50</td></tr>
<tr><td>失速转速/(r/min)</td><td colspan="5"></td><td colspan="2">2200±150</td></tr>
<tr><td rowspan="2">时滞/s</td><td colspan="5">N—D</td><td colspan="2"><1.2s</td></tr>
<tr><td colspan="5">N—R</td><td colspan="2"><1.5s</td></tr>
<tr><td rowspan="6">油压/kPa</td><td colspan="2" rowspan="4">主油压</td><td colspan="2" rowspan="2">怠速油压</td><td>D</td><td colspan="2">382～441</td></tr>
<tr><td>R</td><td colspan="2">579～654</td></tr>
<tr><td colspan="2" rowspan="2">失速油压</td><td>D</td><td colspan="2">1206～1363(UCF10)
1265～1402(UCF20)</td></tr>
<tr><td>R</td><td colspan="2">1638～1863</td></tr>
<tr><td colspan="2" rowspan="2">背压</td><td colspan="2" rowspan="2">条件：
怠速和 D 挡位、
串联 8W 灯泡</td><td>ECU/ECT 针脚
SLM 接地</td><td colspan="2">0</td></tr>
<tr><td>ECU/ECT 针脚
SLM 不接地</td><td colspan="2">177～255(UCF10)
0～245(UCF20)</td></tr>
<tr><td rowspan="6">油泵间隙/mm</td><td colspan="4" rowspan="2">内齿圈与壳体间隙</td><td>标准</td><td colspan="2">0.07～0.15</td></tr>
<tr><td>极限</td><td colspan="2">0.3</td></tr>
<tr><td colspan="4" rowspan="2">齿顶与月牙板间隙</td><td>标准</td><td colspan="2">0.11～0.14</td></tr>
<tr><td>极限</td><td colspan="2">0.2</td></tr>
<tr><td colspan="4" rowspan="2">齿轮端隙</td><td>标准</td><td colspan="2">0.02～0.05</td></tr>
<tr><td>极限</td><td colspan="2">0.1</td></tr>
<tr><td rowspan="2">行星轮止推间隙/mm</td><td colspan="4" rowspan="2">超速排、前排、后排</td><td>标准</td><td colspan="2">0.2～0.6</td></tr>
<tr><td>极限</td><td colspan="2">1.0</td></tr>
<tr><td rowspan="8">离合器/制动器</td><td>代号</td><td colspan="2">名称</td><td>摩擦片/钢片数</td><td>弹簧自由长度标准/mm</td><td colspan="2">自由间隙/mm</td></tr>
<tr><td>C_0</td><td colspan="2">超速离合器</td><td>2/3</td><td>15.8</td><td colspan="2">1.45～1.70</td></tr>
<tr><td>C_2</td><td colspan="2">前进离合器</td><td>6/7</td><td></td><td colspan="2">0.7～1.00</td></tr>
<tr><td>C_1</td><td colspan="2">高、倒挡离合器</td><td>4/5</td><td>24.35</td><td colspan="2">1.37～1.60</td></tr>
<tr><td>B_0</td><td colspan="2">超速制动器</td><td>5/6</td><td>17.23</td><td colspan="2">1.85～2.05</td></tr>
<tr><td>B_1</td><td colspan="2">2 挡强制制动器</td><td>40(宽度)</td><td>24.35</td><td colspan="2">2.0～3.0</td></tr>
<tr><td>B_2</td><td colspan="2">2 挡制动器</td><td>5/6</td><td>19.64</td><td colspan="2">0.63～1.98</td></tr>
<tr><td>B_3</td><td colspan="2">低、倒挡制动器</td><td>7/8</td><td>12.9</td><td colspan="2">0.70～1.22</td></tr>
<tr><td rowspan="2">换挡点(D 位、节气门全开)</td><td>1→2</td><td colspan="2">2→3</td><td>3→OD</td><td>OD→3</td><td>3→2</td><td>2→1</td></tr>
<tr><td>70～75</td><td colspan="2">120～130</td><td>181～199</td><td>182～193</td><td>110～119</td><td>59～64</td></tr>
</table>

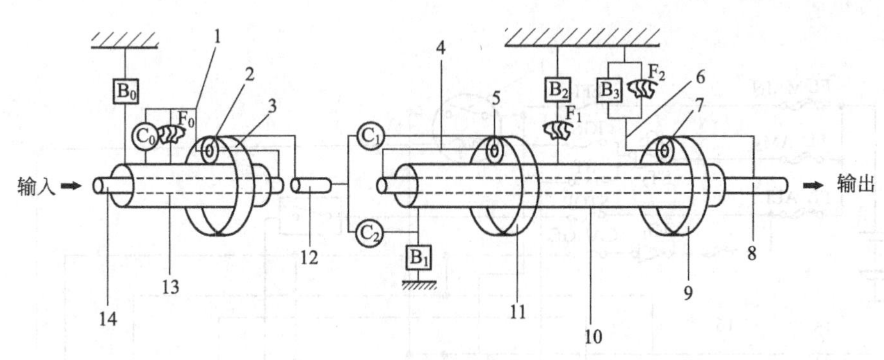

图 5-87　丰田 A341E 自动变速器动力传递方案
(图注同图 5-31)

表 5-5　丰田 LS400 型轿车 ECT 电路数字编号含义

编号	含　义	编号	含　义
89	停车挡(P)指示灯	94	限定 1 挡指示灯
90	倒挡(R)指示灯	106	ECTECU(电子控制单元)
91	空挡(N)指示灯	115	变速方式选择开关(80 自动变速指示灯)
92	自动挡(D)指示灯	125	自动变速指示器开关(在空挡启动开关内)
93	限定 2 挡(2)指示灯	126	倒车灯

汽车行驶中，发动机和自动变速器的 ECU 根据各传感器和控制开关传来的信号进行换挡控制和锁止离合器控制，并通过各电磁阀控制变速器。下面介绍各主要部件的结构原理。

(2) 车速传感器　丰田 LS400 系列轿车装用的 A341E 型电控自动变速器，共设有两个电磁感应式车速传感器。这两个车速传感器均安装在变速器输出轴附近的壳体上，一个称为 1 号车速传感器，另一个称为 2 号车速传感器。

① 1 号车速传感器。1 号车速传感器安装在变速器输出轴附近的壳体上，由输出轴从动齿轮驱动旋转的信号转子装在传感器的对面，如图 5-90 所示。

在电控自动变速器的 ECU 中，1 号车速传感器是 2 号车速传感器的备用传感器，当 2 号车速传感器有故障时，可代替 2 号车速传感器的信号，用来检测变速器输出轴的转速，并将信号传递给 ECU。

② 2 号车速传感器。2 号车速传感器也安装在变速器输出轴附近的壳体上，由输出轴直接驱动旋转的信号转子位于传感器的对面，如图 5-91(a) 所示，其与 ECU 之间的连接方式如图 5-91(b) 所示。

(3) 电磁阀结构原理　丰田 LS400 系列轿车配装的 A341E 型电控制自动变速器共设有 4 个电磁阀。这 4 个电磁阀均安装在变速器的阀体总成上。其中，1 号和 2 号电磁阀为换挡电磁阀，用来控制换挡油压；3 号电磁阀为锁止电磁阀，用来控制锁止离合器的工作时间；4 号电磁阀为调压电磁阀，用来调节作用在执行元件上的油压。

① 1 号和 2 号电磁阀。1 号和 2 号电磁阀主要由柱塞（阀）和电磁阀线圈等组成。其结构如图 5-92 所示。当柱塞被电磁线圈吸拉至右侧时，阀门打开并泄放管路中的压力油。

汽车工作时，发动机和自动变速器的 ECU 通过对 1 号、2 号电磁阀 ON（接通）、OFF（关断）控制的组合，形成自动变速器在 1 挡到 O/D 挡之间的挡位变换。

如果 1 号电磁阀或 2 号电磁阀任一个发生故障时，发动机和 ECT 的 ECU 可使用正常的电磁阀进行换挡控制。当两个电磁阀均发生故障时，ECU 进入备用系统，停止向电磁阀供电，由电控换挡变为手动操作 2 挡。

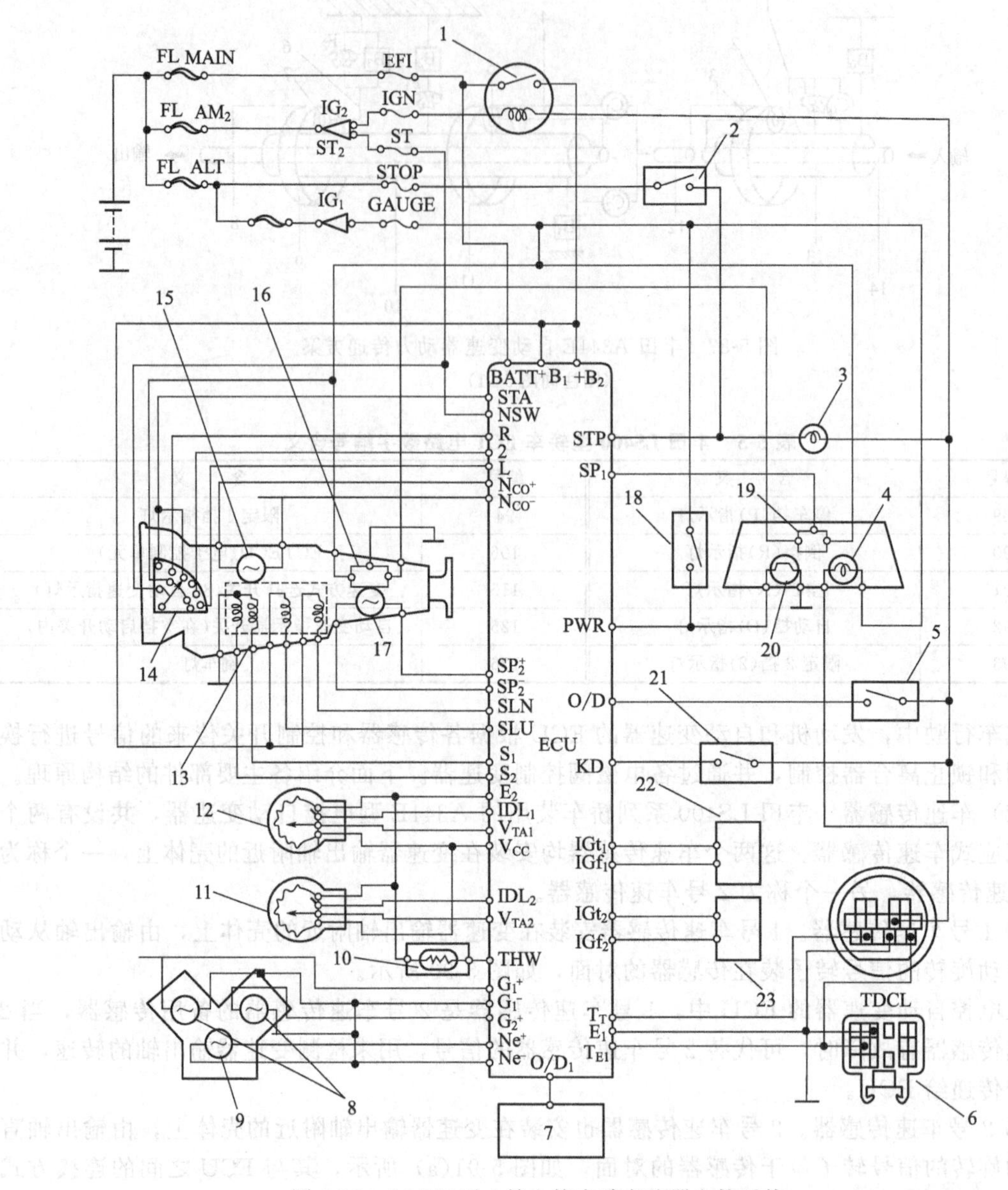

图 5-88 A341E 型 4 挡电控自动变速器电控系统

1—EFI 主继电器；2—制动灯开关；3—制动灯；4—O/D OFF 指示灯；5—超速开关；6—诊断接头；7—巡航控制单元；8—凸轮位置传感器；9—发动机转速传感器；10—发动机水温传感器；11—副节气门位置传感器；12—主节气门位置传感器；13—电磁阀；14—空挡启动开关；15—超速离合器转速传感器；16—1 号车速传感器；17—2 号车速传感器；18—行驶模式选择开关；19—脉冲转换电路；20—行驶模式指示灯；21—节气门全开强制降挡开关；22—1 号点火器；23—2 号点火器

表 5-6 中列出了在正常情况下电磁阀的通断信号与挡位的关系。

1 号和 2 号电磁阀与 ECU 之间的接线如图 5-93 所示。

② 3 号电磁阀。3 号电磁阀安装在变速器的阀体总成上，其作用是控制作用在锁止离合器上的油压和锁定时间。

3 号电磁阀的结构如图 5-94 所示。它主要由柱塞（阀）、电磁线圈、回位弹簧、柱塞轴以及控制阀等组成。

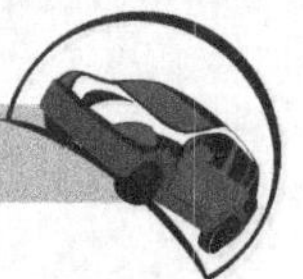

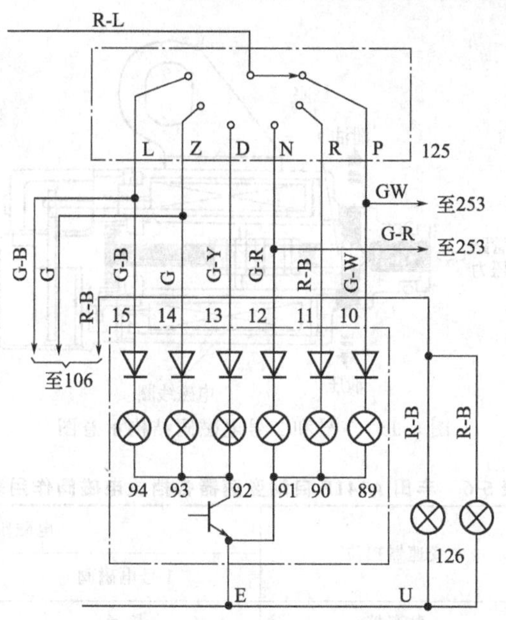

图 5-89　A341E 型自动变速器指示灯控制电路

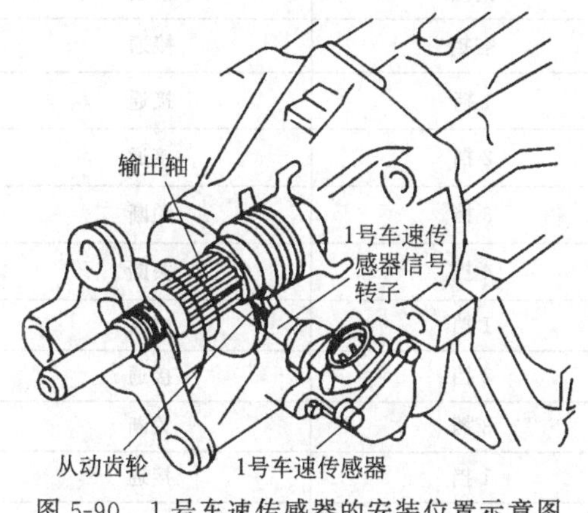

图 5-90　1 号车速传感器的安装位置示意图

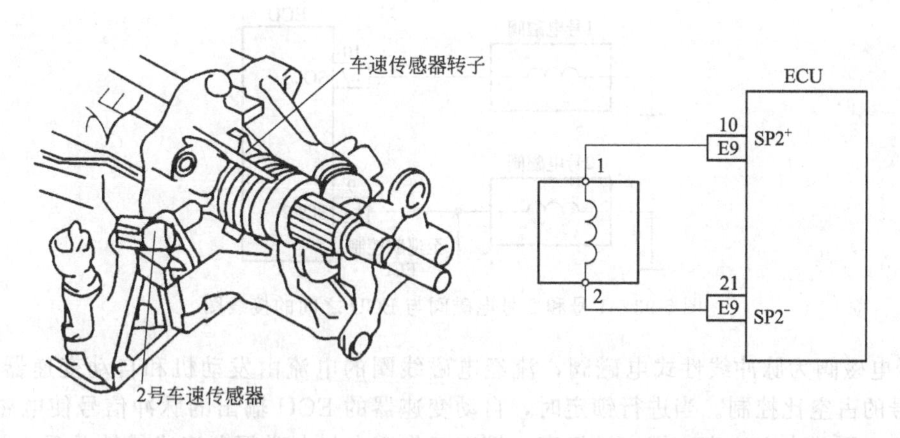

图 5-91　2 号车速传感器的安装位置及接线示意图

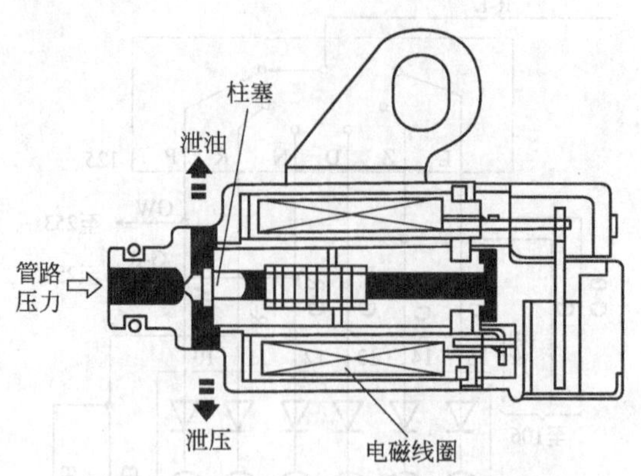

图 5-92　1 号和 2 号电磁阀结构示意图

表 5-6　丰田 A341E 自动变速器各挡位电磁阀作用表

变速器操纵手柄位置	变速器挡位	电磁阀工作情况	
		1 号电磁阀	2 号电磁阀
P	驻车挡	接通	关断
R	倒挡	接通	关断
N	空挡	接通	关断
D	1 挡	接通	关断
	2 挡	接通	接通
	3 挡	关断	接通
	4 挡	关断	关断
2	1 挡	接通	关断
	2 挡	接通	接通
	3 挡	关断	接通
L	1 挡	接通	关断
	2 挡	接通	关断

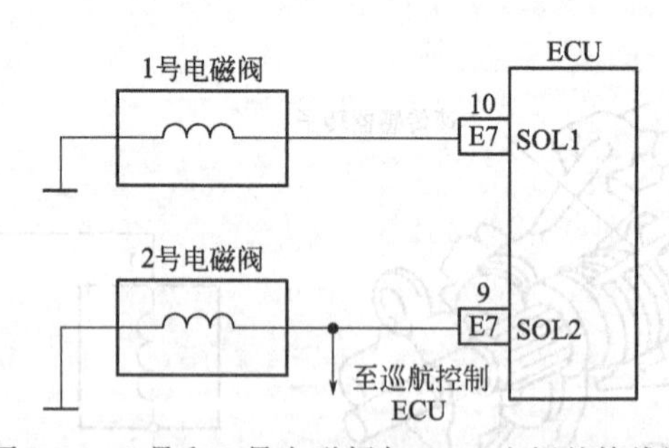

图 5-93　1 号和 2 号电磁阀与 ECU 之间的接线图

3 号电磁阀为脉冲线性式电磁阀，流经电磁线圈的电流由发动机和自动变速器的 ECU 输出信号的占空比控制。当进行锁定时，自动变速器的 ECU 输出的脉冲信号使电磁线圈通电时间长，因此占空比高，锁定油压高。锁定工作压力与电磁阀电流成线性关系，如图5-95 所示。

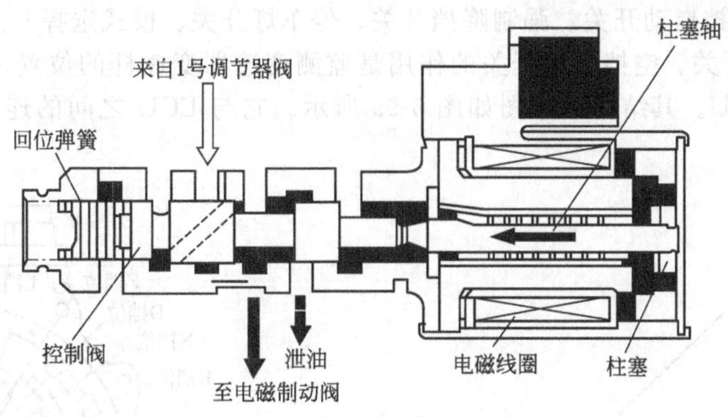

图 5-94　3 号电磁阀结构示意图

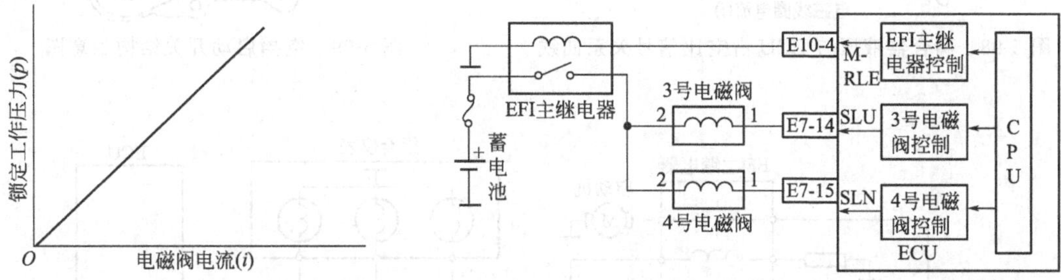

图 5-95　锁定压力与电磁阀电流的关系曲线　　图 5-96　3 号和 4 号电磁阀与 ECU 之间的接线图

3 号和 4 号电磁阀与 ECU 之间的接线如图 5-96 所示。

③ 4 号电磁阀。4 号电磁阀安装在变速器的阀体总成上，其作用是调节作用在行星齿轮机械离合器及制动器上的油压，以实现平稳换挡。4 号电磁阀结构如图 5-97 所示，它主要由电磁线圈、柱塞（阀）、柱塞轴、回位弹簧以及控制阀等组成。

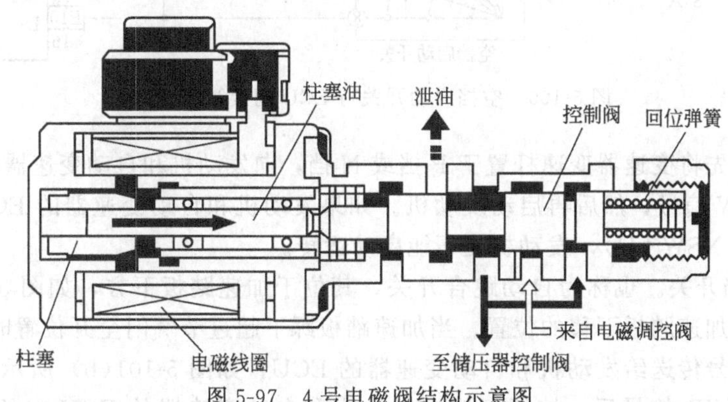

图 5-97　4 号电磁阀结构示意图

发动机和自动变速器的 ECU 根据节气门位置传感器、车速传感器和 O/D 离合器转速传感器（输入轴转速传感器）的信号，确定最佳工作油压，并控制流经电磁阀电磁线圈中的电流的大小。

流经电磁线圈电流的大小由自动变速器的 ECU 输出脉冲信号的占空比控制，从而使作用在离合器上的油压发生变化。即电磁线圈通电时间越长占空比越高时，作用在离合器上的油压越低，换挡越平稳。也就是说，作用于离合器上的液压与 ECU 控制信号的占空比成反比，其控制曲线如图 5-98 所示。

(4) 开关控制电路　丰田 LS400 系列轿车配装的 A341E 自动变速器电控系统共设有 5

个控制开关，即空挡启动开关、强制降挡开关、停车灯开关、模式选择开关和 O/D 开关。

① 空挡启动开关。空挡启动开关的作用是监测变速器变速杆的位置，并将信号传送给发动机和 ECT ECU。其结构示意图如图 5-99 所示。它与 ECU 之间的连接方式如图 5-100 所示。

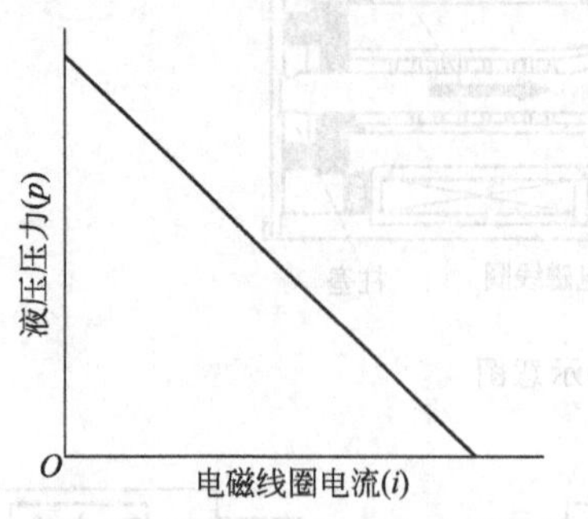

图 5-98　离合器液压与 ECU 占空比信号关系曲线

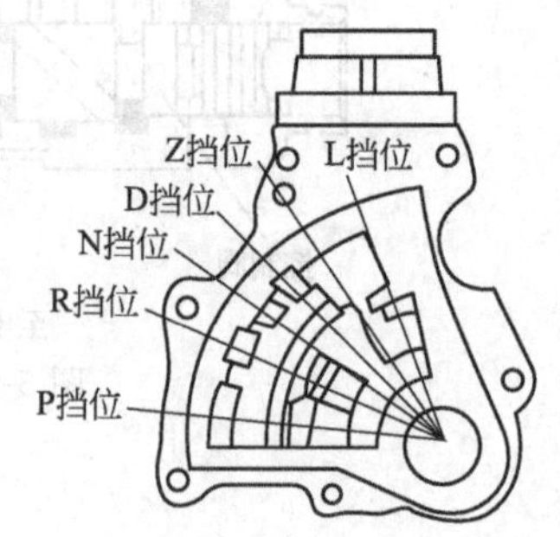

图 5-99　空挡启动开关结构示意图

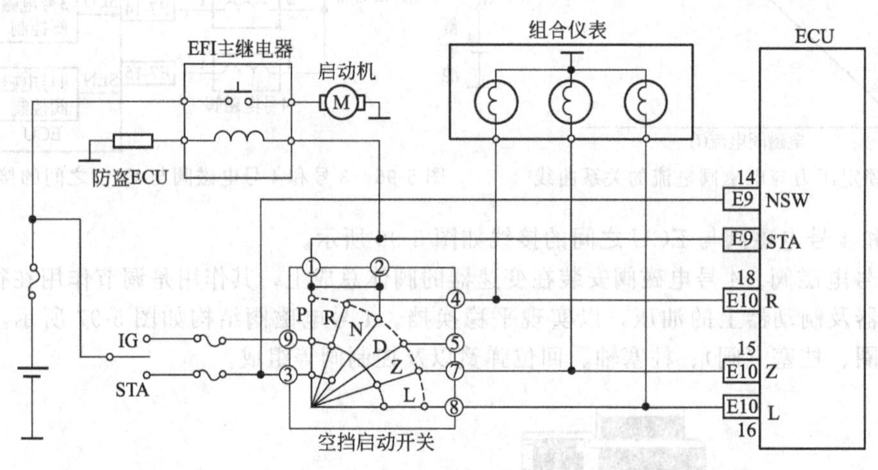

图 5-100　空挡启动开关与 ECU 间接线示意图

启动前，应先将变速器变速杆置于 P 挡或 N 挡，向发动机和自动变速器的 ECU 传送空挡启动开关 NSW 信号，然后再启动发动机。如果发动机和自动变速器的 ECU 收不到空挡启动开关传来的 NSW 信号，发动机便不能启动运转。

② 强制降挡开关。也称为自动跳合开关，其位于加速踏板下方，如图 5-101(a) 所示。它的作用是监测加速踏板下移的位置。当加速踏板踩下超过节气门全开位置时，强制降挡开关接通，并将信号传送给发动机和自动变速器的 ECU，如图 5-101(b) 所示。ECU 收到强制降挡开关接通 KD 信号后，按照存储在发动机和自动变速器的 ECU 中的换挡程序进行换挡。

如果强制降挡开关电路发生短路，没有 KD 信号传送到发动机和自动变速器的 ECU，则 ECU 便控制换挡电路处于手动换挡状态。

③ 停车灯开关。为了防止车辆在锁定情况下行驶时由于突然制动而造成失速，故自动变速器控制电路设置了停车灯开关。停车灯开关的作用是监测制动踏板的动作。

停车灯开关安装在制动踏板下方，在制动踏板动作时，停车灯开关被接通，并将 BK（制动灯接通开关信号）信号传送给发动机和自动变速器的 ECU，如图 5-102 所示。

自动变速器的 ECU 收到 BK 信号后，便解除离合器的锁定，以防止在离合器锁定的情

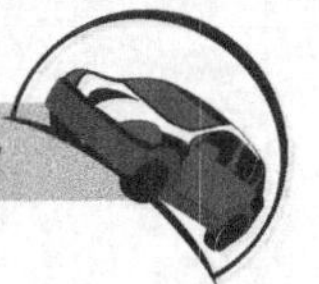

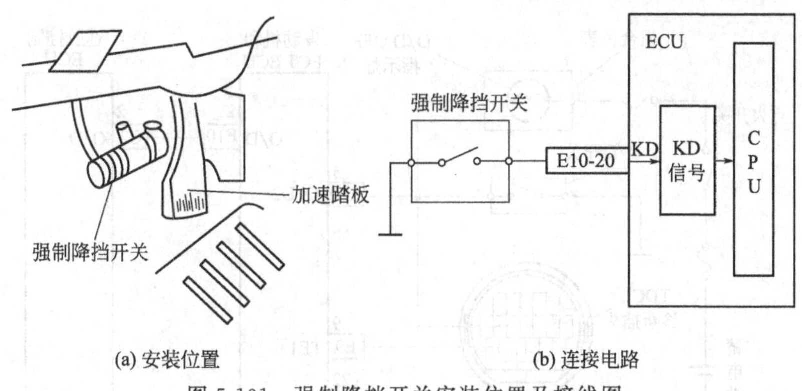

图 5-101　强制降挡开关安装位置及接线图

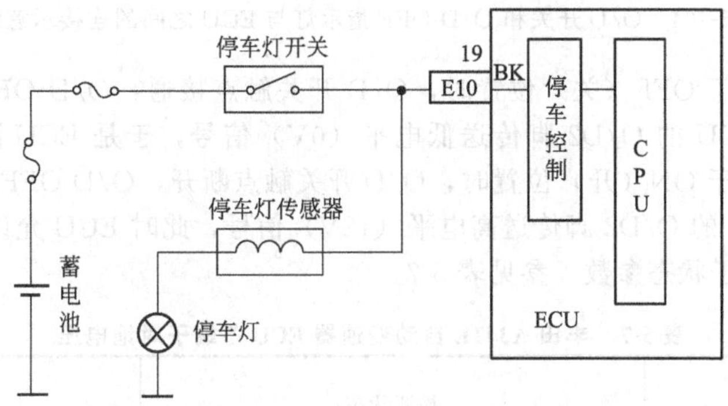

图 5-102　停车灯开关与 ECU 之间的连接示意图

况下由于突然制动而造成发动机失速。

④ 模式选择开关。又称驱动方式选择开关，其作用是用来选择自动变速器的控制模式，以适应不同的行驶条件。发动机和 ECT 的 ECU 的存储器内设有 NORM（NORMAL—正常）模式、PWR（POWER—动力）模式、2 挡模式、L 挡模式以及锁定模式的换挡模式。

工作时，发动机和自动变速器的 ECU 根据来自模式选择开关，空挡启动开关以及各种传感器的信号，按照存储器中存放的不同模式下的换挡程序，控制各电磁阀的通与断以及离合器、制动器的工作，从而控制变速器换挡和离合器的锁定正时。图 5-103 是模式选择开关与 ECU 之间的连接示意图。

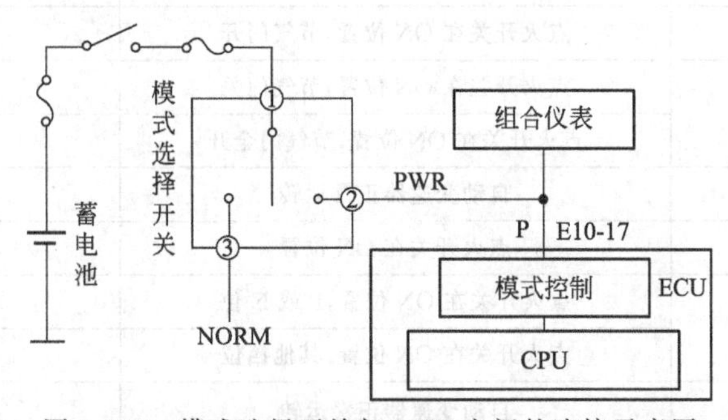

图 5-103　模式选择开关与 ECU 之间的连接示意图

⑤ O/D 开关和 O/D 指示灯。O/D 挡开关即超速主开关，其作用是监测 O/D 开关的位置，并将信号传送给发动机和 ECT 的 ECU，从而确认是否阻止换入超速挡行驶。

O/D 开关和 O/D OFF 指示灯与 ECU 之间的连接方式如图 5-104 所示。

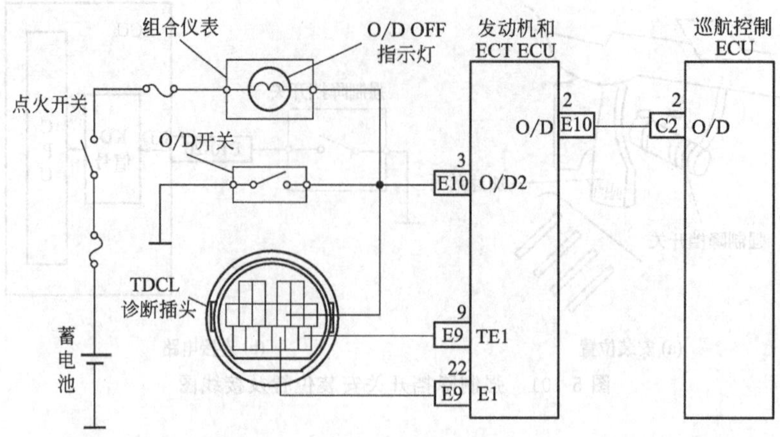

图 5-104　O/D 开关和 O/D OFF 指示灯与 ECU 之间的连接示意图

当 O/D 开关处于 OFF（关）位置时，O/D 开关触点接通，O/D OFF 指示灯点亮，并向发动机和 ECT ECU 的 O/D2 脚传送低电平（0V）信号，于是 ECU 阻止换入超速挡行驶。当 O/D 开关处于 ON（开）位置时，O/D 开关触点断开，O/D OFF 指示灯熄灭，并向发动机和 ECT ECU 的 O/D2 脚传送高电平（12V）信号，此时 ECU 允许换入超速挡行驶。

（5）ECU 各端子状态参数　参见表 5-7。

表 5-7　丰田 A341E 自动变速器 ECU 各端子对地电压

检测端子(端子号)	检测状态	正常电压
S1	点火开关在 ON 位置,P 位	蓄电池电压
	在 1、2 挡	
	在 3、4 挡	0V
S2	点火开关在 ON 位置,P 位	0V
	在 1、4 挡	
	在 2、3 挡	蓄电池电压
SLU	点火开关在 ON 位置	蓄电池电压
SLN	点火开关在 ON 位置	蓄电池电压
IDL	点火开关在 ON 位置,节气门开	4～6V
VTA	点火开关在 ON 位置,节气门关	0.1～1.0V
	点火开关在 ON 位置,节气门全开	3～5V
SP2	自动变速器正常运转	脉冲电压
VC	点火开关在 ON 位置	4～6V
NSW	点火开关在 ON 位置,P 或 N 位	0V
	点火开关在 ON 位置,其他挡位	5V
SPD	自动变速器正常运转	脉冲电压
O/D1	点火开关在 ON 位置	蓄电池电压
O/D2	点火开关在 ON 位置,O/D 开关 ON	0V
	点火开关在 ON 位置,O/D 开关 OFF	5V

续表

检测端子(端子号)	检测状态		正常电压
2	点火开关在 ON 位置，2 位		蓄电池电压
	点火开关在 ON 位置，其他挡位		0V
L	点火开关在 ON 位置，L 位		蓄电池电压
	点火开关在 ON 位置，其他挡位		0V
R	点火开关在 ON 位置，R 位		蓄电池电压
R	点火开关在 ON 位置，其他挡位		0V
PWR	点火开关 ON 位置	模式开关在 PWR 位	蓄电池电压
		模式开关在 NORM 位	0V
STP	踩下制动踏板		蓄电池电压
	松开制动踏板		0V
KD	点火开关在 ON 位置	不加速踏板	蓄电池电压
		加速踏板踩到底	0V

4. 自诊断系统

丰田 LS400 系列轿车 A341E 电液自动变速器的电子控制系统具有故障自诊断功能，该系统在汽车运行时监视各传感器和执行机构的工作情况，当系统发生故障时，ECU 将所发生的故障转变为相应的代码，存储于存储器中，并使 O/D 指示灯闪亮，以警告驾驶员系统出了问题。

故障代码参见表 5-8。

表 5-8　丰田 A341E 自动变速器故障代码列表

故障码	故障诊断	故障部位
42	1 号车速传感器线路有断路或短路故障	1 号车速传感器或其线路；发动机与 ECT ECU
46	4 号电磁阀电路有开路或短路	4 号电磁阀或其线路；发动机与 ECT ECU
61	2 号车速传感器线路有断路或短路故障	2 号车速传感器或其线路；发动机与 ECT ECU
62	1 号电磁阀电路有开路或短路	1 号电磁阀或其线路；发动机与 ECT ECU
63	2 号电磁阀电路有开路或短路	2 号电磁阀或其线路；发动机与 ECT ECU
64	3 号电磁阀电路有开路或短路	3 号电磁阀或其线路；发动机与 ECT ECU
67	O/D 直接挡转速传感器信号不良	O/D 直接挡转速传感器或其线路；发动机与 ECT ECU
68	强制降挡开关断路	强制降挡开关或开关线路；发动机与 ECT ECU

5. 故障诊断表

参见表 5-9～表 5-11。

二、大众 01N 自动变速器

1. 结构特点

大众 01N 自动变速器由德国大众公司自行研制生产，是一款典型的拉威娜行星齿轮自动变速器，在帕萨特 B5、桑塔纳 2000 俊杰轿车等大众的多种车型上都有应用。自动变速器与主减速器、差速器在同一个壳体内，称为自动变速器驱动桥，为前置前驱布置。

表 5-9　丰田车系自动变速器（ECT）电控系统故障诊断表

征兆 \ 估计的部位		1号、2号电磁线圈电路	3号电磁线圈电路	4号电磁线圈电路	1号车速传感器电路	2号车速传感器电路	O/D直接挡离合器转速器电路	主节气门位置传感器电路	空挡启动开关电路	自动跳合开关电路	停车灯开关电路	模式选择开关电路	O/D开关O/D OFF指示灯电路	O/D解除信号电路	水温传感器电路	发动机和ECT的ECU	见就车诊断表	见分解诊断表
车辆不能在任何前进挡或倒挡行驶																	1	2
车辆不能在特定的一个挡位或几个挡位行驶																	1	2
无上行换挡	1挡→2挡	1			3	3		2								6	4	5
无上行换挡	2挡→3挡	1			3	3		2							6	7	4	5
无上行换挡	3挡→O/D挡	2			4	4		3	5				1	6	7	10	8	9
无下行换挡	O/D挡→3挡	3			4	4		3		5			1			7	6	—
无下行换挡	3挡→2挡	2			3	3		1		4						6	5	—
无下行换挡	2挡→1挡	2			3	3		1		4						7	5	6
无锁定			1		4	4		2	5		3				6	9	7	8
无锁定解除			2		4	4		1			3					7	5	6
换挡位置太高或太低					4	4		1	2			3				5		
在L挡位上行至2挡,在L挡位上行至3挡									1							2		
O/D开关在OFF位置但由3挡上行至O/D挡													1			2		
发动机未暖车但由3挡上行至O/D挡														1	2	5	3	4
接合不柔和	N挡→D挡			2				1	3							6	4	5
接合不柔和	锁定		2			3		4								6	4	5
接合不柔和	任何挡位			2		3	4	1								7	5	6
滑移或打颤	前进和倒挡																1	2
滑移或打颤	特定挡位																1	2
无发动机制动																	1	2
加速不良		1														3		2
无自动有跳合		3						1		1						5	4	
无模式选择												1				2		
启动后或停车时振动大或发动机失速			2								1					4		3

表 5-10　丰田车系自动变速器（ECT）就车故障诊断表

征兆 \ 估计的部位		节气门拉索	变速器控制杆	滤油器	驻车锁定爪	手动阀	倒挡控制阀	1-2挡换挡阀	2-3挡换挡阀	3-4挡换挡阀	锁定控制阀	锁定继动阀	蓄压器控制阀	电磁调节阀	C_1蓄压器	量孔控制阀	电磁继动阀	C_2蓄压器	低跟踪惯性调节阀	B_2蓄压器	第二挡跟踪惯性调节阀	B_0蓄压器	C_0蓄压器	滤油器	卸压阀	车外修理一览表
车辆不能在任何前进挡或倒挡行驶		1	2		4	3																				5
车辆不能在R挡行驶							1																			2
车辆不能在特定的一个挡位或几个挡位行驶(除了R挡位外)																										1
无上行换挡	1挡→2挡							1																		2
	2挡→3挡								1																	2
	3挡→O/D挡									1																2
无下行换挡	O/D挡→3挡									1																
	3挡→2挡								1																	
	2挡→1挡							1																		
无锁定或锁定解除											1	2														2
接合不柔和	N挡→D挡												1	2	3	4										
	锁定								1	2							3									
	N挡→R挡										1	3						2								
	N挡→L挡																		1							
	1挡→2挡(D挡位)										1	2								3						
	1挡→2挡(2挡位)										1	2									3					
	1挡→2挡→3挡→O/D挡										1	2				3										
	2挡→3挡										1	2														4
	O/D挡→3挡																					3				4
滑移或打颤	前进挡和倒挡	1	2	3																			3			4
	任何挡位	1	2																					4	5	6
无发动机制动	1挡																		1							3
	2挡																				1					2
无自动跳合								1	2																	2

表 5-11　丰田车系自动变速器（ECT）分解检修故障诊断表

估计的部位 征兆		D单向离合器(F_0)	O/D制动器(B_0)	O/D直接挡离合器(C_0)	O/D行星齿轮组	变矩器	第一挡和倒挡制动器(B_3)	第二挡跟踪制动器(B_1)	直接挡离合器(C_2)	前后行星齿轮组	前进挡离合器(C_1)	2号单向离合器(F_2)	第二挡制动器(B_2)	1号单向离合器(F_1)
车辆不能在任何前进挡位或倒挡位行驶		1	2	3	4	5								
车辆不能在R挡位行驶				5			4	1	3	2				
车辆不能行驶	D、2和L挡位										1			
	D和2挡位											1		
	2挡位						1							
	L挡位							2	2				1	
无上行换挡	1挡→2挡												1	2
	2挡→3挡								1					
	3挡→O/D挡		1											
无下行换挡	2挡→1挡										1			
无锁定和锁定解除						1			1					
接合不柔和	N挡→D挡							1						
	N挡→R挡						2							
	2挡→3挡													
	3挡→O/D挡		2	1	3									
	O/D挡→3挡		1											
	锁定					1								
滑移或打颤	前进挡和倒挡(暖车后)	2		3		1			1					
	前进挡和倒挡(刚刚启动)					1					1	2		
	R挡位						2	2					1	3
	1挡								1					
	2挡													
	3挡													
	O/D挡		1											
无发动机制动	1挡→3挡			1										
	1挡						1							
	2挡													
加速不良	所有挡位					1								
	O/D挡			1	2									
	除O/D挡外的所有挡		1											
加速不良	除2挡外的所有挡													
	1挡和2挡												2	
	1挡和R挡						1		1					
	R挡位													
启动后或停车时发动机失速						1					1			

01N 自动变速器结构简图如图 5-105 所示。采用带锁上离合器的液力变矩器。锁止离合器通过花键与变速器机械输入轴连接，变矩器的涡轮通过花键与变速器液力输入轴连接。

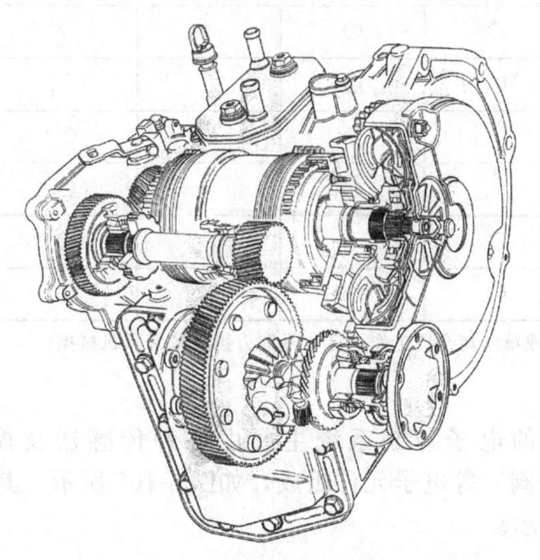

图 5-105　01N 型自动变速器结构简图

2. 动力传递方案

01N 型自动变速器动力传递方案如图 5-106 所示。其中离合器 K_1 用于驱动小太阳轮，离合器 K_2 用于驱动大太阳轮，离合器 K_3 用于驱动行星齿轮架，制动器 B_1 用于制动行星齿轮架，制动器 B_2 用于制动大太阳轮，单向离合器 F 防止行星架逆时针转动，锁止离合器 LC 将变矩器的泵轮和涡轮刚性连在一起。B_2 结合时固定大太阳轮，B_1 结合或 F 锁止时固定行星架。齿圈为输出元件。

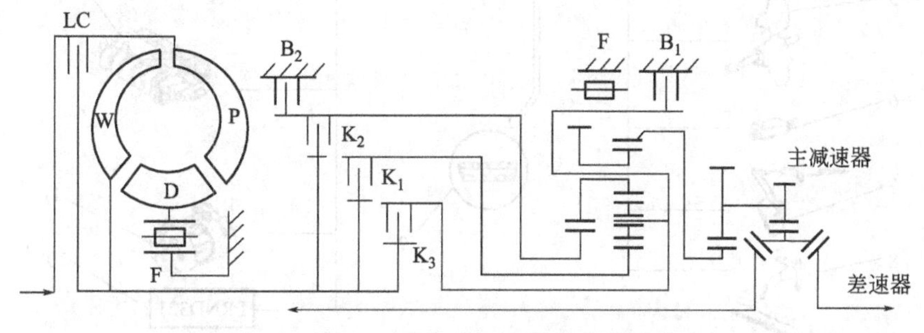

图 5-106　01N 型自动变速器动力传递方案

LC—变矩器锁止离合器；K_1—前进挡离合器；K_2—中间挡/倒挡离合器；K_3—高挡离合器；B_1—低挡/倒挡制动器；B_2—中间挡制动器；F—单向离合器

3. 各挡位换挡执行元件工作情况

参见表 5-12。

表 5-12　大众 01N 型自动变速器各挡位执行元件的工作情况

挡位	B_1	B_2	K_1	K_2	K_3	F	LC
R	○			○			
1H			○			○	
1M			○			○	○

续表

挡位	B_1	B_2	K_1	K_2	K_3	F	LC
2H		○	○				
2M		○	○				○
3H			○		○		
3M			○		○		○
4H		○			○		
4M		○			○		○

注：○表示离合器、制动器或单向离合器工作；H 表示液力挡；M 表示机械挡。

4. 电子控制单元

01N 型自动变速器的电子控制系统主要由各种传感器及控制开关、变速器 ECU (J217)、执行元件（电磁阀）等电子元件组成，如图 5-107 所示。其接线图如图 5-108 所示，电路原理图如图 5-109 所示。

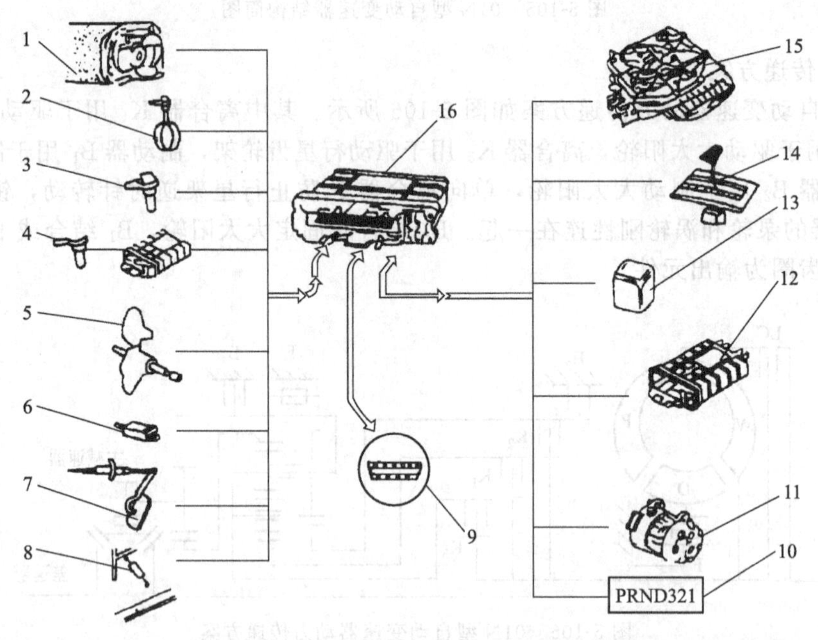

图 5-107　01N 型自动变速器控制系统的组成

1—节气门位置传感器 G69；2—变速器转速传感器 G38；3—车速传感器 G68；4—发动机转速传感器 G28；5—多功能开关 F125；6—制动灯开关；7—强制低挡开关；8—变速器机油温度传感器 G93；9—自诊断接口；10—变速杆位置指示板；11—空调装置；12—发动机控制单元 J220；13—启动锁和倒车灯继电器 J226；14—变速杆锁止电磁阀 N110；15—带电磁阀的滑阀箱；16—变速器控制单元 J217

(1) 变速器控制单元 J217　变速器控制单元（ECU）J217 接收和处理来自各种传感器及控制开关的信号，并发出指令控制执行元件工作，从而实现自动变速器的挡位自动变换控制、液力变矩器锁止离合器的锁止控制及其他控制功能。

变速器 ECU（J217）还接收发动机 ECU（J220）提供的有关发动机运转的各种信息。

变速器 ECU（J217）还具有故障码存储和自诊断功能，通过自诊断接口就可调出内存的故障码，供维修时参考。

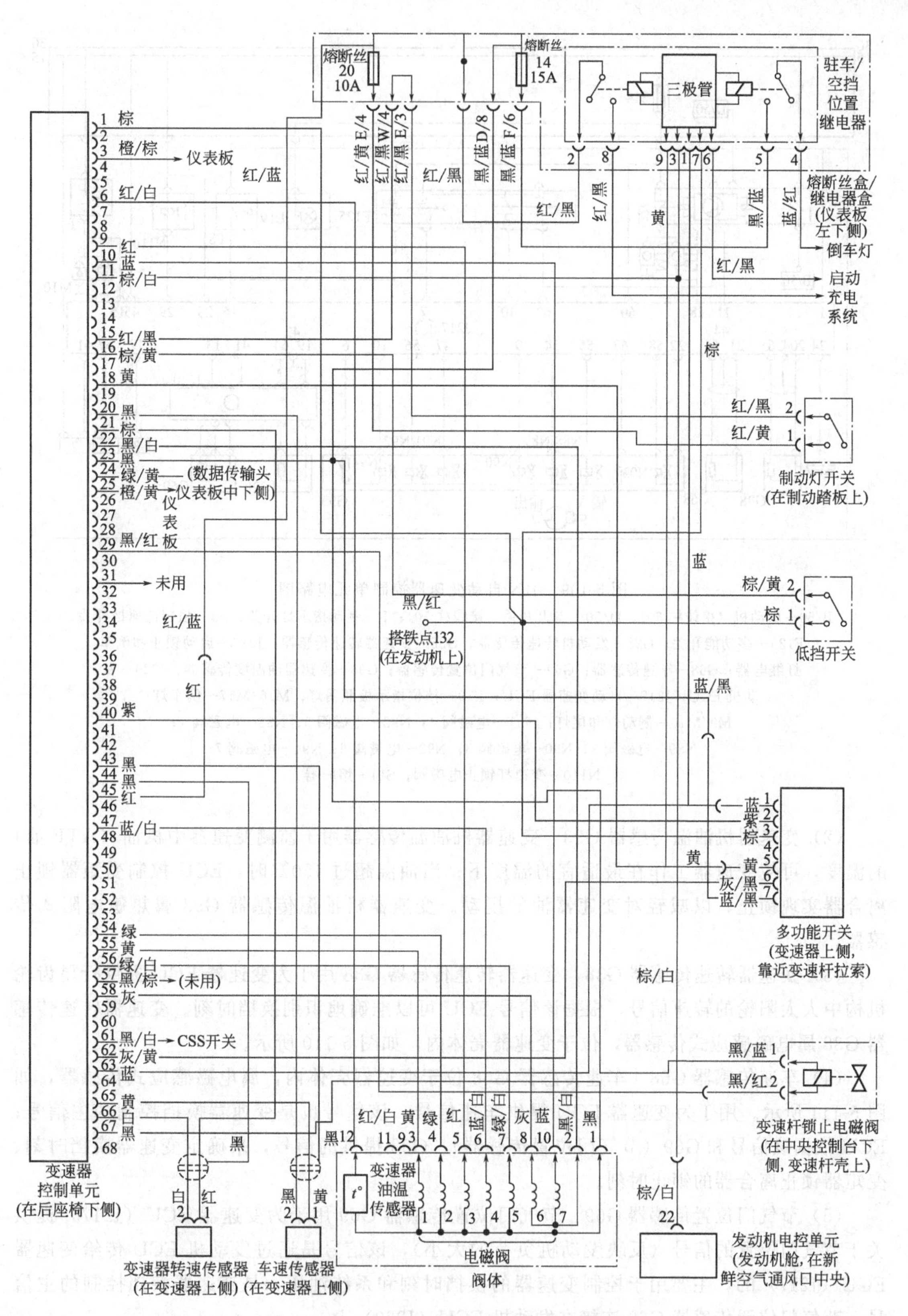

图 5-108　01N 型自动变速器控制系统接线图

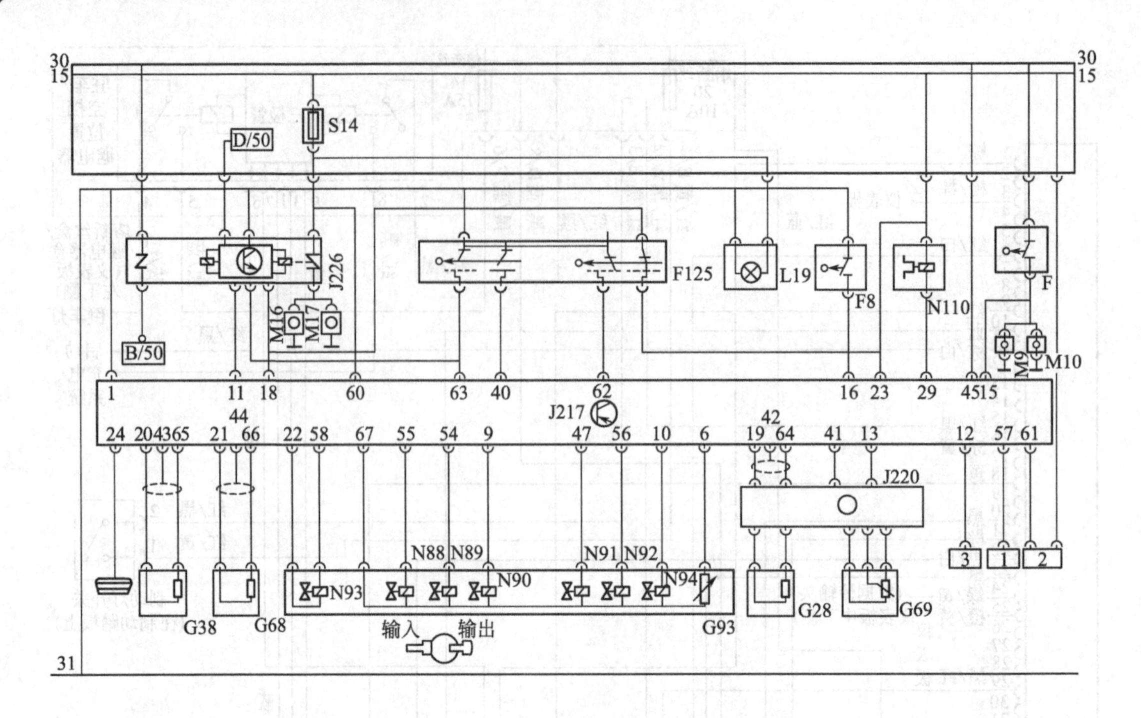

图 5-109　01N 自动变速器控制单元电路图

B/50—启动机（接线柱 50）；D/50—点火开关（接线柱 50）；F—制动指示灯开关；F8—强制低速挡开关；F125—多功能开关；G28—发动机转速传感器；G38—变速器转速传感器；J226—启动锁止和倒车灯继电器；G68—车速传感器；G69—节气门位置传感器；G93—变速器油温度传感器；J220—发动机 ECU；J217—自动变速器 ECU；L19—挡位指示板照明灯；M16/M17—倒车灯；M9/M10—制动灯和尾灯；N91—电磁阀 4；N92—电磁阀 5；N88—电磁阀 1；N89—电磁阀 2；N90—电磁阀 3；N93—电磁阀 6；N94—电磁阀 7；N110—变速杆锁止电磁阀；S14—熔断器

(2) 变速器机油温传感器 G93　变速器机油温传感器用于监测变速器中机油（ATF 油）的温度，可使变速器工作在最适宜的温度下；当油温超过 150℃时，ECU 控制变矩器锁止离合器实现锁止，以减轻对变速器油的搅动。变速器机油温传感器 G93 属热敏电阻式传感器。

(3) 变速器转速传感器 G38　变速器转速传感器 G38 用于为变速器 ECU 提供行星齿轮机构中大太阳轮的转速信号，根据该信号 ECU 可以准确地识别换挡时刻。变速器转速传感器 G38 属电磁感应式传感器，位于变速器壳体内，如图 5-110 所示。

(4) 车速传感器 G68　车速传感器 G68 位于变速器壳体内，属电磁感应式传感器，如图 5-111 所示。用于为变速器 ECU 提供车速信号，该信号也是变速器换挡控制的主信号；ECU 依据该信号和 G69（节气门位置传感器）、G38 提供的信号，来确定变速器换挡时刻、变矩器锁止离合器的锁止时刻。

(5) 节气门位置传感器 G69　节气门位置传感器 G69 用于为变速器 ECU（J217）提供关于节气门位置的信号（反映发动机负荷的大小），该信号是通过发动机 ECU 传给变速器 ECU（J217）的，主要用于控制变速器的换挡时刻和系统油压，是变速器换挡控制的主信号。节气门位置传感器 G69 连接在发动机 ECU（J220）上。

(6) 发动机转速传感器 G28　发动机转速传感器 G28 连接在发动机 ECU（J220）上。

发动机转速传感器 G28 用于为发动机 ECU 提供发动机转速信号，当车速传感器 G68 发生故障时，该信号可以作为 G68 的代替信号。

（7）多功能开关 F125　多功能开关 F125 位于变速器壳体内，为自动变速器 ECU（J217）提供变速杆位置信号，挂倒挡时接通倒车信号灯，在挂上前进挡位或倒挡时阻止发动机启动。

（8）强制降挡开关 F5　强制降挡开关 F5 与节气门拉索装成一体，当节气门全开或接近全开时，该开关接通，变速器 ECU（J217）使变速器强制降低一个挡位，以获得良好的加速性能。

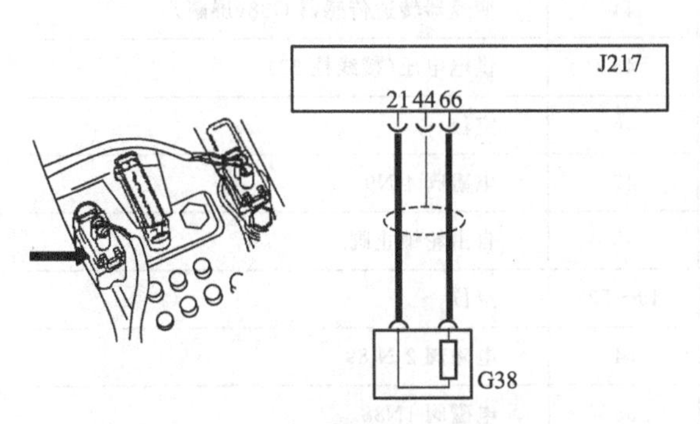

图 5-110　变速器转速传感器 G38 及电路

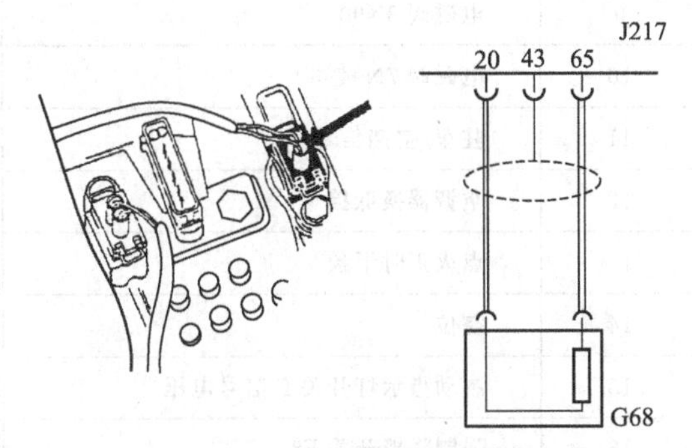

图 5-111　车速传感器 G68 及电路

（9）制动指示灯开关 F　制动指示灯开关 F 安装在制动踏板上，为变速器 ECU 提供制动踏板动作的信息；当踩下制动踏板时，用于解除变速杆锁止电磁阀的锁止作用和停止巡航系统的工作。

（10）电磁阀 N88～N94　电磁阀N88～N94 位于自动变速器的滑阀箱内，安装在液压控制阀体上，如图 5-112 所示。

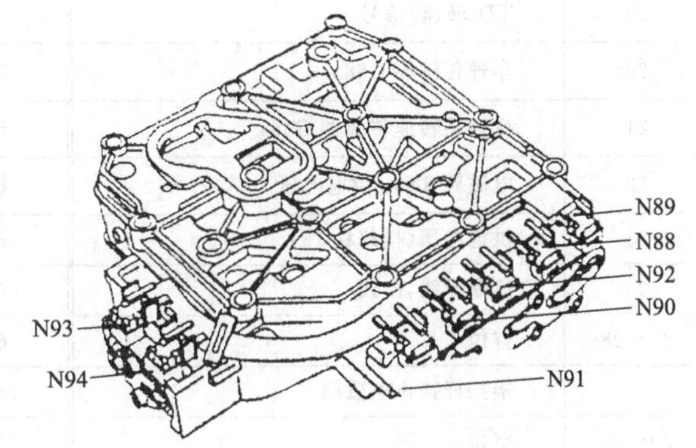

图 5-112　电磁阀 N88～N94 的安装位置

在 N88～N94 这 7 个电磁阀中，N88、N89、N90、N92、N94 为开关型电磁阀，N91 与 N93 为脉冲型电磁阀。N88、N89、N90 分别为 C_1 离合器、B_2 制动器、C_3 离合器的控制电磁阀。N91 为锁止离合器的控制电磁阀。N93 为系统油压控制电磁阀。N92、N94 为换挡平顺控制电磁阀。上述这些电磁阀均受自动变速器 ECU（J217）输出信号的控制，从而实现自动变速器的挡位自动变换控制。

（11）变速杆锁止电磁阀 N110　变速杆锁止电磁阀 N110 位于变速杆上，用于控制变速杆的锁止功能。该电磁阀与点火系统接通，起到挡位锁止的作用。当制动踏板被踩下时，变速杆锁止功能被解除，变速杆可推入到其他挡位。

（12）启动锁止和倒车灯继电器 J226　启动锁止和倒车灯继电器 J226 是一个组合继电器，装在中央继电器盒上，接受多功能开关 F125 的信号，用于倒车时接通倒车灯和防止在变速器挂挡后启动发动机。

（13）巡航控制开关 E45　巡航控制开关 E45 为巡航控制系统提供巡航的前提条件（即汽车处于前进挡行驶并且车速大于 30km/h）。

（14）01N 型自动变速器控制单元插接器端子及作用　参见表 5-13。

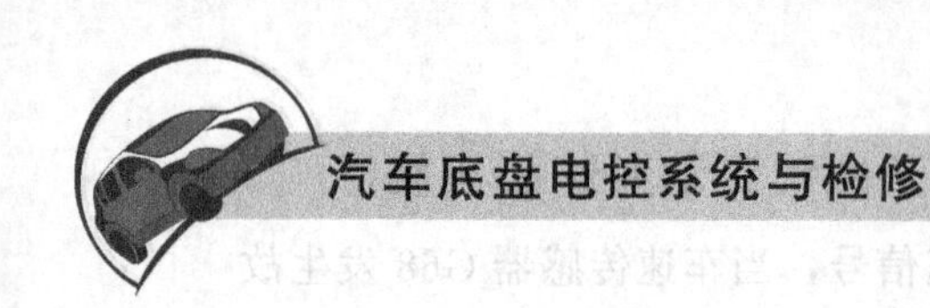

表 5-13　01N 型自动变速器控制单元插接器端子及作用

端子号	作　　用	端子号	作　　用
1	接地	40	多功能开关 F125
2～5	空位	41	节气门位置传感器 G69 信号
6	ATF 温度传感器	42	柴油发动机转速传感器(屏蔽)
7、8	空位	43	车速传感器 G68(屏蔽)
9	电磁阀 3N90	44	变速器转速传感器 G38(屏蔽)
10	电磁阀 7N94	45	供电电压(接线柱 30)
11	驻车/空挡信号	46	空位
12	空调器换低挡	47	电磁阀 4 N91
13	点火正时干预	48	自由轮锁止阀
14	空位	49～53	空位
15	制动指示灯开关 F 信号电压	54	电磁阀 2 N 89
16	强制降挡开关 F8	55	电磁阀 1N88
17	空位	56	电磁阀 5N92
18	多功能开关 F125	57	换挡杆显示
19	TD(转速)信号	58	电磁阀 6N93
20	车速传感器 G68	59	空位
21	变速器转速传感器 G38	60	巡航控制系统(输入接线柱 15)
22	电磁阀 6N93 供电电压	61	巡航控制系统(输出)
23	供电电压(接线柱 15)	62	多功能开关 F125
24	诊断导线,K 线	63	多功能开关 F125
25～28	空位	64	发动机转速传感器 G28(柴油发动机)
29	换挡杆锁止电磁阀	65	车速传感器 G68
30～35	空位	66	变速器转速传感器 G38
36	诊断导线	67	电磁阀供电电压
37～39	空位	68	空位

5. 电控元件状态参数及测试

电控元件状态参数及测试见表 5-14，测试执行步骤见表 5-15。

表 5-14　01N 型自动变速器电控元件测试表（测量电压或电阻）

测试步骤	测试内容	测试端子	测试条件	额定值	故障排除
1	来自控制单元 J217 的供电电压	1＋23	点火开关接通	约为蓄电池电压	·检查线路 ·检查从端子 1 至接地的线路 ·检查从端子 23 至接线柱 15 中央电子系统的线路

续表

测试步骤	测试内容	测试端子	测试条件		额定值	故障排除
2	换挡杆锁止电磁阀 N110	15+29	点火开关接通	不踩制动踏板	约为蓄电池电压	·检查线路 ·更换换挡杆锁止电磁阀
				踩下制动踏板	0.2V	
3	制动指示灯开关 F	15+1	点火开关接通	不踩制动踏板	0V	·检查线路 ·检修制动指示灯开关
				踩下制动踏板	约为蓄电池电压	
4	电磁阀 1—N88	55+67	关闭点火开关		55～65Ω	·检查线路 ·更换扁状导线或滑阀箱
		55+1			∞	
5	电磁阀 2—N89	54+67	关闭点火开关		55～65Ω	·检查线路 ·更换扁状导线或滑阀箱
		54+1			∞	
6	电磁阀 3—N90	9+67	关闭点火开关		55～65Ω	·检查线路 ·更换扁状导线或滑阀箱
		9+1			∞	
7	电磁阀 4—N91	47+67	关闭点火开关		55～65Ω	·检查线路 ·更换扁状导线或滑阀箱
		47+1			∞	
8	电磁阀 5—N92	56+67	关闭点火开关		55～65Ω	·检查线路 ·更换扁状导线或滑阀箱
		56+1			∞	
9	电磁阀 6—N93	58+22	关闭点火开关		4.5～6.5Ω	·检查线路 ·更换扁状导线或滑阀箱
		58+1			∞	
		22+1				
10	电磁阀 7—N94	10+67	关闭点火开关		55～65Ω	·检查线路 ·更换扁状导线或滑阀箱
		10+1			∞	
11	换挡杆锁止电磁阀 N110	23+29	关闭点火开关		14～25Ω	·检查线路 ·更换扁状导线或滑阀箱
12	强制降挡开关 F8	1+16	关闭点火开关，不踩加速踏板		∞	·检查线路 ·调整或更换加速踏板拉索
			加速踏板踩到底，使强制降挡开关动作		<1.5Ω	
13	变速器油温度传感器 G93	6+67	关闭点火开关	ATF 约 20℃ 约 60℃ 约 120℃	0.247MΩ 48.8kΩ 7.4kΩ	·检查线路 ·更换扁状导线
14	车速传感器 G68	20+65	关闭点火开关		0.8～0.9kΩ	·检查线路 ·更换车速传感器
15	变速器转速传感器 G38	21+66	关闭点火开关		0.8～0.9kΩ	·检查线路 ·更换变速器转速传感器

表 5-15　01N 型自动变速器电控元件测试表（执行步骤）

被检查元件	执行步骤	被检查元件	执行步骤
来自控制单元 J217 的供电电压	执行步骤 1	电磁阀 5N92	执行步骤 8
换挡杆锁止电磁阀 N110	执行步骤 2 和 11	电磁阀 6N93	执行步骤 9
制动指示灯开关	执行步骤 3	电磁阀 7N94	执行步骤 10
电磁阀 1N88	执行步骤 4	强制降挡开关 F8	执行步骤 12
电磁阀 2N89	执行步骤 5	ATF 温度传感器 G39	执行步骤 13
电磁阀 3N90	执行步骤 6	车速传感器 G68	执行步骤 14
电磁阀 4N91	执行步骤 7	变速器转速传感器 G38	执行步骤 15

6. 故障代码（表 5-16）

表 5-16　01N 型自动变速器故障代码表

屏幕上显示内容	可能存在的故障原因	故障排除方法
NofaukRecognized!（未识别到的故障）	进行完维修后出现“未发现故障代码”显示，则自诊断结束 如果自动变速器自诊断无故障仍不能正常换挡，则进行下面几步： ·进行调节机构的诊断 ·读取测量数据块，检查液力变矩器转速差、液力变矩器的开关状态、发动机控制单元信息，并且必要时检查别的和本机相连的控制	
00258 电磁阀 1-N88 断路或对地短路	·断路或对地短路 ·电磁阀 1—N88 有故障	·根据电路图检查线路和端子连接（先检查连接端子是否被腐蚀或有水渗入，如必要，应更换。如果显示电磁阀有故障，应当仔细检测变速器上滑阀箱扁状导线和导线之间的 10 针端子） ·读取测量数据块，显示 004 组数据 ·进行电气检查
00260 电磁阀 2—N89 断路或对地短路或对正极短路	·断路或对地短路 ·电磁阀 2—N89 有故障	方法同上故障码 00258 部分
00262 电磁阀 3—N90 断路或对地短路或对正极短路	·断路或对地短路 ·电磁阀 3—N90 有故障	方法同上故障码 00258 部分
00264 电磁阀 4—N91 断路或对地短路或对正极短路	·断路或对地短路 ·电磁阀 4—N91 有故障	方法同上故障码 00258 部分
00266 电磁阀 5—N92 断路或对地短路或对正极短路	·断路或对地短路 ·电磁阀 5—N92 有故障	方法同上故障码 00258 部分
00268 电磁阀 6—N93 断路或对地短路或对正极短路	·断路或对地短路 ·电磁阀 6—N93 损坏	方法同上故障码 00258 部分
00270 电磁阀 7—N94 断路或对地短路或对正极短路	·断路或对地/正极短路 ·电磁阀 7—N94 有故障	方法同上故障码 00258 部分
00281 车速传感器 G68 无信号	·导线断路 ·车速传感器 G68 有故障	·根据电路图检查线路和端子连接 ·读取测量数据块(显示组 002) ·进行电气检查 ·更换车速传感器
00293 多功能开关 F125 不明确的开关信号	·断路或对地短路 ·多功能开关有故障	·根据电路图检查线路和端子连接 ·读取测量数据块(显示组 001) ·进行电气检查 ·更换 F125

续表

屏幕上显示内容	可能存在的故障原因	故障排除方法
00297/P0722 变速器转速传感器 G38 无信号	·对地或正极断路或短路 ·变速器转速传感器 G38 有故障	·根据电路图检查线路和端子连接 ·进行电气检查 ·更换变速器转速传感器 G38
00300 变速器油温度传感器 G93 故障类型不能识别	·导线断路 ·变速器油温度传感器 G93 损坏	·根据电路图检查线路和端子连接 ·读取测量数据块(显示组 005) ·进行电气检查
00518 节气门位置传感器 G69 信号超出允许范围	·导线断路 ·节气门位置传感器和发动机控制单元之间线路连接有故障 ·如果自诊断显示节气门位置传感器 G69 有故障,也应当进行发动机控制单元的自诊断	·如果显示故障 00638 时,要先排除故障 ·根据电路图检查线路和端子连接 ·读取测量数据块(显示组 001、003) ·检查发动机控制单元 ·更换节气门位置传感器 G69 或发动机控制单元 ·对系统进行基本设定
00529 发动机转速参数 不可靠信号	·导线断路	·根据电路图检查管路和端子连接 ·读取测量数据块(显示组 003) ·检查发动机控制单元 ·进行电气检查
00532 电源电压 信号太弱	·车上蓄电池有故障 ·供给液压阀的电压太低	·检查蓄电池电压 ·读取测量数据块(显示组 003) ·检查变速器控制单元 J217 电源 ·进行电气检查
00545 发动机/自动变速器电气连接断路 对地短路	·断路或对地短路 ·发动机/变速器控制单元未接 ·发动机控制单元和变速器控制单元之间影响正时点火的信号未被传送或传送不正常	·根据电路图检查线路和端子连接 ·读取测量数据块(显示组 005) ·检查发动机控制单元 ·对系统进行基本设定
00596 液压阀之间的导线 短路	·滑阀箱扁平状导线和导线束之间的 10 针端子短路	·根据电路图检查线路和端子连接 ·进行电气检查 ·更换扁平状导线
00638 发动机/变速器电器连接 无信号	·正极断路或短路 ·发动机/变速器控制单元之间未接(到 41 号端子) ·变速器控制未得到节气门信号	·根据电路图检查线路和端子连接 ·读取测量数据块(显示组 005) ·检查发动机控制单元,必要时,更换发动机控制单元 ·对系统进行基本设定
00641 ATF 温度信号太大	·变速器温度太高。最高温度应≤148℃。如果变速器温度太高,变速器自动切换至下一个较低的挡位 ·ATF 液位不正确 ·变速器温度传感器有故障 ·汽车后面拖车的负荷太大	·检查 ATF 液面高度 ·读取测量数据块(显示组 005);读取 ATF 温度 ·根据电路图检查线路和端子连接 ·检查扁平状导线
00652 挡位监控 不可靠信号	·电气、液压有故障 ·离合器与滑阀箱有故障	·读取测量数据块(显示 004 组),并且在行驶时确定哪个挡位元件损坏或者不起作用
00660 换挡开关/节气门位置传感器(只有在行驶中才能识别 00660 故障) 不可靠信号	·导线断路 ·熔丝损坏 ·换挡开关 F 有故障 ·节气门位置传感器有故障	·根据电路图检查线路和端子连接 ·读取测量数据块(显示组 001) ·进行电气检查 ·调整或更换加速踏板拉索 ·按照故障代码 00518 中的描述进行修理
65535 控制单元损坏	·控制单元 J217 损坏	·更换控制单元 ·对系统进行基本设定

7. 故障检查表

表 5-17　01N 型自动变速器故障检查表

显示组号	显示区域	名称	检查条件		规定的额定值	故障排查措施/说明
001	1	换挡杆位置-多功能开关 F125	静止	P	P	·检查多功能开关的连接触点是否被腐蚀,如有必要,更换 ·根据电路图检查导线 ·更换多功能开关 F125
				R	R	
			换挡杆位置在	N	N	
				D	D	
				3	3	
				2	2	
				1	1	
	2	节气门位置传感器 G69 的信号电压(来自节气门位置传感器 G69 的信号通过发动机控制单元直接进入变速器控制单元)	静止	怠速最小	0.156V	当从怠速加速至节气门全开时,电压值连续地增加 ·执行发动机控制单元的自诊断 ·如有必要,更换节气门位置传感器 G69
				怠速最大	0.8V	
				节气门全开,最小	3.5V	·对系统进行基本设定
				节气门全开,最大	4.680V	
	3	加速踏板的数值	静止	怠速	0～1%	当从怠速加速至节气门全开时,百分比连续地增加 ·对系统进行基本设定
				节气门全开	99%～100%	
	4	开关位置 制动指示灯开关 F 显示 1	制动器踏板	已踩下	1	·制动指示灯开关 F,执行电气测试
				未踩下	0	
		牵引控制系统显示 2		已激活	1	可以被忽略
				未激活	0	
		显示 3			可以被忽略	
		强制降挡开关显示 4	强制降挡开关	已动作	1	·检查强制降挡开关,执行电气测试
				未动作	0	
		多功能开关 F125 显示 5	换挡杆位置	R,N,D,3,2	1	·检查多功能开关的连接触点是否被腐蚀,如有必要,进行更换 ·根据电路图检查导线 ·更换多功能开关 F125
				P,1	0	
		多功能开关 F125 显示 6		P,R,2,1	1	
				N,D,3	0	
		多功能开关 F125 显示 7	换挡杆位置	P,R,N,D	1	·检查多功能开关的连续触点是否被腐蚀,如有必要,进行更换 ·根据电路图检查导线
				3,2,1	0	
		多功能开关 F125 显示 8		P,R,N	1	·更换多功能开关 F125
				D,3,2,1	0	

续表

显示组号	显示区域	名称	检查条件		规定的额定值	故障排查措施/说明
002	1	电磁阀 6N93 的实际电流	变速器在N位置静止	节气门全开	0.0A	·进行故障查找时，应注意实际值与额定值之间的偏差不得大于 0.050A ·此处显示的数值为最大值
				怠速最大	1.1A	
	2	电磁阀 6N93 的额定电流	变速器在N位置静止	节气门全开	0.0V	·对系统进行基本设定 ·检查电磁阀 N93 执行电气检测
				怠速最大	1.1	
	3	蓄电池电压	静止	最小	10.8V	·检查蓄电池，如有必要进行更换 ·检查至控制单元 J217 的供电电压，执行电气检测 ·更换变速器控制单元 J217 ·对系统进行基本设定
				最大	16.0V	
	4	车速传感器 G68 上的电压	静止	最小	2.20V	·检查车速传感器 G68，执行电气检查
				最大	2.52V	
003	1	汽车速度	行驶[①]		…km/h	车速表上的读数可能会与 V·A·G1551 上的读数稍有差别
	2	发动机速度	在发动机运行时		r/min	·如有必要，调整发动机
	3	所选择的挡位	行驶[①]	空挡	0	·检查电磁阀，执行电气检测
				倒挡	R	
				1挡液压	1H	
				1挡机械	1M	
				2挡液压	2H	
				2挡机械	2M	
				3挡液压	3H	
				3挡机械	3M	
				4挡液压	4H	
				4挡机械	4M	
	4	加速踏板的数值	行驶[①]	怠速	0～1%	当从怠速至节气门全开时，加速踏板的开度百分比连续地增加 ·对系统进行基本设定
				节气门全开	99%～100%	
004[②]	1	V·A·G1551 上显示的电磁阀 —N88 显示 1 —N89 显示 2 —N90 显示 3 —N91 显示 4 —N92 显示 5 —N93 显示 6	P		101000	·根据行驶工况选择电磁阀 ·执行电气检测 ·根据故障查找程序继续进行故障查找
			R[①]		001000	
			N		101000	
			D[②]	1H	001000	
				1M	001000	
				2H	011000	
				2M	011000	
				3H	000001	
				3M	000001	
				4H	110001	
				4M	110001	

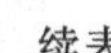

续表

显示组号	显示区域	名称	检查条件		规定的额定值	故障排查措施/说明
004②	1	V·A·G1551 上显示的电磁阀 —N88 显示 1 —N89 显示 2 —N90 显示 3 —N91 显示 4 —N92 显示 5 —N93 显示 6	3①	1H	001000	据行驶工况选择电磁阀 ·执行电气检测 ·进行故障查找
				1M	001000	
				2H	011000	
				2M	011000	
				3H	000001	
				3M	000001	
			2①	1H	001000	
				1M	001000	
				2H	011000	
				2M	011000	
			1①	1H	010000	
				1M	001000	
	2	所选择的挡位	行驶①	空挡	0	·检查电磁阀，执行电气检测
				倒挡	R	
				1 挡液压	1H	
				1 挡机械	1M	
				2 挡液压	2H	
				2 挡机械	2M	
				3 挡液压	3H	
				3 挡机械	3M	
				4 挡液压	4H	
				4 挡机械	4M	
	3	换挡杆位置	行驶	P	P	·检查多功能开关的连接触点是否被腐蚀，如有必要进行更换 ·根据电路图检查导线 ·更换多功能开关 F125
				R	R	
				N	N	
				D	D	
				3	3	
				2	2	
				1	1	
	4	汽车速度	汽车行驶速度①		…km/h	车速表上的读数可能会与 V·A·G1551 上的读数稍有差别

续表

显示组号	显示区域	名称	检查条件		规定的额定值	故障排查措施/说明
	1	ATF温度在35～45℃时，检查ATF液位	发动机在怠速运行，自30℃起，显示准确的温度		…℃	·检查变速器温度传感器G93，执行电气检测
	2	换挡器输出显示1[③]	行驶[①]点火正时调节功能	被接通	1	·根据电路图检查导线 ·更换发动机控制单元 ·更换变速器控制单元J217 ·对系统进行基本设定
				被关闭	0	
		换挡器输出显示2[③]		被接通	1	
				被关闭	0	
		换挡器输出显示3	换挡杆锁止电磁阀N110	被接通	1	·根据电路图检查线束的布置 ·换挡杆锁止电磁阀N110，执行电气检测
				被关闭	0	
		换挡器输出显示4		被接通	1	
				被关闭	0	
		换挡器输出显示5	巡航控制系统	被接通	1	·根据电路图检查线束的布置 ·检查巡航控制系统
				被关闭	0	
005		换挡器输出显示6	空调器	被关闭	1	·根据电路图检查线束的布置 ·检查空调器
				未关闭	0	
		换挡器输出显示7	驻车/空信号挡杆位置	P，N	1	·根据电路图检查线束的布置 ·换挡杆位置D，3，2，1可以被忽略
				R	0	
				D，3，2，1	1/0	
	3	所选择的挡位	行驶	空挡	0	·检查电磁阀 ·如果换挡机构不换挡，可能是离合器或制动器损坏 ·更换变速器控制单元n27
				倒挡	R	
				1挡液压	1H	
				1挡机械	1M	
				2挡液压	2H	
				2挡机械	2M	
				3挡液压	3H	
				3挡机械	3M	
				4挡液压	4H	
				4挡机械	4M	
	4	发动机转速	行驶，发动机运行		r/min	·如有必要，调整发动机
006	可以被忽略					
007	1	所选择的挡位[①]		空挡	0	·检查电磁阀 ·如果换挡机构不换挡，可能是离合器或制动器损坏 ·更换变速器控制单元n27 说明：符号+（或－）与显示区域2的速度信息有关
				倒挡	R	
				1挡液压	1H+/－	
				1挡机械	1M+/－	
				2挡液压	2H+/－	
				2挡机械	2M+/－	
				3挡液压	3H+/－	
				3挡机械	3M+/－	
				4挡液压	4H+/－	
				4挡机械	4M+/	

续表

显示组号	显示区域	名称	检查条件		规定的额定值	故障排查措施/说明
007	2	变矩器锁止离合器打滑,电磁阀4N91被激活	行驶①发动机运行	在液压挡位④	0~失速	·按电路图检查导线 ·进行电气检查 ·检查电磁阀4N91 ·检查变速器 ·更换变矩器
			变矩器锁止离合器关闭	在机械挡位,发动机转速2000~3000r/min⑤	0~130r/min⑤	
	3	发动机转速	发动机运行		…r/min	·如有必要,调整发动机
	4	加速踏板的数值	怠速		0~1%	当从怠速加速至节气门全开时,百分数值应连续地增加 ·对系统进行基本设定
			节气门全开		99%~100%	
008	可以被忽略					

① 在行驶中要读取额定值时,应在第2挡机械挡。

② 在行驶中用"读取测量数据模块08"显示组号004检查电磁阀。电磁阀N88、N89、N90均可处在相应挡位的激活状态,是换挡电磁阀。N91控制锁止离合器的压力,N92和N94是影响换挡的辅助阀,保证换挡平顺;它们在换挡时受到控制并且显示在显示区域5和6中。显示区域中有6个字符,未被激活的电磁阀显示为"0",已被激活的电磁阀显示为"1"。可以用自诊断检查所有的电磁阀。

③ V. A. 1551显示为1或2,此处必须显示1或0。

④ 液力变矩器锁止离合器必须解锁。当显示区域1显示为"H",即瞬时换挡液压打滑时,液力变矩器解锁。显示的附加符号"+"表示发动机转速(泵轮转速)高于涡轮转速,显示的附加符号"-"表示发动机转速(泵轮转速)低于涡轮转速。

⑤ 换挡必须正确完成。液力变矩器锁止离合器必须锁止,并且加速踏板的数值保持恒定。

三、通用4T65E自动变速器

(一)基本参数与结构特点

1. 4T65E自动变速器主要技术参数

通用公司生产的4T65E自动变速器适用于发动机横置、前轮驱动的轿车,它用于上海通用公司生产的别克君威轿车和GL8及陆尊商务车。该变速器有P、R、N、D、3、2、1七个挡位,提供包括超速挡在内的4个前进挡。通用4T65E自动变速器的主要技术规格见表5-18。其换挡的换挡车速见表5-19。

表5-18 通用4T65E自动变速器的主要技术规格

自动变速器名称	油压自动式4T65E	自动变速器名称	油压自动式4T65E
RPO代码	MN3/MN7	变速器驱动机油液容量	底盘拆卸:7.0L;全部大修:9.5L;干燥:12.7L
驱动机构的驱动	装配横梁,前车轮驱动		
第一挡齿轮传动比	2.921:1	变速器驱动机构类型:4	4前进挡
第二挡齿轮传动比	1.568:1	变速器驱动机构类型:T	横梁装配
第三挡齿轮传动比	1.000:1	变速器驱动机构类型:65	产品系列
第四挡齿轮传动比	0.705:1	变速器驱动机构类型:E	电子控制系统
倒挡	2.385:1	最后驱动传动比	3.05,3.29
变矩器尺寸(变矩器涡轮直径)	245mm(MN3)258mm(MN7)	所有最后的驱动传动比	3.05,3.29
压力接口	管路压力	齿扇位置	P,R,N,D,3,2,1
变速器油液类型	DEXRON-Ⅲ	壳体材料	铝压铸件

表 5-19　4T65E 自动变速器各挡的换挡车速

项目		1-2 换挡速度/(mile/h)			2-3 换挡速度/(mile/h)			3-4 换挡速度/(mile/h)		
TPS%		12	25	50	12	25	50	12	25	50
车身	车轴									
MN3 模式										
9APB	MN3	17	24	36	26	39	56	46	65	无效
MN7 模式										
9XAB	MN7	16	24	33	25	40	60	46	65	100
9XAB	MN7 正常	14	23	36	25	39	66	44	62	110
		1-2 换挡速度/(mile/h)			2-3 换挡速度/(mile/h)			3-4 换挡速度/(mile/h)		
9XAB	MN7 效能	14	23	42	27	43	74	46	62	110

		1-2 换挡速度/(mile/h)			2-3 换挡速度/(mile/h)			3-4 换挡速度/(mile/h)			
TPS%	0	50	0	50	0	50	12	25	12	25	
车身	车轴										
MN3 模式											
9APB	MN3	40	52	19	36	10	10	30	50	45	65
MN7 模式											
9XAB	MN7	37	53	47	18	10	10	30	50	47	64
9XAB	MN7 正常	33	62	16	32	10	10	32	50	42	62
9XAB	MN7 效能	39	62	18	46	10	14	32	50	44	60

注：1. 换挡时机在一定范围内都是正常的，1-2 挡范围内为±3mile/h；2-3 挡范围为±4mile/h；3-4 挡范围为±5mile/h；4-3 挡、3-2 挡，2-1 挡范围为±4mile/h。

2. 1mile=1609.344m。

2. 变速器的结构特点

4T65E 自动变速器是前轮驱动电控 4 挡自动变速器，动力系统控制模块（PCM）能同时控制发动机和自动变速器，换挡时刻及换挡时变速器油压完全由 PCM 通过两个换挡电磁阀和一个油压控制电磁阀精确控制，使换挡快速、平稳。液力变矩器中锁止离合器电磁阀为脉宽调制（PWM）电子控制方式，允许锁止离合器和变矩器壳体间有很小的滑动，使结合更加平稳，改善了行驶平顺性。4T65E 自动变速器的总体构造如图 5-113 所示。其主要的机械和电气部件包括以下几种。

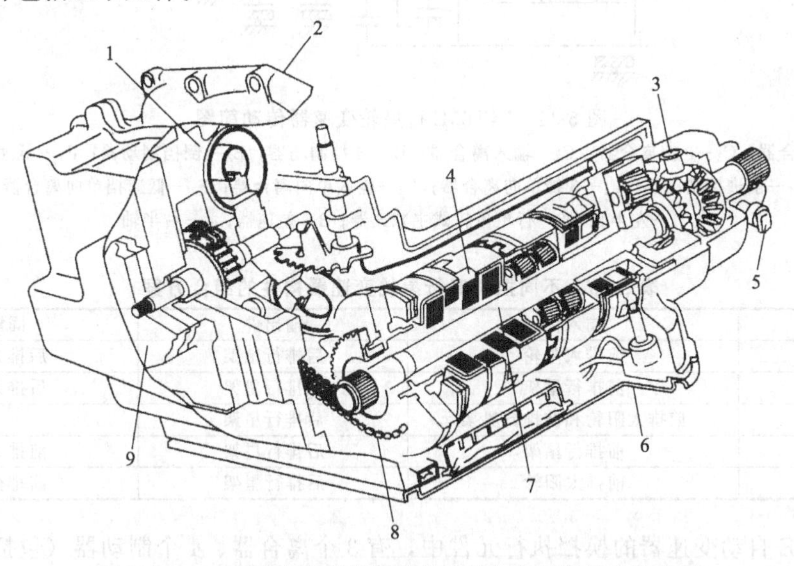

图 5-113　4T65E 自动变速器总体构造与主要部件安装位置

1—液力变矩器；2—壳体；3—主减速器和差速器；4—离合器片；5—车速传感器；6—油底壳；7—轴；8—传动链总成（链条）；9—控制阀体和油泵组件

（1）机械部件　带电控锁止离合器的变矩器，叶片式油泵及链条链轮传动机构，3 个多片式离合器总成（输入、2 挡和 3 挡），3 个带式制动器（前进制动带、2-1 挡制动带和倒挡制动带），一个多片式制动器（4 挡制动器），辛普森式行星轮变速机构，3 个单向离合器（1 个滚柱式离合器和 2 个楔块式单向离合器），主减速器和差速器总成，控制阀体。

（2）电气部件　2 个换挡电磁阀，一个油压控制电磁阀（PC 阀），自动变速器油温传感器（TFT），输入轴车速传感器（ISS），输出轴车速传感器（VSS），油液压力手动阀位置开关（TFP），多功能开关（P/N）开关。

（二）动力传递方案

1. 行星轮变速机构

4T65E 自动变速器采用改进型双排 4 速辛普森式行星轮变速器，其前行星排的行星架与后行星排的齿圈为一体，前行星排的齿圈与后行星排的行星架为一体，如图 5-114 所示。因此，4T65E 的行星轮变速器共有 4 个独立部件，分别为前排太阳轮（输入太阳轮）、前排行星架/后排齿圈组件（输入行星架）、后排太阳轮（被动太阳轮）和后排行星架/前排齿圈组件（被动行星架），动力可由前排太阳轮或前排行星架/后排齿圈组件输入，也可由二者共同输入，而动力输出则由后排行星架/前排齿圈组件来完成。双排行星轮变速器具有 10 个换挡执行元件，通过不同形式的组合实现 4 个前进挡和 1 个倒挡。不同挡位时行星轮变速器构件的组合方案见表 5-20。

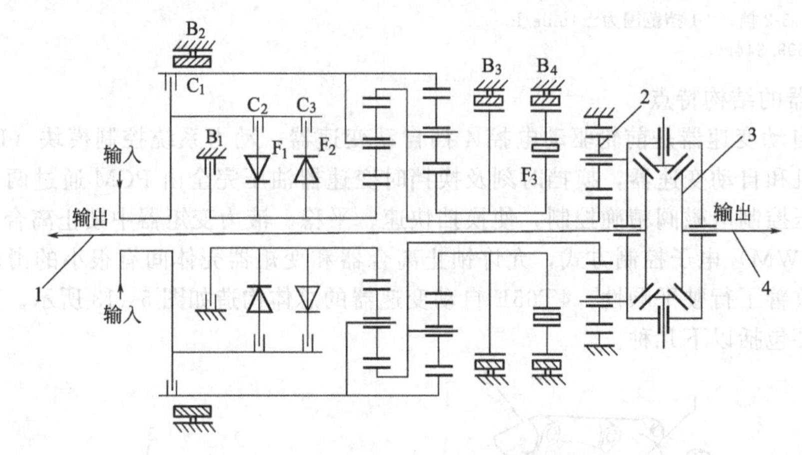

图 5-114　4T65E 行星轮变速器传动简图

C_1—2 挡离合器；C_2—3 挡离合器；C_3—输入离合器；B_1—4 挡制动器；B_2—倒挡制动器；B_3—低速挡制动器；B_4—前进挡制动器；F_1—3 挡单向离合器；F_2—输入单向离合器；F_3—低速挡单向离合器；1—左半轴；2—行星齿轮式主减速器；3—差速器；4—右半轴

表 5-20　不同挡位时行星轮变速器构件的组合方案

挡位	输入件	输出件	固定件
1 挡	前排太阳轮	后排行星架	后排太阳轮
2 挡	前排行星架	后排行星架	后排太阳轮
3 挡	前排太阳轮和前排行星架	后排行星架	
4 挡	前排行星架	后排行星架	前排太阳轮
倒挡	前排太阳轮	后排行星架	前排行星架

在 4T65E 自动变速器的换挡执行元件中，有 3 个离合器、4 个制动器（包括 1 个片式制动器和 3 个带式制动器）和 3 个单向离合器，分别为：2 挡单向离合器 C_1、3 挡离合器 C_2、输入离合器 C_3、4 挡制动器 B_1、倒挡制动器 B_2、低速挡制动器 B_3、前进挡制动器 B_4、3 挡单向离合器 F_1、输入单向离合器 F_2、低速挡单向离合器 F_3，如图 5-114 所示。

2. 各挡位换挡电磁阀及执行元件工作情况

4T65E 自动变速器换挡执行元件在不同挡位时工作状态见表 5-22。各挡位换挡电磁阀工作情况参见表 5-21。各挡传动比参见表 5-22。

表 5-21　4T65E 自动变速器挡位换挡电磁阀和执行元件作用表

变速杆位置	挡位	1-2/3-4 挡电磁阀	2-3 挡电磁阀	换挡执行元件									
				C_1	C_2	C_3	B_1	B_2	B_3	B_4	F_1	F_2	F_3
P	停车挡	ON	ON			●						●	
N	空挡	ON	ON			●						●	
R	倒挡	ON	ON			○		○				○	
D	1 挡	ON	ON			○				○		○	○
	2 挡		ON	○		●				○			○
	3 挡			○	○					●	○		
	4 挡	ON		○	●		○			●			
3	1 挡	ON	ON			○						○	○
	2 挡		ON	○		●							○
	3 挡			○	○	○				●	○	○	
2	1 挡	ON	ON			○			○	●		○	
	2 挡		ON	○		●			○	●			
1	1 挡	ON	ON		○	○			○	●	○	○	

注：○表示元件工作；●表示元件工作但不传递动力。

表 5-22　换挡电磁阀工作状态和挡位传动比

齿轮挡位	2-2 换挡电磁阀	2-3 换挡电磁阀	传动比
第 1 挡	接通	接通	2.87∶1 至 2.97∶1
第 2 挡	关闭	接通	1.52∶1 至 1.62∶1
第 3 挡	关闭	关闭	0.95∶1 至 1.05∶1
第 4 挡	接通	关闭	0.65∶1 至 0.75∶1
倒挡	接通	接通	2.33∶1 至 2.43∶1

（三）电子控制系统

4T65E 自动变速器是电子、液压混合控制式自动变速器，其控制电路如图 5-115 所示，各电子控制元件的布置如图 5-116 所示。除动力控制模块（PCM）外，还包括两个换挡电磁阀（1-2/3-4 换挡阀和 2-3 换挡阀）、锁止离合器（TCC）、脉冲宽度调制（PWM）电磁阀、压力控制（PC）电磁阀、油液温度（TFT）传感器、输入轴转速（ISS）传感器和输出轴（车速）转速（VSS）传感器、油液压力（TPF）手动阀位置开关、变速杆位置开关（也称多功能开关或 P/N 开关）。

1. 车速（VSS）传感器

车速传感器也称输出轴转速传感器，是一个电磁感应式传感器，它向 PCM 提供车辆行驶速度的信号。PCM 利用该信息来控制换挡时间、管路压力以及变矩器锁止离合器（TCC）的接合或释放。

车速传感器包括一个安装在壳体延伸件的速度传感器总成和一个装在末端驱动器托架上的变磁阻转轮。当车辆向前行驶时，变磁阻转轮转动，在检测线圈中产生可变的正比于车速的交流信号。产生的 AC 信号有一定的频率和振幅电压。PCM 根据 AC 信号的频率来计算车辆速度。信号的电压仅用于诊断，该电压将从 100r/min 时的 0.5V 至 6000r/min 时的 200V 不等。

2. 输入轴转速（ISS）传感器

自动变速器输入轴转速传感器也是 个电磁式传感器，向 PCM 提供输入轴（涡轮轴）

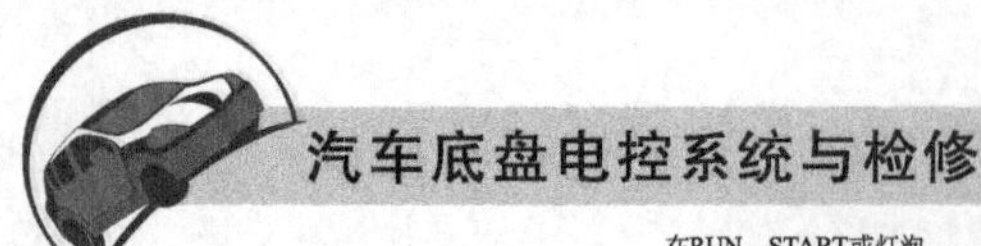

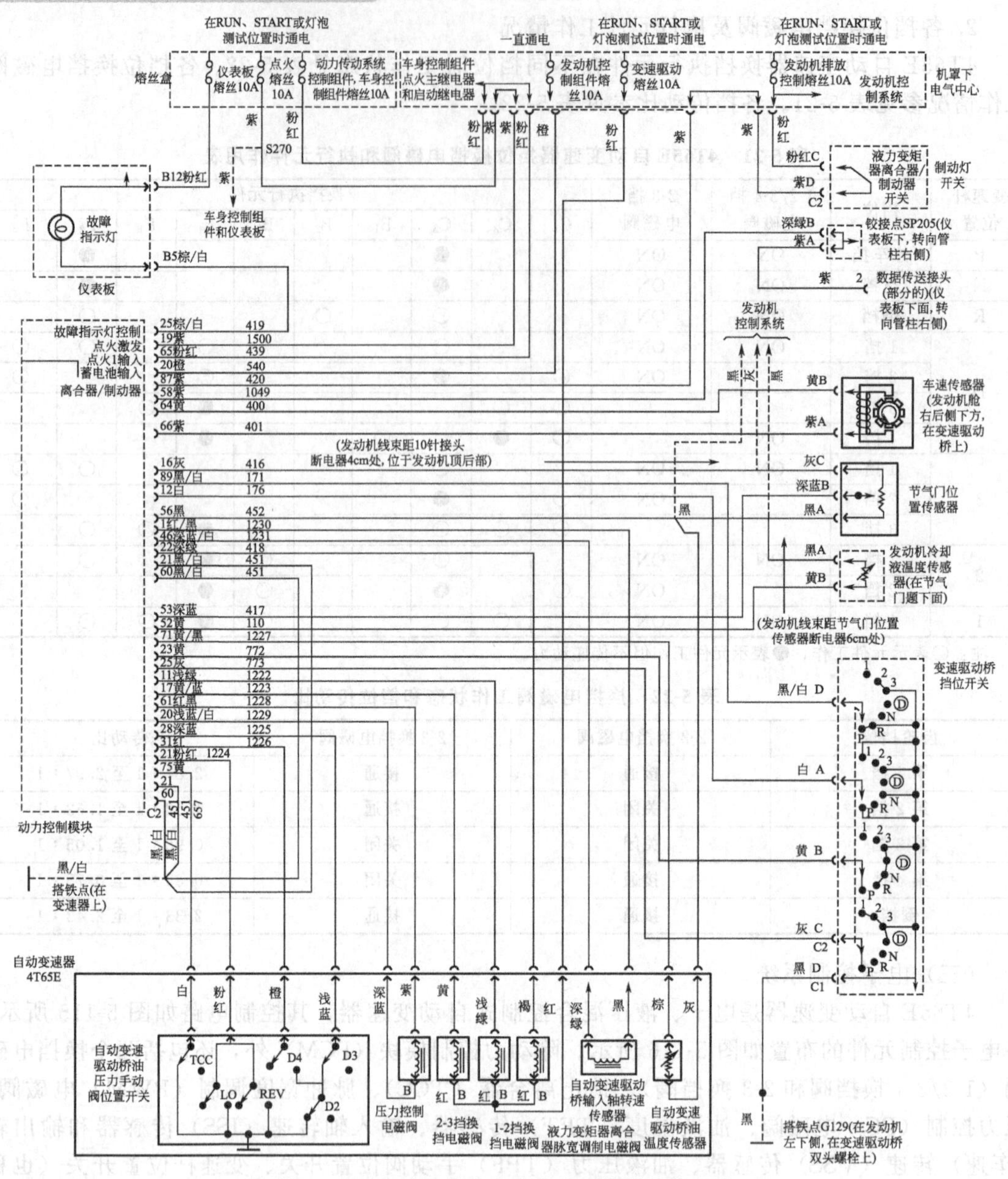

图 5-115 4T65E 自动变速器电子控制系统电路

的速度信号。PCM 利用该信息来控制管路压力、变速器换挡方式以及 TCC 的接合或释放。ISS 传感器安装在壳体盖上，可感应自动变速器输入轴传动链轮的转速。当传动链轮旋转时，传感器产生周期性电磁信号，PCM 利用该信号频率来确定输入轴的转速。

3. 油液温度（TFT）传感器

传感器是负系数的热敏电阻，它向 PCM 提供 ATF 温度的信息。油液温度传感器安装在阀体上，利用与 ATF 相接触的感温电阻进行工作。PCM 提供 5V 参考电压给传感器电路。高油液温度或传感器电路上的接地短路都导致低信号电压。油液温度传感器运行范围是−40～+151℃。

4. 变矩器锁止离合器（TCC）制动器开关信号

TCC 制动器开关向 PCM 输入起用或释放信号。通过常闭开关给 PCM 供应蓄电池电压。踩下制动踏板时会打开 TCC 制动器开关，停止向 PCM 供应电压。当 PCM 接到 TCC 制动器开关输入的 0V 电压时，PCM 关闭变矩器锁止离合器脉冲宽度调制（TCC PWM）电

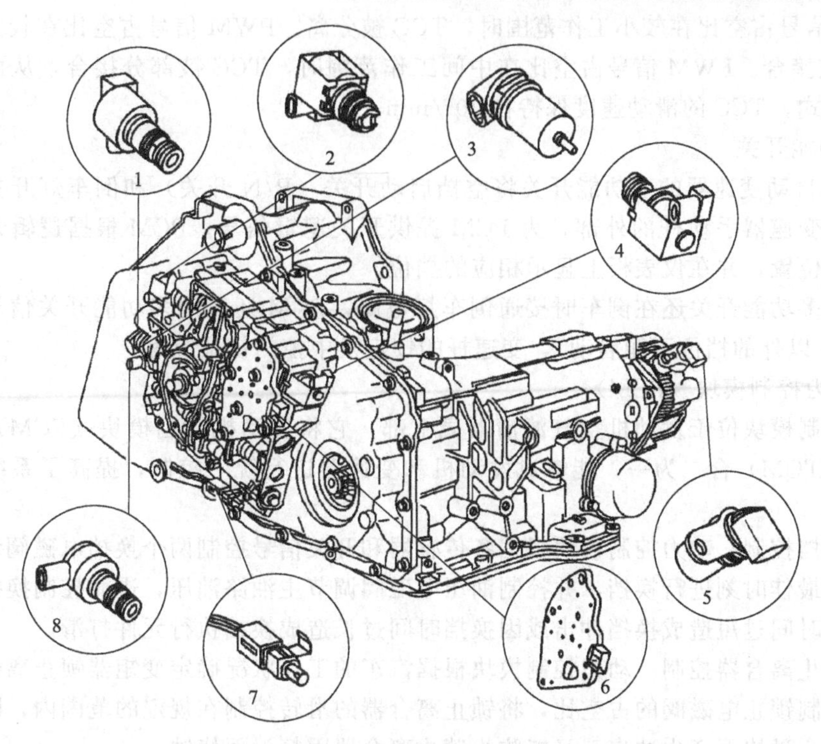

图 5-116 4T65E 自动变速器电子控制元件位置图

1—压力控制（PC）电磁阀；2—1-2/3-4 换挡电磁阀；3—输入轴转速（ISS）传感器；4—2-3 挡换挡电磁阀；
5—车速传感器（VSS）；6—油液压力（TFP）手动阀开关；7—油液温度（TFT）传感器；8—锁止电磁阀

磁阀。

5. 油液压力（TFP）手动阀位置开关

油液压力（TFP）手动阀位置开关装在阀体上，由 6 个压力开关组成。其中 3 个（D4，LO，REV）为常闭开关，另外 3 个（D3，D2，TCC）为常闭开关。点火电压加到每个开关，来自手动阀的液压力使这些开关中的一个或多个接地或断开。PCM 能检测到选取了哪一个挡位。

6. 1-2、3-4 换挡电磁阀和 2-3 换挡电磁阀

换挡电磁阀是常开电磁阀。给换挡电磁阀施加点火电压，接地通路由 PCM 提供，当 PCM 发出电磁阀关闭（OFF）指令时，不提供接地通路，且加到电磁阀的管路压力泄放。当 PCM 发出电磁阀开起（ON）指令时，则提供接地通路且排泄口被堵塞，停止泄放管路压力。如果 PCM 监控到齿轮的传动比在所指令的传动比极限外，就设定关于换挡电磁阀的故障码。

7. 压力控制（PC）电磁阀

压力控制电磁阀位于阀体上。通过电流流过绕组来控制变速器的管路压力。PCM 根据节气门的位置和其他输入信号来决定需要的管路压力，然后 PCM 在压力控制电磁阀的高端改变工作循环，以控制电磁阀线圈的电流。最大管路压力的电流被控制在 0.02A，最小管路压力的电流被控制在 1.1A。PCM 动力系统控制模块可监视电磁线圈的实际电流。

8. 矩器锁止离合器脉冲宽度调制（TCC PWM）电磁阀

PCM 是通过 TCC PWM 电磁阀来控制 TCC 的结合与分离。TCC PWM 电磁阀安装在自动变速驱动桥的液压控制阀体上。PCM 使用 PWM，通过固定频率信号的占空比控制电磁阀搭铁电路，从而控制 TCC。

PWM 信号占空比在较小工作范围时，TCC 被分离。PWM 信号占空比在较大工作范围时，TCC 被接合。PWM 信号占空比在中间工作范围时，TCC 被部分接合，从而实现受控打滑工作方式。TCC 的滑动速度保持在 20r/min。

9. 多功能开关

4T65E 自动变速器的多功能开关将空挡启动开关（P/N 开关）和倒车灯开关组合为一体，安装在变速器手动杆的外部，为 PCM 提供开关逻辑信号。PCM 根据逻辑开关信号来确定变速杆位置，并在仪表板上显示相应的挡位。

此外，多功能开关还在倒车时接通倒车灯电路，PCM 还利用多功能开关信号控制启动机（在 P/N 以外的挡位不能启动），变速杆的锁定及中控门锁系统等。

10. 动力控制模块（PCM）

动力控制模块位于发动机空气滤清器壳下部，它将发动机控制模块（ECM）和变速器控制模块（TCM）合二为一，能够对发动机和变速器进行统一控制，提高了系统的精确性和可靠性。

（1）换挡控制　动力控制模块根据各传感器和开关信号控制两个换挡电磁阀动作，使自动变速器在最佳时刻进行换挡，并控制油压电磁阀调节主油路油压，进而控制换挡时间，以防止因换挡时间过短造成换挡冲击或因换挡时间过长造成换挡执行元件打滑。

（2）锁止离合器控制　动力控制模块根据汽车的工作状况确定变矩器锁止离合器是否工作，通过控制锁止电磁阀的占空比，将锁止离合器的滑转控制在规定的范围内，既防止了锁止离合器接合过快而产生冲击，又能防止锁止离合器因打滑而烧蚀。

（3）失效保护　当电子控制系统的某个元件或线路出现故障时，动力控制模块进入安全模式，实施失效保护。

① 油压电磁阀断路。油压电磁阀断路后使主油路油压升至最高，防止离合器或制动带打滑。

② 锁止电磁阀断路。锁止电磁阀断路后，锁止离合器不再接合。

③ 换挡电磁阀断路。当两个换挡电磁阀都断电时，变速器处于 3 挡，无论选挡杆处于任何前进挡位，变速器均以 3 挡起步、行驶，选挡杆位于 P、N、R 位时仍有效。

（4）故障自诊断　动力控制模块在工作过程中不停地检测各传感器和执行元件的工作状态，一旦发现故障，将相关的故障信息存储在控制模块内部的存储器中，同时通过仪表盘上的故障指示灯进行警示。维修人员可用专用故障检测仪 Tech2 通过车辆的故障诊断接口读取故障码和有关数据，分析并判断故障部位所在。4T65E 自动变速器故障码及故障原因见表 5-23。

表 5-23　4T65E 自动变速器故障码及故障原因

故障码	故障原因	故障码	故障原因
P0218	变速器油液温度过高	P0741	锁止离合器结合滞后
P0502	车速传感器电路信号过低	P0742	锁止离合分离滞后
P0503	车速传感器间断	P0748	油压电磁阀电路故障
P0711	油温传感器电路间断/无电压	P0751	1-2/3-4 挡换挡电磁阀性能故障
P0712	油温传感器电路信号过低	P0753	1-2/3-4 挡换挡电磁阀电路故障
P0713	油温传感器电路信号过高	P0756	2-3 换挡电磁阀性能故障
P0716	输入转速传感器电路间断	P0758	2-3 换挡电磁阀电路故障
P0717	输入转速传感器电压信号过低	P1810	液压手动阀位置开关电路故障
P0719	制动器开关电路电压过低	P0811	最大适配和换挡滞后
P0724	制动器开关电路电压过高	P1860	锁止电磁阀故障
P0730	不正确的传动比	P1887	锁止离合器释放开关电路故障

第七节　自动变速器变速传动机构检修

一、液力变矩器的检修

（1）液力变矩器单向离合器有关的检修　如图5-117所示，装上维修专用工具，使其贴合在变矩器毂缺口和单向离合器的外座圈中，转动驱动杆，检查单向离合器工作是否正常，在逆时针方向转动时应锁住，而在顺时针方向应能自由转动。如有异常，说明单向离合器损坏，应更换液力变矩器。

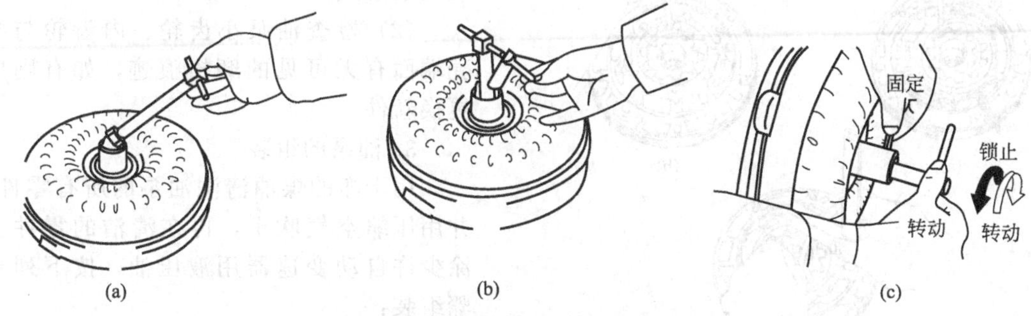

图5-117　变矩器单向离合器的检查

（2）检查变矩器油泵驱动毂　液力变矩器油泵驱动毂表面应光滑无损伤，键间或键槽无损伤。检查输变矩器油泵驱动毂径向跳动（见图5-118），径向跳动应＜0.05mm。径向跳动量过大，会造成油泵主动轮和从动轮运动干涉，最终会导致主动轮损坏。驱动毂表面过于粗糙，装配时可能会损伤油泵油封，造成油泵泄漏。

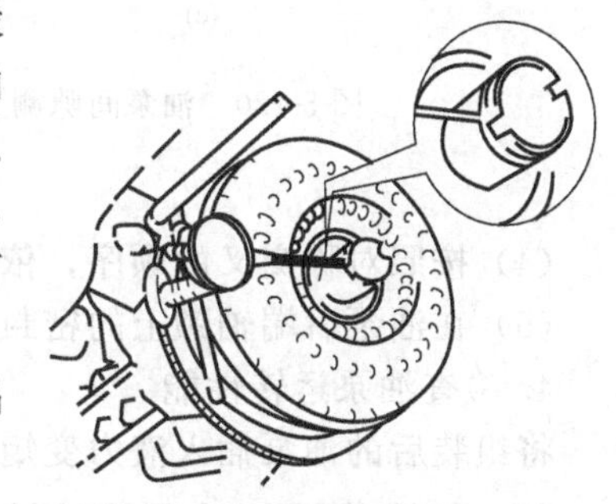

图5-118　检查变矩器油泵驱动毂径向跳动

（3）检查输入轴（涡轮轴）、导轮支承轴的情况　涡轮轴、导轮支承轴花键应良好。

二、液压油泵的检修

1. 油泵的分解

（1）拆下油泵后端轴颈上的密封环（如图5-119所示）。

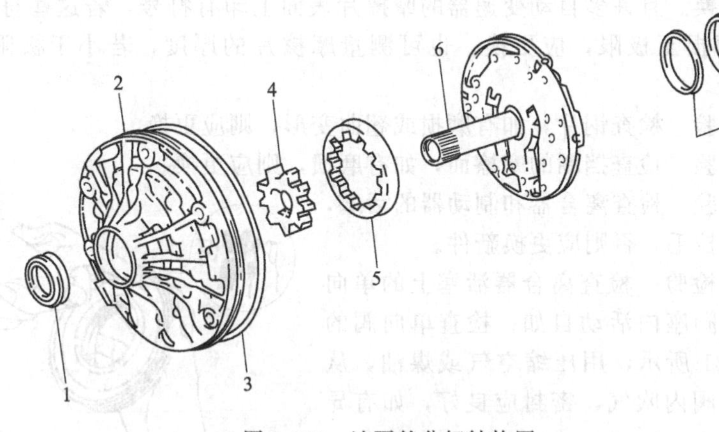

图5-119　油泵的分解结构图

1—油封；2—油泵前端盖；3—O形密封圈；4—小齿轮；5—内齿轮；6—油泵后端盖及导轮轴；7—密封圈

（2）按照对称交叉的顺序依次松开油泵的连接螺栓，打开油泵。

（3）用油漆在小齿轮和内齿轮上作一记号，取出小齿轮及内齿轮。

（4）拆下油泵前端盖上的油封。

2. 油泵零件的检测

（1）如图 5-120 所示，用厚薄规分别测量油泵内齿轮外圆与油泵壳体之间的间隙、小齿轮及内齿轮的齿顶与月牙板之间的间隙、小齿轮及内齿轮端面与泵壳平面的端隙，应符合技术标准，否则更换齿轮、泵壳或油泵总成。

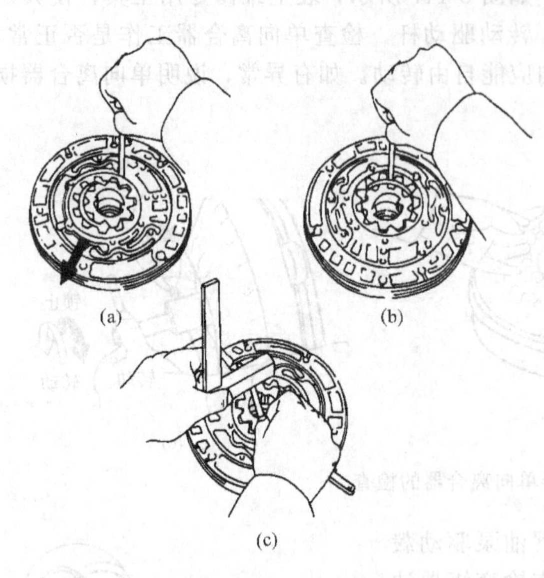

图 5-120　油泵间隙测量

（2）检查油泵小齿轮、内齿轮与泵壳端面有无可见的磨损痕迹，如有则应更换新件。

3. 油泵的组装

用干净的煤油清洗油泵的所有零件，并用压缩空气吹干，再在清洁的零件上涂少许自动变速器用液压油，按下列步骤组装：

（1）在油泵前端盖上装入新的油封。

（2）更换所有的 O 形密封圈，并在新的 O 形密封圈上涂 ATF 油。

（3）按分解时相反的顺序组装油泵各零件。

（4）按照对称交叉的顺序，依次拧紧油泵盖紧固螺栓，拧紧力矩为 10N·m。

（5）在油泵后端轴颈上的密封环槽内涂上润滑脂，安装新的密封环。

4. 检查油泵运转性能

将组装后的油泵插入液力变矩器中，转动油泵，齿轮转动应平顺，无异响。

三、行星齿轮传动系统的检修

1. 离合器的检修

（1）离合器的摩擦片的检验　检查离合器的摩擦片，如有烧焦、表面粉末冶金层脱落或翘曲变形，则应更换。且许多自动变速器的摩擦片表面上印有符号，若这些符号已被磨去，则说明摩擦片已磨损至极限，应更换。也可测量摩擦片的厚度，若小于极限厚度，则应更换。

（2）钢片的检验　检查钢片，如有磨损或翘曲变形，则应更换。

（3）挡圈的检验　检查挡圈的摩擦面，如有磨损，则应更换。

（4）活塞的检验　检查离合器和制动器的活塞，其表面应无损伤和拉毛，否则应更换新件。

（5）单向阀的检验　检查离合器活塞上的单向阀，其球阀应能在阀座内活动自如；检查单向阀的密封性，如图 5-121 所示，用压缩空气或煤油，从液压缸一侧向单向阀内吹气，密封应良好，如有异常，应更换活塞。

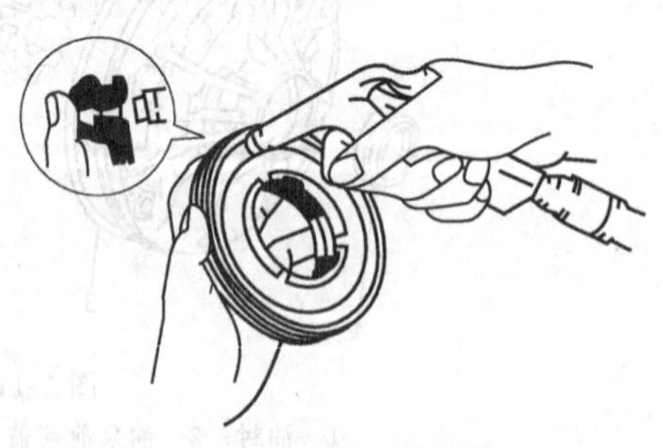
图 5-121　检查单向阀

（6）离合器毂的检验　检查离合器毂的液压缸

内表面应无损伤或拉毛，与钢片配合的花键槽应无磨损，如有异常，则应更换新件。

（7）活塞回位弹簧自由长度的检验　测量活塞回位弹簧的自由长度，其值应符合标准。弹簧长度标准参见表5-24。若弹簧自由长度过小或有变形，则应更换新弹簧。

表5-24　A341E、A342E自动变速器离合器的检修标准

离合器的名称	代　号	弹簧自由长度标准/mm	自由间隙/mm
超速离合器	C_0	15.8	1.45～1.70
前进离合器	C_1		0.7～1.00
高、倒挡离合器	C_2	24.35	1.37～1.60

2. 制动器的检修

（1）片式制动器的检修　对于片式制动器，检查制动器摩擦片有无烧焦、表面粉末冶金层有无脱落或翘曲变形，若有应更换新片；另外许多自动变速器摩擦片表面上印有符号，若这些符号已被磨去，说明摩擦片已磨损至极限，应更换新片；也可以测量摩擦片的厚度，若小于极限厚度，应更换新片。检查钢片，如有磨损或翘曲变形，应更换。

（2）带式制动器的检修　对于带式制动器，检查制动带内表面有无烧焦、表面粉末冶金层有无脱落或表面符号有无磨去，若有应更换制动器带。检查制动器伺服机构部件有无磨损或划痕，检查制动器的活塞，其表面应无损伤或拉毛，液压缸内表面应无损伤或拉毛，如有异常，则应更换新件。

（3）挡圈、活塞回位弹簧等部件的检测　检查挡圈的摩擦面有无磨损，若有应更换新件。测量活塞回位弹簧的自由长度，应符合技术标准。若过小或有变形，则应更换新弹簧，更换所有制动器液压缸活塞上的O型密封圈及轴颈上的密封环。

A341E、A342E自动变速器制动器的检修标准见表5-25。

表5-25　A341E、A342E自动变速器制动器的检修标准

制动器的名称	代　号	弹簧自由长度标准/mm	自由间隙/mm
超速制动器	B_0	17.23	1.75～2.05
2挡强制制动器	B_1		2.0～3.0
2挡制动器	B_2	19.64	0.63～1.98
低、倒挡制动器	B_3	12.9	0.70～1.22

3. 行星排的检修

（1）行星排的分解及单向离合器的旋向检查　按图5-122所示的方法检查单向离合器的锁止方向，应使该单向离合器外圈（行星架）相对于内圈（离合器毂）在逆时针方向锁止，顺时针方向可以自由转动。并按顺序分解行星排和单向离合器。

（2）行星排、单向离合器的检验

① 检查太阳轮、行星齿轮、齿圈的齿面，如有磨损或疲劳剥落，则应更换整个行星排。

② 检查行星齿轮与行星架之间的间隙（如图5-123所示），其标准间隙为0.2～0.6mm，最大不得超过1.0mm，否则应更换止推垫片或行星架及行星齿轮组件。

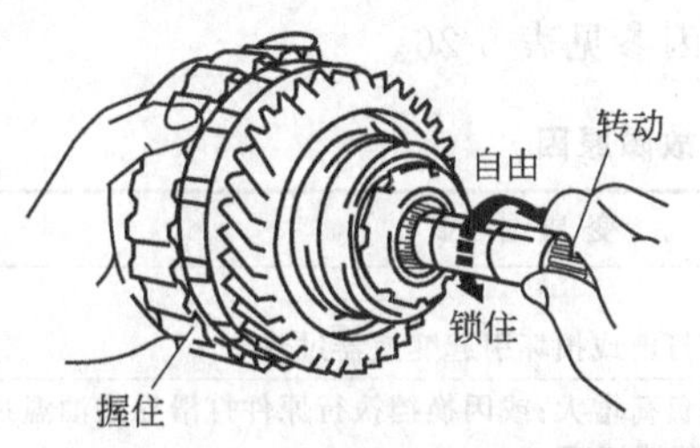

图5-122　丰田A-341E超速排单向离合器的检查

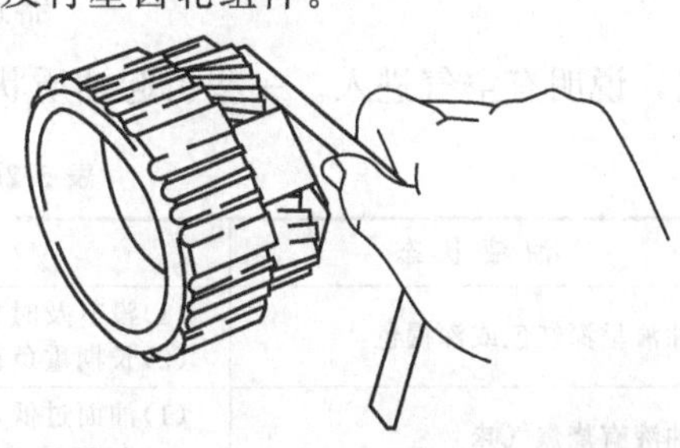

图5-123　检查行星齿轮与行星架的间隙

③ 检查太阳轮、行星架、齿圈等零件的轴颈或滑动轴承处有无磨损，如有异常，则应更换新件。

④ 检查单向离合器、滚柱有无破损，滚柱保持架有无断裂或内外圈滚道是否磨损起槽，若有则应更换新件；若在锁止方向上出现打滑或在自由转动方向上有卡滞现象，也应更换新件。

将行星排和单向离合器的所有零件清洗干净，涂少许液压油，按分解相反的顺序进行装配。装好单向离合器之后，应保证其锁止方向正确，且在自由转动方向上应转动灵活。

第八节　电控自动变速器的故障诊断与检测

一、故障诊断与检修程序

液控和电控自动变速器故障诊断与检修的程序有所不同。

液控自动变速器故障诊断与检修的程序：初步检查—失速试验—油压试验—换挡迟滞试验—道路试验—零部件拆卸检查。

电控自动变速器故障诊断与检修的程序：初步检查—读取故障码—手动换挡试验—失速试验—油压试验—换挡迟滞试验—道路试验—电控系统检查—车上和车下修理。

二、基本检查

基本检查也就是初步检查，主要包括以下项目。

1. 自动变速器油的检查

自动变速器油的液面高度不合适或变质，会影响自动变速器的正常工作，缩短自动变速器的使用寿命。自动变速器油的检查包括自动变速器漏油检查，ATF 检查与更换。

（1）自动变速器漏油检查　漏油会导致液面高度下降、液压系统油压下降，使换挡执行原件打滑，换挡延迟。通过目视检查油封、管接头等部位有无渗漏来判断。如有渗漏应及时更换油封。

（2）ATF 检查与更换

① 检查 ATF 油面高度。运行车辆，使发动机和自动变速器的温度达到正常工作温度。将车辆停在水平地面，并可靠驻车。发动机怠速运转，将选挡杆由 P 位依次换至 L 位，再退回 P 位。拔出油尺，并将其擦拭干净；再将油尺全部插回套管。重新将油尺拉出，检查油面是否在热态（HOT）刻度范围；如果不在，应加油至适合的油面高度。如图 5-124 所示。

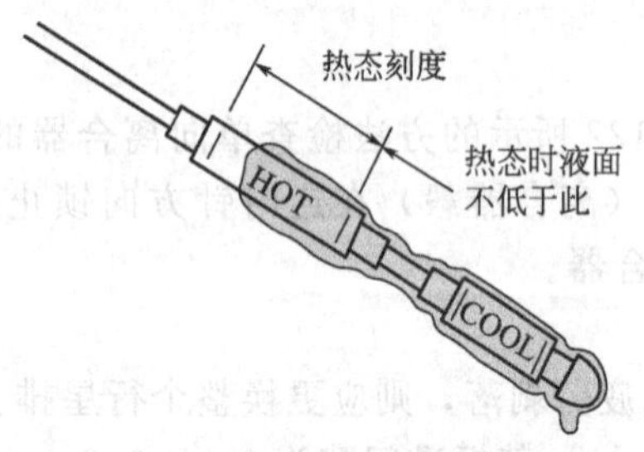

图 5-124　常见的自动变速器油尺

② 检查 ATF 油质。油质可以从颜色、气味、杂质等方面进行判断。正常颜色为鲜红色，如果发黑则说明已经变质或有杂质，如果呈粉红色或白色则说明油冷却器进水。如果有焦糊味，说明摩擦材料烧蚀。如果有气泡，说明有空气进入。一些引起油质状况变化的原因参见表 5-26。

表 5-26　油质状况与故障原因

油液状态	变质原因
油液呈深红色或深褐色	(1)没有及时换油 (2)长期重负荷运行，某些部件打滑或损坏引起变速器过热
油液有烧焦气味	(1)油面过低，油量减少使油的负荷增大；或因换挡执行原件打滑导致油温过高 (2)ATF 冷却系统的管路或冷却器堵塞

续表

油液状态	变质原因
油液中有金属屑	换挡执行原件或齿轮等严重磨损
油液从加油管溢出	油面过高或通气孔堵塞
油尺上粘附有黏稠胶质	由于上面提到的各种原因造成油温过高

③ 更换ATF。一般，国产汽车行驶36000～48000km应更换ATF。进口汽车为48000～60000km应更换ATF。更换时先拆下放油塞，将ATF排放到容器中；再将放油塞紧固上。在发动机熄火的情况下，通过加油管加入新油。启动发动机，将选挡杆由P位依次换至L位，再退回P位。检查油位，应在冷态刻度（COOL）范围内。还应当同检查ATF油面高度那样，在热态时检查油位，必要时加油。

2. 发动机怠速检查

在关闭空调的情况下，将选挡杆置于N位，检查发动机怠速转速。

变速杆位于N挡位，发动机在怠速工况下工作时，空调未打开时，怠速转速在600～800r/min。若怠速过低，选挡手柄从N或P位移到D、S、L、R位时，轻则引起车身振动，重则发动机熄火。

若怠速过高，选挡手柄在D、S、L、R位时，如果不用力踩住制动踏板，车辆会产生移动；行车过程中出现明显的换挡冲击。但是对功率大的发动机或空车来说，有点轻微的“爬行”是正常的。

3. 节气门及拉索的检查与调整

（1）节气门开度检查　将加速踏板踩到底，节气门应该全开。否则，高速大负荷时，功率输出不足，汽车达不到最高行驶速度；由于加速性能变差，影响强制低挡投入工作时间。

（2）节气门拉索检查　节气门拉索调整得是否合适，将决定换挡点调整得合适与否，拉索长度不合适将导致节气门信号失准，最终导致换挡点不准。

选挡杆在D位，轻踩节气门踏板正常行驶时，一挡升入二挡的车速若低于15km/h，说明升挡过早（换挡点提前）；一挡升入二挡的车速若高于30km/h，说明升挡过迟（换挡点滞后）。

由自动变速器换规律可知，节气门开度和节气门油压影响换挡时机。节气门调压阀由拉索和凸轮操纵的，节气门拉索松或紧换挡点有直接的影响。节气门开度越大，升挡时机越迟；节气门开度越小，升挡时机越早。所以节气门拉索过紧时升挡点过迟；节气门拉索过松时升挡点过早。如图5-125所示，在没有踩节气门踏板时，即节气门全关的状态下，通过调整螺母将节气门拉索上的止动器调整到距螺纹端部1mm（0.5～1.5mm）的距离即可。

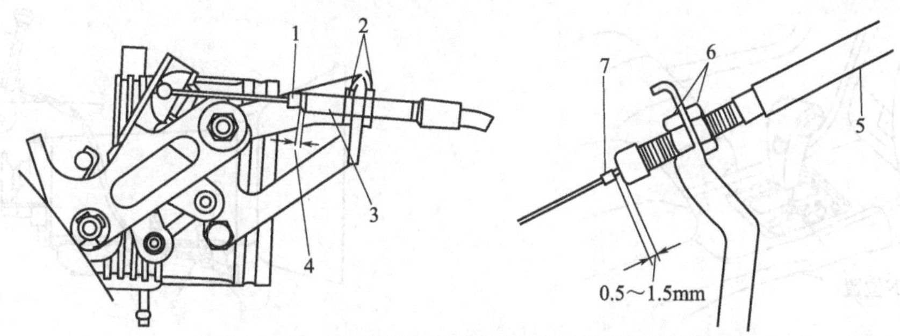

图5-125　没有橡胶套的节气门拉索调整机构

1—导线外套；2—固定螺母；3—导管；4—间隙；5—外部拉线；6—调整螺母；7—止动器

调整后应进行检查。一个人将节气门踏板完全踩到底，另一个人看节气门拉索是否完全紧绷。紧绷说明节气门在全开的位置时，节气门拉索长度的调整是合适的。

调整节气门拉索主要是调整拉索前端的长度，同时还要检查拉索有无卡滞的现象。

4．选挡杆位置检查和调整

（1）选挡杆位置不准确可能造成的危害

① 换挡杆位于2个挡位中间，换挡点不准确。

② 换挡杆在N位时汽车蠕动。

③ 汽车在P位时没有驻车。

④ 发动机在P位和N位不启动，或在P位和N位以外的挡位上能够启动。

（2）检查　将选挡杆自N位换到其他挡位，检查选挡杆是否能平稳而又精确地换到其他挡位；同时检查挡位指示灯是否正确地指示挡位。否则应予调整。

（3）调整　拉索式机构为换挡操纵机构中的主导机构，90％以上的自动变速器采用拉索式换挡机构，随着汽车行驶里程的增加，换挡拉索就逐渐地被拽长了，会造成挡位不准确。连杆式换挡操纵机构靠连杆操纵变速器上的换挡摇臂，如果连杆调整得不合适或连杆接头松动，也会造成挡位不准确。

① 连杆式换挡操纵机构的调整。松开位于驾驶室下方选挡杆上的连接螺母，如图5-126(a)所示。将控制轴杆向后推足，然后将控制轴杆退回两个槽位至N位，如图5-126(b)所示垂直位置。同时，将选挡手柄置入N位并稍稍靠向R位定住，如图5-127所示。最后将选挡杆上的联接螺母重新拧紧。

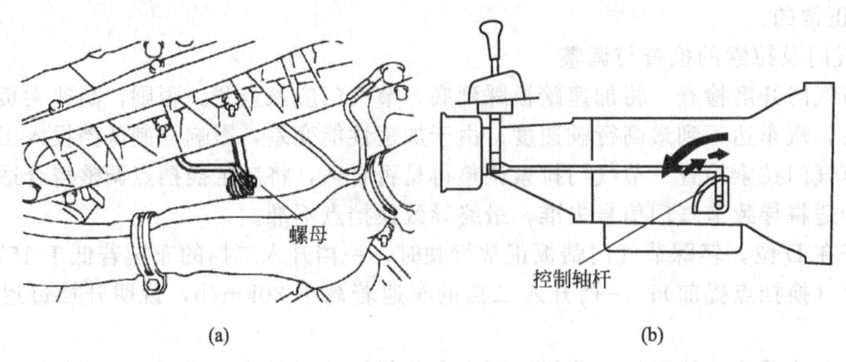

图5-126　选挡手柄及传动机构

② 拉索式换挡操纵机构的调整　如图5-128所示。把拉索长度调整螺母4拧松。将驾驶室内换挡杆对准P位。将自动变速器上换挡摇臂2也对准P位（向前推到止点）。调整拉索3的长度，使拉索绷紧，并用锁母锁死。

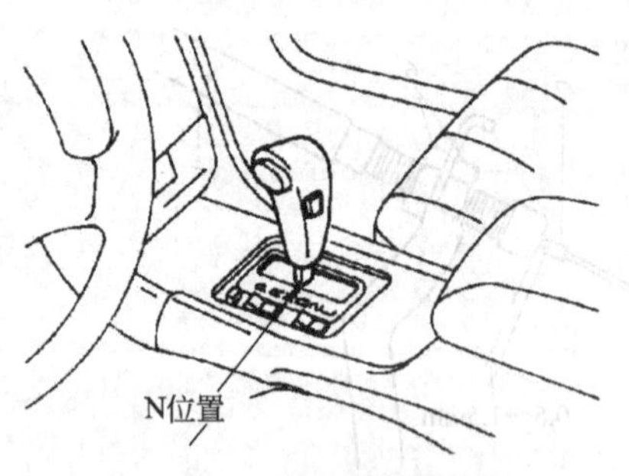

图5-127　选挡手柄及挡位

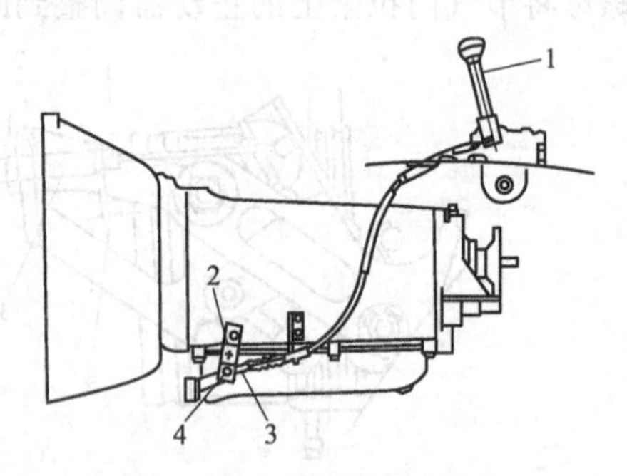

图5-128　选挡手柄及挡位

1—选挡杆；2—换挡摇臂；3—拉索；4—螺母

5．空挡启动开关的检查与调整

（1）检查　检查发动机是否仅能在选挡杆位于N或P位时启动，在其他挡位不能启动。

否则应予调整。

（2）调整　松开空挡启动开关固定螺栓。把选挡杆放到N位，将槽口对准空挡基准线，如图5-129所示。定位并拧紧螺栓。

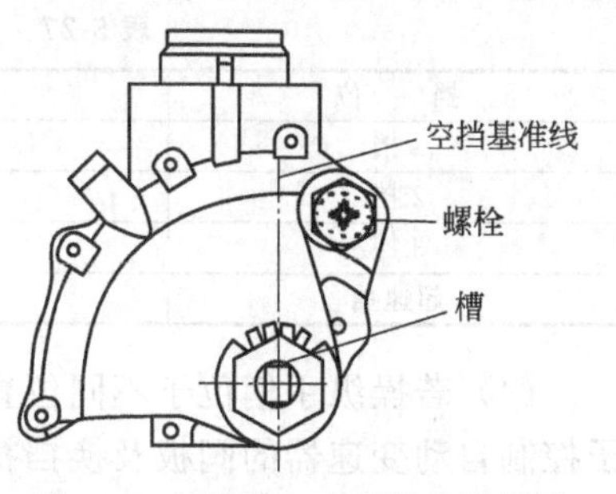

图5-129　空挡启动开关基准位置

6. 强制降挡开关的检查与调整

许多汽车加速踏板下方装有强制降挡开关。强制降挡开关主要是在超车过程中高速挡已跑到极限时使用。利用牵引力和行驶阻力关系原理，牵引力大于行驶阻力时汽车超速行驶，实现降挡、增矩、提速。

（1）丰田系列开关的检查　将加速踏板踩过全行程的7/8后，会感觉到踏板的阻力矩稍有加大，这是接触强制降挡开关后所遇到的阻力。

汽车中速行驶，车速稳定在70～80km/h范围，将加速踏板迅速踩到底，接通强制降挡开关，短时间内有强烈的增矩反映，汽车车速明显提高；松开加速踏板后变速器又回到高速挡，表明强制降挡开关正常。

（2）强制降挡开关的调整　如图5-130所示，在节气门体上松开节气门拉索上的锁止螺母，顺时针旋转节气门拉索上的调整螺母，调到节气门刚刚开启时，倒转调整螺母1.5～2圈，拧紧锁紧螺母。加速踏板完全踩下时，用塞尺测量，加速踏板下侧的橡胶止块与强制降挡开关螺纹部分间隙，该处间隙应为0.3～1.0mm。

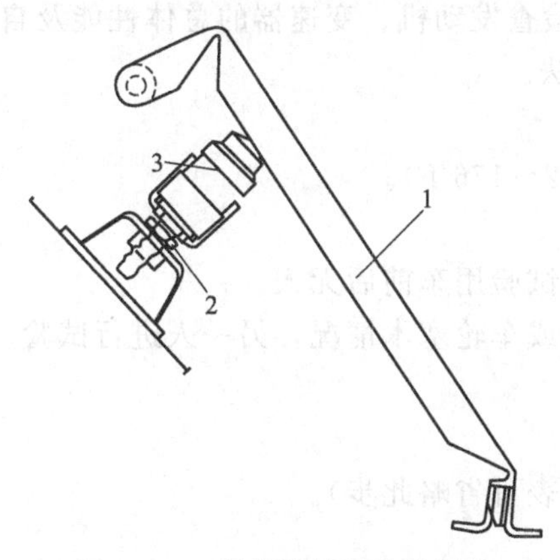

图5-130　强制降挡开关的调整

1—加速踏板；2—锁紧螺母；3—强制降挡开关

三、电控自动变速器性能试验

自动变速器的结构与工作原理都十分复杂，不论换挡元件损坏，还是控制电路、阀板中的控制阀或其他任何部件出现故障，都会影响变速器的正常工作。自动变速器不易拆装，当自动变速器出现故障或工作不正常时，首先应利用各种检测工具和手段，按照合理的程序和步骤，查出故障原因，以便有针对性地维修。

对于有故障的自动变速器应先进行性能试验，以确认故障范围，为进一步分解修理自动变速器提供依据。自动变速器在修理完毕后，也应进行全面的性能试验，以保证自动变速器的各项性能指标达到标准要求。

1. 手动换挡试验

对于电子控制自动变速器而言，为了确定故障存在的部位，区分故障是由机械系统、液压系统引起，还是由电子控制系统引起的，可进行手动换挡试验。

所谓手动换挡试验就是将电子控制自动变速器所有换挡电磁阀的线束插头全部脱开，此时电脑不能通过换挡电磁阀来控制换挡，自动变速器的换挡取决于操纵手柄的位置。

手动换挡试验的步骤如下：

（1）脱开电子控制自动变速器的所有换挡电磁阀线束插头。

（2）启动发动机，将操纵手柄拨至不同位置，然后做道路试验（也可以将驱动轮悬空，进行台架试验）。

（3）观察发动机转速、自动变速器的挡位和车速的对应关系，以判断自动变速器所处的挡位是否正确，自动变速器各挡发动机转速和车速关系见表5-27。

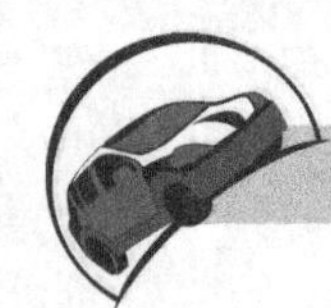

表 5-27　自动变速器各挡发动机转速和车速关系

挡　位	发动机转速/(r/min)	车速/(km/h)
1挡	2000	18～22
2挡	2000	34～38
3挡	2000	50～55
超速挡	2000	70～75

(4) 若操纵手柄位于不同位置时，自动变速器所处的挡位对应车速与表中相同。说明电子控制自动变速器的阀板及换挡执行元件基本上工作正常。否则，说明自动变速器的阀板或换挡执行元件有故障。

如果自动变速器的阀板及换挡执行元件工作正常，则自动变速器的故障是由电子控制系统引起的；反之，是由机械系统、液压系统引起的。

(5) 试验结束后，接上电磁阀线束插头。

(6) 清除电脑中的故障代码，防止因脱开电磁阀线束插头而产生的故障代码保存在电脑中，影响自动变速器的故障自诊断工作。

2. 失速试验

失速试验是通过测量在 D、R 位时的失速转速来检查发动机、变速器的总体性能及自动变速器中有关换挡执行元件的工作是否正常的一种方法。

(1) 注意事项

① 在正常工作温度下进行该试验（50～80℃，122～176°F）。

② 该试验连续进行不得超过 5s。

③ 为保证安全，在宽阔水平地面上进行，并确保试验用车前后无人。

④ 失速试验应两人共同完成。一人观察车轮情况或车轮塞木情况，另一人进行试验。

(2) 方法、步骤（如图 5-131 所示）

① 塞住前后车轮。

② 在发动机上安装转速表（如果仪表盘上有转速表可省略此步）。

③ 拉紧驻车制动手柄或踩下驻车制动踏板。

④ 左脚踩下制动踏板。

⑤ 启动发动机。

⑥ 将选挡杆置于 D 位。用右脚把加速踏板踩到底，同时迅速读发动机转速，此转速即

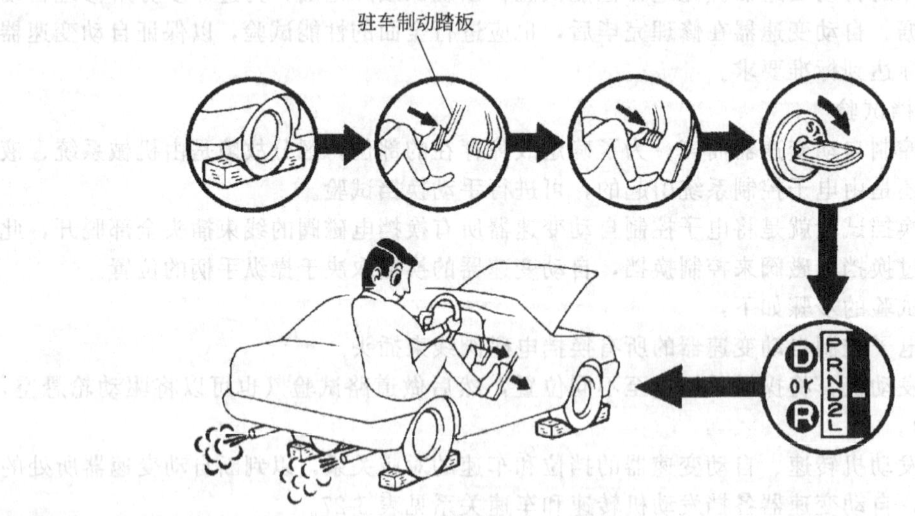

图 5-131　失速试验

为失速转速。

注意：如果在发动机转速未达到规定失速转速之前，后轮开始转动，应放松加速踏板停止试验。

⑦ 将操纵手柄拨至其他挡位（R、L或2、1），做同样的试验。

常见车型自动变速器的失速转速一般为2200r/min左右，但也有的自动变速器的失速转速低于1800r/min，有的自动变速器的失速转速高于2800r/min。

(3) 失速试验结果及分析　将失速转速的实测值与标准值进行比较，可以判断可能存在的故障。失速试验测试结果与相应的故障列于表5-28中。

表5-28　自动变速器失速转速与故障原因对照表

操纵手柄位置	失速转速	故障原因
所有位置	过高	主油路油压过低； 前进挡和倒挡的换挡执行元件打滑； 低挡及倒挡制动器打滑
	过低	发动机动力不足； 变矩器导轮的单向超越离合器打滑
仅在D位	过高	前进挡油路油压过低； 前进离合器打滑
仅在R位	过高	倒挡油路油压过低； 倒挡及高挡离合器打滑

3. 时滞试验

在发动机怠速运转时将操纵手柄从空挡拨至前进挡或倒挡后，需要有一段短暂时间的迟滞或延时才能使自动变速器完成挡位的接合（此时汽车会产生一个轻微的震动），这一短暂的时间称为自动变速器换挡的迟滞时间。时滞试验是测量自动变速器换挡迟滞时间的试验。迟滞时间就是从拨动操纵手柄到汽车轻微震动的延时时间。

时滞试验目的就是测出自动变速器换挡的迟滞时间，根据迟滞时间的长短来判断主油路油压及换挡执行元件的工作是否正常。时滞试验操作步骤如下（参见图5-132）。

(1) 让汽车行驶，使发动机和自动变速器达到正常工作温度。

(2) 将汽车停放在水平地面上，拉紧手制动，踩下制动踏板，使汽车实现可靠的驻车。

图5-132　换挡时滞试验

（3）检查发动机怠速。如不正常，应按标准予以调整。保持发动机怠速运转。

（4）将自动变速器操纵手柄从空挡“N”位置拨至前进挡“D”位置，用秒表测量从拨动操纵手柄开始到感觉汽车震动为止所需的时间，该时间称为N-D延时时间。

（5）将操纵手柄拨至N位置，让发动机怠速运转1min后，再做下一次同样的试验。

（6）做3次试验，并取N-D延时时间平均值。

（7）按上述方法，将操纵手柄由N位置拨至R位置，测量N-R延时时间。

对于大部分自动变速器标准的迟滞时间，N-D延时时间小于1.0～1.2s，N-R延时时间小于1.2～1.5s。将上述试验实测的迟滞时间与标准的迟滞时间进行比较，得出试验结果的分析。若N-D延时时间过长，说明主油路油压过低，前进离合器摩擦片磨损过甚或前进单向超越离合器工作不良；若N-R延时时间过长，说明倒挡主油路油压过低，倒挡离合器或倒挡制动器磨损过甚或工作不良。

4. 油压试验

自动变速器液压系统的油压过高，会使自动变速器出现严重的换挡冲击，甚至损坏控制系统；油压过低，会造成换挡执行元件打滑，加剧其摩擦片的磨损，甚至使换挡执行元件烧毁。

油压试验是在自动变速器运转时，对液压控制系统各个油压进行的测量。油压试验的目的是测量自动变速器各液压回路、液压控制阀的油压是否正常，以确定液压系统的故障。

（1）注意事项

① 运转发动机，让发动机和变速器温度正常。

② 拔去变速器壳体上的检查接头塞，连接压力表。

在正常工作油温时进行该试验（50～80℃，122～176°F），油压试验应两人完成。其中一人就应观察车轮及车轮塞木状况，同时另一人进行试验。

（2）方法、步骤（如图5-133所示）

① 运转发动机，让发动机和变速器温度正常。

② 拔去变速器壳体上的检查接头塞，连接压力表（见图5-134）。

③ 拉紧驻车制动手柄，塞住四个车轮。

④ 启动发动机，检查怠速转速。

⑤ 左脚踩下制动踏板，将选挡杆换入D位。

⑥ 发动机怠速下测量主油压。

⑦ 将加速踏板踩到底。在发动机达到失速转速时迅速读下油路最高压力。

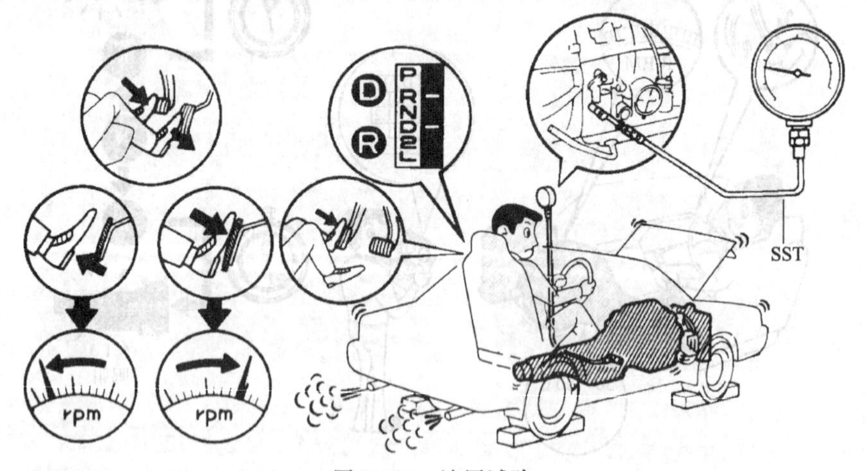

图5-133 油压试验

注意：如果在发动机转速未达到失速转速之前，后轮开始转动，则松开加速踏板停止试验。

⑧ 在R位重复试验。

丰田A341E自动变速器的主油压值见表5-29。

如果测得的油压未达到规定值，重新检查油门拉线的调整情况并重复做油压测试。

(3) 油压测试结果及分析　将油压的实测值与标准值进行比较，可以判断液压系统存在的故障。由于不同的自动变速器标准油压差别较大，不再一一列举。与油压相关一些故障列于表5-30中。

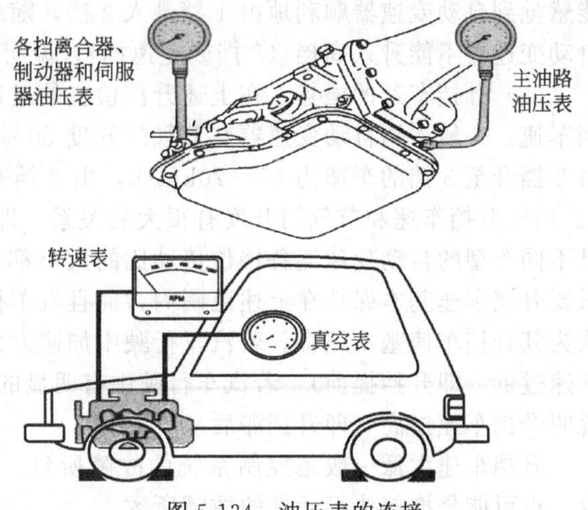

图5-134　油压表的连接

表5-29　丰田A341E自动变速器的主油压值　kPa

D位		R位	
怠速	失速	怠速	失速
363～422	902～1147	500～598	1236～1589

表5-30　自动变速器油压与故障表

工况	测试结果	故障原因
怠速	所有挡位的主油路油压均太低	油泵故障；主油路调压阀卡死；主油路泄漏；主油路调压阀弹簧软；节气门阀卡滞；节气门拉索或节气门位置传感器调整不当
	前进挡和前进低挡的主油路油压均太低	前进挡离合器活塞漏油；前进挡油路泄漏
	前进挡的主油路油压正常；前进低挡的主油路油压太低	1挡强制离合器或2挡强制离合器活塞漏油；前进低挡油路泄漏
	前进挡主油路油压正常；倒挡主油路油压太低	倒挡及高挡离合器活塞漏油；倒挡油路泄漏
	所有挡位的主油路油压均太高	节气门拉索或节气门位置传感器调整不当；主油路调压阀卡死；节气门阀卡滞；主油路调压阀弹簧太硬；油压电磁阀损坏或线路故障
失速	稍低于标准油压	节气门拉索或节气门位置传感器调整不当；油压电磁阀损坏或线路故障；主油路调压阀卡死或弹簧太软
	明显低于标准油压	油泵故障；主油路泄漏

5. 道路试验

道路试验是诊断、分析自动变速器故障最有效的手段之一。此外，自动变速器在修复之后，也应进行道路试验，以检查其工作性能，检验修理质量。自动变速器的道路试验内容主要有：检查换挡车速、换挡质量以及检查换挡执行元件有无打滑等。在道路试验之前，应先让汽车以中低速行驶5～10min，让发动机和自动变速器都达到正常工作温度。在试验中，通常应将OD开关置于ON的位置（即OD OFF熄灭），并将模式选择开关置于常规模式或经济模式。道路试验的方法如下：

(1) 升挡检查　将选挡杆置于“D”位，踩下加速踏板，使节气门保持在50%开度左右，让汽车起步加速，检查自动变速器的升挡情况。自动变速器在升挡时发动机会有瞬时的转速下降，同时车身有轻微的闯动感。正常情况下，汽车起步后随着车速的升高，试车者应能感觉到自动变速器顺利地由1挡升入2挡，随后再由2挡升入3挡，最后升入超速挡。若自动变速器不能升入高挡（3挡或超速挡），说明控制系统或换挡执行元件有故障。

（2）升挡车速的检查　在上述升挡检查的过程中，当察觉到自动变速器升挡时，记下升挡车速。一般4挡自动变速器在节气门开度50%时由1挡升至2挡的车速为25～35km/h，由2挡升至3挡的车速为55～70km/h，由3挡升至4挡（超速挡）的车速为90～120km/h。由于升挡车速和节气门开度有很大的关系，即节气门开度不同时，升挡车速也不同，而且不同车型的自动变速器各挡位传动比的大小都不相同，其升挡车速也不完全一样。因此，只要升挡车速基本保持在上述范围内，而且汽车行驶中加速良好，无明显的换挡冲击，都可认为其升挡车速基本正常。若汽车行驶中加速无力，升挡车速明显低于上述范围，说明升挡车速过低（即升挡提前）；若汽车行驶中有明显的换挡冲击，升挡车速明显示高于上述范围，说明升挡车速过高（即升挡滞后）。

升挡车速太低一般是控制系统的故障所致；升挡车速太高则可能是控制系统的故障所致，也可能是换挡执行元件的故障所致。

升挡检查操作流程可参考图5-135。

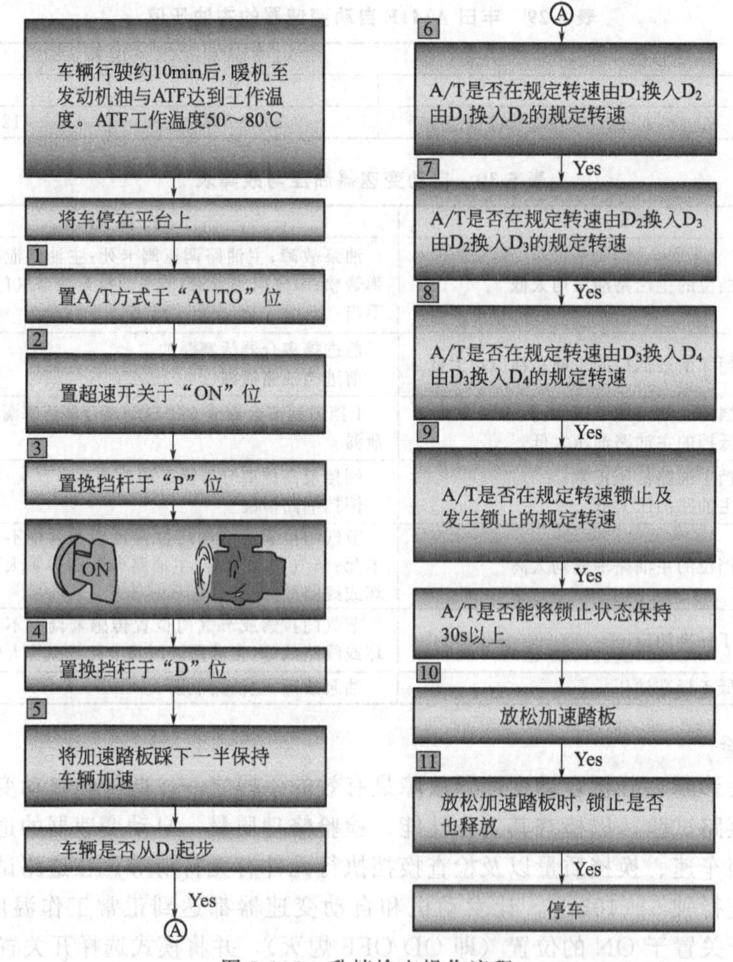

图5-135　升挡检查操作流程

（3）换挡质量的检查　换挡质量的检查内容主要是检查有无换挡冲击。正常的自动变速器只能有不太明显的换挡冲击，特别是电控自动变速器的换挡冲击应十分微弱。若换挡冲击太大，说明自动变速器的控制系统或换挡执行元件有故障，其原因可能是主油压高或换挡执行元件打滑，应做进一步的检查。

(4) 锁止离合器工作状况的检查　自动变速器液力变矩器中锁止离合器的工作是否正常也可以采用道路试验的方法进行检查。试验中，让汽车加速至超速挡，以高于80km/h的车速行驶，并让节气门开度保持在低于50%的位置，使变矩器进入锁止状态。此时，快速将加速踏板踩下使节气门开度超过85%，同时检查发动机转速的变化情况。若发动机转速没有太大的变化，说明锁止离合器处于接合状态；反之，若发动机转速升高很多，则表明锁止离合器没有接合，其原因通常是锁止控制系统有故障。

(5) 发动机制动作用的检查　检查自动变速器有无发动机制动作用时，应将选挡杆置于2或L位。在汽车以2挡或1挡行驶时，突然松开加速踏板，检查是否有发动机制动作用。若松开加速踏板后车速立即随之下降，说明有发动机制动作用；否则说明控制系统或换挡执行元件有故障。

(6) 强制降挡功能的检查　检查自动变速器强制降挡功能时，应将选挡杆置于“D”位，保持节气门开度为30%左右，在以2挡、3挡或超速挡行驶时突然将加速踏板完全踩到底，检查自动变速器是否被强制降低一个挡位。在强制降挡时，发动机转速会突然升至4000r/min左右，并随着加速升挡，转速逐渐下降。若踩下加速踏板后没有出现强制降挡，说明强制降挡功能失效。若在强制降挡时发动机转速升高反常，达5000r/min，并在升挡时出现换挡冲击，则说明换挡执行元件打滑，应拆修自动变速器。

四、电子控制自动变速器传感器的检测

1. 节气门位置传感器的检测

(1) 就车检测　打开点火开关，不必启动发动机；测量各端子之间的电压，参见图5-66。各端子电压标准值参见表5-31，其中VTA-E间的电压不应高于VC电压。如果电阻值不正常，应更换节气门位置传感器。

表5-31　节气门位置传感器的检测标准（电压）

节气门开度	VTA-E	IDL-E	V_C-E
全闭	0.7V	低于1V	5V
全开	3.5～5.0V	4～6V	5V
从全闭到全开	逐渐增大	4～6V	5V

(2) 元件检测　拔下传感器连接器接头，测量节气门位置传感器各端子之间的电阻值，参见图5-66。各端子电阻标准值参见表5-32。如果电阻值不正常，应更换节气门位置传感器。

表5-32　节气门位置传感器的检测标准（电阻）

节气门开度	VTA-E	IDL-E	V_C-E
全闭	0.2～0.8kΩ	0Ω	固定值
全开	2.8～8.0kΩ	∞	固定值
从全闭到全开	逐渐增大	∞	固定值

2. 车速传感器（VSS）的检测

电磁式车速传感器和输入轴转速传感器的检查方法相同。首先进行外观检查，检查转子是否有断齿、脏污等情况；检查间隙是否正确。进行必要的清洁、调整后，再进行测试。

(1) 就车检测　关闭点火开关，拔下传感器插头，用万用表欧姆挡测量电磁线圈电阻。不同车型自动变速器的这种车速传感器感应线圈的电阻值不同，一般为300～1500Ω。

将车支起，用手转动悬空的驱动车轮，同时用万用表测量车速传感器的两接线端子间有无脉冲感应电压。若万用表指针有摆动，说明传感器有输出脉冲电压，传感器工作止常。若

传感器仍无脉冲电压产生，确认传感器已经损坏，应进行更换。

用交流电压表 2V 挡测量输出电压：启动时应高于 0.1V，运转时应为 0.4～0.8V。

(2) 元件检测　拆下车速传感器，测量传感器输出脉冲电压。具体操作是，用一根铁棒或一块磁铁迅速靠近或者离开传感器，同时用万用表测量传感器两接线端子间有无脉冲电压产生。如果没有感应电压或感应电压很微弱，说明传感器有故障，应进一步检查，再试验，确认有故障后，再进行更换。

3. 空挡启动开关的检测

首先按基本检查所述的方法调整好选挡手柄与空挡启动开关之间的联动关系，然后对空挡启动开关进行电路方面的检查。

变速器换挡杆处于 P 位或 N 位时，启动机线接通，汽车可以启动。如在 P 位和 N 位启动而启动机不旋转，可反复在 P 位和 N 位间挂几次挡，然后再启动。若仅仅是有些接触不良，反复挂几次后，故障可以自动消除。若反复挂挡后仍然启动不着，或在 P 位和 N 位以外的挡位上能够启动汽车，说明故障比较严重，应对空挡开关作进一步检查。

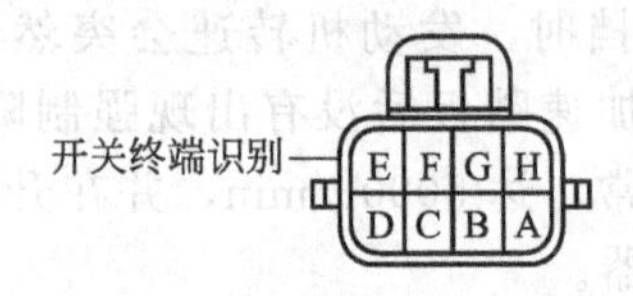

	B	C	A	E	G	H
P	○—	—○				
R			○—	—○		
N	○—	—○				
D						
3			○—	——	—○	
1~2			○—	——	——	—○

图 5-136　空挡启动开关连接器插头示意图

空挡开关一种常用的检查方法，就是用欧姆表测试空挡开关终端各通路是否导通。以切诺基 AW-4 自动变速器的空挡开关为例，如图 5-136 所示，查线接头终端相关的各通路是否导通。在 P 位和 N 位时，端子 B 和 C 间应导通。在 R 位时，端子 A 和 E 间应导通。在 3 位时，端子 A 和 C 间应导通。在 1-2 位时，端子 A 和 H 间应导通。若不导通必须更换空挡开关。

对应于图 5-73 所示的空挡启动开关线路，在 P 位时 B 和 NB 之间应导通。在 N 位时，B 和 NB 之间应导通；E 和 N 间应导通。在 R 位时，R 和 E 间应导通。在 2 位时，E 和 2 间应导通。在 L 位时，E 和 L 间应导通。若不导通必须更换空挡开关。

4. OD 开关超速挡控制开关检测

当自动变速器油的温度正常（50～80℃）时，将发动机熄火，打开点火开关。接通超速挡（O/D）开关，查听变速器中的电磁阀有无工作声；在接通超速挡（O/D）开关时，应能立即听到电磁阀工作发出“咔”的声音。再进行路试，当接通（O/D）开关时，车速应有明显提高。否则做进一步检测。

从加速踏板支架上拆下超速挡继电器，测各端子间的通断情况，如图 5-137 所示。使用欧姆表测 1 号端子和 2 号端子间是否导通，若不导通，更换继电器。在 2 号和 3 号端子间加上蓄电池电压，使用欧姆表检测 1 号和 2 号端子间的连通性，应该不连通。在 2 号和 4 号端子间加上蓄电池电压，1 号和 2 号端子间应不连通，若连通应更换超速挡继电器。

1 2
3 4

图 5-137　超速挡开关连接插头示意图

5. 制动灯开关的检测

制动灯开关位于制动踏板臂的上方。没有踩制动踏板时，该开关紧挨着制动踏板臂，并处于压缩状态。踩下制动踏板时，能听到制动灯开关发出的轻微的“咔嗒”声。自动变速器汽车，制动灯开关除了负责制动灯电路的通断外，还要向 ECU 提供制动状态信号。当采取制动时，ECU 向锁止电磁阀继电器控制指令，解除变矩器的锁止状态。带有巡航装置的自动变速器，正常的制动灯开关也是确保巡航控制工作正常的一个必要条件。

首先确保点火开关关断，然后拆下仪表板左下部的面板，找到位于制动踏板臂上部的制动开关。在制动开关1号端子和一个良好的接地点间接上电压表。显示的应是蓄电池电压，如果不是，应检查1号端子和制动开关熔丝是否断路。

上述检查没有发现问题时，断开拔下制动灯/制动踏板开关插头制动灯开关上的电气接头，断开制动开关接头，在制动开关1号端子和3号端子之间连接欧姆表。如图5-138所示，将万用表（电阻挡）接到端子1和2之间，在制动踏板完全放松的情况下，其电阻值应为∞Ω（开路）；踏下制动踏板，其电阻值应约为0Ω。将万用表（电阻挡）接到端子3和4之间，在制动踏板完全放松的情况下，其电阻值应约为0Ω；踏下制动踏板，其电阻值应为∞Ω（开路）。如果未达到规定值，检查开关的调整状况或更换制动灯/制动踏板开关。

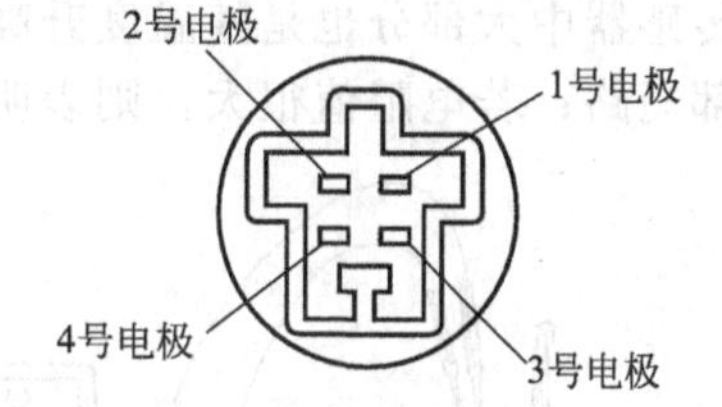

图5-138　制动灯开关测试口示意图

此处顺便介绍制动灯开关的拆装与调整。断开开关上电气接头，拆下锁紧螺母，即可拧下制动灯开关。在制动踏板自由高度正常的情况下，装配、调整制动灯开关。安装时向内拧动制动灯开关，直到制动开关的铁芯和制动踏板臂发生接触。检查制动灯开关螺纹端部和踏板间的间隙是否符号厂家的规定。如本田1993型为0.3～1mm；本田1994型则是先消除间隙，再反向拧动制动开关1/4圈。丰田系列则为0.5～2.4mm。间隙按规定调整好后，拧紧制动灯开关上的锁紧螺母，安装电气接头。

6. 模式选择开关的检测

无论是运动模式、经济模式还是冬季驾驶模式等等，几种模式开关的检测方法都是完全一致的。确保点火开关在关断状态，用数字万用表测量开关端子间的电阻值，开关处于工作状态时电阻值为零。当开关关断时，电阻值应为∞。如哪个开关电阻值不符合要求就应更换该开关。

丰田车系驱动模式选择开关插座如图5-139所示。对SUPRA和CRESSIDA车型，当驱动模式选择开关在POWER位置时，用欧姆表测量2号与3号端时，应导通；其他车型为5号与3号端应导通。当开关在NORMAL位置时，SUPRA与CRESSIDA车型的驱动模式选择开关插座的2号与4号端应导通，其他车型为5号与4号端应导通。

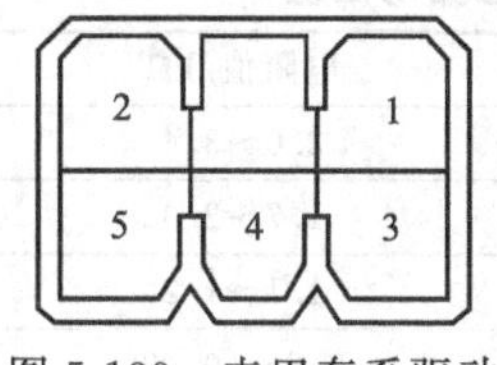

图5-139　丰田车系驱动模式选择开关插座示意图

7. 强制降挡开关的检测

(1) 在线监测　用万用表电压挡检查强制降挡开关。接通点火开关，慢慢按下节气门踏板，测量强制降挡开关的端子与接地间的电压。节气门踏板行程不到最大行程的7/8时，电压表的读数应小于1.5V；节气门踏板行程达到和超过最大行程的7/8时，电压表读数应为蓄电池电压。

若电压不正确，断开连接插头，并检查在压下开关触点6～6.5mm时，强制降挡的两个端子是否连通。若不连通，说明强制降挡开关本身有故障，应更换强制降挡开关；若连通说明强制降挡开关本身无故障，而是强制降挡开关调整不当，应予以调整。调到踩下节气门踏板7/8行程时显示电压和蓄电池电压相同即可。

(2) 原件检测　用万用表欧姆挡检查强制降挡开关。检测时首先确认点火开关在关断状态（强制降挡开关位于节气门踏板下方）。找到并断开强制降挡开关的接头。在节气门踏板完全踩到底时（节气门全开位置），用数字万用表测量强制降挡开关端子间的电阻值，应为零。慢慢放松节气门踏板，当踏板处于其他位置时，电阻应为∞。如强制降挡开关的测试结果不符合要求，应更换强制降挡开关。

8. 发动机冷却液温度传感器和自动变速器油温度传感器的检测

这两个温度传感器的工作原理相同，是热敏电阻式负温度系数传感器。检测方法也是一样的，都可放入水中检测，如图 5-140 所示。随着水温的变化，检查温度传感器电阻值的变化是否正确。发动机冷却液温度传感器通常随着温度的升高电阻值逐渐变小。自动变速器油温度传感器中大部分也是随温度升高电阻值逐渐变小。在检测中若发现电阻小于规定值，表明内部短路；若电阻值很大，则表明内部有断路或接触不良。两种情况都应更换传感器。

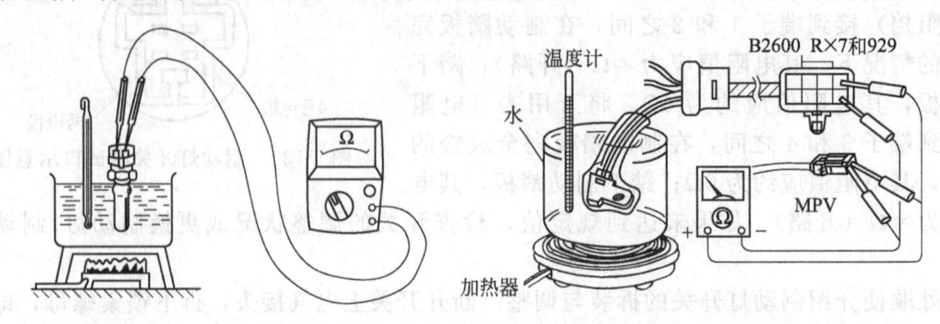

(a) 冷却液温度传感器电阻值的测量　(b) 自动变速器油温度传感器电阻值的测量

图 5-140　水温变化时传感器电阻值的测量

在同样温度的情况下，不同车型的温度传感器的电阻值也不一样。发动机冷却液温度传感器水温与电阻值可参考表 5-33 和表 5-34。

表 5-33　冷却液温度传感器随温度变化的电阻值

测试水温/℃	电阻值/kΩ	测试水温/℃	电阻值/kΩ
−20	10～20	40	0.9～1.3
0	4～7	60	0.4～0.7
20	2～3	80	0.2～0.4

表 5-34　马自达 M-3、马自达 323、塞菲娅自动变速器油温度传感器电阻值

测试水温/℃	电阻值/kΩ	测试水温/℃	电阻值/kΩ
−20	124.8～142.0	80	3.0～3.4
0	52.0～57.4	100	1.7～2.0
20	23.4～25.0	120	1.1～1.2
40	11.1～12.1	130	0.86～0.92
60	5.6～6.3		

五、电子控制自动变速器控制电磁阀的检查

自动变速器传感器和执行器的检测方法除读取故障码外，还可以通过以下方法查找：

所有电磁阀的检测方法都是一致的，主要有：电阻值检测、密封性检测、电压检测。

(1) 电磁阀及其线束的电阻值检测　如果故障存储器中有电磁阀的故障码，应先用检测盒检测有故障码电磁阀线束的电阻值，在正常情况下，所有线束的电阻值应小于或等于 1.5Ω，否则表明有故障。关闭点火开关将检测盒和变速器控制单元诊断接口相连，用万用表的 Ω 挡检测电磁阀线束。万用表触针分别连接检测盒相关插孔和电磁阀的端子。

在排除了线束故障的可能性后，再检测电磁阀自身的电阻值。电磁阀电阻值过低表明有短路故障，电阻值过高表明有断路故障。

(2) 电磁阀密封性检测

① 用压缩空气检查电磁阀柱塞是否磨损　用压缩空气代替液压油，检测电磁阀密封性，

即检查电磁阀柱塞是否发生磨损。常闭式电磁阀检测时，可直接用400kPa压缩空气对电磁阀进油孔加压，如果能保证密封，表明电磁阀密封良好，柱塞没有发生磨损。

常开式电磁阀检测时，需要连接蓄电池电压（脉冲式电磁阀和占空比电磁阀在导线上要有100～1000Ω电阻，以免烧坏电磁阀），然后用500kPa压缩空气对电磁阀进油孔加压，如果能保证密封，表明电磁阀密封良好，柱塞没有发生磨损。电磁阀密封性检查见图5-141。

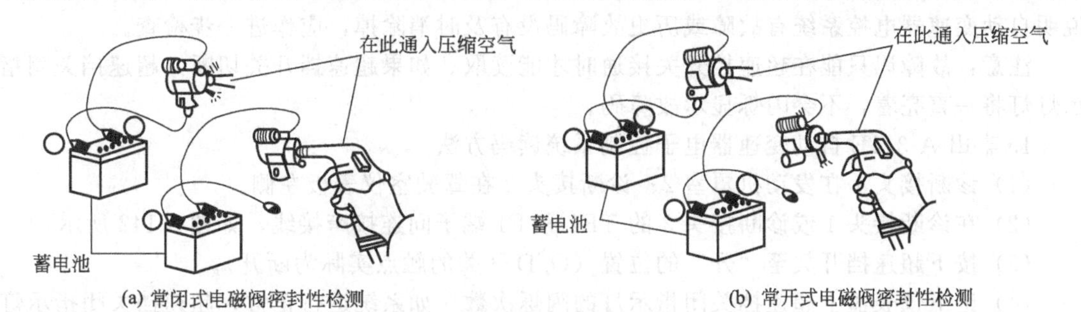

图5-141　电磁阀密封性检查

如果不能保证密封，表明电磁阀柱塞发生磨损。

a. 主油压电磁阀柱塞发生磨损会造成节气门油压和主油压过低。

b. 换挡电磁阀柱塞发生磨损会造成不能升挡。

c. 锁止电磁阀柱塞发生磨损会造成液力变矩器的锁止离合器打滑。

进行密封性检测时，发现电磁阀柱塞发生磨损，必须更换。

② 电磁阀密封圈的检查　电磁阀密封圈如果出现小裂口，由于在装配时它是处于压紧状态，所以，在冷车时由于自动自动变速器油黏度比较大，可以保证密封，热车后自动变速器油黏度降低，会发生泄漏。如果出现在换挡电磁阀，就会出现冷车时升挡正常，自动变速器不缺挡，热车后换挡电磁阀因建立不起正常的工作油压，而退出控制，造成热车后该换挡电磁阀单独工作的挡和两个换挡电磁阀同时工作的挡丧失。其故障现象类似于换挡电磁阀柱塞磨损。

自动变速器大修包中有所有电磁阀的密封圈，所以，为了保险起见维修人员应更换所有电磁阀的密封圈。

（3）电磁阀电压检测　电磁阀电压检测实际上是电磁阀是否卡滞的检测。开关式电磁阀可直接将蓄电池正极接电磁阀端子，脉冲式电磁阀和占空比电磁阀在导线上要有100～1000Ω的电阻，以免烧坏电磁阀。用蓄电池负极线连续3～5次在电磁阀外壳搭铁，每次接通负极时都应能立即听到电磁阀工作发出的“咔”声。

① 如果有1～2次没有听到“咔”声，表明电磁阀有轻微卡滞，轻微卡滞会造成前一个挡位的退出，后一个挡位的进入与其不同步，换挡时会发生换挡冲击。

② 如果一次也没有听到“咔”声，表明电磁阀已严重卡滞，会造成该电磁阀所负责的挡位丧失。电磁阀发生卡滞，必须更换。

六、自动变速器的故障自诊断

自动变速器故障自诊断的目的是确定电子控制系统传感器、执行器、连接线路的故障，从而对自动变速器有故障的传感器及其连接线路或执行器及其连接线路做进一步的检查，确定故障部位并进行修理。自诊断电路检查方法主要有两种，一是利用跨接线读取故障码，二是利用检测仪器读取故障码。

（一）利用跨接线读取故障码

日本丰田车系自动变速器自诊断电路检查可以利用跨接线读取故障码。

打开点火开关，将超速挡开关松开到“关”的位置（O/D 开关弹起也就是 OFF 的状态），检查仪表板上超速挡关闭指示灯（O/D OFF 指示灯）是否亮。若不亮应检查超速挡开关及电路。

将超速挡开关按至“开”的位置（O/D 开关的触点实际为断开），超速挡关闭指示灯应关闭不亮；若超速挡关闭指示灯亮，应检查超速挡开关和电路。若超速挡关闭指示灯闪烁，说明自动变速器电控系统有故障或历史故障码没有及时消除掉，应作进一步检查。

注意：故障码只能在超速挡开关接通时才能读取。如果超速挡开关切断，超速挡关闭指示灯灯将一直亮着，不会闪烁显示故障码。

1. 丰田 A-341E 自动变速器电子控制系统读码方法

（1）诊断接头 1 在发动机罩室 2；诊断接头 2 在驾驶室仪表板左侧。

（2）在诊断接头 1 或诊断接头 2 的 TE1 和 E1 端子间连接跨接线，如图 5-142 所示。

（3）按下超速挡开关至“开”的位置（O/D 开关的触点实际为断开）。

（4）记下仪表盘上超速挡关闭指示灯的闪烁次数。如系统运行正常，超速挡关闭指示灯将每隔 0.25s 闪一次，如图 5-143 所示。

（5）如系统运行正常没有故障码存在，则关闭点火开关，同时拆去跨接线。

（6）如故障码存在，超速挡关闭指示灯每隔 0.5s 闪烁一次。闪烁的次数相当故障码的第一位数字。熄灭大约 1.5s 后，开始显示第二位数字。

（7）如不止一个故障码存在，下一个故障码将在 2.5s 后显示。首先显示最小的数字故障码，显示的故障码数字逐渐增大。

（8）在所有故障码显示完毕以后，间隔 4.5s，会重复显示故障码。

（9）获取故障码后，参照该车的“故障码识别表”，就能确定故障。对故障提示的传感器或执行器等，进一步分析、检查、测试后，进行检修，排除故障。

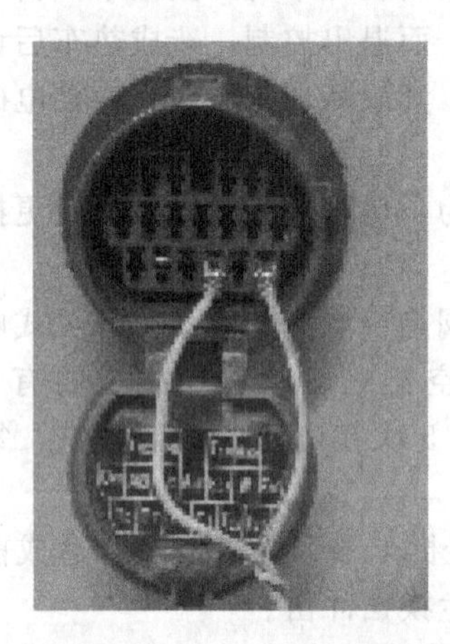

图 5-142　丰田 A-341E 自动变速器诊断接头

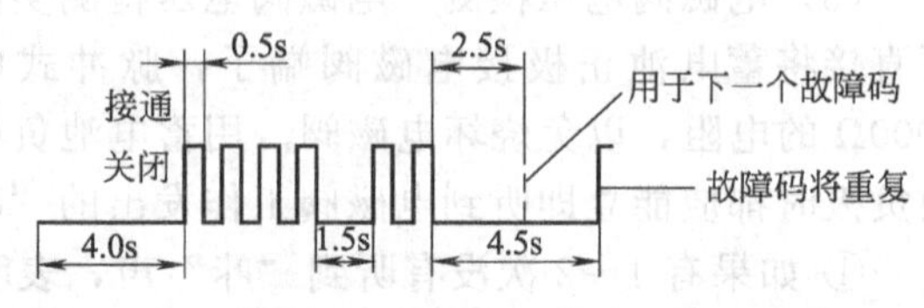

图 5-143　丰田佳美 A140E 自动变速器故障码显示状态

其他丰田自动变速器电子控制系统读故障码的方法是相同的，只是诊断接头的形状不同。例如丰田 A-140E 自动变速器电子控制系统读故障码时，用跨线线连接诊断接头的 TEl 和 TE2 的端子，其他操作与丰田 A-341E 自动变速器电子控制系统读码的方法相同。

2. 故障码的清除

故障排除后，在点火开关断开的情况下，拔下 EFI 熔断丝 10s 以上。具体的时间长短决定于环境温度，温度越低，取下熔断器的时间也越长些。

（二）使用故障诊断仪读取故障码

在自动变速器电子控制系统故障诊断中，广泛使用故障诊断仪来读取故障码。故障诊断仪种类很多，大部分诊断仪的接口符合 OBD-Ⅱ标准。以德国大众 VAG1551 故障阅读仪，读取 01N 型自动变速器故障码为例，说明如何使用故障诊断仪读取故障码。

1. 使用故障阅读仪 VAG1551 读取 01N 型自动变速器故障码

（1）进行自动变速器故障自诊断的条件

① 换挡杆放在“P”挡上并且拉上手制动器；

② 汽车供电电压正常；

③ 保险丝完好；

④ 变速器接地连接点接触良好。

（2）用故障阅读仪 VAG1551 进行检测

① 关闭点火开关，用诊断导线 VAG1551/3 连接好故障阅读仪 VAG1551。屏幕显示：

V. A. G-SELF-DIAGNOSIS　　HELP 1-Rapid data transfer 2-Flash code output
V. A. G 自诊断　　帮助 1-快速数据传输 2-闪烁代码输出

② 接通点火开关，按数字键 1。屏幕显示：

Rapid data transfer　　HELP Enter address word　XX
快速数据传输　　帮助 输入地址码　XX

③ 输入数字键 0 和 2，屏幕显示：

Rapid data transfer　　Q 02 Gearbox electronics
快速数据传输　　Q 02 变速器电子系统

④ 按 Q 键确认，屏幕显示：

01N 927 733BA AG4 Gearbox 01N　　2754 Coding 00000　　wsc00000
01N 927 733BA AG4 变速器 01N　　2754 编码 00000　　wsc00000

其中：01N 927 733 表示配件号；

AG4 Gearbox 01N 表示 4 挡自动变速器 01N；

2754 表示 EPROM（程序版本）；

编码 00000 目前不需要；

wsc00000 表示最近一次编码故障阅读仪 VAG1551 的经销商代号。

屏幕显示：

Rapid data transfer　　HELP Select function　XX
快速数据传输　　帮助 选择功能　XX

按 HELP 键，则可列出所有可执行功能的列表。

可选择功能表

代码	功　能
01	查询控制单元版本
02	查询故障代码
04	进行基本设定
05	清除故障代码
06	结束输出
08	读测量数据块

（3）查询故障代码

① 连接故障阅读仪 VAG1551，输入地址码 02-变速器电子系统。屏幕显示：

Rapid data transfer　　HELP Select function　XX
快速数据传输　　　帮助 选择功能　XX

② 输入数字键 0 和 2，查询故障代码。屏幕显示：

Rapid data transfer　　　Q 02-Interrogate fault memory
快速数据传输　　　Q 02-查询故障存储

③ 输入 Q 键确认。屏幕上显示出存储的故障数量或“No faults recognized!”没有识别到故障：

X Faults recognized!
X 个故障被识别!

④按→键依次显示所有故障代码直至结束。

（4）清除故障代码

① 查询到故障代码以后，屏幕显示：

Rapid data transfer　　HELP Select function　XX
快速数据传输　　　帮助 选择功能　XX

② 按数字键 0 和 5 清除故障代码。屏幕显示：

Rapid data transfer　　Q 05 Erase fault memory
快速数据传输　　　Q 05 清除故障存储

③ 按 Q 键确认。屏幕显示：

Rapid data transfer　　→ Fault memory is erased
快速数据传输　　→ 故障存储被清除

④ 屏幕显示约5s后，故障存储被清除。如果在查询故障代码和清除故障代码过程中点火开关处于关闭状态，那么故障存储将不能被清除。屏幕显示：

Attention! Fault memory was not interrogated
注意! 故障存储不能被识别

(5) 进行基本设定　进行下列修理之后，应当进行基本设定：更换发动机；更换发动机控制单元；更换/改变节气门；调整节气门（设定怠速）；更换节气门电位计G69；改变节气门电位计G69的设置；更换自动变速器控制单元J217。

① 连接故障阅读仪VAG1551，输入地址码02-变速器电子系统。屏幕显示：

Rapid data transfer　　HELP Select function　XX
快速数据传输　　帮助 选择功能　XX

② 按数字键0和4，进行基本设定。此时加速踏板应当保持在怠速位置。屏幕显示：

Rapid data transfer　　Q 04-Basic setting
快速数据传输　　Q 04-基本设定

③ 按Q键确认。屏幕显示：

Basic setting　　HELP Enter display group number　XXX
基本设定　　帮助 输入显示组号码　XXX

④ 按数字键00和0，按Q键确认。屏幕显示：

System in basic setting　　0→
系统基本设定　　0→

⑤ 将加速踏板踩到底，使得换挡开关动作并且保持在该位置上3s。此时系统进行基本设定。按→键，VAG1551将退回到起始状态。

(6) 读测量数据块

① 连接故障阅读仪VAG1551，输入地址码02-变速器电子系统。屏幕显示：

Rapid data transfer　　HELP Select function　XX
快速数据传输　　帮助 选择功能　XX

② 按数字键 0 和 8，读测量数据块。屏幕显示：

Rapid data transfer　　　　　　Q 08-Read measured value block
快速数据传输　　　　　　Q 08-读测量数据块

③ 按 Q 键确认。屏幕显示：

Basic setting　　　　　　HELP Enter display group number　XXX
基本设定　　　　　　帮助 输入显示组号码　XXX

④ 输入显示组编号，按 Q 键确认。屏幕显示：

Read measured value block　1 1　　2　　3　　4
读测量数据块 1 1　　2　　3　　4

显示组编号及测量数据块 4 个显示区域各代表的意义（表 5-35）。

表 5-35　显示组一览表

显示区域 1　2　3　4	显示组号	显示区域	说　明
读测量数据块 1　→ P　0.8V　0%　00000111	001	1 2 3 4	换挡杆位置 节气门电位计电压 加速踏板数值 开关位置
读测量数据块 2　→ 0.983A　0.985A　12.76V　2.50V	002	1 2 3 4	电磁阀 N93 实际电流 电磁阀 N93 额定电流 蓄电池电压 车速传感器 G68 上的电压
读测量数据块 3　→ 0km/h　900rpm　0　0%	003	1 2 3 4	车速 发动机转速 所选择的挡位 加速踏板的数值
读测量数据块 4　→ 100000　0　P　0km/h	004	1 2 3 4	电磁阀 所选择的挡位 换挡杆的位置 车速
读测量数据块 5　→ 40℃　0011011　0　900r/min	005	1 2 3 4	ATF 温度 换挡器输出 所选择的挡位 发动机转速
读测量数据块 6 →	006	1、2 3、4	可以被忽略
读测量数据块 7　→ 1H　+/-　200rpm　900rpm　0%	007	1 2 3 4	所选择的挡位(+与-显示区域 2 有关) 锁止离合器打滑 发动机转速 加速踏板的数值
读测量数据块 8 →	008	1、2 3、4	可以被忽略

七、自动变速器常见故障的诊断与排除

（一）自动变速器常见故障分析

自动变速器的许多故障与下列因素有关：节气门拉索调整不当、车速传感器信号出错、主油路油压不正常、换挡阀出现卡滞、发动机冷却液温度过低、自动变速器油液面过低或过高、变矩器涡轮花键毂发生早期磨损、变矩器内单向离合器发生卡滞、装有过载保护装置的空挡开关接触不良、换挡操纵手柄及手动阀滑摇臂之间的连杆或拉索松脱、超速挡开关或超速控制开关未挂入超速挡、电磁阀出现故障等。

1. 节气门拉索调整不当

节气门开度信号是自动变速器换挡控制的主要信号之一，节气门传感器就不能正确反映节气门开度信号（发动机负荷的信号）。节气门拉索调整不当会引起：换挡点失准；升挡或加速时变速器发生颤抖；仅有低挡，无法升挡；液力变矩器不能锁止；换挡冲击等。例如节气门拉索过松，当节气门开度达最大开度的90%时，如变速器还没有升至四挡，变速器会解除超速挡的运行，使最高挡位仅为三挡。如节气门踏板踩到底后，节气门开度仍小于最大节气门开度的86%时，变速器无法从三挡升到四挡，最高车速往往只有80～100km/h。

2. 车速传感器信号错误

车速传感器信号也是自动变速器换挡控制的主要信号。液控自动变速器的车速信号是速控油压反映的，速控油压越高，升挡越提前；速控油压降低，会造成升挡过迟或不升挡。电控自动变速器的车速信号由车速传感器侦测，车速传感器信号错误或丢失，自动变速器就不能找到合适的换挡时机，无法进入换挡控制，造成一些挡位丢失。

3. 主油路油压不正常

主油路油压过高会造成所有挡都有换挡冲击。主油路油压过低会造成离合器、制动器打滑。主油路油压严重偏低时，无法进入所有的前进挡和倒挡。主油路油压稍低时，会出现轻微的换挡冲击。一般情况下能顺利进入前进挡中的低挡，而无法进入前进挡中的高挡和倒挡，这是因为挡位不同所需的换挡油压也不相同（例如丰田车系低速挡换挡时，主油压应≥0.3～0.8MPa；高速挡换挡时，主油压应≥1.2～1.4MPa；在换入倒挡时，主油压应≥1.4～1.6MPa）。车速接近100km/h时，车速不再上升，无法升入直接挡；而汽车在2挡时，车速最高只能提到接近100km/h。主油路油压过低的主要原因是主油压电磁阀密封不良。主油压电磁阀属于常闭式电磁阀，在没有通电时处于完全密封的状态。但行驶里程在20万km以上的老车，主油压电磁阀被脏油污染，出现卡滞或内部短路，使其变成“常开式”，泄漏使主油压建立不起来。

4. 换挡阀卡滞

自动变速器换挡阀位置的改变，把压力油引入相应挡位的换挡执行原件，从而实现换挡。换挡阀出现卡滞，就影响自动变速器挡位的升降。汽车起步后从低挡到向高挡运行时，1-2挡换挡阀发生卡滞，变速器不能从一挡升入二挡；2-3挡换挡阀卡滞，变速器不能从二挡升入三挡；3-4挡换挡阀卡滞，变速器便不能从三挡升至四挡，没有了超速挡，汽车最高车速仅在100km/h左右。反之，从高挡向低挡运行时，换挡阀发生卡滞，就不能从高挡降到低挡。

5. 发动机冷却液温度过低

电控自动变速器在发动机冷却液温度低于70℃时，变速器不进入超速挡，同时锁止离合器不能锁止。

6. 自动变速器油液面过低或过高

自动变速器油液面过低，空气人量从油泵进油口侵入，造成油泵工作油压不稳或过低。主油路油压过低，离合器和制动器打滑，特别是负责高挡和倒挡的离合器和制动器需较高的

油压才能实现换挡。如果自动变速器油液面明显低于标准，汽车跑到80～90km/h，就会出现振抖，车速也提不上去了。自动变速器油液面过高，会产生大量泡沫，不仅会造成换挡延迟和换挡粗暴，同样也会导致车速上不去，没有超速挡，最多只能跑到80～90km/h。

7. 变矩器涡轮花键毂发生早期磨损

变速器的输入轴（涡轮轴）是由涡轮驱动的，涡轮和涡轮轴之间由花键连接。如果涡轮花键毂早期磨损，涡轮就不能通过花键驱动涡轮轴，造成动力传递中断或不连续。

8. 变矩器内单向离合器发生卡滞

变速器进入耦合工况后，油液流动的角度变发生变化，由流向导轮的正面，变为流向导轮的背面，这时本应旋转的导轮如发生卡滞，便会阻碍油液的循环流动，最终导致泵轮再次传给涡轮油液的流速也变慢，使涡轮和涡轮轴的转速受到牵制，车速到80～90km/h时，就不再上升了，没有超速挡。同时变矩器的效率下降，是汽车动力性下降。

9. 装有过载保护装置的空挡启动开关有故障

有些高挡汽车（奔驰等）为了保护发动机，在空挡开关上装有过载保护装置，使发动机在P位、R位和N位时最高转数只能达到4000r/min。如果换挡杆在D位时，发动机的最高转数也只能达到4000r/min。拆下过载保护装置后，在D位上发动机即可以恢复到正常的转数。说明过载保护装置出了故障。

10. 选挡操纵手柄及手动阀摇臂之间的连杆或拉索松脱

手动换挡阀的位置直接决定了自动变速器的挡位范围。如果选挡操纵手柄及手动阀摇臂之间的连杆或拉索松脱，即使移动了选挡手柄，而手动滑阀不能移动到正确的位置，自动变速器就不能按驾驶员选定的挡位范围运行。如果手动滑阀保持在空挡或停车挡位置，汽车就没有前进挡和倒挡。

11. 超速挡开关或超速控制开关故障或未挂入超速挡

选挡手柄上有超速挡开关，发动机启动后，挂上D挡，按下位于换挡手柄外侧的超速挡开关，汽车的最高挡位为四挡，不按超速挡开关，汽车最高车速仅为三挡。另一些变速器选挡杆上有超速控制开关（OD OFF开关，即超速挡关闭开关），将超速控制开关按到关闭（OFF）位置，变速器便不会升到四挡。只有将超速挡关闭开关松到“开”（ON）的位置上，变速器才可以升到四挡。如果超速挡开关或超速控制开关故障或未挂入超速挡，汽车最高行驶挡位就只有三挡，而没有超速挡。

12. 电磁阀故障

电控自动变速器的执行器主要是指各种电磁阀，其功用是根据变速器ECU的指令接通或切断液压回路，以实现自动变速器的换挡、变矩器锁止、主油压调节、发动机制动等内容的控制。电磁阀出现故障会引起很多问题，诸如换挡电磁阀出现故障自动变速器会失去某些挡位，锁止电磁阀出现故障会使变矩器锁止离合器不能锁止，油压电磁阀出现故障会引起油压过高或过低，控制换挡品质的电磁阀出现故障会造成换挡冲击等。

以上故障具体的检查调整措施在前面已有详细介绍的，就不再赘述；没有提及的在下面的内容中进行讨论。

（二）自动变速器常见故障及排除

1. 汽车不能行驶

(1) 故障现象

① 无论操纵手柄位于倒挡、前进位或前进低挡，汽车都不能行驶。

② 冷车启动后汽车能行驶一小段路程，但热车状态下起车不能行驶。

(2) 故障原因

① 自动变速器油底渗漏，自动变速器油全部漏光。

② 操纵手柄和手动阀摇臂之间的连杆或拉索松脱，手动阀保持在空挡或停车挡位置。

③ 油泵进油滤网堵塞。

④ 主油路严重泄漏。

⑤ 油泵损坏。

(3) 故障诊断与排除

① 检查自动变速器内有无液压油，其方法是：拔出自动变速器的油尺，观察油尺上有无自动变速器油。若油尺上没有自动变速器油，说明自动变速器内的自动变速器油已漏光。对此，应检查油底壳、液压油散热器、油管等处有无破损而导致漏油。如有严重漏油处，应修复后重新加油。

② 检查自动变速器操纵手柄与手动阀摇臂之间的连杆或拉索有无松脱。如有松脱，应予以装复，并重新调整好操纵手柄的位置。

③ 拆下主油路测压孔上的螺塞，启动发动机，将操纵手柄拨至前进位或倒挡位置，检查测压孔内有无液压油流出。

④ 若主油路测压孔内无液压油流出，应打开油底壳，检查手动阀摇臂轴与摇臂间有无松脱，手动阀阀芯有无折断或脱钩。若手动阀工作正常，则说明油泵损坏。对此，应拆卸分解自动变速器，更换油泵。

⑤ 若主油路测压孔内只有少量自动变速器油流出，油压很低或基本上没有油压，应打开油底壳，检查油泵进油滤网有无堵塞。如无堵塞，说明油泵损坏或主油路严重泄漏。对此，应拆卸分解自动变速器，予以修理。

⑥ 若冷车启动时主油路有一定的油压，但热车后油压即明显下降，说明油泵磨损过甚。对此，应更换油泵。

⑦ 若测压孔内有大量液压油喷出，说明主油路油压正常，故障出在自动变速器中的输入轴、行星排或输出轴。对此，应拆检自动变速器。

2. 有前进挡，但没有倒挡

(1) 故障现象　在前进挡位可以行车，在 R 位不能行车。

(2) 故障原因

① 与倒挡有关的离合器或制动器打滑。

② 倒挡油路泄漏，如伺服装置或制动器活塞上的密封泄漏。

(3) 故障诊断与排除　重点介绍如何分析与某挡位换挡执行原件离合器、制动器有关的故障。以本章第三节四挡辛普森行星齿轮机构为例，说明没有倒挡时如何判断哪个离合器或制动器可能有故障。

挂前进挡时汽车能正常行驶，说明主油路油压没有问题，即油泵、主调压阀、换挡阀基本正常，故障只是表现在倒挡的传递路线上。参见表 5-3，与倒挡有关的换挡执行原件有 C_0、F_0、C_2、B_3，由于在所有的前进挡汽车运行正常，所以 C_0、F_0 无故障；同时在高挡（3 挡和超速挡）运行正常，C_2 也无故障。因而，只有 B_3 制动器有故障，可确诊为制动器 B_3 打滑，不能有效锁止行星架。

低挡倒挡制动器 B_3 除形成倒挡外，还与手动低挡（L 位 1 挡）有关。在手动低挡汽车行驶中有发动机制动功能。所以判断 B_3 制动器有无故障的另一个方法是汽车在 L 位将加速踏板几乎踩到底行驶时，急收加速踏板，如有发动机制动，说明 B_3 制动器是好的；如没有发动机制动，说明 B_3 制动器打滑。

处理的方法是：检查 B_3 制动器油路及伺服活塞油封，检查测量 B_3 制动器自有间隙，检查活塞行程，检查活塞有无卡滞现象。必要时更换相应的零部件。

3. 自动变速器打滑

(1) 故障现象

① 起步时踩下节气门踏板，发动机转速很快升高但车速升高很慢。

② 行驶中踩下节气门踏板加速时，发动机转速升高但车速没有很快提高。

③ 平路行驶基本正常，但上坡无力，且发动机转速很高。

(2) 故障原因

① 自动变速器油油面太低。

② 自动变速器油油面太高，运转中被行星排搅动后产生大量气泡。

③ 离合器或制动器摩擦片、制动带磨损过甚或烧焦。

④ 油泵磨损过甚或主油路泄漏，造成主油路油压过低。

⑤ 单向超越离合器打滑。

⑥ 离合器或制动器活塞密封圈损坏，导致漏油。

⑦ 减振器活塞密封圈损坏，导致漏油。

(3) 故障诊断与排除　打滑是自动变速器中最常见的故障之一。虽然自动变速器打滑往往都伴有离合器或制动器摩擦片严重磨损甚至烧焦等现象，但如果只是简单地更换磨损的摩擦片而没有找出打滑的真正原因，则会使修后的自动变速器使用一段时间后又出现打滑现象。因此，对于出现打滑的自动变速器，不要急于拆卸分解，应先做各种检查测试，以找出造成打滑的真正原因。

① 对于出现打滑现象的自动变速器，应先检查自动变速器油的油面高度和品质。若油面过高或过低，应先调整至正常后再做检查。若油面调整正常后自动变速器不再打滑，可不必拆修自动变速器。

② 检查自动变速器油的品质。若液压油呈棕黑色或有烧焦味，说明离合器或制动器的摩擦片或制动带有烧焦，应拆修自动变速器。

③ 做路试，以确定自动变速器是否打滑，并检查出现打滑的挡位和打滑的程度。

将操纵手柄拨入不同的位置，让汽车行驶。若自动变速器升至某一挡位时发动机转速突然升高，但车速没有相应地提高，即说明该挡位有打滑。打滑时发动机的转速愈容易升高，说明打滑愈严重。根据出现打滑的规律，还可以判断产生打滑的是哪一个换挡执行元件：

a. 若自动变速器在所有前进位都出现打滑现象，则为前进离合器打滑。

b. 若自动变速器在操纵手柄位于D位时的1挡有打滑，而在操纵手柄位于L位或1位时的1挡不打滑，则为前进单向超越离合器打滑。若不论操纵手柄位于D位或L位或1位时，1挡都有打滑现象，则为低挡及倒挡制动器打滑。

c. 若自动变速器只在操纵手柄位于D位时的2挡打滑，而在操纵手柄位于S位或2位时的2挡不打滑，则为2挡单向超越离合器打滑。若不论操纵手柄位于D位或S位或2位时，2挡都有打滑现象，则为2挡制动器打滑。

d. 若自动变速器只在3挡有打滑现象，则为倒挡及高挡离合器打滑。

e. 若自动变速器只在超速挡有打滑现象，则为超速制动器打滑。

f. 若自动变速器在高挡和倒挡时都有打滑现象，则为倒挡及高挡离合器打滑。

g. 若自动变速器在1挡和倒挡时都有打滑现象，则为倒挡及低挡制动器打滑。

④ 对于有打滑故障的自动变速器，在拆卸分解之前，应先检查自动变速器的主油路油压，以找出造成自动变速器打滑的原因。自动变速器不论前进位或倒挡均打滑，其原因往往是主油路油压过低。若主油路油压正常，则只要更换磨损或烧焦的摩擦元件即可。若主油路油压不正常，则在拆修自动变速器的过程中，应根据主油路油压，相应地对油泵或阀板进行检修，并更换自动变速器的所有密封圈和密封环。

4. 换挡冲击大

（1）故障现象　在汽车起步时，由停车挡或空挡挂入前进挡或倒挡时，汽车自动变速器的动作不良，并产生很大的冲击震动；在汽车行驶过程时，自动变速器换挡过程中出现较大的冲击现象。

（2）故障原因

① 发动机怠速过高。

② 节气门拉索或节气门位置传感器调整不当，或主油路调压电磁阀有故障，使主油路压力过大，液压系统工作不良。

③ 换挡执行元件如制动器或离合器的摩擦元件的工作间隙不正常；单向离合器打滑或锁止不良而出现运动干涉；换挡前的离合器或制动器的分离时间过长或分离不彻底等。

④ 自动变速器的换挡点不正确。

⑤ 变速器与发动机的支承胶垫磨损，连接螺栓松动，传动系统的间隙过大或松旷。

⑥ 蓄压器故障及作用在蓄压器背部的减振缓冲油压不正常。

⑦ 油压电磁阀不工作。

⑧ 电子控制系统故障。

（3）故障诊断与排除　由于引起换挡冲击的原因较多，因此，在诊断故障的过程中，必须循序渐进，对自动变速器的各个部分做认真的检查。一定要在全面检测的基础上，有针对性地进行分解修理，切不可盲目地拆修。总体而言，若是由于调整不当所造成的，只要稍作调整即可排除；若是自动变速器内部控制阀、减振器或换挡执行元件有故障，应分解自动变速器，予以修理；若是电子控制系统有故障，应对电子控制系统进行检测，找出具体原因，加以排除。具体检查诊断与排除步骤如下：

① 检查发动机怠速，装用自动变速器的汽车的发动机怠速一般为750r/min左右。若怠速过高，应按标准予以调整。

② 检查节气门位置传感器的调整情况，如不符合标准，应重新予以调整。

③ 做道路试验，如有升挡过迟的现象，则说明换挡冲击大的故障是升挡过迟所致。如果在升挡之前发动机转速异常升高，导致在升挡的瞬间有较大的换挡冲击，则说明离合器或制动器打滑，应分解自动变速器，予以修理。

④ 检测主油路油压，如果怠速时主油路油压过高，则说明主油路调压阀或调压电磁阀有故障，可能是调压弹簧的预紧力过大或阀芯卡滞所致；如果怠速时主油路油压正常，但起步进挡时有较大的冲击，则说明前进离合器或倒挡及高挡离合器的进油单向阀阀球损坏或漏装。对此，应拆卸阀板，予以修理。

⑤ 检测换挡时的主油路油压，在正常情况下，换挡时的主油路油压会有瞬时的下降。如果换挡时主油路油压没有下降，则说明减振器活塞卡滞，对此，应拆检阀板和减振器。

⑥ 检查油压电磁阀的线路以及油压电磁阀工作是否正常、电脑是否在换挡的瞬间向油压电磁阀发出控制信号。如果线路有故障，应予以修复；如果电磁阀损坏，应更换电磁阀；如果电脑在换挡瞬间没有向油压电磁阀发出控制信号，说明电脑有故障，对此，应更换电脑。

5. 不能升挡

（1）故障现象　汽车行驶中自动变速器始终保持在1挡，不能升入2挡及高速挡，或行驶中自动变速器可以升入2挡，但不能升入3挡及超速挡。

（2）故障原因

① 节气门拉索调整不当。

② 节气门位置传感器或线路有故障。

③ 车速传感器有故障。

④ 换挡电磁阀或线路有故障。

⑤ 2 挡或高挡制动器、离合器有故障。

⑥ 换挡阀卡滞。

⑦ 挡位开关有故障。

⑧ ECU 或线路故障。

(3) 故障诊断与排除　故障诊断时，应根据具体故障现象（如 1-2 挡、或 2-3 挡、或 3-4 挡、或所有挡位均不能升挡），查找相关的故障原因，检修相关故障部位。

① 对电控自动变速器，应先进行故障自诊断。影响换挡控制的传感器有节气门位置传感器、车速传感器、挡位开关等。

② 按规定重新调整节气门位置传感器。

③ 检查车速传感器，如有损坏，应予更换。

④ 若电控系统和阀体无故障，应分解自动变速器，检查相关换挡元件有无打滑；用压缩空气检查各离合器、制动器油路或活塞有无泄漏，视情况修复或更换。

6. 无超速挡

(1) 故障现象　汽车行驶中，车速已升高至超速挡范围，但自动变速器仍不能从 3 挡升入超速挡。

(2) 故障原因

① 超速挡开关或线路有故障。

② 超速挡电磁阀或线路有故障。

③ 超速挡制动器打滑。

④ 超速离合器或超速单向离合器卡死。

⑤ 挡位开关有故障。

⑥ 自动变速器油温传感器有故障。

⑦ 节气门位置传感器有故障。

⑧ 3-4 挡换挡阀卡滞。

⑨ 发动机水温传感器有故障。

⑩ ECU 或线路有故障。

(3) 故障诊断与排除

① 对电控自动变速器，应首先进行仪器检测或人工读码，按提示查找故障部位，并检修或更换相关的传感器（水温传感器、油温传感器、节气门他置传感器等）、同时检测相关线路。

② 对液控自动变速器，应首先检测 O/D 开关、超速电磁阀及相关线路检修或更换。

③ 检查并调整节气门拉索的位置。

④ 用举升机将汽车举起或悬空驱动轮，运转发动机，让自动变速器在前进挡运行，检查在空载状态下自动变速器的升挡情况。

如果在无负荷状态下仍不能升入超速挡，说明液压控制系统有故障，应拆卸阀体检查 3-4 挡换挡阀。

如果在空载状态下自动变速器能够升入超速挡，且升挡车速正常，说明液压控制系统工作正常，不能升挡的原因为超速制动器打滑，在有负荷的状态下不能实现超速挡。如果能够升入超速挡，但升挡后车速提不高、发动机转速下降，说明超速离合器或超速单向离合器卡死，使超速行星排在超速状态下产生运动干涉，增大了发动机的运转阻力，应检修自动变速器。

7. 没有强制降挡

(1) 故障现象　当汽车以 3 挡或超速挡行驶时，突然将节气门踏板踩到底，自动变速器不能立即降低一个挡位，致使汽车加速无力。

(2) 故障原因

① 节气门位置传感器调整不当。

② 强制降挡开关损坏或安装不当。

③ 强制降挡电磁阀损坏或线路短路、断路。

④ 阀板中的强制降挡控制阀卡滞。

(3) 故障诊断与排除

① 检查节气门位置传感器的安装情况，如有异常，应按标准重新调整。

② 检查强制降挡开关。在节气门踏板踩到底时，强制降挡开关的触点应闭合；松开节气门踏板时，强制降挡开关的触点应断开。如果节气门踏板踩到底时强制降挡开关触点没有闭合，可用手直接按动强制降挡开关。如果按下开关后触点闭合，说明开关安装不当，应重新调整；如按下开关后触点仍不闭合，说明开关损坏，应予以更换。

③ 对照电路图，在自动变速器线束插头处测量强制降挡电磁阀。如有异常，则故障原因是线路短路、断路或电磁阀损坏。对此，应检查线路或更换电磁阀。

④ 打开自动变速器油底壳，拆下强制降挡电磁阀，检查电磁阀的工作情况。如有异常，应予以更换。

⑤ 拆卸阀板总成，分解、清洗、检查强制降挡控制阀。阀芯如有卡滞，可进行抛光，若无法修复，则应更换阀板总成。

8. 驻车失灵

(1) 故障现象　在 7% 的坡道上停车，换入 P 位，松开行车和驻车制动时汽车出现溜车。在平地上换入 P 位，没有驻车。

(2) 故障原因

① 驻车复位弹簧装反。

② 驻车棘爪磨损严重。

③ 换挡连杆机构调整不当。

(3) 故障诊断与排除

① 在拆驻车前注意复位弹簧的装配角度。装配完后，应反复拉紧放松换挡拉索，以确认复位弹簧的装配没有问题。

② 驻车棘爪磨损严重，会造成驻车棘爪滑脱或不能完全啮合（主要见于老车上），必须更换。

③ 重新对换挡拉索或连杆进行调整。

9. 液力变矩器不能锁止

(1) 故障现象

① 汽车行驶中，车速、挡位已满足锁止离合器起作用的条件，但锁止离合器仍没有产生锁止作用。

② 汽车油耗较高。

(2) 故障原因

① 节气门位置传感器有故障。

② 液压油温度传感器有故障。

③ 锁止电磁阀有故障或线路短路、断路。

④ 锁止控制阀有故障。

⑤ 自动变速器油过脏。

⑥ 变矩器中的锁止离合器损坏。

⑦ ECU 退出工作。

⑧ 超速挡开关断路。

（3）故障诊断与排除

① 应先进行故障自诊断，检查有无故障码。如有故障代码，则可按显示的故障码查找相应的故障原因。与锁止控制有关的部件包括液压油温度传感器、节气门位置传感器、锁止电磁阀等。

② 检查节气门位置传感器。如果在一定节气门开度情况下，节气门位置传感器输出电压过高或电位计电阻过大，应予调整或更换。

③ ECU 端子接触不良，电阻值增大，使 ECU 电源不足，ECU 为了自我保护便会自动退出工作。另外 ECU 查出液压系统有泄漏或其他故障后也会自动退出。ECU 退出后变速器在 D 位上只有一个二挡，变矩器也不能进入锁止工况。

④ 超速挡开关断路，变速器不能进入超速挡，同时许多汽车不能让变矩器进入锁止工况。

⑤ 锁止电磁阀在进入锁止工况后就一直处于高频的脉动中，所以行驶 30 万公里以上的老车，锁止电磁阀容易发生复位弹簧过软的问题，造成变矩器锁止力矩不足，变矩器不能完全进入锁止工况。

⑥ 自动变速器油被严重污染，摩擦环和变矩器壳之间有颗粒物，造成摩擦力矩不足，变矩器不能完全进入锁止工况。

⑦ 测量锁止电磁阀。如有短路或断路现象，应检查电路。如电路正常，则应更换电磁阀。

⑧ 拆下阀板，分解并清洗锁止控制阀。如有卡滞，应进行抛光修复。如不能修复，应更换阀板。

10. 无发动机制动

（1）故障现象

① 在行驶中，当操纵手柄位于前进低挡（S、L 或 2、1）位置时，松开节气门踏板，发动机转速降至怠速，但汽车没有明显减速。

② 下坡时，操纵手柄位于前进低挡，但不能产生发动机制动作用。

（2）故障原因

① 挡位开关调整不当。

② 操纵手柄调整不当。

③ 2 挡强制制动器打滑或低挡及倒挡制动器打滑。

④ 控制发动机制动的电磁阀有故障。

⑤ 阀板有故障。

⑥ 电脑有故障。

（3）故障诊断与排除

① 先进行故障自诊断，按所显示的故障码查找故障原因。

② 做道路试验，检查加速时自动变速器有无打滑现象。如有打滑，应拆修自动变速器。

③ 如果操纵手柄位于 S 位时没有发动机制动作用，但操纵手柄位于 L 位时有发动机制动作用，则说明 2 挡强制制动器打滑，应拆修自动变速器。

④ 如果操纵手柄位于 L 位时没有发动机制动作用，但操纵手柄位于 S 位时有发动机制动作用，则说明低挡及倒挡制动器打滑，应拆修自动变速器。

⑤ 检查控制发动机制动作用的电磁阀线路有无短路或断路；电磁阀线圈电阻是否正常；通电后有无工作声音。如有异常，应修复或更换。

⑥ 拆卸阀板总成，清洗所有控制阀。阀芯如有卡滞可抛光后装复，如抛光后仍有卡滞，应更换阀板。

⑦ 检测电脑各接脚电压，要特别注意与节气门位置传感器、挡位开关连接的各接脚的电压。如有异常，应做进一步检查。

⑧ 更换一个新的电脑试一下，如果故障消失，说明原电脑损坏，应更换。

第九节　汽车无级式变速器

目前轿车上广泛使用的自动变速技术是由液力变矩器和行星轮变速机构组合而成的自动变速器。但其仍有明显的缺点：传动比不连续，只能实现分段范围内的无级变速；液力传动的效率较低，影响了整车的动力性与燃料经济性；增加变速器的挡位数来扩大无级变速覆盖范围，就必须采用较多的执行元件来控制行星轮系的动力传递路线，导致自动变速器零部件数量过多，结构复杂，保养和维护不便。所以汽车行业早就开始研究其他新型变速技术，无级变速 CVT 技术就是其中最有前景的一种。

无级变速器是传动比可以在一定范围内自动连续地变化的变速器（Continuously Variable Transmission，CVT）。它采用传动带和工作直径可变的主、从动轮相配合来传递动力，可以实现传动比的连续改变，从而得到传动系统与发动机工况的最佳匹配，最大限度地利用发动机的特性，提高汽车的动力性和燃油经济性，在汽车上的应用越来越多。目前常见的无级变速器是金属带式无级变速器（VDT-CVT）。

一、无级式变速器概述

1. CVT 系统特点

(1) CVT 可以在相当宽的范围内实现无级变速，利用传动带与工作直径可变的主、从动轮相配合来传递动力，且操纵方便，乘坐舒适。

(2) CVT 的无级变速特性能够获得后备功率最大的传动比，增强了汽车的爬坡能力和加速能力。

(3) CVT 的速比工作范围宽，能够使发动机以最佳工况工作，从而改善了汽车的燃料经济性。

(4) CVT 系统结构简单，零件数目较少，一旦大规模生产，成本低于 AT。

(5) CVT 对零部件特别是传动钢带的疲劳寿命要求特别高，而且 CVT 应用时间较短，维修技术和维修经验相对不足。

2. 在国内的应用

目前国内常见的采用了无级变速器的有奥迪 A6、派力奥（西耶那、周末风）、飞度、旗云等车型。

(1) 飞度 CVT　飞度的 CVT 无级变速器是专门为小型车设计的，属于新一代钢带无级自动变速器，可允许两个带轮之间进行高转矩传递，运转平稳、传动效率高，是小型车里较好的。飞度的 CVT 变速器还带有 S 挡（运动模式），既追求流畅感、低油耗，又不乏驾驶乐趣。

(2) 奥迪 A6 的 Multitronic 无级/手动一体变速器　奥迪的 Multitronic 变速器是在原有无级变速器的基础上安装了一种称为多片式链带的传动组件，这种组件大大拓展了无级变速器的使用范围，能够传递和控制峰值高达 280N·m 的动力输出，其传动比超过了以前各种自动变速器的极限值。Muhitronic 还采用了全新的电子控制系统，以克服原有无级变速器的不足。比如在上下坡时，系统能自动探测坡度，并通过调整速比增加动力输出或加大发动机的制动转矩来协助车辆行驶。

（3）派力奥（西耶那、周末风）Speedgear　派力奥 Speedgear 是一种手/自一体式电控无级变速器（ECVT），南京菲亚特率先把它应用在小型车上。它提供两种换挡模式：电控无级自动变速模式和 6 挡顺序手动变速模式，驾驶者可以根据喜好选择不同的换挡方法。Speedgear 由液力变矩器、两个可变直径钢带轮和一根传动金属带（一定数量的钢片和两根 9 层钢带）组成，具有更宽的传动比，同时具有无级变速器结构简单、体积紧凑的特点。

（4）旗云 CVT　旗云 CVT 采用了德国 ZF 公司生产的 VTIF 无级变速器，和它出色的发动机一起，这一整套动力和传动系统都来自于宝马 MINI COOPER。该无级变速器有无级变速、自动巡航、运动模式和 6 挡手动 4 种驾驶模式，与电子油门配合以后更接近智能化控制。

二、无级变速器的基本原理

CVT 的主要结构和工作原理如图 5-144 所示，该系统主要包括主动轮组、从动轮组、金属带和液压缸等基本部件。金属带由两束金属环和几百个金属片构成。主动轮组和从动轮组都由可动盘和固定盘组成的，与液压缸靠近的一侧带轮可以在轴上滑动，另一侧则固定。可动盘与固定盘都是锥面结构，它们的锥面形成 V 形槽来与 V 形金属传动带啮合。发动机输出的动力首先传递到 CVT 的主动轮组，然后通过 V 形传动带传递到从动轮组，最后经主减速器、差速器传递给驱动车轮。

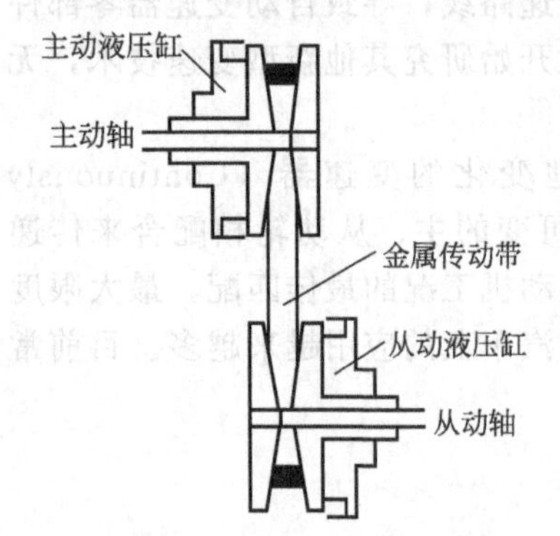

图 5-144　CVT 的主要结构和工作原理

工作时通过主动轮组与从动轮组的可动盘做轴向移动来改变主动轮、从动轮锥面与 V 形传动带啮合的工作半径，从而改变传动比。两个带轮可以实现反向调节，即当其中一个带轮凹槽逐渐变宽时，另一个带轮凹槽就会逐渐变窄。可动盘的轴向移动量是由控制系统调节主动轮、从动轮液压缸压力来实现的。由于主动轮组和从动轮组的工作半径可以实现连续调节，从而实现了无级变速。

三、奥迪 01J 型无级变速器

1. 奥迪 01J 型无级变速器的结构

奥迪 01J 型无级变速器被称为 Multitronic，它主要由减振缓冲装置、动力连接装置、速比变换系统、液压控制单元和电控单元等组成，如图 5-145 所示。

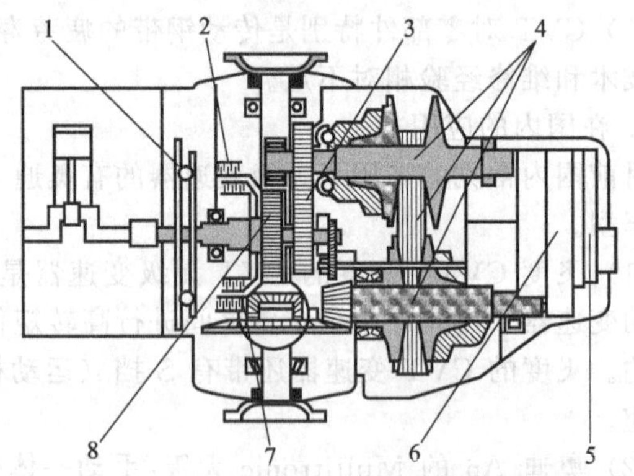

图 5-145　奥迪 01J 型无级变速器的结构

1—飞轮减振装置；2—倒挡制动器；3—辅助减速齿轮组；4—速比变换器及传动链；5—变速器电子控制单元；6—液压控制单元；7—前进挡离合器；8—行星齿轮组

（1）减振缓冲装置　奥迪 01J 型无级变速器取消了变矩器。由于飞轮在工作时转动是不均匀的，即在做功行程转得快，而在其他行程则转得慢。这种转动的不均匀性传递到变速器内就会形成振动。因此在 CVT 上需要一个减振缓冲装置来缓冲这种振动。目前，奥迪 V6 2.8L 发动机采用飞轮减振装置，奥迪 A4 1.8L 四缸发动机采用双质量飞轮作为减振缓冲装置，如图 5-146 所示。

(2) 动力连接装置　包括行星齿轮装置、前进挡离合器和倒挡制动器。奥迪 Multitronic CVT 前进挡离合器和倒挡制动器配合单排行星齿轮机构实现前进挡和倒挡。前进挡离合器和倒挡制动器采用了多片式摩擦片，用于起步并将转矩传递给辅助减速齿轮组，如图 5-147 所示。起步和转矩传递过程由电子和液压控制单元监控和调整。

行星齿轮机构如图 5-148 所示。在奥迪 CVT 中，行星齿轮机构唯一的功能是倒挡时改变变速器输出轴的旋转方向，其传动简图如图 5-149 所示。发动机动力通过飞轮传递给变速器输入轴，再通过行星齿轮机构、一对辅助变速齿轮组传递到传动链轮装置。由传动链轮无

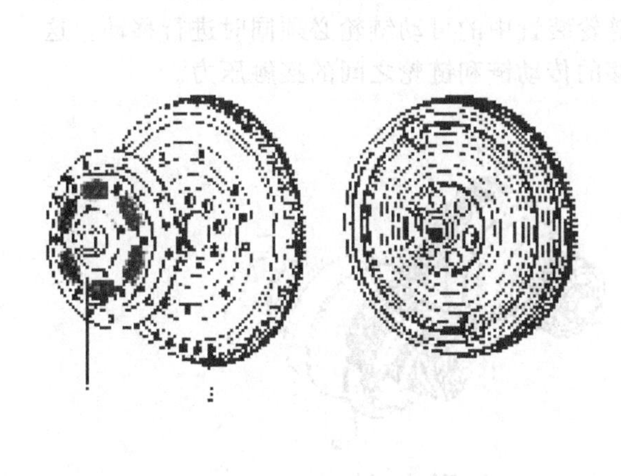

图 5-146　飞轮与减振器装置

1—减振装置；2—飞轮

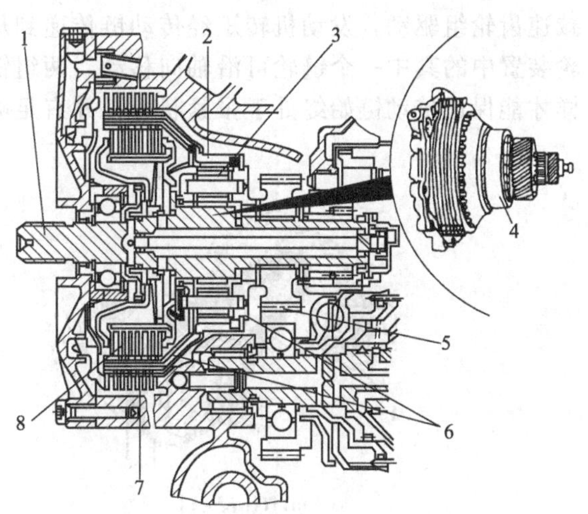

图 5-147　离合器、制动器及行星齿轮机构

1—变速器输入轴；2—齿圈；3—行星齿轮；4—行星齿轮机构；5—辅助减速齿轮组；6—行星架；7—倒挡制动器；8—前进挡离合器

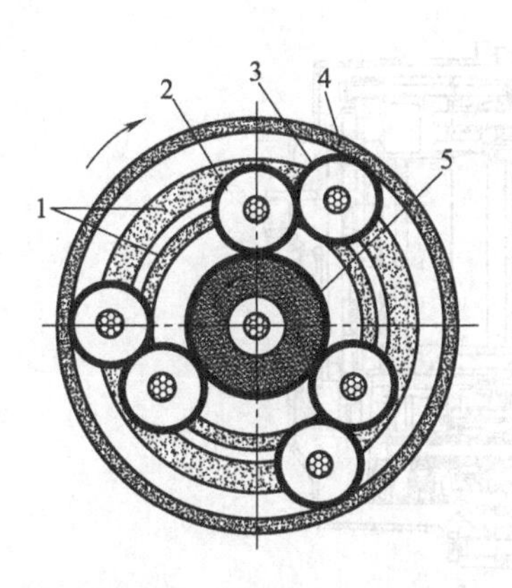

图 5-148　行星齿轮机构

1—行星架；2—行星轮 1；3—行星轮 2；4—齿圈；5—太阳轮

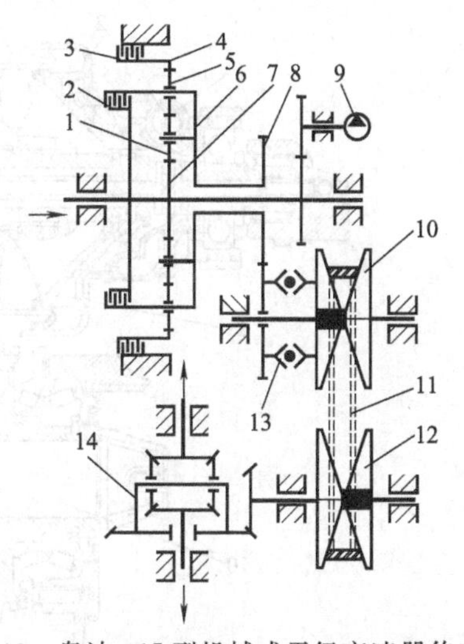

图 5-149　奥迪 01J 型机械式无级变速器传动简图

1—行星轮 1；2—前进挡离合器；3—倒挡制动器；4—齿圈；5—行星轮 2；6—行星架；7—太阳轮；8—辅助传动齿轮；9—液压泵；10—链轮装置 1；11—传动链；12—链轮装置 2；13—扭矩感应装置；14—差速器

级变速后，动力经过主减速器和差速器，传递到驱动轮。车辆怠速时，作为辅助减速齿轮组输入部分的行星架5静止，齿圈4以发动机转速一半的速率怠速运转；前进挡时，前进挡离合器2接合，变速器输入轴与行星架（输出）连接，行星齿轮系变成一个刚体传动，并且与发动机转向相同，传动比为1；倒挡时，倒挡制动器1制动，齿圈4与壳体固定在一起，不能转动，动力由行星架反向输出，实现倒挡。

（3）速比变换系统

① 组成。奥迪01J型无级变速器的关键部件是速比变换系统，如图5-150所示。该系统由主动链轮装置、从动链轮装置以及传动链三部分组成。主动链轮装置由发动机通过辅助减速齿轮组驱动，发动机转矩经传动链传递到从动链轮装置，并由此传给主减速器。每组链轮装置中的其中一个链轮可沿轴向移动，两组链轮装置中的可动链轮必须同时进行移动，这样才能保证传动链始终处于张紧状态，并有足够的传动链和链轮之间的接触压力。

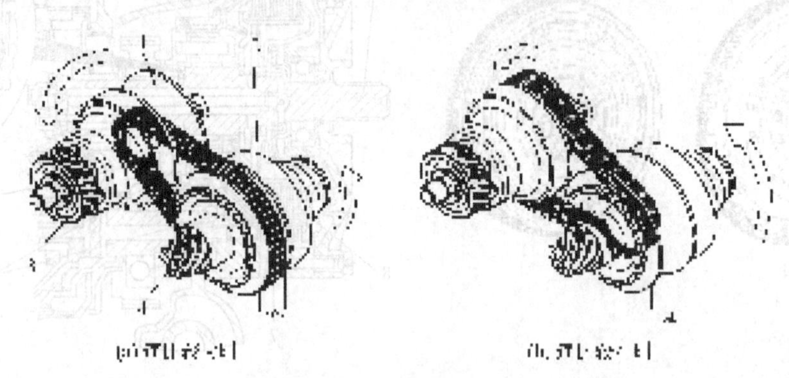

图5-150　速比变换系统

1—主动链轮装置（链轮装置1）；2—从动链轮装置（链轮装置2）；3—辅助减速齿轮；4—主减速器齿轮

01J变速器速比变换系统的结构如图5-151所示，其工作模式上基于双活塞原理，它的新特点为转矩传感器集成在链轮装置5上。链轮装置5和10各有一个将锥面链轮压回的压力缸2、8和用于调整变速比的分离缸6、11。当一个分离缸进油，而另一个分离缸泄压时，

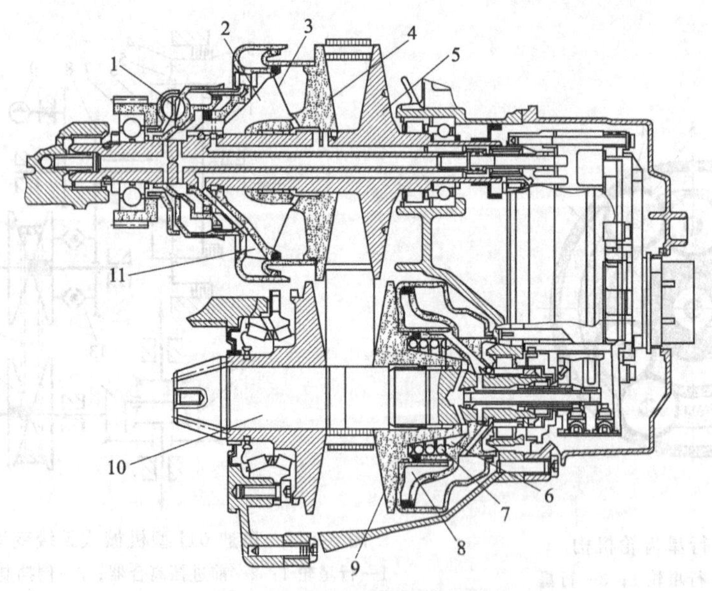

图5-151　速比变换系统的结构

1—转矩传感器；2,8—压力缸；3—膜片弹簧；4,9—变速器链轮；
5,10—链轮装置；6,11—变速器分离缸　7—螺旋弹簧

即可调整变速比。链轮和传动链之间的接触压力由压力缸内的油压来保证，其基本工作原理如图 5-152 所示。

由于调整动态特性的要求，供给的压力油必须合适。为了减少油量，分离缸的表面要比压力缸小，因此调整所需油量相对少，可获得很高的调整动力特性和较高的效率。

液压系统泄压时，链轮 5 的膜片弹簧和链轮 10 的螺旋弹簧产生一个额定的传动链条基础张力（接触压力）。在泄压状态下，变速器起启转矩变速比由链轮 10 的螺旋弹簧 7 的弹力调整。

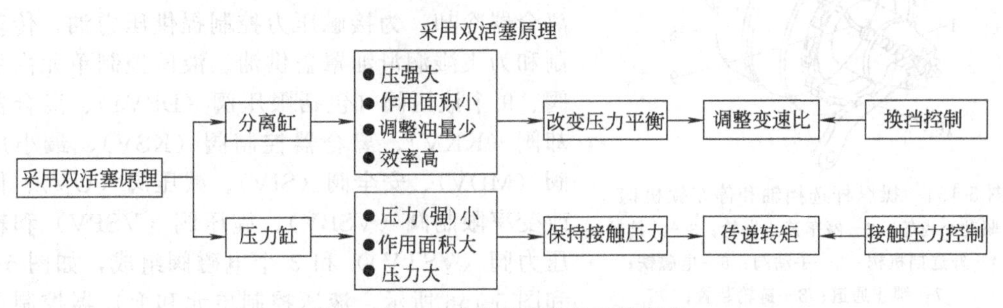

图 5-152　速比变换系统的工作原理

② 传动链。传动链是 Multitronic 变速器的关键部件，它具有传递转矩大和效率高等特点，如图 5-153 所示。传动链的相邻链节通过转动压块连接成一排（每个销子连接两个链节），转动压块在变速器链轮间“跳动”。转矩靠转动压块正面和链轮接触面的摩擦力来传递。两个转动压块组成一个转动节。转动压块相互滚动，当其在链轮跨度半径范围内驱动传动链时，几乎没有摩擦。尽管转矩和弯曲角度大，动力损失和磨损却最小，因此可延长寿命并提高效率。传动链是由两种不同长度的链节构成的，使用两种不同长度链节的目的是防止共振并减小运动噪声。

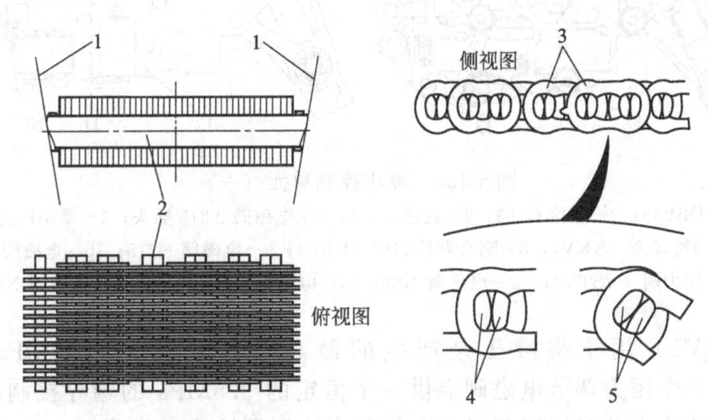

图 5-153　传动链

1—变速器锥面链轮；2，4—转动压块；3—链节；5—转动节

(4) 操纵杆选挡轴和停车锁　操纵杆选挡轴和停车锁机构如图 5-154 所示。奥迪 01J 型机械式无级变速器选挡杆位置有 P、R、N、D 及手动选挡位置。选择手动模式时，仪表会显示 6、5、4、3、2 或者 1。通过选挡杆可触发液压控制单元手动阀、控制停车锁、触发多功能开关以识别选挡杆位置。

2. 奥迪 01J 型无级变速器液压控制系统

(1) 供油系统　奥迪 01J 型机械式无级变速器装有高效率的月牙形内啮合齿轮泵，它作为一个部件集成在液压控制单元上，并直接由输入轴通过直齿轮和泵轴驱动。液压泵内部密

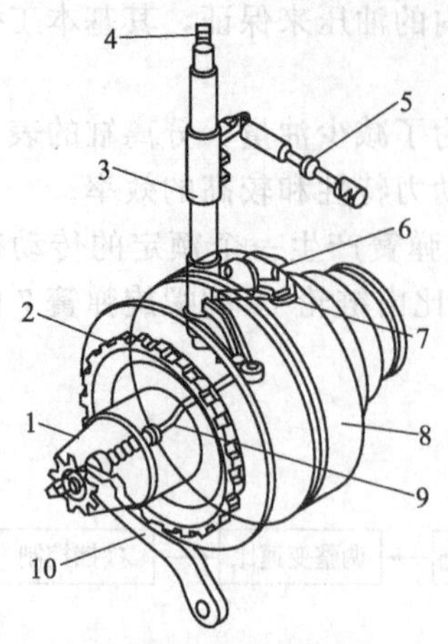

图 5-154　操纵杆选挡轴和停车锁机构

1—驱动小齿轮；2—停车锁止齿轮；3—选挡轴；4—外选挡机构；5—手动阀；6—电磁铁；7—锁止通道；8—链轮装置；9—锁止推杆；10—锁止爪

封良好，因此在发动机低速下仍可产生高压。

为了保证充分冷却离合器和制动器，在供油系统中装有吸气喷射泵。吸气喷射泵（吸气泵）集成在离合器冷却系统中，以供应冷却离合器所需的润滑油量。

（2）液压控制单元　液压控制单元完成下述功能：前进挡/倒挡离合器控制，离合器压力调节，离合器冷却，为接触压力控制提供压力油，传动控制和为飞溅润滑油罩盖供油。液压控制单元由手动阀、9 个液压阀（包括限压阀（DBV1）、离合器冷却阀（KKV）、离合器控制阀（KSV）、最小压力阀（MDV）、安全阀（SIV）、减压阀（UV）、体积改变率限制阀（VSBV）、施压阀（VSPV）和输导压力阀（VSTV））和 3 个电磁阀组成，如图 5-155 和图 5-156 所示。液压控制单元和变速器控制单元直接插接在一起。

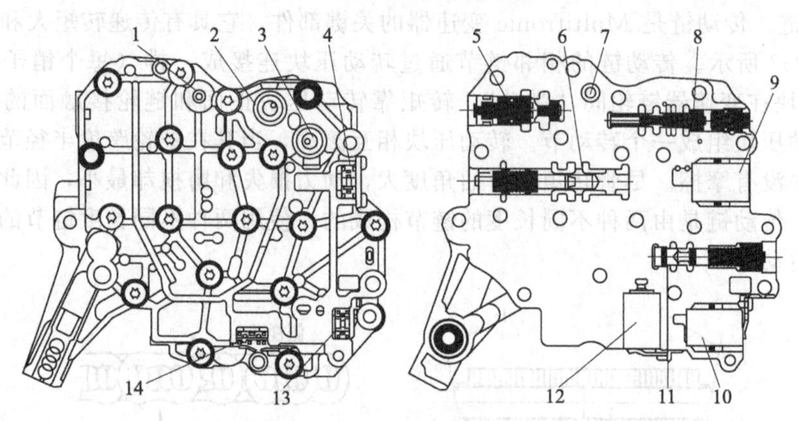

图 5-155　液压控制单元（一）

1,7—限压阀（DBV1）；2—连接 G193；3—连接 G194；4—电磁阀 N215 插头；5—最小压力阀（MDV）；6—离合器冷却阀（KKV）；8—离合器控制阀（KSV）；9—电磁阀 N215；10—电磁阀 N216；11—输导压力阀（VSTV）；12—电磁阀 N88；13—电磁阀 N216 插头；14—电磁阀 N88 插头

限压阀（DBV1）用于将液压泵产生的最高压力限制为 0.82MPa。输导压力阀（VSTV）用于向 3 个压力调节电磁阀提供一个恒定的 0.5MPa 的输导控制压力。最小压力阀（MDV）用来防止启动时液压泵吸入空气，当液压泵输出功率高时，压力阀（MDV）打开，允许润滑油从回油管流到液压泵吸入侧，提高液压泵效率。施压阀（VSPV）控制系统压力，在特定功能下，能始终提供足够油压（应用接触压力或调节压力）。电磁阀 N88、N215 和 N216 为压力调节电磁阀，它们将控制电流转变成相应的液压控制压力，如图 5-157 所示。

离合器（制动器）的控制、速比变换控制、传动链和链轮之间的接触压力控制如图 5-158 所示。

3. 奥迪 01J 型无级变速器电子控制系统

奥迪 01J 型无级变速器电子控制系统由三部分组成：控制单元、输入装置（传感器、开关）和输出装置（电磁阀）。电控单元集成在变速器内，并直接用螺栓紧固在液压控制单元

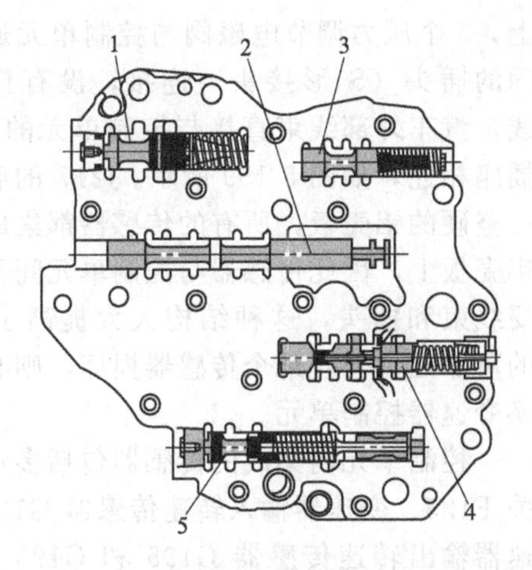

图 5-156 液压控制单元（二）

1—体积改变率限制阀（VSBV）；2—手动选挡阀（HS）；3—安全阀（SIV）；4—减压阀（UV）；5—施压阀（VSPV）

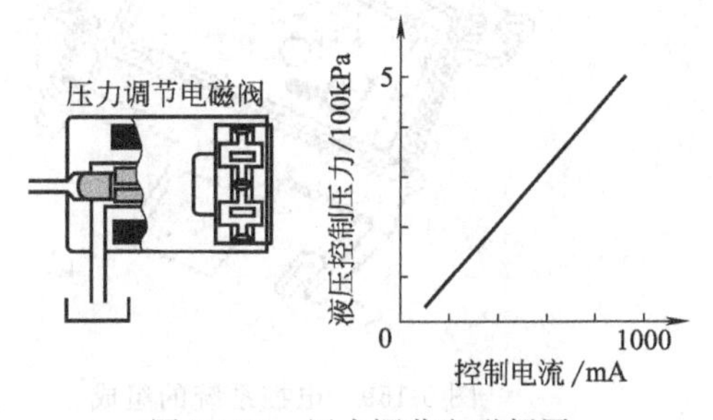

图 5-157 压力调节电磁阀图

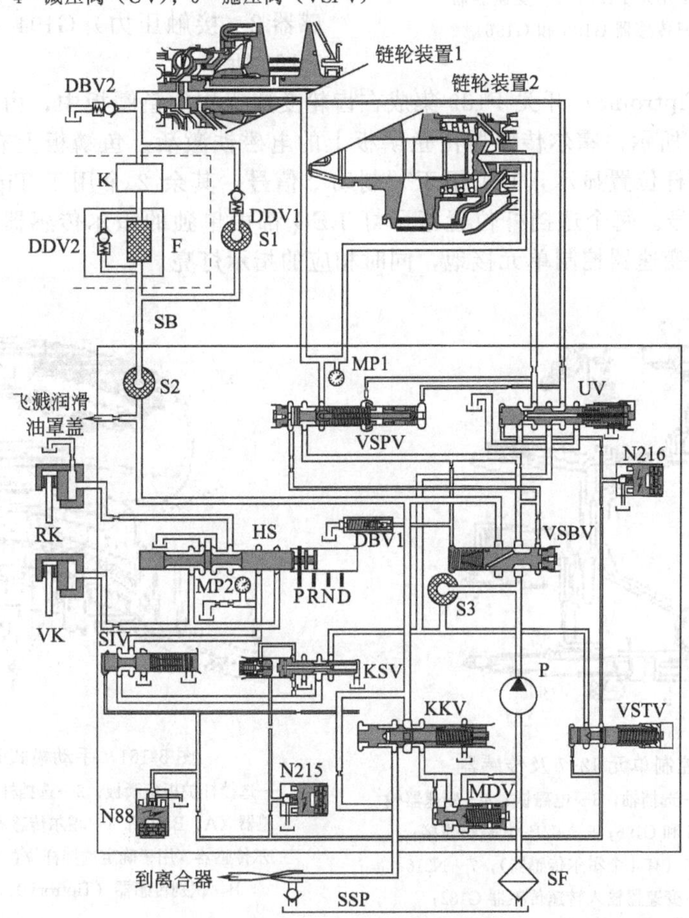

图 5-158 液压控制系统油路

DBV1—限压阀 1；DBV2—限压阀 2；DDV1—差压阀 1；DDV2—差压阀 2；F—ATF 滤清器；HS—手动选挡阀；K—ATF 冷却器；KKV—离合器冷却阀；KSV—离合器控制阀；MDV—最小压力阀；MP1—接触压力测试点（由 G194 监测）；MP2—离合器压力测试点（由 G193 监测）；N88—电磁阀；N215—电磁阀；N216—电磁阀；P—油泵；RK—倒挡离合器；S1—ATF 滤清器 1；S2—ATF 滤清器 2；S3—ATF 滤清器 3；SB—链轮润滑/冷却喷孔；SF—ATF 滤清器；SIV—安全阀；SSP—吸气喷气泵；UV—减压阀；VK—前进挡离合器；VSBV—体积改变率限制阀；VSPV—施压阀；VSTV—输导压力阀

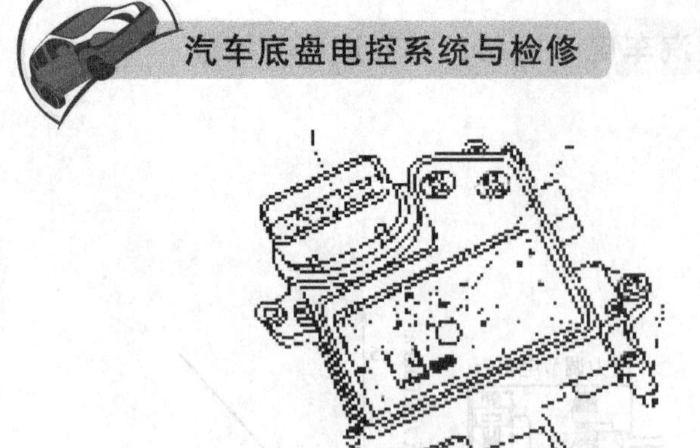

图 5-159 电控系统的组成
1—25 针插头；2—变速器油温传感器；
3—变速器输入转速传感器 G182；
4—多功能开关 F125；5—变速器输
出转速传感器 G195 和 G196

上，3 个压力调节电磁阀与控制单元通过坚固的插头（S 形接头）连接，没有任何接线，汽车外部线束直接与控制单元的 25 针插座相连，如图 5-159 所示。J217 的底座为一坚硬的铝壳板，所有的传感器都集成在此铝壳板上，因此传感器与控制单元间不再需要线束和插头，这种结构大大提高了 J217 的可靠性。但若某个传感器损坏，则必须更换变速器控制单元。

控制单元内集成的传感器包括多功能开关 F125、变速器输入转速传感器 G182、变速器输出转速传感器 G195 和 G196、变速器油温传感器 G93、自动变速器油压传感器 1（离合器压力）G193 和自动变速器油压传感器 2（接触压力）G194 ，安装位置如图 5-160 所示。

手动模式（Tiptronic）开关 F189 集成在齿轮变速机构的鱼鳞板中，由 3 个霍尔传感器组成，如图 5-161 所示。霍尔传感器由鱼鳞板上的电磁铁激活。鱼鳞板上有 7 个 LED 指示灯：4 个用于选挡杆位置显示，1 个用于“制动”信号，其余 2 个用于 Tiptroulc 护板上的“+”和“－”信号。每个选挡杆位置指示灯 LED 都由单独的霍尔传感器控制。当被激活时，F 189 开关将变速器控制单元接地，同时相应的指示灯亮。

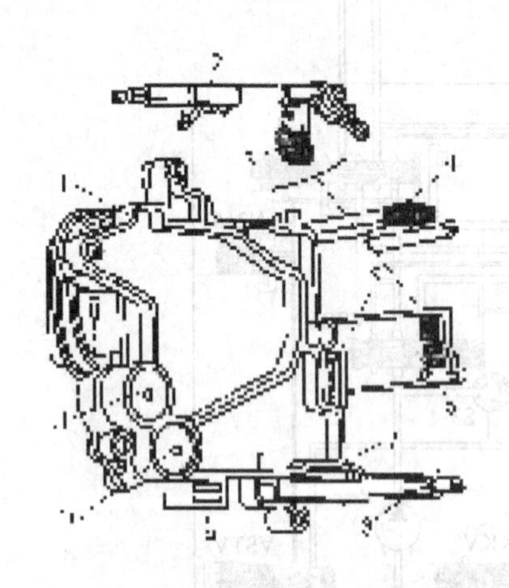

图 5-160 控制单元 J217 及传感器
1—控制单元 J217；2—选挡轴；3—电磁铁；4—变速器输出转速传感器 G195 和 G196；5—N215 电磁阀连接；6—多功能开关 F125（有 4 个霍尔传感器）；7—N216 电磁阀连接；8—变速器输入转速传感器 G182；9—N88 电磁阀连接；10—自动变速器油压传感器 2（接触压力）G194；11—自动变速器油压传感器 1（离合器压力）G193

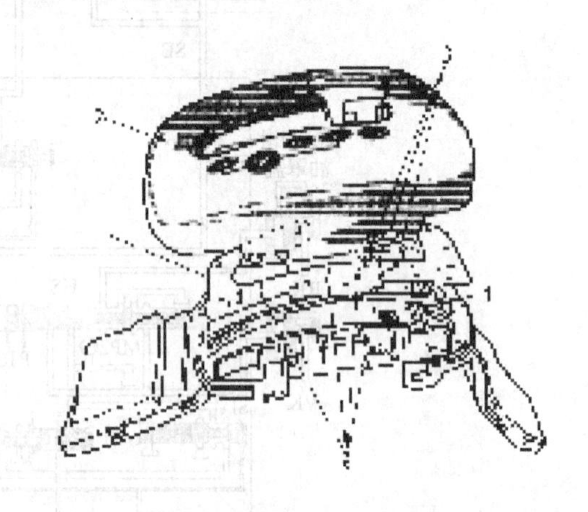

图 5-161 手动模式开关 F189
1—选挡杆护板鱼鳞板；2—选挡杆护板；3—3 个霍尔传感器（A、B、C）；4—霍尔传感器电磁阀；5—4 个霍尔传感器（用于确定选挡杆位置）；A—减挡传感器；B—识别传感器（Tiptronic）；C—升挡传感器

奥迪 01J 型无级变速器数据传输除少量接口外，信息都通过 CAN 总线在变速器控制单元和区域网络控制单元之间进行交换。由于传感器集成在变速器中，因此传感器信号不能再用传统的设备来测量，只能用自诊断接口进行检测。奥迪 01J 型无级变速器输出装置采用 3

个电磁阀：N88、N215 和 N216，它们将控制电流转变成相应的液压控制压力，最终实现不同的工作使命。电磁阀 N88 有两个功能：通过控制离合器冷却阀（KKV）和安全阀（SIV）来实现离合器冷却控制和变速器安全模式控制。电磁阀 N215 通过（离合器压力调节电磁阀 1）控制离合器控制阀（KSV），来实现离合器压力控制完成“坡道停车”功能和离合器转矩控制匹配功能。电磁阀 N216 通过（换挡压力调节电磁阀 2）控制离合器减压阀（UV），来实现速比转换控制，完成升降挡功能。奥迪 01J 型无级变速器控制系统电路如图 5-162 所示。

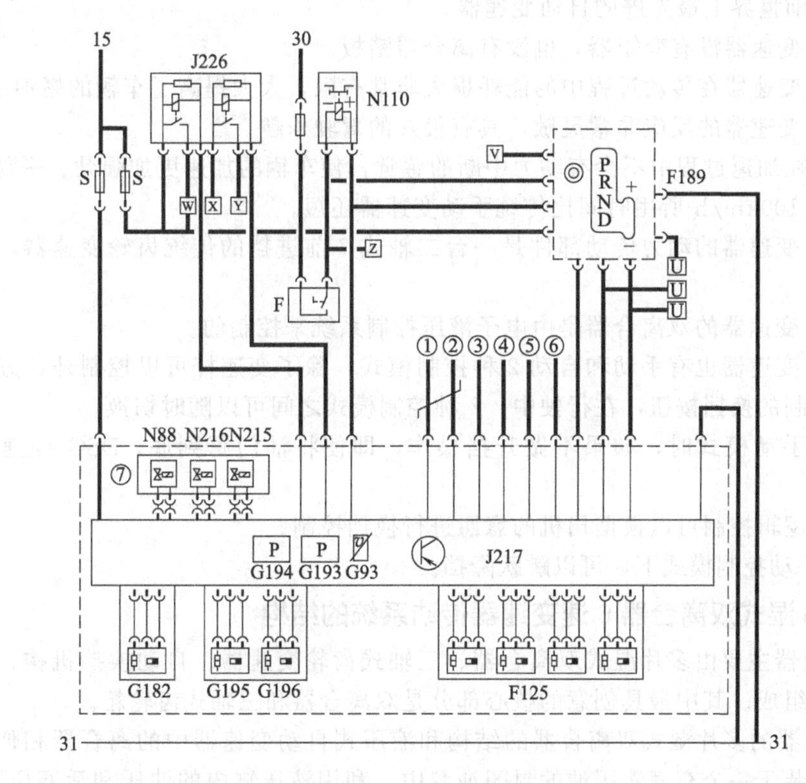

图 5-162　奥迪 01J 自动变速器电路图

F—制动灯开关；F125—多功能开关；F189— Tiptronic 开关；G93—变速器油温传感器；G182—变速器输入转速传感器；G193，G194—自动变速器油压传感器；J217—控制单元；G195，G196—变速器输出转速感器；N88—电磁阀；N110—换挡杆锁止电磁阀；N215，N216—自动变速器压力调节电磁阀；J226—启动锁止和倒车灯继电器；S—熔断器；U—到 Tiptronic 转向盘（选装）；V—来自接线柱 58d；W—倒车灯；X—来自点火开关接线柱 50；Y—到启动机接线柱 50；Z—到制动灯；1—传动系 CAN 总线，低位；2—传动系 CAN 总线，高位；3—换挡指示信号；4—车速信号；5—发动机转速信号；6—诊断插头；7—电磁阀

第十节　DSG 双离合器自动变速器

DSG（Direct Shift Gearbox）中文表面意思为“直接换挡变速器”，也称为双离合器变速器。DSG 有别于一般的自动变速系统，它是基于手动变速器而不是自动变速器，因此，它是 AMT（机械式自动变速器）的一员。以下对典型的 6 速 DSG 变速器的基本组成、结构、传动原理及电液操控系统进行分析。

奥迪汽车公司一直都是汽车变速器技术领域的先驱，1994 年的 Tiptronic 手/自动一体变速器和 1999 年的 Multitronic 无级变速器都是奥迪杰出的代表作，2003 年，奥迪公司将最新一代 DSG 变速器装在 3.2L 的奥迪 TT 和高尔夫 R32 上，开创了奥迪变速器技术的又一个新的里程碑。DSG 变速器的技术源于 1985 年奥迪赛车上的双离合器变速器，而新一代 DSG 变速器的性能更趋完美。

一、DSG 双离合器自动变速器的特点

新一代 DSG 变速器采用了 2 个离合器和 7 个前进挡的传统齿轮变速器作为动力的传动部件，这是目前世界上最先进的自动变速器。

(1) DSG 变速器没有变矩器，也没有离合器踏板。

(2) DSG 变速器在传动过程中的能耗损失非常有限，大大提高了车辆的燃油经济性。

(3) DSG 变速器的反应非常灵敏，具有很好的驾驶乐趣。

(4) 车辆在加速过程中不会有动力中断的感觉，使车辆的加速更加强劲、平稳。汽车从起步到加速到 100km/h 所用时间比传统手动变速器还短。

(5) DSG 变速器的动力传动部件是一台二轴式 7 前进挡的传统齿轮变速器，扩大了速比的变化范围。

(6) DSG 变速器的双离合器是由电子液压控制系统来控制的。

(7) DSG 变速器也有手动和自动 2 种控制模式，除了变速杆可以控制外，方向盘上还配备有手动控制的换挡按钮，在行驶中，2 种控制模式之间可以随时切换。

(8) 选用手动模式时，如果不做升挡操作，即使将油门踩到底，DSG 变速器也不会升挡。

(9) 换挡逻辑控制可以根据司机的意愿进行换挡控制。

(10) 在手动控制模式下，可以跳跃降挡。

二、DSG 湿式双离合器 6 速变速器传动系统的结构

DSG 变速器主要由多片湿式双离合器、三轴式齿轮变速器、自动换挡机构、电子液压换挡控制系统组成。其中最具创意的核心部分是双离合器和三轴式齿轮箱。

DSG 变速器的多片湿式双离合器的结构和液压式自动变速器中的离合器相似，湿式是指双离合器安装于一个充满液压油的封闭油腔中。利用液压缸内的油压和活塞压紧离合器，油压的建立是由 ECU 指令电磁阀来控制的，2 个离合器的工作状态是相反的，不会发生 2 个离合器同时接合的状态。

如图 5-163 所示，DSG 变速器有一个由实心轴及其空心轴组合而成的变速器双输入轴

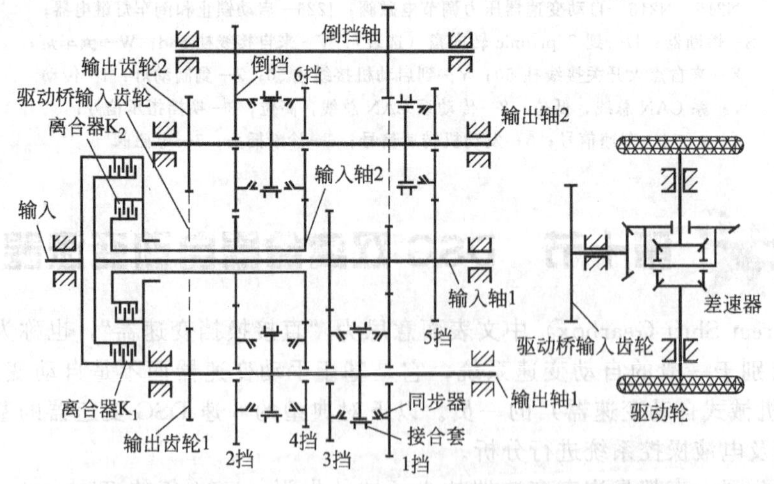

图 5-163　6 挡 DSG 双离合器变速器的传动结构简图

机构，两个离合器 K_1 与 K_2 分别连接输入轴 1 和输入轴 2，离合器 K_1 负责控制奇数 1、3、5 挡，离合器 K_2 负责控制偶数 2、4、6 及倒挡，相当于将两套变速系统合二为一。DSG 通过与变速箱控制模块和相连的电磁阀来调节控制双离合器的结合压力。发动机动力通过曲轴和一个双质量飞轮传递到双离合器。

DSG 变速器的挡位转换是由挡位选择器来操作的，挡位选择器实际上是个液压马达，推动拨叉就可以进入相应的挡位，由电子液压换挡控制系统来控制它们的工作。在电子液压换挡控制系统中有 6 个油压调节电磁阀，用来调节 2 个离合器和 4 个挡位选择器中的油压压力，还有 5 个开关电磁阀，分别控制挡位选择器和离合器的工作。

三、DSG 双离合器 6 速变速器的工作过程

DSG 双离合器变速系统所包含的智能电子液压换挡控制系统、双离合器、双动力输入轴和两个输出轴共同完成复杂的换挡操作。操控系统指挥换挡齿轮在比当前运行挡位高一级的挡位上“待命”，随时进入工作状态，以实现快速换挡。

DSG 变速器的工作过程比较特别，在 1 挡起步行驶时，动力传递路线如图 5-164 所示，离合器 K_1 接合，动力通过输入轴 1 传递到 1 挡齿轮，由换挡同步结合装置驱动输出轴 1，再经过驱动桥输入齿轮将动力输出到差速器，从而实现 1 挡传动。同时，活套在输出轴 2 上的 2 挡齿轮通过同步装置已与输出轴 1 相连接，做好传递动力的准备，由于离合器 K_2 是分离的，这条路线实际上还没有动力在传输，是预先选好挡位，为接下来的升挡做准备的。当到达最佳升挡点时，变速器退出 1 挡，进入 2 挡，同时 3 挡预先结合。

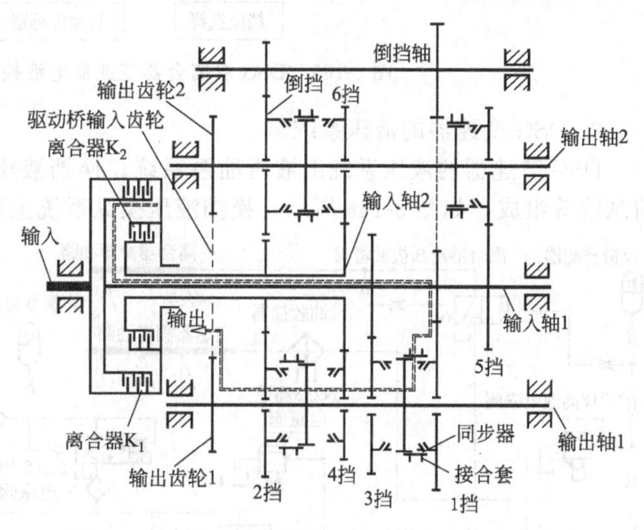

图 5-164　DSG 变速器在 1 挡时的动力传递路线图

DSG 变速器在降挡时，同样有 2 个挡位是结合的，如果 4 挡正在工作，则 3 挡作为预选挡位而结合。DSG 变速器的升挡或降挡是由 ECU 进行判断的，踩加速踏板时，ECU 判定为升挡过程，做好升挡准备；踩制动踏板时，ECU 判定为降挡过程，做好降挡准备。

四、DSG 双离合器自动变速器的电液操控系统

1. 电液操控系统的组成

DSG 变速器电液操控系统由电子控制单元（ECU）、电液控制单元和液压系统构成，是一个集机、电、液一体化的综合控制系统，图 5-165 是其组成框图。传感器主要有输出轴转速传感器、节气门位置传感器、发动机转速传感器及压力传感器等，执行器主要是电液控制单元中的电磁阀，干式离合器 K_1 与 K_2 分别由两个高速开关式电磁阀进行控制。液压系统主要由液压油泵、液压缸及换挡控制阀板等组成。

DSG 变速器的“智能”来自于 DSG 变速器的电子控制系统，它作为变速器的控制核心，操控着换挡过程。它利用各种传感器和控制开关将发动机及汽车在不同工况下的运行参数转变为电子信号，并通过控制线路传送给电子控制单元，再根据控制单元内设程序向各个执行元件电磁阀发出指令，以操纵阀板中各种控制阀的工作，实现对变速器的控制。DSG

变速器的电控系统指挥液压操纵装置控制两个离合器的接合与分离以及变速器换挡操纵，变速器自动换挡是通过液压操纵机械同步装置实现换挡。

同时，控制单元ECU依据传感器的信号数据，对离合器和液压系统液压油的工作压力等进行控制。为了保证换挡时拨叉到达指定位置，拨叉位置受到精确监控。换挡拨叉行程传感器把拨叉位置传给ECU。每一个行程传感器监控一个挡位的换挡拨叉位置，以正确识别所在挡位。

DSG变速器普遍采用电液操控锁环式同步器进行换挡操作。

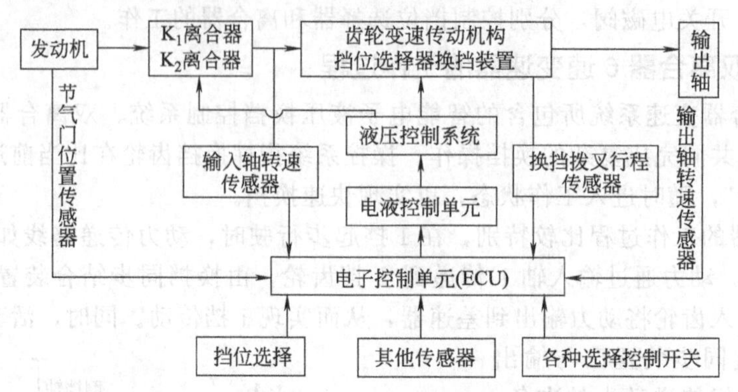

图 5-165　DSG双离合器变速器电液控制系统组成框图

2. DSG变速器的液压系统

DSG变速器的液压系统由液压油泵系统、换挡液压操纵系统和换挡执行机构及冷却滤清系统等组成，如图5-166所示。换挡液压操纵系统主要包括双离合器操纵装置和变速器齿

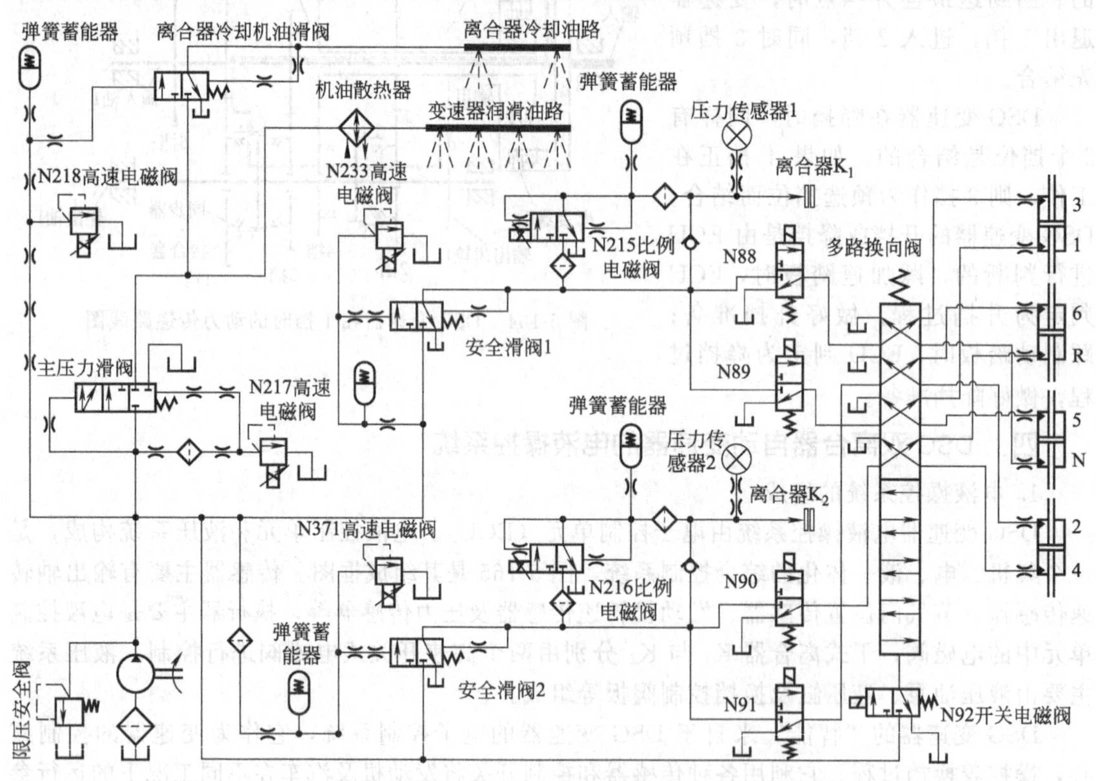

图 5-166　DSG双离合器变速器液压系统

1,3—1和3挡挡位选择器；2,4—2和4挡挡位选择器；5,N—5和N挡挡位选择器；6，R—6和R挡挡位选择器

轮换挡拨叉操纵机构两部分。液压系统主要由动力源部分和换挡阀系统构成。动力源部分主要包括油泵、主油压阀、安全缓冲系统和冷却系统等；换挡阀系统主要由多路换挡阀和挡位选择器等构成。

换挡液压操纵控制系统主要负责接受电控系统的控制指令，对离合器和变速器的换挡机构进行操纵。液压控制系统主要包括双离合器控制部分、换挡机构控制部分和冷却部分。

3. 主油压的建立与调节

DSG 变速器要想正常工作就必须有充足的 ATF 油供应，发动机曲轴带动泵轴驱动变速器的油泵，其提供的压力油是实现换挡操作的基础，ATF 油泵为液压操纵系统提供其所需要的油液及相应的换挡操纵油压，它还给齿轮变速器供应润滑油。

如图 5-167 所示，液压油从油泵输出后，即进入主油路系统。由于油泵是由发动机曲轴带动的，油泵的输出流量和压力均受发动机转速高低的影响，发动机转速变化很大，所以油泵输出的油压是波动变化的。为使液压操纵系统工作稳定可靠，必须将油泵输出的油压加以调节到规定值，形成稳定的系统主油压，即工作油压。液压操纵系统的主油压是由主油压电磁阀 N217 通过控制主油压阀实现调节和控制的。主油压阀将油液分为两个支路，一条支路使油液流向冷却器，油液冷却后流回油底壳并提供齿轮传动机构的循环润滑油液；另一条支路使油液流向离合器冷却滑阀。

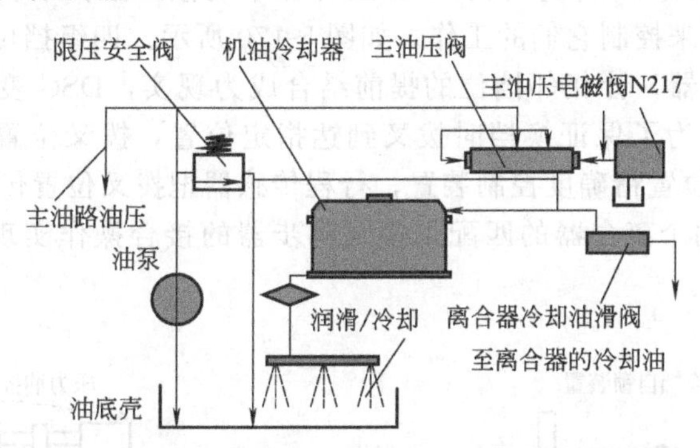

图 5-167 DSG 变速器的液压动力源及润滑冷却系统

4. 离合器 K_1 与 K_2 的离合操纵控制

在 DSG 中，双离合器控制部分是对离合器油缸充入和释放液压油来实现离合器的分离和接合的，离合器油缸通过高速电磁阀进行动作控制（参看图 5-166）。离合器的结合与分离由 ECU 系统根据车辆的工况按照一定的换挡控制规律计算得出。DSG 变速器通过两个离合器的匹配切换实现换挡动作，换挡迅速平稳，换挡时间可达到 0.03～0.05s，驾驶者不会有任何感觉。在换挡过程中，发动机输出动力始终不断地传递到车轮上，实现动力换挡，保证车辆具有良好的加速性能。

5. 自动换挡电液操控系统的结构与原理

如图 5-168 所示，自动换挡液压操纵系统主要由四个开关式换挡电磁阀、一个多路转换阀和多路转换电磁阀、四个挡位选择器及动力油液构成。开关式多路转换电磁阀操纵变速器的多路转换阀。多路转换阀有两个工作位置，即原始位置和第二工作位置，默认位置是原始位置。当该电磁阀未通电时，弹簧弹力将多路转换阀保持在原始位置，此时可以选择 1 挡、3 挡、6 挡和倒挡 R；当该电磁阀通电时，多路转换阀被油压驱动到第二工作位置，此时可以选择 2 挡、4 挡、5 挡和空挡 N。

开关电磁阀 N88、N89、N90 和 N91 均为换挡执行阀，这些阀通过多路转换器阀控制至所有换挡操纵机构的油压。未通电时电磁阀处于闭合位置，使得压力油无法到达换挡操纵机构处。电磁阀 N88 控制 1 挡和 5 挡的选挡油压；电磁阀 N89 控制 3 挡和空挡 N 的选挡油压；

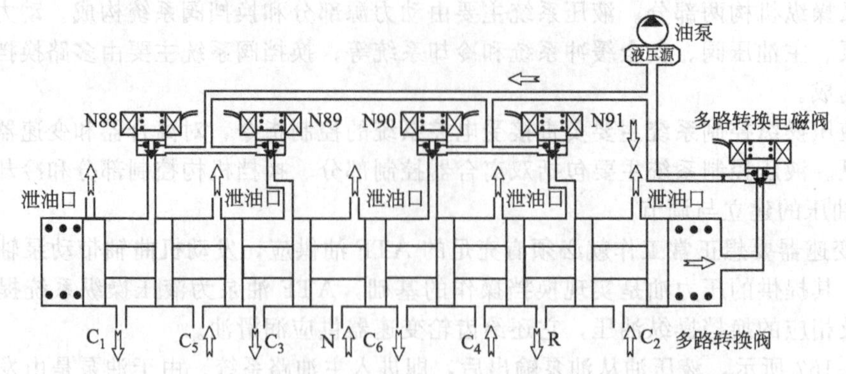

图 5-168　DSG 变速器的电液换挡控制系统组成及油路示意图

C_1、C_2、C_3、C_4、C_5 及 C_6 分别表示 1～6 挡控制油路

电磁阀 N90 控制 4 挡和 6 挡的选挡油压；电磁阀 N91 控制 2 挡和倒挡的选挡油压。通过控制多路转换电磁阀通电与否，同时控制 N88～N91 电磁阀，便形成了对各个挡位的控制。

在 DSG 中自动换挡执行机构是挡位选择器，挡位选择器由一个拨叉和两个油缸（见图 5-169）组成，每个挡位有一个同步器。挡位选择器中的液压缸推动拨叉就可以进入相应的挡位，由电液操控系统来控制它们的工作，如图 5-170 所示。四组挡位选择器可以独立控制四个拨叉及每一个同步器，让相邻挡位的提前结合成为现实，DSG 变速器的快速反应并不只是双离合器的功劳。为了保证换挡时拨叉到达指定位置，拨叉位置应受到精确控制。图 5-171 所示是换挡拨叉位置精确度控制装置，行程传感器把拨叉位置传给电脑确定拨位。

DSG 变速器通过两个离合器的匹配切换及同步器的接合操作实现换挡动作，换挡迅速平稳。

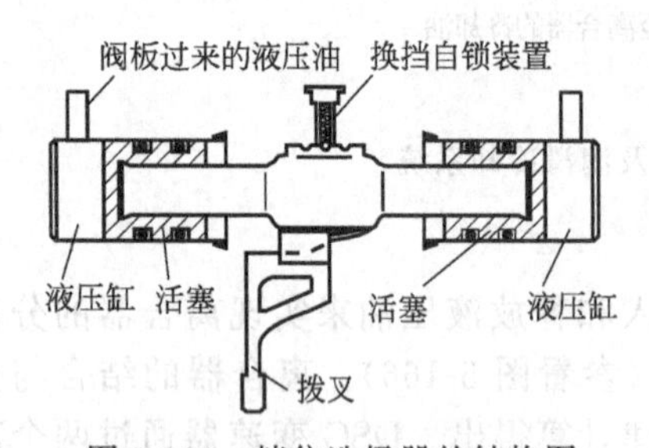

图 5-169　挡位选择器的结构图

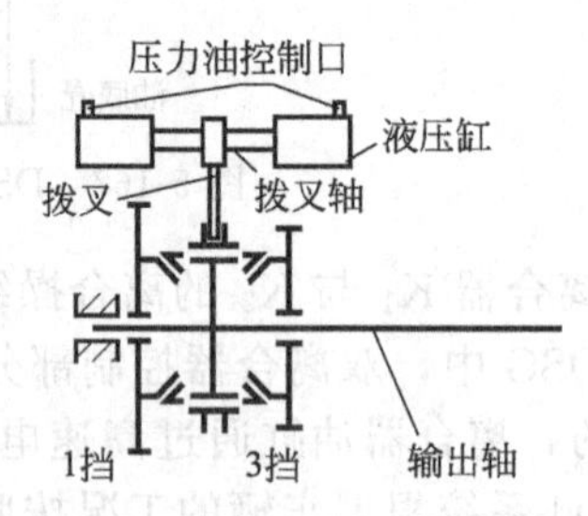

图 5-170　挡位选择器换挡装置工作原理图

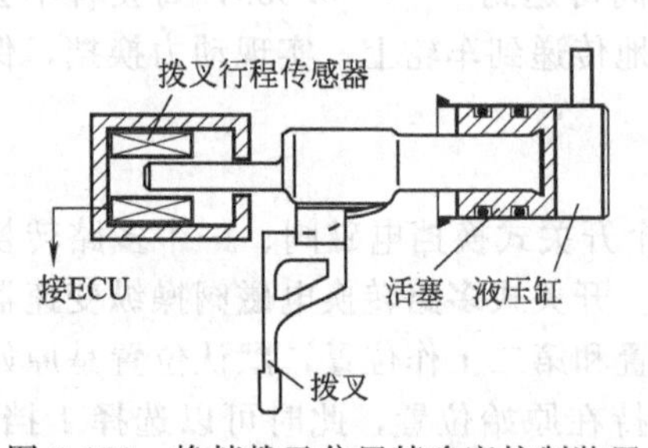

图 5-171　换挡拨叉位置精确度控制装置

6 速 DSG 变速器的电液操纵系统主要由换挡电磁阀、多路换挡阀、多路换挡电磁阀及换挡执行机构挡位选择器等构成，这种操纵系统简单、可靠、工作效率高，使换挡操作平稳迅捷。由多路换挡阀为核心的换挡电液操纵系统，与双离合器相配合可以保证一个挡位作为驱动挡时，相邻挡位可提前预选接入，使得换挡过程自然无缝对接。

和传统的液力自动变速器相比，DSG 自动变速器有着明显的区别，DSG 没有采用液力变矩器，自动换挡更灵活，车辆的行驶性能更加优异。而且也不是在传统概念的自动变速器基础上开发出来的，DSG 自动变速器开创了全新的技术。具有出色的加速性能和最高车速，与传统自动变速器一样可以实现顺畅换挡，不影响牵引力，可以说，DSG 变速器是目前世界上最先进的

变速系统之一。

思考与复习题

一、填空题

1. 电控自动变速器主要由（　　）、（　　）、（　　）、（　　）和电子控制系统五大部分组成。

2. 典型的液力变矩器是由（　　）、（　　）、（　　）组成。（　　）是液力变矩器的输入元件；（　　）是液力变矩器的输出元件。

3. 液力变矩器的失速状态是指（　　）。

4. 摩擦衬面表面上都带有油槽，其作用是：一是（　　）；二是（　　）。

5. 自动变速器中换挡执行机构主要由（　　）、（　　）和（　　）三种执行元件组成。

6. 在自动变速器中常用的制动器有（　　）和（　　）两种。

7. 单向离合器有（　　）和（　　）两种，其作用是（　　）。

8. 辛普森行星齿轮系统的结构特点是（　　）。

9. 自动变速器道路实验内容主要有：（　　）、（　　）及（　　）。

10. 大部分自动变速器N—D迟滞时间小于（　　），N—R迟滞时间小于（　　）。若N—D迟滞时间过长，说明（　　）或（　　）、（　　）。

11. 车速传感器主要有（　　）、（　　）、（　　）、（　　）四种类型。

12. 装有自动变速器的汽车升挡点和降挡点是不同的，在节气门开度不变的情况下，降挡车速（　　）升挡车速。

13. 自动变速器的升挡和降挡完全由（　　）和（　　）来控制的。

14. 行星轮与行星架之间的间隙，其标准间隙为（　　）。

15. 决定油泵使用性能的主要因素是油泵齿轮的工作间隙。主要包括：（　　）、（　　）、（　　）。

16. 电磁阀是电子控制系统的执行元件，按其作用可分为（　　）、（　　）和（　　）；按其工作方式可分为（　　）和（　　）。

17. 自动变速器油加少了，会造成离合器制动器工作时（　　）。

18. 汽车不能行驶，最常见的故障是（　　）打滑。

19. 轻度的换挡冲击通常是由于（　　）和（　　）间隙过大造成的。严重的换挡冲击通常是由于（　　）卡滞或控制阀中（　　）发生卡滞造成的。

20. 换挡杆位置不准确，通常是由于（　　）调整不当造成的。

21. 加速时打滑的原因是主油压（　　）或离合器、制动器间隙（　　）。

22. 主油压电磁阀泄油滤网如果被棉丝堵塞，会造成（　　）挡都有换挡冲击。

23. 离合器和制动器的摩擦片在装配前都必须用新的自动变速器油浸泡。旧的摩擦片要浸泡（　　）以上，新的摩擦片要浸泡（　　）以上。

24. 带含油层的摩擦片，印刷字模糊了，表明（　　）快磨完了，必须更换。

25. 离合器钢片中最厚的是压盘，装在离合器（　　），装配时（　　）朝里。

26. 自动变速器在实际维修中规定换油间隔里程为（　　）km，每隔（　　）km必须进行一次油液检查。

27. 液力变矩器锁止离合器的锁止电磁阀滤网堵塞，泄油量明显减少，液力变矩器就无法在制动效果出现前解除锁止，会导致（　　）。

二、判断题

1. 油面过高会影响执行元件的平顺分离和换挡稳定性。（　）

2. 对于空挡启动开关的检修只测电阻不测电压。(　　)

3. 若离合器的自由间隙不符合标准值时,可采用更换不同厚度挡圈的方法来调整。(　　)

4. 换挡阀也具有强制降挡功能。(　　)

5. 节气门开度不变时,汽车升挡和降挡时刻完全取决于车速。(　　)

6. 主油路油压必须定期检验,通常在自动变速器壳体上都有测压孔。(　　)

7. 当选挡杆置于前进挡位时,手控阀除了将主油路压力油直接送入前进离合器之外,还将主油路压力油送入各换挡阀。(　　)

8. 自动变速器中,所有的挡位都有发动机制动。(　　)

9. 泵轮与变矩器的壳体是刚性连接的。(　　)

10. 液力变矩器可以在一定范围内无级的改变转矩和传动比。(　　)

11. 为了保证片式制动器分离彻底,钢片和摩擦片之间的间隙大一些好。(　　)

12. 发动机不工作时,油泵不泵油,变速器内无控制油压。(　　)

13. 汽车在高速行驶的时候,可以降低主油路油压。(　　)

14. 在道路实验中,如无特殊需要,通常将超速挡开关置于"ON"位置(即超速挡指示灯熄灭)。(　　)

15. 液力变矩器的外壳是采用焊接式的整体结构,不可分解。(　　)

16. 离合器摩擦片上有数字记号的,记号磨掉后也必须更换。(　　)

17. 油泵通常安装在液力变矩器后,由飞轮通过液体变矩器壳直接驱动。(　　)

18. 液力变矩器工作时当涡轮转速由零逐渐增大时,增矩值随之逐渐减少。(　　)

19. 单排行星轮系中,当齿圈制动,太阳轮输入,行星架输出时为减速传动。(　　)

20. 只有当行星架制动时,太阳轮齿圈一个为输入一个为输出才会实现倒挡行使。(　　)

21. 装用自动变速器的汽车不能利用推车启动的方法使发动机运转。(　　)

22. 发动机不工作,油泵也不工作,无压力油输出。(　　)

23. 在升挡或降挡的瞬间,ECU通过油压电磁阀适当增大主油路油压,以减少换挡冲击。(　　)

24. 发动机的怠速不正常也会影响到自动变速器的工作。(　　)

25. 在失速实验过程中,从油门踏板踩下到松开的整个过程的时间越短越好。(　　)

26. 当车速低时,锁止离合器应处于分离状态。(　　)

27. 行星齿轮变速器中的所有齿轮都是处于常啮合状态。(　　)

28. 节气门开度越大,汽车升降挡的车速越高。(　　)

29. 发动机不工作时,油泵不泵油,但变速器内有控制油压。(　　)

三、选择题

1. 甲说:变矩器单向离合器打滑会造成汽车低速时加速不良。乙说:变矩器单向离合器卡滞会造成汽车中高速时加速不良。(　　)

A. 甲正确　　B. 乙正确　　C. 两人都正确　　D. 两人都不正确

2. 甲说:所有的离合器和制动器的工作状态都可以用失速的测试方法进行检查。乙说:高速挡离合器、制动器的工作状态不可以用失速的测试方法进行检查。(　　)

A. 甲正确　　B. 乙正确　　C. 两人都正确　　D. 两人都不正确

3. 甲说:汽车低速时车速上不去,中高速时一切正常是变矩器单向离合器坏了。乙说:汽车低速时加速良好,中高速时车速上不去,也可能是变矩器内单向离合器损坏。(　　)

A. 甲正确　　B. 乙正确　　C. 两人都正确　　D. 两人都不正确

4. 甲说：R位失速转速过高，而在任意2个前进挡位上作失速试验，失速转速都正常。说明低挡、倒挡制动器打滑了。乙说：只要是R位失速转速高就是低挡、倒挡制动器打滑。(　　)

A. 甲正确　B. 乙正确　C. 两人都正确　D. 两人都不正确

5. 甲说：涡轮轴是变速器输入轴。乙说：涡轮轴是油泵驱动轴。(　　)

A. 甲正确　B. 乙正确　C. 两人都正确　D. 两人都不正确

6. 甲说：D位上失速转速高，1位和2位失速转速正常，说明前驱的低挡离合器或后驱的前进挡离合器打滑。乙说：D位失速转速高不排除低挡单向离合器打滑的可能性。(　　)

A. 甲正确　B. 乙正确　C. 两人都正确　D. 两人都不正确

7. 甲说：所有的汽车都可以作失速试验。乙说：车况极差、过于陈旧的汽车不易作失速试验。(　　)

A. 甲正确　B. 乙正确　C. 两人都正确　D. 两人都不正确

8. 甲说：变矩器故障只会引起汽车低速时加速不良。乙说：变矩器不能进入锁止工况或支承导轮的单向离合器打滑都会造成汽车中高速时加速不良，车速会上不去。(　　)

A. 甲正确　B. 乙正确　C. 两人都正确　D. 两人都不正确

9. 甲说：油泵被变矩器驱动毂驱动。乙说：油泵被变矩器导轮间接驱动。(　　)

A. 甲正确　B. 乙正确　C. 两人都正确　D. 两人都不正确

10. 甲说：泵轮是被变矩器壳驱动，油泵是被变矩器驱动毂驱动，所以它们都是和曲轴同步运转。乙说：泵轮是用花键连接在变速器输入轴上，而被涡轮抛出的液流驱动。(　　)

A. 甲正确　B. 乙正确　C. 两人都正确　D. 两人都不正确

11. 甲说：自动变速器油加少了，空气会侵入油道。乙说：油加多了，空气也会侵入油道。(　　)

A. 甲正确　B. 乙正确　C. 两人都正确　D. 两人都不正确

12. 甲说：简单的单向阀可以关闭油液通路。乙说：单向阀只允许油液向一个方向流动。(　　)

A. 甲正确　B. 乙正确　C. 两人都正确　D. 两人都不正确

13. 甲说：哪个换挡阀发生卡滞就没有哪个挡。如2～3换挡阀卡滞，就没有三挡。乙：换挡阀卡滞的位置不同，造成的故障也不相同。(　　)

A. 甲正确　B. 乙正确　C. 两人都正确　D. 两人都不正确

14. 甲说：行星齿轮机构磨损会造成换挡延迟。乙说：液压系统的泄漏或阀体内滑阀粘着会造成换挡延迟或打滑。(　　)

A. 甲正确　B. 乙正确　C. 两人都正确　D. 两人都不正确

15. 甲说：单向离合器打滑会造成丢挡。乙说：单向离合器卡滞会造成烧蚀。(　　)

A. 甲正确　B. 乙正确　C. 两人都正确　D. 两人都不正确

16. 甲说：离合器回位弹簧大多是由一圈小螺旋弹簧组成，也有的使用1个大的螺旋弹簧。乙说：离合器活塞回位弹簧也有膜片式和波浪形的。(　　)

A. 甲正确　B. 乙正确　C. 两人都正确　D. 两人都不正确

17. 甲说：时间滞后试验时滞后时间越短越好。乙说：D位上滞后时间不应超过1.2s，R位上滞后时间不应超过1.5s。(　　)

A. 甲正确　B. 乙正确　C. 两人都正确　D. 两人都不正确

18. 甲说：离合器、制动器摩擦衬片的磨损极限，主要是看含油层是否完好，油槽是否磨平，表面是否烧蚀或剥落。乙说：摩擦片使用极限是片厚的1/2。(　　)

A. 甲正确　B. 乙正确　C. 两人都正确　D. 两人都不正确

19. 甲说：发动机冷却液温度传感器和自动变速器油温度传感器其电阻值随温度变化而变化。乙说：温度传感器是温度升高电阻值降低。(　　)

A. 甲正确　　B. 乙正确　　C. 两人都正确　　D. 两人都不正确

20. 甲说：电磁阀按作用不同分为换挡电磁阀、锁止电磁阀和调压电磁阀。乙说：电磁阀按接通负极前是否保持油路畅通分为常开式和常关式两种。(　　)

A. 甲正确　　B. 乙正确　　C. 两人都正确　　D. 两人都不正确

21. 甲说：只要太阳轮主动就是低速挡。乙说：只要将行星架固定就形成倒转。(　　)

A. 甲正确　　B. 乙正确　　C. 两人都正确　　D. 两人都不正确

22. 拉威娜式行星齿轮机构特点讨论时，甲说：两组行星轮和两个太阳轮共用1个齿圈为拉威娜结构。乙说：拉威娜结构中的小太阳轮为前进时用，大太阳轮为倒车时用。(　　)

A. 甲正确　　B. 乙正确　　C. 两人都正确　　D. 两人都不正确

23. 在讨论行星齿轮易发生的故障时，甲说：太阳轮和齿圈一般不易损坏，而行星轮寿命则相对短些。乙说：行星轮容易发生的故障主要表现在两个方面：行星轮和架因超载出现边黑；行星轮和架工作间隙过大。(　　)

A. 甲正确　　B. 乙正确　　C. 两人都正确　　D. 两人都不正确

24. 在讨论行星齿轮机构的换挡规律时，甲说：只要行星架为主动，肯定就是超速挡。乙说：只要太阳轮从动就是低速挡。(　　)

A. 甲正确　　B. 乙正确　　C. 两人都正确　　D. 两人都不正确

25. 汽车不能行驶，最常见的故障是，甲说：是换挡阀卡滞。乙说：是超速挡离合器打滑。(　　)

A. 甲正确　　B. 乙正确　　C. 两人都正确　　D. 两人都不正确

26. 所有的挡升挡都被推迟。甲说：是换挡拉索调整不当造成的。乙说：通常是由于前进挡离合器或低挡离合器打滑造成的。(　　)

A. 甲正确　　B. 乙正确　　C. 两人都正确　　D. 两人都不正确

27. 讨论离合器和片式制动器装配技巧时，甲说：必须把主动片所有内齿的缺口全部对正。乙说：在大多数情况下不用浪费时间去将主动片上的缺口对正。(　　)

A. 甲正确　　B. 乙正确　　C. 两人都正确　　D. 两人都不正确

28. 在讨论单向离合器装错方向的危害时，甲说：从理论上讲变速器轴将锁住不转。乙说：有时单向离合器上所有的滚柱会像小炮弹一样飞出。(　　)

A. 甲正确　　B. 乙正确　　C. 两人都正确　　D. 两人都不正确

29. 在讨论油泵的拆卸时，甲说：某些变速器拆下变矩器壳后，用手可直接将油泵拔出。乙说：必须用两根螺栓将油泵顶出。(　　)

A. 甲正确　　B. 乙正确　　C. 两人都正确　　D. 两人都不正确

四、简答题

1. 自动变速器电子控制系统由哪几部分组成？
2. 自动变速器液压控制系统由哪些部分组成？
3. 自动变速器主油路调压阀起什么作用？
4. 自动变速器电子控制系统的输入装置包括哪些？
5. 何为失速转速？失速试验的目的是什么？并详述做失速试验的准备及步骤。
6. 何为自动变速器的时滞试验？时滞试验的目的是什么？
7. 自动变速器的基本检查都包括哪些项目？
8. 简述自动变速器按期换油的重要性。
9. 简述自动变速器油液面高度标准。

10. 从自动变速器油颜色变化分析自动变速器油质量发生了什么变化？
11. 汽车在前进挡能正常行使，但在倒挡时不能行使，分析其故障原因。
12. 自动变速器道路试验主要包括哪些实验项目？
13. 多片离合器及制动器为什么要设置自由间隙？自由间隙不正确会造成什么后果。
14. 如何进行锁止离合器工作状况的检查？
15. 如何进行发动机制动作用的检查？
16. 如何读取与清除丰田汽车自动变速器的故障码？
17. 如何进行汽车不能行驶故障诊断？
18. 试分析 A341E 自动变速器各挡动力传递路线。
19. 试分析 01N 自动变速器各挡动力传递路线。
20. 怎样利用故障诊断仪 VAG1551 对 01N 自动变速器进行检测？
21. 简述无级变速的基本原理。
22. 简述双离合器直接换挡自动变速器（DSG）的基本原理。

第六章　汽车电控动力转向系统和四轮转向系统与检修

第一节　认识汽车电控动力转向系统

自1953年通用汽车公司在凯迪拉克和别克轿车上首次批量使用液压动力转向系统以来，液压动力转向系统给汽车的发展带来了巨大的变化，使驾驶员的转向操纵力大大降低，转向的灵敏性得到了提高。随着生产技术的发展，动力转向系统在体积、价格和所消耗的功率等方面都取得了惊人的进步。在20世纪80年代后期，又开发了变减速比、液压式电控动力转向系统。但是动力转向系统的技术革新都是基于液压动力转向系统的，无法消除液压动力转向系统在布置、安装、密封性、操纵灵敏度、能量消耗、磨损与噪声等方面的缺陷。1988年日本铃木公司首次开发出一种全新的电动式电控动力转向系统，摆脱了液压动力转向系统的束缚。此后，电动动力转向技术得到迅速发展，其应用范围已经从微型轿车向大型轿车和客车方向发展。电动式电控动力转向的助力形式也从低速范围助力型向全速范围助力型发展，并且其控制形式与功能也进一步加强。

普通动力转向系统的助力特性是不变的，且与车速无关，这会导致停车及低速时，转向盘操纵沉重，中速时较轻快，当车速增高时更加轻快。如果考虑停车及低速时的轻便性，则使高速时操纵力过小，路感下降，易出现转向过度。反之会使停车及低速时操纵力过大，转向沉重，效率下降。为了实现在各种行驶条件下转向盘上所需要的力都是最佳值，满足人们对驾驶轻便性的要求，必须采用更先进的电控动力转向系统。这也符合当前电控技术与汽车技术相结合的趋势。

为了使动力转向系统根据车速、转向情况等对转向助力实施控制，使动力转向系统在不同的行驶条件下都有最佳的放大倍率，采用了电子控制，也称为电控动力转向系统（Electrical Power steering，EPS）。EPS在车速较低时有较大的放大倍率，可以减轻转向操纵力，使转向轻便、灵活；在车速较高时则适当减小放大倍率，适当加大转向力，以稳定转向手感，提高高速行驶的操纵稳定性。

发动机前置及前轮驱动式轿车其前轴负荷的增加使得转向轻便性也成为受到普遍关注的问题，由于EPS不仅能很好地解决转向轻便与转向灵活的矛盾，还能提高行驶安全性和舒适性，因此，在轿车上使用电控动力转向系统已较多。

EPS根据转向动力源不同可分为液压式EPS和电动式EPS。

第二节　液压式电控动力转向系统

液压式电控动力转向系统是在传统的液压动力转向系统的基础上增设了控制液体流量的电磁阀、各种传感器和电子控制单元等形成的。

根据控制方式的不同，液压式EPS又可分为流量控制式EPS、反力控制式EPS和阀灵敏度控制式EPS三种形式。

一、流量控制式 EPS

图 6-1 为日产蓝鸟轿车上使用的流量控制式动力转向系统。它是在一般液压动力转向系统上增加了旁通流量控制阀、车速传感器、转向角速度传感器、电子控制单元和控制开关等构成的。在转向油泵与转向机体之间设有旁通管路，在旁通管路中又设有旁通油量控制阀。根据车速传感器、转向角速度传感器和控制开关等信号，电子控制单元向旁通流量控制阀按照汽车的行驶状态发出控制信号，控制旁通流量，从而调整向转向器供油的流量，如图 6-2 所示。

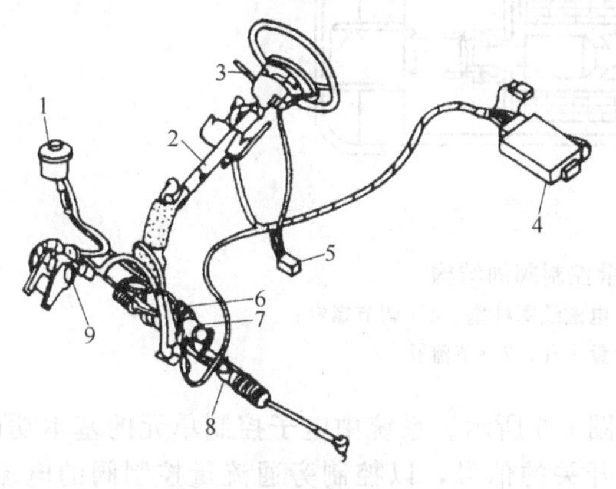

图 6-1　蓝鸟轿车 EPS

1—机油箱；2—转向管柱；3—转向角速度传感器；4—电子控制单元；5—转向角速度传感器增幅器；6—旁通流量控制阀；7—电磁线圈；8—齿轮齿条转向器；9—机油泵

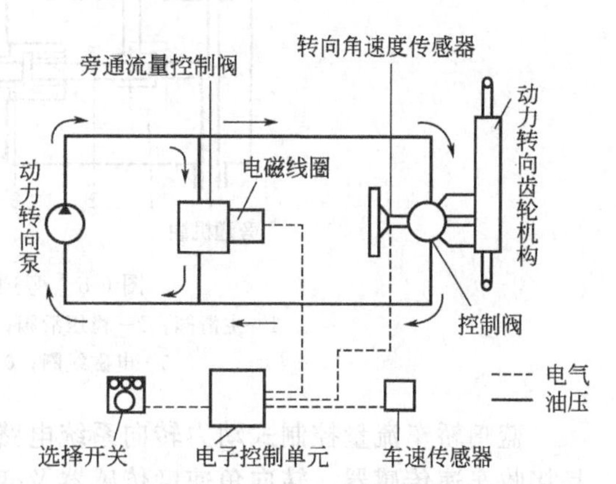

图 6-2　蓝鸟轿车 EPS 构成

当向转向器供油流量减少时，动力转向控制阀灵敏度下降，转向助力作用降低，转向力增加。在这一系统中，利用仪表板上的转换开关，驾驶员可以选择三种适应不同行驶条件的转向力特性曲线，如图 6-3 所示。另外，电子控制单元还可根据转向角速度传感器输出信号的大小，在汽车急转弯时，按照图 6-4 所示的转向力特性实施最优控制。

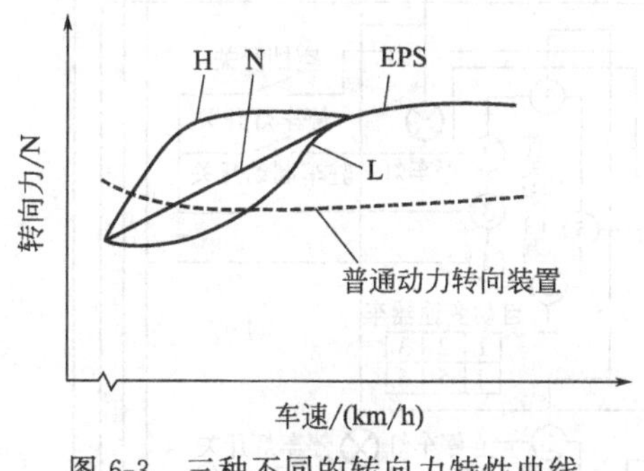

图 6-3　三种不同的转向力特性曲线

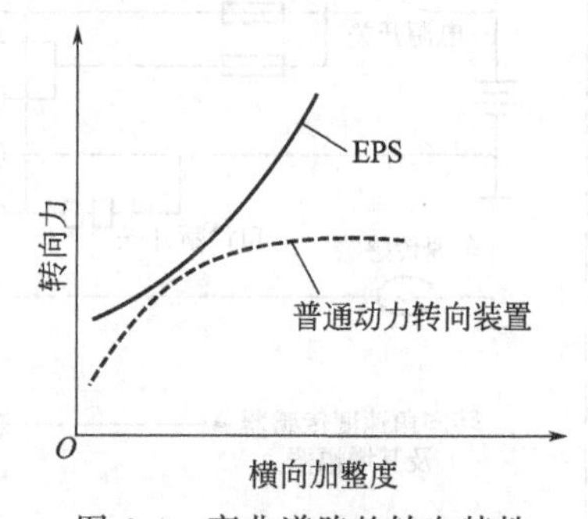

图 6-4　弯曲道路的转向特性

图 6-5 为该系统旁通流量控制阀的结构示意图。在阀体内装有主滑阀 1 和稳压滑阀 2，在主滑阀的右端与电磁线圈柱塞 3 连接，主滑阀与电磁线圈的推力成正比移动，从而改变主滑阀左端流量主孔 6 的开口面积。调整调节螺钉 4 可以调节旁通流量的大小。稳压滑阀的作用是保持流量主孔前后压差的稳定，以使旁通流量与流量主孔的开口面积成正比。当因转向负荷变化而使流量主孔前后压差偏离设定值时，稳压滑阀阀芯将在其左侧弹簧张力和右侧高压油压力的作用下发生滑移。如果压差大于设定值，则阀芯左移，使节流孔开口面积减小，流入阀内的机油量减少，前后压差减小；如果压差小于设定值，则阀芯右移，使节流孔开口

面积增大，流入阀内的机油量增多，前后压差增大即流量主孔前后压差的稳定，保证了旁通流量的大小只与主滑阀控制的流量主孔的开口面积有关。

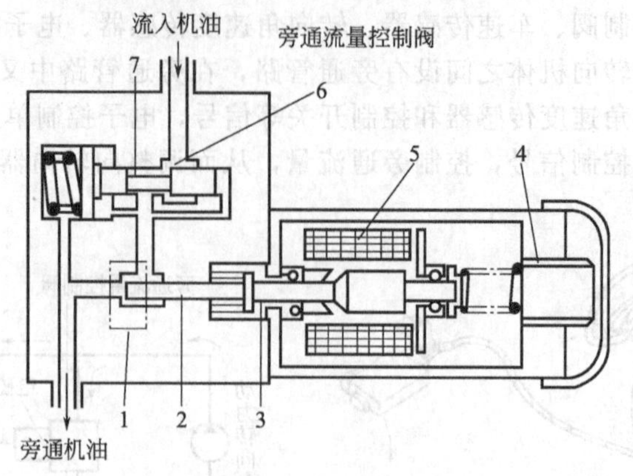

图 6-5 旁通流量控制阀的结构

1—主滑阀；2—稳压滑阀；3—电磁线圈柱塞；4—调节螺钉；5—电磁线圈；6—流量主孔；7—节流孔

蓝鸟轿车流量控制式动力转向系统电路如图 6-6 所示。系统中电子控制单元的基本功能是接收车速传感器、转向角速度传感器及变换开关的信号，以控制旁通流量控制阀的电流，并具有故障自诊断功能。流量控制式 EPS 是一种通过车速传感信号调节向动力转向装置供应压力油，改变压力油的输入、输出流量，以控制转向力的方法。这种方法的优点是在原来液压动力转向功能上再增加压力油流量控制功能，所以结构简单，成本较低。但是，当流向动力转向机构的压力油降低到极限值时，对于快速转向会产生压力不足、响应较慢等缺点，故使它的推广应用受到限制。

当控制单元、传感器、开关等电气系统发生故障时，安全保险装置能够确保与一般动力

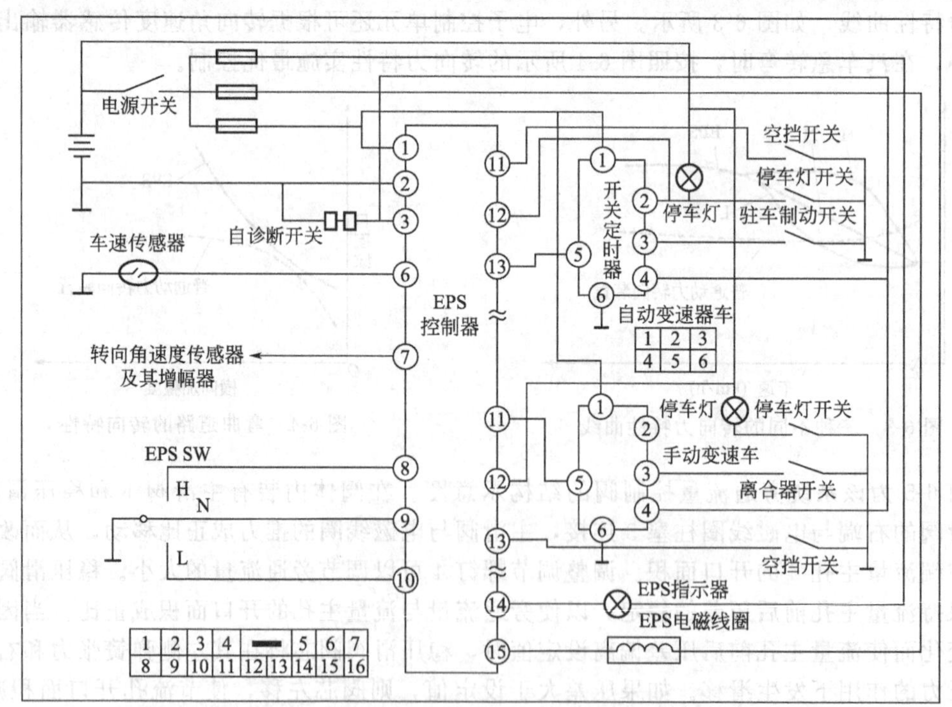

图 6-6 蓝鸟轿车流量控制式动力转向系统电路

转向装置的功能相同。

二、反力控制式 EPS

1. 系统组成及工作原理

反力控制式动力转向系统主要由转向控制阀、分流阀、电磁阀、转向动力缸、转向油泵、储油箱、车速传感器及电子控制单元等组成，如图 6-7 所示。

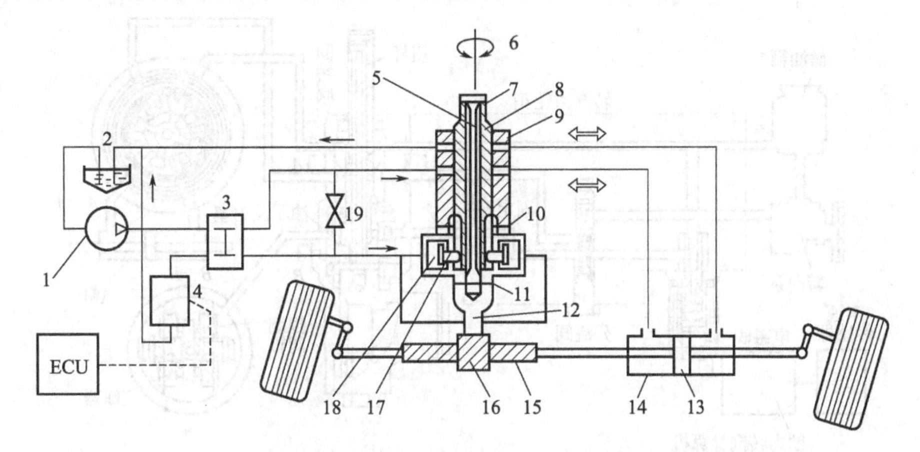

图 6-7 典型反作用力控制式 EPS 系统

1—转向油泵；2—储油罐；3—分流阀；4—电磁阀；5—扭力杆；6—转向盘；7,10,11—销；8—转向阀杆；9—控制阀阀体；12—小齿轮轴；13—活塞；14—转向动力缸；15—齿条；16—小齿轮；17—柱塞；18—油泵反力室；19—阻尼孔

转向控制阀是在传统的整体转阀式动力转向控制阀的基础上增设了油压反力室而构成的，如图 6-8 所示。扭力杆的上端通过销子与转阀阀杆相连，下端与小齿轮轴用销子连接。小齿轮轴的上端部通过销子与控制阀阀体相连。转向时，转向盘上的转向力通过扭力杆传递给小齿轮轴。当转向力增大，扭力杆发生扭转变形时，控制阀体和转阀阀杆之间将发生相对转动，于是就改变了阀体和阀杆之间油道的通、断关系和工作油液的流动方向，从而实现转向助力作用。

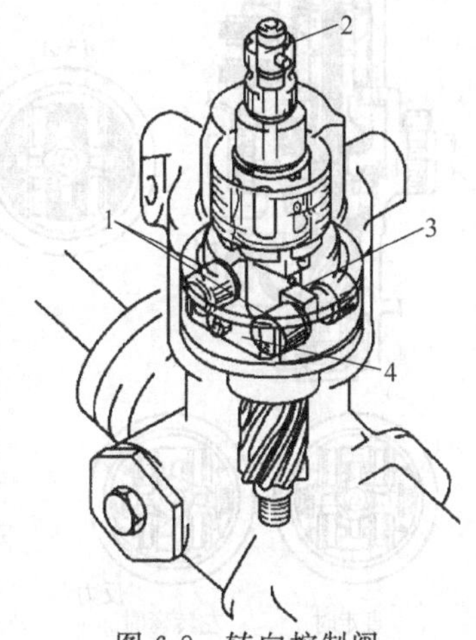

图 6-8 转向控制阀

1—柱塞；2—扭杆；3—凸起；4—油压反力室

分流阀的作用是把来自转向油泵的液压油向控制阀一侧和电磁阀一侧进行分流。它可按照车速和转向要求，改变控制阀一侧与电磁阀一侧的油压，确保电磁阀一侧具有稳定的液压油流量。固定小孔的作用是把供给转向控制阀的一部分流量分配到油压反力室一侧。

电磁阀的作用是根据需要使油压反力室一侧的液压油流回储油箱。

电子控制单元（ECU）根据车速的高低线性控制电磁阀的开口面积。当车辆停驶或速度较低时，ECU 使电磁线圈的通电电流增大，电磁阀开口面积增大，经分流阀分流的液压油，通过电磁阀重新回流到储油箱中，所以作用于柱塞的背压（油压反力室压力）降低。于是柱塞推动控制阀转阀阀杆的力（反力）较小，因此只需要较小的转向力就可使扭力杆扭转变形，使阀体与阀杆发生相对转动而实现转向助力作用。当车辆在中高速区域转向时，ECU 使电磁线圈的通电电流减小，电磁阀开口面积减小，所以油压反力室的油压升高，作用于柱塞的背压增大。于是柱塞推动转阀阀杆的力增大，此时需要较大的转向力才能使阀体与阀杆之间作相对转动（相当于增加了扭力杆的扭转刚度），而实现转向助力作用。所以在中高速时可使驾驶员获得良好的转向手感和转向特性。

2. 反力控制式动力转向系统实例

丰田汽车公司的“马克Ⅱ”型车采用了反力控制式动力转向系统，其结构如图 6-9 所示。其转向控制阀（增设了反力油压控制阀和油压反力室）的结构如图 6-10 所示。

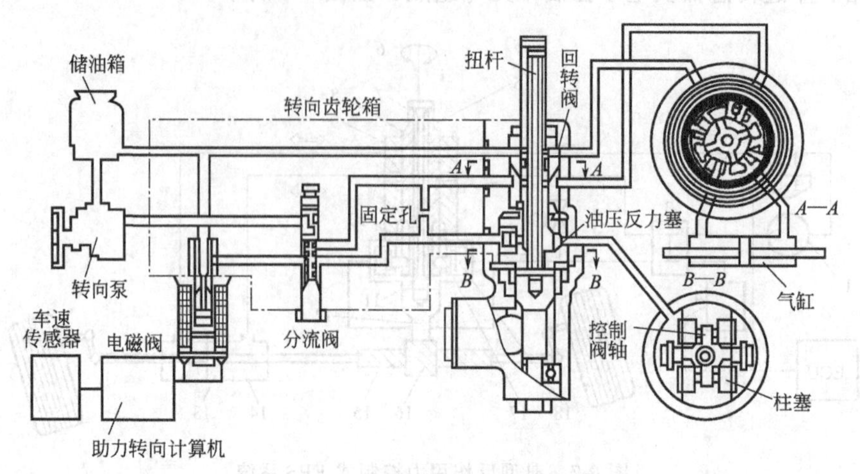

图 6-9　马克Ⅱ型 EPS 结构

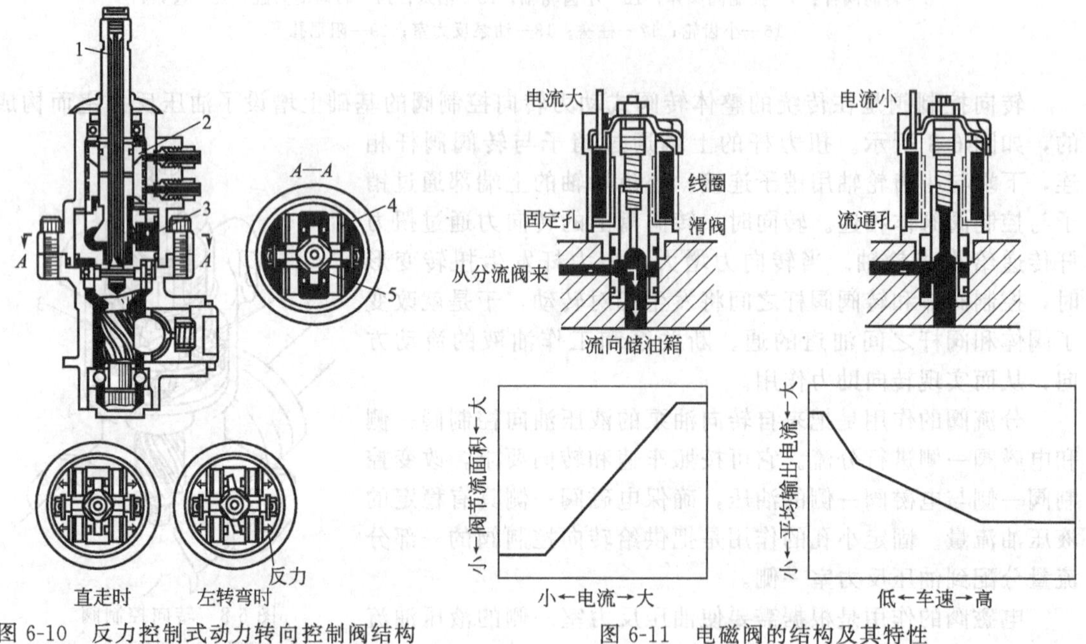

图 6-10　反力控制式动力转向控制阀结构

1—扭杆；2—回转阀；3—油压反力室；4—柱塞；5—控制阀轴

图 6-11　电磁阀的结构及其特性

图 6-11 为电磁阀的结构及其特性。输入到电磁阀中的信号是通、断脉冲信号，改变信号占空比（信号导通时间所占的比例）就可以控制流过电磁阀线圈平均电流值的大小。当车速升高时，受输出电流特性的限制，输入到电磁阀线圈的平均电流值减小，所以电磁阀的开度也小。这样，根据车速的高低就可以调整油压室反力，从而得到最佳的转向操纵，图 6-12 所示为流量控制式动力转向系统与反力控制式动力转向系统转向特性的对比，从中可以看出，

反力控制式动力转向系统的转向还是比较理想的。停车摆放及车辆低速时的转向操纵力比较小，而中、高速时又具有转向力手感适宜的特性。

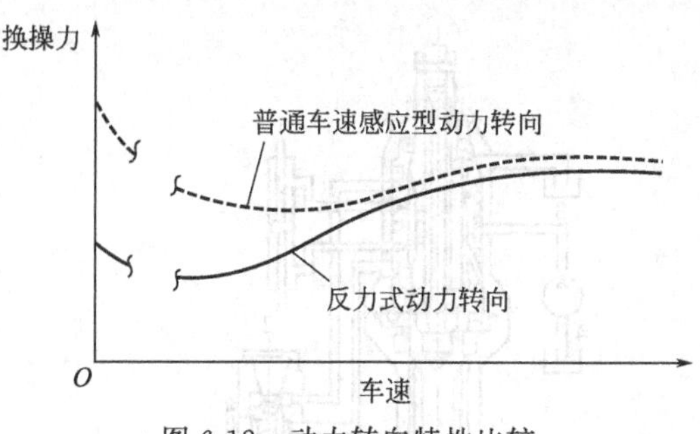

图 6-12　动力转向特性比较

反力控制式动力转向系统是一种根据车速大小，控制反力室油压，从而改变输入、输出增益幅度以控制转向力的方法。其优点表现在，具有较大的选择转向力的自由度，转向刚度大，驾驶员能确实感受到路面情况，可以获得稳定的操作手感等。其缺点是结构复杂，且价格较高。

三、阀灵敏度控制式 EPS

阀灵敏度控制式 EPS 是根据车速控制电磁阀，直接改变动力转向控制阀的油压增益（阀）灵敏度来控制油压的。这种转向系统结构简单、阀部件少、价格便宜，而且具有较大的选择转向力的自由度，与反力控制式转向相比，转向刚性差，但可以最大限度地提高原来的弹性刚度来加以克服，从而可以获得自然的转向手感和良好的转向特性。图 6-13 所示为地平线牌轿车所采用的阀灵敏度控制式动力转向系统。该系统对转向控制阀的转子阀作了局部改进，并增加了电磁阀、车速传感器和电子控制单元等。

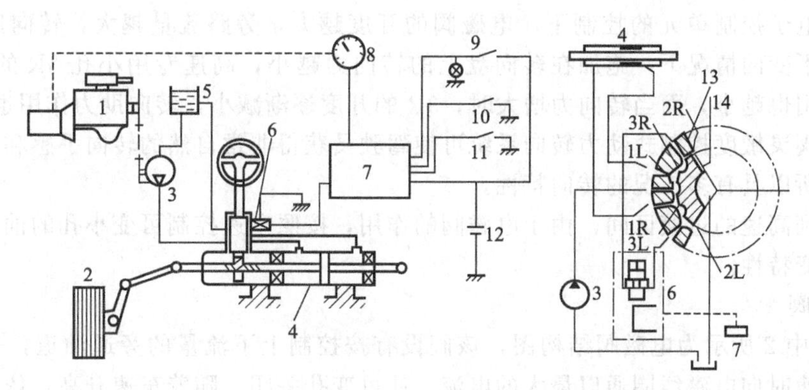

图 6-13　典型阀灵敏度控制式 EPS 系统

1—发动机；2—前轮；3—转向油泵；4—转向动力缸；5—储油箱；6—电磁阀；7—EPS-ECU；8—车速传感器；9—车灯开关；10，11—挡位开关；12—蓄电池；13—外体；14—内体

1. 转子阀

转子阀一般在圆周上形成 6 条或 8 条沟槽，各沟槽利用阀部外体，与泵、动力缸、电磁阀及油箱连接。图 6-14 所示为实际的转子阀结构剖面图，图 6-15 所示为阀部的等效液压回路图。转子阀的可变小孔分为低速专用小孔（1R，1L，2R，2L）和高速专用小孔（3R，3L）两种，在高速专用小孔的下边设有旁通电磁阀回路。其工作过程如下：

当车辆停止时，电磁阀完全关闭，如果此时向右转动转向盘，则高灵敏度低速专用小孔 IR 及 2R 在较小的转向扭矩作用下即可关闭，转向油泵的高压油液经 1L 流向转向动力缸右腔室，其左腔室的油液经 3L、2L 流回储油箱。所以此时具有轻便的转向特性。而且施加在转向盘上的转向力矩越大，可变小孔 1L、2L 的开口面积越大，节流作用越小，转向助力作

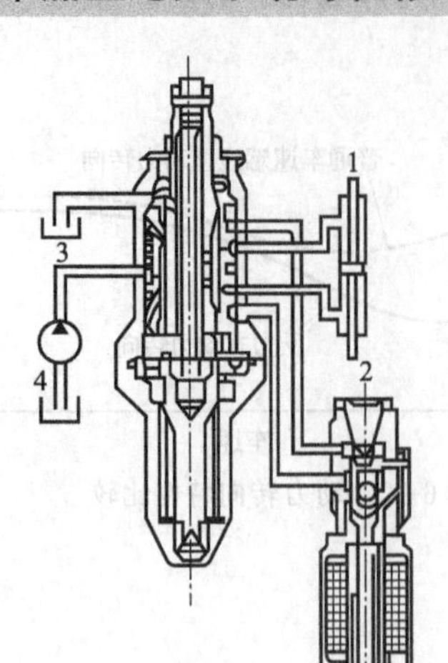

图 6-14　转子阀结构剖面图

1—动力缸；2—电磁阀；3—油箱；4—泵

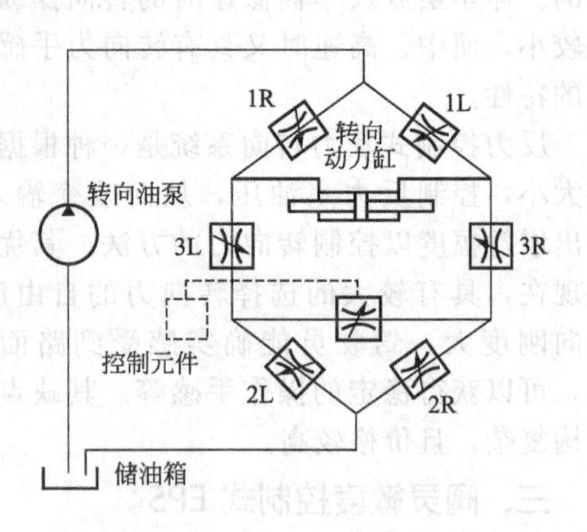

图 6-15　控制阀的等效液压回路

用越明显。

随着车辆行驶速度的提高，在电子控制单元的作用下，电磁阀的开度也线性增加，如果向右转动转向盘，则转向油泵的高压油液经 1L、3R 旁通电磁阀流回储油箱。此时，转向动力缸右腔室的转向助力油压就取决于旁通电磁阀和灵敏度低的高速专用小孔 3R 的开度。车速越高，在电子控制单元的控制下，电磁阀的开度越大，旁路流量越大，转向助力作用越小；在车速不变的情况下，施加在转向盘上的转向力越小，高速专用小孔 3R 的开度越大，转向助力作用也越小，而当转向力增大时，3R 的开度逐渐减小，转向助力作用也随之增大。由此可见，阀灵敏度控制式动力转向系统可使驾驶员获得非常自然的转向手感和良好的速度转向特性。所以具有多工况的转向特性。

从低速到高速的过渡区间，由于电磁阀的作用，按照车速控制可变小孔的油量，因而可以按顺序改变特性。

2. 电磁阀

图 6-14 中 2 所示为电磁阀结构图，该阀设有按控制上下流量的旁通油道，是可变的节流阀。在低速时向电磁线圈通以最大的电流，使可变孔关闭，随着车速升高，依次减小通电电流，可变孔开启；在高速时开启面积达到最大值。该阀在左右转向时，油液流动的方向可

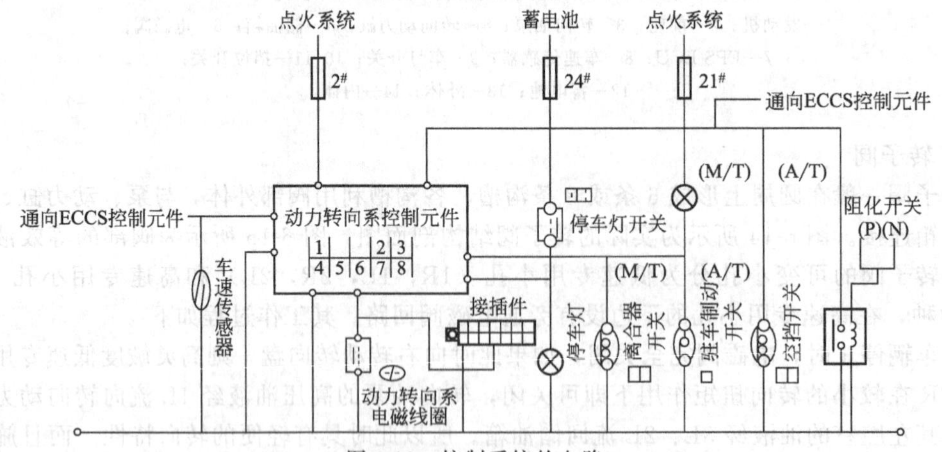

图 6-16　控制系统的电路

以逆转，所以在上下流动方向中，可变孔必须具有相同的特性。为了确保高压时流体有效作用于阀，必须提供稳定的油压控制。

3. 电子控制单元

电子控制单元接受来自车速传感器的信号，控制向电磁阀和电磁线圈输出电流。控制系统的电路如图 6-16 所示。

第三节　电动式电控动力转向系统

一、电动式 EPS 系统的组成

电动式 EPS 系统通常由转矩传感器、车速传感器、电子控制单元 ECU、电动机、电磁离合器和减速机构等组成。电动式 EPS 系统的组成如图 6-17 所示，该系统各部件在车上的布置如图 6-18 所示。

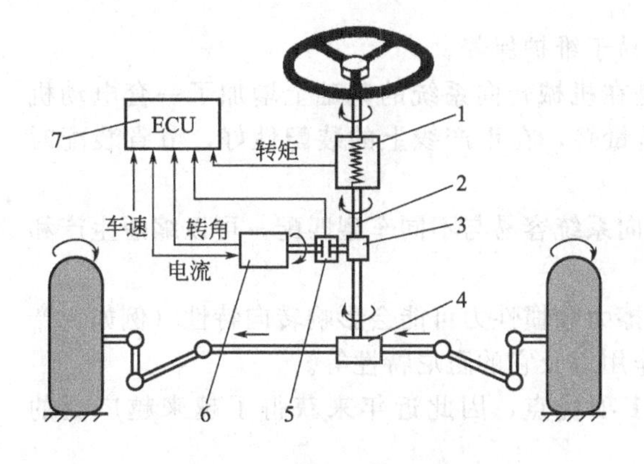

图 6-17　电动式 EPS 系统

1—转矩传感器；2—转向轴；3—减速机构；4—齿轮齿条式转向器；5—电磁离合器；6—电动机；7—电子控制单元（ECU）

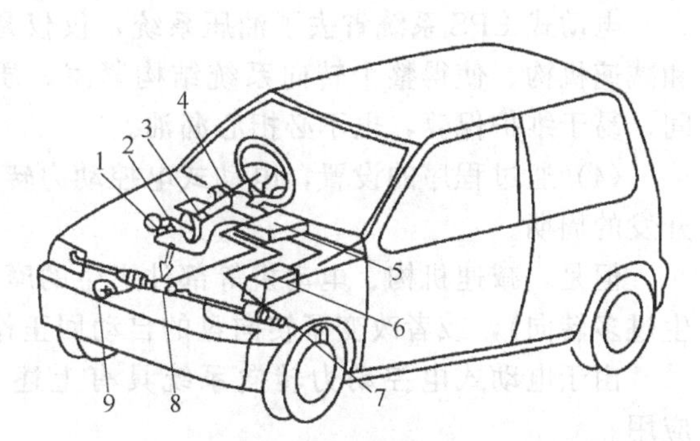

图 6-18　电动式 EPS 系统部件在车上布置

1—电动机和离合器；2—减速机构；3—转矩传感器；4—车速传感器；5—电子控制器；6—蓄电池；7—发动机转速传感器；8—转向机构；9—电动机

二、电动式 EPS 系统原理与特点

电动式 EPS 是一种直接依靠电动机提供辅助转矩的动力转向系统，它可以根据不同的使用工况通过电子控制单元控制电动机提供不同的辅助动力，其原理概括如下：

如图 6-17 所示，当转向轴转动时，转矩传感器开始工作，把两段转向轴扭杆作用下产生的相对转角转变成电信号传给电子控制单元（ECU）7，ECU 根据车速传感器和转矩传感器的信号决定电动机 6 的旋转方向和助力电流的大小，并将指令传递给电动机，通过电磁离合器 5 和减速机构 3 将辅助动力施加到转向系统（转向轴）中，从而完成实时控制的助力转向。它可以方便地实现在不同车速下提供不同的助力效果，保证汽车在低速转向行驶时轻便灵活，高速转向行驶时稳定可靠。因此，EPS 系统助力特性的设置具有较高自由度。

电动式 EPS 系统与传统的液压助力转向系统相比较，具有以下优点：

（1）只在转向时电机才提供动力，可以显著降低燃油消耗。传统的液压动力转向系统由发动机带动转向油泵，不管转向或者不转向都要消耗发动机部分动力。而电动式电控动力转向系统只是在转向时才由电机提供动力，不转向时不消耗能量。因此，电动式电控动力转向系统可以降低车辆的燃油消耗。

（2）转向动力大小可以通过软件调整，能够兼顾低速时的转向轻便性和高速时的操纵稳定性，回正性能好。

传统的液压动力转向系统所提供的转向助力大小不能随车速的提高而改变。这样就使得车辆虽然在低速时具有良好的转向轻便性，但是在高速行驶时转向盘太轻，产生转向“发飘”的现象，驾驶员缺少显著的“路感”，降低了高速行驶时的车辆稳定性和驾驶员的安全感。

电动式 EPS 系统提供的助力大小可以通过软件方便的调整。在低速时，电动式电控动力转向系统可以提供较大的转向助力，提供车辆的转向轻便性；随着车速的提高，电动式电控动力转向系统提供的转向助力可以逐渐减小，转向时驾驶员所需提供的转向力将逐渐增大，这样驾驶员就感受到明显的“路感”，提高了车辆稳定性。

电动式电控动力转向系统还可以施加一定的附加回正力矩或阻尼力矩，使得低速时转向盘能够精确地回到中间位置，而且可以抑制高速回正过程中转向盘的振荡和超调，兼顾了车辆高、低速时的回正性能。

（3）结构紧凑，质量轻，生产线装配好，易于维护保养。

电动式 EPS 系统省去了油压系统，仅仅是在机械转向系统的基础上增加了一套电动机和减速机构。使得整个转向系统结构紧凑，质量轻，在生产线上的装配性好，节省装配时间，易于维护保养，也不必担心漏油。

（4）通过程序的设置，电动式电控动力转向系统容易与不同车型匹配，可以缩短生产和开发的周期。

但是，减速机构、电动机等部件产生的摩擦力和惯性力可能会影响转向特性（例如：产生过多转向），或者改变了转向盘的自动回正作用以及它的阻尼特性等。

由于电动式电控动力转向系统具有上述多项优点，因此近年来获得了越来越广泛的应用。

三、电动式 EPS 系统的类型

根据电动机布置位置不同，电动式 EPS 系统可以分为以下三种类型：转向轴助力式、齿轮助力式和齿条助力式，如图 6-19 所示。

转向轴助力式电动式 EPS 系统的电动机固定在转向轴一侧，并装有一个电磁控制的离合器，通过减速机构与转向轴相连，直接驱动转向轴助力转向。例如，Alto 轿车就采用了这种类型和布置方式，其控制单元安装在驾驶员座椅下。

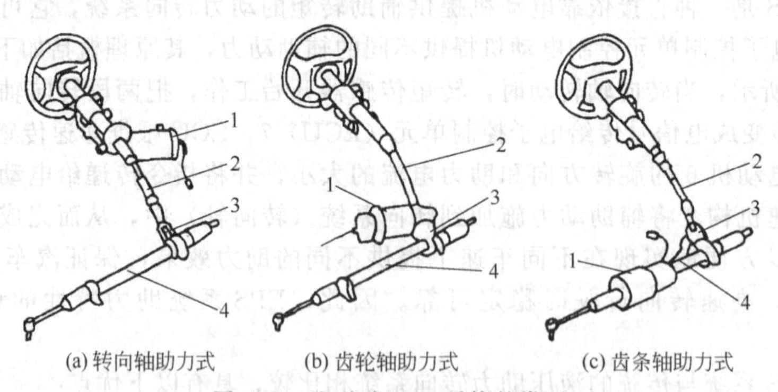

图 6-19　电动式 EPS 系统的类型

1—电动机；2—转向轴；3—转向齿轮；4—转向齿条

齿轮助力式电动式 EPS 系统的电动机和减速机构与小齿轮相连，直接驱动齿轮助力转向。如，在 Minica 微型汽车上，转速传感器、电动机和减速机构以及离合器集成在一起，电机直接通过减速机构驱动齿轮轴进行助力。它的控制单元安装在前排乘客一侧。

齿条助力式电动式EPS系统的电动机和减速机构则直接驱动齿条提供助力。

电动式EPS系统是根据车速进行控制的，随着车速的提高所提供的辅助转向力就逐渐减小。根据提供辅助转向力的车速范围不同，EPS系统可以分为全速助力型和低速助力型。Mira汽车在所有的车速范围内都提供转向助力，而Alto和Minica汽车则只在低速范围内提供助力。Alto和Minica汽车的助力车速上限分别是45km/h和30km/h。

低速助力型系统的成本较低，但在不同车速下，即有助力和没有助力的情况下转向路感会有所不同。尤其是处于辅助动力系统开始起作用的车速附近时，对转向手感会有显著影响。

四、EPS系统的关键部件

1. 转矩传感器

转矩传感器是测量驾驶员作用在转向盘上力矩的大小与方向的，有的转矩传感器还能够测量转向盘转角的大小和方向。转矩测量系统比较复杂且成本较高，所以精确、可靠、低成本的转矩传感器是决定EPS系统能否占领市场的关键因素之一。

转矩传感器有接触式与非接触式两种。图6-20所示为一种接触式转矩传感器，它在转向轴1与转向小齿轮5之间安装了一个扭杆2。当转向系统工作时，利用滑环6和电位计4测量扭杆的变形量并转换为电压信号，通过信号输出端3将信号输出并转换得到所产生的转矩。

图6-21所示非接触式转矩传感器中有两对磁极环4，当输入轴1与输出轴3之间发生转动时，磁极环之间的空气间隙发生变化，从而引起电磁感应系数的变化，在线圈2中感应电压，并将电压信号转换为转矩信号。非接触式转矩传感器的优点是体积小、精度高，缺点是成本较高。

2. 车速传感器

车速传感器与变速器共用，其主要类型是电磁感应式和差动霍尔式，给ECU提供车速信号。

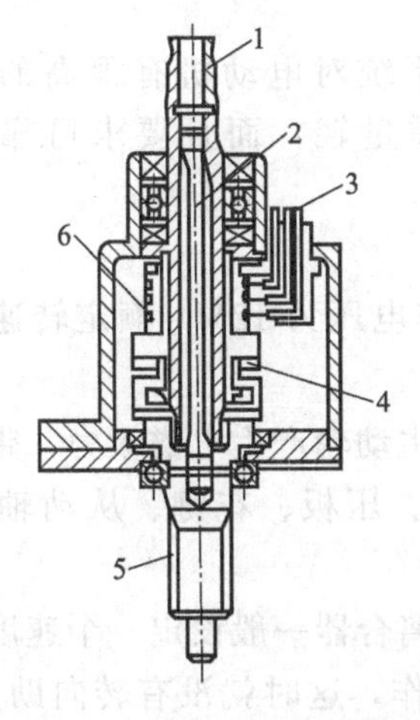

图6-20　接触式转矩传感器

1—转向轴；2—扭杆；3—信号输出端；4—电位计；5—转向小齿轮；6—滑环

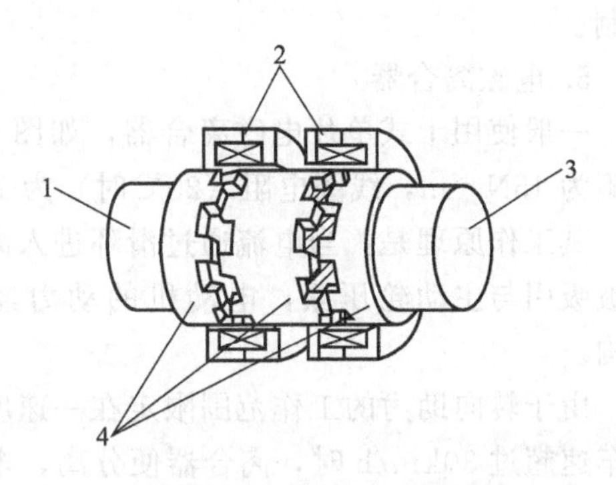

图6-21　非接触式转矩传感器

1—输入轴；2—线圈；3—输出轴；4—磁极环

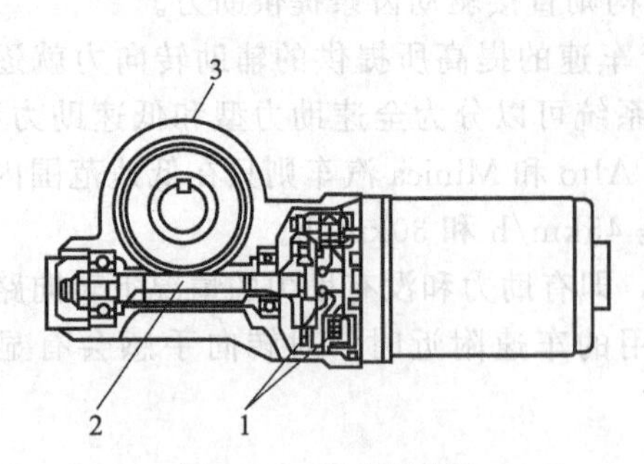

图 6-22　永磁电动机

1—电磁离合器；2—涡轮；3—斜齿轮

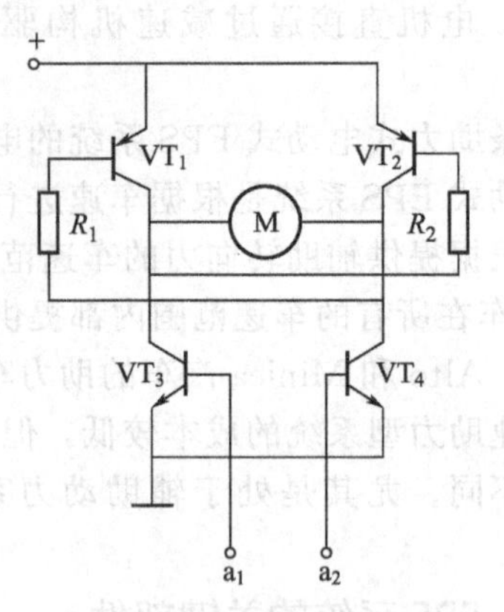

图 6-23　正反转控制电路

3. 发动机转速传感器

发动机转速传感器与发动机共用，其结构形式主要有霍尔式、磁感应式和光电式等，给ECU提供发动机转速信号。

4. 电动机

电动机是EPS系统的动力源，其功能是根据电子控制单元的指令输出适当的辅助转矩。目前采用一般是永磁式直流电动机，如图 6-22 所示，电动机的输出转矩控制是通过控制其输入电流来实现的，而电动机的正转和反转则由电子控制单元ECU输出的正反转触发脉冲控制。

图 6-23 所示是一种比较简单实用的正反转控制电路。a_1、a_2 为触发信号端。从电子控制器得到的直流信号输入到 a_1、a_2 端，用以触发电动机产生正反转。当 a_1 端得到输入信号时，晶体管 VT_3 导通，VT_2 管得到基极电流而导通，电流经 VT_2 管的发射极和集电极、电动机M、VT_3 管的集电极和发射极搭铁，电动机有电流通过而正转。当 a_2 端得到输入信号时，晶体管 VT_4 导通，VT_1 管得到基极电流而导通，电流经过 VT_1 管的发射极和集电极，电动机M、VT_4 管的集电极和发射极搭铁，电动机有反向电流通过而反转。控制触发信号端的电流大小，就可以控制电动机通过电流的大小。

电动机对EPS系统的性能有很大影响，所以EPS系统对电动机有很高的要求，不仅要求转矩大、转矩波动小、转动惯量小、尺寸小、质量轻，而且要求可靠性高、易控制。

5. 电磁离合器

一般使用干式单片电磁离合器，如图 6-24 所示。工作电压为12V，额定转速时传递的转矩为15N·m，线圈电阻（20℃时）为19.5Ω。

其工作原理是：当电流通过滑环进入离合器线圈时，主动轮产生电磁吸力，带花键的压板被吸引与主动轮压紧，电动机的动力经过轴、主动轮、压板、花键、从动轴传给执行机构。

由于转向助力的工作范围限定在一速度区域内，所以离合器一般设定一个速度范围，如当车速超过30km/h时，离合器便分离，电动机也停止工作，这时就没有转向助力的作用。当电动机停止工作时，为了不使电动机及离合器的惯性影响转向系统的工作，离合器也应及时分离，以切断辅助动力。当系统中电动机等发生故障时，离合器会自动分离，这时仍可恢复手动控制转向。

6. 减速机构

电动式 EPS 系统的减速机构与电动机相连，起降速增扭作用。常采用蜗轮蜗杆机构、滚珠螺杆螺母机构和行星齿轮机构等。蜗轮蜗杆减速系统一般应用在转向轴助力式 EPS 系统上，而行星齿轮机构则被应用在齿条助力式 EPS 系统和齿轮助力式 EPS 系统上。

图 6-25 所示蜗轮蜗杆减速机构中，蜗杆 5 与电动机 3 的输出轴相连，通过蜗轮 6 和蜗杆的啮合传动将电动机的转矩作用到转向轴 1 上，以实现转向助力。

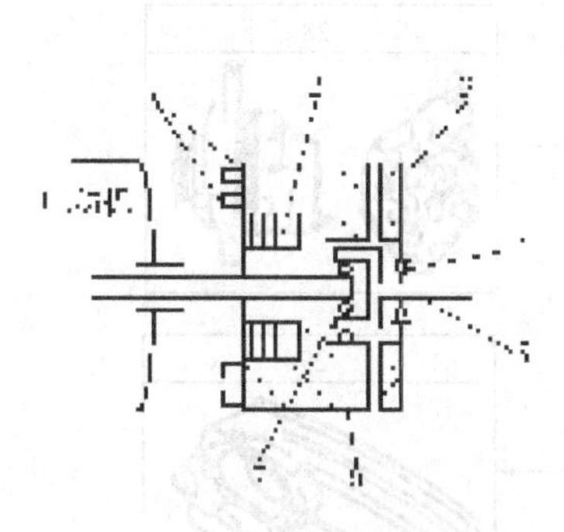

图 6-24　电磁离合器的结构

1—滑环；2—线圈；3—压板；4—花键；5—从动轴；6—主动轮；7—滚珠轴承

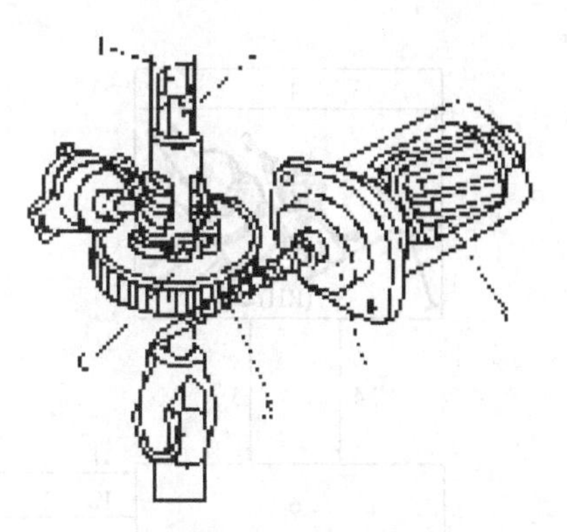

图 6-25　蜗轮蜗杆减速机构

1—转向轴；2—扭杆；3—电动机；4—离合器；5—蜗杆；6—蜗轮

低速助力型 EPS 系统还采用了离合器，如图 6-24 所示。它装在减速机构与电动机之间，其作用是保证 EPS 系统只在设定的行驶车速范围内起作用。当车速达到界限值时，离合器分离，电动机停止工作，转向系统成为手动转向系统。此时，系统不再受电动机部件惯性力的影响。另外，当电动机发生故障时，离合器将自动分离。

7. 电子控制单元（ECU）

电子控制单元（ECU）的功能是根据转矩传感器和车速传感器传来的信号，进行逻辑分析与计算后发出指令，控制电动机和离合器的动作。电动式 EPS 系统控制原理如图 6-26 所示。

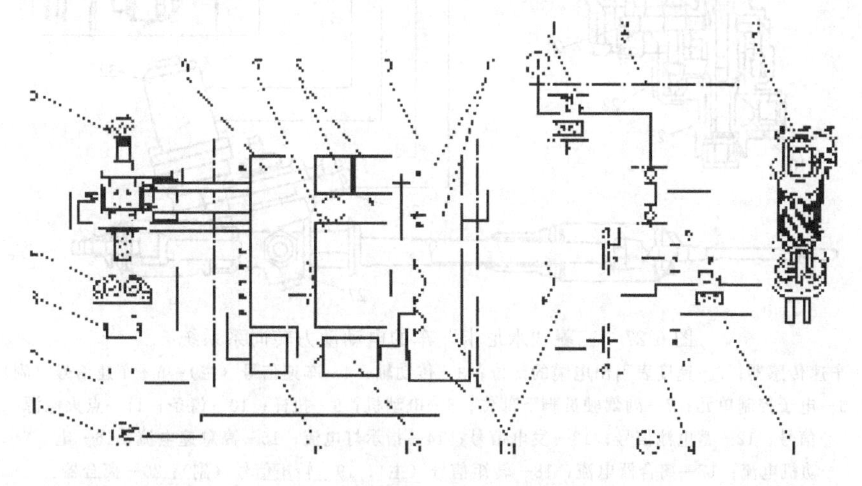

图 6-26　电动式 EPS 系统控制原理

1—警示灯；2—蓄电池；3—车速传感器；4—转矩传感器；5—转速传感器；6—接口电路；7—微处理器；8—监测电路；9—电控单元；10—驱动电路；11—继电器；12—功率放大器；13—电动机；14—场效应管桥式电路；15—转矩校验电路；16—稳压电路

此外，ECU有安全保护和自我诊断功能。通过采集电动机的电流、发电机电压、发动机工况等信号，判断其系统工作状况是否正常。一旦系统工作异常，将自动取消助力作用，同时还将进行故障诊断分析。ECU通常是一个8位单片机系统，也有采用数字信号处理器(Digital Signal Processing，简称DSP）作为控制单元的。

五、电动式EPS实例

图6-27所示为三菱“米尼卡”车的电动动力转向系统，其控制系统简图如图6-28所示。

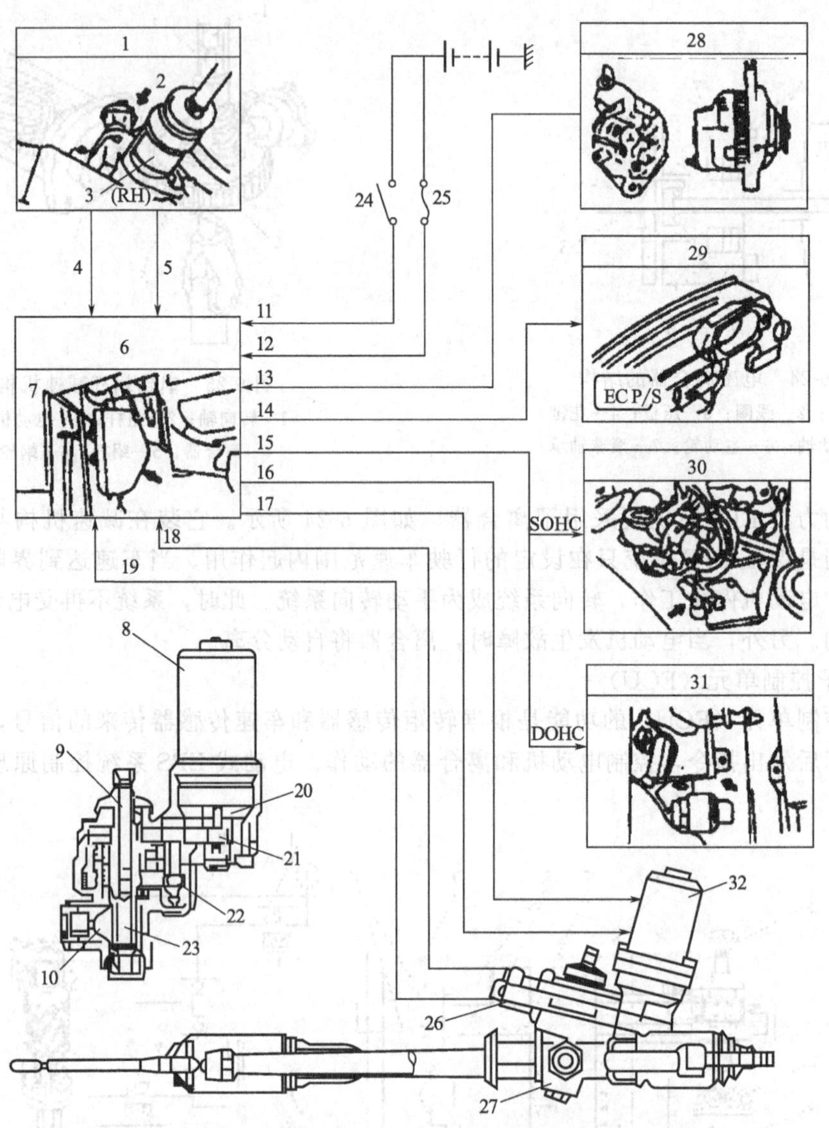

图6-27 三菱“米尼卡”车的电动动力转向系系统

1—车速传感器；2—速度表引出电缆的部位；3—传动轴；4—车速信号（主）；5—车速信号（副）；6—电子控制单元；7—副驾驶员脚下部位；8—电动机；9—扭杆；10—齿条；11—点火电源信号；12—蓄电池信号；13—发电信号；14—指示灯电流；15—高怠速电流；16—电动机电流；17—离合器电流；18—转矩信号（主）；19—转矩信号（副）；20—离合器；21—电动机齿轮；22—传动齿轮；23—小齿轮；24—点火开关；25—熔断丝；26—转矩传感器；27—转向器齿轮总成；28—交流发电机（L端子）；29—指示灯；30—怠速提高电磁阀；31—发动机电子控制单元；32—电动机与离合器

由图 6-27 和图 6-28 可知：交流发电机的“L”端子可视为向电子控制单元输入信号的一个传感器，利用交流发电机的“L”端子电压可以判断发动机是否转动。当发动机还未发动时，该系统不能工作。

电动机和离合器接受电子控制单元输出的控制电流，产生助力转矩，经传动齿轮减速后，再经过小齿轮实现动力转向，电动机的动力是通过行星齿轮机构传递的。离合器是由电磁铁和弹簧等组成的电磁离合器。

当点火开关接通时，电源加于电子控制单元上，电动助力转向系统才能进行工作。在发动机已启动时，交流发电机的 L 端子的电压加到电子控制单元上。当检测到发动机处于启动状态时，动力转向系统转为工作状态。

行车时，电子控制单元按不同车速下的转向盘转矩，控制电动机的电流，并完成电子控制转向和普通转向控制之间的转换。当车速高于 30km/h 时，则转换成普通的转向控制，电子控制单元没有离合器信号和电动机电流输出，离合器处于分离状态。当车速低于 27km/h 时，电子控制单元又输出离合器信号和电动机电流，普通转向控制又转换为动力转向的工作方式。

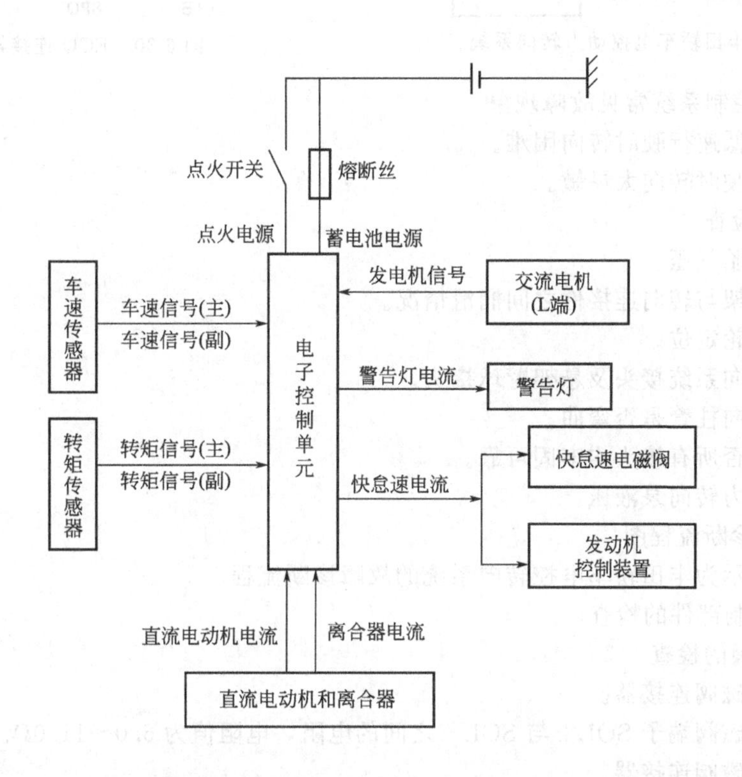

图 6-28　三菱“米尼卡”车电动动力转向系统的电子控制系统

电子控制单元还具有自我修正的控制功能。当电动动力转向系统出现故障时，可自动断开电动机的输出电流，恢复到通常的转向功能；同时速度表内的电动动力转向报警灯点亮，以通知驾驶员，动力转向系统发生故障。

目前 EPS 系统主要应用在微型车上，其低速转向操纵力在泊车过程中被显著地降低，这一优点已经得到用户的广泛认可。在 EPS 系统未来的发展中，一方面要提高控制性能、改善转向路感，以适应中、高级轿车的需求；另一方面要在降低成本、提高可靠性和耐久性方面进行研究，并充分发挥 EPS 系统的优点，使它适用于更广泛的车型。

第四节 电控动力转向系统故障诊断与检修

一、丰田轿车电控动力转向系统的故障诊断与检修

1. 电子控制系统的故障排除

丰田轿车电控动力转向系统如图 6-29 所示。ECU 连接器如图 6-30 所示。

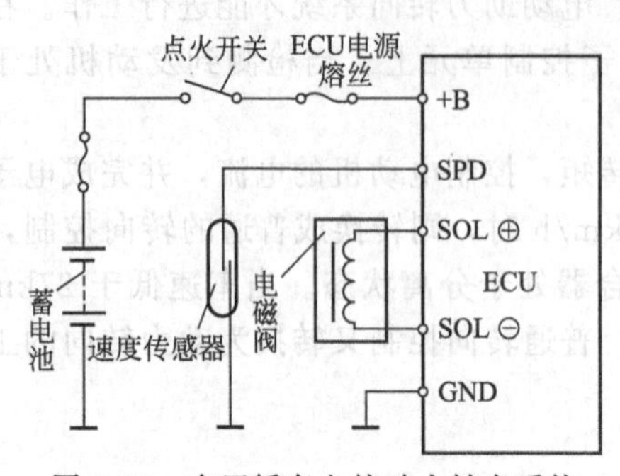

图 6-29 丰田轿车电控动力转向系统

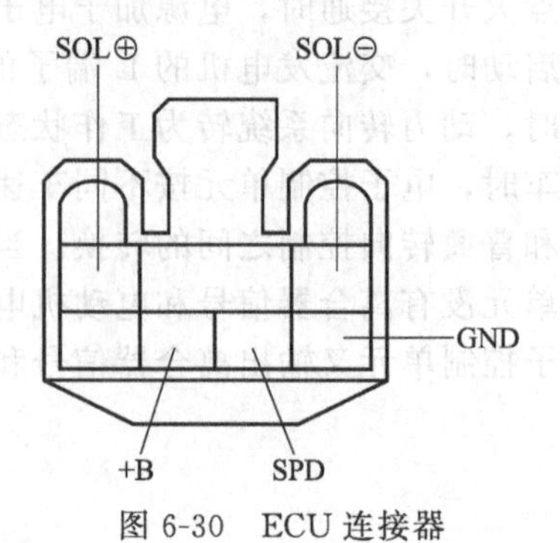

图 6-30 ECU 连接器

(1) 电子控制系统常见故障现象

① 怠速或低速行驶时转向困难。

② 高速行驶时转向太灵敏。

(2) 初步检查

① 检查轮胎气压。

② 检查悬架与转向连接件之间润滑情况。

③ 检查前轮定位。

④ 检查转向系统接头及悬架臂球接头。

⑤ 检查转向柱管是否弯曲。

⑥ 检查是否所有接头均牢固可靠。

⑦ 检查动力转向泵液压。

(3) 故障诊断流程图

图 6-31 所示为丰田轿车电控转向系统的故障诊断流程。

2. 电子控制部件的检查

(1) 电磁阀的检查

① 拆下电磁阀连接器。

② 测量电磁阀端子 SOL＋与 SOL－之间的电阻，电阻值为 6.0～11.0Ω。

③ 接上电磁阀连接器。

④ 从齿轮座上拆下电磁阀。

⑤ 将蓄电池正极接电磁阀端子 SOL＋，将电池负极接电磁阀端子 SOL－，电磁阀的针阀应缩进大约 2mm；否则，更换电磁阀。

⑥ 安装电磁阀。

⑦ 为动力转向管路放气。

(2) 动力转向 ECU 的检查

① 支起汽车。

② 拆下手袋箱（注意不要拔出 ECU 的连接器）。

③ 启动发动机。

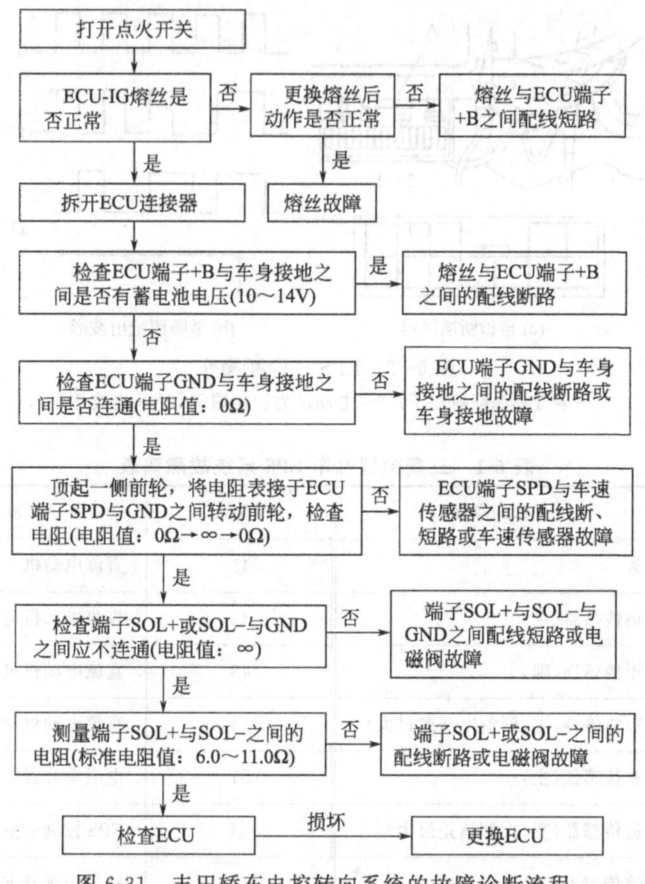

图 6-31　丰田轿车电控转向系统的故障诊断流程

④ 发动机怠速运转，用万用表测量 ECU 的端子 SOL－与 GND 之间的电压。挂上挡使车速达到 60km/h，再测量 ECU 的端子 CND 和 SOL－之间的电压。标准电压为 0.07～0.22V；否则，更换 ECU。

⑤ 装回手袋箱。

⑥ 放下汽车。

二、三菱微型汽车电控动力转向系统的故障诊断与检修

1. 电控动力转向系统诊断

（1）EPS 警告灯的检查　系统正常状态，打开点火开关（ON），EPS 指示点亮，发动机启动后指示灯熄灭。如果打开点火开关指示灯不亮，应检查灯泡是否损坏、熔丝和配线是否断路；如果发动机启动后，指示灯仍亮，应考虑系统是否处于失效保护状态（只有常规转向工作，无转向助力），然后进行自诊断操作。

（2）EPS 自诊断操作　将万用表直流电压挡的正极探针接诊断插座的 2 号端子，负极探针接地，如图 6-32 所示。打开点火开关（ON），观察万用表指针的摆动，读取故障码。如果有多个故障码，故障码将由小到大顺序显示。故障码波形如图 6-32(b) 所示，各故障码含义如表 6-1 所示。

2. 电控动力转向系统故障码分析

（1）故障码 41 的检查

① 启动发动机，不转动转向盘，观察故障码是否再次出现。如果再现，则按照故障码表检查有关部件；否则按下述第④项检查。

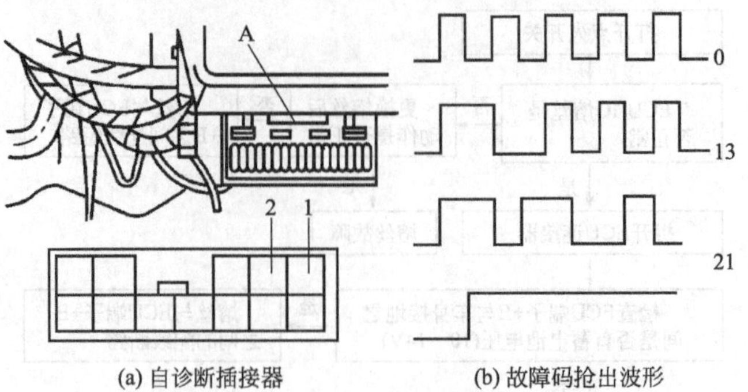

(a) 自诊断插接器　　(b) 故障码抢出波形

图 6-32 EPS 自诊断操作

1—多点燃油喷射端子；2—电动助力转向端子；A—连接片表

表 6-1 三菱微型汽车 EPS 系统故障码表

故障码	检查诊断项目	故障码	检查诊断项目
0	正常	41	直流电动机
11	转矩传感器(主)	42	直流电动机电流
12	转矩传感器(副)	43	直流电动机过电流
13	转矩传感器(主、副侧电压差过大)	44	直流电动机锁止
21	车速传感器(主)	51	电磁离合器
22	车速传感器(主、副侧压差过大)	54	EPS 控制装置
23	车速传感器(主)电压急减	55	转矩传感器 E/F 回路不良
31	交流发电机 L 端子	—	EPS 控制装置(ECU)不良

② 拆下电动机配线连接器，用万用表测量电动机的两接线端子之间和端子与接地（外壳）之间的电阻，检查其导通状态。正常情况下，电动机两接线端子之间应导通，若不导通，则表明内部断路；电动机接线端子与接地（外壳）之间应不导通；否则，表明两接线端子与外壳之间短路。

③若电动机及其接线端子均正常，应检查转向器总成到 ECU 之间的配线是否良好（用手晃动配线连接器，检查是否松动）。若配线正常，则表明 ECU 不良。

④当检查导线无异常后，进行行驶试验。若故障码不再现，转动转向盘，检查电动机的工作状态。

(2) 故障码 42 的检查

① 启动发动机，用 1rad/s 以下的速度转动转向盘，观察故障码是否再现，如果不再现，按（3）中所述检查配线。无异常时，通过行驶进行再现试验。

② 通过诊断，若故障码 42 再现，而且又出现故障码 11、13 时，可考虑是由转角传感器的配线或者转向机总成异常造成的。

(3) 故障码 43 的检查　启动发动机，不转动转向盘，检查故障码是否再现。如果再现，则表示 ECU 不良；否则，试转动转向盘，若此时故障码再现，应检查配线。

(4) 故障码 44 的检查　启动发动机，不转动转向盘，观察故障码是否再现。如果再现，应检查与电动机有关的配线，若配线没有异常，用良好的 ECU 将原车上的 ECU 换下，进行对比检查判断。若故障码不再现，将点火开关重复接通、关断 6 次，并使点火开关在 OFF 位的时间在 5s 以上。如此反复检查就能把某种故障的部位查清楚。

3. 主要部件的检查

(1) 转矩传感器的检查

① 检测转矩传感器线圈电阻：从转向器总成上拔下转矩传感器配线连接器，其端子排列如图6-33(b) 所示，测量转矩传感器端子 3 与 5 之间、端子 8 与 10 之间的电阻，其标准值应为 (2.18±0.66)kΩ。若不符合要求，则为转矩传感器异常。

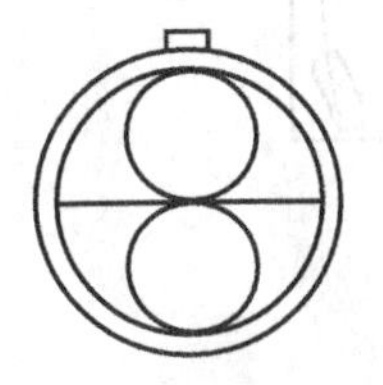

(a) 直流电动机配线连接器

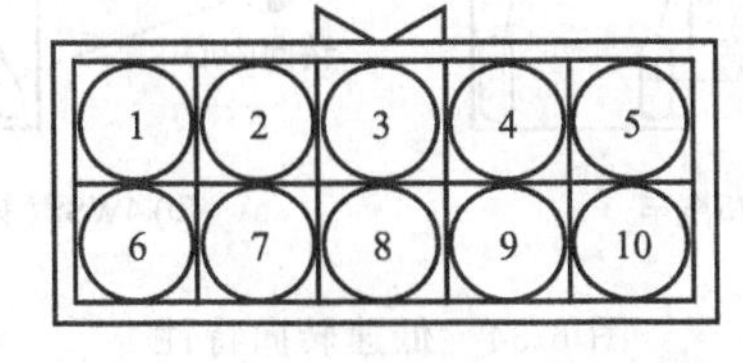

(b) 转矩传感器和电磁离合器配线连接器

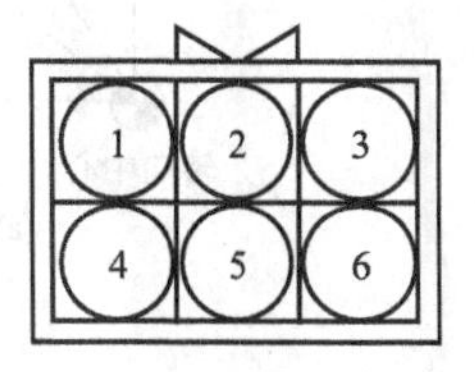

(c) 车速传感器配线连接器

图 6-33　三菱轿车 EPS 配线连接器

② 检测转矩传感器电压：用万用表直流电压挡测量上述各端子之间的电压，用以判定转矩传感器是否良好。将转向盘置于中间位置，测得电压约 2.5V 为良好，4.7V 以上为断路，0.3V 以下为短路。

(2) 电磁离合器的检查　从转向器上断开电磁离合器配线连接器，其端子排列如图 6-33(b) 所示。将蓄电池的正极接到端子 1 上，蓄电池的负极与端子 6 相接，在接通与断开端子 6 的瞬间，离合器应有工作声音。若没有，表明电磁离合器有故障，应更换转向器总成。

(3) 直流电动机的检查　从转向器上断开电动机配线连接器，其端子排列如图 6-33(a) 所示。给电动机加上蓄电池电压时，电动机应有转动声音。若没有，应更换转向器总成。

(4) 车速传感器的检查

① 检查车速传感器转动情况：从变速器上拆下车速传感器，用手转动车速传感器的转子检查其能否顺利运转，若有卡滞应予更换。

② 检测车速传感器电阻：拔下车速传感器配线连接器，其端子排列如图 6-33(c) 所示。测量车速传感器插接器端子 1 与 2 之间、端子 4 与 5 之间的电阻，其值等于 (165±20)Ω 为良好。若与上述不符，则应更换车速传感器。

第五节　四轮转向系统

所谓四轮转向 (4 Wheel Steering，4WS) 汽车，是指四个车轮都是转向车轮的汽车，或四个车轮都能起转向作用的汽车。四轮转向系统可在汽车行驶时，改善汽车的操纵性。

一、汽车转向特性

1. 4WS 汽车低速转向特性

汽车在低速转向行驶时，后轮相对于前轮反向偏转，如图 6-34 所示，并且偏转角度应随转向盘转角增大而在一定范围内增大。如汽车急转弯、掉头行驶、避障行驶或进出车库时，使汽车转向半径减小，机动性能提高。这时，四轮转向汽车可以轻松地通过两轮转向汽车需多次反复倒车才能通过的地方。

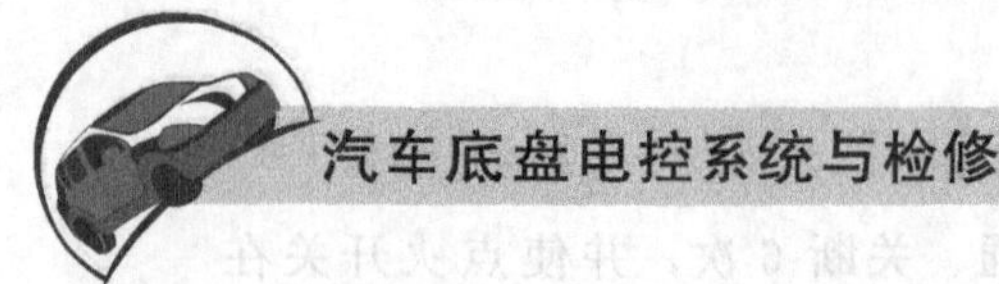

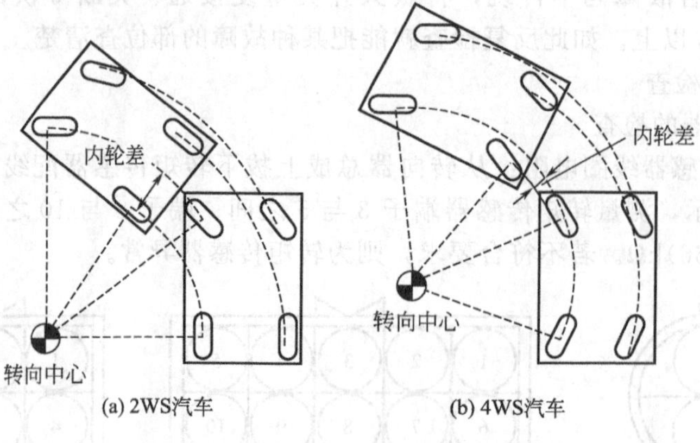

图 6-34　低速转向特性

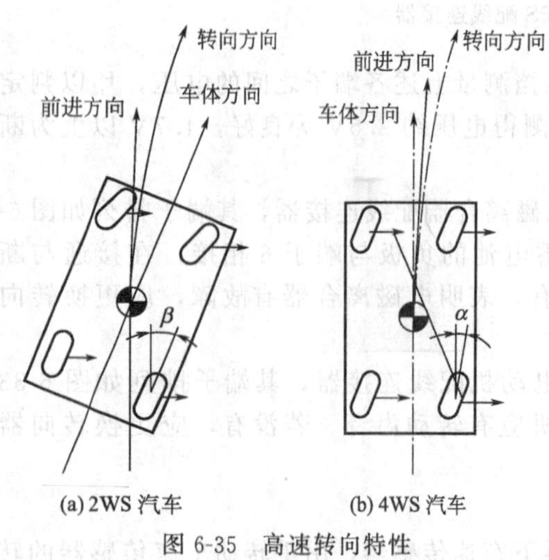

图 6-35　高速转向特性

2. 4WS 汽车高速转向特性

汽车在高速行驶转向时，后轮相对于前轮同向偏转，如图 6-35 所示。如汽车通过曲率不大的弯道或汽车变道时，使汽车车身的横摆角度和横摆角速度大为减小，使汽车高速行驶的操纵稳定性显著提高。相当多的汽车把改善汽车操纵性能的重点放在提高汽车高速行驶的操纵稳定性上，而不过分追求汽车低速行驶的机动性和减小汽车转弯半径。因此，一些四轮转向汽车在中、低速行驶时只用前轮转向，当车速超过一定限值后（如 55km/h），后轮转向机构才投入工作，并且后轮只保持与前轮同向偏转。

近年来，三种类型的四轮转向系统得到了较快的发展。它们是机械式、液压式和电控四轮转向系统。下面介绍不同类型的四轮转向系。

二、机械式四轮转向系统

机械式四轮转向系统是最早开发的四轮转向系统，是一种转角随动型四轮转向系统。它包括前轮的齿轮齿条转向系统和前后转向系统之间的传动轴。随着前轮偏转，转向力通过传动轴传到后轮。机械式四轮转向系统中有时也为后轮加装第二套转向器来帮助转向。机械式四轮转向系统只在汽车高于某一行驶速度时起作用，并且起作用时，前后轮只能往相同方向偏转。

三、液压式四轮转向系统

机械式四轮转向系统的后轮偏转是依靠机械传动将前轮偏转运动传到后轮上。由于机械部分不可避免地存在磨损，传动间隙增大，而使后轮实际偏转角不准确，性能下降。因此将被车速感应型四轮转向装置所取代。

1. 液压式车速感应型四轮转向系统的结构

液压式车速感应型四轮转向系统的结构如图 6-36 所示，主要由前轮动力转向器、前轮转向油泵、控制阀及后轮转向动力缸、后轮转向油泵等组成。

后轮转向系统由控制阀、后轮转向油泵和后轮转向动力缸组成。控制阀的内腔被柱塞分割成几个工作油腔，左、右油腔分别与前轮转向动力缸的左、右油腔相通，柱塞的位置由前轮动力缸内的油压进行控制。后轮转向油泵由后轴差速器驱动，其输出油量只受车速影响。

前轮为齿轮齿条式动力转向器，其结构与普通液压动力转向系统相同。

液压式四轮转向系统的特点是低速时汽车只采用两轮转向，只在汽车行驶达到一定车速(50km/h) 后才进行四轮转向。

2. 液压式车速感应型四轮转向系统的工作原理

当向左转动转向盘时，如图 6-37 所示，前轮动力缸及控制阀侧压力腔压力升高。控制柱塞向右移动，柱塞的移动量受前轮动力缸左右腔压力差控制，以及受转向盘操纵力大小的控制，转向盘操纵力越大，同时后轮转向动力缸输出的油液经过控制阀的相应通道进入后轮转向动力缸的右腔，使动力缸活塞向左移动，通过活塞杆将作用力作用于后轮悬架的中间球铰接头，使后轮与前轮同向偏转。当向右转动转向盘时，情况则与上述相反，后轮与前轮仍同向偏转。因后油泵送油量与车速成正比，高速时送油量大，反应快，后轮转角也大。在低速或倒车时，则不产生作用。当油压系统发生故障时，控制阀柱塞会保持在中间位置，保持两轮转向。

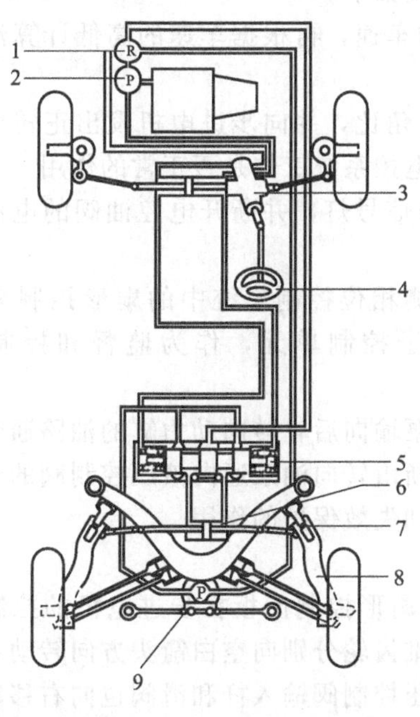

图 6-36　液压式车速感应型四轮转向系统示意图

1—储油罐；2—转向油泵；3—前轮动力转向器；4—转向盘；5—后轮转向控制阀；6—后轮转向动力缸；7—铰接头；8—从动臂；9—后轮转向专用油泵

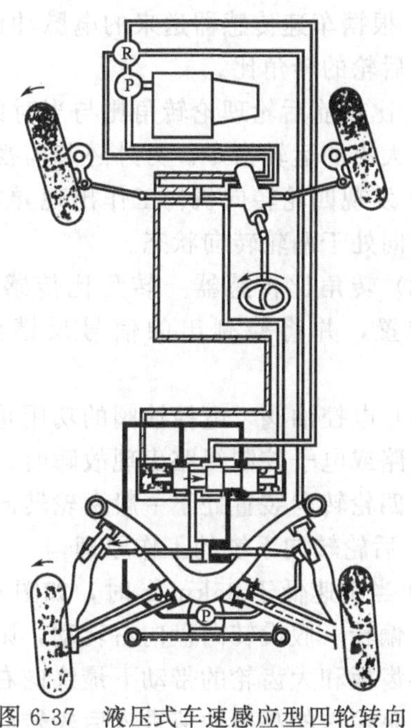

图 6-37　液压式车速感应型四轮转向系统的工作原理

四、电控液压式四轮转向系统

随着电子技术的发展，电子控制技术也应用于四轮转向系统。在前两种四轮转向系统中，由于采用机械和随车速变化的油压控制，使后轮偏转角的控制不够精确。在电控液压式四轮转向系统中，由于采用了电子相位控制系统，使后轮偏转角度控制更精确。

1. 电控液压式四轮转向系统组成

电控液力式四轮转向系统主要由转向盘、转向油泵、前动力转向器、后轮转向传动轴、

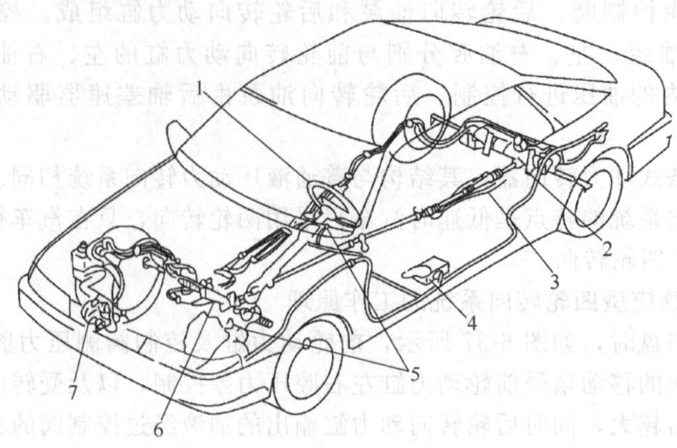

图 6-38　电控液力式四轮转向系统

1—转向盘；2—后轮转向系统；3—后轮转向传动轴；4—电子控制单元；
5—车速传感器；6—前动力转向器；7—转向油泵

车速传感器、电子控制单元和后轮转向系统组成，如图 6-38 所示。

(1) 四轮转向电控单元　四轮转向电控单元的功用如下。

① 根据车速传感器送来的电脉冲信号计算汽车的车速，再根据车速的高低计算汽车转向时前后轮的转角比。

② 比较前后轮理论转角比与当时的前后轮实际转角比，并向步进电机发出正转或反转及转角大小的运转指令。另外还起监视控制四轮转向电控系统工作是否正常的作用。

③ 发现四轮转向机构工作出现异常时，点亮警告信号灯，并断开电控油阀的电源，使四轮转向处于两轮转向状态。

(2) 转角比传感器　转角比传感器的功用是检测相位控制系统中的扇形控制齿板的转角位置，并将检测出的信号反馈给四轮转向电子控制单元，作为监督和控制信号使用。

(3) 电控油阀　电控油阀的功用是控制由转向油泵输向后轮转向动力缸的油路通断。当液压回路或电子控制线路出现故障时，电控油阀就切断由转向油泵通向液压控制阀的油液通道，使四轮转向装置处于一般两轮转向工作状态，起到失效保护的作用。

2. 后轮转向系统的工作原理

① 当车速低于 35km/h 时，如图 6-39(a) 所示。扇形控制齿板在步进电机的控制下向负方向偏转。假设转向盘向右转动，则小锥齿轮、大锥齿轮分别向空白箭头方向转动，摆臂在扇形齿板和大齿轮的带动下最终向右上方摆动，液压控制阀输入杆和滑阀也向右移动，由转向油泵输送的高压油液进入后轮转向动力缸的左腔，使后轮向左偏转，即后轮相对于前轮反向偏转。使车辆转向半径减小，提高了低速时的机动性。

② 当车速高于 35km/h 时，如图 6-39(b) 所示。扇形控制齿板在步进电机的控制下向图中正方向移动。假设这时转向盘仍向右转动，摆臂向左上方摆动，将液压控制阀输入杆和滑阀向左拉动，由转向油泵输送的高压油液进入后轮转向动力缸的右腔，结果使后轮向右偏转，即后轮相对于前轮同向偏转，使汽车高速行驶时的操纵稳定性显著提高。

③ 当车速等于 35km/h 时，如图 6-39(c) 所示。扇形控制齿板处于中间位置，摇臂处于与大锥齿轮轴线垂直的位置。不管转向盘向左还是向右转动，液压控制阀输入杆均不产生轴向位移，后轮保持与汽车纵向轴线平行的直线行驶状态。

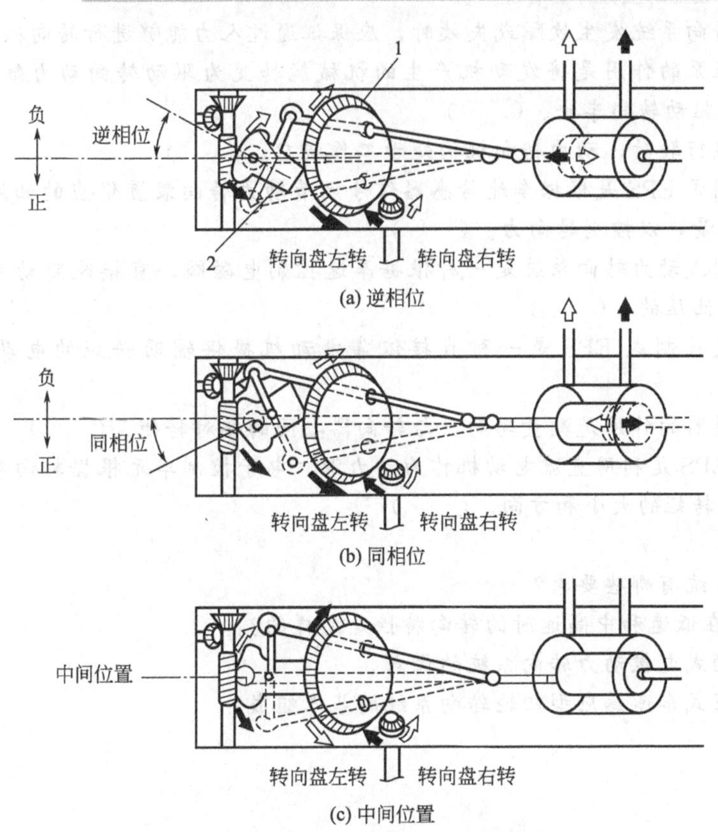

图 6-39　后轮转向系统的工作原理

1—大锥齿轮；2—扇形控制齿板

复习与思考题

一、名词解释

1. 机械转向系统
2. 动力转向系统
3. 四轮转向系统

二、填空题

1. 动力转向系统按控制方式不同，可分为（　　）和（　　）。

2. 电子控制动力转向系统，根据动力源不同可分为（　　）和（　　）。

3. 传统液压动力转向系统主要由（　　）、（　　）和（　　）等组成。

4. 整体式和半分开式液压动力转向系统，按照转向控制阀的形式不同主要有（　　）和（　　）两种结构形式。

5. 根据控制方式不同，液压式电子控制动力转向系统可分为（　　）、（　　）和（　　）三种形式。

6. 日产蓝鸟轿车电子控制动力转向系统主要由（　　）、（　　）和（　　）等组成。

7. 电动式动力转向系统基本上是由（　　）、（　　）、（　　）和减速机组成。

8. 电动式动力转向系统在车速（　　）km/h 退出控制。

三、判断题

1. 为了有更好的"路感"，要求在低速行驶时应有较大的转向力，在高速时有较小的转向力。（　　）

2. 当动力转向系统发生故障或失效时，应保证通过人力能够进行转向操纵。（ ）

3. 转向液压泵的作用是将发动机产生的机械能转变为驱动转向动力缸工作的液压能，再由转向动力缸驱动转向车轮。（ ）

4. 汽车直线行驶时，动力转向机构处于工作状态。（ ）

5. 流量控制式EPS是根据车速传感器信号调节动力转向装置供应的油液压力，改变油液的输入输出流量，以控制转向力。（ ）

6. 反力控制式动力转向系统是一种根据车速控制电磁阀，直接改变动力转向控制阀的油压增益来控制油压的。（ ）

7. 阀灵敏度控制式EPS是一种直接依靠电动机提供辅助转矩的电动助力式转向系统。（ ）

8. 转矩传感器的作用是测量转向盘与转向器之间的相对转矩。（ ）

9. 电动式EPS是利用直流电动机作为动力源，电子控制单元根据转向参数和车速等信号，控制电动机转矩的大小和方向。（ ）

四、简答题

1. 对转向系统有哪些要求？

2. 4WS车在低速和中高速时的转向特性是怎样的？

3. 简述电动式电控动力转向系统的优点。

4. 说明液压式车速感应型四轮转向系统的基本组成。

第七章 汽车电子控制悬架系统原理与检修

第一节 认识电子控制悬架系统

一、汽车传统悬架的缺点

悬架就是车架（或承载式车身）与车桥（或车轮）之间的传力连接装置的总称。悬架的功能较多，实现的过程也比较复杂。但最主要的功能有以下几方面。

① 把路面作用于车轮上的垂直反力（支承力）、纵向反力（牵引力和制动力）和侧向力，以及这些反力所造成的力矩都传递到车架（或承载式车身）上，以保证汽车正常行驶。

② 在装载变化、车速及行驶转弯等情况下，必须使车轮与轴线保持正确配合，以保证车辆的稳定性。

③ 保持车辆行驶方向的可操作性，在各种道路条件下保证驾驶员能有效控制转向。

④ 与轮胎共同作用，缓冲来自车轮的振动，使车辆乘坐舒适、平稳行驶。

传统的悬架系统主要由弹簧、减振器和导向机构组成。传统的悬架系统的刚度和阻尼参数，是按经验设计或优化设计方法选择的，一经选定后，在汽车行驶过程中就无法进行调节，使得传统的悬架只能保证汽车在一种特定的道路和速度条件下达到性能最优的匹配，并且只能被动地承受地面对车身的作用力，而不能根据道路、车速的不同而改变悬架参数，更不能主动地控制地面对车身的作用力。特别是现在，随着高速公路的发展，汽车速度有了很大的提高，对汽车的性能也提出了更高的要求。传统的悬架显然无法满足这些要求。这就促使人们开始考虑对传统的悬架进行变革，电子控制悬架就是在这一基础上应运而生的。

二、电子控制悬架的功能

电子控制悬架就是通过各种传感器不断监测车辆的运行状况，并通过调整机构及时改变悬架的各种参数，使车辆的操控性和舒适性达到一种最佳的平衡状态。具体功能如下：

1. 降低因路面不平引起的加速度和车身急剧跳动对乘员的影响

由于路面的输入是随机的，一般无专用设备的汽车无法探测路面的平整度，但可以通过加速度传感器在汽车行驶过程中所产生的电压信号波动大小来判断路面的好坏。如加速度幅值较小，则在同一速度下路面质量就好，此时电子控制单元 ECU 就可以通过调节机构来使悬架阻尼变小；反之，控制悬架阻尼使之变大，以使振动迅速衰减，以达到降低车身振动，提高乘坐舒适性的目的。

2. 减少汽车行驶时的车身姿态变化

车身的姿态控制应包括三种控制功能，即转向时的车身侧倾控制、制动时的车身点头控制、起步时的车身俯仰控制。在急速转向的情况下，应加大悬架阻尼值，以减少车身侧倾。当驾驶员猛打方向盘时，安装在转向器上的转向传感器把方向盘的转角及变化速度传给微机，由它对悬架发出指令，使之处于合适状态。抑制制动时车身点头和突然起步时车身俯仰，则应增加悬架阻尼值。通过以上途径使车身的姿态控制在最优的范围之内。

3. 保证在弯曲路段和高速行驶时的操纵稳定性

汽车在弯曲路面或者高速行驶时，可根据路面状况适时地调节减振器的阻尼，以达到增加轮胎接地性的目的，从而提高汽车的操纵稳定性。

三、电子控制悬架的分类

1. 按有、无动力源分

按有、无动力源可分为半主动悬架和主动悬架两大类。

（1）半主动悬架　半主动悬架通常是由可变特性的弹簧和减振器组成的悬架系统，它不能随外界的输入进行最优控制和调节，但可以根据路面的激励和车身的响应按存储在电脑内的各种条件下弹簧和减振器的优化参数对弹簧刚度和悬架的阻尼进行自动调整，使车身的振动控制在某个范围之内。半主动悬架是无源控制，即它没有一个动力源为悬架提供连续的能量输入。因此汽车在转向、启动、制动等工况时不能对悬架刚度和阻尼力进行有效控制。

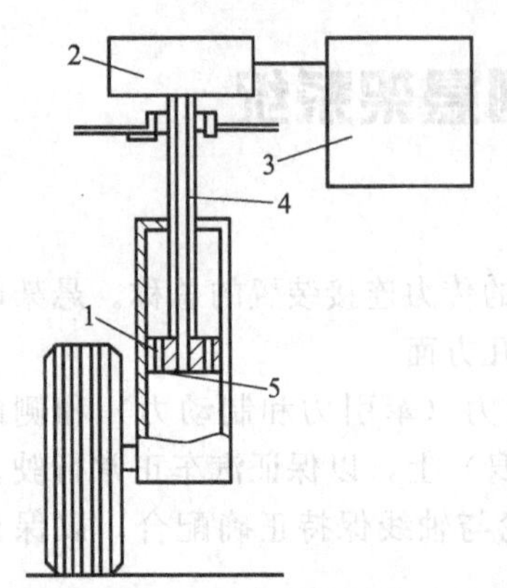

图 7-1　半主动悬架系统结构示意图
1—节流孔；2—步进电动机；3—电子控制单元；4—阀杆；5—阀门

图 7-1 示出的是半主动悬架系统结构示意图。

（2）主动悬架　主动悬架需要一个动力源（液压泵或空气压缩机等）为悬架系统提供连续的动力输入，是一种有源控制。主动悬架可以根据汽车行驶条件的变化，主动改变悬架的刚度和阻尼系数，在汽车行驶速度变化时以及在汽车启动、制动、转向等工况时，主动悬架都可以进行有效的控制。此外它还可以根据需要自动调整车身高度。

根据悬架介质不同，主动悬架又分为油气式主动悬架和空气式主动悬架。

2. 按悬架介质的不同分

按悬架介质的不可分为两种类型，一种是控制液压来调节悬架的阻尼力及弹簧刚度和车高，另外一种是控制气压来调节车高和弹簧刚度。这些控制形式根据厂家的设计需要，既可以独立使用，也可以综合使用。

（1）液压式电子控制主动悬架　液压式悬架系统以油为介质压缩气室中的氮气，实现刚度调节，以管路中的小孔节流形成阻尼特性，调节悬架的阻尼力。

（2）空气式电子控制主动悬架　空气式主动悬架采用空气弹簧，通过改变空气弹簧中的主、副空气室的通气孔的截面积来改变气室压力，以实现悬架刚度控制，并通过对气室充气或排气实现汽车高度控制。

第二节　电子控制悬架系统的结构及工作原理

电子控制主动悬架系统主要由信号输入装置（传感器）、悬架刚度及减振器阻尼力调节装置、车身高度调节装置及悬架电子控制单元等组成，其布置形式如图 7-2 所示。

一、信号输入装置

信号输入装置由车身高度传感器、转向盘转角传感器、车速传感器、节气门传感器、悬架控制开关、制动开关等组成。

1. 车身高度传感器

车身高度传感器安装在车身与车桥之间，用来把车身与车桥之间的相对高度变化（悬架变形量的变化）转换为电信号，并输给电子控制单元。电子控制单元根据传感器输入的 ON、OFF 信号得到车身位移信息。根据车身高度变化的幅度和频率，可以判断车身的振动情况；根据一段时间（一般为 10ms）车身高度在某一区间的百分比频度来判断车

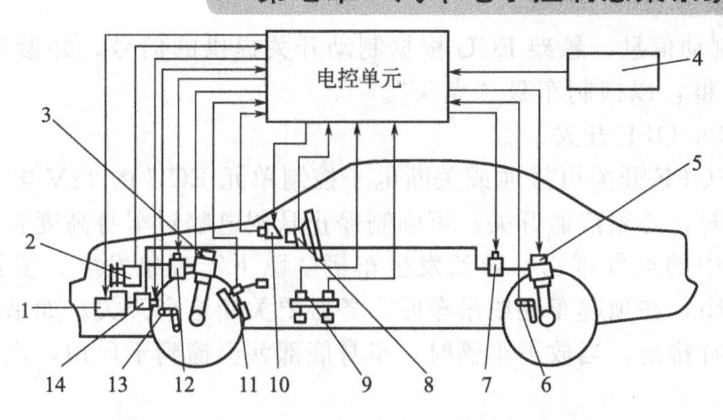

图 7-2 电子控制主动悬架系统布置示意图

1—空压机；2—发动机 IC 调节器；3—前悬架控制执行器；4—节气门传感器；5—后悬架控制执行器；6—后车身高度传感器；7—后高度控制阀；8—转向盘转角传感器；9—悬架控制开关；10—车高指示灯、LRC 指示灯、1 号车速传感器；11—制动开关；12—前高度控制阀；13—前车身高度传感器；14—干燥器与排气阀

身高度。

2. 车速传感器

车速传感器安装在车轮上，输出与车轮转速成正比的脉冲信号，电子控制单元利用该信号与方向盘转角信号计算出车身的侧倾程度。

3. 转向盘转角传感器

转向盘转角传感器安装在转向轴上，用于检测转向盘的中间位置、转动方向、转动角度和转动速度信号，传给电子控制单元。在电子控制悬架中，电子控制单元根据车速传感器和转向盘转角传感器信号，判断汽车转向时的侧倾力大小和方向，以调节汽车悬架系统的侧倾刚度。

转向盘转角传感器既适用于主动悬架系统，又适用于半主动悬架系统。主要有光电式和磁感应式两种。

4. 节气门传感器（与发动机共用）

节气门传感器安装在节气门体上，把节气门开度信号传给电子控制单元，测得汽车加速信号。

5. 模式选择开关

如图 7-3 所示，在汽车的仪表板上或变速杆旁装有电子控制悬架系统的模式选择开关，可供驾驶员手动选择悬架的“软”和“硬”模式。也有的电子控制悬架系统无模式选择开关，由悬架电子控制器根据相关传感器的信号自动选择悬架的模式，从而确定选择模式来决定减振器的阻尼力大小。

模式选择开关的不同组合，一般可使悬架系统有四种工作方式：自动模式（Auto、Normal）、自动运动模式（Auto、Sport）、手动模式（Manu、Normal）、手动运动模式（Manu、Sport）。如选择自动模式，悬架系统可以根据汽车行驶状态和车速等自动地调节减振器的阻尼力，以保证汽车乘坐的舒适性和操纵的稳定性。在手动模式下，悬架系统的阻尼力只有标准（中等）和运动（硬）两种状态的转换。

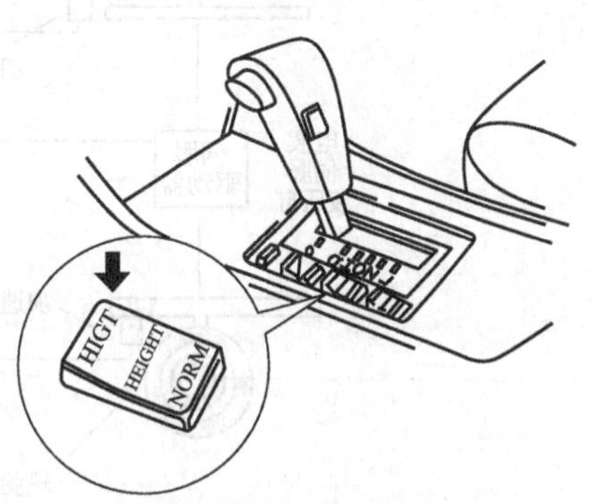

图 7-3 模式选择开关

6. 制动开关

检测制动灯电路通断，判断汽车制动状况，用于

向悬架ECU提供制动信息，悬架ECU根据制动开关提供的信号，并参考车速信号对相关悬架的刚度进行调整，以抑制车身“点头”。

7. 高度控制ON/OFF开关

高度控制ON/OFF开关可接通或关断电子控制单元ECU的12V电源，当空气悬架工作或其他系统工作时，必须接通开关。可强制停止悬架电脑对车身高度自动控制，防止车辆在维修时空气弹簧中的空气排出，导致发生车辆“趴下”现象发生。位置：安装在行李箱内，举升汽车时关闭，在顶起车辆或吊车时，务必要关断这个开关，如果没有关掉而顶起车辆，空气就会从汽缸排出，当放下车辆时，车身底部就会撞到千斤顶，汽车不能行驶。

8. 制动开关

制动开关将获得的汽车制动信号供给电子控制单元，由此产生抑制汽车“点头”的控制指令。

二、电子控制空气悬架的组成及工作原理

电子调整空气悬架中储有起弹簧作用的压缩空气，减振器减振力、弹簧刚度和汽车高度控制可根据驾驶条件自动控制和人为的开关控制。电子调整空气悬架是ECU根据高度位置传感器，检测车身高度，通过控制空气压缩机和高度控制电磁阀的工作状况来完成对空气弹簧的充放气以调节车身的高度。根据加速度传感器、制动灯开关、转向传感器等检测车辆的运行情况，通过控制悬架控制执行器的工作状态来调节空气弹簧的刚度和减振器的减振力(阻尼力)。

三、电子控制液压悬架的工作原理

1. 电子控制液压调节悬架阻尼力

电子控制液压悬架能根据悬架的质量和加速度等，利用液压部件控制汽车的振动。电子控制液压悬架在汽车上的布置如图7-4所示。在汽车重心附近安装有纵向、横向加速度和横摆陀螺仪传感器，用来采集车身振动、车轮跳动、车身高度和倾斜状态等信号，这些信号被输入到控制单元ECU，ECU根据输入信号和预先设定的程序发出控制指令，控制伺服电机并操纵前后四个执行油缸工作。

电子控制调节减振力（阻尼力）及弹簧刚度的控制过程为：通过计算机（自动）及手动开关可改变悬架弹簧的弹性系数和减振器的缓冲力。电脑根据行车条件自动调整车辆减振力和阻尼力，通过控制缓冲力的强弱来消除车辆行驶中的不平衡，可以使车辆在颠簸路面上保持平稳

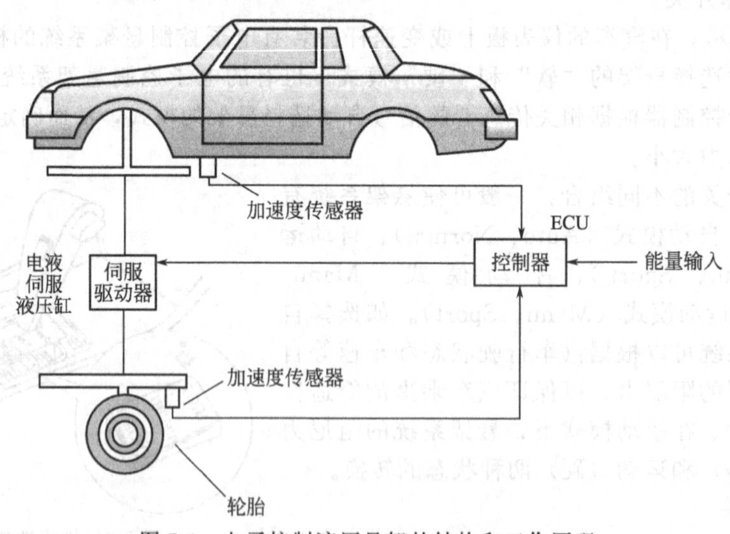

图7-4　电子控制液压悬架的结构和工作原理

姿态，并自动调整车辆在紧急制动时的前倾和急加速时的后仰，以保证乘坐的舒适性。

2. 电子控制液压调节车高

电子控制液压悬架对车身高度的控制过程如图 7-5 所示，电脑根据行车条件和车辆承载情况自动调整车辆高度。

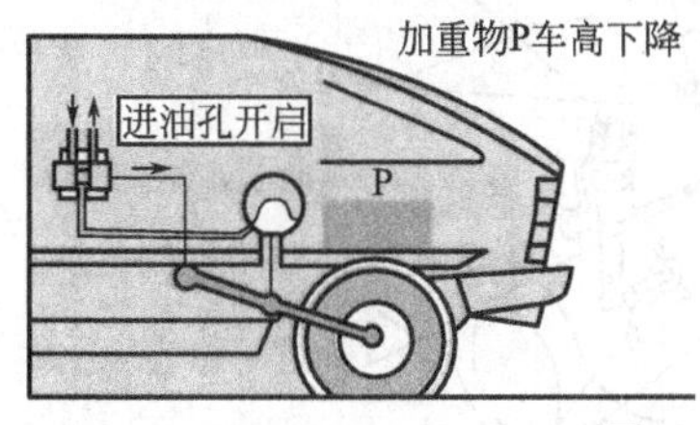

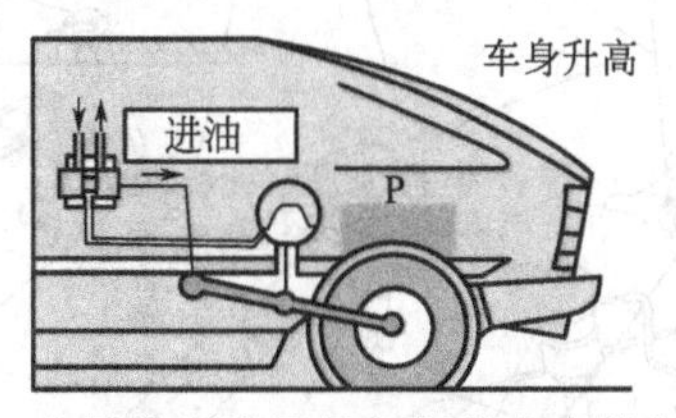

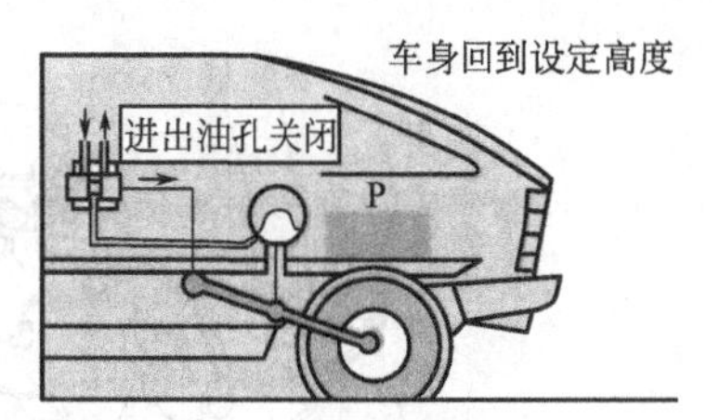

图 7-5 电子控制液压悬架调节车高控制示意图

在前轮和后轮的附近设有车高传感器，按车高传感器的输出信号，电脑判断出车辆高度，再控制进出油孔的开闭，使油气弹簧压缩或伸长，从而控制车辆高度。

四、电子控制悬架系统电控单元（ECU）

汽车悬架电子控制系统电控单元（ECU）由输入电路、微处理器、输出电路和电源电路等组成。具有如下功能：

（1）提供稳压电源　控制装置内部所用电源和各种传感器的电源均由稳压电源提供。

（2）传感器信号放大　用接口电路将输入信号（如各种传感器信号、开关信号、电压信号）放大，变换为适合输入控制装置的信号。

（3）输入信号的计算　电子控制单元根据预先写入只读存储器 ROM 中的程序对各种输入信号进行计算，并将结果与内存的数据进行比较，然后向执行机构（电动机、电磁阀、继电器等）发出控制信号。

（4）驱动执行机构　悬架 ECU 将输出驱动信号放大，然后输送到各执行机构，如电动机、电磁阀和继电器等，以实现对汽车悬架的控制。

（5）故障检测功能　悬架 ECU 用故障检测电路来检测传感器、执行器、线路等的故障，当发生故障时，悬架 ECU 点亮故障指示灯。

第三节　典型汽车电子控制悬架系统

以丰田 LS400 为例来介绍典型汽车电子控制悬架系统（Toyota Electronic Modulated Supension，TEMS）的结构与工作原理。

一、丰田 LS400 电子控制悬架系统的构成

LS400 电子控制悬架系统主要由压缩空气系统和电子控制系统两部分组成。各元件在车上的位置如图 7-6 所示，主要部件有：车辆高度控制阀，悬架高度传感器，汽车转向角传感器，压缩空气排气阀，悬架控制电脑、执行器、各种手动控制开关和汽车仪表板上的各种显示仪表、指示灯等。悬架系统弹簧的弹性系数、减振器的阻尼力、汽车悬架的高度等都可根据开关上的条件来确定。悬架的状态显示在汽车的仪表板上。

LS400 电子控制悬架系统综合了车身高度调整和悬架减振力（阻尼力）与弹簧刚度调整两大功。通过电脑（自动）及手动开关控制执行器可改变悬架弹簧的弹性系数和减振器的阻尼力。电脑根据行车条件自动调整车辆高度，通过控制阻尼力的强弱来消除车辆行驶中的不平衡，以使车辆在颠簸路面上保持平稳姿态，并自动调整车辆在紧急制动时的前倾和急加速时后仰，以保证乘坐的舒适性。LS400 电子控制悬架控制示意图如图 7-7 所示。

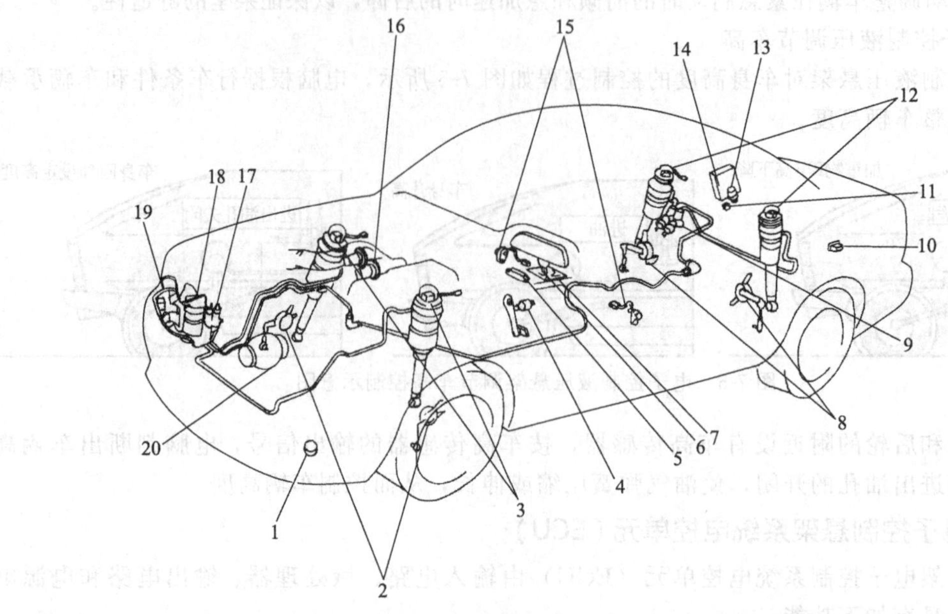

图 7-6 LS400 的电子控制悬架系统元件在车上的位置

1—1 号高度控制继电器；2—前车身高度传感器；3—前悬架控制执行器；4—制动灯开关；5—转向传感器；6—高度控制开关；7—LRC 开关；8—后车身高度传感器；9—2 号高度控制阀和溢流阀；10—高度控制 ON/OFF 开关；11—高度控制连接器；12—后悬架控制执行器；13—2 号高度控制继电器；14—悬架 ECU；15—门控灯开关；16—主节气门位置传感器；17—1 号高度控制阀；18—高度控制压缩机；19—干燥器和排气阀；20—IC 调节器

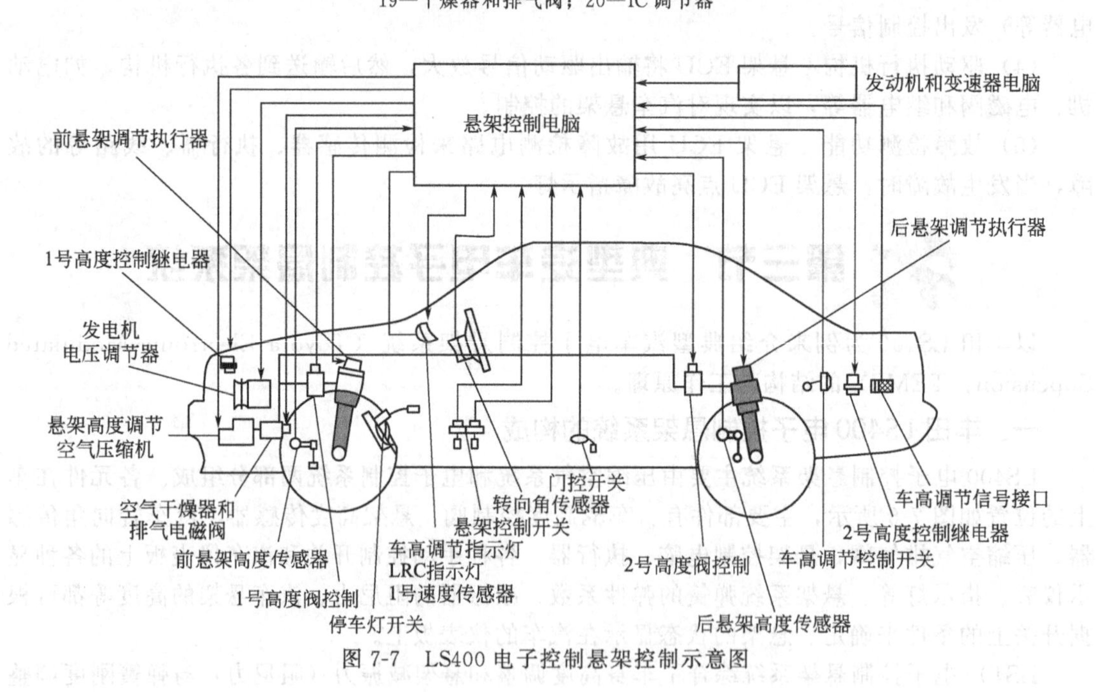

图 7-7 LS400 电子控制悬架控制示意图

二、丰田 LS400 电子控制悬架的功能

对于汽车悬架而言，若悬架刚度减少，则悬架的平顺性好，汽车乘坐的舒适性提高，但过低的悬架刚度会造成汽车在行驶过程中产生横摆和纵摇，破坏汽车的正常行驶状态，使汽

车行驶稳定性降低。而且，若只减少悬架刚度而不改变减振器的减振阻尼，地面冲击力会通过减振器传至车身，汽车乘坐的舒适性也会被破坏。因此，悬架刚度控制最好能与车身高度控制和减振器减振阻尼控制联合作用，才能有效地改善汽车的乘坐舒适性和行驶稳定性。

LS400 汽车上所用的电子控制悬架系统，是一种能同时控制车身高度和减振器减振阻尼、弹簧刚度的系统，是比较有代表性的汽车电子控制悬架系统。其功能如下。

1. 系统控制功能

丰田 LS400 的电子控制悬架系统主要对车速及路面感应、车身姿态、车身高度三个方面进行控制。

（1）车速与路面感应控制

① 当车速高时，提高弹簧刚度和减振器阻尼力，以提高汽车高速行驶时的操纵稳定性。

② 当前轮遇到突起时，减小后轮悬架弹簧刚度和减振器阻尼力，以减小车身的振动和冲击。

③ 当路面差时，提高弹簧刚度和减振器阻尼力，以抑制车身的振动。

（2）车身姿态控制

① 转向时侧倾控制：急转向时，提高弹簧刚度和减振器阻尼力，以抑制车身的侧倾。

② 制动时点头控制：紧急制动时，提高弹簧刚度和减振器阻尼力，以抑制车身的点头。

③ 加速时后坐控制：急加速时，提高弹簧刚度和减振器阻尼力，以抑制车身的后坐。

（3）车身高度控制

① 高速感应控制：车速超过 90km/h，降低车身高度，以减少空气阻力，提高汽车行驶的稳定性。

② 连续差路面行驶控制：车速在 40～90km/h，提高车身高度，以提高汽车的通过性；车速在 90km/h 以上，降低车身高度，以满足汽车行驶的稳定性。

③ 点火开关 OFF 控制：驻车时，当点火开关关闭后，降低车身高度，便于乘客的乘降。

④ 自动高度控制：当乘客和载质量变化时，保持车身高度恒定。

2. 系统操作

丰田 LS400 的电子控制悬架系统有三个操作选择开关：高度控制 ON/OFF 开关、高度控制开关和 LRC（模式控制）开关。

高度控制 ON/OFF 开关安装在汽车尾部后备箱的左边。当高度控制 ON/OFF 开关处于 ON 位置时，系统可按选择方式进行车身高度自动控制；当该开关处于 OFF 位置时，系统不执行车身高度控制。

高度控制开关和 LRC（模式控制）开关安装在驾驶室内变速操纵杆的旁边。

高度控制开关用于选择控制车身高度，当高度控制开关处于“HIGH（高）”位置时，系统对车身高度进行“高值自动控制”；当高度控制开关处于“NORM”位置时，车身高度则进入“常规值自动控制”状态。

LRC（模式控制）开关用于选择控制悬架的刚度、阻尼力参数。当 LRC（模式控制）开关处于“SPORT”位置时，系统进入“高速行驶自动控制”；当 LRC（模式控制）开关处于“NORM”位置时，系统对悬架刚度、阻尼力进行“常规值自动控制”。此时，悬架 ECU 根据车速传感器等信号，使悬架的刚度、阻尼力自动地处于软、中或硬 3 种状态。

三、丰田 LS400 电子控制悬架的工作原理

1. 车身（底盘）高度工作原理

LS400 的车身（底盘）高度控制是由压缩空气系统来完成的。其结构及组成如图 7-8 所示。车辆使用中，悬架 ECU（见图 7-6、图 7-7）通过悬架高度位置传感器检测车身（底盘）

的高度，如低于规定，则 ECU 使空气压缩机工作，同时打开高度电磁阀，压缩空气经过干燥器干燥后，经高度电磁阀，进入气压缸，使车身（底盘）升高。如检测车身底盘高度高出规定，则打开高度电磁阀和排气阀，在车身重力的作用下，使气体排出气压缸，从而降低车身（底盘）高度。其中，压缩机只在升高的过程中工作，其余时间均不工作。

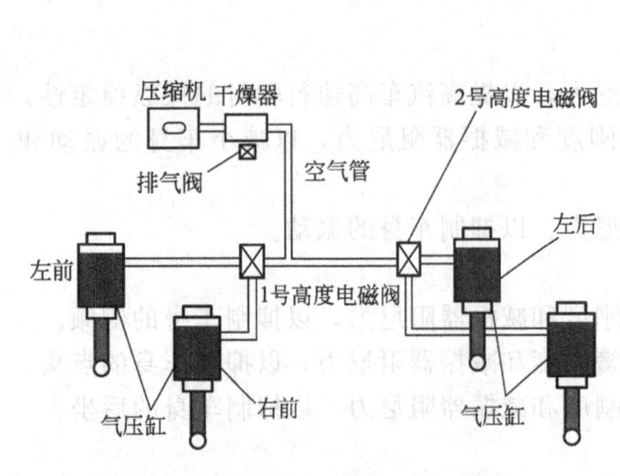

图 7-8　压缩空气系统结构示意图

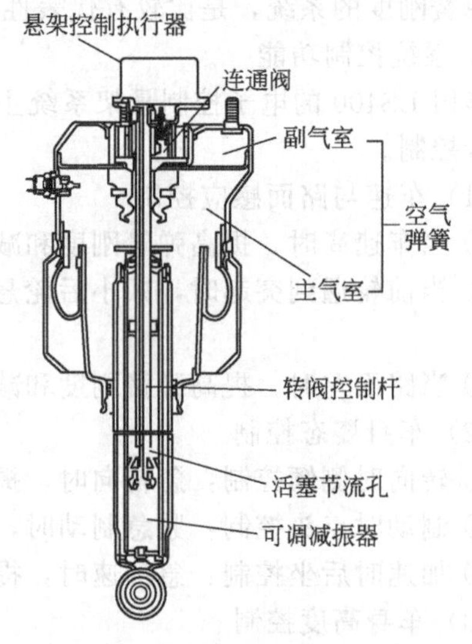

图 7-9　LS400 悬架结构

2. 悬架减振力（阻尼力）、弹簧刚度工作原理

LS400 悬架结构如图 7-9 所示。

（1）空气弹簧的变刚度工作原理　当空气阀转到如图 7-10 所示的位置时，主、副气室的气体通道被打开，主气室的气体经空气阀的中间孔与副气室的气体相通，相当于空气弹簧的工作容积增大，空气弹簧的刚度为“软”。

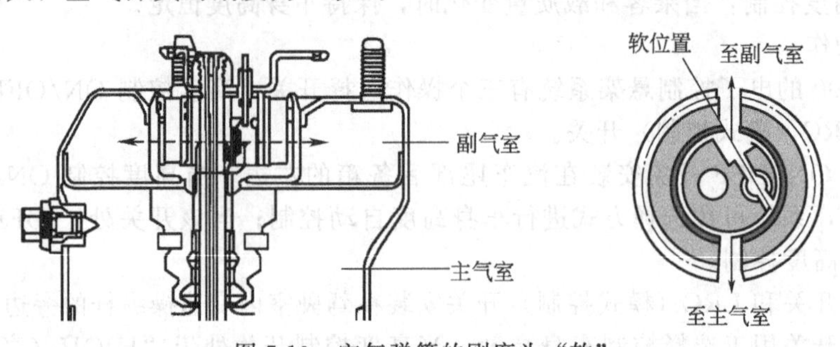

图 7-10　空气弹簧的刚度为“软”

当空气阀转到如图 7-11 所示的位置时，主、副气室的气体通道被关闭，主、副气室之间的气体不能相互流动，此时的空气弹簧只有主气室的气体参加工作，空气弹簧的刚度为“硬”。

（2）变阻尼力工作原理　变阻尼减振器安装于空气弹簧的下端，与空气弹簧一起构成悬挂支柱，上端与车架相下端安装在悬挂摆臂上。

一般变阻尼减振器的结构是：外壳为一个长圆柱缸筒，带有活塞的活塞杆插入缸筒内缸筒内充满液压油，活塞上有节流孔，如图 7-12 所示。

图 7-13 所示为变阻尼减振器的工作原理。减振器的阻尼力根据减振器内活塞杆量孔液压油的数量改变而变化。活塞杆上下伸缩运动时，具有黏性的液压油通过活塞孔产生阻力，

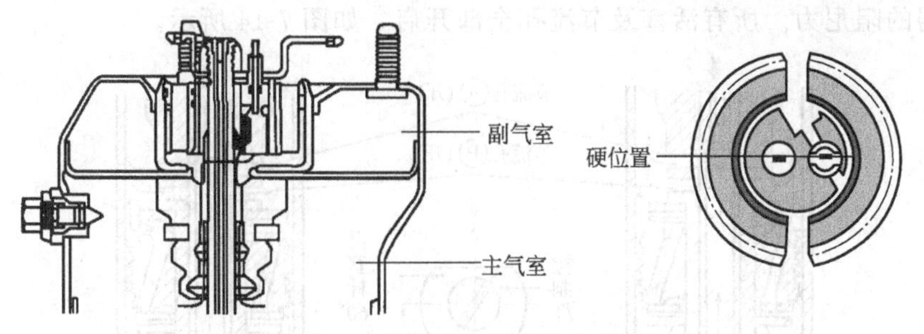

图 7-11　空气弹簧的刚度为“硬”

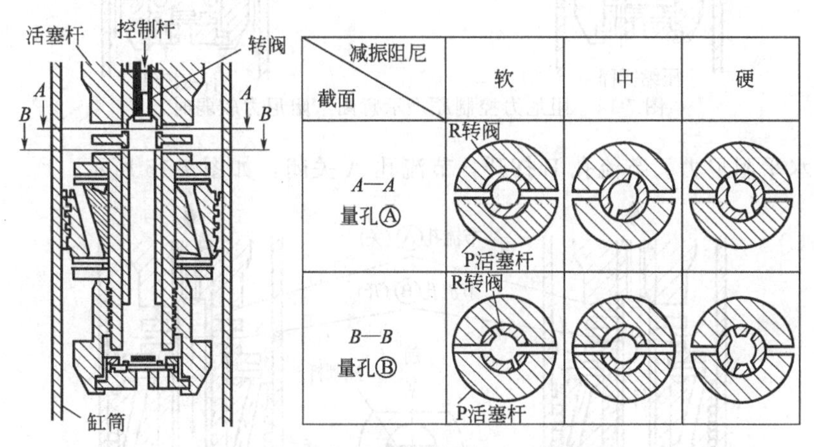

图 7-12　变阻尼减振器内部结构示意图

当活塞上下运动较慢时，阻尼力小；当快速运动时，就会产生很大的阻尼力。从机械原理上讲，节流孔越大，阻尼力越小；油的黏度越大，阻尼力越大。活塞杆内有一个旋转阀，由减振器悬挂执行器通过控制杆来驱动，旋转阀上有两对通孔，活塞杆上也有两对通孔。旋转阀旋转可打开或关闭其相对于活塞杆上的通孔。两孔重合时，开启通孔，增加了液压油的流通面积，从而调节了减振器内液压油流过活塞节流孔的流量，起到了控制减振器阻尼力的作用。

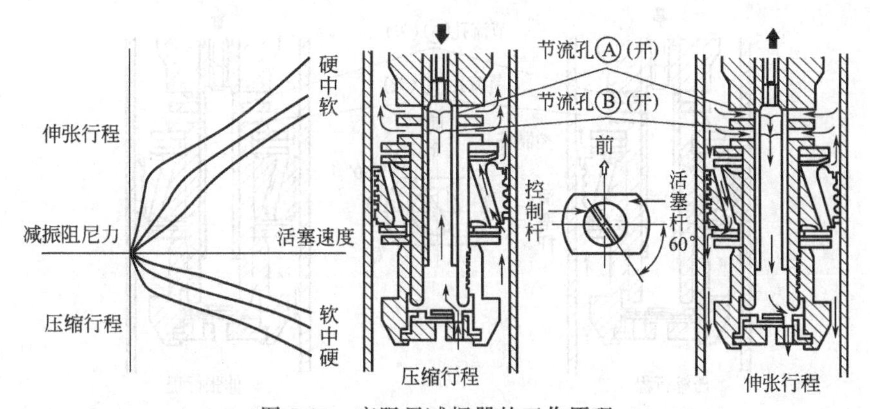

图 7-13　变阻尼减振器的工作原理

减振器的阻尼力是由减振器内的液压油通过其活塞孔产生液体节流来实现的，阻尼力的改变是通过减振器内活塞上 3 个旋转阀量孔的开闭改变液压油通过量孔的流量来实现的。电子控制悬挂系统由执行器将减振器阻尼力控制为以下三种情况。

① 较弱的阻尼力。所有活塞及节流孔全部开启，如图 7-14 所示。

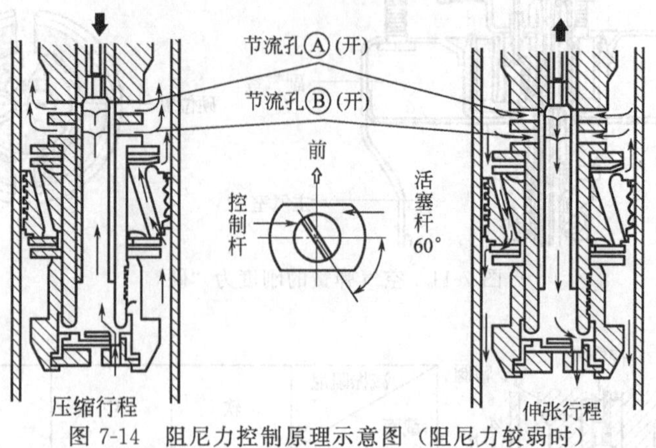

图 7-14　阻尼力控制原理示意图（阻尼力较弱时）

② 中等水平阻尼力。节流孔 B 打开，节流孔 A 关闭，如图 7-15 所示。

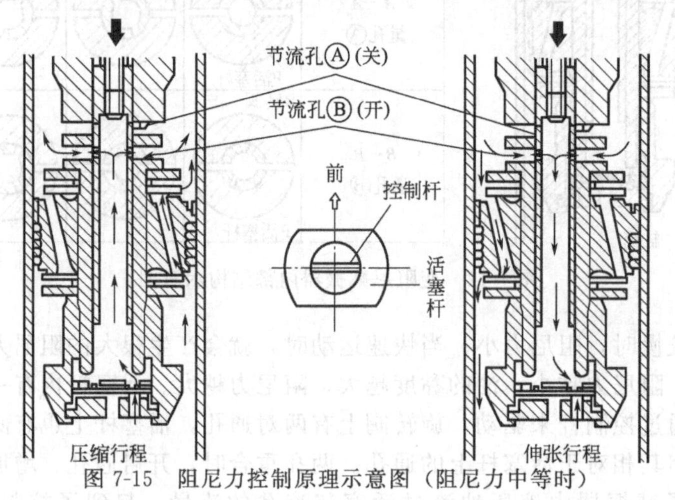

图 7-15　阻尼力控制原理示意图（阻尼力中等时）

③ 强阻尼力。两对节流孔全部关闭，如图 7-16 所示。

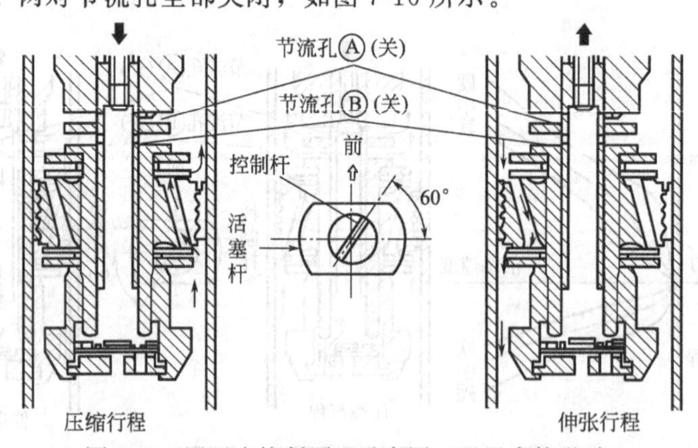

图 7-16　阻尼力控制原理示意图（阻尼力较强时）

四、丰田 LS400 电子控制悬架系统主要部件

1. 空气压缩机

空气压缩机的作用是为升高汽车悬挂高度提供所需的压缩空气。

空气压缩机由活塞和曲柄连杆机构组成，直流永磁电动机驱动，具有大扭矩和快速启动等特点，其内部结构如图 7-17 所示。空气压缩机安装在发动机前右下方。空气压缩机由电脑通过控制驱动电机而直接控制，需提高车身高度时，电脑驱动压缩机电机工作，压缩机向外排出空气，使车身升高。当车身升高至目标高度时，电脑停止压缩机电机的驱动工作，高度调节自动停止。空气压缩机用来产生供车身高度调节所需的压缩空气。其电路如图 7-18 所示。

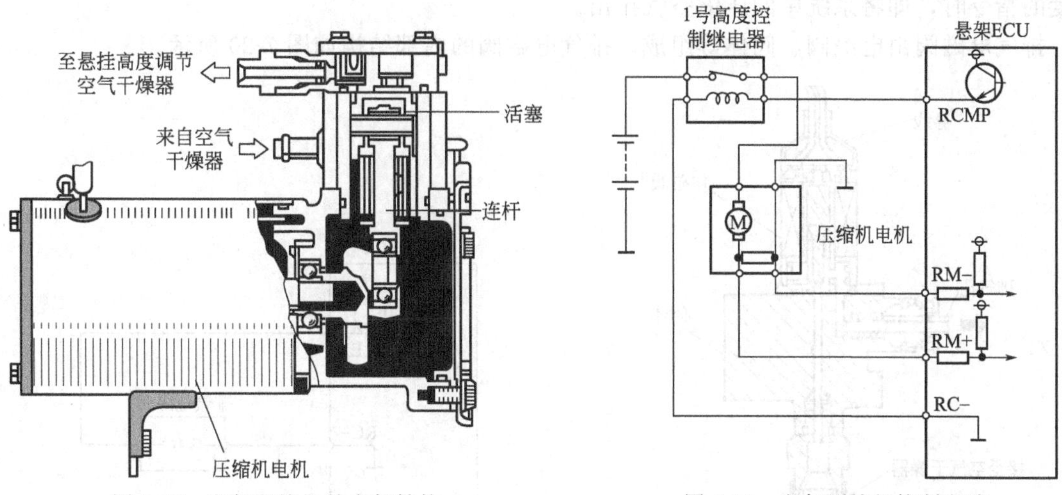

图 7-17 空气压缩机的内部结构　　图 7-18 空气压缩机控制电路

悬架 ECU 通过控制 1 号高度控制继电器来控制空气压缩机。当车内乘员人数或汽车载荷增加时，车身高度降低，悬架 ECU 控制 1 号高度控制继电器，启动空气压缩机，并打开高度控制电磁阀，给空气弹簧主气室充气，使车身高度升高；当车内乘员人数或汽车载荷减少时，车身高度会上升，这时悬架 ECU 打开高度控制电磁阀和排气电磁阀，使空气弹簧主气室内的空气排出，从而使车身高度下降。此外，悬架 ECU 通过测量 RM＋和 RM－端子的电压来判断电机的运行状态，并在检测到异常情况时中止高度控制。

2. 空气干燥器

空气干燥器用于去除系统内由于空气压缩而产生的水分。为使结构紧凑，排气电磁阀、空气干燥器装在一起。空气干燥器安装在高度控制阀和排气阀之间，内部充满了硅胶。其结构如图 7-19 所示。

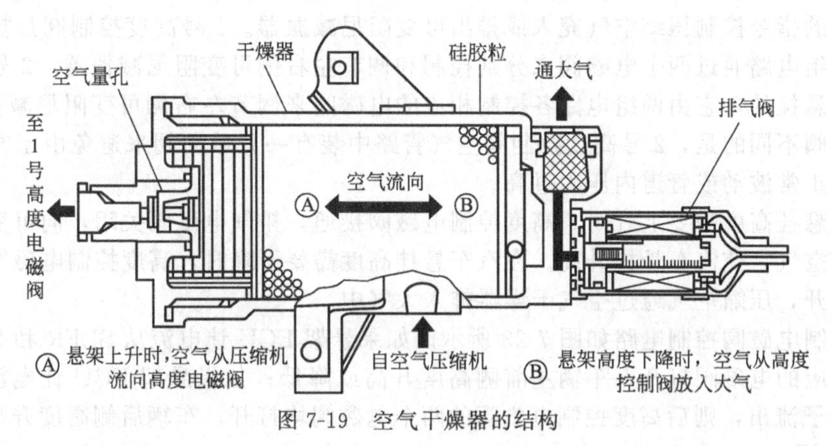

图 7-19 空气干燥器的结构

在汽车悬挂高度需要上升时，压缩空气通过空气干燥器，硅胶吸附其中水分并排入高度电磁阀（压缩空气由B流向A）。在汽车悬挂高度需要下降时，排气电磁阀打开，压缩空气通过空气干燥器排入大气中（压缩空气由A流向B）。排气的同时将硅胶所吸收的水分排入大气中，起“再生”作用。该装置无须更换硅胶，而应更换总成件。将干燥器拆下时，应将空气口密封，保持硅胶不因吸潮而降低使用寿命。

3. 排气电磁阀

高度控制排气电磁阀安装于空气干燥器的末端，当它接收到悬挂控制电脑发出降低悬挂高度的指令时，即将系统中的压缩空气排出。

排气电磁阀由电磁阀、阀体等组成。排气电磁阀的内部结构如图7-20所示。

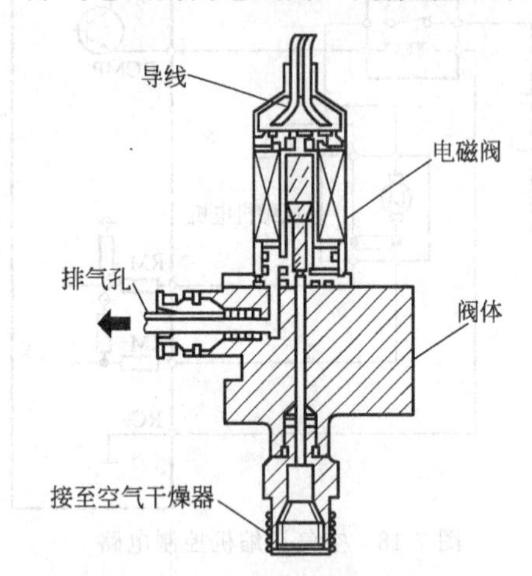

图7-20　排气电磁阀结构

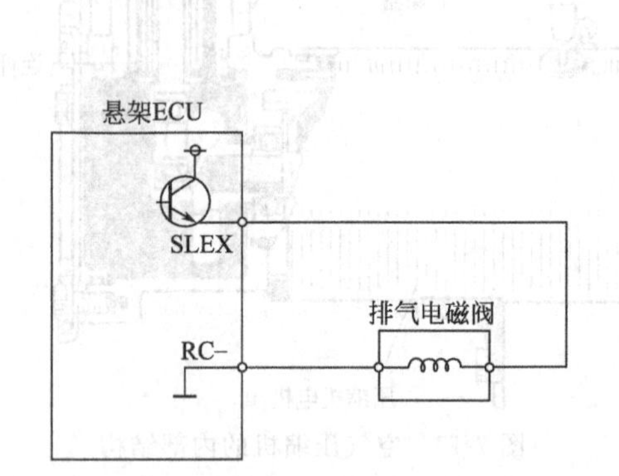

图7-21　排气电磁阀控制电路

在汽车悬挂高度需要下降时，排气电磁阀打开，压缩空气通过空气干燥器，再经过排气电磁阀排入大气中。排气电磁阀由悬架ECU控制，当收到来自悬架ECU的SLEX端子的降低汽车高度的信号时，排气电磁阀打开，将压缩空气从空气弹簧排到大气中去。排气电磁阀控制电路如图7-21所示。

4. 高度控制电磁阀

高度控制电磁阀安装于空气干燥器和可变阻尼减振器之间，为一电磁阀，用于控制汽车悬挂的高度调节。它由电磁阀、阀体等组成。其内部结构如图7-22所示。

在前轮和后轮的附近设有车高传感器，按车高传感器的输出信号，微机判断出车辆高度，再控制压缩机和排气阀，使弹簧压缩或伸长，从而控制车辆高度。高度控制阀可根据悬挂控制电脑的指令控制压缩空气充入或排出可变阻尼减振器。1号高度控制阀是控制前悬挂的，它由一组电路通过两个电磁阀来分别控制和调节左右侧可变阻尼减振器。2号高度控制阀是控制后悬挂的，它由两组电路各控制相应的电磁阀来调节左右侧可变阻尼减振器。与1号高度控制阀不同的是，2号高度控制阀空气管路中装有一只单向阀来避免由于阀的开闭形成的空气不正常波动或管道内压力过高。

在汽车悬挂高度需要上升时，高度控制电磁阀接通，排气电磁阀关闭，向可变阻尼减振器充入压缩空气，使汽车悬挂升高。在汽车悬挂高度需要下降时，高度控制电磁阀接通，排气电磁阀打开，压缩空气通过空气干燥器排入大气中。

高度控制电磁阀控制电路如图7-23所示。如果悬架ECU让电流从SLFR和SLFL端子流出，则相应的电磁阀打开，车辆左前侧高度升高或降低；如果悬架ECU让电流从SLRR和SLRL端子流出，则后高度控制电磁阀的两个电磁阀均打开，车辆后侧高度升高或降低。

5. 空气管

空气悬架系统一般采用钢管和尼龙软管作为空气管。钢管用于固定在车身上的前、后高

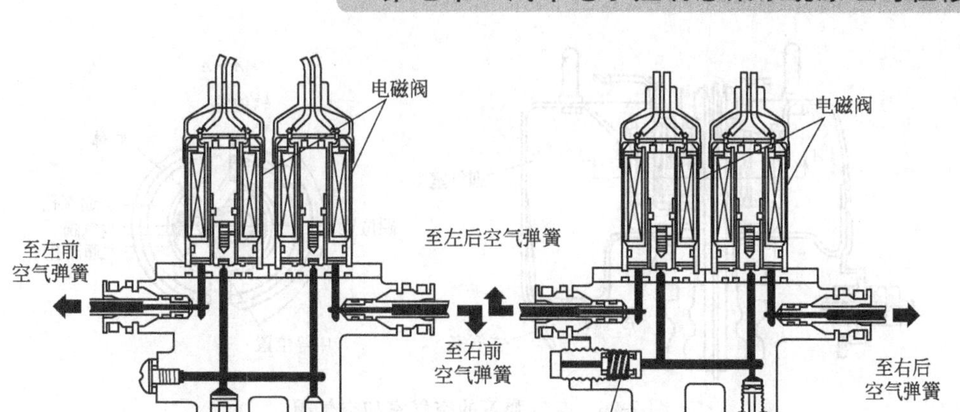

图 7-22　高度控制电磁阀

度控制阀之间的固定管道；尼龙软管用于诸如空气弹簧与高度控制阀之间的有相对运动的管道。尼龙软管采用单触式接头，以方便维修和具有良好的密封性。空气管结构及在车上的分布情况如图 7-24 所示。

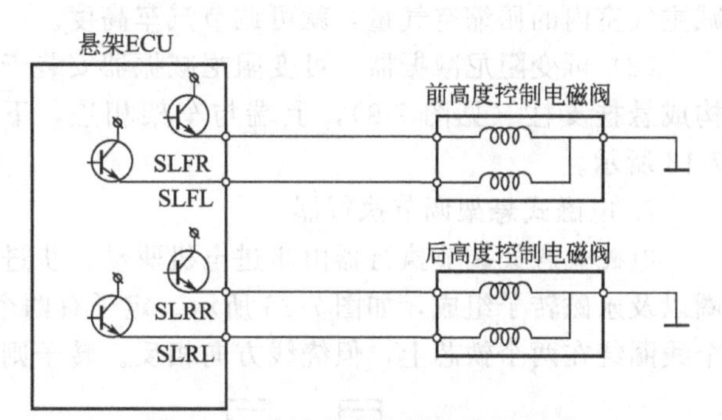

图 7-23　高度控制电磁阀控制电路

6. 可变阻尼减振器

空气悬架系统有 4 个可调阻尼减振器，每个可变阻尼减振器都包括一个可变阻尼力的减振器和可变化弹性系数的空气弹簧。可变阻尼减振器的总体结构如图 7-9所示。

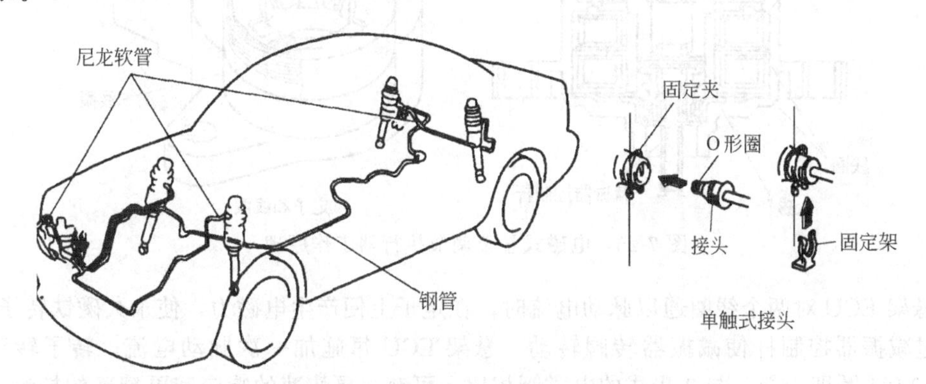

图 7-24　空气管结构及在车上的分布

(1) 空气弹簧　空气弹簧安装于可变阻尼减振器的上端，与可变化阻尼力的减振器一起构成悬挂支柱，上端与车架相连，下端安装在悬挂摆臂上。空气悬架的空气弹簧由空气室和空气阀两部分组成，其结构如图 7-25 所示。

空气弹簧的空气室分为主气室和副气室。空气阀安装在可变阻尼减振器的顶部。悬挂执行器可同时驱动空气阀和活塞旋转阀控制杆。空气阀可调节由主气室到副气室的空气流量，由此，空气弹簧的弹性系数（刚度）可分为两个阶段来调节。

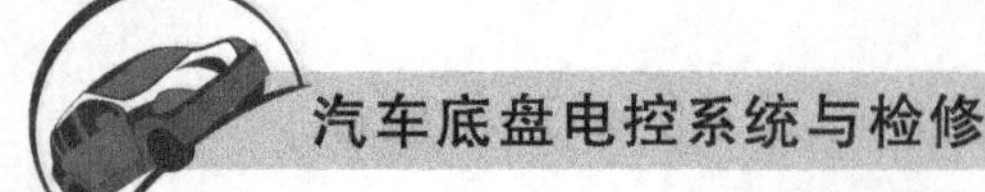

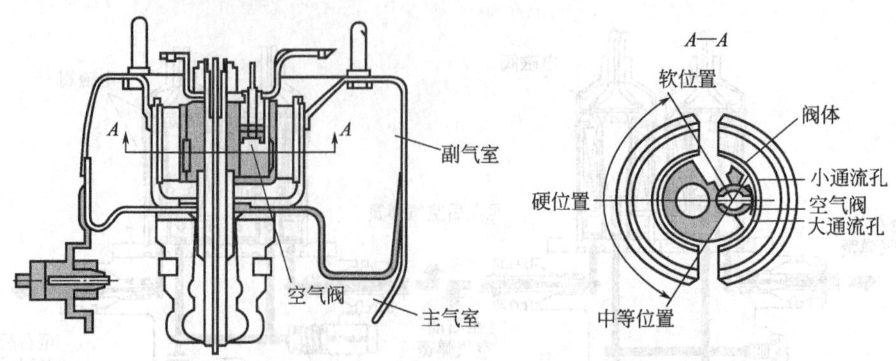

图 7-25 空气弹簧的空气室和空气阀

主气室是可变容积的，在它的下部有一个可伸展的隔膜，压缩空气进入主气室可升高悬挂高度；反之，使悬挂下降。悬挂空气弹簧刚度的改变也是根据压缩空气通过空气阀由主气室进入副气室的量的改变来调节的。车辆高度则是由 1 号和 2 号高度控制阀及排气阀来调节的，调节方法就是高度控制阀和排气阀根据电脑指令将压缩空气注入或排出主气室。通过增减主气室内的压缩空气量，就可调节汽车高度。

(2) 可变阻尼减振器　可变阻尼减振器安装于可变阻尼减振器的下端，与空气弹簧一起构成悬挂支柱（见图 7-9），上端与车架相连，下端安装在悬挂摆臂上。其工作原理如图 7-13 所示。

7. 电磁式悬架调节执行器

电磁式悬架调节执行器由步进电机驱动。步进电机装在悬架调节执行器内，由定子和线圈以及永磁转子组成，如图 7-26 所示。定子有两个 12 极的铁芯，相互错开半齿而对置，两个线圈绕在两个铁芯上，但绕线方向相反。转子则是一个具有 12 极的永久磁铁。

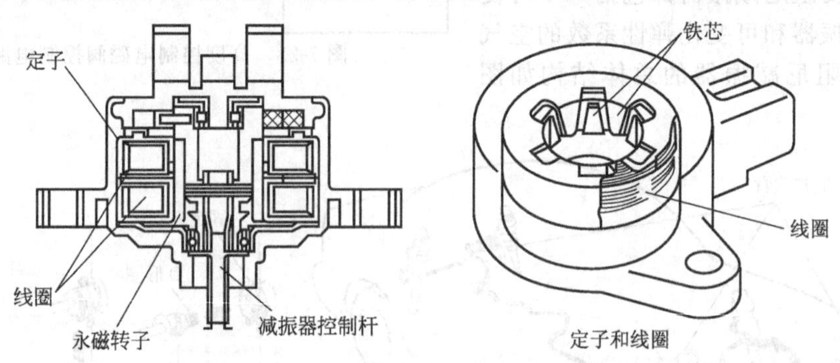

图 7-26 电磁式悬架调节执行器工作原理

当悬架 ECU 对两个线圈通以脉动电流时，在定子上便产生电磁力，使永久磁铁转子转动，从而通过减振器控制杆使减振器转阀转动。悬架 ECU 每施加一次脉动电流，转子转动一步(一步是 1/24 圈即 15°)。与 3 步式的电磁阀相比，可获得更快速的响应和更精确的控制，因此汽车在不平路面行驶时可获得更佳的悬架控制效果。执行器的控制电路如图 7-27 所示。

如果改变脉动电流的施加顺序，步进电机也可以逆转。步进电机为非接触型电机，根据脉动电流的施加方式，可以自由控制转子的旋转速度和停留位置。每个悬架控制执行器可独立动作。

8. 线性式高度传感器

线性式高度传感器的安装位置如图 7-28 所示。线性式高度传感器利用因悬架位移量的变化而造成电阻器阻值的变化，得到线性式的输出，这种传感器具有检测精度高的特点。

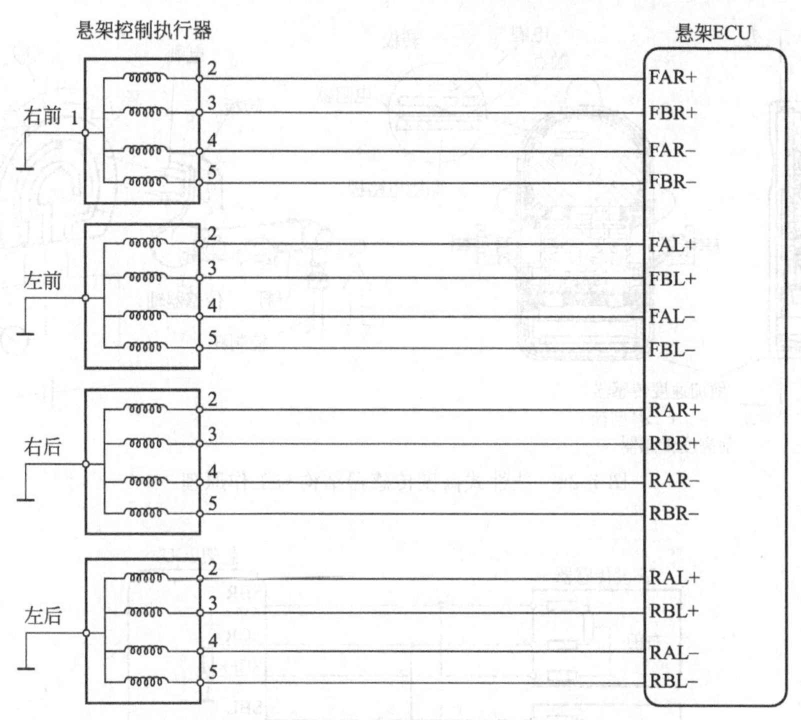

图 7-27 电磁式悬架调节执行器的控制电路

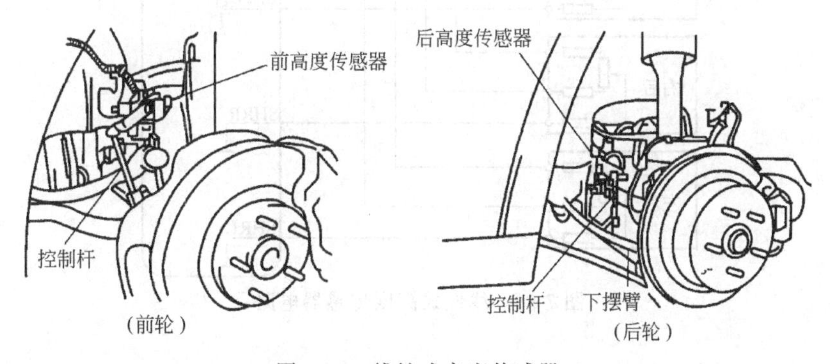

图 7-28 线性式高度传感器

线性式高度传感器由传感器轴、转板、电刷和印刷电路板组成，传感器轴、转板和电刷组合成一个整体，由导杆带动而转动；印刷电路板上有一电阻器，电刷可在电阻器上滑动。其结构和工作原理如图 7-29 所示。

当由于车身高度的变化使与转板和传感器轴一体的电刷在电阻器上滑动时，A 和 B 之间的电阻值就发生变化，电阻值的变化与转板的转动角度成正比，也即与车身高度的变化成正比。当悬架 ECU 把一个恒定电压加到整个电阻器时，A 和 B 之间产生的电压变化取决于转板的转动角度。这一电压信号送到悬架 ECU，悬架 ECU 即可从电压的变化中检测出车身高度的变化，其电路如图 7-30 所示。

9. 加速度传感器

加速度传感器（如图 7-31 所示）用于测量车身的垂直加速度。加速度传感器共有 3 个，两个前加速度传感器分别装在前左、前右高度传感器内；一个后加速度传感器装在行李箱右侧的下面。这 3 个加速度传感器分别检测车身的前左、前右和后右位置的垂直加速度。车身后左位置的垂直加速度则由悬架 ECU 从这 3 个加速度传感器所获得的数据推导出来。

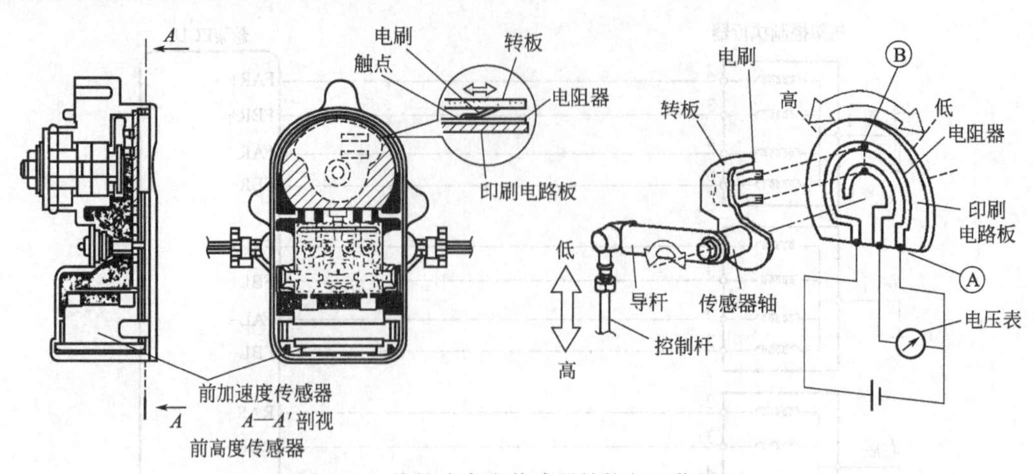

图 7-29　线性式高度传感器结构与工作原理

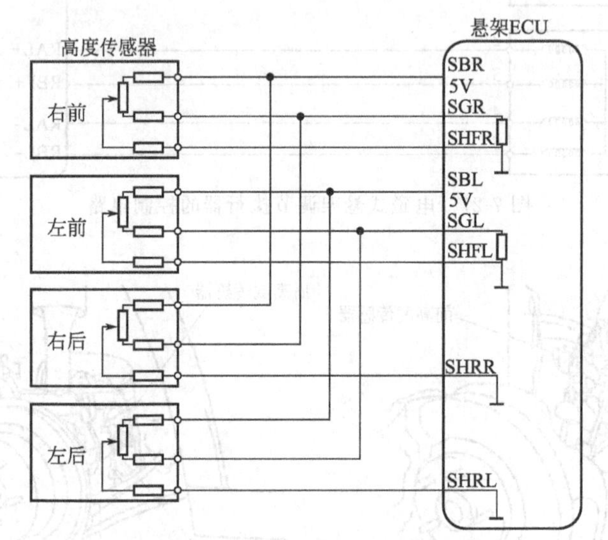

图 7-30　线性式高度传感器电路

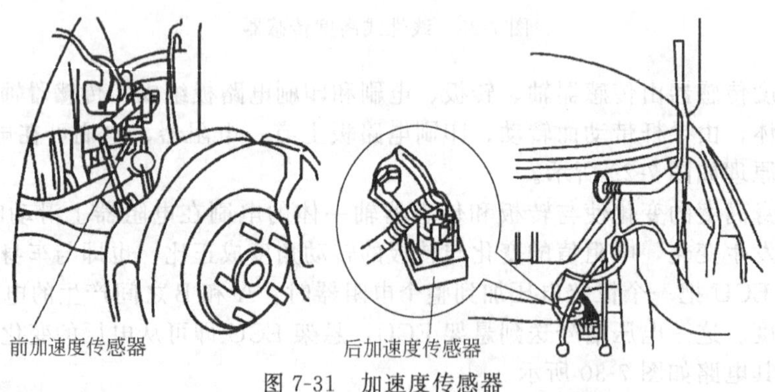

图 7-31　加速度传感器

加速度传感器主要由压电陶瓷盘和膜片组成，如图 7-32 所示。两个压电陶瓷盘固定在膜片两侧，并支承在传感器中心。当加速度作用在整个传感器时，压电陶瓷盘在其自身重量作用下弯曲变形。根据压电陶瓷的特性，它们将产生与其弯曲率成正比例变化的电荷。这些电荷由传感器内的电子电路转换成与加速率成正比例变化的电压，输送到悬架 ECU，如图 7-33 所示。

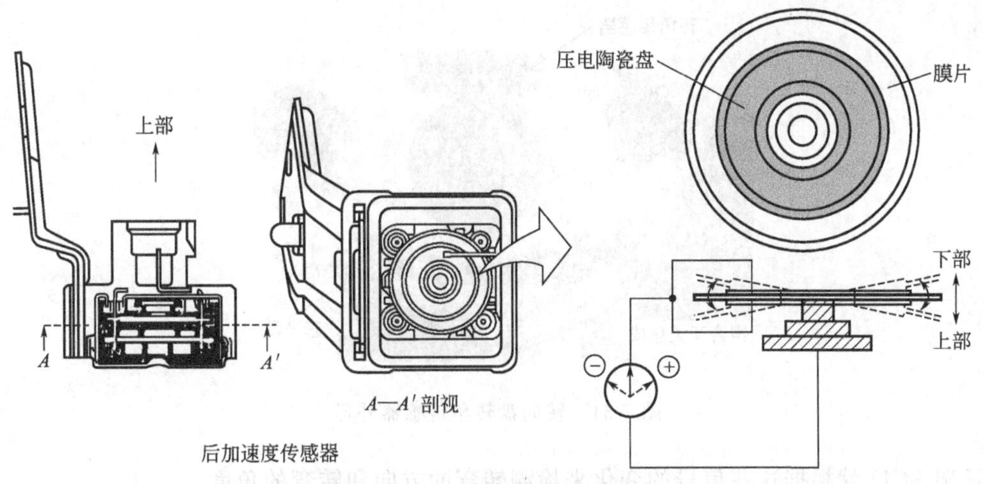

图 7-32　加速度传感器结构与原理

悬架 ECU 根据从加速度传感器接收到的信号计算出 4 个车轮的弹簧支承质量的垂直加速度。此外，悬架 ECU 还通过高度传感器计算出弹簧支承质量和非弹簧支承质量之间的相对速度。根据这些数据，悬架 ECU 把 4 个车轮的减振阻尼控制在最佳值，以获得稳定的汽车行驶状态，提高汽车驾驶的稳定性。

10. 转向盘转角传感器

转向盘转角传感器外形如图 7-34 所示。该传感器位于转向盘下面，装在组合开关总成内，用于检测汽车转弯的方向和转弯的角度。转角传感器由一个信号盘（有缝圆盘）和两个遮光盘组成。每个遮光器有一个发光二极管和光敏晶体管，两者相互对置，并固定在转向柱管上。信号盘沿圆周开有 20 条光缝，它被固定在方向盘主轴上，随主轴转动而转动。

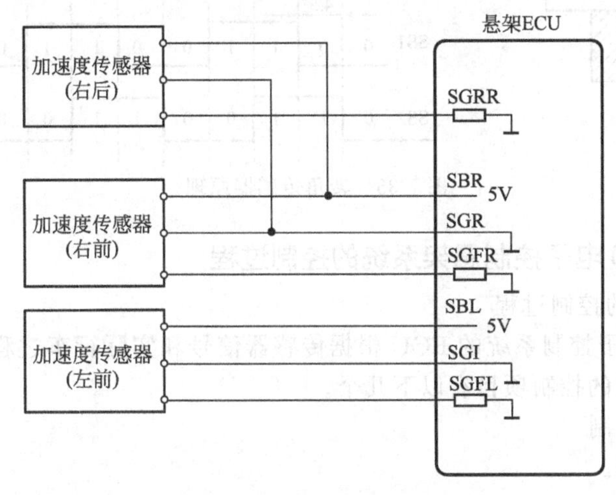

图 7-33　加速度传感器电路

当汽车转弯时，方向盘转动，信号盘也随之转动。从 ECU-IG 保险丝供给的电流使两个发光二极管发光，如图 7-32 所示。当信号盘在两个发光二极管和光敏晶体管之间通过时，从发光二极管发出的光线被交替切断和通过，光敏晶体管也就被这光线交替接通和切断。这样，三极管 TR1 和 TR2 就按照来自光敏晶体管的信号而发出通断信号。

所以，电流按照来自光敏晶体管的通/断信号从悬架 ECU 的 SS1 和 SS2 端子流至三极管 TR1 和 TR2。若电流流过时信号为 1，电流不流过时信号为 0，则合成信号如图 7-35 所

图 7-34 转向盘转角传感器外形

示。悬架 ECU 就根据这些信号的变化来检测转弯的方向和转弯的角度。

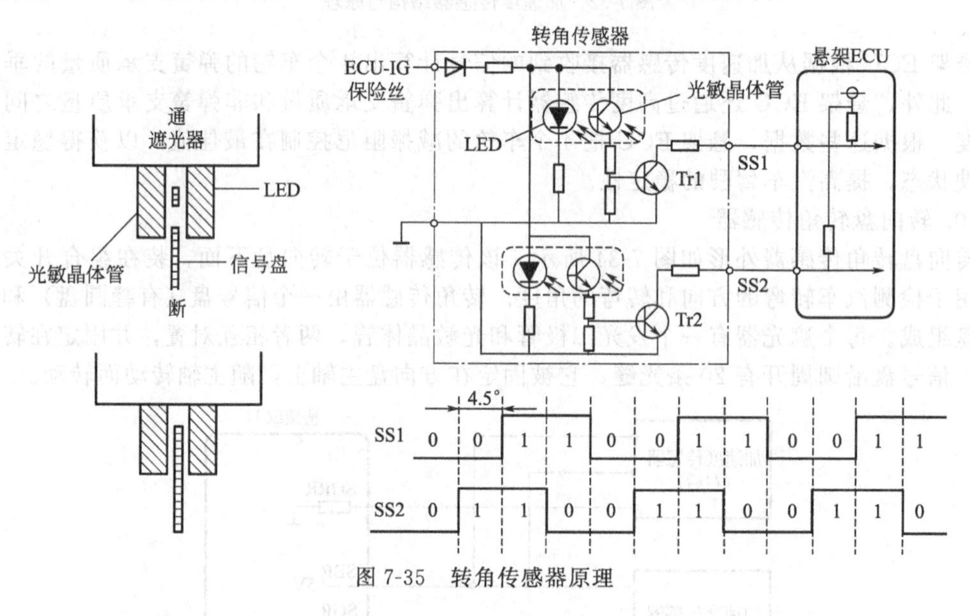

图 7-35 转角传感器原理

五、丰田 LS400 电子控制悬架系统的控制过程

1．ECU 对悬架的控制过程

电子控制悬架电子控制系统的 ECU 根据传感器信号和实际行车过程，对悬架进行相应的控制。ECU 对悬架的控制项目有以下几个。

① 减振阻尼力控制。

② 弹簧刚度控制。

③ 半主动控制。

④ 车身（底盘）高度控制。

2．减振阻尼力和弹簧刚度控制

减振阻尼力和弹簧刚度的控制是针对以下情况而实施的，具体包括防“点头”控制、防“侧倾”控制、防“下坐”控制、坏路控制、高车速控制等。

（1）防“点头”控制　该控制用于防止汽车在制动时过量地点头。悬架 ECU 通过制动灯开关和车速信号，判断汽车是否制动并发生“点头”现象。如是，则通过悬架执行器把减振阻尼力和弹簧刚度设置到“硬”状态，从而防止（或减轻）车辆制动“点头”。在松开制动踏板约 1s 后，这一控制被取消，悬架执行器恢复至原来的减振阻尼力和弹簧刚度。

（2）防“下坐”控制　该控制可在汽车起步或突然加速时抑制汽车后部的“下坐”。悬架 ECU 通过节气门位置的变化程度，判断汽车是否在起步或急加速。如是，则通过使悬架执行器动作把减振阻尼力和弹簧刚度设置到“硬”状态，从而抑制汽车起步或急加速时产生“下坐”的现象。这一控制约在 2s 后或是车速达到预定值时被取消。

（3）防“侧倾”控制　该控制可在转弯时或在 S 形弯路上抑制车辆的侧倾。悬架 ECU 根据车速和转弯角度信号，判断汽车是否会发生转身侧倾的现象。如是，则通过使悬架执行器动作把减振阻尼力和弹簧刚度设置到“硬”状态，从而抑制车辆转向侧倾的程度。

当方向盘恢复至正向前方位置约 2s 后，悬架 ECU 取消这一控制，悬架恢复至原来的减振阻尼力和弹簧刚度。如果方向盘连续沿左右两个方向来回转动，或转动得比正常转弯大时，则这一控制时间将延长。

（4）坏路控制　该控制可抑制汽车在坎坷不平道路上行驶时发生的碰底、俯仰和跳振，以改善乘坐的舒适性。这一控制可根据汽车前、后高度的变化分别对前轮和后轮单独进行。当左前或右前高度传感器检测到路面不平整时，悬架 ECU 将减振阻尼力设置为“中”，弹簧刚度设置为“硬”；若检测到路面很不平整时，悬架 ECU 将减振阻尼力和弹簧刚度均设置为“硬”。后悬架的设置方式与前悬架一样，只是由左后或右后高度传感器来检测路面的平整程度。

但当车速低于 10km/h 时，不再进行这一控制。

（5）高车速控制　该控制可在汽车高速行驶时改善行驶的稳定性和可控制性。当车速较高时（约≥140km/h），悬架 ECU 将减振阻尼力和弹簧刚度分别设置到“中”和“硬”位置，以提高汽车稳定性。当车速降至某一值（约 120km/h）以下时，悬架 ECU 使悬架执行器恢复至原来的设置。

3. 半主动控制

LS400 的电子控制空气悬架系统引入了半主动控制。它可独立地把 4 个车轮的悬架减振阻尼力精确地调节到最佳，以适应路面的不平。

这种悬架同样由弹簧和减振器组成（图 7-36）。悬架 ECU 通过加速度传感器和高度传感器检测车身的垂直速度（簧载质量的垂直速度）、减振器速度（其中簧载质量和非簧载质量的相对速度），然后输出控制信号到悬架控制执行器，以提供最佳的减振力。

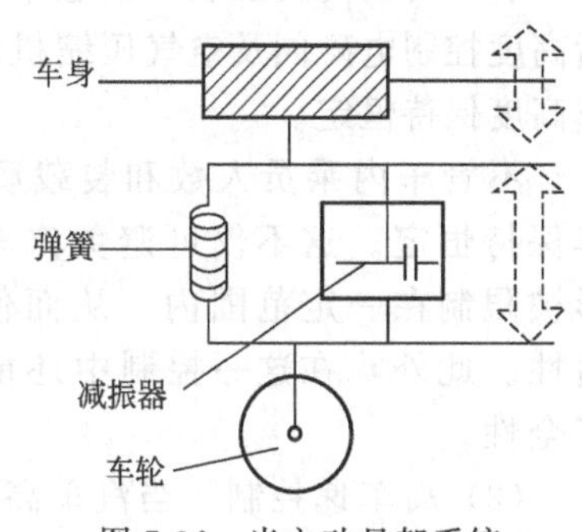

图 7-36　半主动悬架系统

下面以汽车走过一个凸起路面为例说明这一控制。其控制过程可分为如下 4 个步骤。

（1）开始上坡　如图 7-37 所示，当车轮开始走向凸起面，使减振器受到压缩，且车身向上运动时，减振器的减振阻尼力减少，以使减振器阻力不把车身向上推。

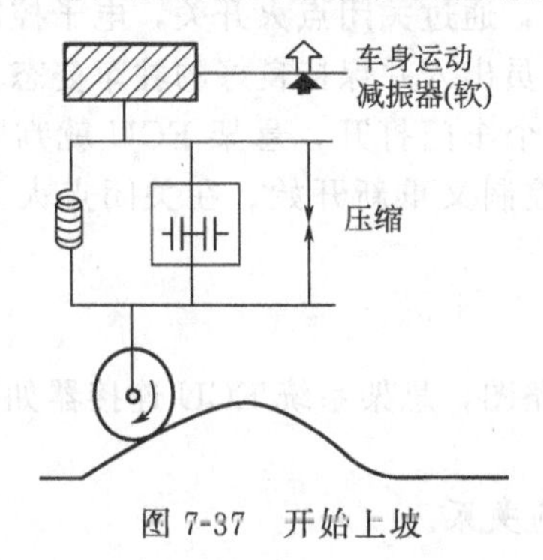

图 7-37　开始上坡

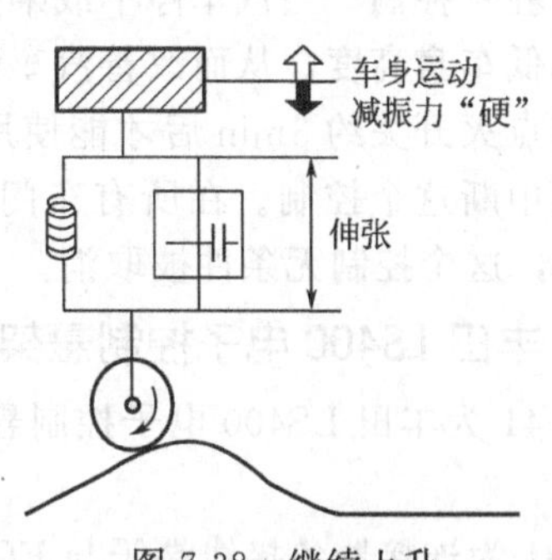

图 7-38　继续上升

(2) 继续上升　如图 7-38 所示，当车轮继续升上凸起路面时，弹簧力向上推车身，使减振器逐渐伸张。因此，减振器的减振阻尼力增加以减少车身向上运动。

(3) 开始下坡　如图 7-39 所示，当车轮开始走下凸起路面，使减振器伸张，且车身向下运动时，减振器的减振阻尼力减少，以使悬架平缓向下。

(4) 继续下行　如图 7-40 所示，当车轮进一步下行，使减振器逐渐受到压缩时，减振器的减振阻尼力增加，以减少车身向下运动。

因此，通过悬架 ECU 的指令，半主动控制功能会根据不同的情况调节减振器的减振阻尼力。在上述步骤 (1) 和 (3) 中，由于减振器的减振阻尼力有助车身运动，因此悬架 ECU 使减振器变软。而在步骤 (2) 和 (4) 中，由于减振器的减振阻尼力抑制车身运动，因此悬架 ECU 使减振器变硬。根据这一方法，即使在不平的路面，悬架 ECU 也可在所有 4 个车轮上独立地实现最佳减振阻尼力的控制。

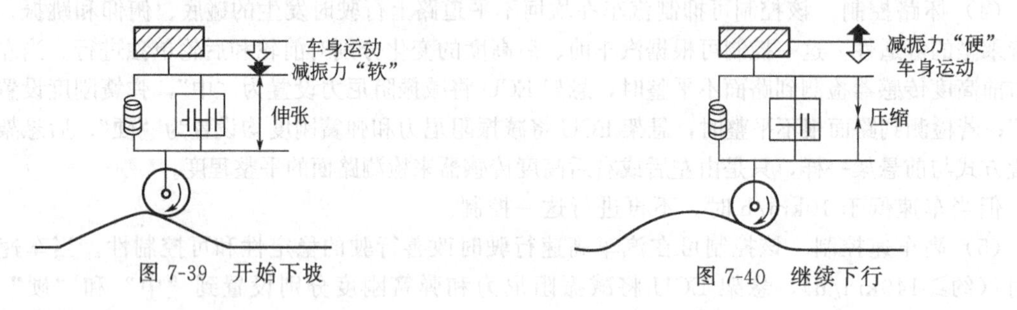

图 7-39　开始下坡　　　　图 7-40　继续下行

4. 车身高度控制

(1) 自动高度控制　当悬架 ECU 检测到汽车高度变化时，通过控制排气电磁阀、前/后高度控制电磁阀及空气压缩机的动作（见图 7-8），以调节气压缸内的压缩空气量，使汽车高度保持恒定。

不管车内乘员人数和装载质量如何变化，电子控制悬架都能自动控制车身高度，使其保持恒定。这不仅可避免汽车底盘与不平路面相碰刷，而且由于减振弹簧的有效变形被限制在一定范围内，从而使弹簧能最大限度地吸收振动能量，改善汽车乘坐的舒适性。此外，在这一控制中还能使汽车前大灯光束射程保持恒定，可提高汽车行驶的安全性。

(2) 高车速控制　当汽车高速行驶时，高车速控制令车身自动降低高度，从而可提高汽车高速行驶的稳定性，并减少空气阻力。当车速超过 140km/h 时，即使高度控制开关设置在 HIGH（高）的位置，车身高度仍会降至 NORM（常规）位置，且仪表板上的 NORM 指示灯点亮。当车速降至 120km/h 以下时，高车速控制便自动取消，车身恢复至原来高度。

(3) 驻车控制　当汽车停下或乘员需要上、下车时，通过关闭点火开关，电子控制悬架可自动降低车身高度，从而改善汽车驻车姿势，方便乘员出入并保持良好的驻车姿态。此功能在关闭点火开关约 3min 后才能使用。但如果有任一个车门打开，悬架 ECU 就判断有人在下车而中断这个控制。在所有车门都关闭后，这个控制又重新开始。在关闭点火开关约 30min 后，这个控制无条件被取消。

六、丰田 LS400 电子控制悬架系统电路图

图 7-41 为丰田 LS400 电子控制悬架系统的基本电路图，悬架系统 ECU 连接器如图7-42 所示。

表 7-1 为连接器各接线端子与 ECU 连接对象的对应关系。

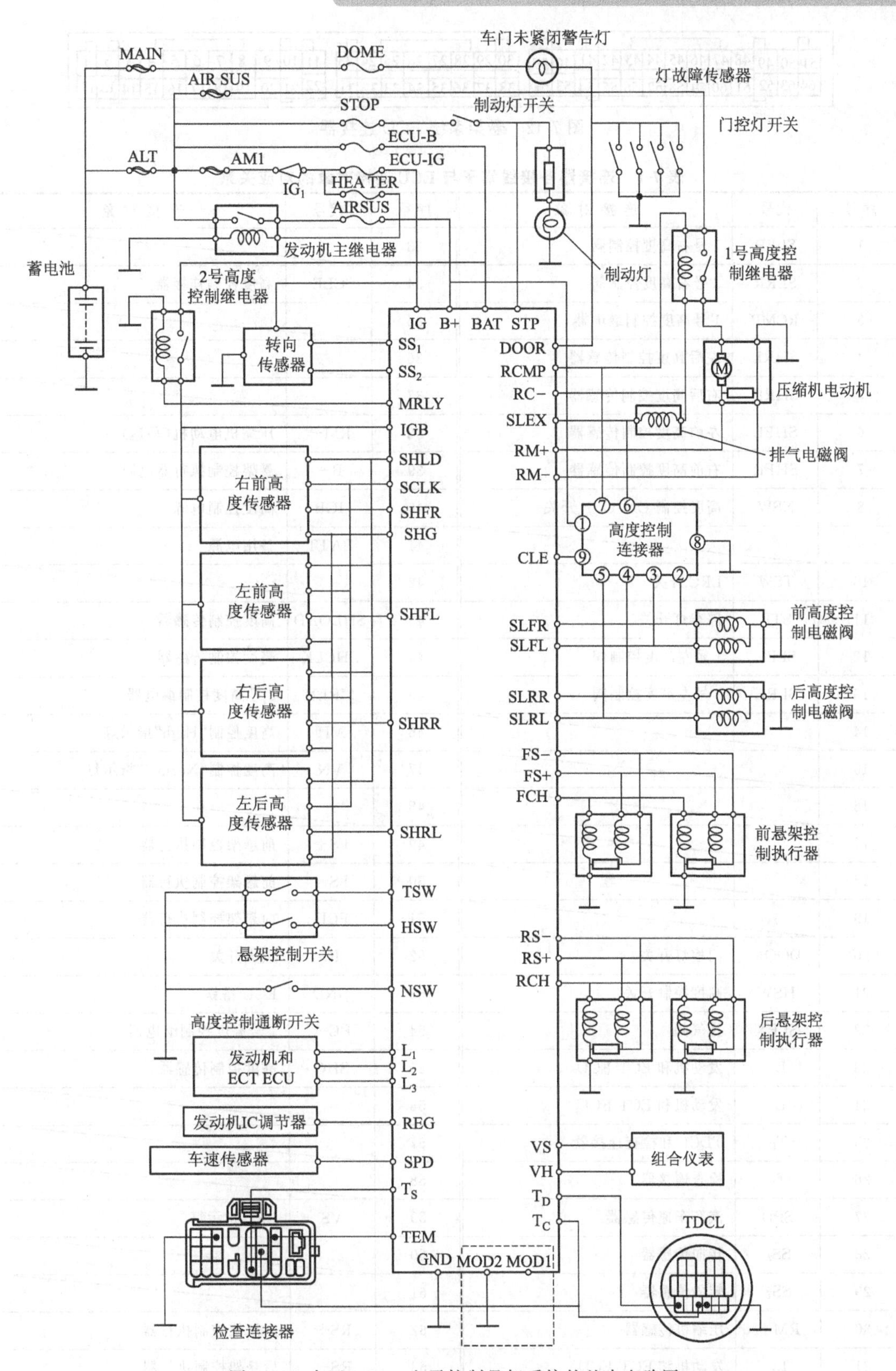

图7-41　丰田LS400电子控制悬架系统的基本电路图

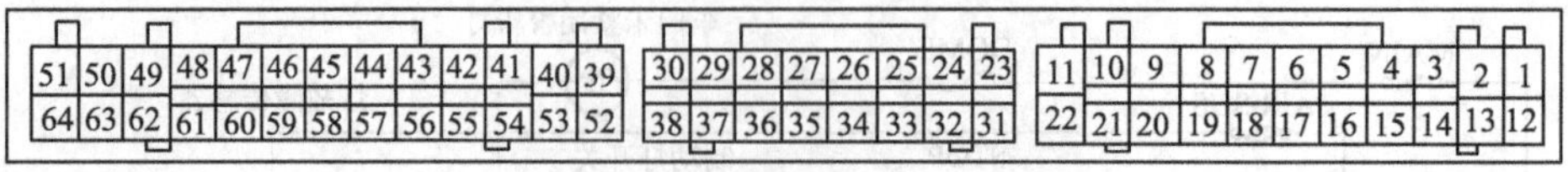

51 50 49 48 47 46 45 44 43 42 41 40 39　30 29 28 27 26 25 24 23　11 10 9 8 7 6 5 4 3 2 1
64 63 62 61 60 59 58 57 56 55 54 53 52　38 37 36 35 34 33 32 31　22 21 20 19 18 17 16 15 14 13 12

图 7-42　悬架系统 ECU 连接器

表 7-1　连接器各接线端子与 ECU 连接对象的对应关系

序号	代号	连接对象	序号	代号	连接对象
1	SLFR	1 号右高度控制阀	33		
2	SLRR	2 号右高度控制阀	34	CLE	高度控制连接器
3	RCMP	1 号高度控制继电器	35		
4	SHRL	左后高度控制传感器	36		
5	SHRR	右后高度控制传感器	37		
6	SHFL	左前高度控制传感器	38	RM－	压缩机电动机(马达)
7	SHFR	右前高度控制传感器	39	B＋	悬架控制执行器电源
8	NSW	高度控制 ON/OFF 开关	40	IGB	高度控制电源
9			41	BATT	备用电源
10	TSW	LRC 开关	42		
11	STP	停车灯开关	43	SHLOAD	高度控制传感器
12	SLFL	1 号左高度控制阀	44	SHCLK	高度控制传感器
13	SLRL	2 号左高度控制阀	45	MRLY	2 号高度控制继电器
14			46	VH	高度控制"High"指示灯
15			47	VN	高度控制"Normal"指示灯
16			48		
17			49	FS＋	前悬架控制执行器
18			50	FS－	前悬架控制执行器
19			51	FCH	前悬架控制执行器
20	DOOR	门控灯开关	52	IG	点火开关
21	HSW	高度控制开关	53	GND	ECU 搭铁
22	SLEX	排气阀	54	RC－	1 号高度控制继电器
23	L_1	发动机和 ECT ECU	55	SHG	高度控制传感器
24	L_3	发动机和 ECT ECU	56		
25	T_C	TDCL 和检查连接器	57		
26	T_S	检查连接器	58		
27	SPD	汽车车速传感器	59	VS	LRC 指示灯
28	SS_2	转向传感器	60		
29	SS_1	转向传感器	61		
30	RM＋	压缩机传感器	62	RS＋	后悬架控制执行器
31	L_2	发动机和 ECT ECU	63	RS－	后悬架控制执行器
32	REG	IG 调节器	64	RCH	后悬架控制执行器

第四节 电子控制悬架系统的故障诊断与检修

本部分以丰田 LS400 电子控制悬架系统为例进行介绍。

一、基本检查

在对电子控制悬架系统进行检修时，应先进行基本检查，以确认电子控制悬架的故障性质，避免将故障复杂化。

基本检查的内容有：车身高度调整功能检查、减压阀检查、漏气检查、车身高度初始调整和指示灯检查。

1. 车身高度调整功能检查

其检查步骤如下。

(1) 检查轮胎气压是否正确。

(2) 检查汽车高度。

(3) 启动发动机，将高度控制开关从 NORM 位置切换到 HIGH 位置。

检查电子控制悬架完成高度调整所需的时间和汽车车身高度的变化量。正常时，在升高过程中，按下高度控制开关到压缩机启动时间约为 2s，从压缩机启动到完成高度调整约需 20～40s，车高的调整为 10～30mm。在降低过程中，按下高度控制开关到排气电磁阀打开时间约为 2s，从压缩机启动到完成高度调整约需 20～40s，车高的调整为 10～30mm。

2. 减压阀的检查

打开点火开关，短接悬挂系统高度控制接插头中端子 3 和 6，如图 7-43 所示，开启压缩机，等待一段时间后，检查减压阀应有空气逸出（注意：连接时间不能超过 15s），如图 7-44 所示。然后将点火开关关闭，清除故障代码（因迫使压缩机运行时，悬架 ECU 会记录下故障代码）。

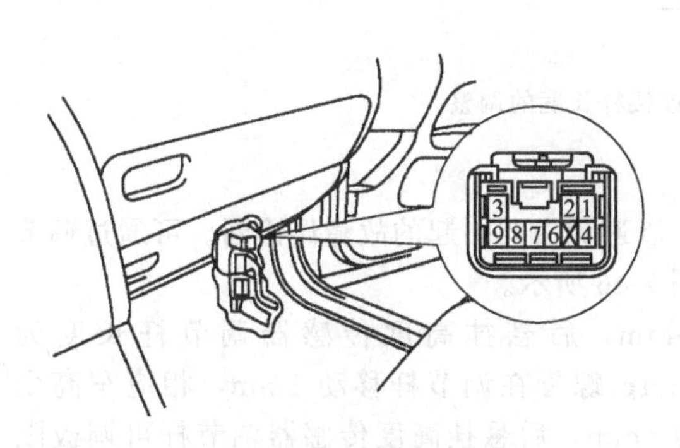

图 7-43 高度控制链接器

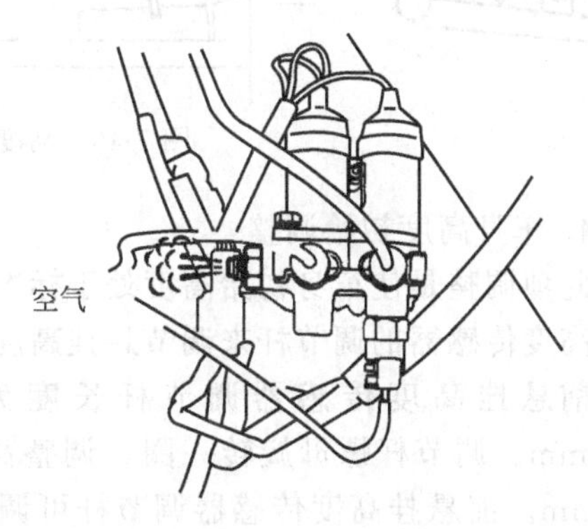

图 7-44 检查减压阀

3. 漏气检查

检查各管路有无压缩空气泄漏。具体步骤如下。

(1) 将肥皂水涂在所有空气管路接头上，如图 7-45 所示。

(2) 在压缩机连接器端子之间加 12V 电压，使压缩机运转，在空气管路中建立空气压力。

(3) 检查空气管路接头处是否有气泡出现。

(4) 如果有气泡出现，则表明有漏气现象。此时，应进行必要的修理。

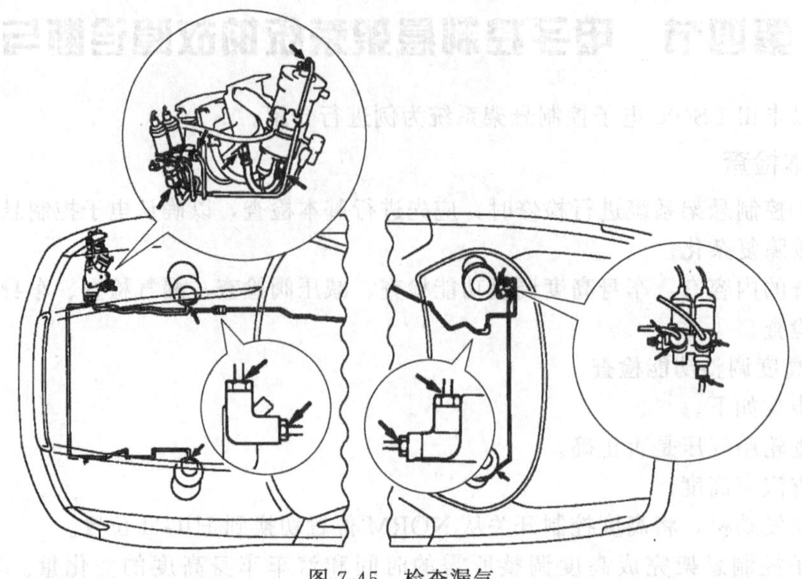

图 7-45　检查漏气

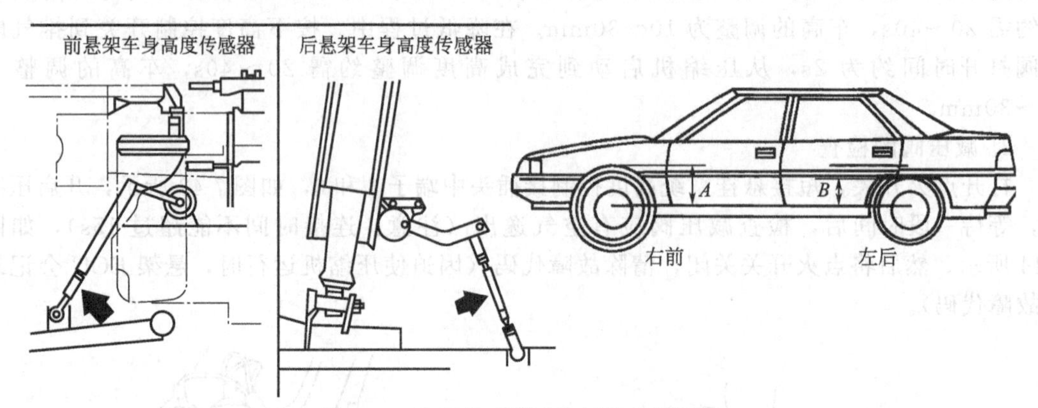

图 7-46　高度传感器连接杆长度的调整

4. 车身高度初始调整

此项调整是使车身初始高度处于标准范围，以避免由此引起的故障误诊断。可通过调节悬挂高度传感器的调节杆来调节悬挂高度，如图 7-46 所示。

前悬挂高度传感器调节杆长度为 53.5mm，后悬挂高度传感器调节杆长度为 27.5mm。调节杆螺母旋转一圈，调整高差 4mm；螺母在调节杆移动 1mm，相应车高变化 2mm。前悬挂高度传感器调节杆可调极限为 8mm，后悬挂高度传感器调节杆可调极限为 11mm。

在进行汽车高度调整时，将汽车停放在水平地面上，高度控制开关处于 NORM 位置。悬挂高度的调节详见表 7-2。

5. 指示灯检查

(1) 点火开关置于 ON。

(2) LRC 指示灯（SPORT 指示灯）和 HEIGHT 指示灯（NORM 和 HI 指示灯）应点亮 2s，指示灯的位置如图 7-47 所示。

(3) 如果 NORM 指示灯以每 1s 的间隔闪亮时，表明 ECU 中存有故障码，如果出现故障，应检查相应电路。

表 7-2 悬挂高度的人工调节

序号	检查项目	操作要点
1	检查汽车车身高度	测量汽车车身高度，看是否在标准范围以内，否则进行调整
2	调整汽车高度	拧松车身高度传感器连接杆上的两只锁紧螺母
		转动车身高度传感器连接杆的螺栓以调节长度(车身高度传感器连接杆每转一圈，汽车高度改变大约 4mm)
		检查如图 7-46 所示的车身高度传感器连接杆的尺寸是否小于极限值(极限值：前、后悬架均为 13mm)
		暂时拧紧两只锁紧螺母，再检查一次汽车高度
		拧紧锁紧螺母，拧紧力矩为 4.4N·m
3	检查车轮定位	汽车高度调整完成后，需检查车轮定位情况

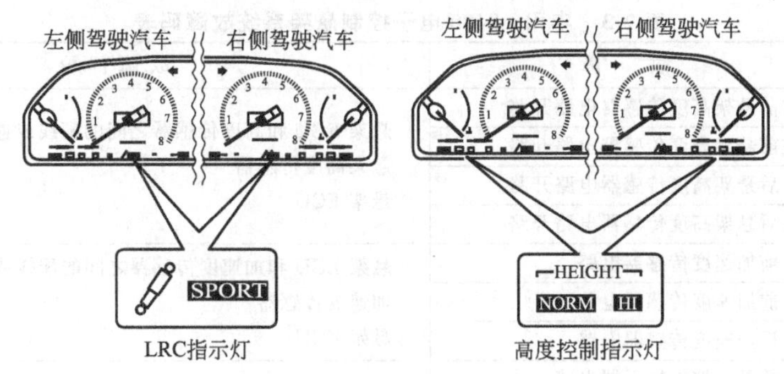

图 7-47 指示灯的位置

二、故障自诊断

悬架 ECU 具备下列 3 种自我诊断功能：对悬架控制系统的故障发出警示的故障警告功能；对输入到悬架 ECU 的信号进行检查的输入信号检查功能；以代码的形式显示故障内容的故障代码显示功能。

1. 故障码调取

(1) 将点火开关转到“接通”(ON) 的位置。

(2) 用跨接线跨接诊断接头上的“T_C 和 E_1”两端头，见图 7-48。

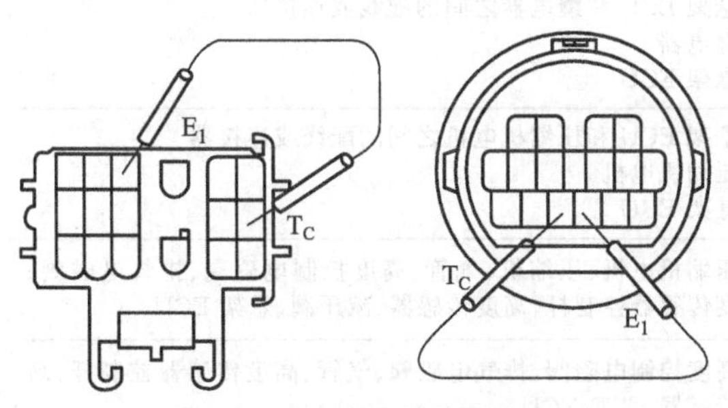

图 7-48 故障码的检查方法

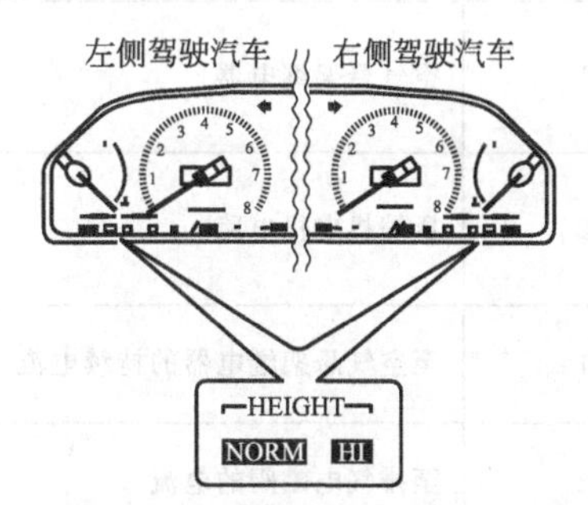

图 7-49 NORM 指示灯的位置

(3) 观察仪表板上高度控制“正常”指示灯 (NORM) 或高度指示灯 (HEIGHT HI) 的闪烁来读取故障代码。NORM 指示灯的位置如图 7-49 所示。

(4) 数该灯闪烁和间歇次数，第一次闪烁代表第一位故障代码的数字，在停歇一次后，数第二次闪烁的次数，它代表故障代码的第二位数字。如果故障代码不止一个将会有一个较长的间歇，然后显示下一个故障代码的第一位和第二位数字。如果电脑内存储的代码多于一个，则由小数字向大数字逐个显示。

(5) 记录故障码。

(6) 根据厂家维修手册的资料了解故障码的含义，手册的故障码表中列出了故障码及所代表的含义和有问题的元件或线路，有时故障表列出了维修手册中有相应维修步骤的书页号。对于失效电子系统的元件，常用的维修方法是更换。

2. 清除故障码

(1) 跨接诊断座上的 T_C、E_1 端子。

(2) 8s 内开关车门 3 次（1994～1997 年的车型）或 3s 内踩踏制动踏板 8 次（1997 年 8 月后的车型）。

系统维修完成后进行汽车路试，再次检查指示灯。如果灯不闪，则故障排除了；如路试后灯还亮，则再次检查故障码。丰田 LS400 电子控制悬架系统故障码的含义如表 7-3 所示。

表 7-3　丰田 LS400 电子控制悬架系统故障码表

故障码	故　障	故障部位
11	右前悬架高度传感器电路开路	悬架 ECU 和高度传感器之间的配线或连接器 悬架高度传感器 悬架 ECU
12	左前悬架高度传感器电路开路	
13	右后悬架高度传感器电路开路	
14	左后悬架高度传感器电路开路	
15	右前加速度传感器电路	悬架 ECU 和加速度传感器之间的配线或连接器 加速度传感器 悬架 ECU
16	左前加速度传感器电路	
17	右后加速度传感器电路	
21	右前悬架控制执行器电路	悬架 ECU 和悬架控制执行器之间的配线或连接器 悬架控制执行器 悬架 ECU
22	左前悬架控制执行器电路	
23	右后悬架控制执行器电路	
24	左后悬架控制执行器电路	
31	右前高度控制电磁阀电路	悬架 ECU 和高度控制电磁阀之间的配线或连接器 高度控制电磁阀 悬架 ECU
32	左前高度控制电磁阀电路	
33	右后高度控制电磁阀电路	
34	左后高度控制电磁阀电路	
35	排气电磁阀电路	悬架 ECU 和排气电磁阀之间的配线或连接器排气电磁阀悬架 ECU
41	空气悬架继电器	悬架 ECU 和继电器之间的配线或连接器 继电器 悬架 ECU
42	压缩机电机电路	悬架 ECU 和压缩机电机之间的配线或连接器 压缩机电机 悬架 ECU
51	至空气悬架继电器的持续电流	压缩机电机、压缩机、气管、高度控制电磁阀、排气电磁阀、高度传感器控制杆、高度传感器、减压阀、悬架 ECU
52	至排气电磁阀的电流	高度控制电磁阀、排气电磁阀、气管、高度传感器控制杆、高度传感器、悬架 ECU
73	发电机 IC 调节器电路(发电机电路)	悬架 ECU 和发电机 IC 调节器之间的配线或连接器 悬架 ECU
74	电源电路	悬架 ECU 与蓄电池之间的配线或连接器、PWR-IG 保险丝、AIRSUS 保险丝、点火继电器、发电机 IC 调节器、蓄电池、悬架 ECU
75	高度传感器电路	汽车停放在不平路面(正常)、高度传感器控制杆、高度传感器、悬架 ECU

（3）输入信号检查。如按上述方法无法调取故障码，则可进行输入信号检查。输入信号检查方法与故障码调取方法类似，只是在故障码调取中跨接的是 T_C、E1 端子，而在输入信号检查中则跨接的是 T_S、E_1 端子（如图 7-50 所示）。

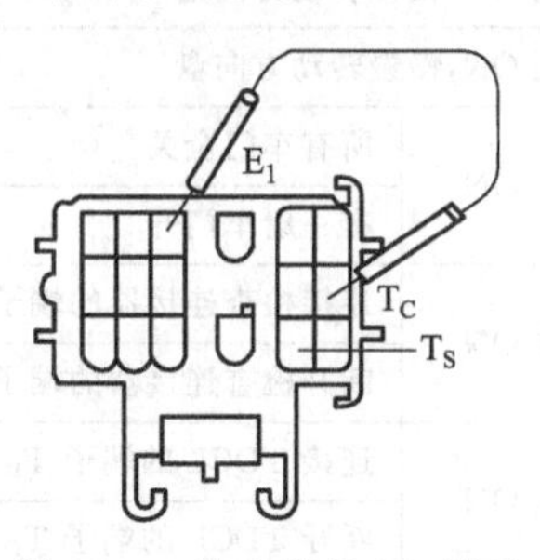

图 7-50　输入信号 T_s 端子

输入信号检查中出现的故障代码的含义如表 7-4 所示。

表 7-4　输入信号检查故障代码表

故障码	电路	诊断
81	转向传感器电路	转向角大于 36°的信号不输入
82	制动灯开关电路	制动灯开关信号不改变
83	门控灯开关电路	门控灯开关信号不改变
84	节气门位置信号电路	节气门位置信号未输出
85	车速传感器电路	不输入车速 2km/h 的信号
86	高度控制开关电路	高度控制开关信号不改变
91	右前加速度传感器电路	使车辆保持静止，不产生垂直运动，持续 1s
92	左前加速度传感器电路	
93	右后加速度传感器电路	

三、自诊断故障检修

当调取故障码或调取了输入信号检查故障码后，根据电子控制悬架控制电路图（见图 7-41）对照电脑端子特性（表 7-5）进行相应的电路检修。

表 7-5　丰田 LS400 电子控制悬架系统电脑端子与车身接地点电压

相对应的端子号	条件		标准数值/V
STP(A17—1)—车身接地点	点火开关 ON	制动踏板松开	0
		制动踏板踩下	蓄电池电压
REG(17—3)—车身接地点	点火开关 ON		0
	发动机怠速运转		蓄电池电压
HSW(A17—5)—车身接地点	点火开关 ON	高度控制开关位于 NORM	约为 5
		高度控制开关位于 HIGH	0
T_D(A17—6)—车身接地点	点火开关 ON	连接 TDCL 的端子 T_D 和 E_1	0
		断开 TDCL 的端子 T_D 和 E_1	蓄电池电压
VH(A17—7)—车身接地点	点火开关 ON	高度控制开关位于 NORM	0
		高度控制开关位于 HIGH	蓄电池电压

续表

相对应的端子号	条件		标准数值/V
SS2(A17—8)—车身接地点	点火开关ON,慢慢转动方向盘		反复0～5
SS1(A17—9)—车身接地点	点火开关ON,慢慢转动方向盘		反复0～5
DO0R(A17—10)—车身接地点	点火开关ON	所有车门全关	蓄电池电压
		有一扇车门开	0
T_C(A17—11)—车身接地点	点火开关ON	连接检查连接器的端子T_S和E_1	0
		断开检查连接器的端子T_S和E_1	蓄电池电压
T_S(A17—12)—车身接地点	点火开关ON	连接TDCL的端子T_D和E_1	0
		断开TDCL的端子T_D和E_1	蓄电池电压
L1(A16—1)—车身接地点	点火开关ON,加速踏板从全松到全踩下		全松时5,全踩下时0
SHRL(A16—2)—车身接地点	发动机怠速运转,将高度控制开关从NORM转至HIGH		2.5～2.7
SH双(A16—3)—车身接地点	发动机怠速运转,将高度控制开关从NORM转至HIGH		2.5～2.7
SGrL(A16—9)—车身接地点	点火开关ON,使车辆保持静止,不产生垂直运动,持续1s		约2.5
SHFL(A16—10)—车身接地点	发动机怠速运转,将高度控制开关从NORM转至HIGH		2.5～2.7
SHFR(A16—11)—车身接地点	发动机怠速运转,将高度控制开关从NORM转至HIGH		2.5～2.7
SGL(A16—12)—车身接地点	任何情况		导通0(Ω)
SGRR(A16—6)—车身接地点	点火开关ON,使车辆保持静止,不产生垂直运动,持续1s		0～5循环
SBR(A15—7)—车身接地点	点火开关ON		约5
RM+(A15—8)—车身接地点	发动机怠速运转,高度控制开关从NORM转至HIGH		蓄电池电压
RC(A15—9)—车身接地点	发动机怠速运转,高度控制开关从NORM转至HIGH		蓄电池电压
SLFR(A15—10)—车身接地点	发动机怠速运转,高度控制开关从NORM转至HIGH		蓄电池电压
RM+(A15—8)—车身接地点	发动机怠速运转,高度控制开关从NoRM转至HIGH		蓄电池电压
SLRR(A15—11)—车身接地点	发动机怠速运转,高度控制开关从NORM转至HIGH		蓄电池电压
BAT(A15—12)—车身接地点	任何情况		蓄电池电压
B+(A15—13)—车身接地点	点火开关打开		蓄电池电压
SGFR(A15—19)—车身接地点	点火开关ON,使车辆保持静止,不产生垂直运动,持续1s		约2.5
RM—(A15—21)—车身接地点	发动机怠速运转,高度控制开关从NORM转至HIGH		0
SLEX(A15—22)—车身接地点	发动机怠速运转,高度控制开关从NORM转至HIGH		蓄电池电压
SLrL(A15—23)—车身接地点	发动机怠速运转,高度控制开关从NORM转至HIGH		蓄电池电压
SLRL(A15—24)—车身接地点	发动机怠速运转,高度控制开关从NoRM转至HIGH		蓄电池电压
GND(A15—26)—车身接地点	任何情况		导通0(Ω)

复习与思考题

一、填空题

1. 电子控制悬架系统的功能有（　　）、（　　）、（　　）。

2. 电子控制悬架系统按传力介质不同可分为（　　）和（　　）。

3. 汽车电子控制悬架系统主要由感应汽车运行状况的各种传感器、开关、（　　）、（　　）组成。

4. 汽车电子控制悬架系统应用的传感器有（　　）、（　　）、（　　）、（　　）等。

5. 汽车电子控制悬架系统应用的开关有（　　）、（　　）、（　　）等。

6. 加速度传感器常用的有（　　）和（　　）两种。

7. 车身高度传感器常用的有（　　）、（　　）、（　　）。

二、判断题

1. 装有电子控制悬架系统的汽车无论车辆负载多少，都可以保持汽车高度一定，车身保持水平。（　　）

2. 装有电子控制悬架系统的汽车在高速行驶时，可以使车高降低，以减少空气阻力，提高操纵的稳定性。（　　）

3. 装有电子控制悬架系统的汽车可以防止汽车急转弯时车身横向摇动和换挡时车身纵向摇动。（　　）

4. 半自主动悬架在转向、起步、制动等工况时能对阻尼力实施有效的控制。（　　）

5. 转向盘转角传感器用于检测转向盘的中间位置、转动方向、转向角度和转动速度。（　　）

6. 在电子控制悬架系统中，电子控制单元根据车速传感器和转角传感器的信号，判断汽车转向时侧向力的大小和方向，以控制车身的侧倾。（　　）

7. 在车轮打滑时，能以转向角和汽车车速正确判断车身侧向力的大小。（　　）

8. 当选择手动挡时，悬架系统的阻尼力只有标准（中等）和运动（硬）两种状态的转换。（　　）

9. 在检测汽车电子控制空气悬架时，当用千斤顶将汽车顶起时，应将高度控制 ON/OFF 开关拨到 ON 位置。（　　）

三、简答题

1. 汽车电子控制悬架系统的一般工作原理是怎样的？

2. 悬架电子控制单元 ECU 的功能有哪些？

3. 操纵高度控制开关检查汽车高度变化情况的步骤是怎样的？

4. 说明如何进行电子控制悬架的基本检查（功能检查）。

5. 说明如何读取和清除电子控制悬架的故障码。

第八章 汽车巡航控制系统与检修

巡航控制系统又称为"恒速控制系统"、"车速控制系统"和"巡行控制系统"等，许多现代汽车上都装有巡航控制系统。

第一节 汽车巡航控制系统的结构与工作原理

一、汽车巡航控制系统的作用

汽车的所谓巡航控制系统（Cruise Control System，缩写为 CCS），实质上是一种自动恒速控制系统。这个系统主要的作用是减轻驾驶人员的工作负担，提高汽车行驶的舒适性，可使汽车燃料的供给与发动机功率之间处于最佳配合状态，节省了燃料，减少了有害气体的排放。在长途行驶和在高速公路上适合于使用巡航系统。巡航系统可以自动调节汽车发动机的动力，适应路面状况以及其他阻力的变化，以恒速方式运行。一旦出现人为干预的情况，巡航系统确保驾驶人员的操作优先，当车辆的速度超出人为设定的范围及其他情况，巡航系统便自动地停止工作，以确保车辆行驶的安全。

当驾驶员将汽车的行驶状态变成巡航控制之后，驾驶员不用踩加速踏板（油门）就可以自动地保持车速，使车辆以固定的速度行驶。采用了这种装置的话，当在高速公路上长时间行驶时，驾驶员就可以不用再去控制加速踏板，减轻了疲劳，同时减少了不必要的车速变化，可以节省燃料。

综合其功能作用，巡航控制系统主要具有下列优点：

(1) 提高汽车行驶时的舒适性。特别是在郊外或高速公路上行驶，这种优越性更为显著。另外，当汽车以一定的速度行驶时，减少了驾驶员的负担，使其轻松驾驶。

(2) 节省燃料，具有一定的经济性和环保性。在同样的行驶条件下，对于一个有经验的驶员来说，可节省燃料 15%。这是因为在使用了这一速度稳定器后，可使汽车燃料的供给发动机功率之间处于最佳的配合状态，并减少了废气的排放。

(3) 保持汽车车速的稳定。汽车无论在上坡、下坡、平路上行驶，或是在风速变化的情况下行驶，只要在发动机功率允许的范围内，汽车的行驶速度保持不变。

二、巡航控制系统的组成

巡航控制系统主要由巡航控制开关、车速传感器、电控单元和执行器四部分组成，巡航控制系统的组成如图 8-1 所示。

巡航控制开关用来接通或关断该控制系统的工作，并用来设置所要求的行车速度，同时用来选择其他的控制信息。ECU 根据车速传感器信号计算车速，并与所设置的车速相比较后产生一个偏差信号，然后控制执行机构驱动油门开度变化，使油门开度随行驶阻力的变化而变化，从而使实际车速与所设置的车速一致。ECU 根据取消控制信号，如制动信号、离合器动作信号或巡航控制开关切断信号等，即可终止巡航控制系统。

三、巡航控制系统的基本原理

闭环巡航控制系统基本原理如图 8-2 所示，电控单元有两个输入信号，一个是驾驶员按要求的车速调定的指令车速信号，另一个是实际车速反馈信号。当测出的实际车速高于或低

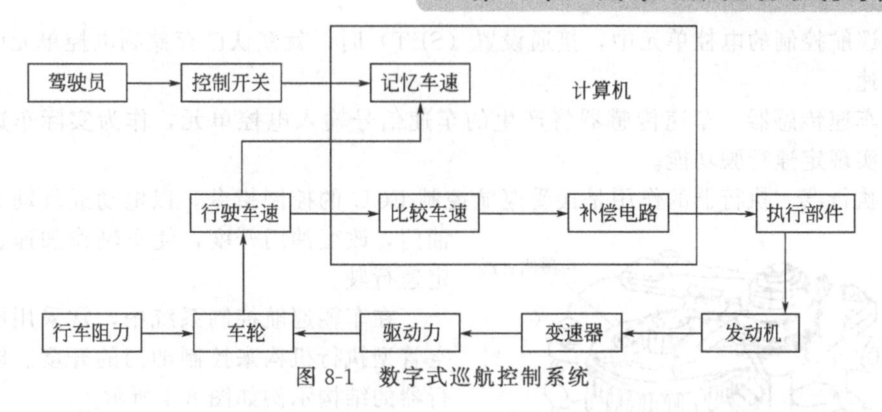

图 8-1 数字式巡航控制系统

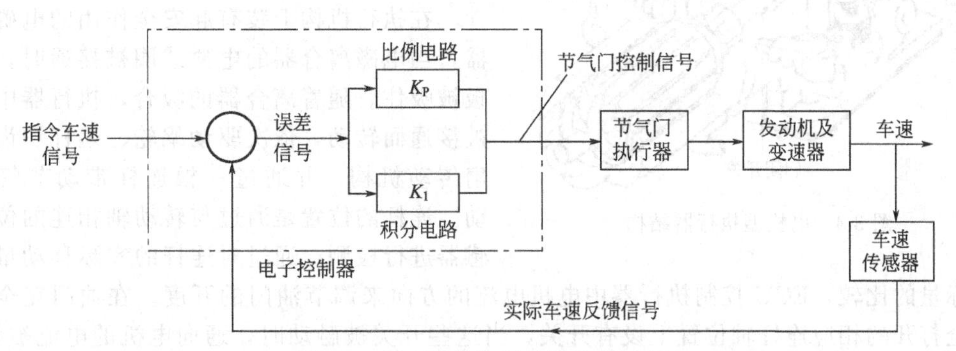

图 8-2 闭环巡航控制系统基本原理

于驾驶员调定的车速时，电控单元将这两种信号进行比较，得出两信号之差，即误差信号，再经放大、处理后成为油门控制信号，送至油门执行器，驱动油门执行器动作，调节发动机油门开度，以修正两输入车速信号的误差，从而使实际车速很快恢复到驾驶员设定的车速，并保持恒定。

四、巡航控制系统的电路和部件结构

1. 巡航控制系统的部件结构

(1) 操作开关 操作开关主要用于巡航车速设置，车速重置或取消，包括主开关、控制开关和退出巡航控制开关。

① 主开关。主开关是巡航系统的电源开关，用按键式接合，只有在发动机工作的电源接合（如点火开关接合）才能实现巡航系统电源接合。发动机停转断电，巡航系统电源也切断。

② 控制开关。手柄式控制开关有 5 个功能：设置(SET)、减速（COAST)、重置（RES)、加速（ACC）和取消（CANCEL)，如图 8-3 所示，将设置与减速（SET/COAST）合用一个开关，重置与加速（RES/ACC）合用另一个开关，按图 8-3 指示方向进行操作。主开关在中间位置为按键式，每个开关均为操作接通，松开关断的自动回位开关。

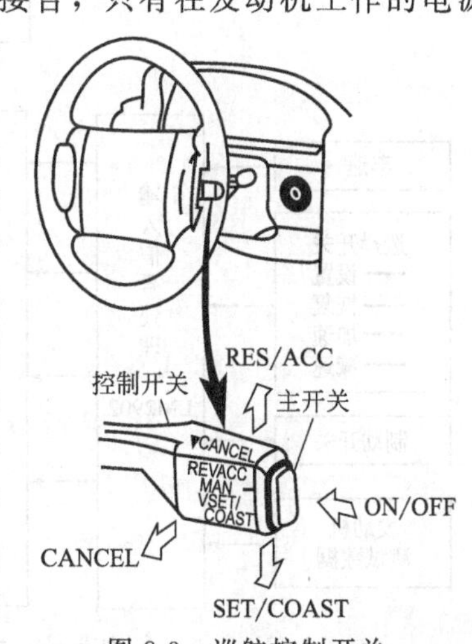

图 8-3 巡航控制开关

③ 退出巡航控制开关。退出巡航控制开关包括取消开关、制动灯开关、驻车制动开关、离合器开关和空挡启动开关。任何一个开关接通，巡航控制便自动取消。注意在巡航控制取消的瞬时，只要当时车速高于 40km/h，此车速

会存储到巡航控制的电控单元中，接通设置（SET）时，就默认已存储到电控单元中的车速为巡航车速。

（2）车速传感器　车速传感器将产生的车速信号输入电控单元，作为实际车速反馈信号，以便实现定速行驶功能。

（3）执行器　执行器的作用是接受巡航控制 ECU 的控制指令，以电动或气动方式操纵油门，改变油门开度，使车辆作加速、减速及定速行驶。

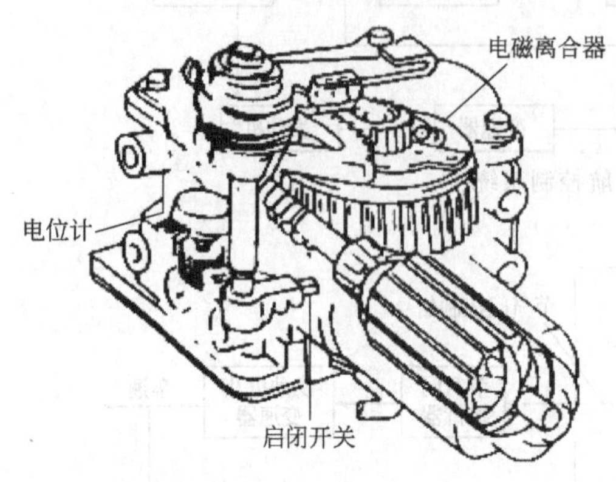

图 8-4　电机型执行器结构

在车辆巡航控制系统中，常采用电机或真空管型执行机构来控制油门的开度。电机型执行器的结构示例如图 8-4 所示。

在执行机构上装有起安全作用的电磁离合器，当电磁离合器的电磁线圈被接通时，离合板被吸住。随着离合器的吸合，执行器中电机被接通而转动，依次驱动蜗轮、蜗杆和齿轮齿扇传动机构，并通过一根连杆带动节气门转动。连杆的位置是通过与转动轴相连的位置传感器进行检测，通过对连杆的实际移动量和控制目标量的比较，ECU 控制执行器中电机电流的方向来调节油门的开度。在油门完全关闭和完全打开的相应连杆轴位置上设有开关，当这些开关被触动时，通向电机的电流被切断。当汽车制动或处于空挡位置时，油门处于全关闭状态。当踩下离合器或制动踏板，或变速箱处于空挡，或手刹车（驻车制动器）起作用时，由离合器开关、制动开关、空挡开关、手刹开关等信号，直接控制电磁离合器将其分离，使巡航控制的执行机构对油门控制不起作用。

2. 巡航控制系统的电路

采用数字式微处理控制器的巡航系统电路框图如图 8-5 所示。CCS 电控单元的作用是接收车速传感器、巡航控制开关、制动开关等作用信号，经计算、记忆、放大及信号转换等处理后，输出控制信号，驱动执行器动作。

凌志轿车巡航控制系统电路图如图 8-6 所示。

3. 巡航控制系统的基本工作过程

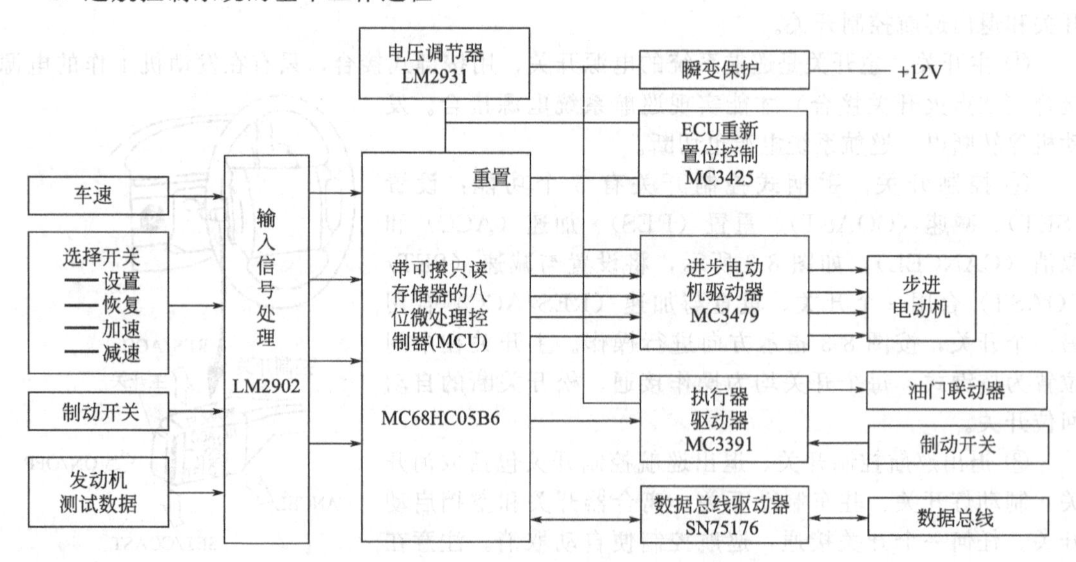

图 8-5　采用数字式微处理控制器的巡航控制系统

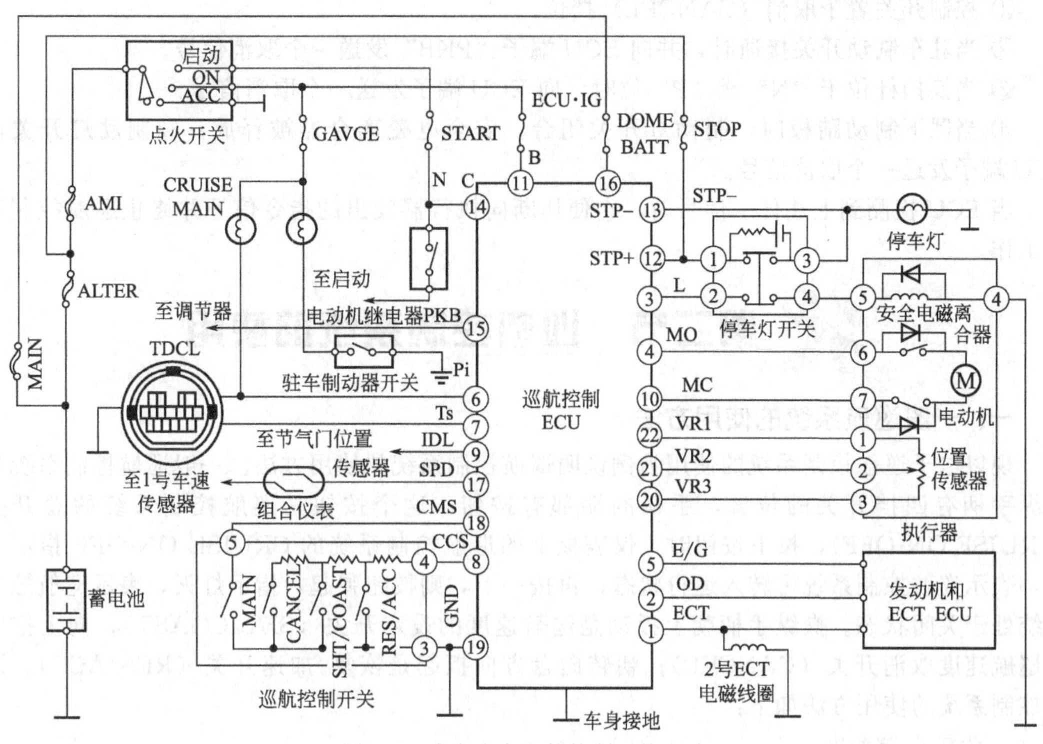

图 8-6　凌志汽车巡航控制系统电路

如图 8-6 所示，巡航控制系统的基本工作过程如下。

(1) 接通主开关（MAIN）　接通主开关后，电流流向为：ECU 的“CMS”端子→控制开关端子 5→MAIN 开关→控制开关端子 3→搭铁，使 ECU 处于预备状态，且 CRUISE MAIN 指示灯点亮。

(2) 控制开关接通　控制开关具有设置、巡航、恢复、加速及取消功能。当开关转至不同挡位时，电流流向为：ECU 的“CCS”端子→控制开关端子 4→控制开关（SET/COAST 或 RES/ACC 或 CANCEL）→控制开关端子 3→搭铁，ECU 检测控制开关、设置的各挡位，并开始控制操作。

当将控制开关按向 SET/COAST 方向，并将其释放后，ECU 检测“设置”挡位并开始实施其控制。

(3) 车速控制过程　控制开关设定车速后，安全电磁离合器电路接通，电流流向为：ECU 端子“L”→停车灯开关端子 3→开关端子 4→执行器端子 5→安全电磁离合器→执行器端子 4→搭铁。

同时，执行器的位置传感器电路工作，电流流向为：ECU 端子“VR1”→执行器端子 1→位置传感器→执行器端子 3→ECU 端“VR3”。此时位置传感器会将执行器控制臂位置电压信号从执行器端子 2 送到 ECU 端子“VR2”。

当实际车速下降到低于设置车速时，执行器电机电路接通，电流流向为：ECU 端子“MO”→执行器端子 6→电动机→执行器端子 7→ECU 端子“MC”。此时电机转动，使执行器控制臂沿油门打开方向转动，以提高车速。当控制臂转过某一角度后，ECU 即从端子‘VR2’接收到信号，并切断从端子“MO”输出的信号。当实际车速高于设置车速时，电流由 ECU 端子“MC”流出，使电机反向转动，以降低车速。

(4) 人工取消巡航控制功能　巡航控制系统可通过下述开关，在下列情况下可取消巡航控制：

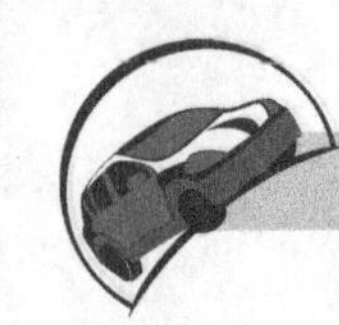

① 控制开关置于取消（CANCEL）挡位。

② 当驻车制动开关接通时，并向 ECU 端子“PKB”发送一个取消信号。

③ 当换挡杆位于“N”或“P”位时，向 ECU 端子发送一个取消信号。

④ 当踩下制动踏板时，制动灯开关闭合，安全电磁离合器被释放，经制动灯开关向 ECU 端子发送一个取消信号。

当 ECU 检测到上述任一信号时，它便切断向执行器发出的指令信号并终止巡航控制系统工作。

第二节　巡航控制系统的使用

一、一般巡航系统的使用方法

现以电子巡航控制系统的使用为例说明巡航控制系统的使用方法。一般巡航控制系统的操纵手柄有四挡开关的位置，手柄的端部有按钮，这个按钮是巡航控制系统的总开关（CRUISE ON-OFF），按下按钮时，仪表板上的巡航控制系统的 CRUISE ON-OFF 指示灯亮，表示巡航控制系统可转入运行状态；再按一下，则按钮弹起，指示灯灭，表示巡航控制系统处于关闭状态。操纵手柄朝上扳动是巡航速度的设定开关（SET/COAST）；向上推则是巡航速度取消开关（CANCEL）；朝转向盘方向扳起是恢复/加速开关（RES/ACC）。巡航控制系统的使用方法如下：

1. 设定巡航速度

为确保行车安全，巡航控制系统的低速控制点一般为 40km/h，也就是说车速低于 40km/h 巡航系统不工作。设定巡航速度的方法是：第一，开启巡航控制系统，按下 CRUISE ON-OFF 按钮，踩下加速踏板，使车辆加速。第二，当车速到达人为设定值时，将巡航控制手柄置于 SET/COAST 方位并释放，这就进入了自动行驶状态，驾驶员可将加速踏板松开，巡航控制系统会根据汽车行驶时阻力的变化，自动调节节气门的开度，使车速保持在设定的范围内。若驾驶员想加速，如需超越前方的车辆时，只要踩下加速踏板即可。超车完毕后再释放加速踏板，汽车便又恢复到已设定的巡航速度行驶。

2. 取消设定巡航速度

需取消设定的巡航速度时，有几种方法可供选择：第一，将巡航控制系统操纵手柄置于 CANCEL 方位并释放。第二，踩下制动踏板使汽车减速。第三，装备 MT（手动变速器）的汽车，踩下离合器踏板即可；装备有 AT（自动变速器）的汽车，将选挡杆置于空挡。

当汽车的行驶速度低于 40km/h，则设定的巡航速度将自动取消；而如汽车减速后车速比设定的巡航车速低时，巡航控制系统也将自动停止工作。此外，汽车行驶时设定的巡航速度如不是由上述原因而自动取消，或仪表板上的巡航控制 CRUISE ON-OFF 开关指示灯出现闪烁现象，则表明系统出现故障。

3. 设定装备 AT（自动变速器）的汽车加速

将巡航控制系统操纵手柄置于 RES/ACC 方位并保持手柄不动，此时车速将逐渐加快，当车速达到要重新设定的巡航速度时释放手柄。这种加速的方法与前面所述设定巡航速度的操作方法相比，所用的时间较长。

4. 设定装备 AT（自动变速器）的汽车减速

将巡航控制系统的操纵手柄置于 SET/COAST 的方位并保持手柄不动，此时车速将逐渐减慢，当车速降至所要求的设定速度时释放操纵手柄。这种减速方法与踩制动踏板减速相比，减速度要小。

5. 恢复到原来设定的巡航速度

将巡航控制系统操纵手柄置于 RES/ACC 方位，汽车可恢复到原设定的速度做巡航行驶。车速已降至 40km/h 以下或低于设定速度的差值在 16km/h 以上时，巡航控制系统自动工作。

二、巡航控制系统使用注意事项

巡航控制系统在使用中还应注意以下几个问题：

（1）为了让汽车获得最佳控制，遇交通拥堵的场合，或在雨、冰、雪等湿滑路面上行驶及大风天气时，不要使用巡航控制系统。

（2）为了避免巡航控制系统误工作，在不使用巡航控制系统时，务必使巡航控制系统的开关（CRUISE ON-OFF）处于关闭状态。

（3）汽车行驶在陡坡上若使用巡航控制系统时，则会引起发动机转速变化过大，所以此时最好不要使用巡航控制系统。下坡驾驶中，须避免将车辆加速。如果车辆的实际行驶速度定的比正常行车速度高出太多，则可省略巡航控制装置，然后将变速器换成低挡，利用发动机制动使车速得到控制。

（4）汽车巡航行驶时，对装备 MT（手动变速器）的汽车切记不能在未踩下离合器踏板时就将变速杆移置空挡，从而造成发动机转速骤然升高。

（5）使用巡航控制系统要注意观察仪表板上的指示灯“CRUISE”是否闪烁发亮，若闪烁表明巡航控制系统是在故障状态。发现故障状态时，应停止使用巡航控制系统，待排除后再使用。

第三节 巡航控制系统的故障诊断

一、巡航控制系统的故障自诊断

巡航控制系统一般都具有故障自诊断功能，电控单元监测巡航系统的工作情况。当系统出现故障时，电控单元将故障信息以代码形式存入存储器内；同时，仪表板上的巡航系统故障指示灯将点亮，以提示驾驶员系统出现故障。维修时读取存储器内的故障代码，以便快速准确地查明故障部位。

不同汽车生产厂家，故障自诊断测试方式、故障代码内容及故障代码的清除方法不尽相同。下面介绍凌志 LS400 巡航控制系统的故障码读取和清除的方法。

1. 故障码的读取

（1）关断点火开关，用短接线将方形诊断座或圆形检查连接器“TDCL”的端子 T_C 与 E_1 连接，如图 8-7 所示。

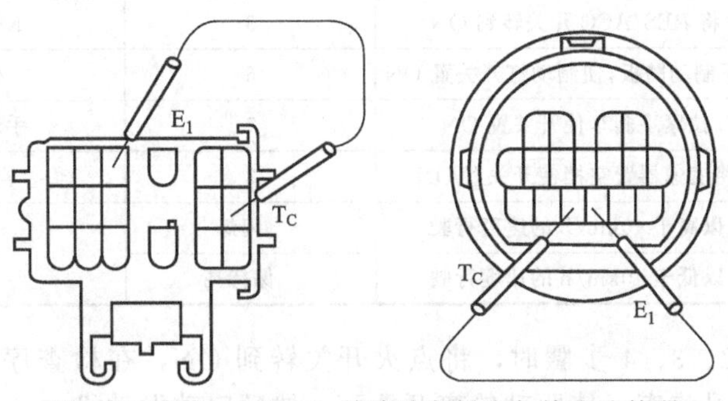

图 8-7 凌志（LS400）故障诊断插座与检查连接器

（2）将点火开关转至“ON”的位置。

(3) 观察仪表板上的巡航指示灯“CRUISE MAIN”的闪烁，读出故障码。系统正常时，指示灯连续闪烁，即亮 0.25s、灭 0.25s 交替连续闪烁。系统有故障时，闪烁两位数故障码，指示灯的先闪烁十位数码再闪烁个位数码。十位数故障码闪烁的频率以通、断电间隔 0.5s 闪烁，显示完十位后，再断电间隔 1.5s，显示个位码，闪烁的频率以通、断电间隔 0.5s。当系统有两个或两个以上的代码时，按代码的由小到大顺序显示，两个故障码间指示灯熄灭间隔 2.5s。系统的故障码及故障部位见表 8-1。

表 8-1 凌志 LS400 巡航控制系统故障码及故障部位

故障码	故障部位	故障码	故障部位
	正常	23	汽车的实际车速低于设定的车速 16km/h 以上
11	驱动电动机或安全离合器电路不正常	31	控制开关电路不正常
12	安全电磁离合器电路不正常	32	控制开关电路不正常
13	驱动电动机或位置传感器不正常	34	控制开关电路不正常
21	车速传感器不正常		

(4) 完成检查后，关断点火开关，拆开端子 T_C 和 E_1 端子的连线。

2. 系统故障码的消除

(1) 在完成修理后，可通过关断点火开关、拆下继电器盒盖“DOME”的熔断丝 10s 或更长的时间，系统故障码被清除；

(2) 接上熔断丝，应显示正常的故障码。

当汽车上坡车速降低时，车速可重新设定，这不属于故障。

3. 信号输入部分的检查

信号输入部分的检查内容包括主控开关（CANCEL ON；SET/COAST ；RES/ACC；CANCEL)、制动灯开关、手刹车开关、离合器开关、空挡开关和车速传感器等。对于具体部位的检查，操作方法，仪表板的指示灯闪烁方式与整个系统的检查不同。整个系统故障码是两位，检测具体部分的代码是一位，闪烁的（指示灯通、断电）时间间隔也不同。具体部位检查时，通常是连续闪烁，通、断电时间间隔是 0.25s，断电 1s 后第二次显示相同的代码。若有两个以上的代码可能出现时，只显示最小的代码。信号输入部分的检查方法及代码见表 8-2。

表 8-2 信号输入部分的检查方法及代码

序号	操作方法	代码	诊断
1	将开关转到 ON	1	CANCEL 电路正常
2	将 SET/COAST 开关转到 ON	2	SET/COAST 电路正常
3	将 RES/ACC 开关转到 ON	3	RES/ACC 电路正常
4	踩下制动踏板，使制动灯开关置 ON	6	停车灯电路正常
5	拉紧手刹车使开关置 ON	7	手刹车开关电路正常
6	将变速器置空挡使开关置 ON	8	空挡开关电路正常
7	以高于 40km/h 的速度行驶	闪烁	车速传感器正常
8	以低于 40km/h 的速度行驶	保持亮	

在检查序号 1、2、3、4 步骤时，将点火开关转到 ON，在检查序号 5、6、7、8 步骤时，应先用举升机举升汽车，使驱动轮离开地面，然后启动发动机。

4. 信号消除部分的检查

信号消除部分的检查是确定巡航控制的自动、人为取消过程中的信号是否正常。其检查

步骤是：

(1) 将点火开关置于“ON”位置；

(2) 将主控开关的主开关置于断（OFF）的位置，并保持操作手柄在 CANCEL（取消）位置；

(3) 按下主开关置于“ON”位置，从仪表板上的 CRUISE MAIN 指示灯上读出检查代码，信号消除部分的检查代码见表 8-3；

(4) 完成检查后，关断主开关。

表 8-3　信号消除部分的检查代码

代码	诊　断	代码	诊　断
1	出现除“23”代码以外的故障	5	接收到空挡启动开关的信号
2	出现代码为“23”的故障	6	接收到手刹车开关的信号
3	接收到 CANCEL 的开关信号	7	车速传感器的信号为降至 40km/h 以下
4	接收到停车灯开关的信号	保持亮	除上述以外的故障，如电源脱开等

二、巡航控制系统故障检查排除方法

1. 驱动电动机电路的检修

当系统的故障码是“11”，表明驱动电动机电路的电流过大，原因有电控单元提供给电动机的电源电压占空比高且不能调节，电动机有短路现象等。驱动电动机电路的检查方法是：

(1) 脱开电动机与电控单元之间的导线连接器。

(2) 将蓄电池的正极接到连接器端子“5”，蓄电池的负极接到连接器端子“4”，使电磁离合器通电。

(3) 将蓄电池的电压加到其余的每两个端子之间时，电动机应转动、控制臂应摆动，且摆动平稳。

(4) 驱动电动机转动使控制臂摆动到加速或减速的限位点时，电动机应停止转动、控制臂停止摆动。

能够顺利实现上述过程的电动机，状态良好，否则是坏的。

2. 电磁离合器电路的检修

当故障码是“11”时，除故障部位可能是驱动电动机外，电磁离合器的过流是另一故障；当故障码是“12”时，电磁离合器电路的内部开路是原因之一。

电磁离合器电路的检修方法：

(1) 测量电磁离合器的线圈电阻值是否正常。脱开与电控单元的配线连接器；将万用表置欧姆挡并测量接线端子“3”与车身（接地）之间的电阻；电阻约 40Ω 为正常，电阻为 0 或无穷大为故障。

(2) 检查油门控制臂的情况。脱开与电控单元的配线连接器，在电磁离合器断电时，控制臂能用手转动，在电磁离合器通电时，控制臂不能用手转动，同时符合这两种情况，电磁离合器为正常，否则电磁离合器有故障。

(3) 检查制动灯开关。脱开连接器，用万用表欧姆挡检查各个端子之间的通断，在制动踏板踩下时，端子“1”和“3”之间应导通，在制动踏板抬起时，端子“2”和“4”之间应导通，否则制动灯开关有故障。

3. 位置传感器电路的检修

当故障码为“13”时，故障的原因可能是位置传感器电路，位置传感器在电动机转动时，不能对电控单元输入变化的信号，线路连接接触不良、传感器损坏等。

位置传感器电路的检查方法是：

(1) 保持连接器不脱开的状态，将点火开关转到 ON，用手慢慢转动油门控制臂的同时，用万用表直流电压挡测量位置传感器的中间滑动端与电控单元接地之间的电压，控制臂使油门开度最大的对应位置时，电压约为 4.2V，在开度最小时，电压约为 1.1V。当控制臂转动时，电压的变化应连续平稳。否则，表明位置传感器损坏。

(2) 脱开连接器，用手慢慢转动油门控制臂的同时，用万用表欧姆挡测量位置传感器的中间滑动端与电控单元接地之间的电阻，控制臂使油门开度最大的对应位置时，电阻约为 1.8kΩ，在开度最小时，电阻约为 530Ω。当控制臂转动时，电阻的变化应连续平稳。否则，表明位置传感器损坏。

4. 车速传感器电路的检修

当故障码是“21”时，为车速的信号电路有故障。可能的原因有车速传感器故障、组合仪表板、仪表板到车速传感器之间、仪表板到电控单元之间的线路故障以及电控单元故障等。

车速传感器电路的检查方法是：

(1) 车速信号的检查，是在车速高于 40km/h 时，打开巡航控制系统，巡航控制指示灯闪烁，在车速低于 40km/h 时，打开巡航控制系统，巡航控制指示灯保持一直亮，表明车速信号正常。否则为故障。

(2) 检查配线和仪表板等，连接是否可靠。

5. 控制开关电路的检修

故障码为“31”，表明 RESUME/ACC（恢复）开关的信号一直输给电控单元；当故障码为“32”，表明控制开关内部短路；故障码为“34”，表明 SET/COAST（设定）、RESUME/ACC（恢复）开关的信号同时输入。原因是巡航控制开关及控制开关与电控单元的配线、连接器和电控单元等。

控制开关电路的检查方法是：

(1) 各个控制开关的信号检查。分别接通 SET/COAST、RESUME/ACC 和 CANCEL 开关，在开关接通时，注意观察仪表板上的巡航控制指示灯的闪烁形式，正常指示灯的闪烁的形式见表 8-4。

(2) 控制开关的阻值检查。控制开关内有三个不同阻值的电阻，可通过用万用表的欧姆挡检测连接器的端子“3”和“4”之间的电阻值，判断各个开关的好坏。拆下转向盘中心衬垫，脱开控制开关的连接器；测量控制开关接通时，端子“3”和“4”之间的电阻。开关正常时各个电阻值见表 8-5。

6. 制动灯开关电路的检修

检查制动灯电路的方法是：

(1) 检查制动灯的状态　踏下制动踏板时制动灯应点亮。

(2) 检查制动灯开关的信号　当踩下制动踏板时，观察仪表板上的巡航控制指示灯的闪烁形式，正常时巡航指示灯应闪烁 6 次。否则应检查制动灯电路与电控单元之间的线路是否出现故障。

表 8-4　控制开关正常时指示灯闪烁的形式

开关接通状态	指示灯的闪烁形式	备　注
CANCEL(取消)开关	亮 灭	当每一开关接通时，指示灯应如表内方式闪烁，当开关断开后，停止闪烁，表示开关与电控单元联系正常
SET/COAST(设定)开关	亮 灭	
RESUME/ACC(恢复)开关	亮 灭	

表 8-5 控制开关的"欧姆挡"检查

开关位置	电阻值	备 注
各开关均关断	无穷大	各个开关分别接通时，测端子"3"和"4"电阻值，阻值如表内数据时，开关为好的，否则开关电路有问题
RES/ACC(恢复)通	约 70Ω	
SET/COAST(设定)通	约 200Ω	
CANCEL(取消)通	约 420Ω	

复习与思考题

1. 巡航控制系统由哪几部分组成？各组成部分的作用是什么？
2. 简述巡航控制系统的基本工作原理。
3. 简述凌志 LS400 巡航控制系统的故障的读取与清除方法。

参 考 文 献

[1] 李春明．汽车底盘电控技术．北京：机械工业出版社，2010.

[2] 邹长庚．现代汽车电子控制系统构造原理与故障诊断：下．北京：北京理工大学出版社 2006.

[3] 赵良红．汽车底盘电控系统检修．北京：清华大学出版社，2010.

[4] 王盛良．汽车自动变速器技术与检修．北京：机械工业出版社，2009.

[5] 张红伟．汽车自动变速器实训．北京：高等教育出版社，2007.

[6] 王遂双．汽车电子控制系统的原理与检修（底盘与车身部分）．北京：北京理工大学出版社，2003.

[7] 陈家瑞．汽车构造：下册．第 2 版．北京：机械工业出版社，2008.

[8] 张红伟，王国林．汽车底盘构造及维修．北京：高等教育出版社，2005.

[9] （美）A. E. 斯卡沃勒尔编著．汽车构造原理与维修应用（底盘与附件篇）．王锦俞等译．北京：机械工业出版社，2005.

[10] 郑劲．汽车底盘构造与维修．第 2 版．北京：化学工业出版社，2014.

[11] 周志立，徐斌．汽车 ABS 原理与结构．北京：机械工业出版社，2005.